审美解放研究

Studies on Aesthetic Liberation

卢衍鹏 著

人民出版社

国家社科基金后期资助项目
出版说明

后期资助项目是国家社科基金项目主要类别之一，旨在鼓励广大人文社会科学工作者潜心治学，扎实研究，多出优秀成果，进一步发挥国家社科基金在繁荣发展哲学社会科学中的示范引导作用。后期资助项目主要资助已基本完成且尚未出版的人文社会科学基础研究的优秀学术成果，以资助学术专著为主，也资助少量学术价值较高的资料汇编和学术含量较高的工具书。为扩大后期资助项目的学术影响，促进成果转化，全国哲学社会科学规划办公室按照"统一设计、统一标识、统一版式、形成系列"的总体要求，组织出版国家社科基金后期资助项目成果。

全国哲学社会科学规划办公室

2014年7月

目　录

中编　审美解放的经济维度

绪　论

审美解放(aesthetic liberation)是解放理论的基本内容,是美学理论的重要范畴,也是文学研究的基本问题;既涉及文学创作、文学作品、文学批评和文学接受等所有文学理论层,又贯穿传统、现代、后现代等理论发展演变的始终。审美解放作为文学研究的独特视角,具有穿透力强、辐射面广的特点,对于从多方面考察文学研究具有重要意义。

课题的研究思路是,从审美解放的含义入手,确立全文的理论基点和框架结构;围绕理论基点,立足中国文学现实和文化状况,深入剖析审美解放的生成、实现和困境;以点带面,举例论述审美解放在政治语境、经济语境、文化语境中的表现;将文学理论基本问题与社会现实、学术前沿相结合,使审美解放研究趋于深入。

审美解放研究主要包括政治维度、经济维度和文化维度等三个方面的内容,三者之间相对独立,同时存在内在逻辑、时代背景和社会历史等方面的紧密联系。从内在逻辑而言,审美解放有其独立性,但同时受到政治、文化、社会等多因素的影响,并且产生不同的审美解放形式和历史形态。从时代背景而言,20 世纪中国的政治变迁促生审美解放的政治维度,在很长一段时期占据主流地位;审美解放的经济维度是其内在维度,有其一贯的发展脉络,并在一定时期影响甚至改变文学生产方式;审美解放的文化维度是文化观念、文化发展等因素影响下的广阔空间,很多不为政治维度和审美维度,或者介于前两者之间的审美解放形式可以纳入到文化维度中。

全书分为三编、十七章,导论是作为方法的审美解放,上编是审美解放的政治维度,由第一至六章组成,包括审美解放的多维生成、审美解放的哲学基础是人的解放、政治语境中的审美解放、审美解放与文学理论的政治维度、审美解放与文艺学的知识生产、审美解放与文学研究的解放逻辑。中编是审美解放的经济维度,由第七至十二章组成,包括审美解放与文学体制的重建、审美解放与"传媒—文学"的张力、审美解放与"公共领域"的想象、审美解放与"日常生活"的凸显、审美解放与"私人生活"的症候、困境中的审美解放。下编是审美解放的文化维度,由第十三至十七章组成,包括审美解放与文化研究的理论旅行、审美解放与文化研究的转型、审美解放与文化发展探索、审美解放与影视叙事策略、审美解放的困境。结语是未完成的审美解放。

导论部分，梳理中西语境下审美解放的异同，阐述审美解放的含义，提出审美解放从根本上说是人的解放，是人类在政治解放、经济解放、文化解放的基础上，通过文学、艺术等审美手段不断改变现实、实现审美自由而全面发展的现实活动，是人类对政治规训、经济制约等外在限度的超越。

第一章论审美解放的多维生成，从个体生命、社会形态和历史演进三个层面分析审美解放的生成机制。审美解放的生命生成，以现实的个人为基本依据和依靠力量。主体力图从旧的审美关系或非审美关系的束缚中解脱出来，从而获得全面丰富的审美关系，使个人的审美需求、特性和发展得到充分满足和实现。审美解放在前现代社会、现代社会和理想社会的历史演进中，具有不同的存在形态和生成方式。

第二章论审美解放的哲学基础是人的解放，包括终极关怀、精神追求和艺术创造等。审美解放把人从功利、世俗等羁绊中解放出来，提供了可以安放灵魂的精神家园，其实质是审美促成人的和谐关系。审美解放与人的精神追求相统一，并通过艺术创造来完成，借助艺术创造能够满足人类高层次的精神需要，对抗或适应外在世界的压迫、缓解内心的痛苦、迷茫和分裂，审美地反映和把握世界。

第三章论政治语境中的审美解放，以中国20世纪文学实践为例，剖析文学创作与批评中的政治审美因素，厘清审美与政治的关系问题，指出审美解放的政治实现围绕三个核心问题，即“何种政治”“谁之文学”“如何审美”，分别对应政治语境、政治诉求和政治审美因素。

第四章论审美解放与文学理论的政治维度，指出文化研究的“政治化”及其价值，探讨文学的政治性及其可能性，提出重建文学的政治维度及其策略。认为文学与政治的关系一直处于遮蔽状态，“文化研究”以其天然的政治性迫使文学研究者重新思考政治的地位、影响和价值。只有将政治通过审美的途径进行转化，才能真正处理好文学与政治的关系。关于文学的政治性问题论争有些明显的倾向，要密切注意“去政治化”的问题正在加剧。

第五章论审美解放与文艺学的知识生产，围绕话语权的理论建构和批评实践场域展开。本质主义的知识空间表现为文艺学教材的“一体化”模式，导致了批评实践强烈的主流话语意识；反本质主义知识空间通过反经典颠覆传统知识空间，在日常生活审美化的视野下重构文艺学知识空间；建构主义反思与重绘文艺学知识“场域”、凸显“关系主义”的文艺学知识空间。

第六章论审美解放与文学研究的解放逻辑，认为文学研究是一种审美解放，其使命在于运用文学的概念、方法和理论来论证文学对人类解放的意义,指明“解放”的必然路径,树立实现“解放”的宏伟目标,描摹审美解放所能抵达的理想状态,并通过理论建构和批评实践来完成“解放”。文学研究的“解放逻辑”寻找某种永恒、有效的模式,希望以此解决文学问题,获得审美的解放和自由。

第七章论审美解放与文学体制的重建,通过考察20世纪90年代文学体制、文学政策、文学主体、文学评价、文学创作、文学传播和文学消费等,可以发现审美解放的表现和特征。

第八章论审美解放与“传媒—文学”的张力,包括审美解放与传媒的“张力”关系、审美解放与文学消费的“张力”、审美解放与传媒对文学的收编、审美解放与社会公正的诉求、审美解放与意识形态的“张力”。对个人尊严和社会公正的诉求代表了一种边缘文化对主流文化的挑战,具有一定的抵抗意义,但在消费文化中逐渐被消解。

第九章论审美解放与“公共领域”的想象,包括理论旅行与社会想象、文学生产与文化诉求、感性化叙事与文学公共空间。以审美解放的角度,以“新市民小说”为例,基本路径是“理论建构—文学生产—文本分析”。新市民小说的批判精神最直接、最重要的来源应该是新市民,只有新市民的文化精神、文明程度和批判意识真正得到启蒙和发展,新市民小说中的“迷茫”才能转化成“反思”,反思和批判的力度才有真正的基础。

第十章论审美解放与“日常生活”的凸显,认为审美解放在“日常生活”的想象中表现得非常典型,新写实小说的“日常生活”因素处于中心位置,并且无处不在,是构成文学价值和文化立场的核心要素,表现出对原生态的人类生活的极大关注。文学的“日常生活”因素及其凸显是历史发展的结果,文学对“日常生活”的呈现具有选择性、指向性和策略性。

第十一章论审美解放与“私人生活”的症候,认为“个人化写作”“私人写作”是90年代的“女性文学”的标志性特征,是对公共生活变迁的文学反映,是文学自律的时代发展,是弥合私人领域与公共领域的黏合剂。女性文学的“私人性”是一种策略,性也是一种策略,都是为了公共领域与私人空间之间的和谐,理想的文学应在私人领域与私人空间中发挥建设性作用,而不是将女性独立于、疏离于、隔膜于世界之外。性别政治是90年代女性文学的私人性写作的叙事策略,以此来抒写女性生存的独特价值和文化诉求,构建私密性的女性话语空间。“私人性”写作中现代性、后现代性因素过于抽象,欲望化泛滥,对社会的理解过于狭隘,拒绝精神和理性的提升,最后导致写作的反智化倾向,自我降低了审美想象能力。

第十二章论困境中的审美解放,包括“异化”困境、“理论”困境和“发展”困境等不同阶段的审美解放方案。马克思解放理论建立在唯物辩证法基础上，将人类解放之路放在阶级斗争、阶级矛盾的处理上加以审视，形成了“劳动异化史观”。当经典马克思主义遭遇理论困境，卢卡奇的物化理论围绕“物化”对商品拜物教、货币拜物教和资本拜物教等进行了论述，霍克海默、阿多诺等针对消费领域中的异化现象提出了支配理论，对工具理性和技术理性进行了批判。为了应对“发展”困境和现代性危机，席勒、海德格尔、马尔库塞、福柯等提出审美解放的多种方案，希望以此解放处于“发展”困境中的现代人。

第十三章论审美解放与文化研究的理论旅行，包括审美解放与文化研究的身份嬗变、审美解放与文化研究的流散化、审美解放与文化研究的合法化。文化研究的理论流散经历了方法输入、理论建构、理念更新、准学科设计等一系列理论嬗变，其本土化包括理论译介、话语实践、文化政治、学科建构、文化产业等方面。理论流散远未结束，本土化建构还需时日。作为批评，西方“文化研究”的当代性和批判性在其合法化进程中起到重要作用；作为学科，“文化研究”颠覆了中国当代文学研究学术版图；作为课程，“文化研究”倾向于“关键词”式的学术建构。

第十四章论审美解放与文化研究的转型，包括文学与文化的联姻、文化产业发展中文化研究的转型、非物质文化遗产保护中文化研究的转型、主流文化解构中文化研究的转型等。文学与文化联姻是当代文学理论的一个特色，由此产生出一种可称之为“权力流转”的文化研究与文学理论相互交融的理论形态，可以分为哲学本体论、审美本体论、文化本体论等三种权力模式。文化研究正在被吸纳进文化产业运作流程，研究范式的媒介化日益突出，成为传媒产业的生产资料和生产方式。非物质文化遗产的文化逻辑是理论旅行的结果，西方非物质文化遗产的民族性、特殊性延异为世界性、普遍性，国际公约化命名和组织推广发展为科层化的范式学术运动和保护实践，非功利性的价值保护发展为文化“有用性”的现实博弈。中国当代主流文化已经并将继续解构，消费文化的市场逻辑扰乱了主流文化的生态平衡，主流文化的保守使其丧失了关怀现实的意识、形象的形式和与时俱进的价值诉求。

第十五章论审美解放与文化发展探索，审美解放与文化发展紧密联系在中国文化现代化发展的实践和探索中，是中国面向文化全球化的机遇和挑战的必然选择，通过文化立国、文化改革等战略、措施，必将影响审美解放的形态，促进文化发展。文化身份问题是在全球化和现代化进程中出现的现代性话语，文化立国是社会主义文化强国建构的战略基础和价值取向，文化立国的逻辑是现代性、全球化与超越性的文化自觉，文化立国的现实是从核心价值到道德秩序的重建，文化立国的战略是实现从中国形象到文化实力的转变。文化改革的基础是政治、经济、文化的多元融合，是政治改革与文化改革的双赢，是经济改革与文化改革的突破，是文化体制改革的突破。文化改革的逻辑是原创文化的创新和软实力的提升，原创文化是一种创新性、高端性、成长性文化形态，软实力是一种全新的竞争方式。文化改革的旗帜是社会主义文化强国的提出，标志着中国文化进入高标准、跨越式和国际化的发展阶段。

第十六章论审美解放与影视叙事策略，包括审美解放与历史叙事、审美解放与谍战叙事、审美解放与伦理叙事。审美解放与历史叙事是以历史叙事的现代性建构进行审美解放，包括历史叙事的多元化、人性化和精神化，可以通过《走西口》《阿丕书记》《永不磨灭的番号》等几部影响较大的历史剧作的分析中得以体现。审美解放与谍战叙事是以不同的审美维度展开谍战叙事，反映出时代审美精神的嬗变，以《黎明之前》《风语》《誓言今生》等作品重新阐释人性、命运、价值、责任、信仰等人类生活的历史命题，在叙事上采取"类型杂糅""反类型"等创新。审美解放与伦理叙事是以伦理叙事体系审美和文化变迁，以《能人冯天贵》《最美的青春》等为例对家庭伦理、城乡伦理和民族伦理等进行分析。

第十七章论审美解放的困境，涉及"欲望"陷阱、"理论"嬗变和"反理性"思潮等。欲望叙事具有审美解放的功能，但过度阐释就会陷入"欲望"陷阱。"理论"是审美解放的重要依托，新时期以来中国文学理论经历了被遮蔽、被神化、被解构的过程，"理论"嬗变影响了审美解放的实现。"反理性"思潮是对审美主义的批判性反思，它的产生既有必然性，也有盲目性，容易走向审美解放的反面。

结语部分，重申审美解放作为人的解放，已经成为当前文艺学、美学和文学批评的无意识，需要从多个层面和视角加以审视和思考。审美解放远未完成，审美解放研究前路漫漫。

导　论　作为方法的审美解放

20世纪是一个理论的世纪,各种思想、理论、方法推动着各学科知识的加速增长和发展,学科的细化、分化、扩展成为理论自觉,学科之间的交流、渗透和融合成为发展动力,形成一种跨学科(interdisciplinary)、跨边界(boundary crossing)潮流,对包括文学研究在内的一切学术研究产生深远影响。在学科互涉、跨越边界研究已经成为学术热点的背景下,以审美解放的视角和方法,对文学研究的边界进行全面、深入和系统的考察,首先要在现代性语境下考察文学研究的解放逻辑,其次要挖掘文学研究的元意识、元叙事,最后提出文学研究的边界意识。

"审美"和"解放"都是文学理论最古老的范畴之一,"审美"天然地带有让人"解放"的性质,"解放"从来离不开"审美",人类审美的历史就是人类解放的历史。但是,古今中外对于"审美解放"的认识一直存在模糊、歧义和混乱之处,尚未形成较为统一和成熟的看法,在很大程度上削弱了审美解放的理论价值和现实意义。作为本书的关键词,笔者拟在梳理和评价中西审美解放传统的基础上,试对审美解放做出自己的判断和阐释。

审美(aesthetic)的本义是感性,被看成关于艺术、生存等形而上建构及有关现代的诊断与救治方案①,审美解放是关于自由、生存和艺术的思考,是包括自由论、生存论、艺术论等多种理论维度的综合体,其表现形态包括各种理论阐释、艺术实践和生活样态。黑格尔在德国柏林大学的演讲中提出了"审美带有令人解放的性质"②,"审美解放"作为人类解放、追求自由的主题,一直是哲学、美学、社会学等多学科关注的热点,但对此的文学研究相对薄弱。现有的文学研究将审美与启蒙、政治等并列,将其看成是被启蒙、政治等压抑的领域,有一定合理性,但审美解放与文艺理论的关系问题始终没有得到应有的重视。这些关于解放的道路、机制和方案对于人类追求自由做出了巨大贡献,也为审美解放提供了借鉴,审美解放就是通过"审美"实现自由的道路、机制和方案。审美解放不仅是文学问题,而且是社会问题;不仅是文艺问题,而且是思想问题;不仅是历史问题,而且关乎未来。

---

① 参见余虹:《审美主义的三大类型》,《中国社会科学》2007年第4期,第156页。

② [德]黑格尔:《美学》(第一卷),朱光潜译,商务印书馆1979年版,第147页。

“解放”在英文中可以用 liberation 和 emancipation 表示，虽然用法和意义几经变迁，但都有“赢得自由与自决”（Winning freedom and self-determination）的含义[1]。liberation 可以追溯到拉丁文 liberatio 和法文 liberation，本义都是释放、免除，在 15 世纪才成为英文。它的派生词有 liberationist（解放论者）、libertarian（自由意志论者）等，emancipation 源自拉丁文 emancipo，培根引申用为“to be emancipate”（人性被解除束缚），18 世纪开始主要意为“从奴役中解放出来”。总之，“解放”指向政治、文化、审美等多种内涵。据《辞源》，汉语中的“解放”最早见于《三国志·魏·赵俨传》：“县多豪猾，无所畏忌。俨取其尤甚者，收缚案验，皆得死罪。俨既囚之，乃表府解放，自是威恩并著”。这里的“解放”是指释放，此外还有解除束缚、解开、放松、得到自由和发展等意。

“解放”是人类现代意识的核心概念，即人类按照自身的需求和意愿摆脱外在压制和内在束缚，追求自由的思想和行为，不同领域、层面展开全方位的解放工程是无数知识分子、思想精英终生奋斗的事业。哲学、文学、美学、政治学、社会学、伦理学、教育学、宗教等多个视角和层面都成为探索人类解放的途径，尽管很多观点、理论和方案最终被否定，但并没有阻止人们对未来解放与自由的向往。“解放”在 17 世纪成为欧洲普遍使用的词语，被当做启蒙的目标，即人摆脱宗教和传统的束缚，实现自主。“解放”常与理性结合在一起，启蒙就相信人类的历史是合乎真理的[2]。“解放”是人作为主体的本质性要求，人类在不断解放、自我超越中发展进步，表现为从低到高、从外到内、从自发到自觉、从政治到审美的阶段性和层次性。“解放”关乎“自由”，“审美解放”关乎“审美自由”。“自由”是“解放”的目标和理想，“解放”是“自由”的手段和途径，审美解放与审美自由的关系紧密；审美解放与审美自由又不能相互取代，两者在理论和实践上都有很大不同。人类儿童阶段的古希腊人就开始思考人的解放问题，认为人要从禽兽、奴隶等状态中脱离，在城邦生活中去发现真理、澄清谬误，那时的解放还未实现哲学表达。

柏拉图的“囚徒解放”理论以理论预设的方式，开启了人类对“自由—困境—解放”的思考，“囚徒困境”既是解放的障碍，又蕴含了解放的思路。“囚徒困境”首先来自主观屈服于客观的束缚——洞穴、锁链等肉体强制锁

---

① 参见［英］雷蒙·威廉斯：《关键词：文化与社会的词汇》，刘建基译，生活·读书·新知三联书店 2005 年版，第 267 页。

② 参见朱彦明、孙玉良：《批判理论的解放图景》，《复旦学报（社会科学版）》2010 年第 4 期，第 47 页。

定引发自我束缚和灵魂无知，其次是群体之间的无知及其互动形成的虚假荣誉，柏拉图提出的解放思路分别是对个人的自我解放和对群体的启蒙解放。亚里士多德强调“理论”科学与“实践”科学的区别，提倡“实践性”的政治哲学，在《形而上学》《尼各马可伦理学》《政治学》诸篇中主张从自身、生活、行为和生存方式等中寻求解放。西塞罗在《国家篇》《法律篇》诸篇中强调政治生活的价值，“在人的本质中寻求正义本质的解释”①。圣奥古斯丁、托马斯·阿奎纳等将人的解放寄托于信仰，洛克等将解放诉诸民主，卢梭等人的人民主权，康德的启蒙，黑格尔的国家整合，马克思的阶级革命，密尔的功利主义，罗尔斯的正义，等等。黑格尔在德国柏林大学的演讲中提出，“审美带有令人解放的性质”②。马克思主义解放理论，包括政治解放、社会解放和人类解放等依次递进的三个阶段。政治解放是第一层次，资产阶级的解放具有历史进步性，但同时注定要被超越；社会解放是第二层次，无产阶级的解放为实现人的全面自由发展提供条件和基础；人类解放是最高层次，“是由历史的关系，是由工业状况、商业状况、农业状况、交往状况促成的”③，“只有当现实的个人把抽象的公民复归于自身，并且作为个人，在自己的经验生活、自己的个体劳动、自己的个体关系中间，成为类存在物的时候，只有当人认识到自身‘固有的力量’是社会力量，并把这种力量组织起来因而不再把社会力量以政治力量的形式同自身分离的时候……人类解放才能完成”④。齐格蒙特·鲍曼在反思现代性的角度，将“解放”概括为一件“复杂的幸事”，揭示隐藏在“解放”身后的忧虑和困惑。“‘解放’，字面上的意思是指，从某种阻碍或阻挠运动的羁绊中获取自由，是指开始感觉到运动或行动的自由”⑤。鲍曼认为，“解放”可以分为主观“解放需要”和客观“解放需要”，其意义在于平衡欲求/想象力与行动能力之间的差距，一旦达到均衡且保持完好，“‘解放’就是一个没有意义的口号”⑥。

阿伦特认为，“解放”至少包括两个密切关联的方面，即“从专制下获得解放”和“从必然的束缚下获得解放”⑦。一方面，“专制”是人对人（他人、制度、社会、政党等）的专制，主要指政治上的支配、压迫、极权和暴力等统

① ［古罗马］西塞罗：《国家篇　法律篇》，沈叔平等译，商务印书馆 1999 年版，第 157 页。
② ［德］黑格尔：《美学》（第一卷），朱光潜译，商务印书馆 1979 年版，第 147 页。
③ 《马克思恩格斯全集》（第 1 卷），人民出版社 1995 年版，第 74—75 页。
④ 《马克思恩格斯全集》（第 3 卷），人民出版社 2002 年版，第 189 页。
⑤ ［英］齐格蒙特·鲍曼：《流动的现代性》，欧阳景根译，上海三联书店 2002 年版，第 24 页。
⑥ ［英］齐格蒙特·鲍曼：《流动的现代性》，欧阳景根译，上海三联书店 2002 年版，第 25 页。
⑦ Hannah Arendt, *On Revolution*, London: Penguin Books, 1977, p. 74.

治手段，将城邦国家的大多数人变成不平等人群，并限制了他们之间的交往，不平等是专制的实质。政治上的解放就是摆脱极权、暴力的支配、压迫和统治，人们可以与同伴相处并平等地与之交往。“解放”的状态下，既不存在统治，也不存在被统治。另一方面，“必然的束缚”是物（物质、物欲等）的束缚，主要指经济上的制约、控制和压抑，经济是人“生命的必要”和“生活的必需”，也是政治上“专制”的根源。在现有社会条件下，要想摆脱经济的束缚，只能靠暴力，即强迫他人代替自己承担“生命的必要”①。此外，“解放”还指自己对自己的解放，即文化上的自我解放，现代社会的政治专制、经济束缚一般不会赤裸裸地展开，往往转化为更为隐蔽的文化统治，在一定程度上内化为自我压抑。因此，文化上的解放也是“解放”的重要内容。

审美解放（aesthetic liberation）是指人类在政治解放、经济解放、文化解放等创造的一定社会物质精神基础上，通过文学、艺术等审美手段不断改变现实、实现审美自由而全面发展的现实活动，是人类对政治规训、经济制约等外在限度的超越。审美解放是解放理论的基本内容，是美学理论的重要范畴，也是文学研究的基本问题。之所以将审美解放与文学研究结合起来，一方面是因为两者理论、思维和本质上有着密不可分的联系，孤立地研究任何一方都不可能走向深入；另一方面，在近代以来的中国现代进程中，两者在历史和实践中建立了深厚的文化关联，客观上不可偏废。从宏观上看，审美解放的涵盖性更广，包括文学研究、艺术活动、审美教育等多方面的内容，文学研究只是审美解放的重要方面和基本方式之一。从微观上看，文学研究除了具有审美解放的性质、内容和功能外，在内容上还有更为专业化的细分，在功能上更有政治、经济、文化等多方面的作用和影响。从历史上看，文学研究是审美解放诸多实现形式中影响最大、范围最广、时间最长的基本形式，审美解放是文学研究诸多目标、功能和影响中最为突出、重要和独特的内容。本书将审美解放与文学研究放置在20世纪中国的时代背景下，两者之间的关系也会随着政治变革、社会发展和时代变迁而不断调整。在民族危亡、国家动乱、阶级斗争的政治语境下，审美解放中的“解放”会在某种程度上遮蔽“审美”，文学研究的自律性自然受到政治挤压。在民族独立、和平发展和经济繁荣的时代语境下，审美解放中的“审美”因卸下了“解放”的巨大压力而释放自由、独立的活力，文学研究的经济功能、文化价值等就会凸显出来。因此，本书在使用审美解放与文学研究时，主要从两者关联性、

① Hannah Arendt, *On Revolution*, London: Penguin Books, 1977, pp. 113-115.

契合性的角度,并随着语境的变化而进行相应调整。

正如马克思所言,“任何一种解放都是把人的世界和人的关系还给人自己”①,解放的形式、内容和目标,既包括人所处的世界,还包括人与人、人与自己、人与世界的关系。从马克思的个人解放来看,审美解放是个人解放的基本要素和重要途径。第一,个人解放要求个人交往的普遍化和个性化,审美解放就是要打破政治、经济、地缘等限制,提供人性化、个体化的平台。个人交往的普遍化是在物质交换的普遍化基础上产生,人们必须在所有领域和层面进行交往,形成包括物质、政治、经济、文化、审美等在内的多重关系。个人交往的个性化是祛除人与人之间的金钱关系、交换关系等一切物化、异化关系,而是实现相互独立、关爱、全面、丰富的“人的关系”,即审美的关系。第二,个人解放要求个人需求的多样化、高层化,审美解放的任务就是要将人从低层次、物欲中解放出来,提升人的需求的层次和质量。人的需求分为多种层次,从最基本的动物性需求,到最高层次的精神需求,还有更多样的中间层次。马克思批判资本主义社会,无论“个人的粗鲁的需要”,还是“富人的讲究的需要”,都被压制为对“货币的需要”②。要想将人从物质的、单一的、有限的、动物性的需求中解脱出来,必须进行审美解放。人与动物的区别在于精神需求,即人能有意识地按照自己的意愿、按照美的规律进行美的创造和美的生活,审美解放是实现自我、进行精神超越的必经之路。第三,个人解放要求个人能力的全面化、社会化,审美解放能促进自觉性、自主性和创造性。从不同角度分析,个人能力可以分为不同方面,如生活能力和生产能力,或者体力和智力,或者德、智、体、美、劳等。不管如何分类,审美解放都不可或缺。第四,个人解放要求个性独立和多元,审美解放以审美自律、形式多元为旨归。审美解放高扬主体的特殊性和创造性,重视个性而不是阶级性,依靠人的个性而不是物的力量,自主活动而不强制分工。以上四个方面是个人审美解放的基本方面,构成一个互为统一的整体。以上马克思主义的解放理论与审美解放的关系可以看出,审美解放在解放理论的各个层面都具有重要地位,不仅对其他解放形式具有深远影响,而且能够自主地发挥独特的解放功能和价值。

“审美解放”是人类寻求自我解放、追求自由的一大主题,是多种具有重要影响力的思想方案的共有维度,根植于不同民族、国家和文化之中,表现出不同的理论模型和审美范式。审美解放是一个普世性问题,并且在不

① 《马克思恩格斯全集》(第1卷),人民出版社1976年版,第443页。

② 《马克思恩格斯全集》(第3卷),人民出版社2002年版,第339—344页。

同国家和历史时期,以不同形式发挥着举足轻重的作用。西方对"审美解放"的集中论述源于德国古典哲学对美学的定位,康德、席勒、黑格尔等在建构自己的美学体系时,提出了审美解放的不同路径。康德赋予审美以沟通知识和道德的中介作用,认定审美的非功利性和非概念性,审美成为人类从必然王国走向自由王国的途径。康德将审美看成与游戏相等同、与劳动相对立的存在,为后来席勒和马克思的审美认识开辟了路径,审美的本质包括无(外在)目的性和合(内在)目的性,审美判断的第三契机就是"无目的的合目的性",即自由。这是对审美解放哲学定义,也是对审美解放的高度评价。席勒的"审美解放"理论可以称之为"审美游戏说",是针对人受制于"感性冲动"和"形式冲动"而不得自由的困境,将两种冲动结合起来,即游戏冲动,使人在物质和道德方面都达到自由①。席勒的"审美解放"理论代表了当时德国浪漫主义早期的思想共识——现实中的人们仍然处于极不自由的状态,是启蒙运动发展到高潮的伴生物。"审美游戏说"算得上是标准的人类解放理论,但其乌托邦本质也十分明显。黑格尔提出了"审美带有令人解放的性质"②,用无限放大主体性的方式——绝对精神与辩证法的结合,消解了任何压迫性、异己的存在,巧妙地遮蔽了人类解放的话题,将宏大、美好的精神乌托邦推向极致。但现实存在的极度抽象化的结果是脱离了个体及其生活,理性与感性、现实与审美的辩证统一很快分崩离析,关注人类的现实生存重新成为新的思想主流。

在关注现实、探求人类解放的诸多现代思潮中,马克思主义、尼采哲学、弗洛伊德主义、西方马克思主义等表现出思想的深刻性、原创性和层次性。虽然马克思主义主要是从人的社会性存在维度思考人类解放问题,但其"审美解放"理论在"人的全面解放"思想中是一个关键性因素,它将劳动与审美结合起来,提出"真正的劳动"即"通过实践创造对象世界",人在"他所创造的世界中直观自身"③。在全人类获得解放的共产主义社会,劳动成为"人的第一需要",与自由、美完全统一,共同构成个体解放的完美图景。尼采从人的精神性存在探索人类解放问题,其"审美解放"理论在彻底抛弃理性之后,将审美凌驾于生活之上,用"强力意志"调和"酒神精神"与"日神精神",使人摆脱"奴性的道德",从而获得自由。弗洛伊德也是从人的精神性——潜意识入手研究人的解放问题,更为彻底地用实在个体的临床试验

---

① 参见[德]席勒:《审美教育书简》,冯至、范大灿译,北京大学出版社 1985 年版,第 85 页。

② [德]黑格尔:《美学》(第一卷),朱光潜译,商务印书馆 1979 年版,第 147 页。

③ [德]马克思:《1844 年经济学—哲学手稿》,刘丕坤译,人民出版社 1979 年版,第 51 页。

代替抽象化哲学思辨，结果找到的压抑人的原因是性压抑，积极的解决方案是审美。作为解放人类的方案，以上审美解放理论在理论上发展了人类解放的广度和深度，但在历史的考验面前显露出各自的缺陷。20 世纪初的西欧社会主义革命的失利引发对经典马克思主义的质疑，斯大林主义更是让经典马克思主义的解放神话破灭；法西斯主义与尼采哲学的联系让人心有余悸，超人哲学的极端个人主义让人心生戒备；弗洛伊德的泛性论一直受到世人诟病……人类解放道路漫长，审美解放任重道远。

当代审美解放理论在梳理、吸收和借鉴以往成果的基础上，以马尔库塞为代表，更加注重契合现实性、时代性、综合性和创新性思路，明确了审美解放的概念、价值和意义。马尔库塞结合康德、席勒和弗洛伊德的审美解放理论，提出了“爱欲解放论”来反抗、消解文明对人的压制，之后又提出“审美解放论”探索审美解放的积极主动性。马尔库塞“审美解放”理论的贡献还在于清醒地认识到审美解放的“有限性”，即审美要受到时空和客观条件的限制，而时间的有限性是无法改变的，审美解放的有效性也是有限的——“有一种绝望的因素：即逃到一个虚构的世界，去克服和变革现存条件”①。此外，哈贝马斯对“生活审美化”的发扬、莫尔特曼的神学视角等都继续探索着人类解放和审美解放的话题。

从中国现代化进程来看，审美解放有一个“西学东渐”的过程，中国审美解放既受到西方的深远影响，又有自己的渊源和特点。审美解放问题在中国也有深厚的历史根基，由于中国近现以来的特殊语境，政治解放、社会解放、思想解放等词汇出现的频率要远远超过审美解放。虽然目前尚未有专门的体系性研究，但中西美学、文学研究在很多方面都涉及审美解放的内容。中国“审美解放”根植于中国审美精神，虽然与西方清晰的“审美解放”理论线索不同，但也有一贯的传统和潜在体系。20 世纪之后，中国现代审美解放理论在西方思潮的影响下，逐渐形成具有现代意识的理论体系。

中国审美传统走过了从具象到抽象的历程，在审美上首先要求自我解放。在审美解放的方式上，强调社会道德是基础，即“比德”，解决人与他人的关系；强调情感体验是来源，即“缘情”，解决人与自我的关系；强调灵肉和谐，即“畅神”，解决所有问题，达到和谐整一。具体而言，作家缘情言志，作品以象取胜，重气感物，读者知人论世、诗无达诂。徐子方以审美解放为标准，以汉魏交替、宋元之际、五四新文化运动为节点，将中国艺术史分为上

① ［德］阿道尔诺、霍克海默：《启蒙辩证法：哲学断片》，渠敬东、曹卫东译，上海人民出版社 2006 年版，第 192 页。

古、中古、近古和现代四个发展时期①。以先秦时期为例，审美解放是伴随着思想解放发生巨大飞跃②，在形式上把审美和伦理结合，将"君子""仁人""圣人"的德育升华为"美人""美政""美天下"的审美高度③。再如魏晋六朝时期，审美解放主要是对生命意识、审美人格、自由境界、率性自然的张扬和追求，在此基础上建立和谐的社会人际关系和文化空间。总体而言，中国传统审美解放思想可以分为两派，一是以儒家思想为基础、面向外在的审美解放；二是以道家、禅学思想为基础、面向内在的审美解放。

在西方思潮的刺激和影响下，中国现代审美解放理论逐渐凸显，虽然不如西方"审美解放"的线索那样清晰，但在很多问题上都涉及"审美解放"，可以说贯穿了百年中国美学历程。在20世纪上半叶的中国美学初创期，在翻译、介绍和评价西方美学的过程中，超功利美学思想与马克思主义功利主义美学思想并列，成为影响最大的美学思想之一。王国维、宗白华和朱光潜等前辈学者，或者从不同层面对西方美学进行了中国化改造，或者从不同角度对中国传统美学思想进行现代转换，都为中国美学的现代化进程作出了重要贡献。在20世纪五六十年代的美学大讨论中，由于马克思主义唯物史观的深远影响，虽然各派围绕主观论、客观论、主客观统一论和客观社会论等进行了激烈争论，但争论的层次没有超越认识论的范畴，最大收获是形成了以人的实践活动为本原把握审美动因的观念④。在20世纪80年代，美学论者根据对"实践"的不同理解，提出了各自的"实践美学"，将审美归诸人的实践活动的功能；后来杨春时、潘知常等提出了"超越美学""生命美学"，被统称为"后实践美学"，强调个体生命的本真状态及其精神超越；从认识论到生存论的转变为审美注入了人学内涵，意味着20世纪80年代的美学家直接参与了国家意识形态的变革过程⑤。进入20世纪90年代之后，随着市场经济发展和大众文化兴起，"日常生活的审美化""文化研究""大众文化研究"等成为新的学术热点，"文学终结论""美学终结论"等甚嚣尘上，综合研究、跨学科研究成为重要的学术潮流。总体而言，表现出以下特征。

---

① 参见徐子方：《审美解放与艺术变迁——兼谈中国艺术史的分期问题》，《艺术学界》2009年第1期，第52页。

② 参见苏步轼：《先秦儒家的中和审美理想》，《河北学刊》1986年第5期，第85页。

③ 参见唐迅：《试论先秦儒家伦理美育的审美理想》，《广州师院学报（社会科学版）》1996年第2期，第44页。

④ 参见陈伯海：《生命体验与审美超越》，生活·读书·新知三联书店2012年版，第13页。

⑤ 参见姚文放：《审美文化学导论》，社会科学文献出版社2011年版，第104页。

第一，在本体论上，突出文艺的审美特性，强调审美的超越性、独立性和纯粹性。王元骧在捍卫文学审美本性的意义上运用审美主义，他认为康德的真正用意在于表明审美可以使人在感性世界和理性世界之外为我们营造一个“静观”（“观照”）世界，从而使感性与理性、有限与无限、经验与超验、个体与族类获得沟通，实现人对自身生存的自我超越①。文学艺术所具有的审美解放功能，来源于审美超越性对人精神境界的提升，来源于审美能够促进人的主体性建构。黄卓越考察了明弘正间审美主义要素的大幅度增长、审美精神独立的情况，及其对尚文论取代尚质论的重要影响，将审美理解为文学形式②，审美的转变主要通过形式的创造完成。董希文认为中国现代文论缺乏审美传统，其原因是社会历史的特殊性、意识形态的斗争、思维方式的僵化、急功近利的心态和现代性的悖论③，主要是考察外在语境对审美独立性、纯粹性的影响。徐贲指出文化批评的审美化是将审美反应确立为人们接触艺术品的具有定性意义的反应模式④，这种理想化的美学和批评以审美为核心区别“艺术”与“非艺术”、“雅”与“俗”、“真”与“伪”。

第二，从功能论角度，突出文艺的审美救赎功能，将审美作为一种生存态度、生存策略和生存方式。刘小枫分析了李泽厚关于中国审美传统的研究，认为李泽厚通过三种话语策略推进了话语审美的理念系统化，包括汉语思想传统的理念系统化、哲学的心理主义本体论化和审美代替宗教⑤。单小曦认为从审美超越、审美慰藉、审美救赎（解脱）是王国维早期审美思想的逻辑发展主脉⑥，刘悦笛认为“审美主义”是以审美活动取得其他生命活动的价值取向，以“生命艺术化”为核心、借审美之途安顿此岸之生存⑦，周仁政认为审美主义是基于人的审美感性对艺术问题所进行的理论性

① 参见王元骧：《文艺理论中的“文化主义”与“审美主义”》，《文艺研究》2005 年第 4 期，第 45 页。

② 参见黄卓越：《明弘正间审美主义倾向之流布》，《中国文化研究》2002 年第 1 期，第 77 页。

③ 参见董希文：《矛盾与悖论——中国现代审美主义文论发展滞后探因》，《烟台大学学报（哲学社会科学版）》2003 年第 3 期，第 299 页。

④ 参见徐贲：《美学 · 艺术 · 大众化——评当前大众文化批评的审美主义倾向》，《文学评论》1995 年第 5 期，第 57 页。

⑤ 参见刘小枫：《现代性社会理论绪论——现代性与现代中国》，上海三联书店 1998 年版，第 299—350 页。

⑥ 参见单小曦：《王国维早期审美主义思想——中国现代审美主义理论的肇始》，《社会科学家》2005 年第 6 期，第 10 页。

⑦ 参见刘悦笛：《中国 20 世纪二三十年代审美主义思潮论》，《思想战线》2001 年第 6 期，第 55 页。

思考[1]。

第三,从价值论层面,在审美与现代性的纠葛中高扬感性、自由和审美理想。余虹将审美主义揭示为有关生存与艺术的形而上构想及有关现代的诊断和救治方案,从生存、艺术、现代等三个维度考察审美主义的类型,分别命名为感性审美主义、游戏审美主义和神性审美主义,各种审美主义的关联是其精神价值的本源[2]。吴晓东认为,多元异质的审美具有反抗一元同质现代性的功能[3]。

第四,作为泛审美化时代中世俗生活的雅词,代表一种小资情调。周宪、陶东风、金元浦等探讨审美与日常生活的结合,寇鹏程认为中国审美现代性包括审美非功利、审美工具论、审美娱乐、审美批判等四大范式[4]。

通过以上对于中西审美解放问题的历史回顾和脉络梳理,可以发现,中西方都十分重视审美解放问题,并以不同的思路和方式提出了审美解放的起源、结构、路径和方案,探索审美解放的理论与实践,影响人们对于世界、社会、人生、文学、艺术、生活等各个层面的认识,在美学理论、文学理论和文学批评等领域具有重要指导意义。

同时,审美解放问题又具有相对性和辩证性,当我们论述审美解放在某个时期占有主导地位的时候,也存在反审美解放的力量存在;当我们论述政治解放、思想解放等其他解放形式压制、取得审美解放而占据主导地位的时候,并不说明审美解放销声匿迹;任何解放形式都有各自独特的功能和价值,同时也有一定的局限和弱点。在中国 20 世纪初占绝对主流的政治解放、思想启蒙,并不妨碍王国维高举审美解放的大旗,提倡创作"纯文学"、当"纯文学家","更转而观诗歌之方面,则咏史、怀古、感事、赠人之题目弥漫充塞于诗界,而抒情叙事之作什佰不能得一……岂独世人不具眼之最哉,抑亦哲学家美术家自忘其神圣之位置与独立之价值,而葸然以听命于众故也"[5]。周作人认为文学"有独立的艺术美与无形的功利"[6],即用"艺术的

---

① 参见周仁政:《审美主义与中国现代文学传统》,《湖南师范大学社会科学学报》2001 年第 6 期,第 94 页。

② 参见余虹:《审美主义的三大类型》,《中国社会科学》2007 年第 4 期,第 156 页。

③ 参见吴晓东:《中国现代文学中的审美主义与现代性问题》,《文艺理论研究》1999 年第 1 期,第 12 页。

④ 参见寇鹏程:《中国审美现代性的四大范式及其命运》,《西南大学学报(社会科学版)》2010 年第 1 期,第 157 页。

⑤ 王国维:《论哲学家与美术家之天职》,姚淦铭、王燕编:《王国维文集》(第三卷),中国文史出版社 1997 年版,第 7 页。

⑥ 周作人:《自己的园地》,《晨报副刊》1922 年 1 月 22 日。

方法"表现"对于人生的情思",这里的"独立的艺术美"即审美的方式,"无形的功利"即审美解放的目的或结果。20 世纪 30 年代的鲁迅明确指出政治宣传和审美解放的区别:"但我以为一切文艺固是宣传,而一切宣传却并非全是文艺……革命之所以于口号,标语,布告,电报,教科书……之外,要用文艺者,就是因为它是文艺"①。理想的情况是,审美解放与其他解放形式能够较好地共生共存,针对不同方面发挥各自更大的作用。郁达夫意识到这一问题,"若一本小说写得真,写得美,那这本小说的目的就达到了。至于社会的价值及伦理价值,作者在创作的时候,尽可以不管。不过事实上凡真的美的作品,它的社会价值,也一定是高的"②。但是,中西方在审美解放的起源、特点、发展、形态、思路等方面也有明显不同,可以概括为以下几个方面。

第一,思想渊源和审美传统不同,西方注重知识建构和审美经验,中国注重审美体验和生命智慧。西方审美解放是以知识建构为基础,柏拉图、亚里士多德等建立了各自的理性主义、形而上学思想,形成了以知识逻辑进行审美构想的美学传统。柏拉图以理念论为中心建立了相互印证、等级分明的三个世界——理式世界、现实世界和艺术世界,审美解放的途径是求知——通过回忆、联想、内省等方式认识理式世界,所能达到的最佳状态是迷狂。在中国,审美解放从开始就以天人关系中的"生命体验"为中心,重视审美体验的重要意义——"暮春者,春服既成,冠者五六人,童子六七人,浴乎沂,风乎舞雩,咏而归"(《论语·先进》),在可感可享的审美体验中,自然而然地实现了审美解放。孔子还强调"游于艺""兴于诗""成于乐",都不是艰深的知识体系,而是以审美("艺""诗""乐"等)的方式实现自我解放("游""兴""成"等)。柏拉图审美解放的核心是"美",将客观知识凌驾于艺术、情感之上,中国古典审美的核心不是"美"③,而是带有生命智慧意味的"风骨""神韵""形神"等。

第二,社会历史和文化语境不同,西方注重人与人、人与神之间的审美关系,中国注重人与自然、人与社会之间的审美关系。西方从柏拉图开始,审美就带有浓厚的神学色彩,审美解放是抵达理念世界、神性世界的途径。中世纪在信仰神灵、上帝至上的原则下,人自身的思想意志被看成是罪恶之源,要加以抛弃和放逐,审美解放的唯一途径就是信仰。奥古斯丁说:"他

① 鲁迅:《文艺与革命》,《鲁迅全集》(第四卷),人民文学出版社 1981 年版,第 84 页。

② 郁达夫:《小说论》,《郁达夫文集》(第五卷:文论),花城出版社、生活·读书·新知三联书店香港分店 1982 年版,第 17 页。

③ 叶朗:《中国美学史大纲》,上海人民出版社 1985 年版,第 24 页。

看出万有的美好时，是由于你看见其美好”①，人只有用上帝之眼观察事物，才能洗涤尘世的羁绊，将自身置于永恒的美的境界，获得重生。从文艺复兴到德国古典美学，审美解放关注对人的主体性，通过探讨美的理想、审美无利害等来丰富“如何成为人”、德性之人。“由于康德更鲜明地把握了功利的本质，并且因此把功利排除在审美行为之外，所以康德并没有使审美行为成为某种冷漠无趣的东西”②，康德所指出的“人类才首次达到其本质的根据凿凿的丰富性”，被席勒称为“历史性的、对历史具有奠基作用的人类此在的可能性条件”，即尼采所说的“超脱我们自身的提升”(Uber-uns-weg-Steigen)③。海德格尔的“澄明之域”“诗意的栖居”等隐含对神性的召唤，“唯有当人在内心中蕴有神圣的东西……人生才有依持，灵魂才不至于空虚；社会历史的人也才能与自己的自然环境相互为友”④。在西方审美解放理念中，神性思维不仅对个人具有约束作用，而且对人类的群体存在具有积极意义。相比之下，中国审美具有无神论或泛神论的倾向，农业宗法社会的特点，决定了审美解放更加重视人与自然、人与社会的和谐关系，追求“天人合一”的生命境界。中国审美理论和艺术创作要从“生命体验”中汲取精华，形成与世俗性、实用性截然不同的文化形态，能够营造一种想象的审美空间，为人脱离世俗生活提供可能。孟子主张以积极进取之“心”抗拒生理欲望和外在压制，庄子以“心斋”化解烦恼、痛苦和灾难，以不同的方式开辟与现实世界不同的“天”的世界，改造现实或者改造自己，以达到审美解放的目的。

第三，思维方式和表达方式不同，西方习惯二元对立、体系创构，中国长于多元思维、审美境界。西方审美中的主体与客体、感性与理性等区别和对立先在地存在，将人与自然、人与人、人与社会之间的关系对立起来，自然是被征服的对象，社会是矛盾的产物。“‘掩盖’生活世界的基本方式是一种‘自然’与‘人’、‘客体’与‘主体’、‘存在’与‘思想’分立的方式，世界被分割成‘目的’与‘手段’的永久性的对立”⑤。而中国有“民胞物与”的思想传统，人与自然万物和谐共处，“和而不同”“多元共生”，儒家以“仁”为最高境界，道家以“无”为最高境界。不同的思维方式也影响审美解放的艺术表现形式，西方审美解放理论线索明晰，逐步推进，论证严密，形成各自的理论

① [古罗马]奥古斯丁：《忏悔录》，周世良译，商务印书馆1981年版，第235页。
② [德]海德格尔：《尼采》，孙周兴译，商务印书馆2002年版，第123页。
③ [德]海德格尔：《尼采》，孙周兴译，商务印书馆2002年版，第124页。
④ 刘小枫：《诗化哲学》，华东师范大学出版社2007年版，第316页。
⑤ 叶秀山：《美的哲学》，《叶秀山文集·美学卷》，重庆出版社2000年版，第472页。

体系和具体方案;而中国审美解放不追求体系性和逻辑性,以审美境界的实现对审美人生的探索。

通过以上对审美解放的大致回顾,可以得出审美解放的含义。审美解放是指人类在政治解放、经济解放、文化解放的基础上,通过文学、艺术等审美手段不断改变现实、实现审美自由而全面发展的现实活动,是人类对政治规训、经济制约等外在限度的超越。通过对审美解放在中西语境中的回顾与反思,我们认识到审美解放对中国现实的意义和价值,以审美解放为思路和方法解决"中国问题",推动中国发展,增强中国人的幸福感。审美解放是解放理论的基本内容,是美学理论的重要范畴,也是文学研究的基本问题。

如果放在更宽泛的现代性视域,审美解放是中国现代文化发展进程的重要一环,也是中国现代性的重要表征。第一,作为追求个体生存自由的基本途径,审美解放所追求的"自由"具有精神性和现实性的双重属性。审美解放当然可以给人带来纯粹的精神愉悦和自由,但这种纯粹性的"自由"也可以从中国传统文化中的道家、佛家等思想中得到部分或全部实现,我们在论述审美解放的思想渊源的时候,也没有将这些中国文化传统资源拒之门外。但是,现代意义上的审美解放追求的"自由"是一种"新的自由","新"体现在它带有明显的社会性,即自身所处的社会现实,而社会现实不可避免地带有历史阶段的独特性。中国现代历史开始于救亡图存的残酷现实,审美解放对自由的探寻无法局限于纯粹精神的解放,而是更多地体现出对现实问题的关注。这种特殊性让中国的审美解放与西方的审美解放发生了历史错位,中国所面临的现实问题在西方已经得到部分和全部解决,西方的审美解放相对更多关注的是精神领域。第二,由于个体自由追求的双重性,审美解放要建构包容这种自由的群体关系和社会文化空间。中国现代群体关系构成非常复杂,政治上的外来干涉与内部的党派之争,文学艺术上的团体、学派纷争,经济上多种成分、制度变换、体制改革等竞争博弈,还有社会关系、民族关系等更加复杂。要想在如此复杂的群体关系中建立能够允许和包容个体自由的审美形式,审美解放不仅要关注审美自身,而且要关注与审美密不可分的多种关系,尤其是要关注政治语境中的审美解放。第三,由于中国现代群体关系和文化的复杂性,审美解放还要承担救治和丰富中国人灵魂的任务,不仅包括中国人的生命意识的发现,而且要建立中国人的批判反思精神。理性和审美本是对立、矛盾的两极,但对中国人而言,却都是亟须建立的现代精神。一般认为,中国传统思想文化偏重直觉感悟,缺乏批判反思精神,这就需要在审美解放中引进和倡导理性精神,在文学和艺术中对中国文化、社会和精神进行批判反思,中国现代最杰出的知识分子往往具有最突出的批判精神,例如以鲁迅为代表的作家们对此进行了大量有益探索。审美解放还要对中国人的生命意识进行挖掘,审美的体验和艺术化的人生往往能够让人摆脱中国文化礼教、传统道德和社会成见的束缚,让人体会和珍视自己的生命体验,重建现代生命意识。

审美解放要解决"中国问题",首先要立足中国国情,分析和评价中国文学的优劣和中国社会的审美状况。例如,无论在政治上,还是文化上,审美解放要认识到马克思主义解放理论的重大影响。在诸多解放理论中,对现代中国影响最大的是马克思主义解放理论,包括政治解放、社会解放和人类解放等依次递进的三个阶段。政治解放是第一层次,资产阶级的解放具有历史进步性,但同时注定要被超越;社会解放是第二层次,无产阶级的解放为实现人的全面自由发展提供条件和基础;人类解放是最高层次,"'解放'是由历史的关系,是由工业状况、商业状况、农业状况、交往状况促成的"①,"只有当现实的个人把抽象的公民复归于自身,并且作为个人,在自己的经验生活、自己的个体劳动、自己的个体关系中间,成为类存在物的时候,只有当人认识到自身'固有的力量'是社会力量,并把这种力量组织起来因而不再把社会力量以政治力量的形式同自身分离的时候……人类解放才能完成"②。表面看来,马克思主义的解放理论视域并没有审美解放的一席之地,其实不然。审美解放不仅渗透于马克思主义的解放理论的每个阶段,而且是所有解放理论的共同因素和基本共识,以其独有的形态和方式发挥着不可替代的重要作用。

在立足中国实际的同时,我们也不能排斥西方理论和经验方法,审美解放还要借鉴西方现代思想中关注现实、探求人类解放的有益尝试,包括尼采哲学、弗洛伊德主义、西方马克思主义等都表现出理论的深刻性和人文关怀。

此外,审美解放还要不断吸收当代理论成果。

需要特别指出的是,审美解放是文学研究的基本内容,但审美解放不等同于文学研究,两者有着明显的差异;文学和文学研究始终是本课题观照的核心领域,几乎所有探讨的问题都要围绕文学问题展开。因此,审美解放的含义、生成、基础和困境等,都是以文学和文学研究为中心和对象加以讨论,这容易给人造成一种印象——审美解放就是文学创作,或者审美解放就是

① 《马克思恩格斯全集》(第1卷),人民出版社1995年版,第74—75页。
② 《马克思恩格斯全集》(第3卷),人民出版社2002年版,第189页。

文学研究。这就需要进一步厘清审美解放与文学、文学研究的关系，把审美解放、文学和文学研究放在一个合理的框架内，用多维视角加以审视。

第一，审美解放不等于文学创作（或文学生产），但文学有自我解放的诉求和审美解放的功能。文学的自我解放是指文学有自我存在和发展的自由，即按照自己的规律和法则生存和发展，而不是受制于政治、宗教和经济等外在因素的控制和束缚。中国现当代文学发展史告诉我们，文学自身的解放并非一帆风顺，而是困难重重、命运多舛的过程，能够按照自身规律发展的文学创作就成为审美解放的代言人，或者说就有了审美解放的意义。此外，文学创作及其嬗变可以带来审美观念的变化、艺术形式的丰富和思想认识的更新，给人们带来审美和精神的自由，给社会带来审美的现实和理想的展望，文学创作就有了审美解放的效果。因此，在这个意义上，文学创作也就是审美解放。

第二，审美解放也不等于文学研究（或文学评论、文学理论和文化研究等），但文学研究有指导文学创作、扩大社会影响和提升人们审美品位的愿望，也是一种不可忽视的审美解放。文学研究不仅要对文学作出应有的阐释，而且要作出价值判断和审美评价；不仅要评价文学形式的优劣，而且要判断文学内容的意义。文学研究自身也有审美解放的问题，文学研究要按照审美标准和文学尺度来评判文学，而不受外来因素的干扰，这样才能实现文学的理想和思想的自由。在文学研究的发展过程中，会因新的观念、理论和方法的引入而发生变化，也会因文学创作、社会语境和其他学科的影响而发生变异，这些都为审美解放带来新的课题。

第三，审美解放不仅限于文学研究，还可以从建筑、服饰、音乐、美术、舞蹈、戏剧、电影、电视、网络、广告等方面进行探讨，但文学研究涵盖了其他审美形式都具备的艺术、审美、精神和思想等内容，文学研究最能从多方面体现审美解放。以文学和文学研究为例，探讨审美解放，能够为其他形式的审美解放提供借鉴和指导，为以后全面、深入研究审美解放打下基础。从现实操作来看，如果将所有审美形式和艺术类型一起考察，虽然能够扩大研究范围，但是也容易造成难以深入、浅尝辄止的弊端。因此，审美解放研究既需要扩大视野，又要从基础做起，做到广度与深度的协调、统一。

第四，审美解放的实现形式是多样的，在不同语境和视域表现形式也不尽相同，还存在多种解放形式交叉、共存的现象。首先，在非进步政治压抑人性、成为人自由存在的障碍时，审美解放就是以文学、艺术等审美形式对抗或消解政治暴力，以审美特有的功能缓和人与政治的关系，实现最大限度上的“和谐”，有时甚至要让步、妥协。其次，当经济压抑人性、成为人自由存在的障碍时——这里有两种情况,一种是匮乏,另一种是过剩。解决匮乏的途径除了经济手段之外,还有精神克服,审美解放可以在一定程度上将经济匮乏转化成一种审美形式,让人在审美过程中部分克服这种匮乏。经济、物质的过剩或过度消费甚至比经济、物质匮乏更加可怕,它能让人放纵于物欲、情欲等一切人的欲望,让人迷失,不能自拔。市场经济条件下,文学、艺术等审美形式在存在语境、运作和媒介等方面受到极大冲击,审美自由和理想的实现就显得极为重要。审美解放就是以文学、艺术等揭露和表现经济暴力,以感性、审美等独有的审美形式揭示人与经济的关系,让人在与经济的关系中找到最佳平衡点。再次,当不合理社会压抑人性、成为人获得自由的障碍时,审美解放就是以文学、艺术等审美形式表现社会的阴暗角落,以及藏身其中的人们的精神和灵魂,在社会的公共领域、私人空间和日常生活中,审美解放的实现就显得格外突出。最后,在非人文化压抑人性、成为人自由存在的障碍时,以文学、艺术等审美形式对抗或消解文化暴力,以审美特有的功能缓和人与文化的关系,以审美参与文化创作和生产,提升文化的审美境界和品位,让审美与文化融为一体,共同发展。对审美解放而言,政治、经济、社会和文化等并无孰重孰轻的关系,但是以马克思主义唯物史观进行甄别,又会有所区别,但这不是本书论述的重点。其实,任何语境都不是单一、纯粹的,都是多种因素的混杂,只是有时政治因素多一点,比如战争、动荡年代;有时经济因素多一点,比如市场经济时代;有时社会因素多一点,比如社会转型时期;有时文化因素多一点,比如文化产业兴起的时候;等等。

第五,审美解放的实现与困境其实是一个问题的两个方面,当我们谈到审美解放的实现时,是克服了相应的困境;当我们谈到审美解放的困境时,是审美解放的实现出了问题。因此,当我们谈到审美解放的实现时,不能回避困境;当我们遇到审美解放的困境时,要看到审美解放的实现。因此,本书在论述审美解放的实现和困境时,没有分列审美解放实现中的困境,也没有谈及审美解放困境的克服,是有意为之。例如,欲望、理论和反理性等,既是审美解放实现的方式和途径,也可能让审美解放陷入困境。本书重点论述了政治语境中的审美解放,并不否认政治与审美的对立,也不否认审美与政治的融合,政治可以给审美解放带来困境,也可以促进审美解放的实现,要在不同语境下具体问题具体分析。其实,在大多数情况下,两者本无区别,只是为了凸显审美解放的实现或困境,所以才重点论述其中之一。

第六,审美解放还有自我解放的问题,即审美自律、审美自由的问题。自我解放是审美解放的前提,也是审美解放的基本内容,两者往往交叉在一起,体现在多种审美解放的实现上。因此,对文学创作的考察,理应成为审美解放的基本内容。当然,本书不可能也无力对所有文学创作进行全面评价,只能选取有代表性的作家、作品和现象展开评价,评价的目的也不是停留在作品本身,而是为了揭示审美解放的实现或困境。同样,文学批评方法也关系到审美自律问题,也应该成为考察审美解放问题的重要指标。

通过以上分析可以发现,审美解放其实不必拘泥于狭义的概念界定,本书也无意建构一个审美解放的理论体系,而是试图紧紧围绕文学来探讨审美解放。文学是人学,审美解放归根结底是人的解放,文学和审美解放都是围绕"人"存在和发展的,两者具有内在的统一性,这种统一贯穿始终,也是本书的内在精神。

本书的研究思路是,从审美解放的含义入手,确立全书的理论基点和框架结构;围绕理论基点,立足中国文学现实和文化状况,深入剖析审美解放的生成(以生命、社会、历史为角度)——审美解放的哲学基础(人的解放)——审美解放的"解放逻辑"(以文学研究为中心)——审美解放的实现(以政治为语境)——困境中的审美解放(包括异化、理论、发展等困境)、审美解放的困境(以欲望、理论、反理性为例)。以点带面,举例论述审美解放的实现与困境。史论结合,大致以历史发展的脉络对审美解放进行历时性考察,政治语境中的审美解放从宏观上重点论述 20 世纪百年的政治风云。力争做到文学理论基本问题与社会现实、学术前沿相结合,使审美解放研究趋于深入。审美解放的生成是人的生成的结果,至少包括生命生成、社会生成和历史生成等层面,这是人的本质和内涵决定的。审美解放是人的生命的解放,只有在生命活动的基础上,才有审美解放的问题,生命的状态决定了审美解放的内容和层次。人的根本属性是社会属性,审美解放在社会发展、人类进步中逐渐生成,不同社会阶段存在不同的审美解放形式。审美解放还是一个历史生成的过程,由于中西历史发展的不同,审美解放也有迥异的生成过程,都是人类历史发展的重要组成部分,是人类不断进行精神探索、追求的结果。从审美解放的生成可以看出,审美解放的哲学基础是人的解放,审美解放是人的终极关怀,与人的精神追求相统一,并通过艺术创造来完成。从哲学角度论述审美解放问题,其实质是研究人的解放问题,这就要从人的精神追求、终极关怀等层面入手。要实现审美解放和人的解放,必须紧紧围绕创新和创造展开,艺术创造是审美解放最为重要的实现途径。审美解放有着自身的原则和"逻辑",以审美解放为视角研究文学和艺术问题,并从中探索文学研究的"解放逻辑",有利于更好地深入研究审美解放。在文学研究中,既有坚持审美本位的"元意识",也有反思审美本体的"边界意识”，都是审美解放的重要课题。政治解放是审美解放的历史前提，在政治语境中考察审美解放，既要关注审美解放的政治语境和政治诉求，又要强调政治审美因素，将审美与政治在人的解放视野下结合起来。审美解放的困境有很多，人的解放需要克服各种阻碍和困境才能实现，我们选取最具代表性的“欲望”陷阱、“理论”嬗变和“反理性”思潮等进行考察，其中既有文学创作在反映现实中的问题，也有文学理论在建构中的桎梏，还有“反理性”在批判中的盲目和虚无。

总之，审美解放远未完成，审美解放研究前路漫漫。

上　　编

审美解放的政治维度

第一章 审美解放的多维生成

近代中国以来的文学研究始终与这段动荡不已的社会历史密切相关，审美解放的内容、方式、功能和价值等，同样要符合社会结构、政治规训的演进逻辑，并在不同时期和阶段扮演不同的角色。历时地考察中国20世纪审美解放与文学研究方法论的变迁，需要在宏观和微观相结合的理论视野，分析文学研究的边界意识。在知识层面，主要是以认识能力的有限性消解话语霸权、意识形态，文学研究表现在文学对政治话语、政治意识形态的认识、运用和影响，文学研究的"政治边界"是边界意识在"知识层面"的具体表现；在语言层面，主要以语言逻辑确立文学特有的规则，文学研究的"审美边界"是边界意识在"语言层面"的具体体现；在价值层面，主要以多元思维包容多元文化价值，文学研究的"文化边界"是边界意识在"价值层面"的具体体现。在边界意识的视野下，政治边界、审美边界和文化边界之间并不是完全区隔，知识层面、语言层面和价值层面之间也在一定条件下共存和转化。边界的移动和层次的转换，往往在文学研究不断走向深入、复杂和多元的情况下发生，此消彼长、相互取代和重心转移等都是这种移动和转换的表现形式。

审美解放与文学研究的政治边界，承接了文学研究的"解放逻辑"，更遵循现代社会的"解放逻辑"，是中国现代社会建立过程中对审美解放的基本要求，决定了文学研究的方法、内容和形态。首先，辨析审美解放与政治解放之间的关系，分析文学研究的解放逻辑与中国社会现代演进的内在关联。其次，分析审美解放在20世纪中国的理论实践，分析文学研究的政治审美因素。最后，总结、概括审美解放与文学研究的政治边界。

审美解放问题的探讨，一方面要厘清审美解放与其他解放形式的关联性，在政治解放——社会解放——人类解放的逻辑和现实下进行，研究审美解放与政治解放、社会解放、经济解放和人类解放等多维度解放的关系，从而确定审美解放在人类解放历史进程中的地位和影响。另一方面，要突出审美解放的独立性和自足性，研究审美解放的本质内涵和外在影响。审美解放是人的解放，为我们敞开了探究经由审美实现解放的广阔空间，首先进入视野的是审美解放的生成问题。作为人的解放，审美解放要置于整个人类文明的宏大视域中进行，至少包括个体生命、社会形态和历史演进等层面。

第一节 审美解放的生命生成

人的生命活动是一种整体性存在,其自由自觉的特殊性决定了审美成为人的基本需要和生命活动的基本要素,审美需要和审美活动是在人的生命活动中内在生成的,审美解放就是审美需要不能满足、人的生命活动失去平衡时产生的。人类既需要基本物质条件来维持生命活动的平衡运转,更需要更高层次的精神活动来超越和拓展人类的生命活动,审美解放就是在这种积极性生命活动中产生的。

生命活动在发展演进中逐渐形成一定的层次结构,审美解放在人类整个生命活动中占据重要位置。生命活动的层次问题是人类社会一直关心的课题,中国有“仓廪实而知礼节”“食必常饱,然后求美”等生命逻辑顺序的感性描述,西方有马斯洛关于生理、安全与保障、爱与归属、尊重、自我实现五个生命需要层次的理性分析,以及恩格斯对于人有生存、享受和发展三个生命阶段的辩证论述,这都为考察审美解放在生命活动层次结构中的地位提供了重要依据。生命活动的基础是物质生产和生活活动,“活着”是一切生命活动的基础和前提,“实践”为人类活得更好提供了条件,“超越”是在“活着”“实践”基础上迸发出来的精神向往,其典型形态包括审美、信仰和哲思,审美解放生成于生命活动,尤其是精神活动的失衡。审美解放与物质补偿和情绪宣泄相比,更具情感体验、自我超越的意味,是生命体验向体验生命转化、自我超越的过程。

生命活动首先是个体生命,个体生命的审美解放是指个人主体从旧的审美关系或非审美关系的束缚中解脱出来,获得全面丰富的审美关系,个人的审美需求、特性和发展得到充分满足和实现。

首先,现实的个人是审美解放的现实起点和基本依据,个人现实处境是审美解放的前提。审美解放的个人是一定历史条件下、在实践活动中的个人,是具有自我意识、认识能力的个人。个体维度的审美解放源自个人生命活动的审美本性,人通过劳动将自己从动物界中解放出来,获得了开放性的生产空间和自觉的生存方式,对理想生活的向往自然包括审美解放的计划。“当人把生命从环境的支配下解放出来,同时也就把自己同本能生命区别开来”①,人的本质是自由,解放是一个生成的过程。人不仅能“感觉到自

① 高清海、胡海波、贺来:《人的“类生命”与“类哲学”》,吉林人民出版社1998年版,第35页。

身”,而且能“思维到自身”①,人对生活具有自我评价、反思和追求理想的能力。“人也按照美的规律来构造”,“人懂得按照任何一个种的尺度来进行生产”②,其中蕴含了人的欲望、需求、理想、情感、意志等,一方面是要满足自身对物质生活、功利性的需求,以此续存个体和族群的生命;另一方面还包括对表现生命的需要、超功利的审美追求,马克思将这种精神需要概括为“美”。审美解放是人生命本真地追求自由的显现,既以真和善为基础,又超越了真和善。人不仅需要追求现实世界的物质生活,更需要追求意义世界的精神生活;物欲满足需要物质,精神解放需要审美。在精神家园之中,人注定不能摆脱各种法则的限制,又注定能超越有限、进行审美解放。

其次,个体生命的审美解放是人与世界审美联系的必然结果,审美解放在人与自然、人与社会、人与自身的关系中具有重要意义。人的生命存在不是孤立的,与世界生命是一体化的关系;人是一切社会关系的总和,包括生产关系、政治关系、经济关系、宗教关系、思想关系和审美关系等,是人的生命丰富性的重要方面。从生命之间的关系而言,人可以超越自然生命的必然而获得自由,人生命的丰富性需要与多样生命进行沟通,以实现自我发展、自我超越,审美关系是人与世界之间的真实关系。审美解放正是通过对自我生命和世界生命的体认,超越个体生命、融入世界生命,从而扩展个体生命和精神世界,“这种自我实现的过程其实是用审美精神与世界沟通的过程”③。在人与自然的关系中,审美解放就是将人从对自然的纯粹的功利性关系中解脱出来,让自然不仅为人提供物质资料,而且提供感性的审美愉悦;人不能单以有用性为标准来占有、改造和征服自然,而且要发现自然之美,发展与自然之间的审美关系,将自然的人化与人的自然化统一起来,最终达到和谐之美。在人与社会的关系中,审美解放就是将人从纯粹的物质关系、利益关系和道德律令中解脱出来,以审美的视角考察社会的政治关系、宗教关系、道德关系等,挖掘社会的审美关系。在人与自身的关系中,审美解放将人从单纯的感性或理性生存中解脱出来,从平庸、刻板和异化中解放出来,回归人性的自由、创造、和谐。

再次,现实的个人是审美解放的依靠力量,审美解放使个人从“有限”进入“无限”、将“可能”变成“现实”。有限的存在者(如动物),无法跨越物种选择的边界,无法超越自身,更无法审美解放;无限的存在者(如上帝),

---

① [德]康德:《实用人类学》,邓晓芒译,重庆出版社1987年版,第2页。
② 《马克思恩格斯选集》(第1卷),人民出版社1995年版,第47页。
③ 王茜:《生态文化的审美之维》,上海世纪出版集团2007年版,第15页。

天然地具有超越状态，无需审美解放。人既是有限存在者，又在追求无限存在，需要审美解放。个人的有限性至少包括两个方面，一是无法摆脱自然性，二是无法摆脱时间性。个人的有限性是能激发变革现实的动力，个人通过精神、理性来把握自然规律，从必然王国进入自由王国，审美解放就是以物质和精神的创造性变革克服时间的有限性，“诗的境界在刹那中见终古，在微尘中显大千，在有限中寓无限”①。个人不满足于现实生活中的种种桎梏，审美解放使人从现实规则中解放出来，创造出不同于实存的文化，生成不同于科学或伦理的知识，让人类与世界都处于不断完善、不断生成的状态。

最后，从人的需要和人的价值的角度，审美解放是个人提升自我、实现价值的必经之路。马斯洛将人的需要分为生理、安全、爱、尊重、自我实现等由低到高的五个层次，不断超越是人性使然，每个人（无疑也包括几乎每一个新生儿）都希望发展、各种潜力都得到实现的冲动，“自我实现的发展是自然的，也是必要的”②。同理，冯友兰将各种生命活动范围归结为四等，一本天然的“自然境界”，讲求实际利害的“功利境界”，“正其义，不谋其利”的“道德境界”，超越世俗，自同于大全的“天地境界”③。中外历代睿智的思想家，都清楚地指出了人的需要从低到高的发展规律，认识到审美需要在高级需要中的重要地位，审美解放是人寻求生活意义、实现生命价值的重要维度。

审美解放的生命生成也可以说是个体维度的审美解放，是指个人主体从旧的审美关系或非审美关系的束缚中解脱出来，获得全面丰富的审美关系，个人的审美需求、特性和发展得到充分满足和实现。个体维度的政治解放，是指主体从旧的政治关系的束缚中解脱出来，获得更加丰富的政治关系和社会关系，个体的政治属性、特征和价值得到满足和实现，人作为政治动物获得自由。

第二节　审美解放的社会生成

审美解放的社会生成，是指在一定的外部关系、外在环境条件下，摆脱生产力、生产关系、社会制度等外在束缚和制约，获得全面丰富的审美关系，

① 朱光潜：《朱光潜全集》（第三卷），安徽教育出版社1989年版，第199页。

② ［美］弗兰克·戈布尔：《第三思潮——马斯洛心理学》，吕明、陈红雯译，上海译文出版社1987年版，第64页。

③ 冯友兰：《中国哲学简史》，天津社会科学院出版社2005年版，第295页。

审美的社会需求、个性诉求等得到充分实现和满足。

审美解放不能局限于个体生命，更重要的是审美解放的社会生成，只有将审美解放从个人生命上升至社会层面，才能使个人的审美解放获得社会保障。"'解放'是一种历史活动，不是思想活动，'解放'是由历史的关系，是由工业状况、商业状况、农业状况、交往状况促成的"①。审美解放与社会形态的历史变迁具有内在一致性，社会形态可分为"人的依赖关系（起初完全是自然发生的）""以物的依赖性为基础的人的独立性""建立在个人全面发展和他们共同的社会生产能力成为他们的社会财富这一基础上的自由个性"②三个阶段，审美解放分别对应人的原始全面发展的历史形态、人的片面发展的历史形态、人的自由全面发展的历史形态③。需要指出的是，以上马克思对"三大形态"的表述并没有明确指向历史时间，也并不与前资本主义、资本主义和共产主义完全对应。虽然审美解放在不同的社会形态和人的历史形态中发挥的地位、作用和影响各不相同，但同时又具有一定的延续性、普遍性和统一性，在差异中寻找共性是我们考察审美解放的社会维度的重要方法。

第一阶段，审美解放在前现代社会主要面对"人的依赖关系（起初完全是自然发生的）"④，人的生产能力、认识能力和审美意识、知识学科等都处于初级发展阶段，生命活动的分化、分类和系统都在不断完善中，审美与功利、美与善等交织在一起，审美解放欲摆脱某种依附性、规定性、非主体性的生存方式，是一个历史生成的过程。最早的审美解放可以追溯到原始社会，物质匮乏、生存之忧限制了精神生产，但同时又激发了人们祈求超自然的向往。"巫术艺术"⑤是最初的审美载体，更多的实用艺术是上古时期审美、艺术的主流。当人没有完全从自然界脱离时，人与外界是一个混沌整体、本原的存在，人自身和世界都没有被概念、规范和秩序等划分。中国的"天人合一"就是一种整体性观念，是一种融认识、意志、情感、审美等为一体的生命体验。全局、模糊和整体的思维方式影响深远，中国实用理性就将历史观、认识论、伦理学和辩证法相合一，成为一种历史（经验）加情感（人际）的理性，使情感一般不越出人际界限而狂暴倾泄，理智一般也不越出经验界限而

① 《马克思恩格斯选集》（第1卷），人民出版社1995年版，第75页。

② 《马克思恩格斯文集》（第8卷），人民出版社2009年版，第52页。

③ 参见《马克思恩格斯全集》（第30卷），人民出版社1995年版，第107页。

④ 《马克思恩格斯文集》（第8卷），人民出版社2009年版，第52页。

⑤ ［英］罗宾·乔治·科林伍德：《艺术原理》，王至元、陈华中译，中国社会科学出版社1985年版，第70页。

自由翱翔[①]。古人在把握世界、超越有限的过程中,对现实、人生、社会、审美的追求是融为一体的。孟子以"大我"涵盖一切,庄子以"无我"容纳一切,都体现出人与社会、人与物、人与人之间的和谐境界的追求。"审美、艺术日益从巫术与宗教的笼罩下解放出来,正如整个社会日益从早期宗法制保留的原始公社结构体系下解放出来一样"[②]。所以,在前现代社会,功利性与非功利、审美与非审美、有用与无用,在很大程度上都是无法截然分开的。魏晋是中国审美解放发生重大转变的时代,社会动荡、儒道合流、佛教出入、经学式微等影响交错而深刻,"魏的时代是中国文学的自觉时代"[③]"为艺术而艺术(Art for Art's Sake)的一派"[④],物质逐渐让位于精神。唐代经济发展、科举取士制度,宋代以后的理学发展,元代以后对大众世俗的重视,"五四"以后审美观念的解放,时代变迁对审美功利或非功利的认识一直处于调整和变动中,审美对时代的反作用也在变化。此外,从审美、艺术、文学等之间的关联来看,它们在前现代也没有直接的联系。在西方,Aesthetic(审美的)源自希腊文 aisthesis(感官的察觉),在 19 世纪初才出现在英文中;Art 源自拉丁文 artem(技术),直到 17 世纪末还广泛应用于数学、医学等各领域,在中世纪的大学课程中,七艺(seven atrs)指文法、逻辑、修辞、算数、几何、音乐、天文学[⑤]。知识、学科的分类更是如此,"不存在真正的无论如何每个人必须承认的界限……变得比较固定是在 1914—1945 年间"[⑥]。中国同样如此,从孔子的"六艺说",到唐代的科举考试课程,不仅划分上体现出整一性特征,而且任何知识的都可追溯到某一真理——道、理、气。

第二阶段,审美解放在现代社会主要面对"以物的依赖性为基础的人的独立性"[⑦]。现代化从西方扩展至全球,资本主义、市场经济改变了社会形态,知识学科独立性增强,文学、艺术等审美活动的自律性凸显,审美解放

① 参见李泽厚:《中国古代思想史论》,生活·读书·新知三联书店 2009 年版,第 322—323 页。

② 李泽厚:《美的历程》,生活·读书·新知三联书店 2009 年版,第 46 页。

③ [日]铃木虎雄:《中国诗论史》,许总译,广西人民出版社 1989 年版,第 37 页。

④ 鲁迅:《魏晋风度及文章与药及酒之关系》,《鲁迅全集》(第三卷),人民文学出版社 2005 年版,第 526 页。

⑤ 参见[英]雷蒙·威廉斯:《关键词:文化与社会的词汇》,刘建基译,生活·读书·新知三联书店 2005 年版,第 17 页。

⑥ [美]伊曼纽尔·沃勒斯坦:《沃勒斯坦精粹》,黄光耀、洪霞译,南京大学出版社 2003 年版,第 213 页。

⑦ 《马克思恩格斯文集》(第 8 卷),人民出版社 2009 年版,第 52 页。

让人摆脱物化、异化的社会关系和生存方式。“现代化过程就是18世纪以来资本主义社会和欧洲国家体系的形成和发展过程”①,现代社会的生产力提高,社会分工发展,物质活动和精神活动分离、细化,某一部分、某一方面的身体、思想和能力得到提高,但其他部分没有相应获得发展,这样就造成个人发展的不平衡。在现有条件下,“一切支配,其最根本、最正统的根源,存在于人试图把自身从生命的必要中解放出来的期待之中”②。资本主义条件下,少数人依靠大多数人满足自身的需要,大多数人不仅要负担自身需要,而且要被迫为他人承担生命的重荷。于是,社会整体发展与个人片面发展之间的矛盾越来越突出,形成个人自身和社会群体之间的对立和冲突。现代艺术、审美理念也是现代化发展的结果,艺术在启蒙运动之后被称为“美的艺术”,分类和标准更为明确,具体包括音乐、诗歌、绘画、舞蹈、雕塑等③。审美、艺术的本质逐渐从外在世界转向主体自身,审美主体、艺术表现、文学自律等逐渐成为支撑审美解放的主要基点,形成相对独立的领域和价值规范。康德关于美的无功利性论断奠定了审美自律的基础,现代社会的审美意识建立在形而上学的先验的主体性和理性原则之上,人的价值首先是个人的价值,个人的价值就是自由④,审美自律是主体性的必然后果。审美解放在18世纪启蒙运动之后发生重大转变,“才出现一种根据不同学科门类组织起来的科学活动、普遍主义的权利学说、一种非正规的权利公共领域以及通过市场组织起来的艺术活动”⑤,审美与非审美、艺术与非艺术之间的界限划分趋于明晰。审美理性与认识理性、道德理性并列,成为康德通过三大批判建立主体性哲学大厦的基本出发点,启蒙话语内在地包含了审美解放的内在人文解放旨趣。黑格尔指出,“现代世界的原则就是主体性的自由”⑥,但主体性原则又是一个“片面性原则”,理性需要通过主客辩证统一才能实现真正的和解,实现人的解放和自由。鲍姆加登认为,审美介于理性的普遍性和感性的特殊性之间,审美既带有理性的完美,又具有融合、渗透状态,“美学的任务就是要以类似于真正的理性运作的方式(即使

---

① ［德］尤尔根·哈贝马斯:《哈贝马斯文集》(第四卷),曹卫东译,上海人民出版社2004年版,第209页。

② Hannah Arendt, *On Revolution*, London: Penguin Books, 1977, p.113.

③ 参见刘悦笛:《生活美学与艺术经验》,南京出版社2007年版,第283页。

④ 参见邓晓芒:《康德哲学诸问题》,生活·读书·新知三联书店2006年版,第163页。

⑤ ［德］于尔根·哈贝马斯:《交往行为理论》,曹卫东译,上海人民出版社2005年版,第210页。

⑥ ［德］于尔根·哈贝马斯:《现代性的哲学话语》,曹卫东译,译林出版社2004年版,第21页。

是相对自律地），把这个领域整理成明晰的或完全确定的表象”①。在审美自律的同时，人在非审美活动中就很难满足审美需要，需要通过特意的审美欣赏或艺术创造来实现，艺术教育、审美教育就成为审美解放的重要形式。现代社会的审美解放关注自身主体，更多地从自身寻求审美的根源，人的精神、情感、意识、无意识等都成为重点关注的对象，审美评价的标准也逐渐集中于审美、艺术自身。“艺术承担了一种世俗救赎功能”②，将人们从物质化的自然界、庸常化的社会生活中解放出来，审美是实现人的全面、平衡和整体发展的基本路径。从舒斯特曼对审美特征的概括中，可以看出现代社会审美解放的特点。从价值来看，审美在本质上具有特殊的价值，能够使人乐在其中，审美解放即释放人的价值，让人感到愉快。从现象学来看，审美能够被感受、情感吸引到生动之物的在场，从平庸的日常生活中凸显出来，审美解放就是通过生动、主观、情感的途径摆脱庸常。从语义学来看，审美既是感觉，又是有意义的经验，审美解放就是借助感觉、经验来实现某种意义。从定义和概念来看，审美是独特的艺术体验，审美解放就是以独特的审美体验促进人的自由和解放③。

前面两个阶段已经成为历史事实，第三阶段至今仍然属于人类的理想。“人的自由全面发展”是审美解放的追求目标和发展方向，审美解放是实现这个美好理想的重要途径。从现有的研究来看，主要集中在“人的全面发展”方面，包括哲学上的主体、能力、关系、个性等方面，社会学的人与社会的关系方面，教育学的素质教育方面，从政治学的人与制度的关系方面，等等。但是，被很少深入论述的“自由”是“人的自由全面发展”的核心和关键，没有“自由”，再“全面”的发展也无法超越前两个阶段，无法进入第三阶段。“自由”强调的是审美解放，打通审美与非审美的界限和对立，拉近审美与生活的距离，将审美因素融入一切生命活动。马克思将自由与劳动、美结合起来，营构了人类解放的美好图景；尼采专注于人的精神性存在，探索审美解放的可能；弗洛伊德将潜意识、性欲的解放作为前提，文艺创作被看成审美解放的实现途径；马尔库塞从“爱欲解放论”转入“审美解放论”，带

① ［英］特里·伊格尔顿：《审美意识形态》，王杰、傅德根、麦永雄、柏敬泽译，广西师范大学出版社2001年版，第3—4页。

② H.H.Gerth and C.W.Mills, *From Max Weber: Essays in Sociology*, New York: Oxford University Press, 1946, p.342.

③ 参见［美］理查德·舒斯特曼：《生活即审美》，彭锋译，商务印书馆2007年版，第21页。

领人们逃避到一个虚构的世界,去克服和变革现存条件①;哈贝马斯试图突破二元论,发扬"生活审美化";等等。虽然这些努力尚未完全破解"人的自由全面发展"的难题,但是并未阻碍审美解放的继续前进,更多的后来者参与到这一重大课题。如果从启蒙的角度看,"解放"在农业社会、工业社会和后工业社会分别有不同的表现形式。农业社会的启蒙是"觉识的启蒙",将人从蒙昧状态中解放出来;工业社会的启蒙是"解放的启蒙",将人性、个体及其能力解放出来②;后工业社会的启蒙是"建构的启蒙"或"生活的启蒙",要将生活世界作为解放的对象。

解放是一个多层次、多方面的系统工程,审美解放与政治解放是其中一个层次的两个重要方面。为了更好地理解审美解放,我们要以审美解放与政治解放的张力关系为核心,将审美解放具体化为个人主体与社会力量解放,建构审美解放的主体维度和客体维度。以上从个体和社会两个维度分析了审美解放,基本确定了审美解放在个体发展和社会形态中的地位、作用和影响,其中的"个体"与"社会",侧重个体及其与社会环境的关系。至于审美解放中"个体"与"群体"的关系,则是更为复杂的问题。除了个人层面之外,还包括民族、国家等中间层面的解放,还有更大范围的人类层面、终极层面的解放。

第三节　审美解放的历史生成

政治解放是实现审美解放的历史前提,是克服"个人主体性"和"社会主体性"对立的社会现实的根本保证。只有消除使人陷入压迫、压抑的社会基础,建立包容个人主体性的社会秩序,审美解放才有实现的可能。

在西方,宗教批判与改革是政治解放的基本条件,政治解放总是内在地包含了对宗教的批判和颠覆,"对宗教的批判是其他一切批判的前提"③,审美解放蕴含于政治解放的多元探索之中。政治解放首先要破除宗教的蒙昧主义和专制主义的控制。人道主义的解放精神是宗教批判的实质,源自文艺复兴的人道主义倡导自由、理性、幸福的人性生活,个性解放成为政治解放的基本内容,人本化、个体化、理性化、世俗化的新教伦理是资本主义精神的助推剂。理性精神的强化消解了宗教信仰,又将自己偶像化,工具理性成

① 参见[德]阿道尔诺、霍克海默:《启蒙辩证法:哲学断片》,渠敬东、曹卫东译,上海人民出版社 2006 年版,第 192 页。

② 参见张康之:《论伦理精神》,江苏人民出版社 2010 年版,第 83—84 页。

③ 《马克思恩格斯选集》(第 1 卷),人民出版社 1995 年版,第 1 页。

为市民社会的支配力量，私有化、异化、奴役等成为马克思主义批评资本主义、建构社会主义乌托邦的理论基点和现实依据。恩格斯在《社会主义从空想到科学的发展》中阐释了乌托邦的空想特征，赫茨勒的《乌托邦思想史》（1923）以编年史的形式研究乌托邦，卡尔·曼海姆的《意识形态与乌托邦》（1929）用知识社会学研究意识形态与乌托邦，雷蒙鲁耶从心理学视角提出“乌托邦精神”（1950），雅克·沙维尔用社会学、心理学分析乌托邦（1967），拉斯基用社会学、政治学的方法分析乌托邦①，弗洛姆认为社会主义表达了无产阶级对于人的解放、建立一种新的道德原则和实现人类团结的希望（1988）②，等等。资本主义推翻封建统治和宗教束缚之后，“解放”的要求在市民社会继续扩张，尽管这种要求被“资本”所营造的新的统治所压制。乌托邦从空想社会主义的理论设想到合法性论证，从马克思的现实考量到布洛赫的“真实的可能性”，乌托邦精神是一种“解放”的承诺，而这种解放呈现出审美化的倾向。最具代表性的是哈贝马斯，其“交往社会的乌托邦”试图以“对话”“交往”建立自由、美好、民主的社会模式，以审美应对政治强权、资本控制和文化压迫。解放是人对现实压抑的反抗和对本真存在的追求，既消除自然对人的束缚，又摆脱神对人性的异化，使人恢复自由、对立、平等、幸福等生活本性。市民社会的政治解放并没有彻底摧毁宗教枷锁，仅是将“宗教从公法领域驱逐到私法领域”③，人的实际宗教信奉仍然存在，宗教从政治领域转移到市民社会领域。市民社会的政治解放赋予每个人以人权、平等，但又通过资本主义的经济社会结构造成新的、更有效、更隐蔽的控制。政治解放的进步和成果为审美解放奠定了物质和社会基础，政治解放的限度与困境又成为审美解放存在和发展的契机。

在现代中国，国家独立、民族解放，以及现代化发展是政治解放基本内容，审美解放要服务于、服从于政治解放。主观上，人们不满足于政治现状，想尽办法来摆脱各种束缚、蒙昧和不自由，追求自由、进步和发展。客观上，阻碍解放的政治力量不会自己退出历史舞台，需要艰苦的斗争和有效的策略才能完成。与西方政治解放中的宗教批判不同，中国主要以儒家文化、传统文化的批判反思为主要内容和方式，儒家文化不同于一般的宗教，对中国社会和大众生活具有深远影响，是知识分子的人生信仰。中国的政治解放引进、吸收了西方的“人权、民主、自由”，但又有自己的特点、任务和内容，

① 参见周均平：《审美乌托邦研究刍论》，《文学评论》2010 年第 3 期，第 158 页。

② 参见[美]埃利希·弗洛姆：《健全的社会》，欧阳谦译，中国文联出版公司 1988 年版，第 272 页。

③ 《马克思恩格斯全集》（第 1 卷），人民出版社 1957 年版，第 174 页。

正如毛泽东所言,“政权、族权、神权、夫权,代表了全部封建宗法的思想和制度,是束缚中国人民特别是农民的四条极大的绳索”①。冲出“四条绳索”的努力很早就开始了,洪秀全借来西方的上帝,发动太平天国运动,对封建宗法制度产生了巨大冲击,其《天朝田亩制度》《资政新篇》等乌托邦色彩的政治改革,与后来的改良派有很大相似性,甚至更全面、彻底②。中国被卷入全球现代化、“西学东渐”的历史进程,面对内忧外困的严峻形势,中国采取了多种救亡图存的方案和措施,这是各种解放形式产生、发展的现实基础。从政治解放的角度,“西学东渐”经历了器物更新、政治改革和思想解放三个阶段,器物更新没有触及封建主义的政治经济根基,政治改革局限于法律、制度、政策层面,思想解放体现民主、科学精神等观念文化层面。如果将陈独秀的《吾人最后之觉悟》与梁启超的《五十年中国进化概论》进行比较,就会窥见政治解放作为审美解放历史前提的地位与影响。陈独秀认为,“最初促吾人觉悟者为学术……其次为政治……伦理的觉悟,为吾人最后觉悟之最后觉悟”③。梁启超则认为,“第一期,先从器物上感觉不足……第二期,是从制度上感觉不足……第三期,便是从文化根本上感觉不足”④。无论是陈独秀的“学术—政治—伦理”,还是梁启超的“器物—制度—文化”,政治解放都属于中间层面,高于“学术”“器物”,又是“伦理”“文化”的基础和前提。“伦理”或“文化”的内涵不同,但都指向最里层,即心理、灵魂和核心,只有平等、自由等思想观念深入人心,才能实现真正的解放。这一逐层深入、由表及里的认识过程,说明中国对现代化的认识由最初靠直观感觉、重视外在、有形的器物、技术和制度等有形力量,逐渐深入到思辨与抽象的内在精神本质和无形力量。傅斯年认为,“物质的革命失败了,政治的革命失败了……必须建设在新思想上面……新思想必须放在新文学里面……未来的中华民国的成长,很靠着文学革命的培养”⑤。初期对引入西方的科技、法律、政治,主要偏向政治、经济、军事等实体改革;后期重点引入西方的理论科学、哲学、美学、文艺,主要侧重思想、观念、审美等精神层面的提升。从洋务运动的“中学为体,西学为用”到戊戌变法的制度改革,从辛亥革命到国民政府成立,从抗日战争到解放战争,从新中国成立到改革开放,中国

① 《毛泽东选集》(第一卷),人民出版社 1991 年版,第 31 页。

② 参见李泽厚:《中国近代思想史论》,生活·读书·新知三联书店 2009 年版,第 25 页。

③ 陈独秀:《吾人最后之觉悟》,《新青年》1916 年 2 月 15 日,第 1 卷第 6 号。

④ 梁启超:《五十年中国进化概论》,《梁启超文选》(下),中国广播电视出版社 1992 年版,第 553—554 页。

⑤ 傅斯年:《白话文学与心理的改革》,《新潮》1919 年 5 月,第 1 卷第 5 号。

的政治解放从来没有停止过（当然，也有政治解放的倒退，如“文革”“大跃进”等），政治是中国最大的现实，每个中国人都要在政治面前做出选择（超脱政治也是一种选择），社会阶层有一定的政治原则，政党要有各自的政治信仰。在政治解放的历史前提下，审美解放也在相应做出调整，以发挥应有的功能和作用。

为了让中国摆脱封建压迫、列强欺辱、贫穷落后的局面，知识分子提出了包括审美解放在内的多种思潮和方案，具体可以分为以下几个方面。

一、倡导“文艺救国”

“文艺救国”是用审美解放推动政治改革，解放思想，改造国民性。文艺可以生动、形象地反映亡国灭种的危机，可以激发国人奋起抗争的激情，可以实现知识分子启蒙救国的理想。百年中国经历了无数危机和磨难，最具代表性的是19世纪末开始的列强瓜分、1931年日本全面侵华，面对诸如此类的危急、险恶时刻，“救”成为文艺、审美领域中的道德律令、社会责任和审美标准。

19世纪末流传甚广的《时局图》以漫画的艺术表现方式，揭示了列强瓜分中国、清政府昏庸无能的危机，成为文艺反映、揭露现实的典型代表。文学对于普及新思想具有不可替代的优势，“求其能普及而收速效者，莫小说若”①，文学可以“影响世界普通之好尚，变迁民族运动之方针”②。《老残游记》《孽海花》等小说隐喻中国“病入膏肓”的现实，以艺术形象警醒世人，探索救世之道。邹容、陈天华、秋瑾等革命者既是不怕牺牲的革命家，又是出类拔萃的艺术家，其政治宣传文采斐然，其诗歌、杂文等文艺作品极具鼓动性和杀伤力，在政治、社会、文艺等领域影响深远。梁启超先后提出“诗界革命”“小说界革命”，将小说当成道德、宗教、政治、风俗、学艺、人心、人格等一切改革的基础③，突出文学的宣传、舆论、思想的征服人心的作用。陈独秀创办的《安徽俗话报》以“俗话”对老百姓进行宣传，《青年杂志》的宗旨由开始的“改造青年之思想，辅导青年之修养”，转向“批评时政，讨论政

① 王无生：《论小说与改良社会之关系》，舒芜、陈尔东、周绍良、王利器：《中国近代文论选》（上），人民文学出版社1959年版，第225页。

② 陶曾佑：《论小说之势力及其影响》，舒芜、陈尔东、周绍良、王利器：《中国近代文论选》（上），人民文学出版社1959年版，第251页。

③ 梁启超：《论小说与群治之关系》，舒芜、陈尔东、周绍良、王利器：《中国近代文论选》（上），人民文学出版社1959年版，第157页。

治”,缘于不忍默然“国命存亡之大政”①。李大钊虽然对国危民患的现实有清醒的认识,但他更倾向于文艺面向未来、更新现实的作用,用新文艺呼唤新文明,挽救国家和民族。五四新文化、新文学运动采取文艺、审美的方式,但目标是将人民大众从封建政治、儒家伦理、落后观念对中国的束缚中解放出来,很多人因忧患意识、亡国意识走上文艺道路,又在文艺领域审美地表达这种意识,让文艺感化、启蒙、鼓舞、解放民众。正是看重文学作为精神救治、思想拯救的强大力量,鲁迅、郭沫若等作家才弃医从文或弃工从文,从科学救国、实业救国转向文艺救国。

日本入侵让“中华民族到了最危险的时候”,作家团体、组织、文学报刊(包括各类报纸文学副刊)等都围绕“抗日”展开活动,相关作品、评论、表演等大量涌现,战时性质的文化艺术界统一战线组织上海文化界救国会、北京文化界救国会等,都要求“争取民族的解放”②,以文艺鼓舞和组织民众抗击侵略者,形成一股文艺救亡思潮。虽然文艺界内部还存在不同的流派、立场、动机和取向,但在抗日救国上团结一致,都主张以文艺增强抗战的力量,中华全国文艺界抗敌协会等文艺抗战组织囊括了包括国共两党在内的各派别、阶层,国民政府专门设立“第三厅”管理艺术与宣传,毛泽东要求西北战地服务团“要用你们的笔,你们的口与日本打仗”③。虽然抗战胜利标志着文艺救国告一段落,但是文艺救国的观念、功能、贡献已深入人心,提高了文艺、审美的影响,对人们重新认识文艺、审美具有深远意义。

二、提倡“审美超越”

“审美超越”是通过审美、精神、学术等,探求现代文化精髓,追求超越政治、经济等功利性活动的人生境界和人类视野,获得精神自由和学术独立。王国维译介和研究了大量西方美学、艺术和文学,批评了文艺攀附政治、多政治趣味而缺学术价值、重形而下之学而轻形而上学、重哲学之分支而轻纯哲学等现象④,反对急功近利和眼前利益,主张以学术精神、审美精神探索人生真理和生命境界。

---

① 陈独秀:《答顾克刚》,《新青年》1917 年 7 月 1 日,第 3 卷第 5 号。

② 《上海文化界救国运动宣言》,《大众生活》1935 年 12 月 21 日,第 1 卷第 6 期。

③ 西北战地服务团团史编写组:《西北战地服务团团史》上册,1988 年,第 6—7 页。

④ 参见王国维:《论近年之学术界》,《王国维遗书》(第五册),商务印书馆 1940 年版,第 93—96 页。

王国维虽然将审美、文艺看成是“可爱玩而不可利用”[①]“游戏的事业”[②]，但十分看重审美、文艺对人生困惑、利害功利、社会世俗的超越功能，具体包括以下几个方面。一是促生审美情感，诗歌、雕塑、绘画、建筑等作品可以愉悦身心、诱起情感，文艺家要有敏锐的知识和深邃的情感才能创造出好作品；二是给人形式美感，优美的形式让人心平和，宏壮的形式让人心休息，古雅的形式可以教育众庶[③]；三是让人解脱，有“境界”的文艺作品可以帮助人们实现“欲”的自我解脱，达到心灵自由。

宗白华从艺术形式与“生命的律动”的同构关系出发论述审美超越，认为文艺具有形式价值，可以表现生命内核、生命情调[④]；具有“抽象的价值”，体现宇宙奥秘、生命意味和人生情景；具有启示价值，生命节奏、艺术象征体现宇宙人生最深的意义、境界。据此，宗白华将人生分为“主于利”的功利境界、“主于爱”的伦理境界、“主于权”的政治境界、“主于真”的学术境界、“主于神”的宗教境界、“主于美”的艺术境界，艺术境界介于宗教境界和学术境界之间。朱光潜从文艺心理学的角度阐述审美超越，文学之用“不仅在有尽之言，而尤在无穷之意”[⑤]。

围绕审美超越，王国维、宗白华、朱光潜等中国近代以来最具代表性的美学家提出了各自不同的观点，这些观点在很大程度上是西方美学思想在中国的传播、延伸、重构和变异，可谓20世纪中国知识分子建立中国现代美学、重建中华民族文化主体性所进行的持续、艰难和有益的尝试，是中国现代学术工程的重要组成部分。

在某种意义上，审美超越的思想建构是中国近代思想危机和文化危机的产物，中国知识分子在应对中国现实危机和西方文化冲击方面，既要吸收西方现代思想重建中国文化、改造中国现实，又要重塑民族文化主体性，保持民族文化认同。罗钢通过对王国维、宗白华、朱光潜、李泽厚等学者的学术结论提出了挑战，认为包括“意境说”在内的很多美学思想、概念都是西方美学的横向移植，实践中“传统的现代化”转化为“自我的他者化”，从而

① 王国维：《古雅之在美学上之位置》，《王国维文集》（第三卷），中国文史出版社1997年版，第31页。

② 王国维：《文学小言》，《王国维文集》（第一卷），中国文史出版社1997年版，第25页。

③ 参见王国维：《古雅之在美学上之位置》，《王国维文集》（第三卷），中国文史出版社1997年版，第34—35页。

④ 参见宗白华：《论中西画法的渊源与基础》，《美学散步》，上海人民出版社1981年版，第99页。

⑤ 朱光潜：《无言之美》，《朱光潜美学文学论文选集》，湖南人民出版社1980年版，第355页。

深化了近代中国所遭遇的思想危机①。这种说法试图破除诸如“意境说”等“学说的神话”②，指出了中国现代审美超越的思想渊源和语境，虽然仍有待深入论证，但在另一个方面说明了审美超越理论建构的艰难和复杂。

三、提出“以美育代宗教”

“以美育代宗教”是以美育的普遍性、超越性、科学打破宗教的腐朽、等级、狭隘，实现平等、自由、博爱，以内在的、自由的美育进行情感教育和人格教育。王国维所谓“美术者，上流社会之宗教”、梁启超的趣味主义、蔡元培的“以美育代宗教”、梁漱溟的“以道德代宗教”等，都在不同程度上试图用审美的方式提供宗教般的心灵救赎方案，来应对社会体制的动荡和文化机制的挖掘所造成的信仰危机。李泽厚认为，这种不通过宗教而是通过审美达到对最高人生的追求，很符合中国国情③。

在全面吸收西方文化的过程中，传统文化价值观、世界观、价值信仰等被解构和抛弃，新文化运动中的科学主义、自由主义等西方观念暂时成为修补知识分子信仰的材料，德赛两先生被看成是摆脱黑暗、走向光明的法宝，可以救治中国政治、道德、学术、思想的一切黑暗④。梁启超很早就对以科学为核心的西方文化进行反思，他认为以科学为基础的进化论、个人本位等催生极端功利主义、军国主义，甚至引发世界大战，“现在想给我们国民一种防腐剂，最要紧的是确立信仰……‘只有情感能变易情感，理性绝对不能变易情感’”⑤。科学无法解决人生所有问题，更不能作为一种价值信仰支

① 参见罗钢：《意境说是德国美学的中国变体》，《南京大学学报（哲学·人文科学·社会科学版）》2011年第5期，第38—58页。

② 罗钢：《学说的神话——评“中国古代意境说”》，《文史哲》2012年第1期，第5—21页。罗钢对王国维《人间词话》及相关研究还有《眼睛的符号学取向——王国维“境界说”探源之一》（《中国文化研究》2006年冬之卷）、《七宝楼台，拆碎不成片断——王国维“有我之境、无我之境”说探源》（《中国现代文学丛刊》2006年第2期）、《著一“闹”字，而境界全出——王国维“境界说”探源之三》、《一个词的战争——重读王国维诗学中的“自然”》（《北京师范大学学报（社会科学版）》2007年第1期）、《王国维的“古雅说”与中西诗学传统》（《南京大学学报（哲学·人文科学·社会科学版）》2008年第3期）、《历史与形而上学的歧途——王国维与常州词派之一》（《北京师范大学学报（社会科学版）》2009年第3期）、《“词之言长”——王国维与常州词派之二》（《清华大学学报（哲学社会科学版）》2010年第1期）等。相关评述参见童庆炳：《当前文学理论发展新趋势——以罗钢十年来的〈人间词话〉学案研究为例》，《探索与争鸣》2011年第9期。

③ 参见李泽厚：《美育与技术美学》，《杂著集》，生活·读书·新知三联书店2009年版，第185页。

④ 参见陈独秀：《本志罪案之答辩书》，《新青年》1919年1月，第6卷第1号。

⑤ 夏晓虹编：《梁启超文选》（下），中国广播电视出版社1992年版，第551页。

撑知识分子的终极诉求，由此求助于美育来改造国民性，建构新的价值观，赋予美育以新民强国的重任。

在探求新信仰的道路上，文化成为备受关注的焦点，吸收西方文化、批判传统文化成为简洁易行的路径，如何保持、重建文化主体性就成为一个时代课题，过于依赖西方文化对中国的改造只能让中国文化成为西方的"镜像"。根据拉康的"镜像阶段"理论，6—18 个月大的婴儿在镜中认识到自己的形象，虽然不能有效控制自己，但镜像让婴儿想象自己能够自我驾驭，并将自我与他者区分，从而意识到自己的身份——他者确认了自我的存在和独特性。中国引进并接受西方文化就存在一个较长的"镜像阶段"，中国现代文化的主体性诞生于与西方文化的结构性关系，其"内在行动是从不足指向预期"①，"不足"的是中国文化在镜像阶段无法独立自主、缺乏行动力的实际状况，"预期"的是中国文化在西方文化镜像中看到的虚构、表面、颠倒的自我形象。知识分子通过文学、艺术、审美的方式试图强化中国文化主体性，就如父母指着镜子告诉孩子"这就是你"，从而造成文化的异化。

在中国文化现代化的初期，这种对于西方文化的认同是必要的，只有通过对他者的认同才能让自己融入世界整体，但也要认清这种虚构的自我形象和文化认同存在天然的风险和缺陷，更要警惕西方文化霸权对落后国家和地区采取的一种文化控制和支配手段。以西方进化论思想为主要工具的文化批评更多的是基于西方文化的意识形态功能，康有为、章太炎等对传统文化、儒学批判都具有这种意识形态性，而文化霸权正是通过处于从属、弱势地位的文化集团的自愿认同和"自我的他者化"，从心理和信仰层面侵蚀和占领被压迫者的主体性。

王国维将艺术表述为"上流社会之宗教"，既是他对西方美学（叔本华、席勒等美学思想）认同的结果，又是有选择性地将美学简化为美育，或者说有意突出美学对知识分子精神解救和国民性改造的意义——自我解救与解救他人的双重诉求。梁启超宣称自己是趣味主义者，审美趣味可以将麻木的人、民族变成有趣的人、民族，增强民族的凝聚力和创造力。蔡元培的"以美育代宗教"通过美育美化生活、公德推动社会变革和政治改革，宗教的非科学性造成其认知层面的愚昧，但承认其信仰价值，"宗教之根本思想，为信仰心"②，并希望借助信仰进行新的国民性建构。

---

① Bruce Fink, *The Lacanian Subject: Between Language and Jouissance*, Princeton University Press, 1995, p.17.

② 蔡元培：《蔡元培全集》（第二卷），浙江教育出版社 1997 年版，第 338 页。

第一，蔡元培试图剥离宗教外壳、保留信仰内核的结果，是将宗教信仰变成哲学信仰，将排他性、神圣性、终极性的宗教信仰转换成对主体精神、反思意识和科学理性的膜拜，希望兼顾“终极关切”（蒂利希语）和现实关怀。蔡元培充分肯定美育的信仰价值，美育具有“情感”“美感”等信仰所需心理基础，可以陶冶性灵、促进道德；审美可以触及终极实在，“所谓无穷的完全进入有穷的，有穷的完全充满着无穷的”①；美育可以改造现实思想、观念、文化和道德，从而促进社会政治变革；美育可以具有现代精神的理性、自由、进步的精神，实践和完成终极关怀。

第二，蔡元培在“以美育代宗教”的论证中，可以清晰地看出西方美学的“镜像”，康德的二元论成为蔡元培论述现象界与实体界的直接思想来源，审美中介思想被蔡元培引申为“立于现象世界，而有事于实体世界”②的美育、教化实践。审美可以横跨现象和实体，立足现象通往实体，着眼此岸的现实，指向彼岸的终极，审美成为过渡功能的中心场域。蔡元培以审美图景看起来非常好——改善现实—营造幸福生活—终极实在，审美隐含于其中每个环节，但政治目的、沉重社会现实的压力，常让蔡元培陷入“出世间之思想”与“出世间事”③之间自相矛盾的境地，让这种美好令人怀疑。用文化主体性的视角来看，蔡元培的美育思想隐含了中国文化与西方文化、传统观念与现代思想之间的激烈博弈。中国传统文化中，“天人合一”的审美一元思想影响深远，人超越自己就是超越天、地、万物，人是“具有超越自我和世俗限制能力的主体，它要求人们向内反求诸己以实现‘超凡入圣’之理想，而不要求依靠外力”④，超越的动力来自人的主观意志、道德修养和生活体验。这样内在超越就不要求外在环境如何，既可以是政治事功，又可以是平常世俗，只要个人内心修为得当，外在烦扰不影响人获得审美超越的生命状态。即便是有国恨家仇、离愁别绪、命运多舛等造成精神压抑，知识分子也能够借助诗、书、画、乐、游等多种审美方式进行解脱和超越，找到一种实现幸福生活的生命信仰，但不再继续追求更为彻底、纯粹的超越。

第三，面对西方宗教、哲学、美学中二元论思维和外在超越模式，蔡元培虽然建构了二分的“想象界”和“实体界”，增加了“天人合一”所没有的外在彼岸力量和终极价值，但不愿放弃此在的现实幸福又消解了彻底、纯粹的终极诉求。加之西方也有科技理性、个人主义等无限扩张所带来的精神危

---

① 蔡元培：《蔡元培全集》（第五卷），浙江教育出版社 1997 年版，第 237 页。

② 蔡元培：《蔡元培全集》（第二卷），浙江教育出版社 1997 年版，第 13 页。

③ 蔡元培：《蔡元培全集》（第二卷），浙江教育出版社 1997 年版，第 12 页。

④ 汤一介：《儒道释与内在超越问题》，江西人民出版社 1991 年版，第 11 页。

机和文化困境,宗教对此也无能为力,这让文化保守主义和文化民族主义者有理由向中国传统文化寻找本土资源,倡导中国审美精神和超越模式。蔡元培从孔子那里发现"无宗教""美术的陶冶"①的思想资源,从孟子那里找到"富贵不能淫,贫贱不能移,威武不能屈"的气概、"杀身以成仁"的勇敢②,从儒家义、恕、仁中找到自由、平等、博爱,为传统审美超越改造西方审美超越思想找到依据,同时也为现实政治、社会变革找到了方法。这可以从抗战时期蔡元培倡导用美育让人具有"宁静而强毅的精神"——内在超越模式——中可见一斑,"宁静的头脑""强毅的意志"是以向内的自我超越指向外在的政治诉求和社会变革,传统的道德精神和审美精神也被要求服务于现实政治危机和现代社会政治规划。

第四,蔡元培的现实诉求和政治目的削弱和降低了西方审美超越的彻底性和终极价值,同时又将传统内在超越进行了现代化改造和有节制的开放,"以美育代宗教"很难实现重建信仰的目的,不能提供终极关怀的精神力量,但又区别于一般世俗关怀,这也许就是中国文化在"镜像"阶段又希望突破"镜像"的精神症候。蔡元培吸收了康德二元论的基本框架,但并没有继承其哲学精神,甚至存在严重的误读。康德厘清了真、善、美,将艺术、道德、宗教、科学等之间畛域分明,求真是哲学的目的,求善是道德的目的,求美是艺术的目的,这是将艺术从哲学和宗教的婢女的地位上解放出来的基本依据。在当时的背景下,蔡元培让艺术、审美反过来取代宗教的地位,存在两个问题,一是审美、艺术在西方或中国的地位到底如何,是否已经获得自身独立领域;二是即便审美、艺术取得独立地位,在中国现代文化、学术规划中,是否可以用一个领域取代另一个领域。正是因为没有很好地定义和区分艺术、宗教、审美等核心概念,所以"以美育代宗教"颇多争议,引发人们的反驳或补充。杨鸿烈指出:"凡以美的理论、方法、制作品,用来熏陶美的情操,就是美育","拿美来代替宗教便是拿有感觉对境之美而代与感觉绝缘的宗教,是有点牵强不合拍奏"③。赵紫宸认为任何文化的元素都不能取代宗教,艺术的进步是宗教需要的结果④。周作人、罗家伦等对比研究了宗教与艺术,认为情感是宗教与艺术的共同特征和历史渊源。陈独秀主张以宗教和美来引导麻木的中国人的情感,寻找耶稣崇高、伟大的人格和热

① 蔡元培:《蔡元培全集》(第八卷),浙江教育出版社 1997 年版,第 362 页。

② 参见蔡元培:《蔡元培全集》(第七卷),浙江教育出版社 1997 年版,第 291 页。

③ 杨鸿烈:《驳"以美育代宗教说"》,《哲学》1923 年第 8 期。

④ 参见赵紫宸:《〈圣经〉在近世文化中的地位》,《生命》1921 年,第 1 卷第 6 号。

烈、深厚的情感①,这一主张得到钱玄同、赵紫宸等人的赞同。

此外,梁漱溟站在传统文化的立场,认为儒家伦理对中国而言更具文化根基,道德自律比精神安慰有效,要用高度审美化的儒家礼乐实现艺术化的现实生活。李石岑倡导建立现代国家所需的新的时代精神,而美育可以促进人的本然性发展,启发人走向最高的精神生活,这就将美育推向更广泛、更具普遍性的领域。总之,"以美育代宗教"及其论争成为一个重要的学术命题,推动了审美、科学、民主等现代思维在社会的传播和影响,加深了艺术、审美与社会、现实的联系,至今仍有启发意义。

四、主张"教育救国"

"教育救国"是指从教育入手,培养具有新精神、新思想的国民,挽救民族危亡,实现国家富强。从郑观应"商战"即"学战"思想被演化为"教育救国"②开始,洋务派、维新派等都将教育作为拯救中国的重要内容,逐渐成为19世纪末到20世纪上半叶的教育思潮。康有为、梁启超呼吁教育救国,黄炎培视"教育为救国唯一方法"③,蔡元培将政治改革失败的原因归结于教育的缺失,"吾人苟切实从教育着手,未尝不可使吾国转危为安"④,贾丰臻甚至主张教育万能⑤。

"五四"时期,受新文化运动影响,"教育救国"主要体现在对大众尤其是下层民众的识字、爱国教育等方面,以实现大众的政治和社会改造。受西方教育思想影响,黄炎培等提倡教育与生计相结合的职业教育,试图满足社会的教育需求,促进社会进步。胡适接受杜威实用主义教育理论,提出教育救国思想,"救国是一件顶大的事业……须有各色各样的人才;真正的救国的预备在于把自己造成一个有用的人才……救国须从就出你自己下手"⑥。教育救国直接催生教育独立论,蔡元培等提出教育应脱离政治、宗教等而获得独立;社会政治问题可以通过学校教育、学术训练成为学生以后参政的预备;教育青年建设学术比政治改革更为重要,求学即救国⑦。众多教育家的身体力行、积极奔走培养了人才,为中华民族的解放事业做出巨大贡献。

---

① 参见陈独秀:《基督教与中国人》,《新青年》1920年2月,第7卷第3号。

② 夏东元编:《郑观应集》,上海人民出版社1982年版,第267—268页。

③ 黄炎培:《黄炎培教育论著选》,人民教育出版社1993年版,第126页。

④ 蔡元培:《蔡元培全集》(第三卷),中华书局1984年版,第26页。

⑤ 参见贾丰臻:《教育万能论》,《教育杂志》1914年,第6卷第1期。

⑥ 胡适:《爱国运动与求学》,《现代评论》1925年,第2卷第39期。参见毛礼锐、沈灌群:《中国教育通史》(第五卷),山东教育出版社1988年版,第465页。

⑦ 参见蔡元培:《牺牲学业损失与失土相等》,《中央周报》1931年12月21日。

“教育救国”随着政治社会形势而分化和发展，一方面，前期主要吸收西方教育理论，改革中国传统教育，重在城市正规学校教育。另一方面，经过实践检验之后又批判性地反思西方教育在中国的适应性，中国作为处于农业时代的国家，农村教育更应该受到重视。晏阳初在河北定县实验平民教育，针对中国农村问题总结为四大顽疾——愚、穷、弱、私，制定四大教育方针——文艺、生计、卫生、公民，提出三大途径——学校教育青年、社会教育群众、家庭教育家人。文艺教育从最基本的识字做起，制定了通用字表、基本字表、词表等，使农民获得求知的工具，能够了解、欣赏自然和社会。还编辑出版了适合农民的民间文艺，内容包括歌谣、谚语、谜语、歇后语、民间歌曲、乐谱、自制乐器等，绘制了相关挂图、插图等，出版了分别针对市民、农民、士兵用的课本、自修本等。梁漱溟在山东邹平、菏泽进行乡村建设实验，提出村学、乡学和乡农学校的基本组织形式。陶行知发起乡村教育、国难教育、战时教育、全民教育、民主教育等“六大教育运动”，将教育视为“立国的根本大计”。

从审美解放的角度看，“教育救国”培养了中国现代审美主体，促进了教育独立、学术发展和社会进步。“教育救国”的思想和实践中，都十分重视审美、艺术在塑造现代主体中的重要作用，有的直接将审美、文艺作为教育的基本内容和手段。一般而言，要进行文艺创作、文艺欣赏、文艺传播等审美活动，接受教育是基本条件和基础前提，教育无疑有助于审美主体对中西文化、思想和社会的理解，从而提高审美解放的能力和效果。在思想层面，审美主体和教育主体在考虑救国问题上，并不限于各自的领域，而是将审美与教育当做社会发展、政治改革的有机组成部分而加以重视，两者其实可以形成良性互动的促进关系。在实践层面，很多教育家身兼文艺家、批评家、思想家的身份，他们在从事教育救国的同时，也在进行审美解放。

通过分析以上“文艺救国”“审美超越”“以美育代宗教”“教育救国”等四种救国思想和方案，我们至少可以得出以下结论。第一，“文艺救国”“审美超越”“以美育代宗教”“教育救国”都与审美解放密切相关，都有助于审美解放在不同领域的展开。表面看来，“文艺救国”“审美超越”中的“文艺”“审美”偏重审美，而“以美育代宗教”“教育救国”中的“美育”“教育”偏重教育；其实，无论是“文艺”“审美”，还是“美育”“教育”，都将文艺、审美作为重要的救国手段、载体和内容，只是在侧重点上有所不同。第二，虽然文艺、审美、美育、教育在内涵、思路、立场等方面各有差异，但都或隐或现、或大或小地受到政治解放的制约和影响，政治解放是审美解放的历史前提。第三，在政治解放的前提下，文艺、审美、美育、教育都追求独立和自律，希望能够最大限度地发挥各自的作用,在理论建构和实践操作中具有明显的乌托邦色彩。第四,文艺、审美、美育、教育等救国思想和方案,都是在西方文化的刺激和引导下产生,都经历了由移植—反思—重构的过程。在中国现代化的进程中,各领域都要面对如何在吸收西方文化的同时保持民族主体性的时代课题,都要处理好传统文化现代化与西方文化殖民之间的关系。第五,除了文艺、审美、美育、教育之外,政治解放也是其他救国思想和方案的基本前提,例如“科学救国”“实业救国”等同样受到政治解放的制衡和影响,在逻辑和机制上异曲同工。

总之,政治解放与审美解放之间的张力关系,既表现在个体维度与社会维度的审美解放,又表现在政治解放是审美解放的历史前提。为了继续深入考察审美解放与文学研究的政治边界,就要在政治解放与审美解放的张力关系中,挖掘文学研究的政治审美因素,将审美解放落实在中国20世纪文学理论的实践当中。

第二章　审美解放的哲学基础是人的解放

人的解放是审美解放的哲学基础，审美解放是人的解放的必然结果和高级阶段，人类发展的历史是精神追求和审美解放的历史。审美解放作为一种终极关怀，把人从功利、世俗等羁绊中解放出来，提供了可以让人安放灵魂的精神家园，其实质是通过审美促成人的和谐关系。审美解放与人的精神追求相统一，可以从人们对时间等基本问题的认识进行分析，可以发现文学、艺术等对时间和人的精神世界的深度挖掘。审美解放需要通过艺术创造来完成，借助艺术创造能够满足人类高层次的精神需要，对抗或适应外在世界的压迫，能够缓解内心的痛苦、迷茫和分裂，审美地反映和把握世界。

第一节　审美解放是人的终极关怀

人类发展的历史是从蒙昧到文明、从低级到高级的过程，从为了“活着”到为了“活得更好”，进而还有“活着的意义”等深层次问题，审美解放在人类实践和人的解放过程中逐渐凸显出来。实践是人的解放的基础，人在实践中不断追求发展和进步，这是审美解放的物质和经济基础。实践将人从动物的、无意识的活动中解放出来，包括经济、政治、社会和文化等在内的一切有意识的改造世界的活动，都是“人之为人”的标志。人在实践中不断增强能力，增长知识，扩大活动范围，不断提升实践的层次。其中，工具的制作与使用促进了人的自觉意识的产生和发展，劳动的分工又促进了社会分工和精神领域的开发，人的经济生活、政治生活、社会生活和精神生活等构成了实践的不同层次。

在实践的不同层次中，审美解放发挥了重要的协调功能，在人与自然、人与人之间等主客关系的处理上，发挥了特殊而重要的作用。实践是人类根据自身需要自觉地改造世界的活动，也是人类自我改造的过程，这种双向互动使实践形成不同的层次和结构，也让人不断追求和超越，克服一个接一个的困难，在更大的范围和更高的层次上获得解放。在生存和物质的基础上，人的解放还有不断提高的精神追求，这种追求有别于生理和功利需要，而是一种对自由、理想和终极的精神诉求，而审美解放正是进入这种自由境界的重要途径和实现形式。在实践中，人的活动一般是有限的、具体的，而人的精神世界往往是无限的、抽象的，审美解放就是将人从有限的实践解放出来，进入无限、自由的审美世界。

人的解放在精神层面有很多表现方式，主要包括哲思、信仰和审美等，审美解放是一种终极层面的精神解放。人类很早就有对世界的本体性思考，哲学就是人对世界本质的追问，形而上学虽然没有实际用处，却能满足人的某种精神需要，这种需要来自对人类自身有限性的困惑及其克服。相比永恒、无限的世界而言，人类个体的存在实在是太短暂、太有限了，人类需要在自然界之外寻求可以寄托心灵的家园。对此，无数的哲学家提出了多种方案，从本体论到认识论，从演绎到推理，都从不同角度体现了人类对终极关怀的思考。但是，哲学自身的学理性危机一直存在，本体论的研究进展并不尽如人意，认识论的归纳或演绎有其自身难以克服的缺陷，康德的认识论成果非但未能为形而上学的研究提供新的路径，反倒构成了对传统本体论研究的巨大挑战①。例如，科学主义哲学认为，无法证明也无法证伪的形而上学，其实是个假命题。人本主义哲学对人的内在生命、意志和欲望的探索，只能建立在脆弱的体验基础之上，只能导向现存世界和当下生活的超越，而无法实现人的自我超越。现代哲学以"深渊"代替"家园"②，叫人习惯于毕生漂浮于"深渊"之上，不求安居，无法给人以精神寄托。后现代哲学系统、全面地对现代哲学进行了反思和批判，反本质、反哲学等思想更是解构了传统哲学的终极关怀。

宗教信仰是人类以幻想来追求自由和理想的方式，其本质是人对自身的期望和想象。被人膜拜的神其实是人的本质力量的对象化，或者说主宰世界的神秘力量是理想人格的化身，因此宗教信仰也有形而上的意义。人创造了宗教信仰，并希望通过它来把握不可知的超验世界，宗教信仰的确在某种程度上为人类提供了一种心灵慰藉和精神满足的途径。宗教信仰虽然是由人创造的，人通过严密而系统的宗教仪式来与上帝进行沟通。但是，人在至高无上的上帝面前显得渺小与卑微，只能期待上帝的恩宠，才能享受天堂的光芒。随着人类文明的进步和科学的发展，宗教存在的依据逐渐被瓦解，迫使宗教不断变换形式和教义，"上帝万能"的说法越来越受到质疑。尼采所谓"上帝死了"（超验本体的消亡），绝不是哗众取宠的妄言，随之而来的是信仰的危机和精神的空虚。更悲哀的是，科学和理性将上帝赶下神

① 参见陈炎：《当代中国审美文化》，河南人民出版社2008年版，第12页。

② 陈伯海：《回归生命本原》，商务印书馆2012年版，第107页。

坛,虽然在人类精神解放的历程中功不可没,但也无法填补信仰缺失后所留下的精神真空。

当哲学追问和宗教救赎都存在各自的危机时,审美解放理应承担起人的精神寄托的重任,成为人的解放进程中的重要一环。审美解放发挥审美、艺术的特殊功能,把人从功利、世俗等羁绊中解放出来,提供了一种可以安放灵魂的精神家园,具有终极关怀的意义。审美具有多种功能,包括理性的认识功能、政治的教化功能和文化的普及功能等多个方面,但审美的独特功能是人的情感、思想和精神的慰藉、陶冶和提升,这是审美解放所独有的、不可替代的价值所在。通过文学、绘画、音乐、美术、电影电视等审美形式,人们可以在不同程度上获得情绪的释放、情感的触动和思想的震撼。因此,审美解放也有高低不同的层次和多种实现形式。对不同的接受主体来说,同样的审美形式可能得到迥异的解读和阐释,审美解放的程度和结果也不一样。优秀的艺术作品往往具有持久的生命力,其根本原因是审美能够深入人的精神和内心,并用形象而真切的形式加以表现,注入了恰如其分的情感和思想,让人在审美和艺术中获得思想和精神的自由。

随着经济发展和社会进步,审美、艺术类型呈现多元化发展趋势,尤其是在市场经济和大众文化兴起之后,审美解放变得更为复杂。一方面,大众文化生产追求经济利益的最大化,往往采取世俗化和欲望化的策略来吸引更多的消费者,降低了审美品位和艺术水准,审美解放的"终极关怀"意味容易被淡化,不得不放下身段,成为一种"初级关怀"。例如,市场经济条件下,电影、电视等艺术形式,不再以精神和情感慰藉为最高标准,会出现粗俗、低俗,甚至恶俗的内容和形式。另一方面,经济发展和物质满足不能替代情感和精神的需要,越是在市场经济和功利主义盛行的时代,越是需要审美、艺术来填补物欲熏心造成的精神空虚,越是需要审美来抚慰在残酷竞争中疲惫不堪的心灵,越能体现出审美解放的价值。

审美解放作为一种终极关怀,其实质是审美能够表现和协调人与自然、人与社会、人与他人、人与自己等多重关系,可以将人从政治、经济、社会和文化等多重困境中解放出来。中国传统的本体论哲学不如西方那么发达和系统,宗教信仰在中国主流意识形态中一般也不占主导地位。在这种情况下,文学艺术就成为中国传统文人赖以安身立命的最佳选择。当然,中国也有"天""神"等超验思想,在民间生活和文化传统中具有一定影响,但中国审美思想中有"天人合一"的传统,超验的"天"与经验的"人"是统一、贯通的。人性要符合天道,通过人性可以达到天意。在人与自然的关系上,审美解放将从人与自然的对立、征服与被征服的紧张关系中解脱出来,将人生的短暂与苦闷置于无限而宏阔的大自然，让人的情感和精神得到自然的洗涤和陶冶，审美解放为人与自然建立了一种相互依存、不可分割的关系——“游”，逍遥游——物我两忘，你中有我，我中有你，心有天游①。在人与政治的关系中，人是政治的动物，人受制于政治，无论如何都很难脱离政治。但人又不甘于成为政治的工具和奴隶，审美解放以审美的力量抵抗、影响和缓解政治，让政治的运转更符合人性，让人在审美与政治的张力关系中得到最大限度的自由。在人与经济的关系中，人的生存状况在根本上决定于经济基础，但经济窘迫不等于精神困顿，物质丰富不等于精神幸福。审美解放不仅能缓解和转化人在物质短缺中所遭受的痛苦，而且可以缓解经济富足之后容易产生的精神空虚，让人在经济发展的同时，也能够同步提升精神文化水平，促进人的全面发展，避免单一、片面的发展。

第二节　审美解放与人的精神追求相统一

审美解放是人的精神追求的必然结果，审美解放不仅是文学艺术的需要，更是精神或心灵的需要，它对于人的生存与发展具有不可取代的意义。从人类历史演进的角度来看，审美解放与人的精神追求也体现出相对一致的特点。在生产力水平低下的远古时代，人类的活动主要局限于为了“活着”的物质生产，甚至类似于动物性的觅食活动，很难说有什么独立的精神追求。原始的宗教、巫术等一般也是以实用功利为主要目的，审美解放也无从谈起。人类进入农业文明社会以后，随着劳动分工和社会制度的完善，人的精神追求逐渐独立出来，并且有的开始以职业或机构的方式存在，审美解放也就具备了一定物质和社会基础。在进入工业文明之后，社会分工更为细化，大工业生产改变了人们的日常生活和思维方式，市场经济对效率和利润的追求既压制人的精神空间，同时也激发起精英知识分子更强烈的精神追求。在市场经济条件下，人们的精神状况更为复杂，知识分子大都持否定和批判的立场，审美解放的意愿非常强烈。

人的精神从蒙昧到解放的过程十分漫长，这个过程也是思维方式从低级到高级的演变过程，审美解放是人类思维发展到一定阶段的产物。正如远古人对世界“混沌”的看法，人的精神世界也是混沌和模糊的，神话、传说

---

① 参见骆冬青：《心有天游：明清小说美学》，南京大学出版社 2008 年版，封底。骆冬青认为，一切人文学术探讨，无非是人生的追问，无非是为了“心有天游”，最高的境界、最终的目的，或许，只不过是种抽象的抒情而已。

等审美形式对世界的反映也相对简单，人与自然的关系是人的精神世界的主要内容。人在自然界中建立了人类社会，对自然有着明显的依恋和偏好，无论是宗教信仰方面，还是审美形态上，都充满了对自然的崇拜、欣赏和想象，回归自然也是人类内心深处无法割舍的深厚情结。审美解放是人们为了克服自身的某种缺陷或能力的不足而产生的，其深层次原因是人类寻求完满、和谐的精神诉求，这种精神诉求最终指向永恒、无限和自由的境界。从某种意义上来说，人的有限性从出生就注定了——人的生命长度与其他生物相比并没有什么明显优势，时间悄无声息地消磨着人的生命，人的精神、思想、能力、价值和尊严等，在时间面前都显得十分脆弱。时间是考察人的精神解放的重要视角，也是审美解放始终关注的重要内容。

时间观念的革新是人的精神解放的重要基础，现代时间观念成为从现代化制度行为（包括政治、经济等）到现代日常生活，直至现代人自身人格（personality）气质最深层的建构条件之一①，审美解放对时间观的转换具有重要意义。时间最初的形式是自然时间，即天气变化、万物生长、生产生活等自然界的节奏规律，与变化缓慢的自然时间相对应的是尊古的历史观和保守的价值观，这也是构成古代人生观、宗教信仰的重要组成部分，而现代时间观念的形成是现代人的精神解放的重要支点。中国审美解放思想是农耕文明的结晶，审美对自然的肯定正如农耕文明对自然的依赖一样，影响了中国人对审美空间、审美时间和审美认知的形成。农耕文明显示了中华民族征服自然、改天换地的强大力量和智慧，创造了相对发达的社会形态，不仅形成中原中心论、安土重迁等观念，而且形成因空间距离的放大而愈远愈美的想象和审美空间，越远离中原，越是荒芜的地方，越是因超出人的经验而充满浪漫和神秘，越是具备美的意味。

至少在殷商时代，中国就有了明确的时间观念②，中国古人在实践中加深了对时间的理解，将人从神话语境中解放出来。中国文化对时间的感知源于对农耕社会的具体农时、节令的认识③，殷墟卜辞表明，当时的生产生活处于浓厚的神话语境。时间与历法、神话等紧密结合，人受到“天”“帝”的支配而缺乏主体性。周代初期，随着人的实践能力的增强，人们赋予时间以伦理内涵，开始重视事物的因果联系。例如，在《周易》中，时间被看成是

① 参见尤西林：《心体与时间——二十世纪中国美学与现代性》，人民出版社2009年版，第8页。

② 参见吴学国：《中国古代哲学中的时间与存在》，《南开学报（哲学社会科学版）》2011年第1期，第82—89页。

③ 参见易存国：《审美中国》，江苏人民出版社2009年版，第17页。

独立的、具有决定性的力量——“夫卦者时也”[1]。春秋以后，诸子百家从人的主体和社会现实角度，思考时间的因果性和普遍性，儒家将“天命”视为自然规律，墨家强调“非命”“尚力”中人的主体地位，道家将“道”作为存在的本原，等等。虽然后期道家对时间的理解具有相对论的意味，但没有否定时间本身，也没有动摇儒道时间观念在中国传统主流时间思想中的地位。夏商周时期，《穆天子传》《逸周书·太子晋》等体现出“生活在别处”的审美理想，从道家的远方想象到道教的游仙，则延续了这一美的超现实路向[2]。中国古人与土地、自然建立了亲密、审美的关系，在四季更替、天地阴阳交合中，发现了时间。四季不同色彩的时间显得感性而有韵律，人对自然的征服变成了人对自然的审美活动。在这一过程中，自然和时间也被审美化了。时间对中国人的审美意识影响深远，“中国人的感受性完全协调于变化着的自然状态、瞬息即逝的欢乐以及十分微妙的瞬间和谐”[3]，这里的“自然”“欢乐”与“和谐”是审美解放的结果，它们从世俗的日常生活解脱出来，或者说日常的事物被赋予了审美的意义。

“现代时间”植根于工业文明、民主政治和理性精神等现代社会的各个层面，思想敏锐的知识分子并不满足于此，他们难掩对人类命运以及时间加速流逝的担忧，并以审美解放对现代人的精神状况进行反思和救正，对现代社会展开质疑和批判。西方现代文学对现代社会的“时间”，以及由时间引发的问题，进行了多重阐释。从艾略特的《四个四重奏》到叶芝的《丽达与天鹅》，从乔伊斯的《芬尼根门的守灵夜》到普鲁斯特的《追忆似水年华》，从贝克特的《等待戈多》到马尔克斯的《百年孤独》[4]，我们可以看到作家对身处现代时间的人的精神的深度挖掘，以及对现代人的精神的批判性反思。马克思从劳动价值论的角度，在现代意义上提出了“社会必要劳动时间”的概念，认为“一切商品都只是一定量的凝固的劳动时间”[5]，揭示了现代生产条件下人与人之间的深层关系，以及现代化进程中人的物质生活与精神世界的变化。尤其是现代生产的加速变革、社会关系不断调整，给人们带来快节奏、高速运转的生产生活，“一切固定的僵化的关系以及与之相适应的素

---

① （魏）王弼：《周易注》（卷十），文渊阁《四库全书》影印版，台湾商务印书馆1986年版，第277页。

② 参见刘成纪：《论中国社会早期审美时空格局的形成》，《郑州大学学报（哲学社会科学版）》2013年第4期，第82—87页。

③ ［法］路易·加迪等：《文化与时间》，郑乐平、胡建平译，浙江人民出版社1987年版，第32页。

④ 参见李怡：《现代性：批判的批判》，人民文学出版社2006年版，第77—78页。

⑤ 《马克思恩格斯文集》（第5卷），人民出版社2009年版，第53页。

被尊崇的观念和见解都被消除了,一切新形成的关系等不到固定下来就陈旧了"①。高速前进、变动不居的现代时间否定过去,追求未来,古典政治经济学认为其动力来自对人的贪欲对利益的追逐。马克思将其称为"异化劳动",同时也肯定了缩短社会必要劳动时间的历史意义。在中国文学的发展史上,时间观念的现代转变直接推动了中国现代文学的诞生,其标志性事件是1898年由严复翻译的赫胥黎的《天演论》在《国闻报》发表,时间观念的革新与进化论的引进被称为20世纪中国文学的"第一推动力"②。

对此,文学作品对现代时间和人的精神世界进行了深度挖掘,体现出审美解放对人的精神解放的促进作用。《浮士德》塑造了被称为"第一个现代人"的浮士德形象,他准时守信,崇尚理性,对新生事物的追求孜孜不倦——"如果我对某一瞬间说:停一停吧!你真美丽!那时就给我套上枷锁,那时我也情愿毁灭!那时就让我丧钟敲响,让你的职务就此告终,让时钟停止,指针垂降,让我的一生就此断送!"③"浮士德精神"被视为现代精神的代表,浮士德一生恪守理性和精神追求,甚至不惜以灵魂为赌注发出上面的誓言。但最终,他还是食言了,"我愿看到这样的人群,在自由的土地上跟自由的人民结邻!那时,让我对那一瞬间开口:停一停吧,你真美丽!"④美让理性精神停止了脚步,放弃了一生坚守的执着,只有美才是"最高的瞬间",这里面最吸引人的是"自由"——审美能为人带来真正的自由。自由才是人最需要的东西,只有自由才能让人放弃一切。胡风的长诗《时间开始了》是作家内心无法抑制的音乐,是作家面对新生的中华人民共和国唱出的真诚赞歌⑤,反映了当时毛泽东领导中国"改天换地"的时代变革。"时间开始了"并不是要否认之前时间的存在,而是强调中国历史重新开始的时间,这里用极富感染力的语言,表达出中国文学界对新中国诞生的崇高敬意,也是"祖国文学的历史时间的新的开始"⑥。通过文学作品对理性精神和审美精神的挖掘和对比,我们可以看到时间对人存在的意义,看到审美对人的精神的解放功能。

---

① 《马克思恩格斯文集》(第2卷),人民出版社2009年版,第34页。

② 汪应果、吕周聚:《现代中国文学史》,南京大学出版社2007年版,第1—2页。

③ [德]歌德:《浮士德》,钱春绮译,上海译文出版社1989年版,第101页。

④ [德]歌德:《浮士德》,钱春绮译,上海译文出版社1989年版,第706页。

⑤ 参见傅国涌:《1949年:中国知识分子的私人记录》,长江文艺出版社2005年版,第215页。

⑥ 张未民:《编者的话》,《"中国当代文学60年小通史"系列之一》(陈晓明:《壮怀激烈:中国当代文学60年》),《文艺争鸣》2009年第7期,第28页。

第三节　审美解放通过艺术创造来完成

在西方，审美是与理性、神性的生存论联系和对立中逐步确立起来的，审美解放是将人从理性、神性生存中解放出来，让人走向审美和自由。生存论是西方哲学的重要主题，包括存在论、认识论和价值论等一切关于生存的形而上学的思想。其中，占主导地位的无疑是理性主义和神性主义，两者因对“存在”本质的不同理解而不同，但都否定存在的审美本质。理性方面，柏拉图提出“吾爱吾师，吾更爱真理”，认为人生的马车是由理性和感性这两匹马来拉动，对理性之马只需稍加规训便可走上正道，对感性之马则要严加鞭策，否则就会造成车毁人亡的恶果。柏拉图以荷马为例，指出诗人善于编造英雄故事，在其中发泄欲望，容易引发混乱，要像对待劣马一样将诗人驱逐出理想国，或者加强改造和制约。神性方面，教父奥古斯丁等信奉神性主义的思想家，将感性与堕落视为一体，认为盗窃、纵欲、感性的快乐让人堕落，必须对感性的欲望加以控制，甚至要用禁欲、苦行等方式来避免罪恶。在理性和神性看来，审美和感性变化不定、矛盾重重，往往制造假象、激起欲望、引发混乱，是应该压制和规训的罪恶之源，只有理性或神性才是真正的存在，才能够发扬光大。面对理性主义、神性主义的话语霸权，审美长期处于被监视、压制和改造的境地，被视为非理性、非正义、非文明的代表，尼采、福柯等对此都有揭露和批判。

审美解放通过感性的张扬，来反抗理性、神性对人之本能的压抑，试图颠覆理性、神性虚构出来的“本质”和“存在”。比如，狂欢文化就是感性在理性和神性的夹缝中存在的典型代表，感性以或明或隐的形式展示着审美的生命力。狂欢文化是对日常规则的反叛和排斥，但只能在特定的时间和地点短暂地存在，狂欢节上是节日性、非日常化的时空，人们可以发泄本能欲望、肆意求欢，享受摆脱禁忌所带来的快感。这是一种自发、无意识的审美活动，在后来的现代艺术中成为自觉、有意识的艺术形式。如果说狂欢是一种低级、模糊和杂乱的感性活动，那么艺术就是一种高级、自觉和明确的审美表意方式。我们几乎可以在所有的艺术活动中，都能找到审美解放的踪迹。但是，作为一种独立的意识形态，审美解放是在文艺复兴之后逐渐形成的，现代性无疑是审美解放的重要维度。为了反抗神性的束缚，审美以表现世俗、欲望的方式来解放被压抑的人性。展示肉欲、亵渎神灵等做法，一度成为审美和艺术的主要内容。理性以世俗化的方式取代神性，已经成为现代社会的基础。当然，对抗神性的共同目标，并没有缓解理性与审美之间的紧张关系，审美的反理性本质并未因此而改变。因此，审美解放既反对神性和传统，又反对理性和现代，是一种维护人类感性、审美之正当性的持续性活动。

审美解放通过感性的艺术创造超越世俗功利，引导人们走向自由。康德赋予审美以沟通知识与道德的中介功能，认为审美可以让人从必然走向自由，审美无利害属性为人们超越物质利害关系而建构了一个静观世界。审美可以沟通经验世界和超验世界，促使人摆脱物的奴役、保持独立和尊严，走向"最高的善"。审美是"凭借完全无利害观念的快感和不快感对某一对象或其表现方法的一种判断力"①，这里康德对审美"无利害性""非概念性"的界定影响深远。叔本华将审美视为摆脱人生苦难的有效途径，戈蒂耶仅从外在形式上理解美，这些思想经由王国维、梁启超、朱光潜等在中国学界传播，并根据现实语境得到多种阐释。王国维对审美的理解受到叔本华的直接影响，当时的社会现实引发知识分子的愤懑和绝望，以审美实现某种解脱成为王国维的自然选择。梁启超所谓"人生的艺术化"，经由朱光潜等美学家加以阐释，认为净化人心的前提是人生的美化，将审美视为救世之道②。作为对极左文艺思想的反驳，审美本质被等同于外在形式，"如何写"压倒，甚至取代了"写什么"。这种做法属于典型的"矫枉过正"，不仅损害了文艺的内在底蕴，而且让形式走向极端，即审美的反面。其实，康德的审美判断力是"反省"判断力和想象力的工作，"最高的善"是审美推动道德人格完成建构的结果。康德并未否认内容的思想和意义，正如黑格尔反对将艺术仅仅视为一个"有用的工具"③，也如席勒认为"道德的人只能从审美的人发展而来"④。总之，审美无利害让其能够远离政治、经济和其他功利考量，为自由提供了某种可能和典范，这是启蒙运动以后审美理论的重要启迪，也是西方现代社会治理的重要资源⑤。在西方思想家眼里，感性的审美绝非单纯的感官愉悦，而是拥有不可限量的解放潜能，这可以从康德、席勒、黑格尔，以及尼采、福柯、西方马克思主义等美学思想的发展脉络中可见一斑。

---

① ［德］康德：《判断力批判》（上卷），宗白华译，商务印书馆1964年版，第47页。

② 参见朱光潜：《谈美·开场话》，《朱光潜美学文集》（第一卷），上海文艺出版社1982年版，第446页。

③ ［德］黑格尔：《美学》（第一卷），朱光潜译，商务印书馆1979年版，第68页。

④ ［德］席勒：《美育书简》，徐恒醇译，中国文联出版公司1984年版，第118页。

⑤ 参见［英］托尼·本尼特：《审美·治理·自由》，《南京大学学报（哲学·人文科学·社会科学）》2009年第5期，第48—59页。

审美解放促进了日常生活的感性存在，肯定了感性生命的价值，重构了现实、艺术和审美等之间的关系。在现实社会中，感性的日常生活与理性生活、神性生活等截然不同，感性生命是被教育、限制和规训的对象，在现代艺术世界展示自己独特的价值。现代艺术对日常生活进行了感性化的展示，将原来的狂欢文化转化为日常生活，形成理性与感性在日常生活中并存、对抗的局面，逐渐消磨和摧毁了感性和理性之间的壁垒，颠覆和重构了艺术与生活、感性与理性的关系。例如，在唯美主义运动中，艺术被看成生活的本质，生活模仿艺术；后现代艺术则强调，人人都可以是艺术家。当然，感性要想取代理性成为日常生活的准则，需要经过一个漫长的过程，审美的生活需要一定的经济基础、知识水平和社会环境，才能占据主导地位。实际上，只有艺术家或青年亚文化群体做过类似尝试。在西方现代社会，资本主义市场经济主导着日常生活，生产者与消费者是人在社会结构中的主要身份，理性要求生产者严格按照相关规定"科学"生产，同时要求消费者"合理"消费。如果这种"理性"真的能够执行到位，那么应该可以保证生产与消费能够协调发展。但在资本主义后期，在"生产过剩"无法避免的情况下，虽然"过度消费"有悖于理性，是一种非理性消费。但是，由"理性"执行不到位所引发的经济过剩是资本主义自身无法解决的矛盾，不得不诱导消费者进行"过度消费"，"非理性"也就成为特殊形势下的"理性"——消费主义。于是，感性与消费以一种奇妙的方式结合起来，成为后现代社会经济体制的一部分，也就造成日常生活的感性化和审美化。

上面提到，从感性角度，审美解放具有反理性的一面，又具有世俗化的一面，如何协调感性与理性之间的矛盾是审美解放的重要课题。其中，"游戏"成为审美解放的重要内容，其特征主要是反现代，针对的是因感性与理性之间的矛盾、对立所引发的分裂，而游戏就是弥合和平衡这种分裂的有效途径。在现代社会生活中，感性与理性的矛盾对立主要体现在工作与休闲的二分，理性要求人在工作时成为工业生产的一部分，甚至成为机器的一部分，准确而不知疲倦；而休闲时，人的感性充分释放，感官娱乐、本能欲望的满足成为主要形式。长此以往，理性与感性、白天与黑夜、工作与休闲、压抑与放浪、外表与内心等之间的对立愈演愈烈，人格的分裂和败坏变得不可避免。其实，"游戏"的历史源远流长，"游戏作为一桩重大事件在文化本身存在之前就已出现了"①，这里的"游戏"就是审美活动，而"文化"是指人类文

① ［荷］J.胡伊青加：《人：游戏者——对文化中游戏因素的研究》，成穷译，贵州人民出版社2007年版，第1页。

明。也就是说,在人类文明存在之前,审美活动就已经开始了,游戏就是审美活动的具体表现。作为一种审美活动,"游戏"在不同时代、民族、地域等客观环境下有着不同的表达和意义,约翰·赫伊津哈①等学者对此进行了深入研究。狭义的游戏是指通行的、儿童所进行的无实际意义、无功利目的的玩耍行为,让人在自由、随意的活动中获得心理愉悦;广义的游戏是指一种人类社会的独特文化现象,从中可以看出人类对生命和世界的独特看法;游戏还可以引申为一种类似游戏的态度,轻松或者专注某种活动。古希腊赫拉克利特认为,世界是火的自我游戏或儿童的游戏;柏拉图认为,游戏是纪念神的重要方式,要用符合法律的游戏教育儿童。为了说明审美的非功利性,康德第一次将审美与游戏并列、对等看待,"好像它只是作为游戏,亦即作为独自就使人适意的活动而能够合目的地得出结果(成功)似的"②,其本质是无目的性和愉悦的情感。从审美解放的角度来看,游戏就是让人在无功利的审美活动中,享受轻松和自由的感觉,获得心理愉悦和精神的放松。

审美解放关注人性的解放和心灵的自由,准确地把握了现代人所遭受的人格分裂,并对其进行协调、融合和完善,这是审美解放的基本方法和最终目的,游戏就是其中的选择之一。相比康德的纯粹理性思辨,席勒提出的"审美游戏说"更具现实关怀,明确阐述了审美对于人的解放功能,游戏的自由基因根植于人性深处,"只有游戏使人成为完全的人",只有审美才能激发这种游戏冲动,促进人性的完满。席勒认为,现代人的困境来自感性与理性的失衡及其带来的不自由,"感性冲动"提供不断变化的物质世界,让人受制于"全部的物质存在以及直接呈现于感官的东西",但不将这种变化带到形式领域;"形式冲动"提供把握世界的普遍法则、形式,但不将这些形式带入感性领域要求感觉同一,让人受制于抽象的道德原则;而游戏冲动高于并能协调感性冲动和形式冲动,能够防止彼此越界造成的主导性单调,"在道德和自然上都强制精神。因为他排除了一切偶然性,从而也就排除了一切强制,使人在物质方面和道德方面都达到自由"③,"没有形式就没有物质,没有物质就没有形式"④。席勒认为,游戏具有一个"物质的严肃——

① 参见[荷]约翰·赫伊津哈:《游戏的人——关于文化的游戏成分的研究》,多人译,中国美术学院出版社1996年版,第1—2页。还可参见[荷]约翰·赫伊津哈:《游戏的人:文化中游戏成分的研究》,何道宽译,花城出版社2007年版,前言部分。

② [德]康德:《康德全集》,李秋零译,中国人民大学出版社2007年版,第317页。

③ [德]席勒:《审美教育书简》,冯至、范大灿译,北京大学出版社1985年版,第85页。

④ [德]席勒:《审美教育书简》,冯至、范大灿译,北京大学出版社1985年版,第67页。

物质的游戏——审美的游戏”、由低到高的发展过程，应该提倡纯粹的游戏，“人对舒适、善、完美只有严肃，但他同美是在游戏”①。美成为游戏的对象，席勒凭此建立起一个游戏、审美的王国。在这个王国里，审美的创造冲动卸去了一切强制人的束缚，包括物质的和道德的②，游戏中的主体呈现出生命、真实和自由的状态。席勒的“游戏”既是名词，表示行为产生的活动——审美；又是动词，表示一个行动产生的这个行动在这展开——审美创造，即美在游戏中被创造和把握。在主客二分的思维时代，席勒提出“游戏者”即“审美人”，是因为游戏是当下进行的，人在其中全身心投入和体验的是此刻的自由，外在的强制被清除，这个“此刻”就是美，就是自由。“想象力”是康德协调感性与知性、感性与理性的中介，其中必然存在高于感性、知性和理性的“神秘力量”，这种力量通过想象力协调理性与知性的对立，从而达到自然的目的。康德认为，这种神秘力量就是自然，自然通过天才为艺术立法，创造性艺术因此而生。在黑格尔那里，“神秘力量”是绝对精神，而美是理念的感性显现，感性与理性在绝对理念的协调下实现了对立统一，审美和艺术都是绝对精神自我运动的阶段和产物。在尼采那里，“神秘力量”变成了权力意志。只有在权力意志的协调下，酒神精神与日神精神、感性冲动与理性冲动之间的对立才能得到解决，才能找到了平衡点，创造出真正的艺术。

审美解放要在艺术创造中实现人性的自由与和谐，要避免走向极端的理性主义或极端的感性主义。尼采非常推崇古希腊悲剧，认为其是伟大艺术和伟大风格的代表，从中可以看到感性与理性的和谐，酒神与日神在古希腊悲剧艺术中实现了对立统一。尼采将艺术视为“生命的最高使命和生命本来的形而上活动”③，认为“只有作为一种审美现象，人生和世界才显得是有充足理由的”④，古希腊人正是通过在竞技场、剧场、运动场等场所的各种艺术活动来满足强健生命的需要。与之前对古希腊感性与理性、人与自然和谐关系的认识不同，尼采认为古希腊艺术的伟大源自内心的痛苦和冲突，以及对痛苦和冲突的深刻认识，正是出于对人生本质的悲剧性判断，古希腊人才创造了伟大的悲剧，以艺术创造拯救悲剧的人生。尼采认为，古希腊神话展示的生命快乐景象恰恰来自他们对生命苦难的认识，强烈的生命欲望与对生存深刻的痛苦感悟是古希腊民族的特点，这种矛盾和对抗形成了一

① ［德］席勒：《审美教育书简》，冯至、范大灿译，北京大学出版社 2003 年版，第 122 页。
② 参见［德］席勒：《美育书简》，徐恒醇译，中国文联出版公司 1984 年版，第 145 页。
③ ［德］尼采：《悲剧的诞生》，周国平译，生活 · 读书 · 新知三联书店 1986 年版，第 2 页。
④ ［德］尼采：《悲剧的诞生》，周国平译，生活 · 读书 · 新知三联书店 1986 年版，第 105 页。

种平衡，防止了像罗马式的享乐，同时避免了印度式的悲观，让生命欲望转化为审美，阻止了痛苦意识走向悲观厌世①。尼采强调的是日神艺术对于人生的拯救功能，而酒神艺术要毁灭人生，审美解放就是将显露真相的存在本身审美化为宇宙艺术家，让人体会其永恒创造的快感。在日神艺术中美战胜痛苦，在悲剧艺术中崇高压倒恐怖、滑稽消解荒诞，通过艺术拯救生命，并通过拯救生命拯救自己。尼采是用形而上学的方法关注人生，“用艺术家的眼光考察科学，又用人生的眼光考察艺术”②，艺术的价值和本质要归结于人生——艺术正视人生苦难并进行拯救和辩护，并用这种艺术观考察科学、道德、宗教等一切文化形态。此外，审美解放抵制极端的理性主义或极端的感性主义，从人的精神性存在探索人类解放是一个典型路径。尼采以酒神精神释放生命力，又以日神精神限制生命的放纵，让酒神精神和日神精神之间形成一种张力平衡，彻底颠覆了现代思想中的启蒙、理性路线，张扬审美并使之能够通过权力意志让人获得真正自由。尼采带着拯救人生的问题去探讨古希腊艺术，发现艺术能够让古希腊人得到拯救。审美对人生的肯定是人类唯一能做的有效辩护，审美价值也是尼采在《悲剧的诞生》中承认的唯一价值。在审美的意义上，尼采不仅批判了科学主义的弊端，而且对包括基督教道德在内的道德进行了批判，其目的都是提高人生的地位，甚至不惜将审美进行神化。尼采并非要提出一个新的“艺术形而上学”，而是要重估一切价值，“形而上学，道德、宗教，科学，这一切在这本书中都仅仅被看作谎言的不同形式”③。

无论是强调感性的意义，还是提倡游戏的形式，都是审美解放在世俗世界的不同表现，同属于世俗审美的范畴，一般都是无神论的基本立场，神性的审美解放却是反世俗的。在西方古典时代，审美常常与真、善一起，构成最高价值实体（理念、上帝等）或某种终极目的。在西方传统文化中，上帝是犹太基督思想与哲学神学等结合的产物，是全知全能、绝对理念和最高真理的人格化身，在西方思想史上至少经历了圣经中的上帝、宇宙普遍法则的上帝、历史世界的上帝④。在尼采等人的激烈批判下，现代基督神学获得重生，将重心转向对生存世界、人的存在的关注。美国神学家保罗·蒂利希从

① 参见周国平：《艺术形而上学：尼采对世界和人生的审美辩护》，《云南大学学报（社会科学版）》2007 年第 3 期，第 5 页。

② ［德］尼采：《悲剧的诞生》，周国平译，生活·读书·新知三联书店 1986 年版，第 272 页。

③ ［德］尼采：《权力意志——重估一切价值的尝试》，张念东、凌素心译，商务印书馆 1991 年版，第 853 页。

④ 参见刘小枫：《拯救与逍遥》，上海人民出版社 1988 年版，第 443 页。

融合的角度,深入考察了宗教与文化的关系,提出“终极关怀”的概念。这种“终极关怀”是从整体性的角度,将宗教视为道德、认识、审美等人类精神的基础、深层和要旨。其中,审美“作为表达终极意义的无尽的期望,终极眷注也非常明显”①。如果说席勒将审美视为具有转化、升华人生的力量,那么荷尔德林在更深的层次上,将审美视为自由的基本条件,自由只有在神圣的前提下才能以审美的方式被缔造——“愿神圣是我言”②。如同尼采对于古希腊艺术的向往,荷尔德林将古希腊视为“第一爱”和“最后的爱”③,是真正美的、自由的净土。并且,这种热爱源自古希腊哲学的最后追问,即人生的目的、神学、神性、人与神的关系为何等问题④。荷尔德林之所以怀念古希腊、批评当下时代,是因为现代社会以科学、人本等名义驱逐了“神”,让现代人的精神世界变得“贫乏”,这就需要艺术家以审美的方式表现隐匿的神迹,“在自我揭示中引起那遮蔽自身者的显现”⑤。在这里,审美解放与宗教救赎紧密联系在一起。当然,这种宗教并非之前那种压抑人性的教义,而是一种新的宗教,是“最伟大的人性之作”⑥。

在现代社会,审美解放对神性的张扬是有历史前提的,即在理性过度张扬、人性受到压抑的背景下产生的。虽然理性曾经极大地促进了人类文明程度的提高,但同时也逐渐成为压抑人性的力量,需要神性、审美等形式来消解和超越理性专制,让神性或审美来呵护心灵、超越现实,这就在一定程度上促使审美与神性发生内在关联。在某种意义上来说,宗教与审美的结合,是西方解决自身精神危机的方案之一,信仰具有特殊的情感体验和美学品格,而审美也可能揭示信仰的真谛。首先,从情感角度来说,审美解放与宗教救赎具有内在的密切联系,体现了启蒙时代审美解放对普遍人性的追求。作为第一个“彻底现代人的神学家”⑦,施莱尔马赫从人的主体性出发,将宗教的本质与情感联系起来,将宗教称为一种“绝对依赖感”(the feeling of absolute dependence),实质上是将远在天穹的神性拉回近在此岸的人性角落。当然,施莱尔马赫在强调审美情感与宗教情感密切联系的同时,也将

---

① [美]保罗·蒂利希:《文化神学》,陈新权、王平译,工人出版社 1988 年版,第 8 页。

② Friedrich Hoeld Hoelderlin, *Saemtliche Werke und Briefe*, Darmtadt 1992, Bd.1, S.p.262.

③ [德]荷尔德林:《荷尔德林文集》,戴晖译,商务印书馆 1999 年版,第 1 页。

④ 参见[美] Frank Thilly:《希腊哲学》,罗忠恕译,商务印书馆 1945 年版,第 9—10 页。

⑤ [德]海德格尔:《……人诗意地栖居……》,《海德格尔诗学文集》,成穷、余虹、作虹译,华中师范大学出版社 1992 年版,第 203 页。

⑥ [德]荷尔德林:《荷尔德林文集》,戴晖译,商务印书馆 1999 年版,第 283 页。

⑦ [德]汉斯·昆:《基督教大思想家》,包利民译,社会科学文献出版社 2001 年版,第 156 页。

上帝信仰依赖于人性主体，容易忽视和消解两者之间的界限和区别，造成审美领域的泛宗教倾向。其次，从现实生存来说，信仰要在特殊的条件和语境下，才能实现“诗意地生存”(living poetically)，审美和信仰的结合并不是必然、唯一的结果。与施莱尔马赫不同，克尔凯郭尔反对从抽象、普遍的情感出发来解读信仰，并指出德国浪漫派以艺术想象获得绝对自由的不现实性，主张从人的生存境遇中，凭借“内心的激情”来实现“信心的跳跃”①，让个体始终与上帝保持直接联系，审美—生活—宗教之间的界限被淡化处理，其实质是将审美置于人的有限性与上帝的无限性之间，人最终要归于信仰。对于经历世界大战等巨大伤痛的西方而言，个体对自身境遇、社会现实的反思批判走向深入，这种反思为审美和信仰的生长提供了土壤。最后，从形式角度，人类的信仰源自神的形式美，美是信仰的重要构成要素。卡尔·巴特警告人们，不要妄图以自己取代上帝，接近上帝的途径只能是上帝自我显露的启示。这种启示的最高形式是耶稣基督，而耶稣基督是美的唯一源泉，从而突出了上帝的绝对超越性。除了基督教之外，审美解放同样在现代化的天主教那里得到体现，巴尔塔萨等神学家为了应对不断变化的文化实现和现代性危机，重新挖掘天主教信仰资源，“运用真正的神学方法从启示自身的宝库中建立起它的美学”②——“神学美学”，试图改变神学在文化中的失语状态，恢复传统信仰中启示真理的审美维度，弥合当代人的精神分裂。总之，审美解放对神性的张扬和运用，是现代神性与审美解放的结合，虽然在表现形式上各不相同，但都从所处时代语境将信仰问题聚焦于审美领域，通过审美解决西方现代性问题，形成审美解放的神性形态。当然，审美解放对神性的运用要建立在审美和艺术的基础之上，既不同于托马斯·阿奎纳式经院神学，也不同于奥古斯丁式教父神学，其根本特性是将审美看成真正信仰的必由之路，对西方现代性具有颠覆性影响。需要指出的是，审美解放虽然强调审美对于信仰的重要性，但与感性的审美解放有着根本区别，即前者有着信仰或神性的前提，而后者首先是无神论。通过神性实现审美解放的过程中，审美是中介或纽带，是神性的形式或表现；通过感性现实审美解放的过程中，审美是一种自然存在的本体，是感性的生命活动。

需要强调的是，在不同的时代和文化语境中，审美解放呈现出不同的形

---

① Soren Kierkegaard, *Concltuding Unseientific Postscript to the"Philclophical Franents" in A Kierkegaared Anthology*, Princeton, N.J: Princeton University Press, 1951, p.3.

② Hans Urs Von Balthasar, *The Glory of the Lord: A Theological Aesdietics*. (Vol 1: Seeing the Form), Tran. Erasmo Leiva-Merikak is Edited by Fessio S.J and John Riches EdinbutgT. &T. Clark, 1982, p.117.

态和层次，唯一不变的是对审美的肯定，并且在肯定的程度上有所区别。在通过感性实现审美解放的情况下，要全面肯定感性的力量，将审美视为绝对感性的表现方式；在通过游戏或者神性来实现审美解放的情况下，则是部分地肯定审美的作用；在通过游戏实现审美解放的情况下，是将审美视为感性与理性积极游戏的表现方式；在通过神性来实现审美解放的情况下，是将审美视为神性启示的表现方式。总体而言，审美解放是人之生存的发展诉求，尤其是人类现代化过程中不可避免的焦虑释放，其间存在着连续性、阶段性和反复性，更交织着建构与解构、现实与虚无、世俗与神学等之间的冲突。对通过感性来实现的审美解放而言，解放的力量来自感性的绝对实现；对通过游戏机制来实现的审美解放来说，解放的力量来自理性与感性之间的游戏、协调；对通过神性来实现的审美解放来说，解放的力量来自信仰的诗意表达。无论哪种类型的审美解放，都有自己的特色和侧重，也都有各自的优势和弱点。通过感性来实现的审美解放，虽然消解了理性霸权或神权压抑，但同时也造成另一种感性的僭越。通过游戏机制来实现的审美解放，虽然揭示了人性分裂造成的现代危机，但游戏也不能完全调和理性与感性之间的矛盾。通过神性来实现的审美解放，虽然重建了现代人的信仰，但宗教始终无法回答对其虚无的质疑。从根本上说，审美解放的不同形态既相互独立，又相互联系、相互制约，形成一种张力关系，正是这种张力关系构成审美解放的独特力量。感性、游戏和神性分别指向不同的审美功能，在审美解放的视域内，感性可以对神性的超越性形成制约，游戏可以对感性与理性的分裂形成牵制，神性能够对审美的世俗性形成制约，这也突出了审美解放的三个关键性要素——感性、理性和神性，以及各个要素之间平衡——打破平衡——再平衡……不断循环的关系。历史经验告诉人们，任何一种要素都不能独自解放人类，只有各要素之间形成一定的平衡，才能避免偏颇，这也是审美解放的关键所在。

通过以上分析可以得出结论：审美解放是人的精神不断追求的结果，其过程需要借助艺术创造来完成。艺术创造是按照美的规律将精神追求进行物化的结晶，既包括纯粹的艺术创作，也包括以艺术创造影响政治、经济、社会和文化等相关领域，参与艺术创造不仅是艺术家、文艺评论家和文艺团体等专业人员、机构，广大知识分子、人民群众都是艺术创造的主体，涵盖艺术生产、传播、批评和接受等各个环节。“任何艺术都是一种精神的活动”，“艺术是使精神形象化的唯一领域”①。正是依靠艺术对精神的直接传达，

① [法]米歇尔·瑟福：《抽象派绘画史》，王昭仁译，广西师范大学出版社2002年版，第142—143页。

再加上受到精神支配的物质活动，审美解放将人从日常生活和惯常思维中解脱出来，进入一个形象、神奇和至善至美的世界。

“人也按照美的规律来构造”①，人的生产和生活要符合“美的规律”，人的精神更是追求美的活动，审美解放是人类本性的突出体现，艺术创造是人类精神的高级形式，审美解放借助艺术创造能够满足人类高层次的精神需要。艺术创造是对现实世界的审美观照，本身就是艺术思维借助艺术形式将审美“物化”的过程，人的思想、情感、意识等需要通过合适的形式加以表现，艺术创造就是其中最基本的表现形式。艺术创造是以人为起点、以人为旨归的精神活动，通过审美意象的建构、审美情感的抒发，去实现精神的自由、心灵的抚慰和命运的追问。审美解放通过艺术创造处理与人相关的各种关系，让审美在政治、经济、社会和文化等语境中，发挥艺术创造功能，促进人性的完满与心灵的自由。

审美解放通过艺术创造满足人的精神需求，艺术创造一般是对已有审美观念、行为习惯、日常生活和结构形式等传统的创新和突破，艺术的本质和生命就是创造，艺术本身就是创新。艺术创造可以是一种新的发现，也可以是一种新的形式，都是对人的重新塑造，让生活焕发新的光彩，在精神上产生新的意义和价值。从海德格尔关于凡高的著名油画《一双农鞋》的分析中可以看出，艺术创造赋予生活中普通农民的一双常见的鞋子新的意义，让人浮想联翩、心潮涌动。从中，人们可以解读出多种含义，艺术创造让人走进完全不同的奇妙世界。艺术创造立足于现实，又超越现实，让人摆脱生产生活的庸常和功利，激发人的理想和想象，使人对未来充满憧憬和追求，无形中拉近了现实与未来的距离。在这个意义上，艺术充当了此岸与彼岸的桥梁。因此，审美解放既是对“旧”的破除，更是对“新”的创造。

审美解放通过艺术创造对抗或适应外在世界的压迫，缓解内心的痛苦、迷茫和分裂，使人获得精神的自由和审美的愉悦。人是万物的灵长，并在实践中创造了属于自己的世界，人们在长期的劳作中积累了丰富的经验和规律，而且建立了以科学为代表的理性世界。但是，由于生产力水平、人的能力和社会文明程度等主客观原因，当人们在面对自然、社会、他人和自己时，又难免自卑、压抑、失望，甚至走向抑郁、绝望、疯癫和人格分裂等极端消极的精神状态。此时，信仰宗教、臣服神祇也就成为人类的一种选择，这种选择虽然无奈，但也在一定程度上满足了人们的精神需要。与顺服神祇的宗教信仰不同，审美解放是依赖人的精神创造、建立在人的本质力量基础之上

① 《马克思恩格斯文集》（第1卷），人民出版社2009年版，第163页。

的理想追求。审美解放从多种维度展现人的积极精神或消极精神，将人的希望或绝望进行审美转化，使之成为更大的精神力量，实现人的内在平衡和精神自由。例如，文学艺术一方面歌颂人类征服自然、改天换地的伟大，另一方面又哀叹人类抗争命运的无力、无法消弭痛苦的渺小。这种艺术创造从表面看好像自相矛盾，其实都是从不同角度展示人类为了更好地生存和发展而采取的努力，体现了人类的生存智慧和抗争精神。在人类历史上，戏剧艺术很早就展示了人类对抗或顺应命运的景象，戏剧冲突的一方是由主人公的理想、意志、情感、能力等构成，另一方则由阻碍理想、压迫意志、破坏情感、消解能力的阻力等构成。在多种类型的戏剧冲突中，阻碍人的力量一直存在，有的可以解释，有的不能解释，在《被缚的普罗米修斯》中是无法解释的上帝或自然，在《俄狄浦斯王》中是无法改变的命中注定，在《玩偶之家》中是伦理道德、政治权力、金钱利益等人类社会的规则限制，在《魔鬼与上帝》中是自我的异化，在《琼斯皇》中是意识和潜意识①，等等。在很多西方现代戏剧中，甚至找不到显在的戏剧冲突，冲突的双方被消解，尤其是主体的情感、意志和理想等都不复存在。《等待戈多》等现代派作品既没有明确的主体，也没有明确的客体，连"等待"本身也让人怀疑，也许荒诞、无意义和不确定才是这种戏剧所表现的核心。相比之下，中国古代戏剧有"大团圆"的传统，这与儒家的"中庸"、道家的"道法自然"等思想有很大关系，从另一个方面体现出中国人的精神指向。

审美解放借助艺术创造，审美地反映和把握世界，以独特的想象、灵感、体验和情感等搭建感性的审美结构，实现人的审美价值和精神意义。罗丹认为，做人要比技巧重要得多，"最主要的是要感动、爱憎、希望、呻吟、生活"②，强调艺术创造的关键是人的精神创造，要重点表现人的精神、情感、灵魂和生活。在人的精神世界里，并不是所有的精神活动都具有创造性，也不是所有的创造性精神活动能够用适当的艺术形式加以展现，只有在恰当的艺术思维、技巧等基础上才能实现。在艺术创造过程中，艺术家具有超出超人的情感、心理和经历，对世界具有独特的理解，具有善于发现真（或假）、美（或丑）、善（或恶）的眼睛。除了内容方面，艺术家在形式上也有独到之处，他们善于用语言、线条、形体、音符等艺术形式进行表达，对艺术的迷恋甚至达到信仰的程度。虽然艺术创造是创作者个人的精神创造，但是

① 参见蹇河沿：《冲突与和谐——艺术创造背后的人性解说》，《云南艺术学院学报》2008年第3期，第21—29页。

② ［法］葛赛尔：《罗丹艺术论》，傅雷译，中国社会科学出版社1999年版，第20页。

无不刻上了所处社会和时代的烙印,能够代表一定时期、某个领域的精神高度。艺术创造的“真”不是对世界的机械复制,而是经过心灵过滤、艺术加工、情感灌注后的情感真实和艺术真实,艺术创造的审美空间超越了现实时空,能够摆脱功利世俗、科学理性的束缚羁绊,让人在审美体验中获得灵魂的自由。艺术创造中的灵感一般都是瞬间产生的,一旦生成艺术品就具有长久的生命力,而且能够被不同时代、不同地区和不同民族的人们所理解和认可,伟大的艺术品可以超越时空界限而具有永恒的魅力。艺术创造以审美的眼光洞察世界,艺术家能够从大千世界、时代变迁和社会人情中发现独特的信息,并以独特的形式加以表现,具有一定的历史深度和美学高度。艺术创造还能以形式的创新来实现,形式、结构和语言的创新能够带来新的意义,甚至是思想观念和审美标准的解放。

需要指出的是,艺术创造不仅包括艺术创作和艺术作品,而且还有艺术传播、接受和批评等环节,这些也是审美解放得以实现的重要途径。艺术创造并不以作品的完成而结束,还会在传播和接受过程中进一步被创造。对接受者来说,同样的艺术作品会有不同的理解和解读,不同接受主体的思想水平、审美素养和生活经历等都不一样,相应的审美体验也各不相同,审美解放的层次和效果也就千差万别。艺术创造的传播媒介对审美解放的影响很大,例如文本和影像的艺术传达就会带来接受者的不同感受,所调动的感官、心理等都不一样。从媒介的角度,我们可以将艺术接受分为“印刷时代”与“读图时代”,每个“时代”的艺术创作主体、客体和语境都有很大不同,人们在其中的身体和心理感受也有较大差异。从批评的角度,评价的主体、客体和标准等对审美解放也有很大影响。以文学为例,评价标准就有政治、社会、心理、形式等多个方面,尤其是近些年还有“文化转向”“文化研究”的兴起,文学研究成为知识分子进行人文关怀、影响社会的重要途径。

从以上分析可以看出,审美解放需要通过艺术创造来完成,要以宏大的理论视野和多种维度视角进行考察。从艺术创造的流程来说,要涵盖艺术创造的创作语境、创作主体、艺术作品、传播媒介、接受主体、文艺批评等方方面面,要涵盖从生产、传播、接受、消费等各个环节,运用内外兼顾、中外结合、兼容并包和以点带面的方法进行研究。“内外兼顾”是指研究中的内部研究和外部研究,“内部研究”由表及里、由外向内挖掘,强调审美本体、艺术形式和语言技巧等艺术内在的各种因素;“外部研究”由内而外,强调艺术的外部环境、外在联系和外在意义等外部因素。“中外结合”是指中国本土研究方法和外来理论方法相结合,综合运用中西审美解放思想资源,力图找到中西合璧、相互促进的研究方法。“兼容并包”是指打通学科界限,破除派别成见，主要以艺术和审美为中心进行研究。“以点带面”是指以文学和文学研究为中心，兼及其他艺术门类，因审美解放涉及甚广，本书无力全面、系统和深入地研究所有领域，为了防止泛泛而谈和以偏概全，只能选取其中最为典型、影响最广的方面和内容。

具体而言，审美解放要以文学和文学研究为中心，分析审美解放与文学研究的解放逻辑，对政治语境中的审美解放进行深入分析，既要关注审美解放的实现，也要剖析审美解放的困境，选取典型案例和方法视角，以此推动审美解放研究的深度和广度。

第三章　政治语境中的审美解放

前面提到,审美解放的前提是政治解放,考察政治语境中的审美解放,既要认清审美自身实现解放的过程,又要分析审美解放促使人们在政治变革中实现自由的过程。政治语境中的审美解放,是指审美在政治变革中承担凝聚人心、鼓舞士气和倡导文明的任务,尤其是文学在中国百年政治风云中发挥了重要作用,政治的进步反过来又能促进审美解放的实现。

政治语境中的审美解放,从根本上说是如何处理审美与政治的关系,协调审美规律和政治规律之间的交叉和隔阂,实现审美与政治的高度融合。为了考察审美解放在百年中国政治变革中的历史,我们将以文学研究、文学理论为例,分析审美解放的政治实现,以及文学理论的政治维度,这是相辅相成、相互支撑的两个方面。文学与政治的关系是一种社会客观的存在,政治历来都是衡量文学的重要维度。在西方,从柏拉图的"理想国",到当代西方马克思主义的文艺政治学,人们在文学与政治两端建立起庞杂的思想体系,用以表达不同的人文理想。在中国,政治与文学的紧密关系落实在吏文合一的士大夫身上,政治与文学凝成的整合质已经成为中国文化的肌体与细胞,成为培养各种社会思想的温床与土壤①。

长期以来,文学与政治的关系一直是文学研究的重要课题,相关重大理论问题得到新的阐释,多元化的视角和方法使得研究得以深入,达成一定共识,但也存在不少问题。第一,都承认文学与政治的关系应该重新认识和评价,但是如何在新的历史条件下对新型关系进行建构分歧较大。"文革"对文学与政治关系带有笼罩性、阴影性的影响,人们一般会以"文革"为参照或节点来反观文学与政治的关系,以此为戒,以史为鉴,历史经验成为新型理论建构的组成部分具有某种程度的合理性。但问题是,建构是除旧立新的过程,尤其是要突破历史经验的某种局限。文学的"政治化""去政治化""再政治化""泛政治化"等成为描述中国文学理论六十年发展的常用术语,但类似说法并没有厘清文学与政治的关系,反而是用大而化之的策略将新时期文学进行了模糊化处理,并不利于认清和处理好目前文学与政治的关系。第二,都认识到文学中政治的重要性,但对"政治"的理解大相径庭。

① 参见覃召文、刘晟:《中国文学的政治情结》,广东人民出版社2006年版,第1页。

对于“政治”的认识，目前学界倾向于三种观点，一是坚持传统政治观念，主要是在马列文论的基本框架内认识文学与政治的关系；二是提倡西方现代政治观念，主要是在文化政治的理论视野内重新梳理中国文学与政治的关系，并将当代文学作为重点考察对象；三是调和保守与改革的两种极端观点，主张在继承传统观念的同时进行改革，在改革政治理念的同时保持稳定。这几种观点都站在各自立场进行政治理论的反思和建构，从不同程度上影响了对文学的理解。第三，都从学理上理解文学与政治的关系，但理解的层次和思路呈现多元化态势。学理性成为衡量文学理论和政治理论价值高低的重要指标，21 世纪以来的相关学术论争基本上都在学理范围内进行，这种氛围有利于将文学与政治的关系推向深入。但学理性的层次参差不齐，从大的方面可以分为现代性、后现代性两大层次，从小的方面分层更多。但无论怎样，理论的多元和视角的多样，有利于对文学与政治的关系考察。其他共识和分歧还有很多，但主要是围绕以上几个方面展开，在另一个层面说明了文学与政治关系的复杂性和重要性。

从世界范围内来看，文学与政治关系的切近，在近些年的文学活动中表现突出。以获得诺贝尔文学奖的作家为例，他们无一例外地都关注现实政治，从帕慕克的《雪》到君特・格拉斯的《铁皮鼓》，从多丽丝・莱辛的《金色笔记》到凯尔泰斯的《无形的命运》，从奈保尔的《河湾》到略萨的《城市与狗》，等等，这些作家都没有远离政治、躲进象牙塔，他们写下的都是直击当时政治的力作。改革开放以来，这种文学思潮也在影响和改变着中国文学的创作态势，尤其是 21 世纪以来的文学创作。就文学理论而言，政治化也是国际学术界的流行风向，文化批评/理论、后殖民批评/理论、生态批评/理论、少数族裔批评/理论等政治倾向明显的理论模式，都将政治作为文学理论的中心议题。政治不仅没有妨碍和干涉文学的独立思考，反而激发了文学干预现实的热情，形成理论与实践、文学与社会的良性互动，促进了文学理论的繁荣和发展。

探求政治语境中的审美解放，既不是主张文学是政治的工具、文学为政治服务的“工具论”“服务论”的回归，也不是对主张文学脱离政治的“审美论”的反驳，而是在新的学术生态语境下重新审视文学与政治的关联。一是思考文学研究所处何种政治语境的问题，二是追问不同政治语境中文学研究何为的问题，三是设想建构文学研究中的政治审美因素。换言之，何种政治、谁之文学、如何审美，是政治语境中审美解放必须要面对的三大核心问题。

我们可以中国 20 世纪文学理论为例，探讨政治语境中的审美解放与文学研究的政治审美因素。20世纪中国的审美解放始终与这段动荡的历史密切相关——两次世界大战、"十月革命"给中国送来马克思主义、西方殖民者的入侵、封建制度的结束、辛亥革命的成功、"五四"运动的勃兴、新中国的成立,审美解放与政治解放、经济解放等纠缠在一起,在动荡中前行。考察审美解放在20世纪的历史演进,既有助于理解审美的发展理路,又可以分辨审美解放在社会历史中扮演的角色。中国20世纪文学理论分为以下五个阶段:清末民初的启蒙与审美,"五四"至二三十年代的革命文学,延安文艺座谈会以后的政党文艺,80年代的主体论与新启蒙,90年代的后启蒙。当然,就政治语境中的审美解放与文学研究的政治审美因素而言,以上几个阶段还有部分重合的情况,层次之间的界限有时也会被具体语境打破。

第一节 审美解放的政治语境

古今中外的文学在很大程度上都与政治息息相关,文学活动的政治维度,自古有之。中国有"文以载道""文以明道"等教化思想和政治伦理观念,西方也有"人是政治的动物"的说法。《毛诗序》很早就发现诗可以"经夫妇、成孝敬、厚人伦、美教化、移风俗",孔子的"兴、观、群、怨"说对文学与政治的关系作了辩证的阐释,对后世产生深远影响,西方的伏尔泰、狄德罗、罗丹等人也有类似观点。狄德罗这样论述戏剧的政治意义:"任何一个民族总有一些偏见有待摈弃,有些恶习需要谴责,有些可笑的事情有待贬斥……如果在准备修改某项法律或某项习俗的时候善于利用戏剧,那将是多么有效的移风易俗的手段啊"①,风俗、心理、政治、文学都是紧密相连的整体而存在,如同《乐记》所谓"治世之音安以乐,其政和;乱世之音怨以怒,其政乖;亡国之音哀以思,其民困"。体大虑周的刘勰《文心雕龙》渗透着浓厚的儒家政治理念,宗经、尊儒、明道三位一体的思想贯穿文学理论始终,明确要求文学为政治服务,以人伦之道作为创作与批评的准绳。韩愈、柳宗元等提倡的"文以明道"主张,都强调文章的政治教化功能,表现出中唐人的价值观念和文学理念,具有一定历史意义和社会价值。文学活动无法真正脱离政治,文学与政治的联姻也并不可怕,重要的是分析文学活动与政治之间关系嬗变的原因及其背后的文化权利。伊格尔顿的审美意识形态理论认为,文学是意识形态的有效的表现方式,"如果意识形态想要有效地发挥作

① [法]狄德罗:《论戏剧诗》,《狄德罗美学论文选》,徐继曾、陆达成译,人民文学出版社1984年版,第204页。

用，它就必须是快乐的、直觉的、自我认可的：一言以蔽之，它必须是审美的”①，意识形态的运作是在审美活动中实现的。一方面，文学作为审美活动的重要类型无法独立于意识形态而存在，必然会表现出意识形态的规定性，其中政治意识形态是突出的维度。另一方面，意识形态（包括政治意识形态）只有在审美化过程中才能实现其软性权力，影响人的思想、情感和趣味。因此，政治从传统到现代的演化过程，也是文学活动与意识形态相互转化、调整的过程，最后形成文学与政治相对应的层级化形态。

传统意义上的政治是狭义的政治，但至今在日常生活被看做是一般的政治（广义的政治）。现代之前的审美没有独立成为自足的价值领域，文艺常常是以服从政治的形式存在。传统的政治是指国家政事，即统治阶级对国家的治理、对人民的统治，如亚里士多德《政治学》中的政治主要是指国家政治体制，《周礼》的“掌其政治禁令”是指治理国家的措施，等等。在政治学的视野中，一般认为政治是与道德、法律、权力之争、公共管理、政府的政策及其执行的多种活动，“政治是阶级社会中以经济为基础的上层建筑，是经济的集中表现，是以政治权力为核心展开的各种社会活动和社会关系的总和”②。政治的实质是人与人之间的利益生产与再生产、分配与再分配，利益是影响人们行为（包括文学）深层动机的重要因素，对此马克思指出：“这种利益是如此强大，以至顺利地征服了马拉的笔、恐怖党的断头台、拿破仑的剑，以及教会的十字军和波旁王朝的纯血统”③。这种政治投射到日常生活中的影像是阴暗的，表现在文学中，则多有欲望的趋势、利益的争夺、权力的追逐等意味，这在一定程度上将政治妖魔化、刻板化，悲观地认为政治本身就是非正义的。

政治的现代性建构处于理想和现实之间，早已开始，但并未完成。如果说古代到资产阶级的政治主要是统治者及其国家机器对大众进行统治，那么现代社会的政治除了政治、政党的政治，还包括群众的政治。也就是说，现代社会的政治继承和发展了国家和政党的政治，即通过国家机器、意识形态、政策政令等进行国家治理，而且还包括群众的愿望需求和利益诉求④。现代社会的政治突出了文化内涵和美学价值，“从文化系统来说，它是物质

① ［英］特里·伊格尔顿：《美学意识形态》，王杰、傅德根、麦永雄译，广西师范大学出版社2001年版，第30页。

② 王惠岩：《政治学原理》，高等教育出版社2005年版，第1—5页。

③ 《马克思恩格斯全集》（第2卷），人民出版社1957年版，第103页。

④ 参见赖大仁：《试论文艺与政治的“张力”关系》，《社会科学辑刊》2010年第5期，第176页。

文化,又是精神文化。从物质文化方面来说,政治是权力设施,社会制度。从精神文化来说,政治是一种意识形态,一种社会理想"①。文化学意义上的政治是指"权力结构",包括政治制度、政治机构、政治运作等;政治也是"情感结构",包括情绪、情感、思想、意识和理想等;政治还是"象征符号"②,用诗意和隐喻表达审美热情和政治归附力。政治的文化内涵突出了人的体验和价值,它的美学价值彰显的是现代人的想象、虚构的审美需求,如此一来,政治的冰冷面孔开始消融,走向价值中立和多元。"政治并不值得人们过分地推崇,但也不必认为是可耻的事。人们对政治的美化或诽谤,仰慕或厌恶,便是验证了政治的基本社会功能——就是用来制造一些'幻想',并以讨论、沟通来缓和及解决冲突"③。也就是说,政治除了在分配利益和权力等方面的实用功能之外,还具有制造幻想和想象的能力。当然,这种功能需要通过人类在文学、艺术等领域的创作和研究来完成。如此一来,一种特殊的现象——文学研究的划分以政治语境为标志——出现了。这种现象可以看作是文学对政治的想象和审美建构,也可以说是政治对文学的规训与赋魅。

有必要对政治做细致的分层次理解,因为文学是在不同层面和意义上与政治发生关系。文学研究只有在这样的基础之上,才有可能厘清两者的关系。第一个是最低层,是具体的政治政策及其落实。文学或者图解政策,或者反对政策,或者保持中立(中立其实也是一种政治取向),这在文学上被称为应景之作。周扬以政治家和文学理论家的双重身份这样阐释文学与政治的关系:"艺术创作活动上的一个显著特点是它与当前各种革命实际政策的开始结合,这是文艺新方向的重要标志之一。文艺反映政治,在解放区来说,具体地就是反映各种政策在人民中实行的过程与结果"④。我们不能只用审美标准来衡量这类文学的价值,还要看其对于政治政策的社会功能的影响如何,进行历史、客观的评价。当然,这类作品也会随着政策的变化和消失而丧失其政治价值,并且艺术上也因为功利目的过于明显而具有审美缺陷。第二个是中间层,即政治制度层面,包括政党制度、议会制度、新闻出版制度等。文学在此间也会受到影响而形成自己的一套制度和规则,尤其是体制内的文学与研究受到的影响更大。全国文代会、作协、各类文艺

① 钱中文:《文学发展论》,经济科学出版社1998年版,第405页。
② 高永年、何永康:《百年中国文学与政治审美因素》,《文学评论》2008年第4期,第112页。
③ [法]菲利普·布侯:《政治生活》,张台麟译,台湾远流出版事业股份有限公司1994年版,第147页。
④ 周扬:《关于政策与艺术》,《解放日报》1945年6月3日。

评奖等相关制度的建立，上承政治意识形态性，下涉文艺审美性，如文代会推进当代文学“一体化”进程，作协将文艺工作组织化、规范化，评奖把握文艺发展主流导向。第三个是政治文化层面，比较抽象地以政治观念、精神的形式出现，并且已经融合了社会、民族、世界等其他要素。文学与政治文化之间的关系相对独立，文学的政治负担减轻，更加强调文学的个性化、主体性。鲁迅主张的“为人生”看似是捍卫“文学是人学”的宣言，但却与革命文学内在契合，因为当时的政治就是“人的政治”与“非人的政治”的对立。政治文化是对政治政策、政治制度的提升和总结，是政治向更高层次发展的必然结果，文学与政治在此得到了相对独立的自由发展空间。第四个是最高层，即政治审美层面。政治政策、政治制度、政治文化等都以高度审美化、形象化的面貌出现，政治如盐入水地与文学融为一体，归于无形。屈原的《离骚》、曹雪芹的《红楼梦》、鲁迅的《阿Q正传》等既可以说指向最大的政治，同时也是最好的文学，但绝不只是政治，也绝不单是审美，恰恰是政治与审美的完美结合。政治审美层面是文学与政治结合的最高境界，可遇而不可求，所以我们用“政治审美因素”来形容文学与政治之间的和谐关系，也是基于现实的考虑。文学与政治联姻的四个层面并不能截然分开，几个层面的关系可能同时发生，也可能相互转化。

第二节　审美解放的政治诉求

在古代社会的有机整体结构中，文学及其研究没有独立的基础和条件。君主专制时代在思想文化领域采取的手段有三：一是利用宗教神学来教化其政治统治，二是以法典的形式制定政治制度，三是改造道德体系使之更符合其政治统治的要求①。自周人发动了宗教改革以后，周代政治开始以文胜质的历程，为了全面清算殷商政治留下来的痼疾，周人开始了道德伦理政治化的历程，其中的文学、政治、道德和伦理等要素密不可分。为了维护传统社会基本理性的统一性，文学在宗教、道德和制度等方面发挥了重要作用，但没有独立出来。中国上古时期兴盛的乐教就有明显的帝王政治色彩，先秦的礼乐精神也是一种文艺政治精神，所谓“乐为政象”“乐以象成”“琴以象政”等都是赋予文艺特定的政治内涵，传统的“乐教”“诗教”等更是维护现存制度的有力保障，甚至到近代还有反响。柏拉图从保持城邦政治稳

① 参见张强：《道德伦理的政治化与秦汉统治术》，《北京大学学报（哲学社会科学版）》2003年第3期，第68页。

定的立场出发,不惜将诗人驱逐出理想国;亚里士多德更加明确地指出政治理性决定审美,“那些最受尊敬的能力,如战术、理财术和修辞术,都隶属于政治学”①,统治者和立法者要重视艺术教育净化情感的社会教化功能;中世纪的审美和艺术受到宗教理性的裹挟,成为教化统治的工具。

在审美现代性条件下,“审美无功利”“文学自律”原则的流行使得文学审美的政治维度被遮蔽起来,但审美现代性本身就暗含了对现实的政治观照,审美世界的背后隐藏着一个政治的世界。在康德、席勒和尼采等人的倡导下,艺术与科学、道德一道独立出来,试图划清审美与政治的界限,厘清美与真善的关系。康德关于真、善、美的理论奠定了审美现代性的基础,他设定了审美形式判断的无功利性和共通性、想象力的自由创造原则,认为审美超越了知识理性和物质欲求。但康德关于审美无功利的理论仍然隐含了关于政治问题的思考,“这种审美判断其实与政治判断有着本质的类似,它们都既不是主观的,也不是客观的,《判断力批判》的第一部分其实就是政治哲学”②。既然审美判断实现的共通感对所有公共领域的成员有效,那么审美判断就为政治预先做了准备,因而具有政治的性格,走向了社会性。席勒将审美看成现代世界唯一真正的自由、人性最完整的形态,要想达到感性冲动与理性冲动的调和,必须借助于审美教育,于是审美现代性的悖论——无功利的审美实现了最大的目的与意义——产生了。席勒希望通过审美解决政治问题,“人们在经验中要解决政治问题必须假道美学问题,因为正是通过美人们才可以走向自由”③,席勒的政治设计已然明了——审美教育—完整人性—理想公民—民主政治—自由国家。尼采认为审美和艺术是一种激情的生命状态,并立足于“权力意志”,寄托了其精英政治的理想。

审美解放虽然无法脱离政治,但它同样在意识形态领域占有重要地位,随着变革社会的力量逐渐由政治、经济领域转向文化领域,文学研究正在成为社会变革的重要驱动力。萨特、伊格尔顿等文学理论家以鲜明的政治立场向政治政策、政治观念和政治文化发起挑战,依靠的是文学研究的方法和理论,显示了文学研究在工人运动、社会文化、政治变动中的重要地位。在文学研究实践中,任何一派都奉行排他原则,都会宣传自己是真理、合法、普遍和有效,同时背后都有不同文化利益集团的支持,“现代文学理论的历史

① [古希腊]亚里士多德:《亚里士多德选集》(伦理学卷),中国人民大学出版社 1999 年版,第 5 页。

② Hannah Arendt, *Freedom and Politics*, *Freedom and Serfdom: An Anthology of Western Thought*, *ed. By A. Hunold*, Dordecht: Reidel, 1961. p. 207.

③ [德]席勒:《审美教育书简》,冯至、范大灿译,北京大学出版社 1985 年版,第 14 页。

乃是我们时代的政治和意识形态的一部分”，“文学理论一直就与种种信念和意识形态标准密不可分”①。在无法释怀的政治语境中，文学研究接着要面对的是“文学为谁”或“谁之文学”的问题——文学研究的政治诉求。

清末民初，文学及其研究围绕国家、民族的救亡图存展开，知识分子启蒙话语是文学研究的政治诉求的核心，启蒙的对象从上层精英转向下层民众，知识分子掌握文学研究的领导权。晚清政治、军事上的失败激起思想界的强烈反应，文学的经世致用功能成为学界共识，但传统文学及其研究显然无法适应这一要求。梁启超这样描述鸦片战争以后中国正统文化、文学理论的困境：“所谓‘西学’者逐渐输入，始则工艺，次则政制。学者生息于漆室之中，不知室外更何所有，忽穴一牖外窥，则粲然者皆昔所未睹也，还顾室中，则皆沉黑积秽。……欲破壁以自拔于此黑暗，不得不现对于旧政治而试奋斗，于是以其极幼稚之‘西学’知识，与清初启蒙时期‘经世之学’者相结合，别树一派，向正统派公然举叛旗矣。”②对思想界而言，军事上失利的原因很大程度上是传统文化的黑暗、落后造成的，“师夷长技以制夷”，不仅要从物质技术层面入手，更重要的是改革精神文化。思想文化层面，最突出的是两个方面，一是科学，二是文学。就科学而言，资产阶级启蒙思想家严复1898年翻译赫胥黎的《天演论》发表，这部解释达尔文进化论的生物学著作具有了深刻的政治影响和广泛的社会学意义，不仅深刻地影响了20世纪中国的历史进程，而且还直接推动了中国现代文学的诞生，从此救亡图存成了整个20世纪中国人为之前赴后继、浴血奋斗的中心主题。就文学而言，大量西方作品被翻译过来，文学成为晚清思想界发泄情感的最佳方式，知识分子通过文学的介绍、创作和批评，表达出鲜明的政治理想、社会责任和精神追求。1902年《新小说》创刊号发表梁启超的《论小说与群治之关系》，作者将国民的改造和革新寄希望于小说，“欲新一国之民，不可不新一国之小说”，“今后社会之命脉，操于小说家手者泰半”③，文学的政治意义可见一斑。梁启超的主张得到吴沃尧的《说小说》、陶曾佑的《论小说之势力及其影响》等支持，形成以文学之名行政治改革之实的社会潮流，开始注意对下层民众的启蒙。

“五四”至20世纪二三十年代，由启蒙转向革命是文学研究的政治诉

① ［英］特雷·伊格尔顿：《二十世纪西方文学理论》，伍晓明译，北京大学出版社2007年版，第196页。

② 梁启超：《清代学术概论》，上海古籍出版社1998年版，第71—72页。

③ 梁启超：《论小说与群治之关系》，郭绍虞：《中国历代文论选》，上海古籍出版社2001年版，第207页。

求的主要话语。启蒙的对象开始转化成启蒙的主体，革命话语逐渐超过启蒙话语而具有领导地位，作为革命动力的平民、大众越来越受到重视。1917年1月，胡适在《新青年》杂志发表《文学改良刍议》，公然提出改革文言文，提倡白话文等主张；紧接着，陈独秀又在2月份的《新青年》发表《文学革命论》，更加明确地打出“文学革命”的旗号加以呼应和推动；于是，波澜壮阔的“五四”新文化运动由此展开。陈独秀提出“革命家三大主义”，极具号召力：推倒雕琢的、阿谀的贵族文学，建设平易的、抒情的平民文学；推倒陈腐的、铺张的古典文学，建设新鲜的、立诚的写实文学；推倒迂晦的、艰涩的山林文学，建设明了的、通俗的社会文学。从内容到形式对封建旧文学持批判否定态度，主张以革新文学作为革新政治、改造社会之途，表明了更坚定的文学革命的立场，明确提出新文学的征战目标①。文学革命是知识分子为文学开出的药方，医生（启蒙者）与病人（被启蒙者）之间的关系高下分明；但到了1928年，成仿吾的《从文学革命到革命文学》将启蒙者的神圣光环打破，主张文学家应该将大众当作自己的导师，投身革命实践，为无产阶级的革命文学做贡献。从文学改良到文学革命是政治观念从保守到激进的结果，从文学革命到革命文学是政治立场从知识精英转向底层大众的历史选择。文学研究的变革从技术层面深入到精神内部，直至上升到涉及政治立场、道德人格等阶级、阵营的划分，这也引起文学与革命的关系失于偏颇。延安时期，毛泽东对鲁迅的评价，存在着用左翼革命理论掩盖左翼文化多元性，以及多重鲁迅评价的模糊性②，这源于建立文化统一战线的政治策略，以及通过鲁迅公共影响建构延安新民主主义文艺思想的叙事策略。

1942年，毛泽东在《在延安文艺座谈会上的讲话》中提出“为工农兵服务”“为政治服务”，以“政治标准第一”统率无产阶级文学，明确了文学领导权属于无产阶级。政党文艺开始建立。文学是无产阶级领导的革命事业的一部分，要起到团结人民、教育人民、打击敌人、消灭敌人的作用。其中，“为工农兵服务”规定了“文学为谁”的作家立场问题，对于作家而言，最大的影响是知识分子被划入“城市小资产阶级”，要想创作出“无产阶级文学”，必须首先改造自己的“资产阶级思想”，与广大工农兵大众的思想、言行保持一致。这就意味着，如果作家顺从改造，不但将丧失思想的独立性，

① 参见陈独秀：《文学革命论》，《新青年》1917年2月，第2卷第6号。亦可参见王运熙主编：《中国文论选·现代卷》（上册），江苏文艺出版社1996年版，第11—14页。

② 参见周维东：《“统一战线”战略与延安时期的鲁迅文化》，《社会科学研究》2011年第1期，第186页。

而且还要改变自己的语言、题材等个性化的创作风格；如果作家不服从改造或改造不好的作家逐渐沦为嘲讽和攻击的对象，甚至被当作阶级敌人，遭受精神和肉体的摧残。尽管作家、理论家真诚而积极地进行改造和自我改造，但真正的作家、理论家无法忍受概念化、公式化和教条主义，并在关于典型、形象思维、人道主义等讨论中进行深刻的反思和批评，但这些学术讨论在反右斗争及其扩大化的运动中被划入阶级斗争的范畴，政治唯一的标准让文学沦为傀儡，这在“文革”时期达到极端。

“文革”以后，在“拨乱反正”的政治背景下，反思极左政治给文学带来的灾难，重新启蒙成为文学研究的政治诉求，知识分子开始重新有限度地掌握文学话语权。文学界成为思想解放的突破口，知识分子得以具有启蒙者的权威，文学成为社会话语的中心。接续“五四”传统，重新启蒙肇始于“人”的重新发现和主体价值的弘扬，作家、读者、人物形象等文学活动要素的主体地位得到尊重，人的能动性、自主性、创造性等精神主体的特点被承认。重新启蒙瓦解了“为政治服务”的思想基础，文学研究逐渐从外部转向内部，遵循文学自身的审美规律解决问题，这在很大程度上推动了“解放思想，实事求是”这一国家意志在文学领域的具体实施。因此，重新启蒙一方面是知识分子在被长久压抑之后的呐喊和反抗，另一方面又是为了获得重生而暗合政治的策略。随着市场经济的发展，知识分子的精英姿态受到更大的挑战，反思、忏悔、绝望的思想气质成为重新启蒙的重要特征，近年兴起的“重返八十年代”就是其中的典型代表。

20 世纪 90 年代以后，受“语言转向”“文化研究”等西方思潮影响，语言分析、理论建构、文化模式等后启蒙话语成为文学研究的政治诉求，知识分子化身智识分子，文学研究走向职业化、大众化、技术化。语言学的广泛运用，一方面大大提升了文学研究的理论水平和科学水准，文本的分析使得研究真正走向细致和深入，在哲学上更是将“不是人在说话，而是话在说人”的观念变为文学常识；另一方面，语言学也被运用到历史学、社会学、人类学等多种学科，文学曾经独享的语言权威被稀释，也化解了文学的政治因素。如果说结构主义将文学研究变成语言研究，那么解构主义又打开了文学研究重新向社会历史开放的窗户。福柯等人的话语分析理论，又将文本、话语背后的深层权力关系推向前台，文学研究的外部研究重新受宠，并且起点于缜密的语言理论。纯文学的边缘化与大众文化的兴起加速了文学研究的分化，文化研究由此兴起，文学的政治研究转变为文化政治研究，跨学科、多元化的研究方法和理论视野使得文学的政治诉求显得更加复杂，文学研究的政治化与“去政治化”将会同时并存。

第三节　审美解放与政治审美因素

20 世纪中国文学研究的政治审美因素是文学与政治、经济、文化等多种因素结合的历史产物，是理解和分析文学与政治关系的核心和关键。

在晚清启蒙与变革的政治诉求下，文学、审美的政治意图非常明显，审美层面界于政治政策与政治制度之间。旧文学中的“状元宰相”“佳人才子”“江湖盗贼”“妖巫狐鬼”等文化符号被认为是导致封建思想的根源，新文学的最大价值在于指向新的道德、宗教、风俗、人心、人格等，审美价值在“旧民”到“新民”的现代转化中始终处于从属地位。文学研究的政策、制度性因素导致文学他律性逐渐增强，引起了以王国维为代表的研究者对文学自律性的张扬。王国维认为文学的自律性主要靠作家的主体意识，要做“专门之文学家”，而非“职业的文学家”；要做“为文学而生活”，而非“以文学为生活”。尽管王国维发挥了康德、席勒、叔本华等西方思想，但追求文学纯粹性的强烈愿望表露无遗。

从“五四”到 20 世纪 30 年代，文学的政治审美因素以多元政治文化为中心建构，以国民思想解放为目标，推动了文学观念的更新、白话文的繁荣、新文学作品的兴起和新文学社团的涌现等。维新变法的失败表明，之前文学的政治制度、政策书写难以完成变革社会的政治使命，不如将政治诉求以科学、民主、自由、平等、人权等更加具有文化意义的实际内容。文学的政治审美因素是以文化的形态出现，掌握知识和文化的文化精英——知识分子就成为当然的立法者和启蒙者。在 20 世纪二三十年代的中国，政治变革、军事成败和社会转型的主力军并不是知识分子，而是大众。尤其是对于无产阶级革命家而言，他们在探寻中国革命的道路中发现，只有通过大众的力量才有可能取得成功，毛泽东“农村包围城市”的理论与实践不仅是军事上的策略，也是党在文化、文学领域的基本立场。大众的地位随着无产阶级革命的进程而日益凸显，郭沫若甚至断言：大众文艺的标语应该是无产阶级的通俗化，主要不丢开无产大众，通俗到不成文艺都可以①。为了突出文学的大众性，郭沫若不惜贬低文学的艺术性，“‘为艺术而艺术’……事实上只是不通的一个偏见”，“为了大众，为了社会的美化与革新，文艺的内容断然无

① 参见郭沫若：《新兴大众文艺的认识》，《大众文艺》第 2 卷第 3 期，《新兴文学专号》（上册），1930 年 3 月 1 日，第 630—633 页。亦可参见北京大学、北京师范学院中文系中国现代文学教研室：《文学运动史料选》，上海教育出版社 1979 年版，第 364—366 页。

疑地是以道义美底发扬和维护为其先务”①。明显偏颇的论调背后是左翼文学的政治文化要求对文学领导权的夺取和掌控，知识分子的批判性和反思性受到严峻挑战。

20世纪40年代初开始，文学研究的政治审美因素退化到政治政策、政治任务层面，政治文化变成了狭义的政党政治，文学家和理论家在有限的政治层面有创作和研究的权利。整风之前要求创作自由的艾青，被改造之后说“我们的文艺，是为政策服务的”，“文艺既然为革命服务，就必须宣传革命的政策”②。一直到20世纪70年代，政权、政党、政治的无边界介入导致文学创作的合法性首先必须政治正确，文学研究也被纳入执政党的政治路线、政策、任务的轨道。这一时期的文学理论家首先是政治理论家，毛泽东、周恩来、郭沫若、周扬、茅盾等发表的众多关于文学的讲话和文章既是政治宣言，又是文学理论必须遵循的原则和标准。政治观点的统一和分歧可以直接导致文学观念的一致和分野，中苏两党在政治上没有分歧的时候，苏俄文论被看成是学习的楷模，几乎所有的文学研究都要引用马、恩、列、斯的经典语录和苏俄文学作品；当中苏两党出现政治分歧时，对现实主义的不同观点被称为“修正主义文艺思想”。在政治思想与文学思想高度一致的情况下，文学研究甚至成为攫取政治资本的捷径，姚文元的《论文学上的修正主义思潮》（新文艺出版社1958年版）通过对姚雪垠、刘绍棠、周勃、陈涌、钱谷融等文学家、理论家的批判，攫取了文学研究的话语权，取得了超出理论意义的政治地位。直到“文革”灾难结束，“文艺从属于政治”被改进为“文艺为人民服务，为社会主义服务”之后，文学研究的政治审美因素才开始得以恢复。

20世纪80年代，文学研究的政治审美因素紧紧围绕“人”“主体”展开，从感性化的情感发泄到理性化的批判反思，文学研究的政治审美重回文学本位，更具实践与精神的辩证关系。鉴于文学作品在当时社会的轰动效应，文学研究在很大程度上承载了政治意识、社会思想和文化潮流等外在影响和压力。《伤痕》《班主任》《爱，是不能忘记的》等作品，既是文学观念更新的内在生成，也是政治观念拨乱反正的外在推动。回归正常的文学创作和文学研究本应心平气和地对待政治，但正如现实生活中阶级斗争思维无法连根拔起一样，文学研究虽然在破除阶级斗争工具论方面卓有成效，创造

① 郭沫若：《今天创作的道路》，《创作月刊》1942年3月15日，第1卷第1期，第6—10页。亦可参见张新：《中国文论选·现代卷》（下册），江苏文艺出版社1996年版，第201—207页。

② 艾青：《创作上的几个问题》，《新文艺论集》，新文艺出版社1955年版，第28—29页。

和树立新的研究范式的任务仍然艰巨。第一,文学研究合法性的重新确立。在“阶级斗争为纲”的语境下,文学研究的合法性就是政治的合法性;“拨乱反正”“实践是检验真理的唯一标准”的语境下,“正”应该是文学本位,是经过实践检验证明的文学研究观念、方法和范式,政治家和文学理论家在实践问题上达成高度一致,为文学研究重新找到合法性提供了依据。第二,文学研究主体论的重新确立。“阶级论”“工具论”的文学及其研究不需要主体的独立性,只需要政治性。主体论的文学及其研究在某种程度上取代了政治论,将主体性看作是每个文学要素——作为对象的人物形象、作为创造主体的作家和作为接受主体的读者和批评家——的核心和内容。这样一来,文学研究就必须在尊重文学主体地位的前期下进行,一度横行的假、大、空就失去了存在的依据,作品中的人物成为具有独立个性、不以作家意志为转移的、具有自主意识和自身价值的精神主体,文学研究甚至成为寻找主体性的活动,文学研究开始由外向内转。文学主体性的回归和确立过程中文学各要素之间并不平衡,文学研究者并没有恢复到“五四”启蒙者的那种自信和地位,反而增添了反思和忏悔意识;文学欣赏者逐渐从被动的被启蒙者变为主动的选择、消费者,可能成为文学生死存亡的决定者。第三,文学研究的辩证思维产生。单一化、极端性的思维模式很难在文学研究中立足,辩证的研究思维成为大多数研究者的选择。虽然西方文学研究方法的引入一度引起“方法论热”,但没有哪种方法可以成为文学研究的唯一选择,在妥协、变通中吸收、综合和创新成为主流。

20 世纪 90 年代,文学研究的政治审美因素围绕“语言”“文化”展开,文学的语言研究和文化研究成为政治审美层面的两极。第一,文学的语言研究既是对主体论的超越,又是长久以来文学本体研究过于缺乏的一次“恶补”,符合国际研究范式和思想潮流。结构主义赋予语言符号以本体地位,深刻改变了人们看待世界的方式,算是政治文化、政治观念的一次革命。结构主义对文学的分析和拆解表明,主体的一切都是语言和符合的构建。结构主义将作家、作品、社会等因素一一放逐,政治审美因素再次变得纯粹,但这种纯粹不是政治纯粹,而是语言纯粹、形式纯粹。文学研究对结构主义的推崇实际上是将“文学即语言”替代“文学即政治”,有利于在短期内让文学回归本位,但采取的封闭方式注定不能持久。解构主义瓦解和延伸了结构主义,将文学研究重新开放,政治审美因素开始转向文化研究。第二,文学的文化研究将政治审美因素转化为文化政治,文本与话语、权力的结合使政治趋于中性化、学理化。理想化的新启蒙在市场化、全球化主导下的多元价值和复杂现实面前显得浪漫而无力,相比之下,市场在个性解放方面的作用更加广泛和强劲,丛林法则、拜金主义、市侩哲学等负面因素更是激发起"人文精神"等争论。文化政治既是一种后启蒙话语,又是重新启蒙的基础,文学研究的政治审美因素因此趋向开放和多元,有利于文学突破政治的藩篱、学院的界限和边缘化的危机,在更广阔的文化环境中保持活力。

通过以上文学研究的政治审美因素分析,政治语境中的审美解放是一个不断演变、发展的过程,审美与政治的融合是多层次的纵深结构。

第四节 审美解放与文学研究的政治边界

文学研究的政治边界,是指文学研究中政治因素的范围、方式和影响,文学研究不能与政治绝缘,但又要与政治保持合适的距离。文学研究的政治边界,涉及概念、本质、方法、模式、分类、功能等多方面内容,从任何角度都能窥见其政治边界。其中,研究方法是文学研究的核心内容,能够较为全面、集中地进行展现文学研究的重要方面,既能反映文学研究者对文学概念、本质的认识,又能体现研究对象与文学研究之间的关系及其影响,关乎文学研究的功能、地位和影响。

从微观方面,文学研究的政治边界要在文学的基本问题上有所体现,由点到面是研究的基本思路。一方面,可以纵向、历时地考察不同政治语境下文学的定义、本质、功能等变迁情况,对被称为"文学他律论""文学工具论"等典型论述进行梳理和分析,以此绘制文学研究的政治边界的移动版图;另一方面,可以横向、共时地考察构成和影响文学研究的政治边界的各种因素,提炼和总结出导致文学研究的政治边界位移的原因,做出客观、全面的评价。

从宏观方面,文学研究的政治边界可以从语言层面、知识层面和价值层面等三个层面进行分析。在语言层面,主要以语言逻辑、语言批评等角度分析文学研究的政治边界,分析存在的逻各斯主义专制,可以说是从"语言边界"分析文学研究的政治边界。在知识层面,主要从认识能力的限度对知识类型进行划分,从领域、功能、方法等角度对文学研究的政治边界进行分析,可以说是从"知识边界"分析文学研究的政治边界。在价值层面,主要从多元价值的角度分析文学研究的政治边界,可以说是从"价值边界"分析文学研究的政治边界。

从研究思路方面,文学研究的政治边界不能流于空泛,而是要史论结合、个案和整体分析结合,抓住关键节点和核心话语。第一,文学研究的政治边界可以从"文学革命"着眼,对其起源、要素、运转等内在机制进行分析，既是个案分析，又是理论溯源。第二，文学研究的政治边界要纵向分析，对"革命文学"的发展、演变和变异进行评价，分析文学研究的政治边界在历史发展中的位移。第三，文学研究的政治边界要抓住核心，文学研究中最为核心的是文学的概念、本质，可以从文学定义、本质的嬗变进行透视和总结。

一、"文学革命"的限度与边界

20世纪中国的政治生活中，"革命"是一个使用率最高、最重要的词汇之一，也是20世纪中国文学研究中最不可忽视的关键词之一，知识分子对"革命"的想象、书写和实践成为一道闪亮的风景线。"革命"出自《尚书·多士》"殷革夏命"，《易经》有"天地革而四时成，汤武革命，顺乎天而应乎人，革之时大矣哉"，许慎《说文解字》意为30年为一世而道更，指周期性更替，引申为改朝换代，以武力推翻前朝①。日文翻译英文Revolution为"革命"，Revolution由拉丁文Revolvere（旋转、循环）在14世纪进入英文，15世纪意为转变（alternation），17世纪末以后主要指1688年的"光荣革命"（Glorious Revolution）。Revolution不仅用于政治语境，而且指其他活动中"根本上的改变"（fundamental change）、"根本性的新进展"（fundamental new development）等②。戊戌变法失败后，梁启超到日本接触到"革命"，而日本明治维新学法英国革命，"革命"的含义被日本文化改造得几乎与"维新"相近，并被一起频繁使用。梁启超显然受到日本的"革命"影响，其所谓"革命时代""革命事业""革命人物"③等都具有日本色彩，这与其希望中国师法日本明治维新有关。资产阶级民主革命的政治主张和政治实践进一步普及了"革命"话语，孙中山、章炳麟等关于革命的文章为"文学革命"的发展提供了重要思想资源。

以"革命"的名义，从梁启超等人倡导"诗界革命""文界革命""小说界革命""戏曲界革命"，到胡适、陈独秀等人倡导"文学革命"，此起彼伏；从"革命文学""工农兵方向"到"人民的文艺""社会主义新文艺"，接连不断；联系紧密而又相对独立的"革命"言说，共同构成"文学革命"到"革命文学"的独特风景。"文学革命"的限度与边界，就是要考察"文学革命"的语言逻辑、认识能力、多元价值，对其内在机制与外在语境进行分析。

---

① 陈建华：《"革命"的现代性——中国革命话语考论》，上海古籍出版社2000年版，第5页。

② ［英］雷蒙·威廉斯：《关键词：文化与社会的词汇》，刘建基译，生活·读书·新知三联书店2005年版，第411—417页。

③ 梁启超：《释革》，《梁启超全集》，北京出版社1999年版，第759—761页。

二、"文学革命"的语言逻辑

"革命"源于对现状的极度不满,"文学革命"是急于改变文学现状的极端表现,既有文学自身求新求变、自我超越的规律,也有政治变革、文化转换、学术变迁等外在因素的激发。相对而言,"文学革命"并不是传统文学内部自发打破传统束缚的结果,而是19世纪末20世纪初民族危机、政治危机等外力压迫的产物,"文学革命"被作为政治改良、文化变革的有机组成部分,参与到政治、社会、文化变革运动之中,其语言逻辑受制于政治逻辑和文化批判逻辑。

"文学革命"的语言逻辑遵循进化论,推崇现代文明和西方权威,试图实现从内容到形式的双重革命。这里存在以西方的"文学"概念衡量和整理中国的"文学"的情况,即以西方普遍性、本质论的"文学"观念考察中国"诗""文""词""曲"等门类文学。这正是钱钟书批评周作人《中国新文学的源流》[①]将"载道""言志"两种不同文类的不同品质上升为普遍性本质的原因所在,其实两者在中国"文学"的意义上并无相互消长的必然联系。以严复译介《天演论》为代表,西方学术著述的进化论、民主等思想动摇了传统文化价值观和封闭系统,以西方思想改造中国社会,将文学从"载道"、抒情提升为新民救国的地位。黄遵宪主张借鉴西方"语言与文字合"的"简易之法",来进行语言改革;梁启超主张"诗界革命"所要求的"新意境""新语句"也主要是指西方思想和词汇,并"将竭力输入欧洲之精神思想"[②]。"文界革命"的目的是以"俗语文体"表达"欧西文思",梁启超将文体视为衡量文明、发达程度的重要标志——"夫文界之宜革命久矣,欧美、日本诸国文体之变化,常与文明程度成比例"[③]。梁启超、谭嗣同等人,以新文体在新报刊上宣传新思想,形式、内容、媒体三者都是新的,但格外突出语言、形式上的新,被胡适评价为"文体的解放""条理的分明""辞句的浅显""富于刺激性"[④]。胡适甚为重视语言文字,认为"语言文字是世界上最保守的东西,比宗教更为保守",胡适甚至因为"替中国发明了一种新的语言"而被美国《展

---

① 中书君:《评周作人的新文学源流》,《新月》1932年11月1日,第4卷第4号。

② 梁启超:《汗漫路》,《清议报》,1900年2—3月,第35—38册。

③ 梁启超:《介绍新书〈原富〉》,《新民丛报》1902年第1册。

④ 胡适:《五十年来中国之文学》,《胡适文集》(第三卷),北京大学出版社1998年版,第221页。

望》杂志选为全世界一百名文人之一①。文体、语言的创新确实能创造新型文学——报章文体(谭嗣同语)、政论(阿英语),极具影响,“鼓荡了一支像生力军似的散文作家”,“使一般的少年都能肆笔自如,畅所欲言”②。梁启超倡导译介西方政治小说,认为“政治之议论,一寄之于小说”③,遂提出“小说界革命”,将小说这一艺术形式推向前所未有的高度。胡适首次提出“文学革命”的概念,并将文学坠落的原因归之于“文胜质”,移植英美意象派诗人思想提出“八事”,后细化为《文学改良刍议》,最后归纳出《建设的文学革命论》中“国语的文学,文学的国语”纲领。这就有必要梳理“国语”的专门推广机构“国语研究会”和“白话文学”的主要推动者《新青年》的关系,《新青年》是“文学革命”的发难者④和主要阵地,其主要作者很多同时是“国语研究会”的核心成员;“国语研究会”成立时间(1916 年 9 月)与《新青年》发起“白话文学”运动时间相差不远,《新青年》的白话文学主张与国语研究会的主张之间存在实质性的互动和影响;“国语运动”主张“要救国,要提倡注音字母”⑤与“欲新一国之民,不可不先新一国之小说”一致。陈独秀的《文学革命论》提倡建设“平易”“抒情”“新鲜”“立诚”“明了”“通俗”的文学,是以中国文学腐化堕落为前提的。“文学革命”以移用西方“文学”的方式,为中国文学发展设计了具有本质性、普遍性和现代性的内在规定性,并将这种“文学”设置为任何语言族群、民族、文化、国家的内在规定性。

诸多“文学革命”在语言层面的意义,除了译介了西方话语、思维之外,更多的是作为一种“口号”的意义和价值。也许“口号”缺乏缜密的论证和学术的严谨,但在一个需要振聋发聩的时代,能够提出引人思考的口号也需要超人的勇气和胆识。梁启超在西学上晚于严复,在国学上不如章太炎,但却在短短两年多的时间内连续发起和命名了“诗界革命”“文界革命”“史界革命”“小说界革命”“四大革命”,占据很大的话语权。如果比较一下梁启超的“四大革命”纲领,就会发现如下句式——“欲新/提倡/为……则/不可不”,这种文学纲领如同政治宣言,简明扼要、坚定决绝、鼓动激情。梁启超

① 参见胡适:《胡适口述自传》,《胡适文集》(第一卷),北京大学出版社 1998 年版,第 307 页。

② 郑振铎:《梁任公先生》,《小说月报》1929 年 2 月,第 20 卷第 2 号。

③ 梁启超:《译印政治小说序》,陈平原、夏晓虹编:《二十世纪中国小说理论资料》,北京大学出版社 1997 年版,第 37 页。

④ 鲁迅:《鲁迅全集》(第六卷),人民文学出版社 1981 年版,第 238 页。

⑤ 吴稚晖:《吴稚晖学术论著》(第三编),上海启智书局 1931 年版,第 72 页。

深知话语方式对于推向自己主张的意义,将自己的文体演变分为三个阶段——"幼年为文,学晚汉魏晋,颇尚矜炼;至是自解放,务为平易畅达,时杂以俚语韵语及外国语法,纵笔所至不检束;学者竞效之,号新文体;老辈则痛恨,诋为野狐,然其文条理明晰,笔锋常带情感,对于读者,别有一种魔力焉"①。钱基博在此基础上又细化、补充了三个阶段——《国风报》时期,已臻洁净,朴实说理,然排比、冗长如故;民国既建,述志言情,间出俪体;晚年舍诗古文辞不为,而时时为语体文②。梁启超文体演变梁启超的语言风格不仅讲究平易畅达,而且兼顾大众化和西方化;不仅重视对业内知识分子的影响,而且重视以感情吸引一般读者,追求一种"魔力"的效果。郑振铎评价《新民丛报》时期的梁启超,"浩浩莽莽,有排山倒海的气势,窒人呼息的电感力"③。钱穆赞赏梁启超的文体,"梁任公于论学内容固多有疏忽,然其文字则长江大河,一气而下,有生意,有浩气,似较太炎各有胜场"④。

"文学革命"的语言逻辑采取"宏大叙事"的话语设计,以"大叙事"表达对国家民族的现代想象,形成了"革命""变法""西学""批判"等典型时代话语。李欧梵引用安德森(Benedick Anderson)在《想象的社群——对于民族国家兴起的反思》⑤中的观点,从叙述对现代性的意义出发论述文学的意义,"任何一个新的民族国家想象出来之后,势必要为自己造出一套神话,这套神话就成为'大叙述'(grand narrative),这种'大叙述'是建立在记忆和遗忘的基础之上的。任何一个民族国家的立国都有一套'大叙述',然后才会在想象的空间中使得国民对自己的国家有所认同"⑥。近代以来的中国知识分子,采取"文学革命"等方式进行民族国家的现代想象,在各种文体实践中塑造了"革命"的神话和宏大的语言和模式,成为最具典型意义的时代话语。"变法""西学""批判"等"大叙述"话语在思维、逻辑和实在等方面遵循同样的规律,都是对晚清中国危机的被动选择,都是作为时代的

① 梁启超:《清代学术概论》,夏晓虹编:《中国现代学术经典》(梁启超卷),河北教育出版社1996年版,第195页。

② 钱基博:《现代中国文学史》,岳麓书社1986年版,第384—407页。

③ 郑振铎:《梁任公先生》,《小说月报》1929年2月,第20卷第2号。

④ 钱穆:《钱宾四先生论学书简》,余英时著:《犹记风吹水上鳞——钱穆与现代中国学术》,台湾三民书局1991年版,第252页。

⑤ 亦可译成《想象的共同体:思考民族主义的起源与传播》或《想象的共同体:民族主义的起源与散布》。分别参见[美]乔纳森·卡勒:《当代学术入门:文学理论》,李平译,辽宁教育出版社1998年版,第39页;[美]本尼迪克特·安德森:《想象的共同体:民族主义的起源与散布》,吴叡人译,上海人民出版社2003年版,第1页。

⑥ 李欧梵:《中国现代文学与现代性十讲》,复旦大学出版社2002年版,第9页。

核心命题相互支撑,"变法"在"西学"启发下产生,又是"西学"合法性依据;"西学"是"变法"的产物,又是"变法"的思想来源;"变法"的内容和形式随着对"西学"理解的深入而发展,"西学"的内涵和功能随着"变法"的成效而演变;"批判"是"西学""变法"的重要手段和途径,又随着"西学""变法"的进程而变化。总之,宏大叙事及其时代话语是"文学革命"的语言基础,都在中国传统文化现代化、现代国家建立和社会转型中扮演着重要角色。

三、"文学革命"的认识能力

"文学革命"在"思维与存在"统一的前提下,遵循形而上学思维方式,以先验的本质原理系统揭示感性现象背后的逻辑,提供永恒真理、价值原则、知识框架,形成知性逻辑和概念化思维。"文学革命"在建立文学概念、本质思维的基础上,推及社会文化系统,将文学的认识能力、传播功能、改造功能等进行放大和辐射,制造出一种神化文学的现象。

"文学革命"极力推崇文学的功能和价值,将其视为道德、宗教、政治、风俗、学艺、人格等社会文化各领域的前提和基础,这种认识显然先验地认为西方现代文明极大受益于文学,而中国同样需要借助文学的力量,才符合现代性的普遍规律。在先验思维的支配下,文学被从多个方面进行论证,西方文学作品被大量译介,文学观念、理论也受到重视和膜拜。不仅新文学的倡导者、作家具有先验的本质思维,而且当时读者也乐于接受,"易其浸淫'四书'、'五经'者,变而为购阅新小说"①,希望通过小说认识社会变革,了解西方文化,进行娱乐消遣。小说不仅在社会政治功能上受到推崇,而且大量在报刊上首发,市场影响和文化影响逐渐扩大,小说出现新闻化倾向,造成小说与新闻、政论不分的误解。对此,黄世仲认为小说不仅不同于新闻、政论,而且异于戏剧、绘画等其他艺术形式,"以身导人""不外道情""陶冶人之性灵",所以"报纸之功在一时,而小说之功则在万世"②;小说还强于叙事和描写,"一篇在手,而千回百折,万象皆呈"③。

① 黄世仲:《文风之变迁与小说将来之位置》,《中外小说林》1907年第1年第6期。参见《二十世纪中国小说理论资料》,陈平原、夏晓虹编,北京大学出版社1997年版,第205页。

② 黄世仲:《小说之功用比报纸之影响为更普及》,《中外小说林》1907年第1年第11期。参见《二十世纪中国小说理论资料》,陈平原、夏晓虹编,北京大学出版社1997年版,第237页。

③ 黄世仲:《小说种类之区别实足移易社会之灵魂》,《中外小说林》1907年第1年第13期。参见《二十世纪中国小说理论资料》,陈平原、夏晓虹编,北京大学出版社1997年版,第238—241页。

“文学革命”试图颠覆原有知识体系，建立新的知识、概念系统，知性逻辑体现在文学主题、内容的革新。中国传统小说主要有言情、英雄、历史讽刺、狭义、神魔等，“文学革命”在否定和批评古典小说的同时，从西方引入了政治小说、科学小说、侦探小说、教育小说等。小说的叙事性包含丰富的思想观念、社会内容和生活因素，可以产生认识功能、批判功能和教育功能。“文学革命”采取新旧对立、不破不立的二元对立思维模式，将传统文学全盘否定，甚至不惜贬之以“中国群治腐败之总根源”①的恶名，与此相对的是对西方文学思想高度的臆想，“欧美之小说，多系公卿硕儒，察天下之大势，洞人类之赜理”②。在特殊语境下，小说报刊对文学认识功能的倡导提高了作家对文学认识能力的重视，抒发政见和批判现实成为最为重要的文学主题和内容。前者有政治小说，梁启超的《新中国未来记》、陈天华的《狮子吼》等，既以文学承载政治主张，以政治学说支撑文学写作，梁启超望其有“熏”“浸”“刺”“提”四力；后者有谴责小说，对社会进行全方位的揭露和批判，鲁迅称其“辞气浮露，笔无藏锋，甚且过甚其辞，以合时人嗜好”③。“文学革命”引领影响和吸收政治社会思潮也是重建知识体系的重要方面，“新文学要拿新思潮做源泉，新思潮要借新文学做宣传”④，新文学与新思潮的互动成为社会思想的“发生器”。正因为文学与社会思想的关系如此紧密，文学所表现的内容就不能仅限于自身，“文学家所欲表现的人生，决不是一人一家的人生，乃是一社会一民族的人生”⑤。

“文学革命”的知性逻辑在知识层面稳固了新文学的合法性地位，翻译文学、文学创作、职业作家、文学报刊等全面发展⑥，“文学革命”契合了社会现实和社会文化心理，译介了西方文学理论、思想、观念和方法，具有深远的理论价值和历史影响。但是，“文学革命”的理论、概念系统与文学实绩之间尚存在较大距离，倡导“革命”的理论家在文学上往往不能坚持充当先导、榜样，这是超验理论的结果。深涉政治的背景，让“文学革命”常受制于政治立场、党派成见，“维新派”“革命派”之间的政治冲突显然影响到他们在文学上的关系，以至于造成自相矛盾、前后不一的情况，有悖于文学规律，

① 梁启超：《论小说与群治之关系》，《饮冰室合集》（第一册），中华书局1989年版，第6页。

② 衡南劫火仙：《小说之势力》，《清议报》1901年第68册。

③ 鲁迅：《中国小说史略》，上海古籍出版社2006年版，第187页。

④ 沈雁冰：《为新文学研究者进一解》，《改造》1920年9月15日，第3卷第1号。

⑤ 佩韦：《现在文学家的责任是什么?》，《东方杂志》1920年1月10日，第17卷第1号。

⑥ 据［日］樽本照雄编《新编清末民初小说目录》统计，近代翻译小说2545种，创作小说7466种；据祝均宙、黄培玮辑《中国近代文艺报刊概览》统计，近代文艺报刊320种，其中文艺杂志133种。

如梁启超“诗界革命”理论在“五四”转而成为新文学反对派的主要论据。

“文学革命”具有库恩意义上的“革命”性质，即知识典范、知识范式上的转变——摧毁古典文学的旧范式，建立现代文学的新范式。库恩认为科学知识的发展遵循一定的模式——“前范式科学—常规科学—革命科学（科学革命）—新常规科学”，“‘范式’的一种意义是综合的，包括一个科学集体所共有的全部规定”①。文学与科学殊异，但在近代中国知识重构过程中，文学同样要打破“前范式”，形成研究目标、学术观点、概念、术语、交流方式、心理素质等趋同的“文学共同体”。清初的知识重心由理学变为经学，经学内部又经历了“经世之学”到“知识之学”的转变，经学对文学这种非实证的知识产生压抑性影响，“读小说者，亦以考证之眼读之”②，被视为“等而末者”③。社会政治危机带来旧知识的崩溃和纯粹知识的陷落，新的经世之学和知识体系得以崛起。“文学革命”的范式转换不仅带来文学自身的知识更迭，而且深融于整个社会体制，成为一个有机、配套的子系统。在知识系统建构、分化过程中，文学、审美参与了科学、道德等合理分化的过程，并且产生了明显的政治化倾向，担负了价值重构的任务，吴宓称之为“今之文学批评，实即古人所谓义理之学也”④。

“文学革命”的知识建构与中国知识分子集团的“兴趣”密不可分，是知识分子在中西文化碰撞下的价值选择。虽然“文学革命”应该主要体现为对自我反思的“解放兴趣”，但是并没有仅仅局限于文学自身和文学内部的反思和超越，而是以“越界”的方式进入科学、道德等领域。“文学革命”非常重视实证经验性知识的“技术兴趣”，科学主义对“文学革命”影响深远。“文学革命”也很重视交往、沟通的“实践兴趣”，以实现文学改造国民性和发展社会的目标。因此，在社会整体转型的时代背景下，“文学革命”不仅是文学上的“革命”，而且是综合性、多领域的“革命”。

四、“文学革命”的综合价值

如前所述，“文学革命”的语言逻辑和认识能力决定了其多元价值的限度与边界，涉及语言价值、人学价值和历史价值等多方面的内容。“文学革命”被看成现代知识体系重构的有机组成部分，其价值源自这一知识重建

---

① ［美］托马斯·S.库恩：《必要的张力》，纪树生等译，福建人民出版社 1981 年版，第 290 页。

② 王国维：《〈红楼梦〉评论》，《静庵文集》，《王国维遗书》（第五册），上海古籍出版社 1983 年版，第 58 页。

③ 戴震：《与方希原书》，《戴震文集》，中华书局 1980 年版，第 144 页。

④ 吴宓：《浪漫的与古典的》，《大公报·文学副刊》1927 年 9 月 28 日。

的终极目标——现代民族国家的重建，并沿着“民族国家”的理论、规划和思路展现其综合性价值。

“民族国家”是意识形态的重要概念，“文学革命”是现代民族、国家意识形态的重要载体和组成部分，文学成为实现民族文化身份认同的重要途径。文化身份是既有稳定性又有变动性的构成因素（阶级、性别、国别、年龄、种族、道德、政治立场等）在异质文化冲突中的嬗变及其组合①，体现为“‘新身份’，新社会类别以及通常情况下新政治群体的增生”②。现代文艺作为全新的文化存在，对重构现代民族国家和现代个体的文化身份具有重要意义，是建构民族文化主体和现代公民主体的重要因素。“文学革命”拒绝和打破了旧有意识形态，在宏观上以审美解放的形式创造了民族国家想象和文化认同，在微观上以审美想象的形式创造了个体审美立场和体验世界，在一定范围内形成具有现代意义的文化场域和公共社会空间，“无声地、不断地深入到真实当中，默默地创造着一种非凡的共同体信念，这正是现代国家的特征”③。

“文学革命”的语言价值是指文学运动对于民族国家语言的重要意义，语言和媒介的转变对中国文化形态、思维方式和社会心理具有深远影响。语言的独立和现代化是现代民族国家建立的重要组成部分，正如文艺复兴时期也是欧洲现代民族国家建立时期一样。在“国语运动”和中国现代语言体系的建立过程中，虽然政府相关部门也关注国语创造问题，但由于文化方面的保守主义等因素，“国语”主要靠“国语”文学推动、普及和实践。“文学革命”对民族国家语言的意义，还体现在民族与个人、国家与公民的关系上，文学、语言既可以是个人化、审美化和形象化的形式，又可以表达集体性、政治性和理性化的内容，民族国家的现代化有赖于个人、公民的现代化，而文学、语言成为最有效、最普遍和最操作性的中介和链接。

“文学革命”的人学价值是指“人的文学”对于“人”的重要意义，新文学赋予“人”以现代化、理想化和审美化的内容，即使这些内容在政治、社会和现实中还没有实现的条件。周作人对“人”的认识主要参考宗教改革、文艺复兴，法国大革命等重大历史事件中对“人”的发现和重新认识，“人”是“灵肉一致”、物质生活与道德生活统一的人，人道主义是“一种个人主义的

① 参见卢衍鹏、向宝云：《论“后武侠小说”及其文化身份》，《当代文坛》2006 年第 6 期，第 115—117 页。

② Jonathan Friedman, *Cultural Identity and Global Process*, Londen: Sage Publications, 1994, p.24.

③ ［美］乔纳森・卡勒：《当代学术入门：文学理论》，李平译，辽宁教育出版社 1998 年版，第 39 页。

人间本位主义”，人的文学是以人道主义记录、研究人生问题的文字①。“人”的文学是一种文学观念、创作方法、研究领域，还是对“人”的重新发现、定义和阐释。“人”的价值、观念和知识正是在“人”的文学中得以审美地呈现，为政治、社会和现实地推动“人”的价值奠定了思想和文化基础。“人”的价值在文学中的体现，主要围绕人的需求、道德、生活等多个方面，在本质上是市民社会理论和资产阶级思想对“人”的规定。以“人”为标杆的文学，自然否定和排斥“非人”的旧文学，自然关注底层社会和大多数人的“平民文学”，这是将“人”的视野最大限度地观照中国社会的各个层面，满足最大多数人的审美和文化需要。

“文学革命”的历史价值是指“文学进化”对于历史进步的重要意义，新文学赋予历史以现代性、时代性和进化论的内涵，从而推动了历史发展。文学进化论通过译介西方历史著作和文学理论著作，逐渐成为影响最大的文学观念之一。郑振铎将进化论视为文学研究的新途径，认为进化论被看成是近代思想发达的主要原因，“虽然之前很少应用到文学，但现在却已经成为文学研究者所比较具有的观念了”②。梁启超提出的“文界革命”和“史界革命”是一致和互补的关系，在进化论的基础上，史家风范与文人习气之间存在着千丝万缕的相通和钩连。康有为、严复、梁启超、陈独秀、刘师培、胡适等纵横学界的学者，在历史、文学、哲学等多个领域都阐发了进化论的观点，王国维的“凡一代有一代之文学”③典型地表达了文学进化论的观点。文学进化论打破了保守主义的文学观和历史观，将进化论普及为一种影响巨大的文化思潮，具有不可忽视的历史价值。

五、“革命文学”的演变与边界

以上对“文学革命”的限度及边界的分析，同样适用于“革命文学”，起码从外在背景来讲，不外乎政治情势、民族危机、现代转型等；无论两者之间存在何种关系，都不妨碍它们遵循类似的内在运作机制。因此，“革命文学”的边界问题，要从“文学革命”到“革命文学”的转变说起。

1. 从“文学革命”到“革命文学”

关于“文学革命”到“革命文学”的转向研究和争论，从“革命文学”提出就已经开始，已经达成一定共识，同时仍存在争议。“文学革命”对“革命

① 参见周作人：《人的文学》，《新青年》1918 年 12 月，第 5 卷第 6 号。

② 郑振铎：《研究中国文学的新途径》，《郑振铎文集》，人民出版社 1988 年版，第 280 页。

③ 王国维：《宋元戏曲史序》，上海商务印书馆 1924 年版，第 1 页。

文学”而言，至少是一种背景、资源和经验，可以从前者找到后者内含的各种因素，也可以从后者找到前者的种种影子。“革命文学”对“文学革命”而言，至少是一种演变、分流和继承，可以从前者找到后者理想或失望的特质，也可以从后者找到前者成功或失败的逻辑。“文学革命”转向“革命文学”，有社会革命、文化革命和世界革命的外在背景，也有思想、精神、创作等内在因素，很难用高低、褒贬和对错等进行二元对立的判断。以精神为例，“文学革命”后期，创作中表现出青年知识分子普遍的社会疏离感、精神漂泊感、人生幻灭感等精神危机①，以及造成这种危机的价值观与社会现实的严重错位，再次“革命”成为必然的选择。还有组织方面，《新青年》从改版、休刊到停刊，打击了新文学运动，用鲁迅的话说就是“成了游勇，布不成阵了”②。

总体而言，“革命文学”既是第一、第二次国内革命战争等政治剧变在文化上的反映，又是文学倡导者有意塑造的结果。

第一，政治剧变需要新的思想，马克思主义成为政治社会和文学审美的双重需要，“革命文学”以引入马克思主义等新思想的方式实现理论转身。1917 年 3 月，李大钊在论述俄国文学时就提出了“革命文学”，“俄国之文学，人道主义之文学也，亦即革命主义之文学也”③。俄国社会主义革命的政治影响让“革命文学”更容易为左翼知识分子、作家认同，这也显示了“革命文学”从一开始就受到马克思主义的影响，其“革命”性质已经与“文学革命”时期有了根本区别。1922 年 4 月，文学研究会作家之常最早在文学界提出阶级意义上的“革命的文学”，“今日的文学是……为人生的，支配社会的，革命的”④。之常在其中提出“第三阶级”“第四阶级”的概念，也是在用马克思主义的阶级理论对中国社会形势进行分析，并以此作为“革命文学”的思想基础，使“革命文学”从开始就有阶级意识。1923 年到 1924 年间，瞿秋白、邓中夏、恽代英、萧楚女等革命家在《中国青年》上专题探讨文学与革命的关系问题，介绍马列主义。沈泽民指出，“一个革命的文学者，实是民

① 参见颜敏：《精神危机：革命文学的征兆》，《文学评论》2007 年第 2 期，第 132 页。

② 鲁迅：《南腔北调集·〈自选集〉自序》，《鲁迅全集》（第四卷），人民文学出版社 1981 年版，第 453 页。

③ 李大钊：《俄国革命之远因近因》，《李大钊文集》（上卷），人民出版社 1984 年版，第 346 页。

④ 李之常：《支配社会底文学论》，《文学研究会资料》（上篇），河南人民出版社 1985 年版，第 82 页。

众情绪生活的组织者，这就是革命的文学家在这革命的时代所能成就的事业"①，这就将"革命的时代"——"革命的作家"——"革命的文学"链接起来，让它们成为一个不可分割的整体，将理论与实践、文学与社会结合起来。

第二，"革命文学"倡导者意在塑造一个全新的文学形象和阶段，不同文学、政治派别都试图建构新的文学话语权，围绕"革命文学"发明权的争论是这种话语权争夺的具体表现。成仿吾在1927年初的《完成我们的文学革命》与在1927年末的《从文学革命到革命文学》之间最大的差别，是将"革命文学"塑造成一个全新的历史阶段，以理论分期促成现实分段。"革命文学"作为口号、旗帜和标志的意义，绝不亚于"文学革命"的号召力，其内涵、分歧也同样复杂而曲折。以创造社为例，他们在"革命文学"中的突出表现，源自既有的文学影响、自办杂志、发行机构、编撰论文集等多重因素。鲁迅对"革命文学"内部认识非常深刻，"只图自己说得畅快"，"当环境好的时候，作者就在革命这一只船上踏得重一点，分明是革命者，待到革命一被压迫，则在文学的船上踏得重一点，他变了不过是文学家了"②，等等。鲁迅对"革命文学"运动有清醒的认识，北伐等政治军事运动没有带来革命文学的高潮，革命运动如火如荼之地并无多少文学实绩，"所以这革命文学的旺盛起来……并非由于革命的高扬，而是因为革命的挫折；虽然其中也有些是旧文人解下指挥刀来重理笔墨的旧业，有些是几个青年被从实际工作排出，只好藉此谋生，但因为是在具有社会的基础，所以在新分子里，是很有极坚实正确的人存在的"③。这里，"实际工作"是指比文艺工作更为"实际"的革命活动，"革命文学"就是要让人们（尤其是青年）走出纯粹的文学痴迷，走向更现实的革命天地。

从"文学革命"到"革命文学"的考察还有很多视角和观点，关于"革命文学"的塑造也不止以上几个方面，既有以理论建构促进政治社会的理想，又有知识分子个体自己超越、反思和批判，前者抽象笼统而缺乏质感，后者感性细腻而难以索引。对于"革命文学"演变及其边界的研究，就要从大的概念入手，以细腻的手法探究其中肌理，将政治与文学的关系置于历史细微之处。可以从"革命文学"演变过程中出现的关键节点——"革命文学"给文学带来的不同"定语"入手，考察"革命文学"的政治边界。

---

① 沈泽民：《新俄文艺的趋势》，《小说月报》1922年，第13卷第8号。亦可参见沈泽民：《文学与革命的文学》，《文学研究会资料》（上篇），河南人民出版社1985年版，第128页。

② 鲁迅：《上海文艺之一瞥》，黄人影编：《创造社论》，光华书局1932年版，第89—90页。

③ 鲁迅：《上海文艺之一瞥》，黄人影编：《创造社论》，光华书局1932年版，第89页。

2.“革命文学”的“政治”定语

文学可以有很多定语，比如浪漫主义文学、现实主义文学、现代主义文学等，但我们所说的“政治”定语与以上的具有独特文学内涵的限定不同，它们限定的不是文学而是政治，它们是“无产阶级文学”“党的文学”“工农兵方向”“人民的文艺”“社会主义新文艺”等。前面提到“革命文学”的命名权争夺十分激烈，其实“革命文学”的演变过程中，一直存在各派别、团体、组织等之间的文化博弈，它们以阶级、道德、政治立场、性别、年龄等为准确建构自己的集体文化身份。因此，文学的“政治”定语属于一种文化身份的建构方式，并以此划定“革命文学”的政治边界。

(1)“无产阶级革命文学”

“无产阶级革命文学”是一种多重定语的文学，既可以将“无产阶级”当做“革命文学”的定语，又可以将“无产阶级革命”当做“文学”的定语，还可以看成“无产阶级革命”与“革命文学”合二为一。无论如何理解，以某一阶级作为文学的定语，都意味着该阶级的政治立场、价值观念和话语方式等对文学的绝对影响力和控制权，并将文学作为实现这种影响和权力的手段加以利用。“无产阶级”是一个被放大的政治词汇，同时具有超出其本意之外、笼罩性的文化意义，中国早期马克思主义者将这一术语用于被压迫者，在政治上具有巨大的号召力和凝聚力，文学也能够借助其政治影响提升自身地位。因此，“无产阶级革命文学”是头(政治)重脚(审美)轻的文学口号，对其分析主要从政治内涵展开。

阶级性的定语划定了文学的“革命”界限，使其具有绝对性、单一性和排他性，将文学严格限定在政治的疆域之内。文学只有选择革命立场才能成为真正的文学，革命是文学的唯一目标，“真正的文学是只有革命文学的一种”①，是革命的先驱。阶级性的限定取消了文学的固有标准和价值原则，将阶级利益视为文学的出发点和基本要求，文学需要“站在一阶级的立点上为本阶级利益而立论”②，而不以文学、审美的规律、原则和立场为准。阶级性的限定赋予文学阶级性的功能和任务，将阶级性的目标、任务分配给文学，“在社会变革的战术上由文艺的武器变成武器的文艺”③，“新兴阶级

① 郭沫若:《革命与文学》,《创造月刊》1926 年 5 月,第 1 卷第 3 期。

② 茅盾:《论无产阶级艺术》,《茅盾文艺杂论集》(上集),上海文艺出版社 1981 年版,第 188 页。

③ 成仿吾:《全部的批判之必要——如何才能转换方向的考察》,中国社会科学院文学研究所现代文学研究室:《“革命文学”论争资料选编》(上),人民文学出版社 1981 年版,第 179 页。

的文学，是新兴阶级的武器，是它的政治运动的一翼”[①]，这种思想显然来源于列宁的《党的出版物与文学》等马列著作。对革命者而言，以阶级性为定语的文学是一种让文学成为政治运动组成部分的战术，一种行之有效的武器，一种阶级性在审美领域的直接体现，“政治家和那些从事文艺活动的政治家、革命家，从来都是从阶级的功利观出发的……文学的作用不仅仅是政治教化，而且还是武器的斗争”[②]。对文学而言，被冠以阶级性是一种历史选择和时代遭遇，文学应对阶级性介入是一个被动接受与主动追随相结合的过程。

文学主动追随阶级性受到政治上对共产主义的惯性引力，苏联、日本等无产阶级文艺思想为阶级性的文学主张奠定了理论基础，国际共产主义运动热潮与国内大革命失败的鲜明对比构成了现实基调和舆论氛围。理论上，马克思主义唯物史观、意识形态理论、经济基础与上层建筑的关系等对文学界、文化界产生深远影响，为知识分子通过文学的途径进行革命斗争提供了思想武库。根据以上理论，经济基础、物质生产是一切精神生产、文学创作的基础和前提，文学作为上层建筑、精神生产的一部分受制于经济社会和与之相适应的意识形态，“不是人底意识规定他的存在，倒是他底社会的存在规定他底意识”[③]，阶级性的社会决定阶级性的意识，文学的阶级性受到阶级性社会和阶级性意识的双重决定。文学之于阶级性的价值是双向互动的形成机制，不能简单地归结于阶级性决定文学，更在于文学对阶级性有反作用，正如上层建筑对经济基础的反作用一样。文学的反作用是审美的功利性价值，能够在情感、精神领域产生重要影响，为无产阶级所亟须，“艺术是感情社会化的手段，组织感情的方法，某一阶级用他来维持其统治，而某一阶级则用他来求解放”[④]。这里的“感情社会化”即感情的阶级化，其原理是通过文学的阶级化实现感情的阶级化，感情的阶级化带来社会的阶级化，其思路可以概括为：文学阶级化—感情阶级化—社会阶级化—统治（或解放）。这一机制既可以为统治者所用，又可以为被统治所用，并且造成“统治”与“解放”之间的持续不断的对抗和斗争。“无产阶级革命文学”正是以无产阶级化的文学建设无产阶级化的政治和社会，以无产阶级化的审美形式服务无产阶级的革命事业。无产阶级化的文学倡导更像是一种政

---

① 阿英：《怎样研究新兴文学》，《阿英全集》（第五卷），安徽教育出版社2003年版，第8页。

② 钱中文：《文学观念向他律的倾斜与越界——评20世纪30年代初前后六七年间文学观念的论争》，《河北学刊》2005年第4、5期，第133—138、144—149页。

③ 冯乃超：《文艺理论讲座》，《拓荒者》1930年1月，第1卷第1号。

④ 冯乃超：《人类的与阶级的》，《萌芽月报》1930年2月，第1卷第2期。

治措施和宣传口号，其阶级化的核心就是让文学向无产阶级靠拢，包括论证文学的阶级性、探讨文学的社会功能、分析文学的宣传价值，等等。一般认为，这种阶级化的文学主张趋于机械化、庸俗化和简单化，其实这种文学倡导者对唯物主义、辩证法和阶级斗争同样持片面化、简单化和庸俗化的认识和理解，可以说对政治的认识偏差造成对文学的认识偏差，而对文学的认识偏差无益于形成原本想建立的、正常的政治文学传统，只是形成简单而鲜明的政治价值取向。"无产阶级革命文学"显然不满足于简单地宣示无产阶级政治取向，而在文学自身无所建树，但当政治取向与审美取向冲突时又只能不假思索地舍弃后者，用"简单""机械""僵化"等进行评价都不为过。问题的关键在于，这种选择不仅无视审美原则和文学标准，而且未经理性思考，无法通过实践检验，最后沦为一种既非理性又非审美的空洞概念，在具体操作中很难协调政治取向与审美取向之间的关系。

"无产阶级革命文学"以政治为文学立法无可非议，革命家有充分的理由调动包括文学在内的一切资源服务革命事业，关键在于是否能够划定政治自身的界限，因为任何无原则、无界限的"立法"都会走向革命的反面，最后殃及"政治为文学服务"的合理性。人们很早就通过探讨"自律与他律"，试图寻找阶级性与文学性之间进行沟通的桥梁——文学既是自律的，同时又受他律影响。如果从自律角度，文学主体性是不可动摇的出发点；如果从政治角度，政治占据主体地位成为不可僭越的红线。

第一，无界限的"无产阶级革命文学"高估了与现实政治关系密切的文学，低估了与政治无关的文学，限制了"文学为政治服务"的多元化和多样性。反映现实政治、符合无产阶级观念的文学受到极力推崇，郭沫若的作品因为"表现了一种毫无间断的伟大的反抗的力"①而被认为成功地表现了"时代精神"，蒋光慈的《野祭》被视为"一部含有时代性的恋爱小说"②，茅盾的《幻灭》《动摇》等作品淋漓尽致地表现了小资产阶级、革命人物和社会政治情状③。总之，与现实政治关系紧密的作品受到格外优待，成为最为重要的评价标准。反之，与现实政治关系不那么直接、紧密的文学受到冷遇，连鲁迅的《阿Q正传》都被视为没有真正反映时代，只是反映了死去了的时代，更遑论徐志摩、凌淑华、陈衡哲等被称作资产阶级作家。对于如何协调阶级性与文学性的关系问题，引发了不小的论争。有人提出革命文学不能

① 阿英：《郭沫若及其创作》，《阿英全集》（第二卷），安徽教育出版社2003年版，第35页。

② 钱杏邨：《野祭》，《太阳月刊》1928年2月，第13页。

③ 参见钱杏邨：《动摇》，《太阳月刊》1928年停刊号，第1页。亦可参见钱杏邨：《幻灭》，《太阳月刊》1928年3月，第8页。

一味是“标语口号”（如茅盾的《从牯岭到东京》），不能只写“光明”不写“黑暗”，强调无产阶级文学的审美价值；有人将这种主张视为“恶意的嘲笑”，是反动的、资产阶级的“旧的形式”①；有人主张文学是特殊的“工具”，是“用形象去思索”②；有人指出苏联“岗位派”“拉普”等影响，接受并肢解了新写实主义③；等等。在争议与质疑的氛围下，“无产阶级革命”的定语犹如悬在颈上的利剑，形成紧张的舆论压力，文学创作变得风险十足，“大家都因为被骂得怕了，所以屁也不敢放一个”④。

第二，有界限的“无产阶级革命文学”不完全否认文学主体性，但表达方式、审美形态等又受到严格限制，只能以曲折、变通的方式得以呈现。在以无产阶级思想、立场和观念等为正面、主要评判的同时，文学主体性作为一种侧面、次要评价常常以“补充”的形式出现，以艺术感受充实价值评判。以钱杏邨评价凌淑华的《花之寺》为例，既有正面的政治评价——“她是站在进步的资产阶级的知识分子的立场上，在表现着资产阶级的女性”，又有审美感受的表达——“我对于作者的勇敢表示了相当的敬意，同时，也觉着她的文字是很清丽的”⑤。文学主体性还以文体策略的方式曲折表达，例如钱杏邨将《死去了的阿Q时代》中对鲁迅的否定与《鲁迅》中对鲁迅的肯定辩解为文学史论与文学批评的差异，从另一个侧面显示了审美体验冲破政治规训的力量。

第三，“无产阶级革命文学”的界限不是静止不动的，而是随着政治主体性与文学主体性之间的博弈而不断位移，在实践中采取更具操作性、多元化、大众化的文学策略。20世纪二三十年代关于“无产阶级革命文学”、文艺自由等论争，说明了文学主体性与政治主体性之间的激烈斗争，但这些论争主要是原则性、宏观方面的分歧，至于克服、纠正缺乏具体操作的指导。认识到错误的革命文学倡导者开始了各种尝试，或者办刊物、排话剧、做宣传，或者拍电影、进工厂、下农村，或者限制言行中的武断、僵硬、霸气的政治话语，或者以史料为基础进行文学研究和批评，或者承认非无产阶级文学的存在价值，都不再将文学置于政治的单一视野。

---

① 钱杏邨：《中国新兴文学中的几个具体的问题》，《拓荒者》1930年1月，第1卷第1期，第351—380页。

② 瞿秋白：《文艺的自由和文学家的不自由》，苏汶：《文艺自由论辩集》，上海书店1933年版，第82页。

③ 参见艾晓明：《中国左翼文学思潮探源》，湖南文艺出版社1991年版，第153页；高利克：《中国现代文学批评史》，社会科学文献出版社1997年版，第175页。

④ 郁达夫：《编辑余谈》，《大众文艺》1928年10月，第1卷第2期。

⑤ 钱杏邨：《花之寺》，《海风周报》1929年第2期，第9—10页。

(2)"党的文学"

从"无产阶级文学"到"党的文学"的转变,在现实上,由于"左联"成立,中国共产党加强了文艺工作,政治上具备了实施"党的文学"的条件和时机;在理论上,实质是从较宽泛、涵盖性较强的"无产阶级"转变到组织严密、纪律性强的"党","党"的性质、组织、任务等成为调控和影响文学的主要因素。在"党"的定语下,文学被看成"解放斗争的武器""革命斗争的宣传与鼓动的武器",这是党的事业和任务对文学的规定。"党的文学"出自列宁《党的组织和党的文学》,核心观念是文学是无产阶级的一个任务、齿轮、构成部分①。在"党"的旗帜下,文学的"党性"成为影响和制约文学真实性、文艺形式、文学主体的重要原则,文学观念、方法、标准等都要被动或主动地做出调整。

第一,党性与文学的结合,是将文学的真实性、艺术性同一,服从于党性、阶级性和政治性,重新建立以"党"为标准的文学真实观、文艺观。除了延续"无产阶级文学"中"三点论""留声机论"之外,还强调党性原则、革命立场和唯物辩证法"是到现实的正确的认识之路,到文学的真实性的最高峰之路"②,"愈取无产阶级的,党派的态度,则我们愈近于客观的真理"③。"党的文学"的基本策略是以党性改造文学性,任何与党性不符的文学性都将被压抑和制裁,并直接影响到文艺批评、文学理论的话语、原则和立场,"党"的话语不加修饰地被当成权威话语。

第二,党性与文学的结合,将文艺大众化提到政治的高度,对文艺形式提出了具体而严格的要求。新文学运动就提出文艺大众化问题,但"五四"新文学采用的语言形式主要是易于知识分子接受的欧化语言,文学的普及和影响远远没有达到"大众化"的程度。在这样的背景下,"左联"将文艺大众化看成"新的路线"中"首先第一个重大的问题"④,并采取了具体的文学政策和措施。一是在文艺大众化的方向上取得一定共识——"使大众理解—看得懂"⑤,即通俗易懂。二是在具体操作中,如何继续语言文字改革的问题,如何改造原有语言形式和习惯,形成新的语言形式和习惯。三是探

---

① 参见[俄]列宁:《论新兴文学》,成文英译,《拓荒者》1930 年 2 月,第 1 卷第 2 期。

② 周扬:《文学的真实性》,《现代》1933 年 5 月 1 日,第 3 卷第 1 期。

③ 周扬:《到底是谁不要真理,不要文艺?——读关于〈文新〉与胡秋原的文艺论辩》,《现代》1932 年 10 月 1 日,第 1 卷第 6 期。

④ 左联执委会:《中国无产阶级革命文学的新任务》,《文学导报》1931 年 11 月 15 日,第 1 卷第 8 期。

⑤ 冯乃超:《大众化的问题》,《大众文艺》1930 年 3 月 1 日,第 2 卷第 3 期。

讨文字拉丁化的可能性,以对抗国民党复兴文言、"新生活运动"等逆流。

第二,党性与文学的结合,要求作家和研究者改造思想、情感,具备革命的世界观、价值观和倾向性。在革命者看来,知识分子作为小资产阶级,在思想上自视甚高,在感情上不能融入大众,必须加以改造。改造的方法就是走进工农大众的生活,向群众去学习,"同群众一块儿提高艺术的水平线"①。这种"提高艺术"的思路是,先将艺术的标准降低到易于群众接受的水平,然后根据革命的需要和群众的情况逐步提高,至于提高到什么程度,并不重要,关键是坚持"通俗—革命—提高—革命"的路线。而这一改造的最终实现,要归之于毛泽东《在延安文艺座谈会上的讲话》。

第三,党性与文学的结合,孕育了政治化的现实主义创作方法和批评模式。"五四"时期就有"写实主义"的概念,特点是以文艺反映现实,进行思想启蒙。政治化的现实主义包括"唯物辩证法的创作方法""社会主义现实主义""社会—历史"批评等,是以机械、庸俗的辩证唯物主义取代文学的本质性规定,将阶级区分、世界观、思想内容、政治倾向等作为主要指标,成为影响最大的创作和研究方法之一。后来,出现了"去政治化"的文学创作与研究,以及"再政治化"的文学创作与研究,从正面和反面的角度,对这一创作和研究方法批判、继承和再创造,显示了其持久的影响力。

(3)"工农兵方向"

从"党的文学"到"工农兵方向",是马克思主义文艺理论中国化理论成熟的标志,毛泽东《在延安文艺座谈会上的讲话》是奠基性、开创性和经典性成果,以严密的思想逻辑建构了成熟的理论模式。

第一,以文艺意识形态为基础,系统论述了文艺与生活、人民、革命的关系,从而为文艺划出新的界限。文艺的意识形态性即文艺反映生活的问题,内在包含了文艺与生活的关系;社会生活的主体是人民群众,自然引申出文艺与群众的关系;社会生活包括革命与反革命斗争等政治问题,产生文艺与政治的关系。毛泽东用社会存在与社会意识形态的辩证关系,处理文艺与生活之间的界限。一是文艺依赖生活,生活"是一切文学艺术的取之不尽、用之不竭的唯一的源泉";二是文艺高于生活,"文艺作品中反映出来的生活却可以而且应该比普通的实际生活更高,更强烈,更有集中性,更典型,更理想,因此就更带普遍性"②。毛泽东将文艺与人民的关系概括为"一个为

---

① 瞿秋白:《普罗大众文艺的现实问题》,《瞿秋白文集》(文学编·第一卷),人民文学出版社1985年版,第464页。

② 《毛泽东选集》(第二卷),人民出版社1991年版,第860—861页。

群众的问题和一个如何为群众的问题”①,“为群众”是因为最广大的人民大众包括工人、农民、士兵、小资产阶级,工农兵的革命地位和小资产阶级的局限性使“为群众”最终简化“为工农兵”,这就从阶级成分上划分了文艺受众及创作宗旨的界限;“如何为群众”的关键是处理好普及与提高的辩证关系,不能为了提高而忽视普及。毛泽东将文艺与革命的关系概括为“从属论”“服务论”和“统一论”,文艺从属于一定阶级及其政治路线,文艺从属于政治、服务于政治,“政治和艺术的统一,内容与形式的统一,革命的政治内容与尽可能完美的艺术形式的统一”②。“从属论”“服务论”是在特殊、严峻的政治军事背景下提出的,是以偏激的话语策略满足现实斗争的需要。更为平和、准确的是“统一论”,“既反对政治观点错误的艺术品,也反对只有正确的政治观点而没有艺术力量的所谓‘标语口号式’的倾向”③。

第二,以“人民性、大众化、民族性”三位一体、层层递进的叙事逻辑为中心,建立神圣化的“阶级、审美、国家”合一的文化认同。《讲话》的叙事逻辑十分严密,首先是以“人民性”确立文艺的正义性,驱逐资产阶级和封建主义意识形态,批判与人民性相左的“共同人性论”“小资产阶级的个人主义”“政治落后于艺术”“化大众论”“暴露黑暗论”“超功利主义”“教条主义的马克思主义”等流行观念,“继承一切优秀的文学艺术遗产,批判地吸收其中一切有益的东西”④。毛泽东为“人民性”设定了严格的标准——“一切利于抗日和团结的,鼓励群众同心同德的,反对倒退、促成进步的东西,便都是好的;而一切不利于抗日和团结的,鼓励群众离心离德的,反对进步、拉着人民倒退的东西,便都是坏的”⑤。资产阶级、封建贵族的文艺观念在“人民性”的标准不再具有存在的合法性,这也是新民主主义社会的必然要求。“大众化”是“人民性”的延伸,不同于“五四”时期“平民文学”或20世纪二三十年代的文艺大众化运动,而是以最高政治领袖的权威、讲话、文件等形式要求文艺工作者真正深入底层,虽然在内容上降低了文艺的标准,但在形式上创新了底层的文艺现状,确立了革命文艺的合法性。政治领袖的权威保证了其文艺思想在所管辖范围内得以贯彻、执行,延安各部门的人才培养,鲁艺的各门课程,都明确而具体地服从政治的要求,“要彻底消灭不合乎毛泽东同志讲话的观念,深刻检讨自己身上的小资产阶级思想,因为它们

① 《毛泽东选集》(第三卷),人民出版社1991年版,第853页。
② 《毛泽东选集》(第三卷),人民出版社1991年版,第869页。
③ 《毛泽东选集》(第三卷),人民出版社1991年版,第870页。
④ 《毛泽东选集》(第三卷),人民出版社1991年版,第860页。
⑤ 《毛泽东选集》(第三卷),人民出版社1991年版,第869页。

妨碍了对新的社会现实的理解，容易产生不利于新生活的作用，并可能成为‘党’的对立面”[1]。“大众化”的文艺具有无可置疑的生活基础和现实功用，而且民间文艺也具有独特的审美形式，在心理上容易为更多人接受。“民族性”“国家性”是将革命文艺赋予更为高远、神圣的文化内涵，将政治的合法性和审美的想象性结合起来，落实在民族复兴、国家富强的蓝图上，文艺成为建构民族国家的“想象的共同体”。

总之，“工农兵方向”划定了文艺的界限，确立了人民性、大众化、民族性的文化认同，将革命文学提升到一个新的高度。此外，还有“人民的文艺”“社会主义新文艺”等都是革命文学在不同时期的演绎。

---

① 何其芳:《论文学教育》,《解放日报》1942 年 10 月 16 日。

第四章　审美解放与文学理论的政治维度

“政治”方面，文学与政治的关系一直处于遮蔽状态，“文化研究”以其天然的政治性迫使文学研究者重新思考政治的地位、影响和价值。文化研究所关注的阶级、性别、政治、权力等要素具有鲜明政治性和倾向性，政治是文化研究的内在逻辑。政治决策的时代性、启蒙性和现实性很容易影响到文学及其研究的范围与方法，文学成为图解政治的有效工具和途径。政治文化的认同性使得文学将政治内化为创作中不能回避的立场、题材、内容的选择和再创造。没有超然的政治，只有超然的文学，只有将政治通过审美的途径进行转化，才能真正处理好文学与政治的关系。关于文学的政治性问题论争主要表现出以下几种明显的倾向：将政治进行“中性化”处理，使其具有现实层面的合法性；文学之所以与政治的关系如此紧密，很大程度上是因为两者的中介有太多“交集”，如语言、思维等；政治的教化功能被人为放大，遮蔽了文学的审美意蕴与启蒙意义。目前急需关注的问题是一种“去政治化”的思潮正在蔓延。

政治在过去的20世纪给人们留下了深刻的印象，两次世界大战、冷战，乃至中国的改革开放，都是政治的延伸和展示，没有人能够置身于政治之外，文学理论当然也不能企图拔起自己的头发脱离政治的地面（脱离本身不也是一种政治吗？）。文学理论的内在机制和发展规律决定了其自身不可能是自足的系统，而是与一个时期的政治、经济、文化密切相关；“政治”——作为文学研究的一个关键词或核心词汇——的专业表达方式决定于人们如何提出和解决问题，如“文革”以来的“政治”是被扭曲的政治，并给文学与政治的关系蒙上了一层很难消弭的阴影，以至于文学研究长期不敢正视这一核心词汇。而“一个词语只有进入特定话语的范畴才能获得意义，也才有被人说出的权力。否则，便要被贬入沉寂。特定的话语背后，总体现着某一个时期的群体共识，一定的认知意愿”①。遗憾的是，虽然政治妖魔化的时代已经过去，但是人们对政治的群体性认识并没有因此相应地

① ［法］米歇尔·福柯：《性史》，张廷琛、林莉、范千红等译，上海科学技术文献出版社1989年版，第4—5页。

“去妖魔化”，仍然没有摆脱不光彩的外衣。

如果考察文化研究的理论脉络就会发现，文化研究一直具有鲜明的政治性或政治倾向，这使得其明显地与日益体制化、学科化的文学研究区别开来，并因此成为一场席卷中国当代文学研究界的“文化风暴”，让其他更早传入中国的西方理论艳羡不已。其实，作为一种研究范式，文化研究并不比其他理论“高明”多少，甚至从来没有摆脱“边缘化”的命运，但是文化研究在理论上的政治形象和实践上的政治行动契合了中国当代文学研究的需要，尤其是文学思想的现实需求。

在文化研究的启示和冲击下，文学理论也不得不重新思考政治的地位、影响和价值，而这些在之前几乎是一个理论真空。尽管已经长期回避或忽视了文学研究中政治，但绝不表明我们没有思考政治的冲动和理想，也绝不等于我们已经解决了文学中的政治问题。在这样的意义上，文学理论的政治研究理应成为文学理论的范式转变和思想进步。

第一节　文化研究的“政治化”及其价值

文化研究从文学研究的成功突围，“政治化”功不可没。“政治化”首先来源于对鲜明的价值立场和社会干预意识，认为文学研究的政治取向不可避免。为了应对社会变革带来的挑战和大众文化的兴起，文化研究给出了及时而现实的理论指导和实际批评。针对将文学视为高雅情趣的阿诺德、利维斯的观念，因势利导地对英国文学研究“伟大的传统”提出了质疑和批判，如威廉斯提出了“文化乃日常的”判断，霍加特强调对工人阶级文化的研究，而不是局限于资产阶级文化研究。“去政治化”还产生于对现实与学术关系的批判性思考，认为学术应向现实靠拢而不是远离现实。文化研究反对文学研究的体制化和学科化，积极响应当时欧美兴起的政治文化运动。

文化研究的政治性甚至可以说是文化研究的前提，“第一，文化研究与社会关系密切相关，尤其是与阶级关系和阶级构型，与性分化，与社会关系和种族的建构，以及与作为从属形式的年龄压迫关系。第二，文化研究涉及权力关系，有助于促进个体和社会团体能力的非对称发展，使之限定和实现各自的需要。第三，鉴于前两个前提，文化既不是自治的，也不是外在的决定的领域，而是社会差异和社会斗争的场所”①。与之前的文学研究不同，

① ［英］理查德·约翰生：《究竟什么是文化研究?》，罗钢、刘象愚主编：《文化研究读本》，中国社会科学出版社2000年版，第5页。

文化研究所关注的阶级、性别、政治、权力等要素具有鲜明政治性和倾向性，政治是文化研究的内在逻辑。

在西方现代政治理论看来，政治是与公民观、公共领域等紧密联系的概念。阿伦特认为，“政治乃是人的言谈与行动的实践、施为，以及行动主体随这言行之施为而做的自我的彰显。任何施为、展现必须有一展现的领域或空间，或者所谓‘表意的空间’，以及‘人间公共事务’的领域。以此分析，政治行动一旦丧失了它在‘公共空间’中言谈，以及其他行动者之言行的相关性，它就变成了另外的活动模式，如‘制造事物’与‘劳动生产’的活动模式”①。阿伦特所说的政治，是指自由平等的公民以言行就重大议题进行协商讨论的活动，其目的一方面在于表达一己真性，展示真我风采，另一方面在于和他人进行交往沟通，寻求某种尽可能兼顾每个人意见的共识②。以阿伦特之见，对于“什么是政治”，关键并不在于给“政治”一词下一个无可指摘的定义，而在于我们要明确人们使用“政治”一词时所指的是何种现象与经验③。现代人在日常言谈及主流学术研究中，政治总是与国家政要、政策、选举、权力斗争、战争相联系。阿伦特则力排众议地指出，现今流行的所谓政治，已不是原本意义上的真正的政治，而是真正的政治经验逐渐从人们记忆中逝去后产生的替代品。

文化研究正是在这样的理论背景下发展起来，并使得“政治性”成为其旗帜鲜明的特色。首先，文化研究获得自身的特殊性，根据的是并非必然的定位、灵活的立场和自我的反省，本质上是一种政治选择。文化研究始终摆脱不了外部的影响，根本原因是它根本不愿意摆脱这种影响，尽管这可能导致受到现存的各种关注的支配。由于定位的模糊，在研究对象没有集中、稳定的界定，文化研究独立的方式只能倾向于对象的选择和斟酌上。其次，文化研究的图解性质与现实政治不可分割。文化研究的图解性质是公认的属性，但是很难从其内部找到有效的方法论、草案和程序，“为了进行推广，文化研究工作似乎经常设想：进行文化分析和评论就等于进行政治分析，甚至等于政治干预”④。在这样的意义上，政治就被理解成了一种自动的约定，

① 蔡英文：《政治实践与公共空间——阿伦特的政治思想》，新星出版社 2006 年版，第 60 页。

② 阿伦特关于政治定义的阐释，集中体现在《人的境况》一书中，部分也体现在她的论文集《在过去与未来之间》中的若干篇论文中。当然，她对政治的概念所作的理解，并不限于这两部著作，也贯穿于她的其他作品之中。

③ 参见 Hannah Arendt, *On Revolution*, London: Penguin Books Ltd., 1990, p.35。

④ ［英］保罗·史密斯：《文化研究的回顾与前瞻》，陶东风：《文化研究精粹读本》，中国人民大学出版社 2006 年版，第 6 页。

被理解为某种智力活动必然的和不可避免的迸发。

第二节 文学的政治性及其可能性

政治在文学的意义生成与发展中起到特殊的作用，是中国当代文学研究不可能回避的课题。钱中文认为，“从文化系统来说，它是物质文化，又是精神文化。从物质文化方面来说，政治就是权力设施，社会制度。从精神文化来说，政治是一种意识形态，一种社会理想”①。在很大程度上，政治一般作为文化形态而存在，是社会群体的一种情感和态度的表达，规约着民族群体的政治心态和主观取向。中国现代知识分子以其参与公共事务的热忱，形成了中国特有的政治文化，文化创作和学术活动很难与政治（甚至时事政治）分开。长期以来，政治对文学理论的规约在很大程度上保持着一种战时思维，使其内在的学理性处于深度压抑状态。

首先，政治决策的时代性、启蒙性和现实性很容易影响到文学及其研究的范围与方法，文学成为图解政治的有效工具和途径。由于政治政策的提出和实施往往具有紧迫性和严肃性，尤其是在战争时期和以“阶级斗争为纲”的非常时期，文学的政治功能常常被别有用心地夸大和歪曲，一时间好像文学与政治建立了亲密关系，而实际上这种关系是危险而且不会长久。如纪实性小说《刘志丹》经过政治解读之后，被当作一颗政治炸弹“引爆”，是将文学当成斗争的武器，延续的仍是非“常”的战争年代的思维习惯②。

其次，政治文化的认同性使得文学将政治内化为创作中不能回避的立场、题材、内容的选择和再创造。更多的文学家和研究者对图解政治的行为并不真正认同，文学的生命和魅力毕竟还是来自自有情感的创作空间，政治文化要求的情感、态度、情绪可以和文学中的相应因素达成一种“共识”和默契，找到双方都可以接受的结合点。毛泽东著名的“讲话”虽然是战火连天的背景下提出的，但并没有完全把文学当成工具，而主要还是站在文艺家的立场去阐释自己的文学观，“我们的文学艺术都是为人们大众的，首先是为工农兵的，为工农兵而创作，为工农兵所利用”③，以至于对“下里巴人”和“阳春白雪”的阐释，都是一个政治家兼文学家的文艺观点，我们不能应为其政治的显著身份而忽视甚至无视其文艺家身份。果然，这样的倡导很

① 钱中文：《文学发展论》，经济科学出版社1998年版，第405页。

② 朱寿桐：《文学与人生十五讲》，北京大学出版社2006年版，第80页。

③ 毛泽东：《在延安文艺座谈会上的讲话》，《毛泽东选集》第四卷，人民出版社1966年版，第816页。

容易得到文学界的呼应，之后如雨后春笋出现的一批优秀作家纷纷创作出符合这一政治要求的作品，如赵树理的"山药蛋"、孙犁的"白洋淀"、丁玲的"黄土地"、周立波的"黑土地"等，其中《太阳照在桑干河上》《暴风骤雨》还获得政治色彩很浓的"斯大林文学奖金"，其政治思想基调和大众文化口味是不言而喻的。

最后，没有超然的政治，只有超然的文学，只有将政治通过审美的途径进行转化，才能真正处理好文学与政治的关系。中国文学的传世之作，无不是政治与审美的完美结合，屈原的政治观没有直白地用血泪和政治控诉来表达，而是化为芳草、雷霆，在精神文化世界表达自己热烈而深沉的思索；曹雪芹的红楼世界，将惊心动魄的社会政治变迁融入诗情画意的"假语村言"和梦幻般的"太虚幻境"；鲁迅的"呐喊""彷徨""国民性批判"等政治热情无不融汇在形象的审美世界里。鲁迅的文学创作，确实有明确的"主义"，但他传神的笔墨已经突破了具体的政治"事务"，深入到"精神层面"，触及芸芸众生的情绪深境和人格和谐，所以，他创造了充实而有光辉的"美"①。

总之，政治与文学的关系是纠结中国现当代文学及其研究近百年的重大问题，而达到审美的层面是政治与文学和谐共存、结合发展的必经之途。

第三节　重建文学的政治维度及其策略

如何处理政治与文学的关系不仅是中国文学理论面对的难题，也是全球性课题，涉及文学与政治、文化与政治、权力与政治等多个领域的不同方面。其中，关于文学的政治性问题论争主要表现出以下几种明显的倾向。

第一，将政治进行"中性化"处理，使其具有现实层面的合法性。如阿伦特将政治理解成一种行动、实践，并将这种行动与从事自然生产活动和一般社会性活动在哲学意义上平行起来，显得不再那么"面目可憎"或另类。像其他的行动一样，政治也要有一些自己特有的规则或模式，而这些也是人们的创造和选择，而不是决定于少数人的强迫或压制——即使表面上如此。

第二，文学之所以与政治的关系如此紧密，很大程度上是因为两者的中介有太多"交集"，如语言、思维等。语言和思维之于文学和政治最大的特点是差异性，也就是阿伦特所说的"复数性"——文学作品应该是在群体性为核心的社会生活中产生的独一无二的符号性存在，而不应该是一个模子

① 高永年、何永康：《百年中国文学与政治审美因素》，《文学评论》2008 年第 4 期，第 112—116 页。

浇铸出来的“样板”。“如果人都能够按照同一个模子无限复制,所有人的本性或本质都完全一致,就像其他任一事物的本质一样是可以预测的,那么,行动就将成为不必要的奢侈。复数性之所以成为人的条件,就因为在下列意义上我们是一样的,也就是说,我们是人,这就是说:没有一个人会和别人——包括曾经活着的、正在活着的和将要活着的人——完全是一样的”①。

第三,政治的教化功能被人为放大,遮蔽了文学的审美意蕴与启蒙意义。百年中国文学中以“图解”政治为主旨的例子不难找到,听从“将令”的指令式文学作品和评论有很大的市场。李准的小说《不能走那条路》从文学价值层面上并没有多少突破,而由于其揭示了农村土改后贫富分化的社会现象而备受关注,甚至连《人民日报》都加以转载。我们虽然不能完全断定这样的小说创作就是为了迎合政治的需要,但是作品中按照政治理念设置故事、塑造形象的企图无疑是明显的,而其中人性的需要和审美的因素很难体现出来。而同题材小说《铁木前传》虽然也是关注土改前后农民思想、经济等多方面的变化,但这种变化是通过木匠黎老东、铁匠傅老刚等个性鲜明的人物形象表现出来的;虽然指出了农民两种道路的选择,但是并没有旗帜鲜明地在作品中做出政治性评价,而是让读者自己的评判。今天的读者在政治语境发生变化的时候,也许不能理解或关心《不能走那条路》所提出的倡议,但很难忽略或无视《铁木前传》中鲜活的形象和浓烈的情感。

这些倾向反映出当前对文学与政治之间关系还处于一种反思阶段,而反思的方向无疑是重建文学的政治维度,而目前急需关注的问题是一种“去政治化”的思潮正在蔓延。

首先,经济需求的扩展挤压着包括公共政治在内的其他领域,大众文化消费取代文学追求。休闲、娱乐、狂欢等成为人们乐于接受的消费行为,对公共政治的思考、责任、义务被视为多余、幼稚。影响巨大的是,在物质追求为核心的哲学理念中,把消费自由当作最高的目标或唯一的目标,文学的审美价值和终极关怀受到冷落。

其次,在消费文化的影响下,文学研究的责任感和精神操守岌岌可危。文学研究的失势不是中国特有的状况,而是全球性课题,但需要坚守人文精神和公共政治的群体坚守一个国家、民族的底线。而目前很多时尚派文学研究者不是为重振人文精神的文学呐喊,而是为消费文化辩护;不是引领健康的大众审美趣味,而是迎合制造商的宣传策略。而另一些学院派研究者

① Hannah Arendt, *The Human Condition*, Chicago: Press of the University of Chicago, 1998, p.8.

虽然坚守传统文学标准,但却不屑于与大众为伍,走上越专越窄的超精英化道路。

最后,以"80后""90后"为主体的文学创作者们和读者们将大大改变文学创作和文学理论的生产方式,其中很重要的一个方面就是逃离政治。越来越多的青年人去读魔幻文学、盗墓文学,这是脱离政治和现实的思想在深层的表现——幻想生存在真空,或离家出走。每当社会性事件出现时,虽然网民们会发出激进而热烈的讨论和批评,但是很难在其中找到公共政治话语的影子,而更多的是情绪的发泄,甚至谩骂。而文学、文学理论本应该承担起社会批判性的反思功能,把"离家出走的孩子"重新吸引到——不是用强迫的方法,而是提供一个他可以思想、说话的空间——文学这一最合适的平台。

第五章　审美解放与文艺学的知识生产

审美解放与文艺学的知识生产紧紧围绕话语权的理论建构和批评实践场域展开。本质主义的知识空间表现为文艺学教材的“一体化”模式，导致了批评实践强烈的主流话语意识；反本质主义知识空间通过反经典颠覆传统知识空间，在日常生活审美化的视野下重构文艺学知识空间；建构主义反思与重绘文艺学知识“场域”、凸显“关系主义”的文艺学知识空间。文艺学知识空间的重构需要进行自身清理，凸显当代性和社会使命感，加强对自身建制、学科理念进行批判性反思，形成文艺学知识空间的多元化和谐关系。

第一节　审美解放与本质主义的知识生产

所谓的“本质主义”，在这里指的是一种思维方式与知识生产模式，认为主体只要掌握了普遍的认识方法，就可以获得对历史绝对正确的对本质的认识①。对文艺学的文化身份来说，本质主义认为文艺学、文学中存在超越历史的、普遍的永恒的本质（如文学性、人文关怀等），内在设置了一种本质/现象的二元对立，热衷于进行元叙事、宏大叙事等理论与话语建构。

一、文艺学的权威性

——元理论的坚守

我国的文艺理论一直是一种元理论，是一种规范、严格的理论体系，它的起点是马克思主义文学原理。在对马克思主义文学原理的反复阐释的基础上，初步建立了中国的文学理论体系，后来再加上对苏俄文学理论和德国古典美学的阐释和吸收。在“文学理论”或“文艺学”的命名之前，大学体制里面有“文学概论”“文艺学因论”“文学原理”“文艺学基本问题”等种种说法。在很长的时期里，文艺理论的探讨，都是把马克思主义文学理论经典作家的原著作为正确与否的判断标准。这种坚持和守护元理论的做法一直没有间断，尤其明显地表现在世纪之交的“文艺理论的回顾与反思”之中。

其一，以“国家—民族”的超级寓言捍卫文艺学的元理论地位。“国

① 参见[美]理查德·罗蒂：《后哲学文化》，上海译文出版社 1992 年版，第 158 页。

家—民族”在整个中国现代历史发展中具有无可争辩的历史地位和巨大影响,甚至文学在一定的历史时期也只是“国家—民族”的表现之一。杜书瀛等人考察了20世纪的中国文艺理论,认为新时期以来的20年和20世纪初的20年十分相近,都处于社会大变动、大转型时期,都从封闭走向开放,都处于中西文化交会时期,都处于新旧交替时期。[①] 在杜书瀛看来,新时期以来的文艺学的基本观点、哲学基础、思维方式、价值取向等发生了很大的变化,形成了比较完备的体系,获得了长足的进步和深入的发展。这种对文艺理论的高度评价是和在“拨乱反正”的时代背景下的文艺理论紧密结合在一起的,文艺理论的发展对于当时的社会进步、思想解放所作出的贡献是论者津津乐道的话题。文艺学的发展对于中国现代性的历史发展确实起到很大的作用,但是这不足以用来证明文艺学作为一门学科的合法性。其实,把文艺学放置在革命事业的强有力的支持之下,赋予文艺学以国家—民族的巨大寓言,反而降低了文艺学的学科身份。在动辄定性、主义、原则等宏大话语之下的文艺学,自然十分重视文学的本质、文学的意识形态性质、文学的社会作用、文学的发展规律等“基本原理”内容,而引经据典是获得真理性绝对权威的最好方法,也是文艺学研究的最好方法。汤学智等梳理和统计了新时期以来的二十多年文学理论研究著作,包括马克思主义文论研究、文学基础理论研究、文艺新学科建设和中国古代文论建设四个方面。[②] 其中,文艺学的学科建立就是在马克思主义文论研究与文学基础理论研究的前提下展开的,前者的正确性、政治性和后者的原则性、知识性是文艺学的学科基础。因此,国家—民族的巨型寓言既是文艺学建立学科身份的重要依据和策略,也是文艺学学科发展必须克服的问题。

其二,用二元对立的批评方式来限定文艺学的研究视野。文学之于人类社会的价值应该是多方面的,表现形式也是多途径的。而在现行文艺学体制中,有专门的“文学类型”及其特征的归纳和限定,这表现在教科书在划分文学种类及其特征时存在严重的机械化、教条化等现象,把文学的类型用僵化、固定、超历史的“本质/特征”“文本/现象”的二元对立的思维模式。例如十四院校的《文学理论基础》把诗歌的特征归纳为“最集中地反映现实生活”“具有强烈的感情和丰富的想象”“语言精练准确”等[③]。而现实生活中的诗歌已经发生了很大的变化,如于坚等诗人造就不再坚持这样的写作,甚至反对这样

① 参见杜书瀛:《新时期文艺学反思录》,《文学评论》1998年第5期。

② 参见汤学智:《辉煌的20年——新时期文学理论研究述评》,《社会科学战线》1998年第1期。

③ 参见十四院校:《文学理论基础》,上海文艺出版社1985年版,第164—166页。

的诗歌。而很多现行的教材还是沿用着十四院校教材中的这几句话。这样的思维方式实际上人为的排斥了文艺学研究视野的拓展,限制了文艺学对于现实生活、文学创作的转折与变化的反应,甚至无视这种变化和变迁。

其三,用全球化语境凸显文艺学的“专业”地位。全球化作为一个经济学和政治学的概念,在文艺学的发展变化中之所以起到重要的作用,是因为全球化相对的是本土化,特别是文艺学在世界上的学科地位和在中国学科体制中的位置。在全球化语境之下讨论文艺学的发展,无疑张扬了论者的“忧患意识”和“民族责任感”,这也成为文艺学保卫学科身份的重要手段。在“全球化语境下的中国文学理论及文学批评发展状况”学术研讨会上,论者首先谈论的是文学能否存在和发展下去,并且把电视剧、电影等图像艺术称之为是一种“外视图像”,而文学是一种“内心视像”,而“文学由语言所构成的丰富的体验不是其他媒介轻易可以翻译和取代的”。显然,论者认为文学比电视剧、电影等图像艺术高一等,而文艺学所研究的对象也只能是文学这种“高人一等”的艺术样式,而电视剧、电影不能进入文艺学的研究视野。正如论者所说,文学比其他艺术更“内心”、更“体验”,问题是现在有多少人在看电视、电影,而又有多少人在看文学?在这样的意义上说,文艺学就不能只是“和其他艺术比如图像艺术相互融通,各学科之间也要做到相互交流”,而是要彻底改变对其他艺术样式的歧视态度,和图像艺术等进行平等对话和认真研究,这样才可能真正扩展文艺学的研究视野①。

二、文艺学的科学性

——认识论的证明

文学理论是研究“文学”的“理论”,是研究“感性”“审美”的“理性”;文艺学成为一门学科,也有严格的限定和范围,具有一定的理性因素。当文艺学的学科性处于一种不确定的状态的时候,论者转而寻找它的科学性。有的论者认为,我国的文学理论之所以处于“边缘化”“无用化”状态,之所以它的价值功能大大减弱,就是因为文学理论的“科学性”被忽视和淡忘②。

其一,把文艺学当作一门科学。董学文引用马克思恩格斯选集、列宁全集等马克思主义经典著作中的原话来证明文学理论是一门科学:“‘就是说,要求人们去研究它’,使它成为观点彻底而严整的体系,成为深刻而较少片面性的学说,使它成为有价值的代表性见解的直接继续;就是为了使文

① 参见童庆炳等:《走向对话和开放的文学研究》,《文学评论》2006年第3期。

② 参见董学文:《文学理论研究的科学性问题》,《甘肃社会科学》2006年第1期。

学理论成为有效的方法,并杜绝它'说得过火,加以夸大,把它运用到实际适用的范围外'去,即便是马克思主义文艺学,也要防止'用学理主义和教条主义的态度去对待它'"①。最后,结论是文学理论,"本质上属于历史学科的范围,它应该像其他历史学科一样,不断地为'更新的、更加完善的、先进的传统扫清场所'。"②

其二,话语的科学性和对象的客观性是文艺学作为科学的基础。冯宪光认为,文学理论科学的客观性,不在于它必然提供一种客观的真理,而在于它本身具有客观存在的研究对象。研究对象是客观的,研究者必须去探索这个对象存在的内在客观规律,这就是文学理论具有客观科学性的基础。文学之为文学,总是有自身内在的客观性特点,研究这些问题也是文学理论成为一门科学的理由。文学理论的科学性还在于不能把任何历史上产生重要影响的理论观点固定化、神圣化,当作绝对的真理。③ 文学理论的形态是由概念、命题等话语,及其这类话语的陈述构成,因此,文学理论成为科学,关键在于话语陈述的科学性。耐人寻味的是,尽管论者认识到过去对科学的推崇有绝对化的倾向,但还是愿意为文学理论的科学性进行辩护。

其三,"文学理论学"重建文艺学的科学性。"文学理论学"是借用西方"元理论"研究方法、以批判的态度审视原来的文艺学学科的性质、结构及其理论形态的种种表现,对文艺学已有理论的科学性就行系统的反思。马龙潜认为,西方的"元理论"和中国文学理论的结合有助于中国文艺学的发展,并把文学理论的科学性概括为"人文性、知识系统性与方法可靠性"④。值得注意的是,论者眼中的"元理论"是对"理论"的反思,"原科学"是对"科学"的批判性研究,"元文艺学"就是对"文艺学"的整体性反思。

其四,反思文学理论批评化,建立"中间状态"的批评理论形态。赖大仁认为,中西方文艺理论都有一种文学批评理论化的倾向,一方面改变了过去高高在上和一本正经的学究研究姿态,贴近了文学现实,拉近了与大众的关系,体现了文学研究的人文关怀精神;另一方面使得文学理论本身学理性弱化,科学品格降低。因此,要建立一种"中间"状态的批评理论形态,一方面为文学理论批评化提供一个转化的平台与中介;另一方面为文学批评找

---

① 董学文:《文学理论研究怎样才能科学》,《甘肃社会科学》2006 年第 1 期。

② 董学文:《文学理论研究怎样才能科学》,《甘肃社会科学》2006 年第 1 期。

③ 参见冯宪光:《文学理论的客观基础和本质特征》,《甘肃社会科学》2006 年第 1 期。

④ 马龙潜:《文学理论科学性:人文性、知识系统性与方法可靠性》,《甘肃社会科学》2006 年第 1 期。

到一个理论提升的平台。[①] 这样一来,批评理论既是一种具体文学批评方式,同时又是一种对于普遍性文学问题的理论建构。

其五,文学理论科学性的价值论叙述。盖生从认识论的角度,认为科学性是文学理论追求的一个价值目标,就是要确定文学理论的基本研究对象,起码的学科边界和性质。而文学理论的价值论研究,就是把价值论的诉求明确为实现文学理论科学性的一个梯度,主要通过研究文学理论如何以能在,何以能知,何以能言的问题来完成[②]。

其六,文艺学科学化的建设。许明认为实践上已经为文艺学科学化奠定了可能性基础:一是文艺学拥有自己独特的研究对象;二是拥有一套完整的学科范畴、独立的思维模式与学科范式;三是西方文艺理论的发展提供了成功的经验;四是中国人独特的语言、叙事模式、人生体验、接受心理等构成了我们自己能够言说的理论和与西方对话的基础[③]。陶水平认为文艺学应该从"科学—伦理—艺术"的三维结构中获得合法性、科学性与现代性。

三、文艺学的经典化

——合法性的巩固

经典是一种文化的特殊类型,是由无数这类文化的经典文本构成的,文艺学之所以走向经典化,也是因为经典的特殊意义。经典在本义上有三种含义:一是指在某种文化中具有根本性或权威性的著作(scripture);二是指文学艺术方面具有权威性的典范作品(classic);三是指上述两种内涵所确认的经典的标准或原则(canon)[④]。因此,经典不仅代表神圣不可侵犯的文化规范,而且是模铸人的思想、制约人的行为的文化力量。论者正是看重经典的这一特性和力量,希望以此来巩固文艺学的学科地位。

其一,普遍性、本质主义经典化理论。普遍主义的"经典"是承载人类普遍的审美价值和道德价值的典籍,因而具有"超时空"和"永恒性",经典作品"要有长久甚至永恒的生命力,要经得起一代又一代的阅读和阐释"。童庆炳认为,经典的普遍性在于"写出了人类共同的'人性心理结构'和'共同美'的问题。就是说,某些作品被建构为文学经典,主要在于作品本身以

---

① 参见赖大仁:《文学理论批评话:趋势与问题》,《甘肃社会科学》2006 年第 1 期。

② 参见盖生:《能在 能知 能言——文学理论科学性的价值论叙述》,《甘肃社会科学》2006 年第 1 期。

③ 参见周正兵、姚爱斌:《世纪之交的回顾、反思与展望——"新中国文学理论五十年"学术研讨会综述》,《安徽大学学报(哲学社会科学版)》2000 年第 1 期。

④ 参见张杰:《高新技术时代经典艺术的命运》,《社会科学辑刊》2003 年第 3 期。

真切的体验写出了属人的情感，这些情感是人区别于动物之所在，容易引起人的共鸣”①。本质主义经典化理论，是一种将经典的构成条件限定在文学作品内部的观点，认为是文学作品本身的特征是决定其是否经典的根本因素。把文艺学建立在这样的本质主义经典化理论之上，其实就是限定了文艺学的研究对象和研究者的研究方法。

其二，特殊性、建构主义经典化理论。特殊主义的“经典”是由时代性、民族性、阶级性以及性别取向等因素构成的，是特定社会文化语境中的人或机构出于自身的特殊利益而建构的，文化权利和政治权力在经典的界定中起到至关重要的作用。佛马克认为，要研究经典问题，一方面要从历史和社会的角度对以前的经典如何形成进行研究；另一方面要从批评的角度出发研究新的经典如何形成或现存的经典如何被修订。建构主义经典化理论，实质上是一种从外部对经典的研究，认为外部因素是经典形成和被改变的决定性因素。

其三，折中立场的经典化理论。两种截然相反的经典化理论似乎要将我们引入一个各有其片面性的真理，而更多的论者似乎采取了折中的立场。孟繁华认为，经典的确立与颠覆从来没有停止过，文学史就是某种意义上的经典的确立与颠覆的历史，经典的每一危机也是经典的重新确立的过程。金元浦认为，作为历史流变物的经典一般有一个经典化、去经典化、再经典化的过程，经典代表了一种在一定时空内具有普遍性和规范性的价值和意义，这种价值和意义正是依赖于解释而得以形成和实现②。

其四，重构文艺学的经典化体系。盖生在论证了文学的文化研究必将退潮的基础上，认为应该把马克思主义文艺理论当作重构文艺学的经典化体系的整合、主导元，因为其具有较强的历史前瞻性、更广阔的理论视野、既辩证又具整体化的思维方式和作为开放性思想体系的价值指向性，必然成为经典化文艺学重建的学理基础并为之提供科学的方法论③。

本质主义经典化理论是本质主义文艺学所依据的基石之一，而经典化理论自身的不同维度，注定了文艺学本质主义地位的不确定性。

四、本质主义的反思与重建思路

本质主义者首先认识到文学理论的危机：一是文学理论与文学实践的

---

① 和磊：《文化研究语境中文学经典的建构与重构》，《文艺研究》2005 年第 9 期。

② 参见和磊：《文化研究语境中文学经典的建构与重构》，《文艺研究》2005 年第 9 期。

③ 参见盖生：《文学的文化研究退潮与经典化文艺学重建的可能》，《文艺理论与批评》2004 年第 4 期。

脱节；二是大力引进外国学者的思想为理论来源，外国的学术思想成了我们的风标；三是顺应现状、迎合平庸、忽视精神超越，因而弱化了人文学者应有的批判精神。对于文化研究，论者认为存在很多具有一定审美色彩的文化现象，但不是文学，而是泛文化现象和物质建构，需要文化研究去阐释①。文学理论与文化研究相比，对个人来说，并不存在界限的区别，可以一身二任或多任；对学科建设来说，文学理论即使扩容也仍有其自身的界定，而文化研究如何成为学科还众说纷纭。

有些论者主要用否认文化研究的学科化来，以此否认文艺学研究中的“文化研究转向”，最终肯定文艺学的学科地位。首先，文化研究在学理上缺乏学科依据。文化研究直接来源于当代西方的文化研究和批评理论，而西方的文化研究已经日薄西山，本身就很复杂，已经远离文学研究。其次，引进文化研究理论，并没有针对文艺学的现实问题。问题在于与当前文学的新现实相脱节，学院气太重，对文学理论的自洽性、体系的完整性考虑得多，对文学现实的关注很不够。

在此基础上的文艺学重建不外乎以下几个思路：一是关注现实，是文艺学具有源源不断的现实基础；二是理论建构上不断破旧立新，取得与文学现实和实践的相对平衡，产生新的活力。

从上面的反思与重建思路来看，论者没有否认文艺学存在的问题，但是这些问题都是在肯定文艺学学科性质的基础上进行的，换句话说，文艺学问题的存在是文艺学自身没有关注现实，没有进行理论创新；文艺学问题的解决，也要靠文艺学自身的变革。

第二节 审美解放与反本质主义的知识生产

随着文化研究等当代文艺理论的引进和影响，有些文艺研究者开始尝试运用西方文化研究的方法分析当下的文学和文化现象，取得了一定的研究成果和新的研究思路。其中，最引人注目的是，研究者不再局限于传统文艺学的概念、范畴和边界，进入一种“反本质主义”的研究路径。与本质主义相反，文艺学中“反本质主义”是指对“文学”以及文学的“本质”采取一种历史的、非本质主义的开放态度，特别强调关于“文学本质”的各种界定的具体文化语境，而不是希望寻找一种普遍有效的“文学”定义。这种思维方式指导下的文学研究、文艺学学科更加关注文学存在的语境与文学的双

① 参见钱中文：《正视中国文学理论的危机》，《社会科学》2006 年第 1 期。

向互动,文艺学不再是本质主义的学科框架,而是一种反本质主义的话语建构。反本质主义企图用一种解构的方式进行文艺学的话语建构,甚至是学科建构,用历史化、地方化的建设思路来重建"与时俱进"的文艺学。

一、反本质主义的"文学"及其"文学性"

反本质主义的文学研究,首先反思"文学"及其"文学性"的普遍有效性和封闭性。论者吸收西方现代文学理论的研究成果,认为"文学"的形成不是单一条件决定的,而是由各种不同的条件共同决定;"文学性"也不是抽象的、永恒的、客观的文学性,只有具体的、历史的、实践中的文学性①。

其一,文学的产生有其偶然性、相对性。论者引用英国理论家、西方马克思主义学者特雷·伊格尔顿(Terry Eagleton)著名的《二十世纪西方文学理论》(*Literary An Introduction*)中的"导论",指出了文学产生的几种情况:一是开始作为历史或哲学著作,后来才被当作文学,如中国先秦一些哲学、历史著作今天被选入中国文学经典;二是开始是文学,后来因为考古学的意义而被重视。据此推论出文学之所以是文学的原因中,"后天"的因素比"先天"的更加重要,甚至可以说根本不存在先天的普遍"本质"②。德里达在《这种叫做文学的奇特体制》(1989)中指出,文学是一种思想建构,是知识领域中"规则"的产物,只不过这种思想性和社会规则都镶嵌于文本的内部而难以被人发现,"文学性不是一种自然的本质,不是文本内在属性"③。

其二,文学由其内在的社会思想结构。中国文学观念有一个发展演变和体制化的过程,文学一直是某种思想价值的构造物,其产生和发展有其意识形态背景。陶东风把这种文学观念的演变看成是文学"祛魅"的过程,第一次是20世纪80年代由精英知识分子发动的祛"无产阶级文学"之"魅"、以"阶级斗争为纲"的工具论文学之"魅"、"三突出"的创作方法之"魅"和"高大全"的英雄人物之"魅";第二次是祛文学自主性和自律性的神话以及由这种神话赋予文学的那种高高在上的神秘性和私有性之"魅"④。文学作品之所以能够拥有高高在上的地位和崇高的价值,是现代社会思想赋予的,并且与其他文献材料分离出来成为一种独立自主的"客体"。中国文学从

① 参见周小仪:《文学性》,《外国文学》2003年第5期。

② 陶东风:《文学理论基本问题》,北京大学出版社2004年版,第8—9页。

③ Jacques Derrida, "'This Strange Instiution Called Literature': An Interview with Jacques Derrida", tran., Geoffrey Bennington and Rowlby, in Derek Attridge, ed., Acts of Literary [M]. London: Routledge, 1992, p.44.

④ 陶东风:《文学的祛魅》,《文艺争鸣(理论评论版)》2006年第1期。

来没有摆脱“文以载道”的社会责任和某种拯救社会的理想,是中国现代性进程中思想知识构成了“文学”本身。

其三,文学是具有实践功能的意识形态。文学是一种话语,是“在一定的社会—文化语境里被陈述”的语言①。现实中的文学不是抽象的语法规则,文学研究要关注各民族、各时期对文学的看法和具体运用。这样一来,就不能把文学当作一个永恒不变的中性客体,而是与生活紧密相关的“生活活动”或“社会实践活动”。文学性还具有浓厚的意识形态色彩,主要表现在审美效果遮蔽现实矛盾、本质追问预设普遍法则和文学惯例彰显统治地位等方面②。

总之,“文学”“文学性”虽然是西方引进的一个概念,但是引进之后被中国文学研究者当作一个世界性、普遍性的概念,同样适用于中国文学,这在当时也确实有利于摆脱“无产阶级文学”之“魅”等过多的外部干预。而“文学性”被神化、固定化同样不利于文学研究的发展,于是“文学性”就不可避免地受到反本质主义者的反思,甚至诘难。

二、历史主义视野中的文学自主性

文学的自主性、自律性是中国现阶段文学理论主要的文学观念之一,也是文艺学作为学科的一大基础。这种观念在与文学的工具论、他律论等斗争中逐渐占据了中国文学观念的统治地位,并成为几乎所有新一代《文学理论》教材中“法定”概念。反本质主义论者从历史主义的视角反思文学自主性的合法性,挑战文学理论的权威观念,是企图打破现存文学理论的观念基础,祛除文学研究之“魅”,使文学研究进入历史的、社会学思路之中。

其一,文学自主性诉求是与政治文化的合谋。杜书瀛在反思新时期文艺学时指出了文艺学的“拨乱反正”在学理上有其肤浅性和保守性,文学自主性的获得有其局限性。一是“当时的文艺学在‘拨乱反正’名义下所进行的这些活动,大都没有进行学理层面上的深入探讨,因而也就没有取得多少真正具有学术价值的深刻的理论成果”,文学性的“独立”在很大程度上是被进行了简单化处理,比如文学与政治的关系;二是“‘拨乱反正’的口号本身,纯粹从理论探讨和学术研究的角度来说,带有‘向后看’的性质”,“乱”是“文革”之“乱”,“正”是“文革”之前的“正”③。在这个意义上,“文艺的

① 参见[法]托多罗夫:《巴赫金、对话理论及其他》,蒋子华、张萍译,百花文艺出版社 2001 年版,第 17 页。

② 参见董馨:《论“文学性”的意识形态功能》,《东岳论坛》2005 年第 3 期。

③ 参见杜书瀛:《新时期文艺学反思录》,《文学评论》1998 年第 5 期。

自主性诉求具有远远超出了文艺本身的社会文化含义与政治含义。可以说，正是自主性赋予了知识分子的政治介入以特殊的合法性与权威性。一方面它借助与意识形态的关系而进入主流话语，另一方面它恰恰又通过淡化文艺的功利性、政治性与意识形态性，突出其自主性自律性的方式来达到意识形态的目的"①。无论是文艺学的"拨乱反正"中的肤浅性，还是文学自主性中的"意识形态性"，都揭示了文学与政治文化之间的暧昧、合谋关系。

其二，文学自主性应重视与市场的关系。自从市场经济成为文学不可回避的生存环境以来，文学与市场的关系就成为研究者关注的问题。但是，论者在判断市场与文学的关系时，总是处于消极/积极等二元对立的简单判断之中，这实际上并未真正重视市场对文学自主性的重要意义。市场的出现，带来了消极影响的同时，也让文学有了更多的选择，这其实是文学自主性的增长，而不是倒退。与其对市场作苍白的价值判断，不如认真研究文学在市场中的变化和发展。否则，文学理论研究对市场不敢"越雷池一步"，永远不会理解文学在市场化中的变迁，文艺学也无从发展。

其三，对文学自主性要做历史、社会学分析。反本质主义论者借助西方后现代主义、文化研究等理论，以及西方现代社会学理论，认为应该从社会学的角度对文学自主性作历史主义的评价。从社会学看，"文学的自主性实际上就是自主的文艺场域及其自身游戏规则的确立"②。"文艺场域"在这里是指文学艺术所存在的历史背景和社会结构，它是一个相对独立的结构性现象，是政治场域、经济场域、法律场域等的分化和延伸，如现代学术制度就和文艺场域有关。虽然这种社会学分析还只是西方社会学的简单移植，但是毕竟为揭示文学自主性提供了一个研究视角，突出了文学自主性的社会性和历史性。

历史主义论者把文学自主性这一纯文学概念纳入社会学的视野，并不是重复文艺社会学的老路，而是希望用西方反本质主义思维还原文学自主性的社会、历史功能，最终重建文艺学的学科结构。

三、日常生活审美化语境下的文艺学学科反思

"日常生活审美化"的概念提出以后，成为文学理论"越界"或"转向"的重要依据，也是"文化研究"关注的重要内容，并成为文艺学学科反思的

---

① 陶东风、徐艳蕊：《当代中国的文化批评》，北京大学出版社 2006 年版，第 12 页。

② 陶东风、徐艳蕊：《当代中国的文化批评》，北京大学出版社 2006 年版，第 14 页。

一大契机。在主张"日常生活审美化"的论者那里,文艺活动的生产、传播、消费方式都发生了重大变化,如文艺活动的市场化、商业化、产业化,大众日常生活审美化,艺术接受的休闲化与日常生活化,等等。而文艺学从总体上说没有能够对这些新的文艺变化作出及时而有力的回应,"文艺学在研究对象上作茧自缚,拒绝研究日常生活中的审美现象与文化现象",应该改革文艺学学科①。

朱立元等论者从"日常生活审美化"的视角,对文艺学学科进行了深入的思考。其一,肯定"日常生活审美化"敏锐地感受到市场经济、"全球化"语境、社会文化转型,看到了大众文化的发展带来文学边界的模糊,看到电子传媒的革命对当代文学的冲击;但不同意由此得出日常生活已审美化的结论。其二,同意文艺学存在严重的"合法性"危机;但是不同意文艺学的危机是全局性的,乃至关乎学科存在的合法性问题,也不同意危机集中表现在其"主导范式"是"以艺术与审美的自律性为支柱",因而无法应对和解释"日常生活审美化"的现实。其三,认可其思维方式上反对形而上学、凝固不变的现成论,主张并实际坚持辩证、动态的生成论;但是不同意其"日常生活审美化"造成文学边界的模糊和现有文艺学的根本危机。其四,肯定其借鉴和引进当代西方文化研究的理论与方法;但是文化研究对文艺学最重要的借鉴意义在于大众文化研究②。朱立元还就新时期以来我国文艺学学科基本状况进行了较乐观的判断,认为"日常生活审美化"等不足以成为文艺学学科危机的威胁,文艺学只是在方法上没有加以观众,而不是在本体上失去学科合法性。与朱立元相对中和的观点相比,童庆炳、钱中文等对"日常生活审美化"持否定的态度,他们认为,"日常生活的审美化的现象并不是今天才有的","研究日常生活审美化就是鼓吹消费主义,就是'食利者'的美学"③。童庆炳进而断言,研究日常生活审美化,"就是鼓吹文学终结论,而文艺学可能随着这些事实、问题和活动的变化而变化,但无论如何变,都不会把文学抛弃掉,而去钟情什么日常生活的审美化"④。

其实,"日常生活审美化"语境下的文艺学学科反思之争,各方所设的论域并不一致,都是按照有利于己方的原则进行,这也反映了各方在文艺学问题上的严重分歧。

---

① 参见陶东风:《日常生活的审美化与文艺学的学科反思》,《现代传播》2005 年第 1 期。

② 参见朱立元:《关于当前文艺学学科反思和建设的几点思考》,《文学评论》2006 年第 3 期。

③ 转引自曾军:《思想与学术在当代文化中合流——2005 年人文学术热点扫描》,《学术界》2006 年第 1 期。

④ 童庆炳:《"日常生活审美化"与文艺学》,《中华读书报》2005 年 1 月 26 日。

其一,关于文艺学版图的扩展与文艺学研究中心的转移。世纪之交兴起的文化研究不但扩展了文艺学版图,而且是文艺学研究中心的转移。这在老一辈学者看来,这样的学术迁移是对文学研究的伤害,他们不应该去研究低级和粗俗的日常生活,应该按照传统的文艺学研究方法和领域去研究,应该学会长期"坐冷板凳"。而文化研究者不再满足于书斋经院式的姿态,而是乐于通过文化研究介入历史、现实、意识形态等更广阔的领域,对文学和文化进行多方位、多层次的跨学科研究。

其二,关于"家园意识"的坚守与颠覆。老一辈学者由于长期进行文学研究,从事文艺学学科建设,经历了文艺学学科建设的风雨历程,形成了一种文艺学的"家园意识"。这种"家园意识"是他们作为当代中国社会中比较优秀的知识分子,肩负发扬和重建人文精神与先进文化的历史重任,对承载人类思想精神精华的文学经典充满了呵护之心和爱慕之情。这种对"家园意识"的坚守,使得他们不可能让低俗,甚至粗鄙的日常生活和文学经典一样供奉于文学殿堂之上。因此,把文化研究当作文艺学的"当代形态"时,不仅是一种认知错觉和思想误导,而且也有悖于文艺学的品格,审美永远是文艺之所以为文艺的一种不可或缺的品格。而文化研究者一般没有这样的"精神负担",研究对象在他们那里没有高低之分,他们关注的是现实的生活和文化的变迁。甚至有些青年学者受到西方非理性主义的影响,把理性看成是压抑人、压抑文学的思想枷锁,突破故步自封的"家园意识"成了文化研究者的自觉。

其三,文艺学的性质、功能和价值取向的多层与多元。老一辈学者也认识到文艺学发展面临的多重选择,逐渐允许一些多元化的文学性质、功能和价值取向的存在,但在基本、主导和重要的选择上还是坚持文学的精神家园、先进文化、道德标准等。而文化研究不再简单的肯定或否定一种文学现象和文化现象,而更多的是具体的文本分析,大胆地把街心花园、城市广场、购物中心、商品交易会、美容美发中心、健身中心、广告、时装等新兴场所与现象吸纳入自己的研究中,不再关心其性质、价值取向等传统文学观念的束缚。

"日常生活审美化"只是文艺学面临的问题之一,而不是全部问题。但是如果文艺学不能解决这样的问题,文艺学的革新与发展就无从谈起。

四、历史化、地方化的文艺学重建思路

历史化、地方化的重建思路是反本质主义思维指导下产生的,是在借鉴西方非理性主义、后现代主义的理论成果的产物。

论者首先否定了现存的文艺学学科知识结构和体系,认为是一种丧失历史性与民族性的知识体系。其一,文艺学知识具有拼凑性、综合性。几乎所有文艺学的教材都在寻找和建构“普遍真理”和“共同规律”,造成了知识的一元化封闭格局。其二,文艺学知识丧失了历史性和地方性。文艺学教材把文艺学机械地分割为“本质论”“创作论”“作品论”和“欣赏/批评论”,并且把古今中外的所有相关言论加以肢解和拼贴,完全不顾知识的文本语境、历史语境和地方语境,使得文艺学成为马列文论、中国现代革命文论、中国古典文论等“大拼盘”。其三,文艺学知识缺少历史具体性与差异性。拼凑起来的文艺学体系只有抽象的框架,而没有具体可感的场景,无法从中了解文学观念的历史沿革与变迁。其四,文艺学的教学加深了学科僵化。文艺学的教学中“断章取义”的现象更加严重,学生无法了解文学的整体面貌和历史演变。文艺学的考试也只关注文艺学的系统性知识,而不是鲜活的文学。

更具以上的文艺学现状,论者提出了文艺学的历史化、地方化的重建思路。其一,以当代西方的知识社会学的基本武器重建文艺学知识的社会历史语境,有条件地吸收包括“后”学在内的西方反本质主义的某些合理因素,发挥其建设性的结构功能——以重建为目的的解构。其二,在社会实践的基础上理解文艺学中的“本职”和“真理”,将其事件化、历史化、地方化,吸收福柯说的“事件化”方法与布迪厄所说的“反思性”方法。

从以上的反思和重建思路来看,这种历史化、地方化的重建思路在破除文艺学僵化的知识体系上具有重要意义。但是在重建文艺学上,这种思路显得“破有余而立不足”。但是,毕竟是从文艺学的外部对文艺学的理性思考,为文艺学突破本质主义的思想框架提供了思路。

第三节 审美解放与文艺学知识空间的建构

文艺学知识空间的建构问题之所以能够成为一个持久的学术热点,不仅因为它是关乎文艺学存在形态的根本问题,而且是决定文艺学在未来学科发展如何实践的关键所在。无论是对于文艺学知识建构形态的理论判断,还是对于文艺学知识建构的现实操作,学术界至今都没有一个令多数人信服的判断标准和基本判断,更为严重的是,行之有效的知识建构实践的缺乏使得文艺学知识建构的未来成为一个未知数。在理论形态方面,本质主义的知识建构模式仍然占据主流地位,并以新的方式存在;在批评实践方面,中国化的西方文化批评、现代转换的中国古典文论、脱胎换骨的马列文论等形态各异的批评模式以“反叛”和“创新”的姿态争相亮相，成为文艺学知识建构中新的构成要素和途径选择。因此，评判和梳理当前文艺学知识建构的理论形态和批评实践理应成为文艺学研究的核心问题，这一问题的明确和解决也应该是文艺学未来发展的前提。

一、本质主义的“一体化”冲动与主流话语空间

从本质上说，文艺学知识建构的过程是一个话语权的建构过程。分析和评价文艺学知识建构的理论形态是一个庞大的工程，不仅是因为文艺学知识空间本身的复杂性，更是关系到各派知识建构者话语权的分配问题。因此，有人坚持捍卫文艺学的边界与疆域，保持对马克思主义文艺学的顶礼膜拜，对当下的文艺学知识形态持乐观态度①；有人却认为中国文艺学知识空间具有明显的跨时空拼凑性，绝大多数文艺学教材几乎就是由这些只言片语组成的大拼盘②；还有人主张在反思批评一种文学的本质性规定之后，应该建构一种新的能够解说文学新现象的文学假说③；等等。如此针锋相对、自成体系的理论主张还有很多，“一方面我们似乎有一套完整的文艺学知识体系，另一方面我们又深感此一体系内部的混乱”④。这种看似“百家争鸣”的理论建构并没有在根本上推动文艺学知识建构的创新和发展，更多显示的却是话语的浮躁和焦虑。

文艺学中的本质主义认为文艺学中存在超越历史的、普遍的、永恒的本质（如文学性、人文关怀等），内在设置了一种本质/现象的二元对立，热衷于元叙事、宏大叙事等理论与话语建构⑤。本质主义的文艺学知识建构把先定本质作为认知的最终目标，并由此把各种相关知识设置在统一、完整的体系中，使之在学科化的道路上完成“一体化”的工程。正是这种一体化的冲动和理想，曾经使文艺学摆脱了政治工具论的束缚，甚至获得了“自主性”为核心的合法性。但是，一体化冲动的泛滥又使得文艺学知识建构不可避免地陷入本质主义的牢笼。

---

① 参见盖生：《文学的文化研究退潮与经典化文艺学重建的可能》，《文艺理论与批评》2004年第4期，第130—137页。

② 参见陶东风：《大学文艺学的学科反思》，《文学评论》2001年第5期，第97—105页。

③ 参见章辉：《反本质主义思维与文学理论知识的生产》，《文学评论》2007年第5期，第19—24页。

④ 余虹：《理解文学的三大路径——兼谈中国文艺学知识建构的“一体化”冲动》，《文艺研究》2006年第10期，第23—29页。

⑤ 参见卢衍鹏、王冬梅：《文化研究与文艺学的身份重建》，《湖北民族学院学报》2006年第4期，第67—71页。

本质主义的知识建构直接决定了文艺学教材的“一体化”模式。第一，20世纪50年代受苏联教材影响较大的自编文艺学教材以阶级论、文学社会学为理论基础，以霍松林编著的《文艺学概论》(1957)，李树谦、李景隆编著的《文学概论》(1957)，山东大学中国语言文学系文艺理论教研室编著的《文艺学新论》(1959)等为代表①。这些教材继承了苏联文艺学教材中马列主义文艺学观念，在表述方式上激进地迎合当时的政治需要，强调文学的阶级性和党性原则，在一定程度上把文艺学变成了政治的工具和延伸，是用社会学取代文学质的规定性。不仅这些教材大量引用革命领袖关于文艺阶级性的论述并奉为经典、权威，而且文艺学学者自觉或无意识地放弃了自己对于文学的专业思考和判断。第二，20世纪六七十年代由国家统编的教材以马列主义、毛泽东思想为指导，是典型的“中国特色的无产阶级革命文学理论”，有以群主编的《文学的基本原理》(1963)和蔡仪主编的《文学概论》(1978)等。这两本教材都是由国家有关部门组织编写，在考察文学的发生发展、性质功用、创作方法、欣赏批评时，都把马列主义、毛泽东思想作为唯一标准，坚持传统的社会主义文艺学思想体系以及对文艺学基本问题的看法，并以此作为教学的目标。马克思主义经典作家的观点构成了教材的基本框架，他们提出的问题，也构成了教材基本理论的主要问题。从注释引用的角度，有的学者统计了蔡仪主编的《文学概论》的371个注释中，有189个是马克思主义思想，其中又以毛泽东和高尔基的文学思想最为突出，西方现代最少②。可以说，这一时期的文艺学并没有成为一种知识，而是一种向学生灌输的意识形态。第三，20世纪80年代思想解放以后的教材以审美意识形态为核心观念，以童庆炳编著的《文学理论教程》(1992)为代表。经历了“一切以阶级斗争为纲”的浩劫之后，文学研究自觉地与政治划清界限，积极寻找新的学术资源，编写新的文艺学教材。童庆炳编著的《文学理论教程》把文学理论区别于文艺学，并吸收了美国学者韦勒克、沃伦的《文学理论》中文学理论研究的范围，把教材划分为文学活动、文学创作、文学作品、文学接受与消费四大部分，标志着中国文艺学教材在学科思想资源上的巨大转向。编者综合审美意识形态论、反映论、生产论、交往论等，并进行了重新阐释，形成了文艺学新的经典思想体系。这在一定程度上突破了此前“左”倾思想的束缚，但同时又把文艺学放进另一个以审美意识形态为纲

① 参见孟繁华：《中国20世纪文艺学术史·第三部》，上海文艺出版社2001年版，第139页。

② 参见章辉：《反本质主义思维与文学理论知识的生产》，《文学评论》2007年第5期，第19—24页。

领的牢笼之中。第四,21世纪以后出版的教材以学术个性和创新为特色,以南帆的《文学理论新读本》(2002)、王一川的《文学理论》(2003)、陶东风的《文学理论基本问题》(2004)为代表。这些教材或者把新现象纳入研究视野,或者大量采用西方文化理论研究工具,或者提出文学的新的理论规定,都不同于原来的文艺学教材,显示出新的知识建构模式。但是,这些知识建构或者走向本质主义的反面,或者只是本质主义的补充而存在,都没有摆脱一体化的思维方式。

本质主义知识空间的建构还导致了文学批评中主流话语意识。在现实的批评实践中,本质主义更多地表现为对于主流话语权的迷恋和崇拜、对于文艺学知识空间中主义问题的敏感,并且其表现方式也更加直接和尖锐。

第一,坚守本质主义哲学基础。本质主义文艺学主张文学理论的最深层次的问题仍然是哲学问题,是以哲学的方式对文学本质的追问。在诸多关于文艺学哲学基础的研究中,一般选择马克思主义哲学,或者坚持传统的马克思主义哲学,或者用马克思主义的辩证唯物主义和历史唯物主义综合各种文学因素、理论因素形成新的理论形态,都是以马克思主义哲学为基础。因此,当代文学理论体系必须建立在马克思主义的坚实基础之上,才能形成一个不同层次、不同理论观点相互协调,主旋律与多样化相互补充的理论格局,才能真正建成一个面向现代化、面向世界、面向未来的、民族的、科学的文学理论体系①。只看几个高昂的口号式的"面向"就会发现,即使这不是照搬当下的政治口号,其本质主义思维也是一脉相承的。有的学者指出应立足于文学活动的知识生产与传播的实际,以哲学方法论为指导,对文论史上有影响的知识(话语)系统做历史性的考察,构建"问题"框架②。

第二,论证文艺学的科学性。文学理论是研究"文学"的"理论",是研究"感性""审美"的"理性";文艺学成为一门学科,也有严格的限定和范围,具有一定的理性因素③。在本质主义文艺学看来,文艺学必须具有科学性,单纯的"感悟""感受"无法从根本上建构文艺学知识。有的学者认为,作为一门学科,科学性的诉求应是文学理论规范化和求知程序严格化的一种条件,是使文学观念能够大大影响和推动文学理论研究深化的一种方向,

① 参见马龙潜:《对当代文学理论体系哲学基础的认识》,《社会科学战线》2001年第2期,第89—92页。

② 参见廖恒:《"文艺学的知识状况与问题"学术研讨会综述》,《文艺研究》2007年第6期,第142—145页。

③ 参见向宝云、卢衍鹏:《文艺学的学科反思与身份重建》,《社会科学战线》2007年第4期,第108—111页。

理应把求得知识、方法与规律作为其目标，科学性应成为文学理论学科存在形式内在范式的原因①。

第三，重建文艺学的经典性。经典是一种文化的特殊类型，是由无数这类文化的经典文本构成的，文艺学之所以走向经典化，也是因为经典的特殊意义。有的学者在论证了文学的文化研究必将退潮的基础上，认为应该把马克思主义文艺理论当作重构文艺学的经典化体系的整合、主导元，因为其具有较强的历史前瞻性、更广阔的理论视野、既辩证又具整体化的思维方式和作为开放性思想体系的价值指向性，必然成为经典化文艺学重建的学理基础并为之提供科学的方法论②。

第四，走向文化诗学。为了应对文艺学面临的危机，以童庆炳为代表的学者提出文化诗学为文艺学的发展开辟道路。文化诗学追求文学艺术的意义与价值，是对于文学艺术的现实的反思，追求在方法论上的革新和开放③。与之前童庆炳在影响巨大的《文学理论》教材中提出的一样，文化诗学的研究对象还应是在文学的作家、作品这方面，但是加上了"以文化视点研究文学艺术"这一条，并概括出一种文化精神，诗性精神④。

本质主义者的知识空间建构方式远远不止以上几个方面，但是其思维方式和本质内涵是一致的，都是为了主流话语权的取得和巩固。但是，文艺学知识空间建构中的批评实践却没有完全按照本质主义者的路线进行，出现了与之不同，甚至相反的反经典、日常生活审美化等批评话语。

二、反经典化与日常生活的知识空间

反经典的文学作品和相关的文学批评早已有之，但直到西方文化理论传入中国后才日益成为学界关注的焦点。如果说之前文艺学关于种种本质问题的争论只是局限于文艺学内部的话，那么之后对于本质主义文艺学的反思完全超出了文艺学学科本身。福柯、沃勒斯坦等人的反学科(discipline)知识话语为反思文艺学知识空间提供了理论武库，尽管这种反思仍然没有消除"移植"的痕迹，但是却为文艺学的学科反思提供了契机。经典知识在文艺学知识空间中具有重要地位，对于文艺学的学科建构具有

---

① 参见董学文：《文学理论的存在形式》，《社会科学战线》2001 年第 2 期，第 83—86 页。

② 参见盖生：《文学的文化研究退潮与经典化文艺学重建的可能》，《文艺理论与批评》2004 年第 4 期，第 130—137 页。

③ 参见童庆炳：《植根于现实土壤的文化诗学》，《文学评论》2001 年第 6 期，第 35—40 页。

④ 参见殷国明：《西方文学研究方法与本土实验的意义——关于全球化语境中中国文艺美学的选择与创新》，《暨南学报》2004 年第 2 期，第 81—87 页。

特殊意义。本质主义的经典被认为是承载人类普遍审美价值和道德价值的典籍,具有"超时空性"和"永恒性",经典作品要有长久甚至永恒的生命力,经得起一代又一代读者的阅读和阐释,经典的普遍性在于写出了人类共通的人性结构和共同美的问题。而反本质主义文艺学认为,经典是特定社会文化语境中的人或机构出于自身的特定目的而建构的,文化权力或政治权力在经典的确立过程中起至关重要的作用。因此,反本质主义文艺学对于经典不再顶礼膜拜,转而研究形成经典的权力机制及其与政治文化、民族文化的关系。

第一,反思和解构经典化知识空间。经典为了确立自己的权威地位,遮蔽了本真的文学形态,经典化的知识空间的不完整性扭曲了历史的真实性。本真的文学形态应该是鲜活、广阔复杂的文化史、社会史,而在数量上占绝对少数的经典却扮演整个文学史的代言人或者精华,"当文学史被浓缩为几个经典时,文学的真实历史也就被扭曲了"①。经典的形成和修订都是建立在特定的世界观、哲学观、社会实践等之上的,而这与时代性、民族性、阶级性等密切相关,因此每一个经典都是在一定的标准和范围内形成并变异的。对于经典的重新审定也是今天文艺学的不二选择。

第二,倡导和重建非经典化知识空间。非经典化知识不仅可能在"经典化—去经典化—再经典化"的新的知识空间重建中占有一席之地,而且应该在新的语境下获得新的生命力。原有的、先在的判断对于非经典化理论来说不再具有法则性意义,而是要反过来对文学研究中种种"前提"和"理所应当"的结论进行批判性反思。因此,非经典性知识空间的合法化应该成为打破经典文艺学知识空间的路途之一。

第三,揭示经典化知识空间的生产机制。经典化文艺学知识空间的形成场所及其内在机制成为人们关心的问题,大学所扮演的角色受到重视,甚至被称为经典的"生产机器"。大学的性质和功能决定了它在运作中需要树立和塑造经典,需要进一步确立其作为知识的制造者与传播者的权威地位;一旦经典在大学中生产并广泛传播,大学在获得阐释权力的同时也会不自觉得维护自己既得利益。除非新的权力、利益关系发生转变,否则经典知识空间的转变将很难进行。

其中,日常生活知识空间的拓展及其进入文艺学研究视野值得重视。这是由于文化研究,尤其是大众文化研究的兴起将日常生活及其美学意义变成文艺学研究的热点。"日常生活审美化"是中国文学研究者借助西方

① 周宪:《文化研究:学科抑或策略》,《文艺研究》2002 年第 4 期,第 26—32 页。

文化理论对中国社会文化所进行的又一次理论盛宴，既是对本质主义的反叛，又充满了对重构文艺学知识空间的理论冲动。西方文化理论的“审美化”研究认为，当代西方社会正经历一场深刻的审美化（aestheticization）过程，以至于当代社会的形式越来越像一件艺术品。审美化的另一倡导者维什尔（Wolfgang Welsch）把审美化看作是一个深刻的、经过媒介而发生的、体现于生产过程与现实建构过程的巨大社会—文化变迁①。这一理论在当代中国被无限放大，认为在今天的中国“审美活动已经超出所谓纯艺术/文学的范围而渗透到大众的日常生活中。占据大众文化生活中心的已经不是传统的经典文学艺术门类，而是一些新兴的泛审美/艺术现象，如广告、流行歌曲”等等；现代社会影像生产能力急剧膨胀，导致“实在与影像之间的差别消失了，日常社会以审美的方式呈现出来”②。总之，文学艺术与审美化的日常生活之间的界限逐渐消失了。虽然对“日常生活审美化”的批评从来没有停止，但是它毕竟拓展了文艺学知识范畴，为重构文艺学知识空间提供了思路。

第一，日常生活作为文艺学知识空间的生成语境，具有本体意义。日常生活审美化的现实依据是市场经济深入发展和全球化日益明显的特殊语境，社会、文化的转型向以文学为主的文艺学知识空间提出挑战。因此，论者急切地要求将转型时期出现新的文化、文学现象纳入文艺学研究范畴，尤其重视媒介革命对文学的冲击，不再固守本质、边界等传统文艺学原则。这一转变解除了本质主义原则对于文艺学研究的种种束缚，时装、流行歌曲、广告、街心花园、购物广场等新鲜、陌生的面孔出现在文艺学研究中，改善了长期以来备受诟病的与现实的关系，提供了新的视角和方法。

第二，日常生活审美化研究拓展了文艺学知识空间，但同时也加剧了文艺学的合法性危机。出于对日常生活的敏感，文艺学的现实危机早就被人们关注，发现文艺学的“主导范式”“囿于经典文学、坚守艺术自律立场已经严重阻碍文艺学及时关注与回应当下日新月异的文学/审美活动”③，造成了文艺学知识空间的现实危机。有人主张打破文艺学边界，顺应时代发展趋势，呼吁“当代文艺学不必固守原有的精英主义范围，而应该关注日常生

① 参见陶东风：《日常生活的审美化与文化研究的兴起——兼论文艺学的学科反思》，《浙江社会科学》2002年第1期，第166—172页。

② 陶东风：《日常生活的审美化与文艺社会学的重建》，《文艺研究》2004年第1期，第15—19页。

③ 陶东风：《日常生活的审美化与文艺社会学的重建》，《文艺研究》2004年第1期，第15—19页。

活中新的审美现象”①。精英主义确实存在于文艺学知识空间之中，雅与俗、古典与现代、精英与大众的二元对立思维方式使得繁荣但通俗的文学难以进入文艺学知识空间的围城，而这一反思直接指向的是文艺学知识空间的合法性。

第三，日常生活视野下文艺学知识空间的跨学科性成为常态。日常生活审美化带来的不仅是全新的对象和宽泛的视角，更是引入了当代西方文化研究的理论和方法，将文艺学知识空间具备了深刻的跨学科性，甚至反学科性。日常生活审美化研究中很少采用一种单一的研究方法和视角，而是从不同理论和学科出发多侧面、多层次地把握对象，对于传统的文艺学知识空间无疑是一种突破和补充。原来不被关注的权力、种族、性别等成为文艺学知识空间的新增长点，大众文化研究、性别诗学等新的知识形态使得建构多元化的文艺学知识空间成为可能。

需要注意的是，反本质主义并不是对于本质主义的简单反抗，它坚持认为那种为科学划界、寻找普遍的不变的本质是无效的——在科学的发展中，不存在任何永恒的方法论、理论或经验。反本质主义的文艺学否认文学本质的存在，文艺学的知识空间在不同的知识类型的平台之上，而不是某一种知识之上，反对知识空间的学科化、抽象化。除了反思经典、日常生活审美化研究之外，还有围绕“新世纪”文学、“文学性”、文艺学边界之争等观念的争论，都关乎文艺学知识空间的此消彼长。

三、文艺学知识空间的多元化及其范式转换

文艺学知识空间的建构者们出于各自的立场，往往不承认自己完全属于本质主义阵营或者反本质主义阵营，他们更多的是说自己在建构文艺学知识空间，是一种建构主义。建构主义并不是一个完全的西方文化理论概念，而是类似于中国的中庸主义，它一方面继承了本质主义的稳重、体系化的知识积累，不会招来本质主义的强烈责难；另一方面又不拒绝用新的视角和方法进行新的文艺学知识生产，与反本质主义有天然的联系。

建构主义借鉴西方文化场域理论，认为应该反思和重绘文艺学空间“场域”。“反思性”和“场域”都是法国社会学家布迪厄反思社会学中的概念，近来被学术界反复引用而成为建构主义文艺学的标志性话语。反思性对文艺学的意义有三：一是分析自身，对文艺学进行自我清理；二是对一种有关社会的科学之所以可能的社会历史条件的反思，即文艺学之所以可能

① 金元浦：《当代文艺学的边界的移动》，《河北学刊》2004年第4期，第93—96页。

的反思;三是把文艺学知识生产始终看作人的社会实践活动而不是单纯的理论活动和认知活动。

场域理论对中国当代文论界来说并不陌生,它对文艺学的意义有四:一是注重文艺学与其他场域的联系,是一种关系性思维;二是文艺学的场域的范围、界限等可以根据需要而自由改变;三是文艺学场域也有相对稳定性;四是文艺学场域是一个争夺权力或资本的所在。因此,建构主义文艺学知识空间把分析的矛头指向自身,在人的实践活动中进行自身清理,反思文艺学之所以可能,具有自身的合理性和内在的合法性。

关系主义是另一种建构主义,主张把文艺学知识建构于关系之中,文学研究必须置于多重文化关系网,而特定的历史关系表明文艺学知识空间的历史纬度。文学性质、典型性格、文学经典等都需要置于复杂的关系网络予以多重解释,而不是力图将结论还原到某种单一的"本质"。而文学研究者也是关系网络的一部分,而不是一个中立的、超然的客观观察点,文学研究的稳定性并不是因为某种固定的"本质",而是这种学科已有的种种相对关系并未实效①。关系主义是本质主义和相对主义的巧妙调和,静止的文艺学知识空间离不开本质主义,动态的文艺学知识生产又需要相对主义的调和。

文艺学知识生产中普遍存在的现象是,"有些人倾向于维护现有的知识系统和知识生产格局,有些人则倾向于颠覆这个系统和格局,也有些人则在这两者之间寻求平衡,即既有维护也有颠覆"②,这三种人在某种程度上指涉三种不同的思维方式,形成三种不同的文艺学知识空间。以文化研究为例,在经历了"作为批评""作为学科""作为课程"的角色转换之后③,开始了自己的知识空间建构,必将对文艺学的知识空间产生深远影响。

根据以上对于文艺学知识空间中三种理论建构和当代批评实践的考察,可以认为文艺学的知识空间处于一种潜在的转型,至少有三种认识应该付诸行动。

第一,文艺学知识空间需要对自身建制、学科理念进行批判性反思。文艺学知识空间与学科理念、自身建制紧密结合在一起,已经被绑定在学科基

① 参见南帆:《文学研究:本质主义,抑或关系主义》,《文艺研究》2007 年第 8 期,第 4—13 页。

② 陶东风:《反思社会学视野中的文艺学知识建构》,《文学评论》2007 年第 5 期,第 12—18 页。

③ 参见卢衍鹏:《文化研究的合法化进程与学科化冲动》,《学术论坛》2008 年第 9 期,第 182—184 页。

地、学位管理、科研考核等体制化轨道内。体制化倾向暗合的是高校管理体制和知识领域的权力斗争关系，遮蔽的是知识分子关注社会文化现实的热情和精力，需要运用文化研究的反学科等思想进行批判性反思，吸收场域等理论分析文艺学知识空间中的权力机制和建构关系，建立文艺学知识空间的内部与外部和谐关系。

第二，文艺学知识空间建构中多元思维方式应该形成一种和谐关系。文艺学知识空间中存在的多元思维方式这一既成事实不应成为阻碍文艺学知识空间拓展的障碍，而应该形成一种积极的合力。任何一种思维方式不能压制和妄图取代其他思维方式的存在而一统天下，学术界的意气之争既无益于和谐关系的建立，也无益于自身的发展。

第三，文艺学知识空间需要进行自身清理，规范秩序，凸显当代性和社会使命感。自从文化研究等新的研究范式介入文学研究以来，面向社会、面向大众的自觉使得文艺学重新焕发了对社会的热情和活力，但是还缺乏应有的影响力和社会干预功能。文艺学知识空间完全有可能在学术内外与其他社会文化知识空间建立动态联系，在广阔的社会视野中重新反思知识分子的价值和社会责任。

第六章　审美解放与文学研究的解放逻辑

在人类追求“解放”的道路上，文学研究是一种审美解放，其使命就在于运用文学概念、方法和理论，来论证文学研究对人类解放的意义，为审美解放奠定基础和依据，指明“解放”的必然路径，树立实现“解放”的宏伟目标，描摹审美解放所能抵达的理想状态，并以理论建构和批评实践加以完成。正如古代人类求助上天（或上帝）来证明生活的合法性一样，现代社会中合法性的证明要求助“诸如精神辩证法、意识阐释学、理性主体或劳动的解放、财富的增长等大叙事”①。“大叙事”又称“宏大叙事”“元叙事”（meta-narratives）等，即“具有合法化功能的叙事”②，在社会生活、知识界，具有法律条文一般的权威性，主要包括解放叙事和思辨的叙事，前者如基督教的叙事、启蒙运动的叙事、马克思主义的叙事，后者如黑格尔哲学。宏大叙事依附于现代性语境，是现代性的标志。

第一节　审美解放与文学研究的“解放逻辑”

文学研究作为一种知识建构，其解放逻辑与人类“兴趣”的分化密不可分，是知识分子在理论与实践上的双重选择。“兴趣”是指“与人类再生产的可能性和人类自身形成的既定的基本条件，即劳动和相互作用相联系的基本导向”③，可以分为技术兴趣、实践兴趣和解放兴趣。“技术兴趣”主要侧重经验和分析，体现为实证经验性知识，以自然科学为代表；“实践兴趣”主要侧重意义的沟通，体现为满足人际交往的知识，以掌握人类行为的意义；“解放兴趣”主要侧重使人获得自我反思的力量，受到人的自由解放的目的引导。人类的“解放兴趣”不满足于实证经验，并对劳动的支配加以反抗；不满足于人际沟通，并对沟通的扭曲进行纠正；“解放兴趣”意在加强对人的自我反省，反抗和摆脱以各种名义强加于人的枷锁和束缚。文学研究

---

① ［法］让-弗朗索瓦·利奥塔尔：《后现代状态：关于知识的报告》，车槿山译，生活·读书·新知三联书店 1997 年版，第 2—3 页。

② Jean-Francois Lyotard, *The Post-Modern Explained*, University of Minnesota Press, 1993, p.19.

③ ［德］哈贝马斯：《认识与兴趣》，郭官义、李黎译，学林出版社 1999 年版，第 199 页。

的解放逻辑是人类“解放兴趣”的具体表现，在知识建构和批评实践中形成自己的审美兴趣和评判标准。

在古典时代，中外古典知识、学科都呈现出整体性、整一性特征，文学研究遵循“尊重传统”的价值秩序，其合法性毋庸置疑，并一度占据学术研究的中心和主流，在社会、政治、文化等领域发挥重要作用。虽然也有各种类型、门类的划分，但在思想、方法和目标等方面趋于一致，文学研究与其他门类研究之间没有严格和绝对的界限。在西方，古希腊有逻辑、伦理、物理的分法，中世纪有语法、修辞、算数、几何、天文、音乐等分法，但知识、学科在以神学统摄宇宙的情况下，任何研究都要服从决定论和一元论的真理体系；中国有“礼乐射御书数”的分法，唐代有贴经、杂文、策论、辞章、诗赋等分法，但儒、道、释都有自己的终极目标，任何研究以丰富和服务终极真理为准则。

在现代社会，文学研究的“解放逻辑”内在统一于现代社会的“解放逻辑”，并以文学自律和主体性等方式论证文学研究的学科化。近代以来，为了应对学科化、知识化运动，解决自身的合法性问题，文学研究以“解放逻辑”展开自我证明，“为自我立法”。除了“元叙事”的根本性原则之外，文学研究的合法性具体还包括对理性和主体性的推崇。在元叙事的规定下，主体的本质是理性，理性的启蒙和能力可以将人从自然和社会支配中解放出来，获得控制异己力量和社会生活的能力，克服蒙昧、奴役和不公，实现正义与和谐。现代哲学是主体性哲学、反思哲学，笛卡尔最早奠定“主体性原则”，康德的理性是“整个文化领域中的最高法官”①，黑格尔将“主体性”规定为“现代的原则”②，而理性是主体性最本质的属性。文学研究的学科化要遵循元叙事的“解放逻辑”，即范畴、理论、方法等方面的界定。一是活动范畴的限定，以文学语言、文本的生产、传播和接受为中心；二是理论建构的尝试，以美学、语言学、社会学等理论资源；三是研究方法的统一，以政治学、美学、语言学、心理学、社会学等单一或综合的方法。

从活动范畴而言，文学研究需要与政治、宗教、伦理等区隔开来，代之以文学自律、语言分析、形式判断等形式主义要素，并经由教育体制的相应改革、教育机构的推行而得以加强，最终使得文学研究具备与其他学科相对应的地位和身份。现代意义上的学科划分由西方奠定，中国晚清在“西学东渐”的背景下参照列强教育制度先后出台《京师大学堂章程》（1903）、《奏

① ［德］于尔根·哈贝马斯：《现代性的哲学话语》，曹卫东译，译林出版社 2004 年版，第 23 页。

② ［德］于尔根·哈贝马斯：《现代性的哲学话语》，曹卫东译，译林出版社 2004 年版，第 20 页。

定大学堂章程》(1905)等,文学被列为诸学科之一。其后民国时期的教育制度仍然沿用西方学科划分的格局,新中国成立后又以苏俄的学科划分进行了部分调整,但总体还是按照现代性的“解放逻辑”进行。

文学研究的“解放逻辑”,以及作为执行方式的元叙事和学科化,使得文学研究必然具备一系列现代性特征。第一,文学研究在知识、叙事和修辞等方面,追求总体性、普遍性,以此奠定文学研究的价值性、合法性,试图建构能够涵盖文学领域一切活动的话语、方法和模式,并竭力将它们付诸实践。学科化在教育制度、法律法规等现代社会结构的完善基础上,在政治、经济和文化上保证了文学研究的合法性,形成以此为业的社会群体和更为广泛的利益相关者。与现代性社会“解放逻辑”相一致的文学研究,吸引了稳定的投资、支持和保障,进而又稳定和鼓励着从业人员的社会价值、话语方式和价值追求。第二,文学研究在价值论和目的论方面,强调理性和主体性,试图以文学推动社会整合和历史发展与人类进步。第三,文学研究在思维方式和研究方法上,以二元对立和等级结构作为知识建构的有力工具,以此推动一体化、同一化的文学进程。

文学研究的“解放逻辑”及其现代性特征,需要通过学科化、知识化和独立性等方式得以实现,如何在现代知识、学科的权力关系中摆脱他律、争取自律就成为问题的关键。文学研究要想自律,必须有自己的专属领地、不可替代的功能和强有力的理论支撑。第一,美学成为文学自律工程的一大基石,但并不具有天然的自明性。无论是巴托关于“美的艺术”的界定,还是康德对“审美无功利”的阐释,美学家对文学本质、文学活动属性等核心问题的论述,成为文学研究者确立文学自律的重要理论依据。美学对文学自律的意义重大,审美被当作文学自律的基本依据,审美关系被看成文学活动中人与世界的根本关系。第二,作为对美学基石的补充和反驳,语言学成为文学自律的另一块基石,但容易导致极端化。研究对象——语言文字——的天然统一,是语言学与文学研究契合的基础,这也是弥补美学与语言文字距离的最好方式。从研究对象的本性而言,从语言学内部论证文学自律无疑更为有力,能指可以最为明显地揭示文学的特质。用语言学建构文学自律的工程中,新批评等形式主义文论立下了汗马功劳,并形成相对独立的研究方法、知识领域、学术规范和学科地位。第三,文学自律的学科化发展到一定程度,自然会融入多学科交流、融汇和交叉的学科语境,走向跨学科。文学研究“解放逻辑”要求的一体化、同一化属于“整体论”(holism)①,强调关

① 参见 Jan Christian Smuts, *Holism and Evolution*, London: The Macmillan Company, 1927, p.51。

联性和整体性,文学自律不是为了与外界(包括其他学科)隔绝,要在独立的同时实现统一。因此,文学研究在学科化与跨学科之间的不断移动和发展,都与“解放逻辑”密切相关,只是表现方式有所不同。

以上从“解放”入手,分析了现代社会的“解放逻辑”,审美解放在现代中国的实践,以及文学研究作为审美解放的元叙事、学科化,在此基础上论述文学研究的解放逻辑及其影响。更进一步,文学研究的解放逻辑产生和发生作用还有更深层次的背景和机制,其中最为核心的是文学研究的元意识。

第二节　审美解放与文学研究的元意识

在方法论方面,文学研究的解放逻辑试图寻找某种永恒、有效的模式或框架,借此可以从容地面对一切作品、现象和问题,获得审美的解放和自由。这种企图属于一种以元叙事为核心的“现代性谋划”,其原理是预设了元叙事的正确、全面和包容,用启蒙理性将审美引向自由、解放之境。韦伯、卢卡奇、霍克海默、尼采、海德格尔、哈贝马斯等从不同视角提出质疑,启蒙理性和“现代性谋划”本身就是一种天真的想象,现代社会并没有像解放逻辑承诺的那样实现了审美解放和人的自由。究其原因,解放逻辑背后深藏文化逻辑、深层叙事和价值秩序具有“同一性”色彩,工具理性压倒价值理性,先验地削平差异性、个性和特殊性。如果文学研究方法以工具理性的思路单向发展,那么除了能满足工具性目标之外,文学不再具有任何目的和价值,因而这样以理性为名的文学研究最后变得非理性。

在历史观念方面,文学研究的解放逻辑追求“变革”“进步”和“创新”,以此达到审美解放和自由的目标,最终导致虚无主义。现代以来,很多文学研究认为,新的就是好的,最新的就是最好的,越流行越有效。根本的问题在于,这种文学研究的“目的”是以否定审美和生命为前提的,其结果只能是虚无。一方面,如果文学、审美本无目的,那么寻找和追求目的只能是徒劳;另一方面,如果借助外界权威和强力为文学、审美设置某种目的,那么从开始就否定了文学和审美。因此,解放逻辑具有虚幻性,文学研究必须克服以新旧代替是非、好坏标准的误区,加强自我反思。

在思维方式方面,解放逻辑的深层动机是摆脱有限、不完美的状态,追求理想、超越的状态,文学研究的元意识包括绝对主义、整体主义和非历史主义的思维方式。元意识是亚里士多德形而上学思想的内核,不仅在学术领域具有深远影响,把“沉思的生活,即理论生活方式(bios theoretikos)当作拯救途径”①。简单而言,绝对主义是一种彻底超越有限、不完善而达到无限圆满的状态,整体主义是排除一切矛盾、冲突的绝对和谐的统一体,非历史主义是超越历史和时间的永恒和终极。具体到文学研究,即一定的思想原则、认识方法和思维定势,既体现为一种文学理论、文学思想和文学思维,又可体现为指导、完成文学研究的批评方法、研究模式和批评实践,更体现为支配文学研究者自觉或不自觉的内在力量。一方面,元意识承担着审美解放、人的自我提升的重要功能,以“审美乌托邦”使人追求和创造自由;另一方面,元意识又可能强化为另一种教条,以权威、独断、绝对营造无处不在的审美幻象。

形而上学思维方式及其元意识,对文学研究的理论建构和批评实践产生深远影响,具体体现在以下几个方面。第一,确立文学研究的“对象化”原则,即将文学、审美看做是一个外在对象加以把握。对文学的提问方式是“文学(艺术、审美)是什么”,然后建立与之相配套的理论框架,把文学当做现成的对象来进行逻辑分析,寻找最终的原因、本质、原理和结果。第二,奠定文学研究的“知性化”基础,即以外在对象的方式把握文学、审美的观念可以概括为一种对文学、审美本质的“知识”,知识化是达到文学、审美本质的必由之路。第三,明确文学研究的“本质主义”原则,即文学研究运用的知识不是现象、表面和一般性的知识,而是一种“去伪存真”“去粗取精”的逻辑过滤之后的本质性、真理性知识。把文学、审美看成是一种外在对象、现成存在,并运用知性逻辑加以把握,其本质是理解“物”的方式,而不是理解“人”的方式,正是由于近代以来把人的本质建立在“自然实在性的根据之上——理智实体(笛卡尔、斯宾诺莎、康德)、制造工具(马克思)、生物本能(达尔文)、强力意志(尼采)、心理能量(弗洛伊德)——才最终导致人的价值的可怕颠覆”②。

文学的存在既是审美的,又是社会的,还是政治的,又是文化的……随着社会的发展和人类的进步,文学的“审美之维”会与“社会之维”“文化之维”产生交叉、融合,也会发生矛盾和对抗,这就落实到审美解放与其他解放形式之间的内在统一问题。形而上学思维方式及其元意识追求全面性、总体性的解放,让“审美之完美”与“社会之圆满”内在统一起来,让文学、审美融入更为宏大、普遍和整体的“实在”之中,让文学、审美同样达到引领社

① [德]于尔根·哈贝马斯:《后形而上学思想》,曹卫东、付德根译,译林出版社 2001 年版,第 31 页。

② [德]马克斯·舍勒:《人在宇宙中的地位》,李伯杰译,贵州人民出版社 1989 年版,第 7 页。

会整体前进的目标和“真理”。但是,文学与社会、政治、文化等都具有自己的“游戏规则”,相互之间都不可僭越和取代,否则就“逸出了符号的游戏和秩序”①。

文学研究要克服解放逻辑的负面影响,必须超越形而上学思维方式及其元意识,确定文学研究、审美解放的“游戏边界”,确立边界意识,制定相对独立、和而不同的游戏规则。

第三节　审美解放与文学研究的边界意识

边界意识在对传统形而上学及其元意识的对立和反驳中逐渐显现,是一种新的哲学意识和看待世界的方式,是在康德、海德格尔、伽达默尔、巴赫金、索绪尔、哈耶克、伯林、德里达等哲学家对“一切独断论”②持续不断的怀疑和批评中,逐渐建立起来。“独断论”有很多表现形式,其中主要有终极实在论、终极状态论和历史脚本论等。

第一,对终极实在的独断论进行质疑和否定,是边界意识产生的基本前提。康德的批判哲学对终极实在的最高权威进行了揭露,认为其超出了人类理性的能力,要对无条件的理性,对其合法性和前提进行重新审视,“成熟”的理性是具有边界意识的理性。康德将知识的来源分为两个方面,一是经验,二是先验,脱离经验的终极实在没有合法性,不是真正的知识。海德格尔从存在论的角度,动摇了终极实在的根基,打击了元意识的迷信,认为传统形而上学对先验的追求犹如建筑在沙滩之上的虚假偶像。伽达默尔从解释学的立场对形而上学进行消解,以解释学意识取得元意识的客观主义。后现代哲学以语言学的方法解构所有深度模式,摧枯拉朽般地摧毁一切基础主义和绝对实在,让元意识无处遁形。

第二,对解放状态的独断论的解构和破除,是边界意识展开的基本条件。形而上学的解放状态是彻底性、终极性、至善性、无冲突、非历史性的状态,体现出超脱有限性的历史而进入完全自由的渴望。但恰恰是有限性、不完美性、差异性、冲突性和历史性的存在,保证了解放的合法性。海德格尔通过对“存在”与“时间”的辨析论证“时间”优于“存在”,“历史性”“时间

① Jacques Derrida, *Structure, Sign, and Play in the Discourse of the Human Science*, in *Writing and Difference*, Chicag: The University of Chicago Press, 1978, p.292.

② [德]汉斯-格奥尔格·伽达默尔:《哲学解释学》,夏镇平、宋建平译,上海译文出版社2004年版,第130页。

性”是本源性结构，构成“‘存在’的任何一种一般性领悟得以可能的境域”①。非历史的解放状态关于理性的无限性受到质疑，存在主义指出理性的派生性和第二位性，后现代主义解构了理性的中心地位，实用主义主张具体、历史和实践而抛弃理性的抽象性，精神分析以无意识颠覆理性中心……种种视角不同的反思并不是否认理性的价值，而是破除对理性的迷信——理性不是万能的，有其自身的领域、边界和有限性。“在文明的成长中，最危险的阶段也许就是人类开始把这些理念一概视为迷信，于是拒绝接受或服从任何他没有从理性上理解的东西”②。非历史的解放状态消除价值的矛盾性、差异性的企图同样受到质疑，但人类各种价值之间的不可通约性、矛盾冲突性越来越受到重视。“所有合理的愿望都能真正得到满足，这样一种观念，这种经典的见解，不仅是乌托邦，而且是自相矛盾的……为着一些终极价值而牺牲另一些终极价值的需要，就成为人类困境的永恒特征”③。在文学研究中，往往面临各种价值冲突、交织的局面，这是因为人类的生命建立在多元价值基础之上，所以这是生活无法摆脱的常态。边界意识就是要承认终极价值之间的矛盾、冲突，有舍有得、有圆有缺才有解放的必要和价值。

第三，对历史脚本独断论的否定和反思，是边界意识确立的必然要求。形而上学元意识要必然、客观、科学等界定历史，就如按照脚本一样，解放和自由也是遵守脚本的结果。边界意识对这种独断论所依据的客观主义和科学主义等方法论进行了反思，认为这是在用自然界的规律来规定人类社会，否定了人类社会的独立性和丰富性。再者，客观主义、科学主义无法解释历史的偶然、机缘、神秘等非自然界的现象，文学研究、审美解放等更是要对偶然性、不确定性等有充分的自觉。

以上分析了边界意识对形而上学及其元意识的反思，但并不代表我们要走向形而上学的反面，否则就会走向极端，走向虚无主义。有人将边界意识比拟为中国的“和而不同”，认为“和而不同”承认差异性、人性为前提，承认人的生活的各个不同领域有不同法则和原理，是多样性的统一④。这种说法有一定合理性，但具体到文学研究还需深入论述。

---

① ［德］马丁·海德格尔：《存在与时间》，陈嘉映、王庆节译，生活·读书·新知三联书店1987年版，第1页。

② ［英］弗里德里希·A.哈耶克：《科学的反革命：理性滥用之研究》，冯克利译，译林出版社2003年版，第96页。

③ ［英］以赛亚·伯林：《自由论》，胡传胜译，译林出版社2003年版，第49页。

④ 参见贺来：《边界意识和人的解放》，上海人民出版社2007年版，第115—116页。

第一,文学研究的边界意识辩证地看待普遍性、统一性、总体性、本质(主义)等理论观念,承认文学、审美与其他领域的相对独立性及其带来的自律性。边界意识既将文学、审美看作特定领域与其他领域"和而不同",同时强调文学、审美的自律性及其特定的"游戏规则"。

第二,文学研究的边界意识承认任何知识、学科、领域等具有有限性和规定性,尊重差异、对话和借鉴。边界意识虽然坚持文学、审美以及其他领域的有限性和相对性,但是在一定边界、领域、范围内承认文学、审美超越性的存在及其价值,并且这种超越和边界会根据实际情况发生变动和位移。

第三,文学研究的边界意识重视文学研究、审美解放在发生、运行和发展中自发形成的游戏规则,承认不同的功能和多元价值的存在。边界意识强调不同领域的多元价值的共生、共存和交叉,文学、审美的价值、功能既有独特性,又不绝对地高于或低于其他领域的价值、功能。

第四,文学研究的边界意识慎重对待跨越边界的思想和行为,自我防御的同时自我节制。边界意识强调在一定领域、边界和范围内围绕一定核心或目的制定游戏规则并付诸一定技术、方法,同时防止这种技术、方法成为游戏规则的主导和目的。

宏观而言,文学研究的边界意识可以分为语言层面、知识层面和价值层面等三个层面。在语言层面,主要是以语言逻辑、语言批判等方式确立文学的话语规则,消除逻各斯主义的专制,可以称之为文学研究的"语言边界";在知识层面,主要是从认识能力的有限性和相对性来对知识类型进行划分,以领域、功能和方法的殊异消解话语霸权和意识形态,可以称之为文学研究的"知识边界";在价值层面,主要是以多元共存的视角颠覆绝对价值的窠臼,主张包括神秘价值在内的多元价值的存在,可以称之为文学研究的"价值边界"。无论如何划分,各个层面、视角和方法都是相互联系,不可分割的。

微观而言,文学研究的边界意识主要包括政治边界、审美边界、文化边界等多个层面。文学研究的政治边界,是指文学研究中政治因素的范围、方式和影响,文学研究不能与政治绝缘,但又要与政治保持合适的距离;文学研究的审美边界,是指文学研究要坚持审美的游戏规则,但同时不能因此限制文学研究的非审美作用;文学研究的文化边界,是指文学研究可以发挥多元文化的功能和价值,但同时不能让文化价值取代文学价值。总之,文学研究的边界意识有很多表现和多种分法,在不同角度、层面可以呈现出不同的形态。

中　　编

审美解放的经济维度

第七章　审美解放与文学体制的重建

审美解放与文学体制的重建关乎文学体制、文学政策、文学主体、文学评价、文学创作、文学传播和文学消费等，可以通过考察20世纪90年代文学体制的建立来进行研究。90年代文学生产机制的建立，是指在中国20世纪90年代特定条件下，文学的运行机制、原理、方式等有关文学"游戏规则"的建立和发展，包括文学体制、文学政策、文学主体（团体、机构等）、文学评价（评奖和批评等）、文学创作、文学传播和文学消费等。第一是文化语境。90年代延续并改造了80年代的文化逻辑，其文化语境是"以经济建设为中心"的国家意识形态被放大和拓展到文学生产领域，实用主义、功利意识取代精神启蒙和理想主义，文学生产在社会构架和精神领域被"边缘化"，在文化领域和市场生产中回归常态；市场法则取代晕轮效应，商业利润成为文学生产的原始动力，开始取得支配和控制地位；文学市场逐渐由卖方市场转变为买方市场，消费者的多层次需求对文学生产的影响日益增强。第二是生产主体。文学生产主体存在多种形态，其中以"单位"为代表的组织化生产和以"自由撰稿人"为代表的个体化生产是最重要的两个方面，表征着写作者的分化与知识分子的选择。第三是生产方式。文学生产以出版为主导，包括炒作式宣传、明星化制造、贴标生产、品牌运作。第四是评价机制。评价机制包括传媒策略、娱乐精神与文学导购。总之，90年代文学生产机制的建立是各种力量博弈的结果，前承90年代的文化逻辑，后启21世纪文学的多元生态，似乎完成了它的历史使命，但仍在嬗变，历史的重演和变异仍将继续。

第一节　文化逻辑与文学生产的变迁

20世纪最后十年的中国，从政治、经济、文化等领域开始了全新的历史，90年代文学生产的开端和演进成为社会发展和时代变迁的重要症候。我们现在倾向于将改革开放、社会转型等宏大叙事来表述当代中国的发展变化，但对文学而言，这种表述无疑过于笼统。就社会转型而言，90年代也是一个相对独立的阶段和对象，正如孙正平所说，"90年代以来特别是90

年代中期以来的中国社会,在很大程度上已经是一个新的社会"①。就中国现代性发展而言,90 年代是一个具有革命性转换的历史节点,就如汪晖所言,"1989,一个历史性的界标。将近一个世纪的社会主义实践告一段落。两个世界变成了一个世界:一个全球化的资本主义世界"②。就文学史而言,新时期文学经过十余年的发展、变异,已不复当初,如冯骥才断言,"这一时代已然结束,化为一种凝固的、定型的、该盖棺定论的历史形态了","下一个时代未必还是文学的时代","作家将面临的,很可能是要在一个经济时代里从事文学"③。张颐武等用"后新时期"来概括 90 年代文学,认为包含了两个方面的话语转型,一是大众文化与传播媒介之间的裂痕在本土化过程中被迅速弥合,二是出现了对"新时期"文学的激进性的"探索"和"实验"的逆向运作④。就文学生产机制而言,旧的文学生产概念已经失效,新的文学生产机制开始萌芽,王晓明指出:"20 世纪 90 年代至今的中国文学与以往(1950—1990 年间)的一个最重要的不同,就是它所置身的整个社会的文化生产机制,发生了根本的变化",并提出了新的文化/文学生产机制的内容⑤。确实,90 年代是文学生产进入全新层次的试验场,无论是生产主体、生产方式、消费状况和传播制度等都发生了质的变化,文学生产在此过程中与这些变化形成了异质同构的对话和博弈关系。

我们之所以将 80 年代作为论述 90 年代文学生产机制的前提,不仅是因为时间上的顺承逻辑,更是由于 80 年代的文化逻辑以正面或反面的方式出现在 90 年代的文学生产中,后者以拒斥或认同的方式批判和继承了前者的文化逻辑,以此作为自己的文化坐标和现实指向。如果用宏大叙事的关键词来进行概括,新中国成立后的历史进程可以分为几个阶段:40 年代末到 70 年代的社会主义实践,80 年代的现代化道路,90 年代以后中国的"市场逻辑的社会结构"⑥。相比第一个阶段的社会主义实践经验、教训,第二个阶段的现代化改革探索更具现实指向功能,第三个阶段对现代化的追求更加深入,市场化、商业化从经济领域逐渐扩展到其他领域,文学生产进入新的历史轨道。

---

① 孙立平:《失衡——断裂社会的运作逻辑》,社会科学文献出版社 2004 年版,第 18 页。

② 汪晖:《当代中国的思想状况与现代性问题》,《天涯》1997 年第 5 期,第 133—150 页。

③ 冯骥才:《一个时代结束了》,《文学自由谈》1993 年第 3 期,第 23—24 页。

④ 参见张颐武:《论"后乌托邦"话语——九十年代中国文学的一种趋向》,《文艺争鸣》1993 年第 2 期,第 23—29 页。

⑤ 参见王晓明:《面对新的文学生产机制》,《文艺理论研究》2003 年第 2 期,第 9—11 页。

⑥ 张伟栋:《李泽厚与八十年代的文化逻辑》,《文艺争鸣》2010 年 9 月上,第 38—53 页。

90年代作为中国当代文学的变革期，从“精英的新时期文学”向“多元的新世纪文学”的转变，固然存在着多种路径和线索，但内在变革的动力主要来自两个方面。一是市场经济取得合法化地位之后，市场法则和逻辑要争夺文学生产方式的主动权，以谋求利益的最大化；另一个方面是社会心理多层次需要和新兴文学消费者的崛起，滋生颠覆和舍弃精英文学、纯文学的消费取向。

具体到90年代的特定事件，最为典型的是1993—1995年间由人文学者发起的“人文精神”论争，围绕这一话题的讨论呈现出不同的价值立场和文化姿态，成为各方势力利益诉求的文化角力场。这一讨论实际上是对80年代的改革成果的检讨，更是对现代化进程的反思，如何判断现实的变化和发展，成为问题的焦点。王晓明十年之后对这场论争的反思很有代表性，面对经济领域的明显变化以及随之而来的社会财富重新分配、新富阶层、新的失业者的产生，面对教育、出版等文化领域的巨变，“这一切都使当时的知识分子非常迷茫，不知道该怎样理解和解释这个变动的现实”①。讨论的结论包含多方面的内容，负面、消极的判断占多数，如中国文化状况糟糕，文化人的精神状况不良，价值观念沦丧，改变这种状况需要几代人的努力，但是最后开出的药方是模糊不清的“人文精神”。“人文精神”论争从思想文化层面折射出文学生产方式的转变必将在一个充满争议和批判的环境中曲折发展，知识分子出于对80年代的激情与理想的怀念，对市场化的文学生产具有天然的排斥和否定立场，但他们对文学生产的影响已经没有80年代的力度。80年代的主流意识形态在90年代成为传统中心话语，包含普遍、永恒、权威的本质主义等观念和思维②，但传统与现代、计划经济与市场经济等二元对立已经很难对中国现实作出有效解释。因此，“人文精神”论争对文学生产的意义在于，知识分子重新开始关注文学现实的变异，发现自身与现实的脱节，并且打破了80年代知识界众口一词的局面，文学生产获得了从政治、经济、思想、文化等多层面的解读和判断，差异和分歧大量出现，表现出知识界趋于正常的状态。

90年代文学生产机制的建立，是指在中国20世纪90年代特定条件下，文学的运行机制、原理、方式等有关文学“游戏规则”的建立和发展，包括文学体制、文学政策、文学主体（团体、机构等）、文学评价（评奖和批评

---

① 王晓明：《人文精神讨论十年祭》，《上海交通大学学报（哲学社会科学版）》2004年第1期，第11—16页。

② 参见卢衍鹏：《文艺学知识空间的理论建构与范式转换》，《同济大学学报（社会科学版）》2008年第6期，第55—61页。

等)、文学创作、文学传播和文学消费等。文学体制是适应一定政治、经济、社会发展需求,由国家意识形态通过法律、法规、规范等方式形成的思想、制度和组织,90 年代文学生产体制是"一主多元","一主"是主流意识形态、文学组织、领导者、管理者的期许下形成的文学样式;"多元"是源于文学的内在冲动、市场驱动和多元文学需求下形成的文学样态。文学政策是文学体制的具体表现,是通过政策的制定、调整和实施来规范和监督文学的方式,90 年代文学政策化实施的范围和影响已经越来越小,法制化管理的建设却没有及时跟进,如何鼓励、引导、加强符合国家、社会人文价值取向的文学发展,在目前仍需要制度上、法律上的积极跟进①。文学团体(机构)是文学组织化生产的国家保障,作家协会、文联、文化馆等,甚至大学、研究所下设的文学院、中文系和文学所等,及其所属的报纸、杂志、网站等都是组织、调控文学生产的重要机构,90 年代文学团体(机构)虽然没有之前那样活跃,但仍是文学生产的重要力量。文学评价是以评奖、批评等方式控制和争夺的文学话语权,90 年代文学评价标准开始变异,文学评奖、文学批评等影响式微,市场化、商业化因素开始占据优势地位。文学创作是文学生产的基本方式,90 年代文学创作中"体制外"创作逐渐成为文学生产的主要方式,颠覆了文学生产格局。文学传播是文学生产的流通环节,90 年代文学传播中的图书出版、文学期刊、网络等发生巨大变化,直接影响到文学生产的分化。文学消费是文学生产的最终环节,90 年代文学消费决定了文学生产的数量和质量,成为文学生产的主导力量。

90 年代文学生产机制的建立,是改革开放背景下对社会主义文学体制的接受和革新。文学体制(the literary institution)并不企图意指某一时期的文学实践的总体性,而是指显现出以下特征的实践活动:文学体制在一个完整的社会系统中具有一些特殊的目标;它发展形成了一种审美的符号,起到反对其他文学实践的边界功能;它宣称某种无限的有效性(这就是一种体制,它决定了在特定时期什么才被视为文学)②。也就是说,文学生产机制的变革,也只能是在特定体制下的改动和修正,调和意识形态、市场等多方面的要求。

总之,研究 90 年代文学生产机制,既是对文学发展的历时性考察,又是对文学与其关联性要素之间的共时性挖掘,还是整合与文学生产机制密切

① 参见李洁非、杨劼:《共和国文学生产方式》,社会科学文献出版社 2011 年版,第 4 页。

② 参见[德]彼得·比格尔著:《文学体制与现代化》,周宪译,《国外社会科学》1998 年第 4 期,第 52—59 页。

相关的文化肌理的过程，将突出文化语境、文学主体和媒介机制等重大课题，试图让 90 年代文学生产机制的建立浮出历史地表。

第二节　审美解放与文化语境的嬗变

恩格斯在论述历史的变革和生产的关系时强调："生产以及随生产而来的产品交换是一切社会制度的基础；在每个历史地出现的社会中，产品分配以及和它相伴随的社会之划分阶级或等级，是由生产什么、怎样生产以及怎样交换产品来决定的。所以，一切社会变迁和政治变革的终极原因，不应当在人们的头脑中，在人们对永恒的真理和正义的日益增进的认识中去寻找，而应当在生产方式和交换方式的变更中去寻找；不应当在有关时代的哲学中去寻找，而应当在有关时代的经济学中去寻找"①。同理，文学生产机制也应该从"有关时代的经济学"中去寻找，这是文学生产机制的根本原因和动力。1992 年，邓小平的"南方谈话"确立了"社会主义市场经济"制度，不但将改革开放推向深入，而且通过经济体制、社会机制和金融体制等具体方面的改革，大大促进了生产、贸易、全球市场竞争。在此历史境遇中，政府、知识分子、文学生产者、文化消费者等经历了角色转换的巨大变化，任何一方与经济的关系都变得密切而暧昧起来。中国特色的社会主义市场经济的迅猛发展，在制度、文化和精神层面为文学生产提供了基本前提。

第一，"以经济建设为中心"的国家意识形态被放大和拓展到文学生产领域，实用主义、功利意识取代精神启蒙和理想主义，文学生产在社会构架和精神领域被"边缘化"，在文化领域和市场生产中回归常态。从文学生产的角度看，所谓"文学的边缘化"只是曾经占据社会中心位置的少数生产者（精英分子）的一孔之见，他们的哀叹和批判源于消费者的冷落和抛弃，他们生产的产品不再具有中心话语地位和影响力。从 90 年代的社会背景来看，现代化进程的深入表明，中国已经不需要文学继续承担政治、思想、文化等额外的精神功能；从人类文明发展史来看，文学占据社会话语中心的时间有限，并且一般发生在社会发展的非正常时期；从文学自身性质而言，将文学推上社会权力中心、话语中心，表面上是对文学的尊重和推崇，但实际上往往别有所图，让文学及其生产者享有干预社会的权力和荣耀的同时，也会驱使文学为其所用。只有在文学从那种虚拟的权力荣光里退出之后，文学

① ［德］恩格斯：《社会主义从空想到科学的发展》，《马克思恩格斯选集》（第 3 卷），人民出版社 1995 年版，第 740—741 页。

才会明确自我的定位，开始依靠自身的力量寻求发展的历程①。对文化市场而言，文学生产就要遵循市场需求和价值规律，提供符合市场需要的文学产品。如果继续让披着启蒙、救亡、阶级斗争等外衣的文学作品充当市场的主角，而不顾及消费者的审美口味和消费习惯，必然违背市场经济的发展方向，与时代精神南辕北辙。我们可以倡导和扶持一部分具有文学价值但无法在市场竞争中生存的文学类型，但决不可妄图包办所有文学生产，就如不能继续包办所有国有企业一样。文学的变化和发展理应成为常态，即使有曲折那也是现实的反映和必然过程，文学生产的市场化、商业化变革，也是文学发展的一部分。与其说市场对文学生产是一种伤害，毋宁说也是一种考验和磨炼；既然非市场化的文学如此之理想、顽强和永恒，那么市场化的文学只能等而下之，又怎么伤害到非市场化的文学呢？其实，文学的市场化早已开始，只不过在当代才被人为截断，无论是市场化，还是非市场化，文学有自身调整的机制。有远见的文学生产者应该主动迎接市场的挑战，或者迎合，或者抗拒，只要用文学的方式，而不是其他的方式，都具有自己的合理性和合法性。只有那些被豢养惯了的文学生产者，才害怕市场（或其他新环境），希望国家（或其他外在力量）给自己提供旱涝保收的温室。

第二，市场法则取代晕轮效应，商业利润成为文学生产的原始动力，开始取得支配和控制地位。布迪厄在对福楼拜《情感教育》的精彩分析中，构建了一个网络交错的社会空间图②，第一次对其中的社会空间和文化场域进行解读，认为小说有两个空间进行交叉，一个是“艺术与政治”，另一个是“政治与商业”，它们都有自己的“确切位置”和“运行机制”。相比 80 年代，90 年代的文化空间面临多种选择，既可对过去启蒙主义、政治建构、现代化进程的多重反思，又可对现代化、全球化的规划和反思，还可以全面拥抱消费文化，标示出 90 年代文化场域与知识空间的运行机制的多样性。多种选择可以说是 90 年代文学生产机制的自由维度，这种自由来自意识形态对文学生产的强制性的减弱，来自文学生产者自主性的加强，来自消费者市场主体地位的稳固。市场法则的施行，不仅将文学作品作为商业产品进行生产、传播和消费，更深层的影响是渗透和影响到其他规则的制定和施行。例如，评价制度是意识形态、主旋律倡导和影响文学生产的重要手段，但这一制度也越来越看重文学作品的商业价值和市场影响，各种获奖在社会和作家眼

① 参见吴义勤：《中国新时期的文化反思》，江苏文艺出版社 2009 年版，第 28 页。

② 参见[法]皮埃尔・布迪厄：《艺术的法则——文学场的生成与结构》，刘晖译，中央编译出版社 2001 年版，第 10 页。

里不再具有精神维度上的神圣性和崇高感，而是看重附着其上的商业价值和经济利益，获奖成为推销文学作品的重要标签和市场保障。影视生产对文学生产的挤压和收编更是如此，曾经在 80 年代充当文化英雄的作家到了 90 年代却要屈尊让位导演；而电影要想充当新的文化英雄，必须要有文学作为基础，20 世纪 80 年代以来所有成功的电影，90%都有"小说原著"。小说为电影、电视提供了一个文学基础①。在影视收编文学的初期，文学还能保持一定的尊严和选择，即为谁服务、怎样服务的选择，名作家的好作品比较紧俏，在选择中就有相当的话语权。以莫言和张艺谋的合作关系为例，张艺谋之所以相中小说《红高粱家族》，是因为其中有张扬的个性、思想解放和轰轰烈烈、顶天立地地活着的精神；莫言之所以选择张艺谋，主要的不是因为他是一个成功的导演，而是因为张艺谋作为一个成名的摄影师，"是考虑到小说里面的高粱地要有非常棒的画面，只有非常棒的摄影师才能表现出来。因为在建构小说之初，在我脑海里不断展现着一望无际的高粱地。如果电源不能展现出来，我觉得不成功。我看好张艺谋"②。1993 年，张艺谋约请苏童、北村、格非、赵玫、须兰、钮海燕等六位作家写小说《武则天》，为他的电影《武则天》做改编底本，这一事件后来被看成作家与影视关系的转折点。从文学与影视的关系可以看出，文学生产既受到内在利益驱动，又受到外在环境的诱惑。

第三，文学市场逐渐由卖方市场转变为买方市场，消费者的多层次需求对文学生产的影响日益增强。市场经济打破了相对稳定的社会结构，加剧了社会阶层的分化，对文学消费的能力、习惯和品味产生很大的差异，文学生产的文化分层逐渐显露。1988 年，文化部、国家工商管理总局联合下发《关于加强文化市场管理工作的通知》，首次正式突出"文化市场"的概念；1989 年 2 月 17 日，中共中央通过《关于进一步繁荣文艺的若干意见》，指出文化市场正在我国形成③；90 年代文学生产机制的建立是社会主义文化市场不可分割的一部分，文化生产是文化市场的重要形式之一。文化市场的形成，大大激发了文化生产力，也促进了文学生产的发展和繁荣，这在 80 年代文学狂热已经远去的背景下显得尤其重要。但是，文化市场的繁荣是全方位的，发展又是不平衡的，中间也掺杂着伪文化的成分。科技的进步将更加现代、时尚和便捷的消费样式带入人们的日常生活，影视等多媒体文化相

---

① 参见莫言：《小说创作与影视表现》，《文史哲》2004 年第 2 期，第 118—121 页。

② 莫言：《小说创作与影视表现》，《文史哲》2004 年第 2 期，第 118—121 页。

③ 参见中国共产党中央委员会：《关于进一步繁荣文艺的若干意见》，《人民日报》1989 年 3 月 11 日。

比传统语言文字消费形式，更加感性、直观和方便，选择的种类更加多样，文学在竞争中逐渐失去了往日的影响力和号召力，新的市场格局正在形成。尤其是当金庸的武侠小说、梁凤仪的财经小说、港台的言情小说等引进大陆之后，对文学生产方式、评价指标、消费方式等产生了重大影响。大众传媒在广告收入、发行量等利益驱动下对文学的宣传和炒作，对刺激和塑造读者的文学趣味有很大影响，对文学的时尚化、快餐化和庸俗化等倾向起到了推波助澜的作用。

90 年代文学生产机制的建立，还是大众文化发展的结果，体现出向大众文化靠拢的审美取向。这是印刷文化式微影像文化兴盛的时代，电影、电视、MTV、因特网，正在改变人们的感觉经验、生活方式和价值观念，它们替代文学的功能，在填补人们心灵和情感的需求方面发挥着越来越重要的作用，这是不可逆转的全球化的趋势和潮流。首先，文学生产的娱乐性大大增强，这就增强了文学的大众性，能够满足普通读者的消遣需要。主流文学和精英文学仍然占据重要地位，但由于它们承载的意识形态或理想主义，在 90 年代的市场经济条件下只能是小众化存在。其次，文学生产走向消费性、即时性和短期化流程，永恒的艺术追求和文学理想退居幕后。坚守高雅艺术理想的作家仍然存在，但那种“十年磨一剑”的生产方式已经很难适应快节奏、高效率和时效性的时代潮流。因为肤浅化、片段化、瞬间化的浅阅读大行其道，文学的消费化趋向成为催化为钱写作的文化酵母，畅销书路线为文学阅读市场带来大量的文学泡沫。追逐时尚的速成写作、阉割哲思与诗性的配方路线、丧失语言独立性的脚本式写作是浅写作的基本形式①。一旦进入工业化、操作性、程式化的生产流程，文学消费就成为廉价而平常的事情，就成为文学快餐，通过揣摩大众的心理、胃口和欲望，迅速而有效地满足人们急切而短促的心理需求。1993 年“布老虎丛书”开出 150 元/千字的天价稿酬，铁凝的《无雨之城》从交稿到印出仅耗时 30 天。

大众传媒是 90 年代文学生产机制的催化剂，传媒与文学的生产机制之间存在一种互动关系，彼此渗透，相互支撑。研究界对 90 年代文学生产机制的态度存在很大争议，有人赞成文学的市场化、世俗化发展，认为这才回归文学常态，有助于文学的正常秩序。有的却担忧这种文学的负面影响，尤其是人文知识分子持保留和批判态度。但学界的声音并没有阻止 90 年代文学生产机制的建立和发展，其中重要的原因是大众传媒的传播、支持和倡

① 黄发有:《浅阅读语境中的浅写作》,《文艺研究》2011 年第 4 期,第 13—22 页。

导。“谁控制了新闻媒介,谁就控制了意识形态,进而就控制了社会”①,阿休特尔的观点对文学生产机制同样适用,媒介的取向同样可以决定文学的媒介化生存状态。大众传媒依靠视觉冲击,炒作热点,推出卖点,对内容的要求不加推敲,只要吸引眼球就行,对意识形态、精英主义有天然的排斥,除非它们有炒作的价值。贾平凹的《废都》出版前,各大媒体纷纷刊登贾平凹将突出当代《金瓶梅》,出版社首印37万册,后加印至47万册,媒体和文学都获得巨大收益。

面对90年代文化语境的剧变,文学生产的主体必须做出选择,是坚守传统,还是改换门庭;是特立独行,还是随波逐流;是抑郁悲愤,还是莺歌燕舞……作家的选择决定文学生产的样式,批评家的标准是文学生产的风向标,知识分子的变异是其中永恒的主题。

第三节　审美解放与生产主体的重组

90年代文学生产机制的建立,首先是文学生产主体的确认,然后才是传播机制、消费机制的培育和形成。很多人过分强调文学出版、文学消费对文学生产的决定性作用,他们的缺陷在于,即使文学出版和文学消费具有超强的反作用,也必须依靠人来完成,不能单靠机器和技术完全取代人的作用。因此,我们讨论文学生产主体就是要突出人的作用,尤其是知识分子、写作者的选择及其影响。

包括文学机构在内的全社会范围内的体制改革创造了多元化的文学生产主体,文学生产的“单位制”模式被打破。单位制度是新中国内向型国家战略得以实行的保证,单位对作家的影响巨大。“从功能上讲,城市单位履行着极其重要的保障功能与供给功能。个人生存与发展的资源基本上都是从单位索取,而不是依靠自身的努力和社会的赐予。一旦进入一个单位,则意味着获得了充足的、持久的保障机制”②。文学单位也是如此,为作家提供工资、福利、分房等社会保障,同时承担文学生产的组织和管理。90年代体制改革后,推行作家合同制,以市场规律为准绳,规定作家必须在一定的时间内生产(发表)一定数量(字数、种类等)和质量(发刊级别、等级、获奖等)文学作品,单位作为独立法人为作家支付相应的待遇,合同期满,双方

① [美]J.赫伯特·阿特休尔:《权力的媒介——新闻媒介在人类事务中的作用》,黄煜等译,华夏出版社1989年版,第116页。

② 刘建军:《单位中国——社会调控体系重构中的个人、组织与国家》,天津人民出版社2000年版,第20页。

根据实际情况进行双向选择，决定是否续约。1994年，广东省青年文学院面向全国招聘合同制作家，要求有一定的文学成就和才能，每月可以有1000元的津贴，余华、韩东、陈染等成为首批合同制作家。一方面，作家合同制的推行，本意是引入竞争机制，生产出适销对路的产品，具有社会进步的意义；另一方面，合同制的本质是以价值交换的形式购买文学产品，以市场需求和产品销量为评价标准，也会压制作家的个性。各级作家协会等名义上是社会团体，实际上是有一定级别的行政单位，官僚思维仍然有很大影响，"'意识形态'分歧的色彩也已淡泊，突出的倒是帮派利益"①，加入作家协会在从事文学写作的人们心目中不再那么具有吸引力。作协机构的影响力逐渐下降，即使它最具吸引力的文学评奖也逐渐失去公信力，受到质疑和批判。改制后的出版社、期刊等为了在市场竞争中占据优势，一般都采取了高稿酬策略，吸引名家优稿，以此保证发行量和影响力。

限于财力等条件，合同制作家名额毕竟有限，也不能保证都是优稿，只能另辟蹊径，吸收作家之外的名人、优稿就成了必然的选择，作家不再是一个专属名词，文学写作也不需要专业组织机构颁发"生产许可证"和确认作家身份，大家都是文学生产者，王朔所说的"码字的"。由此，所谓的"体制外"写作迅速崛起，在文化生活领域影响较大的娱乐圈中的"娱乐英雄"也涉足文学，将他们的个人经历、爱好隐私、生活感悟等用并不高明的文字写出来，竟然得到比正牌文学家还要热烈的追捧。例如，赵忠祥的《岁月随想》《岁月情缘》《岁月缤纷》，刘晓庆的《刘晓庆——我的自白》，杨澜的《凭海临风》，倪萍的《日子》，白岩松的《痛并快乐着》，崔永元的《不过如此》，等等。名人出书热其实是影视娱乐热的延伸，是影视明星依靠荧屏赚取的文化资本在文学生产领域的副产品，这种文化热潮与文学本身关系不大，消费者要看的并不是"文学"，而是他们心目中的偶像。而出书的名人们没有要当作家的期待，也没有指望他们的作品会给他们带来什么名望。相反，名人写书往往有幕后推手——出版商的催促，以至于出现枪手代写，名人挂名的作品大行其道。

相对自由、多元的文学生产机制让民间写作、边缘写作和跨界写作成为可能，文学生产的平民化、戏剧性和创造性大大增强，新的文学力量开始崛起，如自由撰稿人逐渐成为重要的生产动力。所谓"自由撰稿人，是指那些

① 洪子诚：《问题与方法——中国当代文学史研究讲稿》，生活·读书·新知三联书店2002年版，第199页。

创作行为不受任何文化管理部门约束，而直接面对市场的创作个体或群体”①，其实是真正的“职业作家”，因为他们已完全将自己交给市场。大众文化的兴起是自由撰稿人产生和发展的土壤，正如中国现代文学史上包括鲁迅在内的诸多作家，他们大多数人都曾以卖文为生，所不同的是90年代对自由撰稿人的需求量更大。有人曾在1996年估算，全国2000多家报纸，一年用稿1200亿字，大约需要4000多自由撰稿人，缺口达3000多人②，这还不算影视剧创作所需编剧等，这种理论推断固然有一定道理，确实也有一些人因此获得比其他职业更多的收入，但对于大多数自由撰稿人而言，此行实乃无奈之举，现实不容乐观。王朔、王小波、潘军、韩东、余华、朱文、吴晨骏等辞去公职的作家虽然都有各自不同的原因，但相同的原因都是不如意、不适应、不痛快等，有的干脆是下岗、被解聘。北村说：“我只是由于某种原因被迫失去了职业，或者由于更深层的原因一直处于体制外。”③何顿当过初中美术教师，但要应付上级的一次次检查；干过装修小老板，但迎合顾客的滋味让他烦躁；之后当自由撰稿人，虽然自由但生存的压力仍然很大，“我没有工资可拿，我的每一分钱都是面对电脑干出来的，哪里稿费高，我就往哪里跑”④。李银河也说：“做纯文学的人在世界上是最穷的。你要是打算走这条路，你就别打算发财。”⑤也就是说，当初很多人选择当自由撰稿人，看重的是“自由”，而不是金钱——“既不媚上也不媚俗”，但无奈的是，他们不得不承受经济的巨大压力。辞职专事写作的吴晨骏就说：“压力主要是经济上的……直到有一天我觉得可以重新找工作了，我就会果断地去找个工作，把自己的生活解决。”⑥自由撰稿人等新的文学生产方式确实在一定程度上冲击了体制文学，并在文坛掀起一股新风，《山花》杂志主编何锐将“自由撰稿人”看成是21世纪的文学主力军，并从1999年起开辟“自由撰稿人”专栏，刊发他们的小说和相关文章，集中展示了自由撰稿人的文学实力和精神风向。我们虽然很难统计和估算自由撰稿人在90年代文学生产机制中的“产值”，但我们很容易看出他们在文学生产中的精神价值和现实意义。

---

① 黄会林主编：《当代中国大众文化研究》，北京师范大学出版社1998年版，第309页。

② 参见李桂海：《抢好稿：新一轮报刊竞争》，《北京青年报》1996年4月10日。

③ 北村：《自由和纯粹的写作》，《山花月刊》1999年第2期，第8—9页。

④ 何顿：《写作状态》，《上海文学》1996年第2期，第38页。

⑤ 李银河：《小波的人生选择》，艾晓明、李银河编著：《浪漫骑士——记忆王小波》，中国青年出版社1997年版，第200—201页。

⑥ 吴晨骏：《在逃离中拒绝——吴晨骏访谈录》，林舟编著：《生命的摆渡——中国当代作家访谈录》，海天出版社1998年版，第278页。

文学生产机制的开放和热闹也让深居学院的知识分子加入进来，他们依靠身份优势和长期积累的文化资本赢得市场，在90年代也占有一席之地。其中，余秋雨的转型非常成功，通过对他的分析可以看出专家与市场结合的文学生产机制。首先，专家、学者的文化资本是文学资本的基础。余秋雨在出版畅销书以前，已出版过《戏剧理论史稿》《戏剧审美心理学》等学术著作，获得过诸多奖励，身兼著名教授、文化名流、文艺大赛评委等，拥有较高的文化资本。他涉足文学生产的起点高，能够调动之前被他吸引的受众群体，从而可以在短期内积聚大量的文学资本。其次，迎合大众需求，又有文化气息，符合90年代市场经济条件下的文化氛围。余秋雨非常清楚所谓的“大散文”“文化散文”会给他带来学术上、市场上两种不同的态度，朱国华一针见血地指出其生产策略——“故事+诗性语言+文化感叹”是一条行之有效的流水生产线，利用它余秋雨生产了一篇又一篇散文①。余秋雨的散文写作是一次成功的文化实验，形成了自己独特的风格，更重要的是文化立场的选择——拥抱大众、文以载道和去政治化的政治。拥抱大众是从各方面为大众的需求考虑，无论是遣词造句，还是话题选择，都是为大众奉献的文化大餐；文以载道不是说教，而是将略高于生活常识的生活哲理贯穿其中，让读者感觉到其中的“文化”含量和“历史”底蕴，自然免不了其中的文化硬伤；去政治化的政治是用浅显的“苦”旅替代对现实的观照和批判，以知识分子的姿态抛弃知识分子的责任，这可以从各种政府授奖、宣传中可见一斑。最后，知识分子与传媒的联姻是学院化文学生产的重要形式。90年代知识分子的分化可以从他们对传媒的态度上分辨出来，要么拒绝，要么联合。一方面，知识分子传统的精英意识让他们对传媒有天然的排斥，因为传媒现在控制了社会的精神空间，知识分子已经很难充当精神导师的角色，这让人很难接受。另一方面，知识分子要想获得精神影响和文化空间，还必须借助现代传媒，一部分知识分子接受了这一现实，转而选择认同与迎接这一变化。部分先行者很快适应了传媒化生存，变成了传媒上的明星、名人，甚至像王朔一样创办影视公司，参与传媒制作和生产；有的如余秋雨通过频繁在传媒中亮相获得荣誉和金钱，变成电视学者、明星学者；有的通过媒体炒作自己的作品，如贾平凹的《废都》热等。

文学生产门槛的降低产生了巨大的边际效应，文学的数量、题材和类型等大大增加，民间写作通过网络等现代传媒获得大量读者，出现横跨历史、

① 参见朱国华：《别一种媚俗——〈文化苦旅〉论》，《当代作家评论》1995年第2期，第57—60页。

现实、游戏、魔幻等多层面的文学样式。如网络文学自1996年起步，到1998年《第一次的亲密接触》出版销量达100多万册，极大地激发和鼓舞了文学爱好者、出版商、网站的文学热情，迅速涌现出邢育森、宁财神、俞白眉、李寻欢、安妮宝贝等代表人物。网络的迅猛发展带来更大的文学自由空间，外来资本的强力注入、大众媒体的跟风炒作和网民的几何级数激增，这些都为文学的蔓延提供了基础。在几乎没有约束的空间内，产生出很多原创性文学因素，获得一些新的经验。但是，更多的"凸凹文本""试验文体""模糊文体"等靠另类吸引注意的跨文体写作并没有给我们带来多少惊喜，单纯的形式翻新而缺乏内容创新的文学作品很难带来文学生产力的提高。

总之，90年代的文学生产主体存在多种形态，其中以"单位"为代表的组织化生产和以"自由撰稿人"为代表的个体化生产是最重要的两个方面。尽管"单位"已不纯粹，个体背后也总有这样那样的桎梏，但两者之间的界限已然明晰。

第四节　审美解放与出版主导的生产

在90年代文学生产机制的建立过程中，文学出版（包括文学期刊和文学图书）的地位得到提升，自主性和竞争意识增强，从而引发文学场域内部的权力调整。

一、自我定位，重新出发

90年代文学出版的定位非常复杂，需要既要有纵观全局的宏观视野，也需要细致入微的微观视野，从整个传媒事业、整个出版业和文学出版内部三个层面去定位。第一，从传媒事业的全局来看，文学出版属于传统弱势媒体，受到电子传媒的挤压，必须重新作出调整才能生存和发展。第二，就出版业的范围而言，文学出版所占市场份额越来越少，大众报刊如时尚、娱乐、通俗读物等新兴出版物越来越受欢迎。第三，就文学出版内部来说，竞争更趋白热化，都在争夺有限的市场份额。这种情况下，"求变"就成为所有文学出版的必然选择，但关键的问题是采取何种策略来创新文学出版，摆脱整体困境。

90年代，文学出版采取了多种途径和策略企图扭转形势，有的与企业联合，拉赞助、做广告，有的换招牌、改名字，有的搞策划、推品牌，不一而足。但总体而言，经营手段的改进和编辑策略的改变还是有很大的差异，对文学生产的影响也不可同日而语。由企业冠名、做广告的形式虽然立竿见影，但这种经济资助毕竟是有限的,企业行为需要获得回报才能持续下去,这是一种不对等、不协调的合作,并且往往有政府"撮合"的背景,文学出版物的话语权、自主性很小。我们关注的是文学出版自主改革并卓有成效的活动,这才是文学生产力发展的核心。

通俗化、综合性、时尚化的探索是90年代文学出版改革的重要方向。通俗化是保证市场经济条件下出版物发行量的基本要求,"悦读"正在取代阅读,如期发行量达到几百万的《读者》《故事会》等出版物的成功经验就是大众化、通俗化,即使《读者》对所谓的"真善美""清新典雅"把握也都严格限定在通俗范围内,这些现象引起社会的广泛关注和管理部门的高度评价,自然也触动着文学出版的神经。通俗化的极端是彻底改变名称和类型,脱离文学出版的范畴,如《湖南文学》改成《母语》。综合性是在保证文学阵地的同时增加与文学密切相关的社会、文化和思想方面的内容,增强与社会的关联和干预现实的能力,《天涯》《黄河》《青年文学》《小说家》等打破传统的栏目设置,在题材和内容上的培育特色,打造品牌。如《天涯》重点打造"作家立场"和"民间语文"打破了作家与非作家的身份、学术期刊和文学期刊的界限,使得内容更加贴近现实,语言和风格灵活多样,思想敏锐前沿;《雨花》1993年起把自己定位为文化化、生活化、多样化的高品位的综合性文学月刊。时尚化是文学出版适应文化时尚潮流、具有开放意识的表现,90年代的时尚基本来自西方和港台,于是要打造"中国的《纽约客》"成为很多期刊的口号,内容上增加了西方翻译作品的篇幅,改自《作家》的《作家杂志》、新创刊的《三联生活周刊》《书城》等都有类似主张。《湖南文学》设置了色彩艳丽的封面,增强轻松时尚的气氛。时尚化改造的问题是形式大于内容,没有时尚精神的时尚是一种"伪时尚"。

装饰化、影像化和品位化是文学出版改革的重要手段。1994年创刊的《大家》的最大特色是刊名和装帧,主编李巍坦言,刊名是期刊吆喝之一种,取这样一个名字确实下了一番心思。一方面,面对泛滥的通俗文学、流行读物、周末版等遮蔽经典大师的声音,强调"大家"一词的"大师"含义,是对快餐文化的一次超越;另一方面,强调《大家》还有大众、大伙的含义①。其实,用"大师"吸引"大伙"不失为一种高明的策略,既可以提高自身品位,又可以吸引大众群体的围观。在装帧上,《大家》采用21×29.5的大开本,纸张精良,图片运用也让人耳目一新,封面采用诺贝尔获奖者的整幅照片,首期选用的是中国知识分子中具有极高"魅力"的萨特的照片,扉页后面是每个

① 参见李巍:《刊名:期刊吆喝一种》,《出版广角》1997年第5期,第70—71页。

栏目主持人的巨幅照片、个人签名和简短寄语,内文中配发作者的醒目照片,还随文插印与作品风格和谐的美术图片。在版式设计上,留出四分之一的空白,简略刊印该页内容的摘要,尽显豪华气派。《大家》的视觉试验取得成功,出现供不应求,甚至盗版的罕见局面①。其后,《天涯》《作家》《钟山》《上海文学》《山花》等纷纷采取不同的方式改进包装和设计,大大提升了文学出版物的整体外观。在装帧、设计提高的同时,文本影像化也被广泛运用,以适应视觉时代的挑战。品位本来主要是内在的修养和素质的评价,但市场经济条件下的品位已经商品化,品位成为文化消费的一部分,文学消费也是提高品位的重要方式。文学出版的品位诉求就是要满足这一市场需求,开拓新的文化空间。

二、炒作式宣传,明星化制造

明星是市场经济的产物,他们是市场经济时代的文化偶像,是文化消费的强心剂,是大众传媒的风云人物。明星的概念和范畴由娱乐圈逐渐扩展开来,有经济明星、政治明星、文化明星和文学明星。90 年代文学出版迎合大众"追星"的心理需求,采取各种方式争夺名家资源,从著名作家到文化名人,从批评家到理论家,只要是在社会上有一定影响、能够吸引读者就被吸收进来,为文学出版造势。在名家资源有限的情况下,很多出版物的主编、主持人等都是挂名操作,利用他们的市场号召力作为招牌,并不直接参与文学生产操作,实际上都是责任编辑在主导。文学出版在选择名家的时候主要看中他们的风格、地位和影响等因素,尤其看重当下的流行性,对于那些曾经成就很大但已经"过时"的名家,他们也不会选用。正如大众传媒炒作娱乐明星一样,文学生产也借助明星炒作模式进行宣传。以贾平凹的《废都》为例,出版之前就开炒作天价稿费,百元稿酬不胫而走;炒作"性"描写,由"知情人"向媒体披露相关内幕;组织《〈废都〉批判》《〈废都〉出版的前前后后》等相关书籍,相关传记、随笔等跃跃欲试;文学期刊组织批评稿件等等。更不用说那些"□□□(此处删去若干字)"了,更是恶俗至极却十分有效的宣传策略。

文学出版在选择作家、作品时,编辑们不只关心作品在文学界的评价标准,更在乎文学圈外的反响。余秋雨走红之后,尽管他的《霜冷长河》在文学上并不突出,但仍然可以在《收获》上连载、在作家出版社出版,因为"余

① 参见何言宏:《出版主导的文学操作——对于 20 世纪 90 年代以来中国文学的一个回望》,《扬子江评论》2007 年第 2 期,第 8—14 页。

秋雨的品牌已经出来了,在市场上是叫得响的"①。

炒作热点、紧跟热点也成为文学出版的畅销捷径。1993 年的"顾城事件"引发了《英儿》《诗人顾城之死》等书籍的出版,同年围绕"王朔现象"出版的书籍有《侃侃王朔》《王朔批判》《名人眼中的王朔》等。1995 年世界妇女大会在北京召开,"她们丛书""红罂粟丛书"等因此纷纷面世。1997 年王小波去世,他的作品、回忆、评论等书籍泛滥。1998 年的"马桥风波"诞生了《文人的断桥》等。1999 年韩寒获首届全国新概念作文一等奖,获得出版界热捧。文学生产的事件化、炒作化,一方面显示出出版界的成熟、敏感和现代化的进步,另一方面新闻化、快餐化的生产势必会带来浅显化和重复性,出现冷热不均的状况。

三、贴标生产,品牌运作

90 年代文学出版竞争激烈,选题、风格等是否符合市场需求非常关键,编辑介入生产的要求迫切,文学出版者希望自己能够充分掌控作品生产过程和结果,"体现出统一的文学主张和审美倾向,以'合唱'的宏大声势为文坛带来激动,也为刊物带来声誉与效益"②。因此,标签生产就是预先为文学写作设置一定的风格、模式和类型,或者将现成的作品进行包装以符合标签的要求,以此达到出版者标准化生产的目的。

90 年代文学生产中,文学编辑不仅身兼作者和批评者的双重角色,还要承担写作前的策划者、出版后的炒作者的四重角色。前两种角色早已有之,主要是精神生产,即对作者的作品进行深加工、再创造、修补、完善等;后两种角色主要是经济行为,在经济利益的驱动下,找准市场的最佳切入点,固定栏目和选题,强力推出,进行市场营销,实现利润的最大化。《上海文学》对编辑的定位很有代表性,"编辑不仅仅是'二传手'。一个作家首先应该为满足主体心智的需要而写作,而不是主要为市场的供求而写作。但编辑出版者,则必须具有比作家更为敏锐的市场需求意识,必须善于将来自创作与阅读两方面的信息及时转化为'编辑创意',这种'创意'的实现,便更能为纯文学增添附加值"③。不能否认,文学策划是现代文学生产方式的重要方式,能够集中有限的人力、物力和财力,最大限度地发挥文学资本的效

① 朱家雄:《想说忘记不容易——1999 年图书市场热点回眸》,《中国出版》2000 年第 2 期,第 32—33 页。

② 黄发有:《准个体时代的写作——20 世纪 90 年代中国小说研究》,上海三联书店 2002 年版,第 203 页。

③ 《上海文学》杂志社:《绿的缠绕——编者的话》,《上海文学》1994 年第 9 期,第 1 页。

力。文学策划一般都是根据自身的优势、定位和风格等因素，在原有栏目、市场、资源范围内进行探索，如"新体验小说"（《北京文学》）、"新状态文学"（《钟山》《文艺争鸣》）、"文化关怀小说"（《上海文学》）、"新市民小说"（《上海文学》《佛山文艺》）、"六十年代作家群"（《青年文学》）、"七十年代作家小说"（《小说界》）、"大散文"（《美文》）等，都是对优势资源、风格的整合、扩大和创新。这些策划虽然良莠不齐，但能够看出文学出版积极探索热点、关注读者、开拓创新的态度和精神。以《上海文学》《佛山文艺》的"新市民小说"为例，目的是"为当前处于低徊状态的严肃的文学艺术和文学期刊，探索一条重新焕发实践功能的发展道路"①。事实证明，他们的探索具有现实基础，在理论上能够与文学史链接起来，带动和促进了文学消费。

打造品牌、规模经营、树立形象，这是文学出版贴标生产的发展和延续，文学畅销书就是品牌生产的最典型形式。早在 1992 年长江文艺出版社就策划推出"跨世纪文丛"，囊括了新时期以来最具代表性的 67 位作家的代表作，好评如潮，回报丰厚，之后还推出了"九头鸟长篇小说文库"。安波舜及其所在的春风文艺出版社是畅销书方面的开拓者和先行者，他们打造的"布老虎丛书"一度成为畅销书的代名词，分析其中的生产机制，有利于加深对畅销书生产的认识。第一，市场调查和分析是畅销书生产的前提。安波舜能够在文学发展低谷时期，在出版长篇小说就意味着赔钱的年代有胆量策划大型文学丛书，源自中央电视台的两次图书调查，发现读者最喜欢武侠和金庸，观众表现出对知识分子的期待和文学参与的热情②。对畅销书的市场调研而言，这样的调查并不专业。但关键是安波舜从这种粗略的调查中敏感地觉察到了文学市场信息——城市中等收入者、中等文化人的"中间阶层"正在成为主要的消费力量，并且根据这一发现找出了畅销因素——现代城市生活题材、理想主义或童话色彩、好看耐读的故事③。第二，选用实力派作家加盟，用签约的形式与作家形成一荣俱荣、一损俱损的同盟关系，既保证作品质量和策划意图的实施，又能吸引作家原有读者群。有了洪峰、铁凝、王蒙、梁晓声、叶兆言、贾平凹等著名作家的加盟，等于占有了市场优质的生产资源，他们的集中亮相本身就会产生巨大的市场号召力，

---

① 《上海文学》杂志社、《佛山文艺》编辑部：《"新市民小说联展"征文暨评奖启示》，《上海文学》1994 年第 9 期，第 1 页。

② 参见安波舜：《"布老虎"的创作理念与追求——关于后新时期的小说实践与思考》，《南方文坛》1997 年第 4 期，第 5—6 页。

③ 参见张胜友等：《畅销书的内涵与运作（上）》，《出版广角》1999 年第 2 期，第 5—9 页。

畅销也就是自然的事情。据有关人士披露,它的每部作品的实际印数都超过了10万册①;王蒙认为,这套丛书每出一本辄售出5万—20万册,业绩相当辉煌了②。第三,高投入赢得高回报,以品牌带动产业链,执行"出版产业化的COPY原则","抽象、复制出一套有普遍意义的选题运作程序",实行"专家的量化、标准化、理想化的操作程序和要求"。安波舜认为,"先从一个鸡蛋的家当做起,按产业化的COPY原则,再推第二部、第三部,或者选取不同类型、不同风格的两个作家的两部作品进行同步实验,然后再选取其中最畅销的一部进行解构分析,整合出一套程序"③。"布老虎"小说的成功进而促生了"布老虎家族",包括"布老虎长篇小说""布老虎散文""布老虎随笔""小布老虎"等,前期的巨大投入在后期发挥了巨大的辐射效应。有了"布老虎"的经验,春风文艺出版社后来新开发的"红月亮"系列,从策划到成名仅用了一个多月的时间,效率惊人。此外,中国电影出版社的"好看文丛"、云南人民出版社的"金收获"丛书、河北教育出版社的"红罂粟丛书";个人策划的图书品牌也开始增多,如丁晓禾策划的"影响系列"、贺雄飞"草原部落"的"黑马文丛""知识分子文丛""名报名刊精品书系"、《审视中学语文教育》等;还有所谓"行走文学",等等。都在一定程度上推动了畅销书的成熟和发展,影响了文学生产方式和格局。

港台的武侠、言情小说及散文,跨国资本的介入,这些外来生产因素对90年代的文学出版带来巨大冲击,不可小觑。港台文学在80年代就以盗版和其他非正规渠道产生了较大影响,1991年著作权法实施后,开始得到正规出版。在武侠方面,有1992年人民文学出版社的梁凤仪财经小说系列、1993年中国友谊出版社出版温瑞安的《四大名捕》系列、1994年生活·读书·新知三联书店的《金庸作品集》、1995年珠海出版社的《温瑞安作品集》、1996年花城出版社与广东旅游出版社的《梁羽生全集》、1997年太白文艺出版社的《黄易作品集》《柳残阳全集》,等等。在言情方面,1993年湖南文艺出版社的《三毛散文全编》、1995年江苏文艺出版社的"席娟小说系列"、1996年海天出版社的"亦舒作品系列"、1996年花城出版社的《琼瑶全集(1—50)》、广东旅游出版社的《三毛作品选(1—18)》。此外,还有卫斯

① 参见王军:《预谋与袭击——"布老虎"现象及其文化启示》,《南方文坛》1997年第4期,第10—11页。

② 参见蒋晖:《苦界·朗园·纸项链——从"布老虎"丛书看当下文坛的几点折光》,《南方文坛》1997年第4期,第8—9页。

③ 安波舜:《从一个鸡蛋的家当做起——关于出版产业的COPY原则与试验》,《中国出版》1998年第1期,第18页。

理的科幻作品、高阳的历史演义等。这些港台作品不仅带来一股俗文学热潮，更是在观念上带来新的经验和变革。以梁凤仪作品为例，作家向人们展示了“现代推销术”——作品讨论会、签名售书、上书“梁凤仪作品”的精美礼物袋①，显示出港台成熟的文化工业生产机制。跨国资本的介入以发行销售开始，1995年德国贝塔斯曼集团获准成立首家中外合资的图书发行零售企业——上海贝塔斯曼文化实业有限公司，并于1997年成立“贝塔斯曼书友会”，1998年推出贝塔斯曼书友会在线，到2000年已拥有150多万会员，年销售额2000多万元。此外，香港联合出版集团也以不同方式，先后在广东、南京、北京注资，与当地出版企业合资开办书店，进行图书批发和零售业务②。与其他领域的外企一样，外资出版企业带来激烈竞争的同时，也带来新的理念和技术，有利于文学出版的长远发展。

第五节 审美解放与评价机制的转换

文学评价机制包括文学批评、文学出版、文学发表、文学评奖、文学转载等多个方面，但起决定性作用、具有时代特色的评价机制在每个阶段都有各自的运行逻辑，决定了整个评价机制的性质和特点。90年代文学生产的评价机制，实际上是文学导购机制初步建立的过程，是当代大众传媒时代文学传播的重要方面，是大众传媒、学者群体与文化机构之间相互博弈的结果。

评价机制的构成及其功能，取决于对受众的影响方式、影响能力和影响效果，取决于受众的阅读习惯、消费能力和审美趣味等多方面的因素。相比传统文学评价机制，90年代文学评价体系呈现多元化格局，媒体评价的影响增强，广播电视中的文化节目、人物访谈，报纸期刊中的文艺副刊、书评、连载、报道，网络的读书频道、论坛等，增加了文学评价的渠道、种类和层次。以电视为例，1996年5月，中央电视台《读书时间》创办，主要以访谈形式介绍名人名著，之后从央视到地方台先后有十几个读书栏目，如中国教育电视台《书苑漫步》、北京电视台《东方书苑》、上海电视台《阅读长廊》、香港凤凰卫视中文台《开卷有益》、青岛电视台《一味书屋》等，这些节目呈现出新的文学评价模式。传媒评价方式不拘一格，率真无忌，风格与传统文学批评有很大不同，“现在一些能够直言优劣、品评褒贬的批评，正是出自媒体评

① 谭庭浩：《香港才女梁凤仪身手不凡》，《南方周末》1992年9月18日。

② 陈昕：《世贸组织与中国出版》，广西师范大学出版社2000年版，第19页。

论家之手”①。对媒体批评的忧虑也大有人在，主要针对这些评价的感性化、肤浅化的质疑，“所谓‘媒体批评’，主要是指发表在报纸杂志和互联网上的那些短小凶悍的批评文字……批评变成制造事端的工具，变成现场的记录者，变成流行的快餐”②。相比之下，李敬泽的观点更全面些：“‘媒体批评’是庞杂的现实，它是精神的，也是物质的，是一种文学判断，也是一种经济功能，是言说，更是行动；它牵连的人群和利益远比传统的‘学院派批评’更繁多、更复杂”③。

文学评价的影响力主要来自承载媒体的传播能力、评价主体的构成等方面。在承载媒体方面，高校、科研院所的学术期刊、学报等，主要针对专业研究人员和教师、学生等，理论性较强，但随着高校扩招，受众面也比较可观；文学批评专业报刊，如作家协会、文学学会等主办的报刊，专业性较强，集中度高，偏重对文学研究者的影响力；文学作品杂志上的评论栏目，篇幅较小，偏重对文学的感性认识；电视、广播、报纸、网络等多媒体的文学频道、专栏、专题等，多媒体的传播效率高，受众数量大，但专业性不强。

其实，文学评价的根本因素还是人，即评价者的价值立场、言说方式等因素。90 年代文学评价者的构成非常复杂，既有专家、学者，又有新闻记者、主持人、出版商，还有更多无名的编辑、网民等。第一，一部分专家、学者告别文学，将文学批评理论化，与现实文学保持距离。第二，一部分专家、学者以干预现实的姿态走向大众传媒，充当“公共知识分子”，活跃于电视、广播、报纸、网站和座谈会，他们的论断往往被断章取义地当做推销图书的广告词，将文学批评转换成文化资本。第三，新闻记者以“新闻眼”看待所有文学现象，制造和炒作热点话题，刺激消费者购买（主要是他们的报纸，捎带文学书籍）欲望，他们的评价往往夸张、偏激、吸引眼球。第四，更多的普通读者、网民等通过各种渠道发表自己的个人感受，主要是情绪的宣泄和个人情感的表露。如此复杂的评价主体构成，却在媒体的传播机制的制约下显示出趋同的追求——受众的最大化。以王朔为例，他的“骂评”“酷评”流行一时，他不但骂别人（《我看金庸》等），而且骂自己（《我看王朔》），而陈晓明、李敬泽、刘恒、余华等作家、评论家为其叫好，《三联生活周刊》为其开办“狗眼看世界”专栏，《无知者无畏》《美人赠我蒙汗药》等印数超过 20 万册。酷评也向专业批评蔓延，1999 年，葛红兵的《为二十世纪中国文学写一

① 杨少波：《迎接挑战——关于文学评论现状的访谈》，《人民日报》1998 年 8 月 21 日。

② 陈晓明：《媒体批评：骂你没商量》，《南方文坛》2001 年第 3 期，第 44—46 页。

③ 李敬泽：《主持人语》，《南方文坛》2001 年第 3 期，第 44 页。

份悼词》《为二十世纪中国文艺理论批评写一份悼词》发表，直言不讳地否定文学大师、学术权威，缺乏学术严谨但却赢得媒体热捧，一举成名。还有《十作家批判书》《余秋雨现象批判》等冠以酷评词眼的专业批评书籍出现。多媒体语境下的文学评价陷入一种娱乐精神的泥沼，无论是专业评价，还是骂评，最后都归结于消费、和谐，进入近乎无名的娱乐之阵。

文学评奖作为一种文学权力的"象征资本"的颁发与转化①，传统的文学权力在90年代的影响逐渐减弱，新的文学权力在崛起。第一类是传统的政府主导、级别分明、以意识形态为标准的奖项，包括新闻出版署的国家图书奖、中国出版工作者协会的中国图书奖、中共中央宣传部的"五个一工程奖"等三大奖项，中国作协主办的茅盾文学奖、鲁迅文学奖、全国少数民族文学"骏马奖"、全国优秀儿童文学奖等；这类奖项都有相应的省（市）政府、作协奖项；还有中国作协下属的中华文学基金会的各种奖项，如冯牧文学奖等。这一类型是主流意识形态引导文学生产的主要方式之一，尤其是对现实主义、意识形态文学的延续和发展影响很大。第二类是期刊、杂志社、出版社等主办的文学奖，一般都由企业赞助，有一定市场引导作用，如《大家》的"大家·红河奖"、《中国作家》的"中国作家大红鹰文学奖"、长江文艺出版社的"九头鸟长篇小说奖"等。1994年，《大家》开出的十万元巨奖令文坛哗然，但之后连续两届空缺，炒作的意图暴露。类似的评奖是一种策略，用以增加曝光率和关注度，或者是一种广告营销手段，但确实也在一定程度上激励了文学生产者。第三类是文学机构的评奖，如中国小说学会的中国小说排行榜、鼎钧双年文学奖等。后两类都偏重于艺术或市场原则，官方背景淡出，呈现出与官方评奖偏离，甚至对抗的姿态。

"抓评奖，促生产"，是主旋律文学生产机制的特征②，是意识形态对文学引导的重要方式。90年代文学评奖曾因奖项太多而冲淡了"政府奖"的权威性，于1997年1月出台《中共中央关于进一步做好文艺工作的若干意见》，要求"坚持高标准、严要求、少而精的原则，做好文艺评奖工作"，此后中共中央办公厅和国务院办公厅还发出《关于加强全国性文艺新闻出版评奖管理工作的通知》，"要努力提高评奖的科学性和权威性，发挥正确的导向和示范作用，未经批准立项的全国性奖项不得举办"③。这些奖项往往与

---

① 参见邵燕君：《倾斜的文学场——当代文学生产机制的市场化转型》，江苏人民出版社2003年版，第191页。

② 参见何言宏：《民族国家的文学生产——20世纪90年代以来中国文学生产机制的一种考察》，《中国当代文学研究会第十三届学术年会论文集》，2004年，第11—20页。

③ 杨朝岭：《市场：文艺评奖绕不开的话题》，《瞭望》1997年第28期，第35—36页。

体制提供的政治待遇、经济待遇等联系起来，并以“国务院特殊津贴”“人民作家”“有突出贡献的中青年专家”等方式予以嘉奖，因此对于作家还是很有诱惑力，尤其是对体制内的作家。由于评奖的政府背景，地方政府特别看重，把它当做重要的政绩来规划和完成，写入各类“工作报告”，成为各地文化宣传工作的重要内容。主旋律文学生产还因为得到影视传媒的支持而更加坚挺，《长征》《日出东方》《抉择》《大雪无痕》《大法官》等一大批由长篇小说改编的影视剧火爆荧屏，取得较好的社会效益和经济效益。

非官方文学评奖的出发点或者说口号都是标榜艺术标准，但实际上无法摆脱经济利益的驱动和自身发展的考虑。为了与官方评奖相区别，非官方评奖在评奖规则、评委选定、读者参与等环节加强透明度和互动性，体现出精英意识、读者立场和民主意识相互交叉的姿态。尤其是评委的选择上，不但有文学批评家，还有社会知名人士，以增加公共性和大众性。如《大家》邀请金庸、央视《读书时间》主持人李潘担任第三、第四届“大家·红河奖”评委，而“《当代》文学拉力赛”邀请了解尔璋（《北京晚报》记者）、施卫东（北京先知广告公司董事长）等非专业人士。因此，非官方评奖引发的争议并不比官方评奖少，但它所体现出的姿态和个性难能可贵。随着时代的发展，非官方评奖数量还在增加，争议还在继续，但对文学生产的影响不容忽视。

第八章　审美解放与“传媒—文学”的张力

审美解放与“传媒—文学”的张力关系纠结在传媒扩展、文学发展和社会转型的多重因素之中，促发了具有文学、社会学、传播学等多种文化现象。文学与传媒之间是一种“张力”关系，无论是稿费制度，还是文学的影视改编，文学与传媒都在有形无形中进行着渗透和转型，由此构成一种社会文化现象，即所谓王小波现象。从文学与传媒的“张力”关系来看，在王小波现象形成过程中，王小波的特殊性所具有的传媒价值和文学价值交汇在一起成为“张力”关系的核心，李银河及其友人、“王小波门下走狗”、批评家、人文学者等在传媒的组织下成为“张力”关系的着力点，报纸、杂志、出版商等现代传媒机构是实施这种“张力”关系的实体保证。王小波的思想包含了自由主义所持有的核心观念——个人尊严和个人价值，对意识形态保持警惕和距离。在传媒眼里，王小波的政治价值、文化价值等可以经过包装而具有媒介价值和经济价值。王小波对个人尊严和社会公正的诉求代表了一种边缘文化对主流文化的挑战，具有一定的抵抗意义。以王小波为代表的文化形态在意识形态与传媒体制的“张力”中被消解，虽然抵抗的形式在“80后”青年文化中被延续，但内在精神已经变异。王小波所揭示和批判的宏大叙事，现在看来，仍然是规训“80后”，甚至“90后”青年文化，乃至整个中国文化的内在逻辑。王小波现象仍在继续，文学与传媒的“张力”关系随着时代的发展必将上演更加斑斓的文化图景。

第一节　审美解放与传媒的“张力”关系

文学与传媒，是一个很有价值而又非常复杂的课题，它们之间的张力关系随着时代的发展越来越受到重视，这不仅由于传媒形式的多元化和多样性（报纸文艺副刊、文学杂志、文学网站或网站的文学栏目等），还在于文学批评的分野（专业批评、媒体批评、学院批评等），更在于文化思潮和社会观念的变迁（主流文化、精英文化、大众文化等）。以文学杂志为例，就分为文学批评杂志、文学研究性杂志和文学作品杂志等，不同的倾向和立场造成讨论的对象、层次和目标具有很大的差异性。在这样的背景下，文学与传媒就形成一种张力关系，直接影响文学的创作、传播和评价。

“张力”(tension)是批评家艾伦·退特在对诗歌进行文本分析时所用的理论术语,“是把逻辑术语‘外延’(extension)和‘内涵’(intension)去掉前缀而形成的。我所说的诗的意义就是指它的张力,即我们在诗中所能发现的全部外展和内包的有机整体”。文学批评则是沿着无限的线路在终极内涵和终极外延之间的不同点上进行的选择①。这一术语后来被推广开来,成为文学批评的常用理论而应用广泛,“凡是存在着对立又相互联系的力量、冲动和意义的地方,都存在着张力”②。因此,我们可以将“张力”看成是理解文化场域中不同理论之间既相互联系又相互冲突的紧张关系,这种紧张关系随着文化语境和文化权力的变化而拓展其内涵、外延和文化空间,最后形成新的意义。“张力”关系的理论意义在于,考察一定文化场域的不同要素和力量的关系时采取辩证的思想方法,不再局限于某一要素或立场,而是将要素外部和内部的各种关系及其意义充分展现出来。

将文学与传媒放在“张力”关系中进行考察,也就是用辩证的思想方法辨析文学与传媒的互动关系,从多个层面剖解两者之间的复杂关系。

首先,从文学与传媒的宏观层面进行探讨,可以发现更深层次的文化背景、产业机制和话语结构等关联。

整体而言,文学与传媒有着天然的不可分割的联系,文学不能离开传媒,传媒也需要文学。一方面,无论是哪个历史时期,无论是何种文学,都必须通过各种传媒形式进行传播,任何传媒都是社会意识形态的载体,文学又是社会意识形态之一,两者的结合不能摆脱这种社会关系的制约;另一方面,文学本身也是一种传媒,自身具有传媒的特点、功能和价值。通常认为,文学包括内容和形式两个方面,所谓“言而无文,行而不远”,文学形式和语言本身就具有传媒的特性和功能。在本质上,传媒是一种文化,是人类生活中的文化现实,现代生活中的传媒几乎无处不在,从电视广播到书籍报刊,从网络讯息到手机短信,传媒以一种覆盖性的姿态成为文学不得不面对的生活元素。

文学与传媒在中国现代化进程中都扮演了极为重要的角色,从新民主主义革命到社会主义革命,两者都是政治意识形态的宣传手段,是军事斗争和政治教育的利器。一直到改革开放以前,文学与传媒都是政治宣传的喉

① 参见[美]艾伦·退特:《论诗的张力》,赵毅衡主编:《“新批评”文集》,百花文艺出版社2001年版,第1、30页。

② 王先霈、王又平:《文学理论批评术语汇释》,高等教育出版社2006年版,第336—337页。

舌，军事化、行政化的文化体制直接控制和主导着文学创作和传媒的生产①。改革开放之后的经济体制改革带来经济发展和社会巨变，文学与传媒均受到市场经济的挤压和诱惑，经济属性和市场特征大大加强，逐渐走向分解和重组。与文学相比，现代传媒与经济的结合更为直接和迅速，晚近传媒文化领域中发生了较大变化，引起了国内外学术界对于中国当代传媒文化景观的强烈兴趣，成为中国研究的一个热点②。

文化体制改革是文学与传媒共同面对的发展语境，两者都需要完成从一元体制到多元体制的转换，并在这一过程中出现发展不平衡的关系。首先，文学与传媒在市场经济条件下都出现生存危机，在政府减负的背景下，原来的行政化体制形式难以适应瞬息万变的市场环境，改革势在必行。其次，经济体制改革的成功在提供改革经验的同时，也在根本上改变了经济、社会文化结构，催生了消费文化的兴起与大众娱乐的巨大需求，文学的说教功能和传媒的喉舌功能受到空前挑战。文学开始分化为主流文学、精英文学和大众文学，传媒也在政治宣传与大众娱乐之间寻找最大的平衡，分化与整合、调整与提升成为两者都要解决的全新课题。再次，由于文学与传媒在产业化、技术性等方面的差异，借助西方发达国家的经验，传媒的产业化发展迅猛，文学的多元化发展相对边缘。最后，在文化软实力的倡导和建设中，传媒成为最具影响力的文化载体，近期中国政府将拨款 450 亿元人民币来推动中国国家媒体的国际传播项目，其中中央电视台、新华社和《人民日报》等三大国有媒体每家最高可获得 150 亿元资金③。文学也被看做文化软实力的重要内容和方面，但中国文学在世界文坛的话语权、影响力和输出量等方面不尽如人意，大大降低了文学在世界文学竞争中的地位。

其次，文学与传媒的张力关系，还可以从微观层面，分别考察文学中的传媒，传媒中的文学，从内涵和外延关系的层面进行认识。

按照传统的文艺观念，文学与传媒是相对独立而又紧密联系的统一体，由此形成一定的矛盾关系，文学的价值在这种关系中展现出来。从“张力”关系的角度来看，传媒对文学的意义存在于作品全部内涵和外延的有机整体中，具体而言，存在于文学与传媒之间形成的对立统一的“张力”关系之中。文学与传媒的内涵关系，既包括文学文本的意蕴、语言，也包括传媒的

---

① 参见卢衍鹏：《文学研究的政治审美因素——兼论 20 世纪中国文学理论的政治维度》，《社会科学》2011 年第 7 期。

② 参见 Cf.Chengju Huang，“From Control to Negotiation：Chinese Media in the 2000s”，*The Intrnmational Communication Gazztte*，Vol. 69，No. 5（2007），pp.402-412。

③ 参见“*China Launches Publicity Campaign*”，South China Morning Post，Jan. 13，2009。

形式、种类,文学意蕴所包含的自然、社会、人生、历史等越丰富,与传媒的关联越紧密。文学的阅读和接受是文学不可或缺的组成部分,任何文学都离不开特定的传媒,传媒的特点直接影响了文学的美学、社会学、文化学等方面的特征,无论是美国传播学家库利所说的"传播的历史是所有历史的基础",还是加拿大传播学者麦克卢汉所说的"媒介即讯息",都表明传媒对包括文学在内的一切人类精神生活方式产生的深刻影响。

从文学批评的角度来说,文学与传媒的张力关系探讨实际上就是在文学的终极内涵和终极外延之间进行的意义选择,传统的文学批评一般从作品的外延一端开始挖掘作品的内涵,而现代批评一般从作品的内涵一端展开作品的外延,或者从两端向中间掘进,直到今天我们可以运用综合性的方法和模式对文学的内涵和外延进行全方位评判。对于很多文学作品而言,其内蕴中就包含着丰富的传媒因素和特质;从外延关系上来说,传媒又是文学最重要的外部关系之一,这种内外双重关系之间的张力必然对文学的意义生成造成直接影响。文学研究需要对文学与传媒之间的张力关系进行深入分析和挖掘,找出其结构组成和价值体系,在最大程度上把握文学在传媒时代的意义和价值。

我们之所以选择王小波现象作为讨论的中心,是因为这一个案在文学与传媒的张力关系中显得尤为典型,无论是传媒对于文学(家)形象的塑造,还是文学对于传媒的影响,都极具理论价值和现实意义。

第二节　审美解放与文学消费的"张力"

20世纪90年代是传媒改革和发展的重要时期,主要体现为规模的扩大和数量的扩张。据统计,从1990—2002年,我国的报纸由1576种增至2111种,增长了34%,总印数达351亿份;各种期刊由6078种增至8899种,增长了46%;图书从74973种增长到154526种,全国建成了一批大型书城,各种形式的连锁店4000多家,图书网点7万多个,图书销售额增长了12倍;广播电视播出机构从1000个增加到1988个,广播节目套数由645套增加到1777套,电视节目套数由512套增加到1047套,广播和电视的人口覆盖率分别从73%和80%均增加到90%以上;有线电视从无到有,全国用户达到9000多万;2001年中国音像市场销售总额达到200多亿元,比改革开放初期增长了1000倍①。与传媒的迅猛发展形成鲜明对比的是,文学期刊

① 参见韩永进:《我国文化体制改革历程的回顾与启示》,张晓明等主编:《文化蓝皮书2005年:中国文化产业发展报告》,社会科学文献出版社2005年版,第21—36页。

和文学类图书逐渐失去读者和市场，难以抑制逐渐萎缩的局面，我们可以从《1990—1999年全国文艺期刊、文学类图书出版统计》①中得到感性的认识。

项目 \ 年份		1990	1991	1992	1993	1994	1995	1996	1997	1999
文艺期刊	种数(种)	516	519	553	571	567	562	539	548	532
	占期刊总数比例(%)	9.00	8.57	8.53	8.14	7.74	7.4	6.81	6.92	6.81
文学图书	种数(种)	7756	9163	9534	9488	9735	8944	9887	12539	10699
	占图书总数比例(%)	9.67	11.00	10.88	10.21	10.21	9.04	8.97	10.65	7.68

资料来源：相应年度的《中国出版年鉴》，1998年空缺。

20世纪90年代传媒发展的整体特征是大众化，开始进入一个媒体消费时代，或者说消费媒体时代，媒体既是文化消费的载体又成了消费对象。大众传媒主要是面向普通市民，以贴近、服务、通俗为追求，对广大的阅读市场造成巨大影响。在80年代后期，一些报纸就开始在原有版面的基础上进行扩版、增加“周末版”“月末版”“扩大版”等，增强受众的亲和力。这种情况在1991年的不完全统计中有300家②。虽然在形式上变动不大，但在内容上与原来的报纸副刊完全不同，而是综合性副刊，并侧重社会新闻和社会知识③。有些报纸为了追求发行量，以满足读者的本能需求和低级趣味为手段，甚至刊登名人的私生活、凶杀、色情等格调不高的内容。1992年党的十四大召开，有关传媒的“双重属性”得以确认，晚报、都市报迅速发展起来，这些自负盈亏、自主经营的报纸采取完全商业化的运营模式，用广告的巨大利润来降低发行价格，发行量的扩大又反过来赢得广告，这种方式决定了内容的可读性、娱乐性和休闲化。大众报刊培养和塑造了读者的阅读习惯和审美趣味，当习惯于阅读大众报刊的读者再来阅读文学作品时，他已经不再习惯于传统的教化、审美、艰深的文学风味。

传媒改制中涌现出的大众报刊以市场化的运营模式在竞争中胜出，占据越来越多的市场份额。市场化的报刊以通俗化、世俗化、特色化为特点，

① 参见陈霖：《文学空间的裂变与转型》，安徽大学出版社2004年版，第109页。
② 参见汪凯：《转型中国：媒体、民意与公共政策》，复旦大学出版社2005年版，第108页。
③ 参见梁衡：《1991年我国报纸事业发展概况》，中国社会科学院新闻研究所编：《中国新闻年鉴（1991）》，中国社会科学出版社1992年版，第3页。

以灵活的文体、通俗的语言和精美的装饰吸引读者，提倡和引领文化消费潮流。与文学类期刊尽量摆脱自己的“纯文学”身份相反，很多生活类、文化类，甚至政治类报刊开始涉足文学栏目，《女友》《南方周末》《城市画报》《文友》等报刊就对此作了较多尝试。而通俗文学期刊更是来势凶猛，《古今传奇》《中国故事》《中华传奇》《传奇故事》《章回小说》等发行量达到几十万甚至上百万份，大大改变了中国文学格局。

传媒的发展和繁荣是体制改革的结果，也是传媒自身根据时代发展要求自我调整的产物，文学期刊也开始被动地改版和转型。在市场化、大众化浪潮中，纯文学期刊和文学圈里的报纸逐渐边缘化，不被关注。文学杂志的改革主要是向市场靠拢，以尽可能多争取读者为目标，一是对杂志内容进行创新，根据市场需要增加时尚元素，二是借鉴传媒策划技巧和手段来吸引关注。如《作家》《大家》《钟山》《山花》等实行的“联网四重奏”，以一篇“重点作品”同时在多家杂志上刊登的方式营造声势；《大家》以开辟新栏目、扩展新内容的方式扩大刊物的信息量和内容的多元化，推出了“封面人物”“大家广场”“百家笔会”“新散文”等文化色彩较浓的栏目，还鼓励作家书写“个人空间”“秘密生活”等私人化色彩较强的文学形式；《山花》争取到企业赞助，以“贵州省作家协会主办、贵州省黄果树烟草（集团）有限公司联办”的形式开始商业化尝试，从地方性、封闭性的地方刊物走向开放性、全国性、品牌性，开辟了“大视野”“文体实验室”“批评立场”“视觉人文”等栏目，展示出“开放、兼容、前卫”的风貌；《人民文学》与茅台酒厂以协办方式长期合作，与企业联姻为那些失去了政府拨款陷入资金危机的期刊在市场出路的探索上提供了一个可行的模式，《人民文学》主编韩作荣认为，这是两个“品牌”的强强联合，是创造力对创造力的相互肯定，是物质与精神最精华部分的交融，因为企业的长盛不衰需要深厚的文化根基。多年之后，《十月》副主编宁肯反思道：“当年改版有改版的原因，文学出现危机，其他杂志五花八门，都以新潮的样子出现，文学期刊的素净好像与整个期刊市场直观上不太相符。文学确实边缘化了，变的目的是希望赶上潮流。刊物变了之后，结果并不理想，不像是文学杂志了，和其他杂志混淆在一起，丧失了原有的特点，读者并不接受。大家接受了教训，又恢复到文学的本位。”①在文学策划方面，《文艺争鸣》《钟山》联合策划的“新状态文学”，《北京文学》策划的“新体验小说”，《上海文学》策划的“文化关怀小说”等既是为了适应市场发展的需要，客观上也制造出一些新的文学术语和文学主张，在一定

① 舒晋瑜：《中国文学期刊生存状况调查》，《中华读书报》2007年1月17日。

程度上影响了文学创作和研究。

在稿费方面，商业化的传媒让纯文学报刊更显“寒酸”，高稿酬开始催生一种新的身份——自由撰稿人。1949年之前的中国就有大量的自由撰稿人存在，大量作家、记者、学者等以卖文为生，只不过体制变革后才销声匿迹，以至于自由撰稿人在90年代的重新出现成为一个重要的文化现象。王朔等作家是较早的以“作家个体户”的形象出现在媒体上的作家，王心丽1990年纯粹以写作为生，王小波、韩东在1990年辞去大学教职，朱文、吴晨骏分别在1994年、1995年辞去电力工程师，李冯1996年辞去大学教职专事写作，等等。《知音》《家庭》等杂志，凭借百万册以上的发行量，动辄千字数百元、千元的稿酬争取作家的投稿，而同期的文学期刊稿酬不过几十元，一些发行量较大或经济来源状况较好的杂志也不过千字80元[①]。市场竞争的结果是强者为王，知名作家纷纷在大众传媒开设专栏，专栏作家成为当时名利双收的称号，刘心武、叶彦斌、王小波等就在这种情况下被传媒选择。有的报纸为名家设立专栏，如刘心武为《新民晚报》的“灯下拾豆”、《中国青年报》的“品味生活”以及《女友》的“蓝色郁金香”等栏目供稿；还有的在一家报纸上设有多个专栏，如叶彦斌在《四川经济日报》开设了“人生走笔”和“经济聊斋”两个专栏；由于专栏适合短小精悍的杂文、随笔，王小波的独特风格适合这种要求，他得以同时在几家报刊开设专栏，以至于杂文的影响要大于他自己所推崇的小说。作家与传媒的结合是一个双赢的结果，传媒借助作家的名声和文字扩大了影响和销量，而传媒的巨大销售渠道扩大了作家的影响和知名度；作家成功地将文化资本转化成高额稿费（相比纯文学报刊稿费），传媒也以微小的投入（相比巨额利润）获得文化品牌和竞争力。尤其是传媒对名作家进行“特稿特酬”制度，虽然不敢说让作家一夜暴富，但“也使卖文为生成为可能，那些高产作家也可以凭此过上小康生活了”[②]。这样就可以理解，为什么王小波由“单位人”辞职成为一名自由撰稿人，而这在新中国成立以来一直到90年代初期是不可想象的事情。

自由撰稿人的稿费尽管比之前有大幅度提高，但与影视作品的改编费或编剧费相比，又是小巫见大巫了，文学与传媒的结合走向深入和综合。中国当代作家与影视的大面积交往是从20世纪90年代开始的，而这个年代恰恰是视觉文化在中国开始兴起的年代[③]。其中，刘恒、莫言、余华、陈源斌

① 参见田涌：《文学稿酬矮一头》，《中国青年报》1999年6月18日。

② 刘顿：《报纸新景观——专栏作家大流行》，《新闻爱好者》1994年第8期。

③ 参见赵勇：《影视的收编与小说的末路——兼论视觉文化时代的文学生产》，《文艺理论研究》2011年第1期。

等作家与张艺谋的合作是典型代表,标志着文学与影视的热恋开始。张艺谋执导的代表影片就有《菊豆》(1990 年,改编自刘恒的《伏羲伏羲》)、《秋菊打官司》(1992 年,改编自陈源斌的《万家诉讼》)、《大红灯笼高高挂》(1991 年,改编自苏童的《妻妾成群》)、《活着》(1993 年,改编自余华的《活着》)等。而张艺谋给出的改编费让作家们惊喜不已,因张艺谋给了苏童 4000 元授权费,苏童“笑得嘴都是歪的”,给余华《活着》的授权费是 2.5 万元,后来还主动加到了 5 万元,如此的“慷慨”让余华等作家大呼:“张艺谋是中国最好的导演”①。相比之前作家对影视的复杂心态,90 年代的作家尝到“触电”的甜头,“他们对‘触电’都怀着史无前例的高涨热忱。有时作品被高价买了版权还不算,还一定要亲笔改编为影视。所谓‘肥水莫流外人田’。他们一定都尽量脚踩两只船,生动地活跃于小说与影视之间。这使他们名利两方面都获得快捷,并且受益匪浅”②。

无论是稿费制度,还是文学的影视改编,文学与传媒都在有形无形中进行着渗透和转型,这是我们考察王小波现象的语境和前提。

第三节　审美解放与传媒对文学的收编

从 1992 年因《黄金时代》获得台湾第 13 届联合报文学奖中篇小说大奖(1995 年《未来世界》再次获得第 16 届大奖),到 1997 年英年早逝而被媒体评为 1997 年“十大名死”之一,再到持续至今的纪念活动,王小波一直都是被大众传媒广泛关注的现象级人物。传媒对王小波的广泛谈论已经远远超越其人其事其文本身,从其身上引申出来的话题有知识分子、自由主义、边缘文化等涵盖几乎整个人文学科,王小波更是被称为“自由知识分子”“文坛外高手”“浪漫骑士”“行吟诗人”等来自不同立场和价值观念的评价,经济学家、社会学家、思想史家、哲学专家纷纷发表评论文章,这表明王小波的作品具有跨学科的广泛影响力③。

为什么是王小波而不是别人成为这样一种现象?那是因为王小波具有不可复制性,那个时代需要王小波这样的现象,王小波现象正是文学与传媒相互矛盾统一的必然结果。王小波现象的起源和形成具备了以下几个相关的要素:

---

① http://news.sina.com.cn/c/2005-09-13/00376932225s.shtml.

② 梁晓声:《中国当代作家的经济状况》,《中华读书报》1998 年 3 月 25 日。

③ 参见张伯存:《文化症候与文学精神》,上海三联书店 2007 年版,第 129 页。

第一,王小波的特殊性,表现在他特殊的身份、特殊的文学和特殊的死亡。王小波的身份和经历至少在当代是一个传奇,1969 年下乡当知青,1978 年考入中国人民大学,毕业留校当大学教师,1984 年到美国当留学生,1988 年回国先后在北京大学、中国人民大学任教,1992 年起当自由撰稿人……除了自由撰稿人之外,以上这几个身份对于一般的学者而言,尤其是理工科学者来说大概是不足为奇的,但是如果同时放在一个中国当代作家身上就显得特别稀奇了。因此,王小波本科学商品学,硕士学文科,文理兼修,这在中国当代作家中也不多见。在 20 世纪 90 年代初的背景下,放弃大学教师的身份试图当自由撰稿人更是少见,正好相反,大多数人选择的是靠一部(或几部)作品成名后加入体制。王小波选择以文学为生,但从未加入什么文学圈子,很少参加主流文学组织的活动。王小波的文学更加特殊,习惯以“文化大革命”为题材、背景或参照,重视对常态的性、变态的性的描写,对非正常死亡、死刑、刑场的如痴如醉的、笑谑的、别开生面的叙述①,擅长于幽默、智慧、戏谑、寓言、游戏等极具天赋的文学表达,主张和实践“严肃文学”的原创性和批判性,达到了文学浪漫主义与自由主义理性眼光的完美融合。王小波的传奇性还由于他特殊的死亡,年仅 45 岁的王小波突发心脏病死亡,并被赋予“孤独”和“悲壮”的意味,被描绘成一次神圣受难②,传媒在悼念和追忆中涌现的悲情和反思将王小波逐渐符号化、理想化和神圣化。相比思想界对王小波死亡的剧烈反应,文学界显得茫然、生疏和失语,这样的反差也成为对文坛的反思和批评的导火索。

第二,报纸杂志、出版商、李银河及其友人、批评家、人文学者的共同打造。从自费出版的小说集《唐人秘传故事》(山东文艺出版社 1989 年版)开始,王小波的小说一方面得到编辑们的高度赞誉和专业认可,另一方面却因种种原因无法出版。即使在李银河及其友人全力争取下,王小波生前在大陆出版的小说集也只有《黄金时代》(华夏出版社 1994 年版),虽然为了推销,李银河还请了评论界名家开研讨会,但这本书直到去世前都没卖完。王小波的小说在出版界的遭遇是时代使然,但出版界也有一股支持王小波的力量一直在不屈不挠地努力着。与此同时,《花城》杂志从 1994 年开始陆续刊登了《革命时代的爱情》《未来世界》《2015》《白银时代》《未来世界的日记》《绿毛水怪》等中篇小说,《青年作家》刊登了《我的阴阳两界》,《小说

① 参见张伯存:《王小波:死刑游戏　狂欢化诗学　笑谑艺术》,《广播电视大学学报(哲学社会科学版)》2000 年第 3 期。

② 参见房伟:《十年:一个神话的诞生》,《山东社会科学》2007 年第 9 期。

界》刊登了《红拂夜奔》(缩写)。相比小说的遭遇,王小波的杂文和随笔受到广泛欢迎,《三联生活周刊》《南方周末》《中国青年研究》《读书》《东方》等刊登了大量王小波的杂文和随笔,为王小波现象的形成奠定了基础。在王小波死后,官方媒体,如《新华文摘》《人民日报》等进行了重点报道,《北京文学》《小说界》《花城》等文学期刊专门出了纪念专号,花城出版社、中国青年出版社、文化艺术出版社、时代文艺出版社等出版了以"纪念王小波"的口号的各类"王小波文集""王小波作品系列"等。作为妻子、社会学家的李银河,对王小波现象的塑造起到关键的作用,她在纪念文章中将王小波定义为文学天才、浪漫骑士、行吟诗人和自由思想家,这在很大程度上影响了后来对王小波的评价。在各种关于王小波的研讨会、纪念活动中,李银河被看成是王小波的亲密战友、知己,具有天然的发言权和权威性,甚至有人将她的思想深度与王小波相提并论,甚至认为李银河在有些思想上超越了王小波①。王小波的生前好友,如刘晓阳等知名学者也以各种方式追忆与王小波交往和经历,也在不经意间调动着人们对王小波的好奇和关注。而具有各种知识背景的学者、专家、作家等从各自不同立场和角度对王小波的解读,形成了一个巨大的思想场域。戴锦华、孟繁华、赵毅衡、艾晓明、张颐武、李美皆、张伯存等文学批评家从分析作品入手,对作品主题、内容、人物、语言、观念等进行了深入分析,指出了其文学史价值和审美意义;朱学勤、秦晖、许纪霖、谢泳、丁东、崔卫平、陶东风等人文学者主要从作家的知识分子身份和自由主义等角度分析其思想史意义和社会学价值。

第三,王小波作品充满了有趣而尖锐的语言,恢宏的想象力,死亡与性爱交织的狂欢化叙事,这些在 90 年代文学中显得特立独行,正是传媒追求眼球和发行量的法宝。王小波的有趣极具个人化和浪漫主义色彩,他提出三个假设——凡人都爱智慧、凡人都爱异性、凡人都爱有趣,针对这三种假设,他分别写了《寻找无双》《革命时期的爱情》和《红拂夜奔》。他认为,智慧是进行理性思维时的快乐,异性是人的本能喜好,有趣是一直伸往未知的、开放的空间②。他还认为,有趣正在被超越——"智慧被超越,变成了'暧昧不清';性爱被超越,变成了'思无邪';有趣被超越之后,就会变成庄严滞重"③。王小波在写作中借鉴了很多西方文学的艺术技巧,但面对的是

① 参见臧策:《关于王小波的对话》,韩袁红编:《王小波研究资料》,天津人民出版社 2009 年版,第 7 页。

② 参见王小波:《〈怀疑三部曲〉总序》,艾晓明、李银河主编:《浪漫骑士——记忆王小波》,中国青年出版社 1997 年版,第 55—58 页。

③ 王小波:《〈红拂夜奔〉序》,《青铜时代》,中国青年出版社 2002 年版,第 261 页。

自身经历的中国故事，人在写作时，总是孤身一人，但必须考虑到整个人类。王小波的智慧使然，他在写作时，经常使用俗气的外套包装自己的真实意图，用科幻小说的外衣（《未来世界》）来表达对真实世界的看法，用性的狂欢描写非性的时代（《黄金时代》），用黑色幽默来伪装自己的现实批判，用戏谑的艺术来完成严肃小说的理想。如果对王小波文学创作的外在形式进行一个媚俗和简单的理解和包装，那么就容易与传媒娱乐化过程中出现的色情、暴力、黑幕因素不谋而合，可以满足大众对感官欲望书写的低层次需求。如果能够真正理解王小波的真实意图和批判精神，就会理解王小波所谓的“黑色幽默”其实另有所指，可以满足高层次文学艺术的理性需求。王小波之所以能够达到雅俗共赏的境界，关键在于他从来没有把自己看成是精英，但同时他对“严肃文学”的追求从来没有动摇，仅从这一点就可以看出王小波的魅力。

第四，王小波拥有一个庞大的受众群体，甚至有一群自称为“王小波门下走狗”的忠实拥戴者。这些受众群体出于各种原因和目的，或者是对王小波的思想、经历、语言、智慧、幽默等文学天才的热爱，或者是对文坛的不满和厌恶，或者是对知识分子、自由主义、批判现实主义等更深层次的考虑，热爱王小波及其作品的读者迅速增加，这可以从图书销售量、纪念活动、专门网站、模仿王小波的写作等各种现象中看出。尤其是从2004年开始出版的“王小波门下走狗”系列，他们以继续写作的方式继承和发扬王小波的精神、文学和形象，以自由原创、特立独行、非主流文学的姿态建构着以王小波为灵魂的文学乌托邦。不管这种走狗心态如何，也不管他们的模范是否真的能够延续王小波的文学精神，仅从对于王小波现象而言，他们的声音不能忽视。

从文学与传媒的“张力”关系来看，在王小波现象形成过程中，王小波的特殊性所具有的传媒价值和文学价值交汇在一起成为“张力”关系的核心，李银河及其友人、“王小波门下走狗”、批评家、人文学者等在传媒的组织下成为“张力”关系的着力点，报纸、杂志、出版商等现代传媒机构是实施这种“张力”关系的实体保证。以上几个方面是紧密结合在一起的，缺少哪个方面都不会造成现在这种独特的王小波现象，更不会如此持久。如果王小波是一位遵守文坛规则的作家，同时获得海外大奖，那么他会在社会赞誉中成为文坛的畅销作家或学习的榜样，但却很难成为话题，更不可能成为受到各界关注的现象。如果没有传媒的追捧和响应，他的“严肃文学”不大可能热卖，不可能成为承载时代精神的知识分子象征或想象。如果没有追随王小波精神的“走狗”们的坚持和忠诚，他尖锐而不嬉皮的写作方式不会延绵至今而备受尊崇。因此，如果说王小波自身的特殊性是他成为现象的前提，传媒是他成为现象的条件，那么读者群就是他保持现象级存在的依托。

第四节 审美解放与社会公正的诉求

王小波死后就变成了一个文化载体，成为一个文化偶像，在他的身上承载了知识界、文学界、大众传媒和青年亚文化等多种文化诉求，在他身上折射出来的文学问题、社会问题、历史问题、文化问题等已经超过和偏离了文学范畴。被讨论最多的话题中，贯穿着一个隐形的命题——边缘(包括边缘的思想、边缘的文学、边缘的知识分子、边缘的文化，等等)。十几年过去了，王小波作为一个个体，并没有对文学体制、思想体系、文化制度等造成多大威胁，大多数人还是按照现有的思维方式、价值观念和文学标准去生活和发展。一方面，我们不应该只从知识分子、文学等单一的角度去看待王小波现象，而更要从一个个体、作者，从其作品、言论及其行为去看待他的文化意义——挑战体制、独立思考的非主流文化现象。另一方面，传媒、批评对王小波现象的塑造起到关键作用，有些已经偏离了王小波的真实面目，过度阐释与研究缺位同在，顾此失彼与避实就虚共生，需要分析传媒、批评机制的深层原因，剖析边缘文化的现实处境。

王小波及其作品对个人尊严和社会公正的凸显和追求是其文学精神和文化意义的价值所在，而这种精神品质无法摆脱被边缘化的命运。无论是对唐传奇的改写，还是对“文革”的描述，都表明中国传统的宗教意识和迷信观念从未得到社会性的精神运动的彻底清算，“文革”时期的“造神运动”“早请示、晚汇报”，与“后文化大革命”时期的“张悟本事件”“李一道长事件”，以及日常生活中各种迷信现象的泛滥①，前后都有惊人的相似之处。王小波对理性和科学的重视，正是包含了对个人尊严和社会公正的思想，而这种思想在常人看来显得另类，在现实生活中也得不到普遍认同。“五四”前后提倡的民主、科学、理性和个性等思想只能算是时断时续的启蒙运动，现代中国人本质上仍是穿着现代服装的古代人，部分先进的中国人(包括王小波)用各种方式进行“新启蒙”，但没有条件成为时代的精神和主题。王小波主张的尊严和公正思想，需要由现代市民社会作为支撑，市民社会应该和国家分离出来制衡国家的权力，保证公民的尊严、自由、权利以及处理公民关系的公正性。如马克思所言：“这种个人自由和对这种自由的享受

① 参见俞吾金：《论尊严、公正观念产生的历史条件》，《马克思主义与现实》2011年第2期。

构成了市民社会的基础。……此外,还有两种人权:平等和安全”①。现代中国显然缺乏西方意义上的充分发展的市民社会,因而,王小波的尊严和公正这样的思想和价值观确实得不到保证,反而会被看成另类,现实生活中时有发生的损害人的尊严和人与人之间关系公正的事件也证明了这一点。

在现代社会很难只有一种思想或文化笼罩一切,往往是两种或多种思想或文化在起作用,主流文化与非主流文化一直处于一种“张力”关系。“最充分地反映最有权力阶级的地位和利益的结构和意义,在与所有其他的秩序的关系中将作为一种占统治地位的社会—文化秩序而存在,统治性的文化总是再现为文化本身。而另外的文化形式,不仅服从这种统治性的秩序,他们也将与它斗争,试图修改、谈判、抵抗甚至推翻它的统治——它的霸权”②。20 世纪 90 年代的中国社会阶级分层正处于剧烈变动阶段,在文化分层上更为复杂,在这样的背景下考察王小波现象,必须具体到文化主体在文化场域中的立场、地位,考虑到主流文化与非主流文化的特点和互动关系。主流文化是相对稳定的整体性文化,虽然其内容也有对抗和变动,但一般遵守既定的规律和法则,表现在具体方面就是要倡导什么、树立什么、确认什么的问题;非主流文化正好相反,它不是流行的事物,往往超前或滞后,具有强烈的个性意识,这要求保持活力和创造性,否则就会被同化或消灭。

就王小波现象而言,他在当时的文化场域中的立场和位置是边缘的,从边缘大学教师到自由撰稿人,他的书很难出版,出版之后进不了正规发行渠道。王小波放弃公职专事写作,却没加入任何作协机构,以写作为生却得不到文坛认可,相对专业作家而言他也是从属支流的地位。在研究批评界,1997 年以王小波为关键词的论文不到十篇,大都属于追悼和纪念的性质,或者偏向于思想性解读,王小波在文学研究界也属于边缘作家或另类作家。在大众传媒方面,对于王小波的态度先是在报道中观望,后是组织化的传媒批评。在王小波去世的两个月内,百余家传媒机构进行了对事件和书籍出版情况的报道,并且大多是外宣媒体、港台媒体和国外媒体,说明对王小波身上所附着的另类文化或边缘思想的判定还没有把握;之后,王小波及其写作的媒体价值逐渐凸显出来,尤其是曾经刊发过王小波作品的媒体开始有组织地策划关于王小波的批评和报道,从王小波的身世、学习、工作、写作、出书、死亡等每一个环节都进行了详尽的描述,说明王小波作为一个文化符

① ［德］马克思:《论犹太人问题》,《马克思恩格斯全集》(第 1 卷),人民出版社 1956 年版,第 438 页。

② ［英］阿雷恩·鲍尔德温等:《文化研究导论》,陶东风等译,高等教育出版社 2004 年版,第 338 页。

号和现象可以为传媒创造其他文学家或文学作品无法带来的利润和价值，当一个作家的媒体价值与其文学价值相当，甚至超过其文学价值时，恰恰反映出他的文学边缘地位。王小波的书虽然畅销一时，拥有很多读者，但并没有改变他边缘的位置，主流文坛对他的文学创作仍然采取回避的态度。

第五节　审美解放与意识形态的“张力”

改革开放之后建立的社会主义市场经济体制是中国传媒发展的基础，由此延伸出一种独特的“社会主义传媒”，又被称为“二元体制”①。在体制上是国有事业单位，承担着向社会提供公共文化产品的任务；在经营上采取以营利为目的的企业模式，传媒之间的竞争激烈。一方面，西方发达国家的传媒产业发展为中国传媒提供了丰富的经验和参照，文化发展和软实力的竞争需求也符合国家战略和产业发展方向，传媒的产业化是发展的必由之路；另一方面，西方自由主义自由观念与中国传媒现实发展还有很大的隔阂，传媒内部的争论也较大，如何平衡产业与观念之间的关系问题一直是困扰着中国传媒。自身矛盾的传媒，在面对以王小波为代表的思想和文化时，一方面要注意自身所承载的意识形态功能，对于所谓“自由主义”保持高度的警惕，对于文学中的性描写、“文革”等保持距离；另一方面，为了获得更大的发行量和消费者，在同质化严重的传媒市场脱颖而出，必须吸收知识精英、另类文化等作为市场竞争利器。

要准确把握和定位王小波及其作品反映出的自由主义思想和文化特质，必须将王小波放在改革开放以来的中国当代意识形态调整和知识分子分化的背景上才有可能，不能过高或过低地评价王小波的思想高度。改革开放的过程是由意识形态治国逐渐转向四个现代化建设的过程，单一的经济现代化造成与政治、社会、文化发展不平衡关系，最后表现为主流意识形态与文化现实的差异化、主流文化与非主流文化的分野。具体表现为主流意识形态关于人人平等、集体主义、大公无私等理想主义话语与社会道德实践脱节，市场化、世俗化、个人主义、利己主义、消费主义等观念全面蔓延。这种文化现代化的缺失在传媒领域的表现非常复杂，主要是公共领域和私人领域之间的界限不清晰，多元文化价值观没有形成有效的制约机制，理想主义话语的虚幻性、意识形态的实用性和虚无主义等共生并行。“从王小波的一生看，他无疑持的是‘消极自由’态度，并且在积极的意义上，站在私

① 参见周宪：《当代中国传媒文化的景观变迁》，《文艺研究》2010年第7期。

人生活领域(也即他所言的“阴界”)拒斥公共生活领域(也即他所言的“阳界”“话语圈”)中的公共权威对个人生活的侵犯”①。可以看出,王小波的思想包含了自由主义所持有的核心观念——个人尊严和个人价值,对意识形态保持警惕和距离。这就不难理解为什么王小波喜欢选取“文革”作为写作的背景,因为那一特殊的历史时期对个人尊严和个人价值的摧残和践踏达到一种肆无忌惮的地步,“革命”成为暴力的代名词,权力成为压制人性的工具。王小波早年与李银河合著的《他们的世界——中国男同性恋群落透视》已经表明他的理论修养和思想高度,但他没有用严谨的学理话语和系统的思想主张来建构自由主义理论,而是用犀利的文笔和智慧的语言创造了一种文学风格,将他的思想精华融入可读性极强的写作中,就如一股清泉,没有任何颜色,却沁人心脾。

从传媒体制与意识形态的“张力”关系中,可以发现中国社会对王小波的排斥和认可的矛盾心理。一方面,革命意识形态不再是显在传媒话语形式的主流,而是化身为潜隐的“政治无意识”,并以“红色主线”的形式在传媒的话语结构和社会的心理结构上占据重要位置。当前传媒的话语形式、指涉对象、语用内涵等,既与改革之前的理想主义、权威话语、道德律令等有很大差异,但仍与现实社会有一定的距离。王小波的意义在于将革命时代的意识形态用话语形式揭示出来,用私语化的经验抵抗和否定宏大叙事对个人的扭曲,这与传媒所秉承的“政治无意识”有一定的距离,同时也留下了一定的阐释空间。另一方面,二元体制下不可避免的多元文化取向,在同一传媒上表现为日趋明显的话语裂缝和价值取向上的重大差异。以报纸为例,头版头条上的主流意识形态和主流文化以提倡、肯定、弘扬某种价值及其现象的方式彰显主流的立场,商业、民生、娱乐等板块显示的是市场化、大众化、消费化的价值观念,知识、文化、思想等板块显示的是知识界的声音(这种声音往往比较微弱甚至缺失),各自分离的价值观念和文化立场导致意识形态和文化价值缺乏应有的凝聚力和向心力,文化标准失范,文化功能失效,社会共识失序,公共价值失衡。近些年国家强调的和谐社会、核心价值观、科学发展观等就是对思想文化领域出现的问题的回应,但思想文化的改革比经济领域更加艰难,如 2002 年提出“科学发展观”,“但是十六大、十七大的很多思想落实起来极为艰难,科学发展遇到体制性障碍,改革出现胶着甚至反复的情况”②。在这种背景下,不同的价值观念在对待王小波时

---

① 张伯存:《王小波和自由主义及文化论争》,《枣庄师专学报》2000 年第 4 期。

② 郑佳明:《告别激进主义》,《书屋》2011 年第 4 期。

就会采取不同的立场，王小波的政治价值、文化价值、经济价值等之间就会出现巨大的差异。在传媒眼里，王小波的政治价值、文化价值等可以经过包装而具有媒介价值和经济价值。

1992年开始，中央提出推进文化体制改革的思路，中国传媒体制开始进入改革转型期，这是考察王小波现象的重要语境。1996年，明确提出文化体制改革的任务，其关键要“发挥市场机制的积极作用”。文化市场机制的形成和推进将传媒由卖方市场转向买方市场，随着政府拨款的减少乃至停止，相当一部分传媒转型、改嫁，甚至关门，尤其是一些纯文学传媒，如《昆仑》《漓江》《小说》在1998年最为艰难的时候相继停刊。存活者开始被迫或积极地进行“化缘”（与企业合作）、包装和打造品牌，原来用于广告和唱片业的策划也开始在文学中得到运用，主要是以编辑为中心集结一定数量的作家和批评家，推出一批文学口号或命名，以至于90年代的文学思潮大都与期刊的策划相关。王小波的死亡和出版在当时也是一个文学策划，并且相当成功。以图书为例，王毅策划的《不再沉默——人文学者论王小波》“既是一种为王小波在专业领域的‘正名’，也是首次将王小波推向市场的商业操作活动”①。从策划策略来看，人文学者比文学家更具市场效应，因为这一时期的文学已经趋于没落，很难形成轰动效应。20世纪80年代的中国知识分子享有极高的精神和道义地位，进入90年代虽然也被市场大潮所裹挟和侵蚀，知识分子开始分流甚至分裂，人文知识分子的失落、迷茫与困惑在王小波现象中得以抒发，自然也最具商业价值。从这个角度看，与其说是人文学者论王小波，不如说是王小波提供了一次让人文学者言说的机会。无论如何，知识分子言说的意义被传媒的经济价值所挟持，无法挽回知识分子的文化资本、象征符号正在丧失殆尽的命运。

反观“后王小波”时代的主流意识形态和知识分子，新自由主义受到普遍的认同和部分抵制，并在传媒广为传播。所谓的“公共知识分子”更具炒作的嫌疑，如2004年影响较大的《南方人物周刊》曾推出“影响中国公共知识分子五十人”，其中包括美籍学者杜维明、中国台湾作家李敖、歌手罗大佑和崔健等，这些成分芜杂的“公共知识分子”有些持有激进的西方自由主义观点，并抨击中国的政治和现实，因此引起较大争议②。美国《基督教科

① 郑宾：《九十年代文化语境中媒体对王小波身份的塑造》，《当代作家评论》2004年第4期。

② 参见刘康：《寻找新的文化认同：今日中国软实力和传媒文化》，《文艺研究》2010年第7期。

学箴言报》称，由于这些人物的“反官方”倾向，中国一些保守派从而主张“取缔公共知识分子的说法”①。其实，传媒对知识分子的关注并不热情，除了少数身兼著名作家和艺术家身份的学者之外，他们的影响力仅限于学界。虽然近年来知识分子大量借助博客等新传媒传播自己的观点和思想，但传统媒体并不多见他们的声音，仅有《南方周末》《天涯》《书屋》《读书》等极少数媒体而已。与“公共知识分子”的落寞相反，“媒体知识分子”流行于各类传媒，出身学术界的知识分子投身传媒的怀抱，借助现代化的包装、宣传和策划，一些“学术超男”“学术超女”们开始占据市场的中心位置，从出道较早的余秋雨，到后来者居上的易中天、于丹，他们巧妙地打着“学术”“知识”“传统”“文化”的幌子向大众兜售廉价的文化产品和心灵鸡汤。这种知识分子文化的流行屏蔽了对现实的批判性反思和对未来的前瞻性预判，已经背离了知识分子的内涵和外延，沦为传媒的赚钱工具（当然他们也大赚其钱），莺歌燕舞、盛世狂欢远比对社会底层、草根大众、弱势群体的关怀来得容易和实惠。

第六节　审美解放与青年文化的兴起

王小波的作品得到广泛流传，少不了广大受众对他的爱戴和支持，其中最庞大的群体还是青年一代。虽然更多的情况是人文学者对王小波及其作品发言，再就是“王小波门下走狗”的模仿，但更多的读者是出于各种简单的理由默默地阅读着王小波，品味着他的人生和文字。进入21世纪，“80后”“90后”一代成年，他们将是王小波及其作品的阅读者中忽视的主力军，考察他们对王小波的接受意义重大。

如果说“80后”“90后”青年是改革开放经济发展的受益者，那么他们要面对社会转型期更复杂的文化困惑和混乱，是社会发展问题的受害者。王小波面对和书写的是毛泽东时代的革命理想主义及其悖论，主要是描写人性和尊严在革命的宏大叙事中所受到的压抑和摧残；“80后”“90后”青年面对的是消费主义和个人主义的价值观横行的社会，但学校教育仍然是与现实脱节的革命理想主义、集体主义价值观，家长传授的行为规范与学校传授的价值观可能会有很大不同，而传媒宣传的社会事件、现实生活中的经验教训又与前面所说的迥然不同。例如，面对老人倒地要不要扶的问题，看

① Robert Marquand, “China‘Gray Lists’its Intellectuals”, *The Christian Science Monitor*, Nov. 30, 2004.

到同伴落水要不要救的问题，拾到五分钱要不要交的问题，现在居然都成为各领域专家学者、家长等在传媒上争议的话题。既然对“80后”“90后”青年的价值观教育已经成为很大的问题，对“80后”“90后”青年文化的评价就显得更加复杂。很多知识精英对“80后”“90后”青年文化持批判的态度，更多的是中年人对青年人一贯的不理解、不信任、不支持，这种情况估计前者也遇到过，不足为据。但可以看出“80后”“90后”青年与他们的父辈之间的巨大文化代沟，但问题是“80后”“90后”青年必将成长为中国文化体系的主要承载者，不能回避或逃避“80后”“90后”青年文化的现实存在和未来影响。

与王小波一样，“80后”“90后”青年受到西方文化的很大影响；与王小波追求思想的自由、个人的尊严不同，“80后”“90后”青年接受的是西方消费文化和个人主义思想，追求时尚和个性。这和“80后”“90后”青年的成长经历和时代有关。20世纪80年代正是中国政治、经济、社会、文化转型的关键时期，计划生育造就了“独生子女”的特殊心理，社会中心从政治转向经济，再由市场经济转向知识经济。“80后”“90后”青年的成功标准是受高等教育的程度，无论你多有个性，最后都要接受高考这一“独木桥”的检验，应试教育成为新的压抑和新的强权。在面对这种强权和压抑的时候，大多数人选择了沉默、忍受和接受，可以称之为青年犬儒主义。他们非常清醒地知道这种制度的不合理性，同样知道反抗这种制度的代价，于是将对现实的不满转化为一种不拒绝的理解、不认同的接受、不反抗的清醒。因此，“80后”“90后”青年文化是一个极为矛盾的文化共同体。一方面，他们在价值观上并不相信学校灌输的传统价值观和理想主义价值观，更乐于相信消费主义和个人主义等多元化的价值观，在实践上崇尚西化的生活方式；另一方面，他们又具有强烈的爱国主义和民族主义心理和实践，具有自主意识和大国民心态。当“80后”“90后”青年走向社会，巨大的就业压力和竞争让他们的消费主义价值理想破灭，需要面临新的价值选择，但实用主义是他们必然考虑的原则。

以王小波为参照，考察“80后”“90后”青年中的“杰出”代表，就会发现其青年文化的独特变化。韩寒、郭敬明、李宇春等被传媒包装起来的明星或名人，代表了一种新的青年文化。韩寒在2010年4月入选美国《时代周刊》最有影响100名人第二位，给出的入围理由是“这位27岁的年轻作家在出版以自己的中学辍学经历为背景的第一本小说后一炮而红，成为中国最畅销的作家之一”，并有以下评论：“韩寒2009年成为中国最有影响的博客作者。他不拘泥于自己的私人生活细节和名流八卦，而是将目光聚焦中国当代社会的弊病”①。韩寒从一个辍学的中学生，到一名集作家、赛车手、著名博主等名头为一身的公共人物，以其犀利的语言大胆谈论社会敏感话题和公共维权事件，他的一篇博文可能会有百万人观看，他的博客上公告的十二“不”字显示了他的特立独行。以韩寒等为代表的“80后”“90后”青年文化还无法摆脱亚文化、边缘文化的地位，其中包含的对主流文化的反抗和影响尽管十分重要，但也十分有限。在传媒别有用心的宣传、炒作和恶搞等市场化操作中，在影视“戏说”“百家讲坛”等“历史镜像”中，在消费和娱乐狂欢中，“80后”“90后”青年文化既没有历史，也难有未来。

回到王小波，他所揭示和批判的宏大叙事，现在看来，仍然是规训“80后”“90后”青年文化，乃至整个中国文化的内在逻辑。中国的文学问题、思想问题和文化问题，并不能指望靠一两个王小波来解决，“中国的知识分子，应该有比狭隘的现实主义更广阔的胸襟，有比丘吉尔这样的透彻和悲观更丰富的情感，有从整个人类和长远的未来的角度想问题的能力”②。王小波现象仍在继续，文学与传媒的“张力”关系随着时代的发展必将上演更加斑斓的文化图景。

---

① 参见 Simon Elegant，“Artist Han Han，The 2010 Time 100”，见 http://www.time.com/time/specials/package/article/0,28804,1984685_1984940_1985515,00.html。

② 王晓明、郑雄：《精神危机与精神根基》，《天涯》2011 年第 2 期。

第九章　审美解放与“公共领域”的想象

审美解放与“公共领域”的想象，是以审美建构公共领域的想象，以新市民小说为典型代表。以审美解放的角度，研究“新市民小说”最佳路径是“理论建构——文学生产——文本分析”。首先，策划者的市民社会理论包括想象的“市民社会”、虚无的“市民社会”，理论与实践脱节。“新市民小说”的提出，在理论上回应了对市民社会的想象性建构，以新的生活方式、情感类型和矛盾冲突等因素突出了私人空间的呈现。但是，“新市民小说”对市民社会/国家的革命性社会关系结构的呈现却远远不够。与其说是创作过于沉迷于个人化色彩浓厚的私人生活空间，毋宁说是作家对现实生活的体认还停留在个人/国家的层面，市民的个体性文化惯性仍然是作品的原初冲动。如果要建立一种属于文学的公共领域，“新市民小说”必须突破国家与社会之间的文化空间界限，在新的层面对公共领域作出审美反映。“新市民小说”对公共领域建构尽管是有意义的，但也是虚无的。其次，策划者的文学主张和实践行动对文学创作有明显的引导作用，显示了市场文化诉求。最后，在理论建构和编辑干预下，文学叙事包括成功/奋斗的市民叙事、欲望/爱情的公共叙事、迷茫/反思的批判精神，共同构成新的文学公共空间。新市民小说的批判精神最直接、最重要的来源应该是新市民，只有新市民的文化精神、文明程度和批判意识真正得到启蒙和发展，新市民小说中的“迷茫”才能转化成“反思”，反思和批判的力度才有真正的基础。

第一节　理论旅行与社会想象

90 年代文学中新口号、新命名频繁出现的一个重要原因是，文学活力、辐射和影响在下降，而文学编辑的作用在提升，文学创作、批评和理论等各个环节都受到期刊栏目的设置、出版社的选题等因素的影响。以至于形成一种文学命名运动，虽然并无法从根本上挽回文学的颓势，但从中可以发现其中的生产逻辑和操作机制，不失为一个考察 90 年代文学的有效视角。文学命名运动在现实中也并非没有作用，因为一旦期刊的栏目策划和出版社的图书选题“命中”社会的热点和敏感神经，就将产生可观的经济效益，而且可以引领文学潮流，实现思想生产和理论建构的文学史意义。在这样的背景下,1994 年 9 月,《上海文学》杂志社、《佛山文艺》编辑部发起了“新市民小说”,将视角锁定为“新的有别于计划体制时代的市民阶层”,“应着重描述我们所处的时代,探索和表现今天的城市、市民以及生长着的各种价值观念内涵”①。策划者否认这是“‘招牌’的标新立异,而是想为文学寻求一种新的增长点”,“对结束了僵硬的意识形态对峙的世界格局有新的把握方式,对逐步市场化的社会结构与运作有新的感知与认知,使文学对于民族的现实生存与未来发展有新的关怀”②。一方面,结合“新市民小说”的创作实践,可以发现,策划者的社会判断、思想表达和文学选题等相对敏感地觉察到城市发展、市民阶层的重要意义,具有一定的思想高度;另一方面,从对“市民社会”“市民意识形态”等新名词的想象可以看出,他们对西方市民社会理论、公共领域的想象和描述,分明在夸大“新市民文学”的社会学意义和文学史价值。

从以上分析可以看出,对“新市民小说”的全面分析的最佳路径是“理论建构——文学生产——文本分析”。首先,从策划者的市民社会理论入手,尤其是加强对公共领域理论的分析,分析其对西方“公共领域”理论的接受和文学实践。其次,从策划者、推动者的文学主张和实践行动入手,分析其对文学创作的引导、干预和影响。最后,从典型文本入手,探究在理论建构和编辑干预的情况下,其文学公共空间的建构情况。

爱德华·萨义德(Edward W.Said)的“旅行理论”(Traveling Theory)已经成为关于理论如何接受、变异和创新的基本逻辑框架,即“各种观念和理论也在人与人、境遇与境遇,以及时代与时代之间旅行”③,“当某种人类经验首次得到记录,并继而得到某种理论化系统阐述时,它拥有的力量,其根源在于它与一些真实的历史环境直接相关,也在于它就是由这些环境所有机地引发的。该理论的诸多后续文本无法复制其原初的强度,因为彼时的情境已经止息下来,并发生了变故。这样,这一理论会有所贬损和削弱,并转变成了比较温驯的学术代替品,置换了真实的事物,而其目的在我分析的作品中原本是致力于政治的改变”④。任何理论都是对其所处的具体社会

① 《上海文学》杂志社、《佛山文艺》编辑部:《“新市民小说联展”征文暨评奖启事》,《上海文学》1994 年第 9 期,第 1 页。

② 周介人:《为文学寻找新的“增长点”》,杨炳华:《几度风雨海上花》,生活·读书·新知上海三联书店 1996 年版,第 231 页。

③ [美]爱德华·萨义德:《世界·文本·批评家》,李自修译,生活·读书·新知三联书店 2009 年版,第 400 页。

④ 参见 Edward W.Said, *Reflections on Exile and Other Essay*, Cambridge, MA: Harvard University Press, 2001, p.436。

和历史情境的回应，理论的变异由其所进入的情境决定。根据以上观点，市民社会、公共领域等西方理论的中国之旅，关键是要看中国社会的历史和社会语境。

一、想象的"市民社会"

从政治的角度看，中国对市民社会的广泛关注是在20世纪80年代末，直接的影响是受到西方市民社会理论复兴浪潮影响，还有东欧剧变的示范性作用。斯拉沃热·齐泽克(Slovoj Zizek)在对冷战后西方古典自由主义回潮时做过分析，他说苏联崩溃后，"年轻的"东欧对西欧的羡慕的、带有爱意的眼光一下子让西欧老气横秋、玩世不恭的选民觉得自己年轻了许多，随即向东欧的爱慕者投以含情脉脉的注视。这就是1989—1991年间在国际知识界和学术界热过一阵子的"市民社会热""公共空间热"的社会背景①。西欧已然存在一个作为西方自由民主制度基础的市民社会，东欧结合自己的社会情况，发展出一套关于自由民主的市民社会叙述，西方市民社会理论的复兴主要是"国家主义"对市民社会的渗透和侵吞的反动②。

90年代中国社会步入物质主义时代，主要表现为政治空间的收缩和经济空间的扩张，曾经在80年代风行的自由主义受到质疑和抑制，让出更多的空间给保守主义、传统主义和民族主义等。经济空间的扩张改变了中国社会经济结构，国家权力开始推出部分社会生活，新的私人空间开始出现，个人开始有机会尝试摆脱国家的控制。但是由于个人力量的弱小，知识分子认识到必须建立一个平台与国家进行博弈，争取权利。市民社会就成为想象中可以为个人提供政治对话的平台，曾经单一的个人/国家结构被市民社会/国家所代替③，还成为部分学者建构中国现代化的另外一条选择。汪晖对此提出质疑，"中国的市场化改革始终是和国家的强大存在相关的，在国家推动下形成的所谓'市民社会'是否像许多人期待的那样处于社会/国家的两极结构之中，是令人生疑的"④。确实，这种选择只能是一种想象性建构，缺乏应有的制度保障和现实基础。

---

① 参见张旭东：《全球化时代的文化认同：西方普遍主义话语的历史批判》，北京大学出版社2005年版，第25页。

② 参见邓正来：《国家与市民社会——一种社会理论的研究路径》，中央编译出版社2002年版，第3页。

③ 参见许纪霖：《从范式的确立转向范例的论证》，张静主编：《国家与社会》，浙江人民出版社1998年版，第305—306页。

④ 汪晖：《当代中国的思想状况与现代性问题》，《天涯》1997年第5期，第133—150页。

“新市民小说”的提出，在理论上回应了对市民社会的想象性建构，以新的生活方式、情感类型和矛盾冲突等因素突出了私人空间的呈现。但是，“新市民小说”对市民社会/国家的革命性社会关系结构的呈现却远远不够。与其说是创作过于沉迷于个人化色彩浓厚的私人生活空间，毋宁说是作家对现实生活的体认还停留在个人/国家的层面，市民的个体性文化惯性仍然是作品的原初冲动。

二、虚无的“公共领域”

“公共领域”(public sphere)是汉娜·阿伦特最早提出的，但到 1989 年哈贝巴斯的《公共领域的结构转型》的第一个英译本在美国问世后才在英语世界掀起“公共领域”的讨论热潮，再波及中国学界。公共领域可以看成是市民社会的一个层级，是在市场交换体系中逐渐发展形成的。在某种意义上来说，公共领域是市民社会的次生性阶层①，是一个生产社会共识和创制社会规范的社会空间，对市场经济的发展有着重要影响。我们如果沿用哈贝马斯的研究路径，“公共领域”是指一个社会向所有公民开放的舆论空间与对话场所，其中最关键的是独立于政治建构之外的公共交往和公共舆论，既是政治权力的批判者，又是政治合法性的基础②。根据“理论旅行”的观点，我们还是结合中国当时的经济体制改革和思想文化背景来探讨公共领域的影响。

90 年代知识分子面临两种思想的挑战和选择——专业主义和商业主义，两者都是“去政治化”的方式。知识分子对专业主义的追求一直没有停止过，尽管常常被外来力量(常常是政治)所打破，学术本位常常让位于政治本位、道德本位等。第一，现代化的国际语境促进专业主义的发展。西方学术的快速发展，让中国知识分子倍感压力，追赶、紧跟、接轨世界学术的愿望大大增加，专业主义受到普世性价值的肯定。第二，90 年代的知识场域生产包括学术界、理论界、思想界等不同的领域，它们之间区隔明显，但也有交叉，对公共领域的态度有所不同。国家权力虽然放弃了对知识场域的全面掌控，但仍然要求知识界为国家意识形态的合法性作出论证，生发出“理论界”的次生场域，具有较明确的规范准则；大众传媒发展加大了对“思想”的市场需求，生发出“思想界”的次生场域，该领域的讨论缺乏规范；学术界

① 王新生：《现代公共领域：市民社会的次生性层级》，《教学与研究》2007 年第 4 期，第 12—18 页。

② 王彦章：《中国公共领域的发展与审美经验的变迁》，许纪霖等：《文艺理论研究》2010 年第 4 期，第 64—70 页。

的规范程度在不同专业与学科领域中呈现出差异①。中国学术体制、教育体制等改革开始全面实施“计量性”的规划改革，根据职称、工资级别、课题申报、核心期刊等学术评价制度标准配置相关资源，为知识分子的专业主义发展提供了体制保障，引导社会知识生产朝向专业化发展。第三，商业主义对思想界的干预能力较强，大众传媒借助经济实力可以在国家控制不强的领域建构一定的公共领域，但这种建构必然会受到理论界、学术界的制约。如媒体和印刷领域中出现的民间、独立、个性色彩的制品人、策划人及其文化产品。1989年后的《学人》《中国社会科学季刊》《原道》《公共论丛》《东方》等有一定的民间色彩，甚至中央电视台的《东方时空》也有民间制片人受聘参与创作，显示出与理论界、学术界不同的言说方式和文化图景。90年代影响最大的刊物之一——《读书》被公认为中国思想解放的象征，但同时又是国家出版社出版的文化产品，代表意识形态的文化意图。从中我们可以看出写出，在政治与社会之间，确实存在一个允许介于意识形态和民间的文化空间，允许边缘文化的存在和发展，但这样的空间与公共领域还是具有某种本质的区别。

“新市民小说”如果要建立一种属于文学的公共领域，必须突破国家与社会之间的文化空间界限，在新的层面对公共领域作出审美反映。而这一点，无论是我们的期刊编辑，还是“新市民小说”的创作者们，都无法实现这一点。因而，“新市民小说”对公共领域建构尽管是有意义的，然而也必然是虚无的。

第二节 文学生产与文化诉求

在思想界、大众传媒等力量的推动下，关于市民社会、公共领域的讨论逐渐从知识分子群体拓展到大众，在文学领域最突出的反映就是“新市民小说”。如果分析新市民小说的运作机制和文化意图，就能看出这种反映是否传达出思想界的声音，是否适合当代文学精神，从而对这种文学命名进行合理的价值判断。

除了刊发新市民小说的“编者按”，我们还可以从策划人的表述中窥见文学组织者、命名者的文学主张和具体做法。第一，突出新市民小说的现实依据和历史背景，为命名的合法性提供前提。如何应对新市民阶层崛起和

① 参见刘擎：《当代中国知识场域与公共论争的形态特征》，《启蒙的自我瓦解》，吉林出版集团有限责任公司2007年版，第269页。

城市发展带来新的变化，成为时代命题，也是文学作品和文学期刊必须作出阐释。第二，新市民小说立足城市，面向全国。上海和广东是全国经济发展中大城市、中小城市的代表，《上海文学》《佛山文艺》又可以分别代言。第三，新市民小说立足文学，面向人文。文学的低徊状态，关键是实践功能欠缺，发展新市民小说重在阐释新的价值观念。第四，发挥集体作战优势，引人瞩目。在新市民小说的推动中，重在打造一批“新市民小说”作家群，挖掘文学新锐，引入新鲜血液，《上海文学》推出了北京的邱华栋、荒水，上海的唐颖、沈嘉禄、殷慧芬，广州的张欣、张梅等，形成京、沪、粤三种不同风貌的“新市民小说”作家群①。第五，提出“民间—市民范式”，引导理论建构和分析，从历史、思想、人文等不同侧面挖掘“新市民小说”的理论内涵和人文理念，以此与文学创作产生互动效应。陈思和、李天纲、任仲伦、许纪霖等学者从各自不同的学术背景就相关问题进行了讨论，构成了当时“市民社会”“公共领域”等思想争论的一部分。第六，用人性尺度唤醒市民的心灵需要，能够提升审美的作品才能真正具有吸引力和竞争力。新市民小说的定位应是在不断扩大的市民群体的灵魂的安置工作上发挥作用，尽管文学接受者的比例在萎缩。新市民文学吸引市民的最基本的出发点是“永远保持感同身受的生活体验”②，但目的不局限于这一出发点，在文学选题和创作上要求既有鲜活的生活体验，又有超越这种体验的追求和能力。第七，文学刊物要创造一种平衡，处理好市场与精神、生存与灵魂、竞争与关怀的关系，打造现代人的精神家园。市场经济条件下的人心变得坚硬和复杂，而真实的内心又向往温馨和简单，文学正是回归本真的自我，释放心灵的好场所，以独特的方式来制约社会的过度倾斜，创造出人的价值的另一种平衡③。此外，《上海文学》与其他期刊同时推出同一栏目和作品，这在之前的策划中已经有过，常被应用在重大选题的推介上，1996 年 8 月与《人民文学》共同推出的“现实主义再掀冲击波”也是如此。

对于“新市民小说”的组织和策划，之前已经有类似的经验，与当时批评家和文学期刊的影响变得有关。策划和命名是 90 年代期刊策划栏目和扩大影响的重要方式，是商业化炒作的文学应用，有一定的市场效果和文学意义。以“新写实小说”为例，《上海文学》发表池莉的《烦恼人生》时配发

---

① 参见编者的话：《当代文学的第三“范式”》，《上海文学》1995 年第 10 期，第 1 页。
② 编者的话：《让文学吸引市民》，《上海文学》1995 年第 12 期，第 1 页。
③ 参见周介人：《创造另一种平衡》，杨炳华：《几度风雨海上花》，生活 · 读书 · 新知上海三联书店 1996 年版，第 118 页。

的“编者按”虽然准确提到了小说中“完全生活化的、尾随人物行踪的叙事方法”①,但是没有吸引眼球的命名,其效果远不如1989年《钟山》推出的“新写实小说大联展”的影响,尽管后者并没有提供更突出的命名内涵。因此,在文学寂寥的市场经济时代,文学命运的市场运作无可厚非,只要引导得当,让文学命名在市场的大浪中淘洗,让真正具有文学价值和理论意义的文学命名在考验中成熟起来,将花哨而没有文学价值的命名淘汰,本身也是文学价值的生长过程。

当然,也要慎重对待文学命名过程中使用的各种“推销”手段,如以地域、年龄、性别等标签将作家分为利于包装的各种群落,容易遮蔽文学真正的风格和内在的精神。王蒙对此深表忧虑:“分代我一点也不反对,如果单纯地用年龄来划分作家,我觉得这本身的幼稚性比用观念划分作家还要廉价”②。我们同样不反对用“新市民小说”专题栏目的方式对这种文学创作进行宣传和推广,但如果硬性地规训某些本来不是该类的作家、作品,把它们拉进阵营中以扩充实力,并不能增强这一文学命名的力度,反而会损害文学命名的严肃性。

对期刊运作而言,文学命名有一定的时间限定,过长或过短的时间都不利于文学命名的完成。持续时间过长的文学命名会给读者带来审美疲劳,也会在无形中鼓励自我重复和机械复制,还会造成理论的过度阐释的局面。优秀文学期刊的资源非常有限,不可能为了某一种文学命名耗费过量的版面资源。这就需要一个合理的停止、转换的机制,在总结上一个阶段命名的同时,开启下一阶段的文学命名。对于期刊而言,结集出书是最方便、快捷和有效的方式。“新市民小说”从1994年开始,到1996年8月《上海文学》推出“现实主义再掀冲击波”,虽然1996年9月《上海文学》仍然有“新市民小说”栏目,但已经逐渐淡出。1996年12月,上海三联书店推出《新市民文丛》,包括《几度风雨海上花》(理论批评卷)、《手上的星光》、《都市消息》等,既是对这一文学命名的总结,也是文学出版对文学命名的资本转化。因此,文学命名背后的市场逻辑是文学消费群体的代际差异,“与年轻一代的经历相对应,年长的一代将无法再度目睹年轻人生活中出现的对一系列相继而来的变化的深刻体验,这种体验在老一辈的经历中是史无前例的”③。“新市民小说”作为市场化的文学命名,其声势一度浩大,其消弭也迅速。

① 编者的话:《上海文学》1987年第8期,第1页。

② 王蒙、王干:《今日文坛:疲软? 滑坡?》,《钟山》1989年第3期。

③ [美]玛格丽特·米德:《文化与承诺——一项有关代沟问题的研究》,周晓虹、周怡译,河北人民出版社1987年版,第75页。

当然，文学命名的更替也会出现反复，消弭也不是完全消失，完全有可能在新的刺激下再次成为当红主角风行文坛。

第三节　感性化叙事与文学公共空间

文学命名的生产机制决定了旗号下面的文学生产参差不齐、鱼龙混杂，即使作为重点推出的代表作品也很难实策划者所标榜的文学主张。一方面，作家不能完全按照期刊的“将令”行事，也没有必要完全按照某一策划者的喜好去创作；另一方面，策划者对文学在进行文学命名的时候，也没有对文学创作进行过详尽的规划或设计，大多属于一种理论想象和文学理想。当他们在编辑和处理具体作品时，除了在作品标题、题材、人物等大的方向有一定的把握和修订之外，很难对文学创作的细节进行修正。尽管如此，我们还是能够从“新市民小说”中找到一些基本元素，从中窥见这一命名下的文学创作新变和特质。

尽管策划者更多地将“新市民小说”看成是一种对新市民阶层、城市发展的反映，“如果文学是一面镜子的话，人们感兴趣的根本就不是镜子本身如何，而是镜子反映出来的当下闻所未闻或百闻不如一见的生活，人们简直还希望无须通过镜子，或者文学就是一块似有若无、绝对透明的玻璃”①；但是“新市民小说”还是要提供一种文学特有的审美经验，即生命和环境相协调的瞬间——当人们将对过去的追忆和对未来的期待融入当下的体验之中，形成了具有完整性、丰富性、积累性和圆满性的经验②。将“新市民小说”及其艺术经验放在文学公共空间中进行考察，就会发现一种新城市叙事特色——感性化叙事，即文学的日常化、具体化、消费化、形而下的城市生活理解和城市人生体验，表达出新市民的情感、欲望、消费诉求，尤其通过细节突出“物”的符号意义和身体的消费意义。

对文学创作而言，城市发展带来的一切新事物都是一种新的生命体验，采取拒绝或者拥抱的态度直接决定了新市民小说的文学观念和写作姿态。新市民小说家将现代城市的发展看成是一种无法避免的现实，对新城市文化基本采取了认同和接受的态度，这有利于新市民小说以植入和生长的方式对城市生活和人生进行表现，而不是用旁观者的眼睛去审视。这也是为

---

① 倪文尖：《欲望的辩证法——论邱华栋的写作姿态》，《上海文学》1996 年第 2 期，第 68—73 页。

② 参见［美］约翰·杜威：《艺术即经验》，高建平译，商务印书馆 2005 年版，第 37—43 页。

什么很多新市民小说以第一人称“我”的视角进行叙述,因为这样可以更有现场感地新鲜、真实的城市新体验更好地展现出来。邱华栋对城市的新发展和城市文学抱有很大期望,“我希望越来越多的作家能够摆脱‘乡村小说’与‘文人小说’两大模式,进入方兴未艾的城市文学的广阔天地中去”①。更为重要的是,新市民小说作家对城市发展中出现的新现象、新思潮、新符号等抱有极大的兴趣,虽然不一定完全赞同,但对文学审美经验无疑具有很大影响。

一、成功/奋斗的市民叙事

新市民的成功/奋斗叙事与想象构成新市民小说的社会主题或背景,表现出新城市语境下价值观念的变迁和理想精神的畸变。新市民小说中的城市经验是碎片化的,因为个体在城市中实在是太渺小了,但每个人却又在憧憬着成功,为了金钱、欲望、爱情、娱乐等现代成功元素。邱华栋的《手上的星光》就描述了这种“近在眼前,远在天边”的成功理想/想象,小人物(作家乔可、杨哭、歌手林薇、画家廖静茹等)来到都市(北京)之后,一切都充满了刺激、新鲜和诱惑,同时又势利、艰险和现实,要想成功必须付出超出常人的胆量和努力,需要有冒险,甚至赌博的勇气。曾经落魄的画家廖静茹孤注一掷,以国际画廊总经理刘先生为跳板,以身体做交易,出国嫁给了美国诗人;歌手林薇以肉体开道,由廉价的酒吧歌女成长为电视剧明星,但却因得罪音乐经纪人而离开城市。凡一平的《男人聪明　女人漂亮》以500万的广告生意为中心编织了一个现代城市成功寓言,宋杨不安于做警察,辞职后开办了一家广告公司,为了争取500万的大单与半球集团总经理黄猛赌博,输上了几乎全部的家当,但就是这种气魄让黄猛敬佩,不但将赌资还给宋杨,还将500万的广告大单交给他。黄猛的理由荒诞而合理:“敢和我一赌输赢并且倾家荡产而在所不惜的人,这座城市你是第一个……我相信你是干大事业的人,其实500万广告经费的策划和支配权,除了你,也再找不到能操纵它的人选”②。随着城市的迅猛发展,新市民所面临的竞争和挑战无疑是空前的,新的游戏规则和城市逻辑正在浮出水面,新市民小说以独特的视角对此进行了新的阐释。在新市民眼里,“成功人士”成功的标准自然主要是指占有大量财富,因此,“身价”也就成了对他们进行量化的数目字命名。

① 刘心武、邱华栋:《在多元文学格局中寻找定位》,《上海文学》1995年第8期,第73—79页。

② 凡一平:《男人聪明 女人漂亮》,《上海文学》1995年第2期,第41页。

经过打拼有钱了的新市民立马换了行头，商品的符号价值成为新市民文化身份的重要载体，但是这种外在的现代性装饰并不能带来现代性思想和意识，反而容易陷入消费主义的泥沼。一是通过商品的特殊符号彰显其与众不同的设计、造型、口号和形象，以此传达出某种特殊意味的格调、档次和美感，体现出某一人群的欲望、梦想和想象。二是商品所附着的特殊社会身份、文化品位和生活方式等内在蕴藉。新市民小说主要是商品的外在感官刺激性，来传达对城市的感性认识，较少涉及内在的城市生活方式的挖掘。《手上的星光》中杨哭“打扮得像个美国新派青年——浑身上下的全套打扮都是欧洲名牌。我估计不下两万元；光是那双皮鞋大约就值七千元人民币”①。这种市民叙事提供的生活方式是外在而廉价的，昂贵的标价掩饰不了内在的虚荣，真正的新市民生活方式应该将市民精神融于城市生活的每一个细胞，不仅仅是高档酒店、商场和轿车，更多的理应在日常生活的细节。

二、欲望/爱情的公共叙事

新市民的欲望/爱情叙事与展示构成新市民小说的人性元素或基础，表现出新城市进程中人与人之间关系的欲望化、市场化转变。爱情在现代生活中是一种生活方式，在根本上是一种文化观念，体现出人与人之间关系的本质特征。新市民小说中的爱情叙事与欲望交织在一起，甚至可以说欲望无处不在地充当了城市游戏规则的所有角落，是新市民文化精神中最敏感、最脆弱的部分。张欣的《爱又如何》提供了一种透视城市爱情的特殊角度——辞职后的爱情遭遇，革命干部家庭出身、出版局工作的可馨因单位新领导暗算而辞职，体制外的生存压力让可馨倍感疲惫。先是经洛兵介绍去贸促会工作，但发现洛兵暗恋自己，而丈夫也醋意大发；后是进杂志社工作，但工资只有 800 元，为了增加收入，她深夜写稿，“我要挣钱，不想进文学史”；而曾经在可馨家做保姆的菊花成为书商，携巨款出入高档消费场所；在可馨家长大的爱宛由一个售货员干起，从承包东方红商场开始成长为商业新星，本来已经与一供销员谈婚论嫁，但供销员发达后成为烟商要与她解除婚约，条件是替承包商场做担保。严峻的现实将可馨把“以往对于‘爱’的玫瑰式幻想撞成无数碎片，她在这些碎片底下，看到的是赤裸裸的情欲、利害、利用、金钱的冷光”②。邱华栋的《环境戏剧人》讲述了一个爱情游

① 邱华栋:《手上的星光》,《上海文学》1995 年第 1 期,第 36 页。

② 编者的话:《“落草为寇”后的发现》,《上海文学》1994 年第 10 期,第 1 页。

戏——胡克寻找情人龙天米的过程,结果找到与龙天米关系密切的四个男人;而龙天米也在寻找可能使她怀孕的男人——她与很多男人交往,但却不知道肚子里的孩子到底是谁的;结果是没人愿意承担父亲的责任,只能自尽。小说表达出一种具有悲剧意味的气氛:爱情就是一场游戏,人生也是一场梦。陈丹燕的《女友间》写安安与小敏是挚友,小敏帮安安布置新房时却与安安的丈夫小陈幽会;而后小陈因嫖娼与安安离婚,还从贸易部主任的位置上下放到工厂,要与小敏结婚,而小敏梦想找一个有钱人过"真正的富裕生活",与小陈只是一种爱情游戏。更有很多新市民小说将爱情写成赤裸裸的身体欲望的满足,是一个利益与身体交换的过程。唐斌的《我要越狱》写中外合资的女老板白芷聘请"我"担任业务经理,条件是做她的姘夫,金钱与肉体的交换构成了笼罩"我"的"监狱";程小莹的《温柔一少年》写有钱太太黎莉因寂寞与酒店老板史秋宝相好,只是为了打发无聊的时光,不涉及任何感情与精神要素;马驼的《嘴的快乐》写"我"与女博士李芳相识,"每个星期去李芳那儿解决一下,相互解决";等等。新市民小说在爱情的欲望叙事过程中有两个值得注意的特点,一是欲望之前有理想,都有某种现实或理想中的爱情故事或设想,但在城市发展的市场逻辑中只能是一种奢望;二是欲望之后是虚无,欲望令人在短时间内沉迷、陶醉、麻木,但欲望发泄之后是精神的空虚,是对欲望的失望。新市民爱情解构了爱情,却没有找到解构之后的安身之所。

在新市民小说的文学公共空间中,"性"占有重要的位置,被看成是爱情、欲望、成功等多种主题的交会点。公共空间的意义上,性的解放是人的解放的一部分,具有标志性的意义。在城市生活中,性爱的追求与成功的追求紧密联系在一起,是欲望的基本要素。在新市民小说中,性是一种游戏,是追求事业成功的环节之一,虽然泛滥,却不再那么神圣和重要。性爱的崛起带来的是精神之爱的远去,人的欲望在性的满足上得到解放,并不意味着精神的提升和文化的开明。李治邦的《天堂鸟》中的海新与妻子在爱恋中离婚,在性的苦闷中结交模特于哥,获得了性爱的解放,但求婚却被拒绝,前妻却在获得成功后要求与他复婚。性的解放、思想的革新、事业的成功三者之间,在互动中矛盾,在矛盾中互动。最后发现,性在新市民小说公共空间中并没有明晰的价值,它的价值和意义是附着在其他主题之上,奢望在性的基础上图画公共空间的理想必定让人失望。

三、迷茫/反思的批判精神

迷茫/反思的批判精神构成新市民小说理想文化精神的基础,展示出文学对城市生活、城市人生的人文关怀和精神观照，体现出文学与市民在精神层面的交融。新市民小说在表现新市民生活的阴暗面、消极性因素等方面还是具有较多探索，包括人性的异化、人情的淡漠、官商勾结等，体现出作家对时代发展中的市民阶层在面对诸多问题时的思考和反省。孙春平的《放飞的希望》描写了某中学办校庆的过程，各色人等粉墨登场，各取所需，以权谋私、赞助回扣等现象成了校庆舞台的主角；薛友津的《轻飘飘的感觉》写关系友好的对门邻居因为原科长患病住院而让其中一人临时负责某科室工作而疏远，后发现是误诊才恢复关系；韦加的《文人小丈夫》写主人公为了十万元骗其父说孩子被绑架，以拿出秘方换钱；郭启祥的《修炼》写要退休的孟副主任一反常态，为自己落实住房、办理子女加薪、为自己免费装修等，却被认为有魄力，居然得到提拔重用；等等。

新市民小说对这些现象的描述可以看出作家的价值立场，但更多的是应对新城市发展中出现的诸多问题的迷茫，如何避免和根除人性在城市发展中丑恶欲望是文学思考的命题。新市民小说对这些问题的反映不可谓不真实，不可谓不形象，但关键的问题是如何改变现实存在。新市民小说的批判精神最直接、最重要的来源应该是新市民，只有新市民的文化精神、文明程度和批判意识真正得到启蒙和发展，新市民小说中的“迷茫”才能转化成“反思”，反思和批判的力度才有真正的基础。因此，新市民小说的批判精神的建立，不仅需要作家们的想象，更重要的是从现实中培养和发展这种批判精神的土壤，让文学之树立足人心和现实。

第十章　审美解放与“日常生活”的凸显

审美解放在“日常生活”的想象中表现得非常典型,新写实小说的“日常生活”因素处于中心位置,并且无处不在,是构成文学价值和文化立场的核心要素,表现出对原生态的人类生活的极大关注。文学的“日常生活”因素及其凸显是历史发展的结果,文学对“日常生活”的呈现具有选择性、指向性和策略性。新写实小说通过对日常生活的重复性叙事、对日常生活的再生产性叙事、对日常生活的功利性、实用主义的推崇、对日常满足的平庸化、一般化叙事等确立了在新写实小说中的本体性地位。新写实小说中“日常生活”的意识形态性包括“日常生活”的现代性诉求、大众文化属性、“日常生活”的多元性,既要从下而上地参与不断变得的日常实践,也要从上而下地以理论建构“日常生活”的多维空间。“日常生活”已经成为文化、权力、话语等多种因素的角力场,文学生产、话语生产、多元文化思潮等必须要参与到“日常生活”的整个全部过程,也必然起到对新写实小说的型塑作用。新写实小说在承认“日常生活”的本体地位的同时,缺乏对“日常生活”支配力量的揭示和批判,这极大地限制了新写实小说的思想高度和文学史意义。“日常生活”作为文化资本竞争的战场,也存在反抗支配的文化因素,新写实小说中日常生活的多元抵抗虽然呈现偶然性、间断性特点,但总体上有自下而上的自身建构。

第一节　审美解放与“日常生活”的凸显

经过80年代的理想主义时代的中国社会,向往美好时代的精神追求和对西方文化的移植的热情逐渐冷却,随之而来的物质主义时代让中国迅速转变成一个利益导向型社会,各个社会群体在经济利益的竞争分化、结合和变异,虽然得到的利益有所不同,但多少都有所得。1986年前后的中国文学陷入一个低谷,寻根文学疏离现实、抽象历史,先锋文学形式极端、内容晦涩,这些文学仍然对理想主义、英雄时代充满怀旧和不舍。岂不知文学时代的远去已是无法改变的事实,文学理想在物质生活面前的陷落已不可逆转。“新写实小说”的横空出世,在文学的意义上宣告了物质时代取代了理想时代成为主流,日常生活成为文学的中心,成为文学的理想(如果还有理想的话），从根本上完成了文学的时代转换。

如果不对文学产生的语境加以交代，简直难以想象“日常生活”能够成为文学需要考虑的问题，因为“日常生活”就是文学本是文学理应反映的主要内容。吊诡的是，越是普通的常识越是难以实现，中国新文学诞生以来，“日常生活”在主流文学中的空间一直是有限的，甚至是可有可无的，革命、启蒙、伤痕、反思、改革、先锋等时代主题和理想追求贯穿了整个文学史，每一个阶段的文学都有明显的中心，“日常生活”充其量只是背景、补充和点缀。宏大叙事压倒“日常生活”的现象已经成为一种历史的惯性延续下来，“日常生活”本身的意义和影响处于被遮蔽状态，无论是哲学、文学，还是社会、大众，对此都已习以为常。

在中国知识分子眼里，“日常生活”是与庙堂相对的诗性存在，可以在其中暂时放逐自己的身心和理想，是对抗现实和逃避社会的精神家园。在传统中国文学中，“日常生活”有两种价值形态，一是在人文目的与社会现实严重对立的时候，退而成为某种诗意人生的象征；二是在入世之心正强、社会乌托邦高扬时，成为某种桎梏理想消磨壮志的象征①。“日常生活”是积极价值与消极价值的对立统一，隐藏了知识分子入世与出世的矛盾心态，是理想与现实、思想与行动、诗性与理性的缓冲地带。鲁迅在《伤逝》中提出了自己的看法，狂热而诗性的爱情在单调而琐碎的日常生活消磨下逐渐消解，走出日常生活成为青年应有的选择；杨沫在《青春之歌》中旧话重提，林道静无法忍受个人的、庸俗的、卑微的日常生活，从而走上街头，投向集体的、高尚的、激情的社会改造；张承志的《黑骏马》依然如此，白音宝力格重返草原的举动象征着拒绝平庸、世俗的立场；等等。“日常生活”具有天然的诗性传统，既是中国知识分子的文化立场的选择，又是中国文学价值形态的表现。

文学对“日常生活”的呈现往往是有选择性的，因时代背景的不同被深深打上历史、政治和文化烙印，这些烙印使“日常生活”丧失了一定的生活质感。毛泽东《在延安文艺座谈会上的讲话》对“日常生活”的界定是以“工农兵生活”为主的“人民生活”，虽然没有完全否定其他生活，但倡导性的倾向非常明显。新中国成立后，在改天换地的激情冲击下浪漫主义气息开始弥漫，更限定“日常生活”的阶级属性，周扬在第一次文代会上指出：“文艺可以描写一切阶级一切人物的活动，工农兵的生活和斗争也只有在与其他阶级的一定关系中才能被完全地表现出来。但是重点必须放在工农兵身

① 参见蔡翔：《日常生活的诗情消解》，学林出版社 1994 年版，第 19 页。

上，这是没有问题的，因为工农兵群众是解放战争与国家建设的主体的缘故”①。“日常生活”被选择、被打上烙印的结果，是“日常生活”的扭曲和遮蔽，本来是日常的、个人的、物质的、琐碎的“日常”生活被抽象、粉饰、典型化为神圣的、集体的、精神的、宏大的“本质”生活。80年代之后，现代化的超大梦想压倒一切，文学从政治的束缚中挣脱出来，又投入新的宏大叙事，文学的精神性创作仍然具有高人一等的优势，先锋小说虽然在形式上突破了“集体的”、“典型的”本质生活的想象模式，但仍然固执地迷恋着本质生活的“精神性”②。

新写实小说的“日常生活”因素处于中心位置，并且无处不在，是构成文学价值和文化立场的核心要素，表现出对原生态的人类生活的极大关注。方方的《风景》写城市底层平民一家11口人挤在13平方米房子的生活状态，池莉的《烦恼人生》写都市下层市民一天的生活流程，刘恒的《狗日的粮食》《伏羲伏羲》将吃饭、性的动物本能当成人的生存本质，刘震云的《塔铺》《单位》《新兵连》等中的高考充满了自私的个人目的、卑鄙的竞争手段和无奈的生活困境，刘恒的《黑的雪》、何顿的《我代表人民判处你的死刑》、朱文的《我所负责调查的一桩案件》写城市贫民的绝望和窘迫，东西的《没有语言的生活》、鬼子的《农村弟弟》等写农民的卑贱人生和悲剧命运。新写实小说的“日常生活”没有任何诗意可言，琐碎、烦恼、悲苦是“日常生活”的常态。

第二节　审美解放与“日常生活”的本体性

新写实小说中“日常生活”不是简单地增加了日常生活的内容，而是将“日常生活”放在了本体地位，这直接决定了新写实小说的写作状态。回到日常生活，是90年代之后哲学界的热门话题，但早在80年代文学中的“后朦胧”诗人已经开始用口语化的方式去传达都市青年的个人日常生活体验③，韩东的《你见过大海》、于坚的《远方的朋友》、李亚伟的《我是中国》等突破了书面化和精英式的政治和启蒙模式。文学与哲学先后表现出“日常生活”的重视，反映出知识分子正在通过不同的方式表达自己对理想与现实、现在与未来的理解，反映出文学观念的转向和艺术创作的变异。

① 周扬：《新的人民的文艺》，《周扬集》，中国社会科学出版社2000年版，第790页。

② 张霖：《日常生活：90年代文学的想象空间》，《文艺评论》2004年第6期，第30—34页。

③ 王一川：《重复模式与日常生活——几部“新写实”小说中的市民形象》，《求是学刊》1997年第5期，第65—70页。

“日常生活”是自发性、自在(in-itself)的生活样式,包括日常消费、日常交往、日常意识等领域,与之相对的“非日常生活”则是自为(for-itself)的、自觉的生活方式,包括物质、精神生产领域以及理论、科学、宗教、艺术等实践形式①。哲学上的“日常生活”,强调日常生活作为起点与基础的本体性地位,突出与非日常生活(如英雄生活)的区别与联系,是人类社会结构的最低层次。衣俊卿认为,日常生活是以个人的直接环境(家庭和天然共同体)为基本寓所、旨在维持个体生存和再生产的各种各样活动的总称,其中最为基本的是以个体的肉体生命延续为目的的生活资料的获取与消费活动,以日常语言为媒介,以血缘和天然情感为基础的个人交往活动,以及伴随上述各种活动的日常思维或观念活动②。从人类社会结构中的位置来看,“日常生活”包含个体的衣食住行、婚丧嫁娶、饮食男女等日常生活领域,处于最底层,“日常生活”的上层是以政治、经济、技术操作、经营管理、公共事务等为主的社会活动领域,再往上是科学、艺术、哲学等自觉精神生产和知识领域。“日常生活”以世俗性、习惯性、重复性、常识性的实践为基础,凭借传统、经验、习惯等维系着我们每天生活之脉络,具有理所当然性。迈克·费瑟斯通总结出日常生活的五个特征:一是注重惯常、重复和习以为常的经验、信仰和实践,与任何大事件和大人物都不沾边,是一个世俗而平凡的世界;二是再生产与生计维持的领域;三是沉浸于当下的体验与行动的即刻性,不予反思;四是自发的共同行为包含一种非个体性的同在一起的体验感、愉悦感;五是差质性的知识、多种语言的喧哗、言语等③。“日常生活”作为一个对抗概念,容易让人与其他生活进行对比,从而为我们提供了观察和反思人类实践的独特视角。

第一,新写实小说对日常生活的重复性叙事,体现了“日常生活”的本体地位。新写实小说的叙事思维采取了变化极为缓慢的惰性思维,虽然保留了偶然性和新奇性因素,但缺乏创造性思维和生命的鲜活动力。方方的《风景》用“死灵魂”小八子的零度视角对武汉“河南棚子”一个11口之家的生存史进行了冷峻叙事,大部分都是在重复几乎相同的历史和日常生活——父亲乐此不疲地、几十年如一日地重复当年祖父、自己是如何打码头,并且要求所有孩子必须听完,这对听众而言是一种折磨,但却无法摆脱;大哥从15岁进工厂开始就长年累月地上夜班,因为家里没有地方睡觉;二

① 参见汪民安:《文化研究关键词》,江苏人民出版社2007年版,第268页。

② 参见衣俊卿:《衣俊卿集》,黑龙江教育出版社1995年版,第340页。

③ [英]迈克·费瑟斯通:《消解文化——全球化、后现代主义与认同》,杨渝东译,北京大学出版社2009年版,第77页。

哥三哥十几岁开始就扒火车、偷煤，当二哥爱上了上层社会的女孩，准备终止这种重复而卑贱的偷窃行为后，等待他的是所谓“爱情”的嘲弄，最后选择自杀；聋哑的四哥14岁去打零工，重复着同样的日子，却显得平静、幸福；五哥六哥先后当了个体户，通过手段类似的坑蒙拐骗很快发迹；七哥几乎每天都遭受父亲的打骂、姐姐的栽赃，兄弟姐妹之间为了争得父母的宠爱，获得更多的食物，少遭打骂，相互攻击；每7分钟一趟的火车好像在记录生活苦难的频率，是重复而无趣的日常生活的象征。池莉的《热也好冷也好活着就好》同样充满了重复性叙事，这个只有8300字的小说，一共七次写到“体温计爆了”，猫子自己就讲了六次，甚至为此关了播放国内外大事的电视，无论是听者还是讲述者都没有觉得厌烦，反而对此津津乐道，多次的重复并没有削减事件的新奇性和感染力，身边小事远比远离日常生活的大事件亲切、重要，因为日常生活最重要，生活本来如此；许师傅给毛主席做豆皮的典故一讲几十年，拥有忠实的听众，其中王老太在徐师傅谈论的武汉小吃中度过了大半生；王老太像钟点，每天下午6点钟准时坐在这儿择菜……“重复性思维”是指“某种在某一时期产生于创造性思维的活动、而现在被自发地实践的思维”①，“日常生活”在重复性思维的惯性作用下主要是日常经验的呈现，平淡无奇，波澜不惊。

第二，新写实小说对日常生活的再生产性叙事，体现了“日常生活”的基础性地位。新写实小说的叙事理想将维持生计的生存、再生产作为最高目标，虽然也有部分高于生存理想的叙事，但多是反衬日常生活的终极意义。刘恒的《狗日的粮食》中的吃饭是人生存的全部内容，二百斤谷子换来的女人将粮食当作她最大的事业，六个孩子都以粮食为名，为了生计去借、偷，甚至从耗子坑里掏粮食，最后因丢了粮本而自杀，维持生计成为人最大的追求和理想。如果说下层人们对生存具有信仰般的重视，那么知识分子的生存窘迫让他们不得不放弃更高的理想。方方的《行云流水》写两个有才华、有责任感的副教授之家却在贫困线上挣扎，上大学的儿子和上高中的女儿的费用让他们捉襟见肘，想买胃病药没钱，买书要算计是这月买还是下月买；刘震云的《一地鸡毛》写小职员小林深陷房子、孩子、蜂窝煤、老家来人等生活困境，根本无暇顾及其他；叶兆言的《艳歌》写历史系高才生迟钦亭与中文系女诗人沐岚的恋爱稍显浪漫，但结婚生子后的吃饭问题、请保姆、找人带孩子等接踵而至，狭小的房子给婚姻带来阴郁的气氛，吵闹和矛盾演化为最后长期分居；池莉的《烦恼人生》中人生的烦恼并不高深，指的

---

① ［匈牙利］阿格妮丝·赫勒：《日常生活》，衣俊卿译，重庆出版社1990年版，第138页。

是半夜孩子掉下床、早起排队上厕所、跑月票挤公交、菜价上涨、房子拆迁等直接威胁生活质量和生存环境的不大不小的事情。新写实小说无暇顾及人的精神提升问题，如何应对“日常生活”这一基本问题已经让人焦虑不堪，物质的匮乏、生存的焦躁和利益的争夺让人应接不暇，哪里还有精神高度的奢望？

第三，新写实小说对日常生活的功利性、实用主义的推崇，体现了“日常生活”的核心立场规则和立场。新写实小说毫不掩饰对物质利益的追逐，精神活动受到物质利益的支配，欲望的满足是日常生活的最大目标。刘震云善于表现群体性的生活以及在群体生活中人的异化和心理的扭曲①，体现出“日常生活”的功利性。《塔铺》中参加高考复习班的各色人等，都怀着一步登天、改变命运的目的，有的是因为对地方贪官不平，有的是追求恋人，有的是摆脱农民的命运，为了减少竞争对手，相互防备；《新兵连》中新兵们为了“进步”而防止他人“进步”，钩心斗角，诬陷告密，损人利己，溜须拍马，毫无想象中的高尚情操；《单位》中的机关生活灰暗而压抑，小林起先对种种规则不屑一顾，但当他发现混得好的老孙因为是副处而住进三居室，而混得差的老何挤在15平方米的贫民窟，小林彻底改变了自己的言行，甚至用孩子的奶粉钱去送礼；《官人》写某机关换了新部长，下面一个局长、七个副局长争权夺利，各立山头，胡乱整人，结果四位退休、两位调走，新部长的亲信上任局长，权力使人的心理和人格畸形。实用主义在“日常生活”的爱情叙事中表现更为突出，爱情完全建立在物质、欲望之上，男女之间“不谈爱情”“懒得离婚”，更不用提什么浪漫了。池莉的《不谈爱情》中，出身知识分子家庭的庄建非总结了自己与出身花楼街的吉玲结婚的根本原因，最后的结论竟然是性欲；吉玲在选择丈夫上绞劲脑汁，为的是改变自己的底层身份，不甘心受怠慢而跑回娘家，但又留恋庄家的条件；庄建非的父母家人出于门第观念轻视吉玲的出身和修养，但为了儿子能够出国深造马上向儿媳低头；庄建非的情人梅莹深谙婚姻之道，在她看来，男女之间除了性的关系之外，还有大量的其他义务，而爱情是无关紧要的；年过三十的庄建亚觉得哥哥庄建非没有爱情，而当代中国没有男子汉，也不能容忍独身女人。爱情在“日常生活”中是一件奢侈品，功利需求压倒了感情需要，为了实际需要人可以放下精神理想，可以剔除浪漫情调。谌容的《懒得离婚》通过记者方芳对离婚问题的困惑，写出了李索玲“不爱也不恨”、刘述怀“离不离都一样，懒得离”的婚姻困境，他们的悲剧不是感情不和、吵吵闹闹，而是知足满

① 旷新年：《写在当代文学边上》，上海教育出版社2005年版，第81页。

意到麻木的程度，张凤兰“好像天生一来就是刘述怀的老婆”，刘述怀“谈起理想家庭就像讲一个科学命题，跟自个儿家毫无关系似的”。一旦“日常生活”的功利性在婚姻中占据主导地位，爱情在婚姻的惰性面前更显得苍白无力、可有可无，人们往往从切身利益的角度来认识和评价婚姻，不诉诸高深的理论和远大的理想。

第四，新写实小说对日常满足的平庸化、一般化叙事，体现出“日常生活”的纯粹性价值。日常生活中的满足主要有两种成分：愉快和有用性①。首先，“愉快”与日常的满足更为关系密切。这里的“愉快”不等于“快乐”，“快乐”需要有哲学或道德的保证，“快乐”可以发生在不愉快的事情中，“愉快”只和日常生活相关。其次，日常生活的“有用”既可以是“对我有用”，又可以是“对他人有用”，前者具有更多的消极价值内涵，后者具有更多的积极价值内涵。新写实小说对“日常生活”的满足主要包括日常的愉快叙事、“对我有用”的消极叙事，间或有少量“对他人有用”的积极叙事，这样自然就产生对日常生活的过分平庸化、一般化叙事，文学的精神空间被大大压缩。刘恒的《伏羲伏羲》中叔嫂乱伦是一个古老而平庸的故事，平庸到不需要任何时代背景。50 岁的杨金山用 20 亩地换来 20 岁的王菊豆是为了生儿子，所以他理所当然地像对待 20 亩地一样对待菊豆，菊豆对他而言是“有用”的，而他的“愉快”无疑是建立在菊豆的痛苦之上。杨天青认为自己父母兄弟的死是因为叔父不肯割让一点土地，在情欲和复仇心理的作用下，偷窥、私通嫂子菊豆也就成了他最大的愉快，当然他的愉快也建立在对叔父的伤害之上，同时自己也备受伦理道德的折磨。菊豆在丈夫眼里连骡马都不如，她在“日常生活”之下生存，没有愉快可言，但却有顽强的生命力，她没有放弃对愉快的追求，当侄子杨天青给了她女人应有的愉快后，她更加努力地希望改变自己的命运。范小青的《柳湾故事》写柳湾一群中学生围绕“当兵”展开的角逐，70 年代“当兵”的“有用性”十分诱人，县人武部副部长的女儿陈小马、女教师的女儿舒波等加入了竞争，虽然陈小马的入选会影响哥哥的入伍，失去珍贵的友谊，但在“有用”的诱惑下她还是选择了“有用”，为此她甚至不惜联合母亲来对付父亲。

总之，从对日常生活的重复性叙事，到对日常生活的再生产性叙事，再到对日常生活的功利性、实用主义的推崇，最后到对日常满足的平庸化、一般化叙事，“日常生活”确立了在新写实小说中的本体性地位。

---

① 参见张贞：《“日常生活”与中国大众文化研究》，华中师范大学出版社 2008 年版，第 53 页。

第三节　审美解放与“日常生活”的意识形态性

文学在很大程度上已不再是一种语言符号和语言艺术，更重要的是一种表意的社会实践。要想从深层意义上认识新写实小说中“日常生活”的意义，就要从现代性、大众文化和“日常生活审美化”等多重语境对“日常生活”进行考察，因为不同的理论语境可以透视出新写实小说在不同层面的理论意义和实践功能，从中可以挖掘出“日常生活”的意识形态。

一、“日常生活”的现代性诉求

新写实小说诞生在中国现代化进程的转折时期，现代化的幻想和理想矛盾统一于中国特色的社会主义市场经济实践，这一矛盾投射在新写实小说中就是我们所说的“日常生活”。既然“现代派”“新启蒙”“反传统”等思潮已然失效，索性变换一种视角，从形而下的日常生活入手，本真性地呈现世俗化的生活世界，从反面的角度呈现现代性的价值诉求。80 年代中后期，中国社会的世俗化进程加快，不仅知识分子、作家们的观念受到市场经济的剧烈冲击，而且读者的价值观念、思维方式和消费习惯等都在转变，个体意识和世俗理性逐渐膨胀，关注个体的世俗生活成为文学的必然。有人认为这是“对过去那种虚假的理想化和英雄化的一种强烈反叛”①，这只是表明现象。其实，过去的理想不见得虚假，逝去的英雄不见得虚无，关键是时代变了，社会人心变了，更重要的是承认世俗、接受庸常、转换策略已经是大势所趋。在世俗的日常语境中，作家要想充当启蒙者、阐释者的角色必须具备充分的自信和高超的技艺，就要忍受市场的冷漠和读者的苛责。

新写实小说的现代性追求并不高深，策略并不高明，唯一值得称道的是姿态——一沉到底的平民立场和客观冷静的零度视角。平民立场来源于作家对时代发展和文学自身的重新定位，表现在对日常生活的津津乐道和对知识分子的冷嘲热讽，两者异曲同工，前者表明一部分作家已经迎合世俗化的生活潮涌，并将世俗化转化为自身创作的动力；后者除了表明作家的无奈，还表现出世俗化的社会发展趋势已经成为巨大的磁场，个体的对抗和知识的力量无法阻止日常生活的巨大惯性。新写实小说的创作者没有刻意将自己与作品中的人物区别开来，更多的是自身体验和亲身经历，作家无需避

① 徐兆淮、丁帆：《思潮 精神 技法——新写实小说初探》，《小说评论》1989 年第 6 期，第 5—10 页。

讳和隐藏自己的底层经验，反而将它作为创作的真实灵感。池莉的《烦恼人生》来自她的切身经验，“我下班得挤三个多小时的公共汽车……我得买菜做饭，洗衣粉，打扫房间；太阳出来得赶紧晒被褥，气候变化了得赶紧换上时令用品；我得孝敬父母，侍候丈夫，应酬朋友，灭蚊灭鼠……”①方方对日常生活的重视高于文学，“我们生活复杂丰富离奇的程度常常超出你的想象，最美最巧的构思其实也没有生活本身的事来得漂亮和巧妙”②，所以方方坚持按照生活本来的样式描写生活，保持生活的自然面貌。刘震云强调日常生活与精神世界的联系，“日常生活琐事锻炼着我们的毅力、耐心和吃苦耐劳的精神”③，人物的精神世界可以在流水式的生活叙事中得以呈现，只不过需要琐碎、无奇、偶然的细节去表现。相比之前的文学，新写实小说更加清醒地认识到日常生活的重要性、复杂性和独特性，他们的策划之所以不高深，不是因为他们不了解生活；恰恰相反，他们更深刻地了解生活、敬畏生活。

正是因为新写实小说将文学与生活放在同一高度上，所以我们看不到作家明显的价值判断、精神导引和审美理想。人们常认为新写实小说是“零度写作”“中性写作”“自然主义”等艺术手法，这不仅是艺术方法的问题，更为重要的是艺术理想的引导。作家心目中没有比生活更高的理想、情操、道德和情感，超越性、理想化的因素被消解，自然无法再对生活的指指点点。

新写实小说的现代性诉求还表现在对个体生命的推崇，强调个体的差异和价值。新写实小说中少有集体想象，多得是不同个体的独立性。我们可以说新写实小说中更多的是自私、自我，缺乏集体主义精神，但也不能否认突出了个体的诉求和尊严。在市场经济条件下，个体是“小写的人”，虽然他没有之前的“典型”那样集中、全面地塑造人物，但却因为体现出个体的差异性而更具时代意义的普遍性。《烦恼人生》中的印家厚、《风景》中的七哥、《单位》中的小林、《不谈爱情》中的庄建非，都是具有鲜明个性的小人物，但他们与身边的人物一样，具有独立的主体性，能够代表一个群体或一个阶层。从某种意义上来说，新写实小说从反面的角度确立了个体（主体）在生活中的地位，也提升了个体（主体）在文学中的位置。

---

① 池莉：《我写〈烦恼人生〉》，《小说选刊》1988 年第 2 期。

② 方方：《其实都是身边事》，《中篇小说选刊》1990 年第 3 期。

③ 刘震云：《磨损与丧失》，《中篇小说选刊》1991 年第 2 期。

二、“日常生活”的大众文化属性

毫无疑问，新写实小说是大众文化在文学中的典型代表，这不仅是指新写实小说是在大众文化的推动下产生，而且是说新写实小说以“日常生活”的方式表现出对大众文化的接纳和认同。如此一来，新写实小说就具有了大众文化精神，而大众文化因为有了文学的支撑和表现，从而扩大了自己的领域和影响。

新写实小说中“日常生活”中的重复性、再生产性、功利性、平庸化生活，同时也是大众文化的特点，两者在精神层面是完全一致的。尤其是以城市为背景的新写实小说，大众文化逻辑与市民逻辑一致，或者说两者是异质同构的关系，大众文化也是市民日常生活的主要组成部分。新写实小说的爱情、婚姻、友谊、权力等无不掺杂着物欲的干预与追逐，文学对日常生活的重复与认同，与大众文化对日常生活的复制如出一辙。大众文化没有理想标准，只求受众的最大化，让受众可以非常容易得到愉快，新写实小说对虚无缥缈的理想冷嘲热讽，为的是与现实尽量接轨，甚至比现实还夸张。这样做的目的是切近大众，消除意识形态和精英意识的嫌疑，缓解了启蒙主义知识分子与现实的紧张关系，同时也将文学纳入大众文化逻辑轨道。对知识分子读者而言，很容易识破这种写法的反讽性，知识分子最终也能接受在深层次包含的批判意识。有人认为新写实小说没有理想性、批判性，这是在一般情况下、对大多数读者而言，在特殊语境、对知识分子而言，新写实小说还有多元阐释空间和余地。

新写实小说中“日常生活”的大众文化特性还表现在对方言的运用上，用方言来解构意识形态和精英话语，从而具有大众文化特性。新写实小说在语言上充分展示了大众意识和大众立场，直接采取大众口语，大量使用不加雕琢的市井乡音，形成与以往文学截然不同的语言风格，“过去写小说总围绕着中心思想，每一句话都经过精心推敲，而现在小说则不然，张三说的话很可能很啰嗦、很平淡、很粗俗，也和主题没多大联系，但因为生活中张三就是这么说的，所有在小说中也这么说”①。池莉描写武汉市民生活的新写实小说地方特色浓厚，尤其是方言运用特色突出，《热也好冷也好活着就好》的粗言秽语不仅出自男性、老年人之口，连未婚姑娘也不例外，燕华向闺友讲售票员与乘客相骂的粗口，四个姑娘笑得一塌糊涂，燕华顶快活，说：“个婊子养的，家里一个老头子，一个男朋友，想讲给人听又讲不出口，憋死

① 丁永强：《新写实作家、评论家谈新写实》，《小说评论》1991年第3期，第12—18页。

我了”。日常生活中的粗言秽语极大地拉近了与生活的距离,引发读者,尤其是地方区域内使用同一方言的人们的文化认同感,而不使用该方言的区域外读者又会产生陌生化效果,客观上也有反映地方文化、亚文化的社会反响。从深层上看,语言为新写实小说与大众文化之间搭设了沟通的桥梁,语言本身就承载着一种生活方式和文化类型,“如果说每一种语言的确包括有世界观要素和文化要素的话,那么,也就确实能够从一个人的语言中估量出他世界观的或大或小的可能性”①。

三、“日常生活”的意识形态性

从“日常生活批判”到“日常生活审美化”,“日常生活”在其中到底发生了什么变化,或者说这种变化究竟是一种理论想象,还是现实存在?“日常生活”在中国社会结构的位置是否也有相应改变,应如何看待和应对这种变化?这些问题是我们进一步深入考察新写实小说中的“日常生活”必须要解决的问题。

“日常生活”的意识形态性集中表现在两次大的争论,一次是 90 年代的“日常生活批判”的论争,一次是新世纪以来关于“日常生活审美化”的讨论,两者既有连续性,又有质的差异。90 年代的“日常生活批判”主要意指中国的现代化必须使以文化转型为表现形态的人自身的现当化与社会层面的现代化同步展开,着眼于日常生活批判与人文精神的重建、日常与非日常、日常生活批判与知性启蒙、文学与日常生活批判等关系问题上②。“日常生活批判”研究主要是哲学层面、形而上的理论思辨,以西方批判理论与社会实践为参照,对中国日常生活的抽象性、宏观性概述,为以后的“日常生活审美化”提供了哲学基础和理论依据。“日常生活审美化”则主要由于中国社会客观现实发生根本性变化,着眼于形而下的社会实践,虽然也以西方理论与社会发展为参照,但更多的是对中国日常生活的感性描述和理性梳理,强调微观分析与宏观分析相结合。“日常生活审美化”立足于对中国社会生活变化的判断,根据这种判断有以下几种观点。一是参照费瑟斯通、韦尔施等人的理论,突出日常生活审美的现实性,以此培育新的学术增长点。二是观点正好相反,日常生活不但没有审美化,而且还有审丑化倾向,大众文化、消费文化带来文化低俗化、庸俗化。而且,中国的最大现实是广

---

① [意大利]安东尼奥·葛兰西:《狱中札记》,曹雷雨等译,中国社会科学出版社 2000 年版,第 234 页。

② 参见李小娟、肖玲诺:《90 年代日常生活批判研究综述》,《教学与研究》1998 年第 7 期,第 50—54 页。

大的农民、农村还处于基本生活需求满足阶段，大多数人的审美鉴赏能力不足以支撑这种理论假设，“日常生活审美化”只是一个西方文化的中国幻象。三是既要承认日常生活审美化的存在和合理性，同时又不能扩大化为整个社会现实，要有批判和反思意识，这就和之前“日常生活批判”联系起来。对文学而言，争论的焦点是如何评判感性经验进入文学话语领域后对传统话语秩序和意义造成的冲击①，文学如何在新的现实面前作出调整，展示自我。对新写实小说而言，“日常生活”并不是简单的“审美”或“审丑”问题，而是社会现实、文学、话语系统三者之间如何调整的问题。

第一，“日常生活”已经成为文化、权力、话语等多种因素的角力场，文学生产、话语生产、多元文化思潮等必须要参与到“日常生活”的整个全部过程，也必然起到对新写实小说的型塑作用。“日常生活”的审丑化、庸俗化是在中国进入大众文化社会才发生的，而审美进入日常生活无疑不是现代消费社会才发生，只不过“日常生活”在话语体系中占据的位置越来越重要，连精英文化也不得不与大众文化达成某种妥协。在审美意识形态和市场经济发展的背景下，“日常生活”获得了特殊的社会意义，“大众文化不考虑文化批判，唱卡拉 OK 的人根本不去考虑要改变什么东西，但这种态度却反而能改变一些东西，这就是……对正统体制、对政教合一的中心体制的有效侵蚀与解构”②。传统的精英知识分子壁垒森严，市场经济之后，知识分子多以职业化、技术化的专家身份示人。既然大众文化的雄厚基础和实力无法改变，那就让知识分子改变与大众文化的关系，主动与大众文化接触和亲近，这既是近期策略的现实需要，也符合长远的文化战略。知识分子在新的经济基础之上提出的要求完全可以和大众文化的要求结合起来，尽管所要求的层次不同③。新写实小说对“日常生活”的认同，同时肯定了文学的消遣娱乐功能，在文学生产机制上调整了生产要素之间的关系，读者的喜好、市场的需求被突出和强调，作家也要相应作出写作姿态的改变。

第二，新写实小说在承认“日常生活”的本体地位的同时，缺乏对“日常生活”支配力量的揭示和批判，这极大地限制了新写实小说的思想高度和文学史意义。新写实小说进入多本文学史，形象大致趋同，但对其生成逻辑、文学脉络、文学史意义等认识具有较大差异，这是因为对新写实小说的

① 参见钱翰：《“日常生活审美化”是一个文学问题》，《贵州社会科学》2007 年第 12 期，第 33—38 页。

② 李泽厚：《关于文化现状与道德重建的对话（上）》，《东方》1994 年第 5 期。

③ 参见卢衍鹏：《主流文化的解构与文化研究的重生》，《内蒙古社会科学》2011 年第 4 期，第 134—137 页。

研究还是停留在表面。从马克思的异化理论开始，到海德格尔的沉沦说，再到列斐伏尔的“日常生活批判”，“日常生活”是一个典型的异化领域，要解决这种异化，马克思的药方是“总体的人”，海德格尔强调的是“艺术对本真澄明的价值”，列斐伏尔将“日常生活”视为经济和政治之外资本主义统治和竞争的主战场①，“日常生活已经不再是有其丰富主观性内涵的‘主体’；它已经成为社会组织的一个‘客体’”②。以上理论假设是否能为新写实小说中的“日常生活”做出解答，还是做出部分解答，还是无法解答，这需要重新回到新写实小说的历史语境。80年代中后期之后，中国的市场经济逐渐深入，马克思所说的“总体的人”正在走向分裂，海德格尔所说的文学艺术正在从中心走向边缘，城市的部分“日常生活”已经客体化，但同时存在更多没有被“客体化”的生活世界。如此看来，新写实小说中的“日常生活”只能是冰山之一角，从浅层次讲，“是它是一次别具一格的小说聚会，一个精明的办刊策略，一个审时度势之后的文学话题的设计，一个文学批评的力比多宣泄，等等。显而易见，这些成功已经是在当代文学史上记载了醒目的一笔”③。从深层次讲，新写实小说对“日常生活”的揭示本身就停留在表层，从创作动机到创作实践都是如此。

第三，“日常生活”作为文化资本竞争的战场，也存在反抗支配的文化因素，新写实小说中日常生活的多元抵抗虽然呈现偶然性、间断性特点，但总体上有自下而上的自身建构。新写实小说中“日常生活”的人们多是被动地接受生活的磨砺，他们是沉默的大多数，但不等于他们一直遵循日常生活的规则，他们也在寻找、探索和反抗。《风景》中的二哥一直安分守己地沿着底层社会的“日常生活”轨道行进，但来自知识分子家庭的姑娘杨朗打乱了他的人生轨迹，让他误以为得到了爱情。二哥拼命抓住了这次反抗庸常的机会，即使杨朗用贞操换来职业而自甘堕落，他也没有放弃，但杨朗一句“我从来没有爱过你”彻底将他的反抗击碎，失去爱情的二哥宁愿去死，但他的反抗并没有因死结束，因为他的临终遗言是“不是死，是爱！”。二哥的反抗和死亡就如一道闪电，虽然只是在“日常生活”的天空一闪而过，但留下的精神之光仍然可贵。《杨湾故事》几个女中学生因当兵名额争得头破血流，但当竞争对手落魄时心里也难免有同情之心，当陈小马得知落选的舒波自杀的消息后马上瘫痪，可见心理负担之重。而意外得到名额的谢红

---

① 参见乔焕江：《日常生活转向与理论的“接合”——从“日常生活审美化”论争说起》，《文学评论》2011年第3期，第32—40页。

② Henri Lefebvre, *Everyday life in the Modern World*, New Brunswick & London, 1984, p.60.

③ 南帆：《新写实主义：叙事的幻觉》，《文艺争鸣》1992年第5期，第38—46页。

芳没过多久就因公殉职，因福得祸，将之前钩心斗角、你争我夺的“日常生活”规则击得粉碎。更多是反抗是心里的犹豫、挣扎，更多的隐藏在地表之下，一旦时机成熟，反抗的大潮马上会掀翻“日常生活”的笼罩。

总之，“日常生活”具有多重性，新写实小说中的“日常生活”也具有多重阐释的空间，“日常生活”中的多元因素会因为不同的利益诉求在特定的语境下结合、分离，从而展示出多元的价值形态。对新写实小说的“日常生活”研究，既要从下而上地参与不断变化的日常实践，也要从上而下地以理论建构“日常生活”的多维空间。

第十一章　审美解放与“私人生活”的症候

审美解放与“私人生活”的症候，可以从林白、陈染等人的“私人写作”中可见一斑。“个人化写作”“私人写作”是90年代的“女性文学”的标志性特征，是对公共生活变迁的文学反映，是文学自律的时代发展，是弥合私人领域与公共领域的黏合剂。女性文学的“私人性”是一种策略，性也是一种策略，都是为了公共领域与私人空间之间的和谐，理想的文学应在私人领域与私人空间中发挥建设性作用，而不是将女性独立于、疏离于、隔膜于世界之外。性别政治是90年代女性文学的私人性写作的叙事策略，以此来抒写女性生存的独特价值和文化诉求，构建私密性的女性话语空间。陈染、林白将“女性躯体”作为拒斥男性话语和公共话语的阵地，用女性化很强的意象和隐喻来传递女性独有的感觉、情感、欲望和思想，用美丽而孤独的女性形象来颠覆世界的男性规则，试图建构一个以女性躯体为中心的生存之地。女性话语空间充满了矛盾和断裂，包括女性苦难叙事、女性孤独本性和女同关系抒写等，这是女性文学性别政治的实现方式，也是女性文学干预现实的无奈选择。女性的自恋和同性恋让以自我为中心形成一个女性共同体，女性可以为这个共同体当中的其他人牺牲自己。陈染、林白的文学创作表征着90年代的文化隐喻、时代症候和合法性困境。“私人性”写作中现代性、后现代性因素过于抽象，欲望化泛滥，对社会的理解过于狭隘，拒绝精神和理性的提升，最后导致写作的反智化倾向，自我降低了审美想象能力。

第一节　审美解放、公共生活与文学自律

当我们考察90年代“女性文学”的时候，“个人化写作”“私人写作”往往成为标志性的指称，虽然这些说法至今充满争议，但其“私人性”品格基本得到认可。本书之所以选用“私人性”写作，而不是“个人化写作”，是因为“私人性”更有文学传承，而且在一般意义上更有“本土”特色；而“个人”偏向于西方的“个人主义”，由此衍生出的“公共领域”“公共空间”等更多的是理论想象，而实际上包括其他领域的“私人性”因素，都与西方的个人主义有很大不同，都进行了本土化改造。当然，“私人性”写作也不是严格意义上的文学命名，也不想颠覆和超越“个人化写作”的文学命名，而是表

明一种姿态——文学事实远比文学命名重要，“个人化写作”等能指功能并没有准确地把握和涵盖其所指，仍是一种开放式、未完成的领域。

“私人性”具有天然的反抗男性话语、男性霸权的文化诉求，在对私生活的展示中体现出看/被看的权力关系及其反抗。如果深入挖掘“私人性”文学背后的社会逻辑，就会发现公共生活在90年代的剧烈扩展及其辐射效应，其中“去政治化”运动在经济、文化领域的展开具有深远的普遍性意义，从个体到社会、外部到内在、从生理到心理，“过度私人化”取代“过度政治化”成为社会文化的主要特征之一。文学对社会转变的反应明显地反映在女性文学的创作和批评上，加上外来文化对“私人空间”“私密文化”的推波助澜，女性文学对“私人生活”的反映成为一种时代症候。在此意义上，“新市民小说”与“私人小说”有着某种内在的一致性，前者的旗帜正是“回到日常生活”，体现“女性在日常生活叙事的创造天赋以及这种创造天赋的优越性”。与市场经济相配合，在90年代的文学中，“日常生活”“私人生活”往往就是所谓“经济生活”，生活的高度经济化恰是90年代的社会特征。

中国文学的“私人性”写作并非陈染、林白原创，只是重新恢复了这种处于边缘化的写作传统。早在“五四”时期，郁达夫等人就以“自叙传”的形式书写一己情怀，人物个性突出，就有颓废、感伤、变态等心理描述，但那时的“私人性”写作显然是与外界的民族解放、国家危亡等宏大叙事联系在一起。陈染、林白的“私人性”写作生长的土壤相比之前更为复杂，现代文学传统的积淀，西方文化思潮的影响，更为重要的是当代中国现实的剧变，困扰当代中国的诸多问题不仅让知识分子困惑，更在文学上反映出来，其中女性文学的“私人性”写作就是其中的典型代表。我们需要质询、反思的是，90年代日常生活的合理化是怎样完成的？一个不可或缺的历史化的分析是，私人生活、私人小说与80年代的个人主义、人道主义思想解放思潮有着文化脉络上的联系，后者是前者的序幕，是其“符号生产”或“文化生产”的经济学运作。

一、公共生活

公共生活的变化和自由主义的流行是90年代女性文学的社会背景和思想基础，两者的开放性和局限性矛盾统一于文学的“私人性”。90年代中国的市场化转型和社会变迁从根本上改变了中国的公共生活空间，多元思想形态开始突破80年代的新启蒙主义、现代化意识形态，生产机制和社会机制的改造在市场制度的规约下持续推进，商业化、消费主义等对人的心理冲击和行为解放起到关键作用。

女性文学作为“个人化”写作的一种，它与晚生代写作、另类创作等一同构成90年代文学创作的多种尝试，并形成不成章法、歧义纷争的局面。女性文学的“私人性”写作具有鲜明的理论意识和创作倾向，这让其成为“个人化写作”中特色尤其突出的文学类型。陈染对于“个人化小说”的提法“有点害怕”，因为这种提法会引起误读，她认为“我的作品就是一种个人化写作，我没有进入宏大叙事；我没有去写时代历史的什么黄钟大吕；我无力写这些，也不会。我只愿意一个人站在角落里，在一个很小的位置上去体会和把握只属于人类个体化的世界。这就是个人化写作或私人写作”①。从文学史的角度而言，写作方式呈现多元形态，可以从不同角度进行分类，当然也包括宏大叙事和个体叙事的分法，前者以普遍性、本质性、权威性为旨归，后者以个体性、主观性和内在性为特征。可见，在更宏观的视野下，“个人化写作”并没有为文学叙事提供新的内容资源，只是一种文学命名上的贡献。但90年代语境下，“个人化写作”表现出一种文学姿态和文化立场却有一定意义，那就是拒绝和疏离宏大叙事，高扬个体生命的价值和选择，为当代文学的个体化、本真性转向提供了有效路径。

公共生活的变迁为“私人性”的个人表达提供了社会基础，试图建构不同于“公共的人”的文学真实。学术界对“个人化写作”的认识主要包括三个方面，一是创作表现出强烈的个性化、风格化，二是立足个人视角对主流、权威的解构，三是专指女性写作的私密性、自传性②。女性文学的“私人性”写作虽然只是“个人化写作”的一种类型，但其实前者与后者在策略、精神、功能等方面是一致的，女性文学的“私人性”写作个性更强，对强权的反抗更坚决。按照陈染的说法，传统的表现方式表现的是“公共的人”，缺乏对“个人”或“私人”的表现，“在个性的层面上，恰恰是这些‘公共的人’才是被压抑了个人特性的人，因为她才是残缺的，不完整的，局限性的人……”③。相对于“公共的人”，“私人”“自我的人”就是剔除意识形态、外在型塑的个体，这种个体拥有个人特性、私人空间及“私人生活”的“私密性”，只有这样的自我才是真实的自我或本真的自我④，甚至具有海德格尔的“解蔽”功能。

其实，文学的公共性和个人性之间存在一种张力关系，“在公共性与个人性之间，存在着一种潜意识的对立，公共性要求小说贴近日常世界（生

① 康宇：《陈染姿态与立场》，《作家》2001年第2期，第2—6页。

② 参见刘小新：《个人化写作》，南帆主编：《二十世纪中国文学批评99个词》，浙江文艺出版社2003年版，第28—32页。

③ 陈染：《私人生活》，经济日报出版社2000年版，第282页。

④ 参见杨飏：《关于九十年代个人化写作问题》，《文学评论》2002年第2期，第36—40页。

活），要求叙述者成为大众文化的‘转述人’，并由此产生再现、模拟等一系列小说理论；个人化则强调作家的主体情致，并对世界作出个人性的解释，要求将小说单纯的叙事陈述转化为一种个人性的表意过程”①。文学偏向公共性，还是私人性，不单单取决于作家的个人选择，还要受到所处文化语境的制衡，90 年代对文学公共性的要求已经大大降低，作家得到“私人性”写作的文化权力和市场诱惑。

二、文学自律

从文学的他律性与自律性的关系来看，女性文学的“私人性”写作排斥一切“他律性”，但文学自律性本身就包含着异质的社会性因素，女性文学的“私人性”空间在客观上是有限的，正如任何自由也是有限的一样。阿多诺认为，“艺术是自律性的，同时又不是。如果里面没有异质的东西，艺术的自律性也就无从产生”②，任何自律性都要有一定限度和范围，离开了外在规则的自律性注定不能长久。如果说“先锋小说”“第三代诗”主要是以形式创造来体现文学自律性，那么女性文学的“私人性”写作就是主要以内容创新来体现文学自律性。

女性文学的“私人性”写作对个体、经验的推崇，影响到文学语言的表达、形象的塑造和结构安排等，有利于提供与社会领域的一般形式不同的文学形式，将文学品质突显出来。在公共生活扩大的当代中国，“私人性”写作很容易与自由、民主等现代文明联系起来，让人产生一种以文学求自由的幻觉。90 年代的市场经济规则将个人的地位和权利凸显出来，西方自由、个人思想开始从经济领域蔓延开来，“现代民主制度的意义就在于，它保护作为一个人的个人的自由”③，“每个人既是公民（当他置身于公共领域的时候），同时又是私人（当他置身于私人空间的时候）。私人权利是否得到保障是一个社会自由民主程度与文明程度的标志”④，文学的“私人化”程度也在一定程度上成为衡量女性文学的尺度之一。

三、“私人性”写作

女性文学的“私人性”写作，需通过在公共领域中与社会的交往对话才能生成文学的独立性和文化的公共性，而当前作家私人领域的独立性很难

① 蔡翔：《日常生活的诗情消解》，学林出版社 1994 年版，第 10 页。

② Theodor W Adorno, Aesthetic Theory, London: Routledge & Kegan Paul, 1984, p. 6.

③ ［美］乔·萨托利：《民主新论》，冯克利等译，东方出版社 1993 年版，第 191 页。

④ 陶东风：《文化与美学的视野交融》，福建教育出版社 2000 年版，第 123 页。

保证。基于对人性本身的要求，文学的私人性和公共性必须统一于人性的审美表达，女性作家的"私人性"写作要想传递出个人体验，也要从私人体验出发来对应社会的普遍经验。艺术受众只能从自己的私人经验里，寻找到进入作品与艺术家相遇的阅读代码；艺术家同样也只能"根据自己生活的接触而建立起一种普遍的经验，并使其接触面与我们每个人储存的普遍经验相对应"①。

林白小说一律写"我"及"我的故事"，一方面，虽然有部分"自传性"、"半自传性"，但主要是一种叙事立场，强调性别记忆、个人体验；另一方面，没有放弃与世界的沟通，"我的写作是从一个女性生命的感觉、心灵出发，写个人对于世界的感受，寻找与世界的对话"②。在林白的小说中，性是女性与世界沟通的主要方式，而世界通过性的交易、摧残、压制等实现对女性的毁灭。《一个人的战争》中的林多米的成长经历就是一个性成长的过程，从童年时期的孤独与性游戏到青年时期自闭与性幻想，从强奸未遂到失去初夜，从轰轰烈烈的爱情到平静如水的婚姻，性是女性与世界、男人、女人沟通的桥梁，也是最能展现女性心理和生理变化的途径。从林白笔下女性的性遭遇（压抑、侵犯、侮辱等）可以看出女性的悲剧命运，本来健康、美好的性在遭到不公正对待之后就发生了变异，使得女性不得不走向极端和反面，《回廊之椅》中的三姨太选择自恋和同性恋，《同心爱者不能分手》中的女演员走向变态，《大声哭泣》中没有发育的小女孩跳进大河，葬送了拥有美好爱情的《沙街的花与影》中的中学生冼小英，《往事隐现》中的女教师邵若玉。女性通过性与世界的交往也是不对等的，性交易没有为女性带来人性的尊严和生存的资本，而是耻辱和死亡。《致命的飞翔》中的北诺为了住房出卖身体，最后杀死玩弄自己的男性后自杀，性交易只能暂缓女性的生存困境，但最后反而毁灭女性；《飘散》中的女歌星王琚成为别人供养的情人，而又去供养自己的情人，最后失去一切而发疯、自杀。林白在描写不同女性性遭遇的同时，也兼顾她们之间的共通性和普遍性，有意设置两种视角，用现实和想象的交叉来展示女性"我们"的历史境遇。林白谈到《致命的飞翔》时说："我把这两个互不认识的女人（北诺与李莴）在两个不同的时空中的性体验合在一起同时写，复数第一人称'我们'则穿插其中，'我们身体内的液体使我们身体闪闪发亮'，'在这个时代里我们丧失了家园，肉体就是我

① ［美］约翰·马丁：《生命的律动》，欧建平译，文化艺术出版社1994年版，第18页。

② 林白等：《90年代女性小说四人谈》，《南方文坛》1997年第2期，第33—35页。

们的家园’”①。

因此，女性文学的“私人性”是一种策略，性也是一种策略，都是为了公共领域与私人空间之间的和谐，理想的文学应在私人领域与私人空间中发挥建设性作用，而不是将女性独立于、疏离于、隔膜于世界之外。

第二节　审美解放、欲望症候与自恋共同体

在市场经济和大众文化的推动下，90 年代的女性文学体现出与以往女性作家的文学创作的很大不同，那就是将女性身份和女性特质作为文学焦点和中心来表现，以此获得突出的文化资本和陌生化效果。尽管之前的张洁、张辛欣、王安忆、铁凝、张欣等女性作家都留下了女性的时代篇章，但大都希望自己的写作能够“超越性别”。张抗抗认为，“我的作品中写过许多女主人公，但如果把她们统统换成男性，我作品所表现的思想感情和矛盾冲突在本质上仍然成立”②，这种创作意识在当时非常普遍，可以获得更广的阅读和接受空间，但从另一个方面反映了女性意识的模糊。

一、性别政治

受到西方女性主义思潮影响，90 年代女性文学性别意识突显，女性写作立场确立，性别政治诉求明显。相比之前的女作家，林白的自我表白宣示了女性意识的自觉：“我觉得将我的写作称为‘女性写作’是可以的，女性的写作与男性的写作在艺术思维和艺术方式上就是不一样”③。女性意识的增强逐渐祛除了笼罩在女性写作之上的种种意识形态和男性为主的文化色彩，女性生命、性别和情感等独属于女性的隐秘体验浮出历史地表，这一度让文学研究者倍感兴奋，再加上之前少见的自恋、自慰、同性恋等反常爱恋现象的描写，破碎化、零散化的叙述方式，这些都使得 90 年代女性文学产生一种陌生化效果。

性别政治是 90 年代女性文学的私人性写作的叙事策略，以此来抒写女性生存的独特价值和文化诉求，构建私密性的女性话语空间。女性文学的私人性写作意味着文学放弃和拒绝公共性生活的介入和接受，通过文学的

---

① 林白：《选择的过程与追忆——关于〈致命的飞翔〉》，《林白文集：第四卷》，江苏文艺出版社 1997 年版，第 302 页。

② 张抗抗：《我们需要两个世界》，《文艺评论》1986 年第 1 期，第 57—61 页。

③ 林舟、齐红：《心灵的守望与诗性的飞翔——林白访谈录》，《花城》1996 年第 5 期，第 126—132 页。

审美形式来传达女性独有的人性价值，体现出女性主体的情感欲望、思想意志、性别伦理等多方面的审美追求。

女性欲望的纯粹表达是女性文学性别政治的首要表现，是女性主体构成的关键要素。长期以来，公共生活对欲望的遮蔽造成了一种错觉——欲望的释放也就是个性（人性）的解放，女性欲望的展示也就是女性主体性的获得。这种逻辑不免偏激，但也与西方女性主义思想和文学一脉相承，西方女性主义理论与实践也是从女性身体和欲望的展示作为建构女性话语空间的突破口。

二、欲望症候

陈染、林白将"女性躯体"作为拒斥男性话语和公共话语的阵地，用女性化很强的意象和隐喻来传递女性独有的感觉、情感、欲望和思想，用美丽而孤独的女性形象来颠覆世界的男性规则，试图建构一个以女性躯体为中心的生存之地。陈染笔下的肖蒙（《与往事干杯》）、李眉（《潜性逸事》）、黛二（《无处告别》）等女性在社会既定的规则中挣扎，但最后还是回到女性躯体内部才能找到真实的自我。陈染的小说弥漫着一种女性迷乱而坚韧的生存意识，体现出轻灵而神秘的生命感受，女性对身边一切的敏感和警觉形成一种新奇而独特的审美世界，这种女性的审美体验可以是跟踪者的脚步声，可以是无法解释的无躯之痛，还可以是莫名地感觉不到自己身体存在的恐惧，女性的自我封闭也是一种与世界沟通的方式，在自我与世界之间的封闭空隙可以透露出常人（尤其是男性）无法感知的女性世界。

所以，陈染笔下的黛二（《另一只耳朵的敲击声》）一方面显示出女性特有的敏感和警觉，对电话另一端的沉默有清晰而准确的判断，另一方面又孤独得无所适从，无论是母亲还是恋人都无法走进她的内心深处。而这一切都是因为黛二强大的女性意识，"他们恐惧我们，避之唯恐不及"①，女性意识对生活中的女性是一把双刃剑，常让女性陷入左右矛盾的境地。女性体验还充满了神秘性，《伤痕》中的"我"真切地感觉到本已截肢的左腿上的疼痛，《离异的人》中的林芷的脚对冬天有奇妙感觉，《嘴唇里的阳光》中的黛二小姐对牙医有奇异的幻想，等等。陈染的《私人生活》中的"私人生活"是女性主导的生活空间，男性形象被符号化和冷却化，T 老师的引诱使倪拗拗失贞，但同时让她知道了如何使用自己的身体，之后主动与尹楠的性爱是女性用身体传达爱情的主体意识的表现。无论是倪拗拗的失贞，还是主动为

① 陈染：《站在无人的风口》，云南人民出版社 1995 年版，第 41 页。

男性献身，都没有悲壮和惨烈的气息，因为这是女性意识在觉醒并最终独立的过程，相比之下，男性在“私人生活”中是显得拙劣和多余。

在林白笔下，多米（《一个人的战争》）的欲望贯穿始终，由于自幼丧父，多米基本上是在“父权”缺席的情况下成长，能够自觉地观察自己女性身体的成长过程，她在童年开始就喜欢在夜晚悄悄地用蚊帐为自己建立一个私密空间，用镜子观察自己的身体。但封闭和逃避都不是实现自我的好方法，“那顶蚊帐是同谋，是多米幼年的天堂，也是多米成年后的地狱”①。多米的自我认同具有双重性，既有女性特有的欲望、爱情需求，又有成名、成长、获得社会承认的一般社会需求，她起初对社会采取了一种迎合、适应的态度，但被代表社会主流的男性诱骗、强暴、利用、背叛和抛弃，被侮辱与被伤害的多米别无选择，只能重新回到童年的“蚊帐”，进行“一个人的战争”，“一个人的战争意味着一个巴掌自己拍自己，一面墙自己挡住自己，一朵花自己毁灭自己，一个人的战争意味着一个女人自己嫁给自己”（《一个人的战争》题记）。

三、自恋共同体

女性话语空间充满了矛盾和断裂，包括女性苦难叙事、女性孤独本性和女同关系抒写等，这是女性文学性别政治的实现方式，也是女性文学干预现实的无奈选择。之所以说女性话语空间是断裂和矛盾的，是相对传统的男性主导的话语空间而言，女性文学的“私人性”写作无法建立统一、辩证和完善的话语体系，女性话语的革命性决定了其断裂性和不稳定性。

第一，女性文学的“私人性”写作对女性苦难的描写从精神到肉体，从个人到社会，只不过这种苦难被女性意识加以过滤和放大。陈染的《私人生活》中倪拗拗体质瘦弱，生性幽闭，内在的女性特质让她对人生充满了苦难体验，父亲对她而言不是爱的庇护所，而是暴戾的受难地，她长期游离于社会群体之外，孤独和个性是她赖以生存的根本。倪拗拗将外在世界设定在危险、异化的轨道，一切都需警惕，他人的存在潜伏着暴力和伤害，躲避成为一种惯性。倪拗拗将个人感受到苦难扩大为笼罩一切的苦难，显然是将苦难泛化和扩大化，但却是女性意识的突出表现，又显示了女性局限性，因为无限放大自我苦难的她自然要拒绝承担他人的苦难。

第二，孤独意识是女性意识的主要组成部分，陈染、林白将孤独看成是

---

① 陈晓明：《不说，写作和飞翔——论林白的写作经验及意味》，《当代作家评论》2005 年第 1 期，第 23—34 页。

女性的本质之一，既是女性在现实中遭遇困境时的心理反应，又有女性精神构架的基本元素。孤独在某种意义上说是女性的一种本领，可以用来形成一种生存方式和自我保护机制，使得女性在与他者和世界进行交往时能够保全自我。陈染、林白笔下的女性都在追求自我，但自我不仅指内在自我，而且还有社会自我和他人自我，需要在社会和他人那里得到自我的确认，这就造成了女性自我的分裂。《私人生活》中的倪拗拗对异性的排斥从父亲开始，再到侵犯她的小学教师T先生，再到离开她的男友尹楠，男性所代表的世界没有给她带来安全感和归宿感，她的社会自我和他人自我都是残缺的，而内在自我最后也被扭曲至浴室这样一个狭窄的场所。《一个人的战争》中多米从小就与黑暗抗争，巨大的人体生殖器模型隐喻般横亘在多米与世界之间，荒唐的强奸事件、抄袭事件、性爱试验、与导演N的傻瓜爱情，社会和男性对多米的伤害足以将女性的自我击溃，女性越强大的内在自我与越弱小的社会自我产生无法弥补的巨大裂缝，女性追求完整存在的可能性就越小。但这种残缺是公共性意义上的残缺，在陈染看来，“恰恰是这种公共的人才是抑制了个人特性的人，因而她才是残缺的、不完整的、局限性的……恰恰是最个人的才是最为人类的”①。

第三，自恋和同性恋是女性对抗男性主导的异性恋的伦理政治策略，包括情感之恋和性爱之恋，但又与西方女同关系有很大区别。苦难、孤独让女性对男性保持一种拒绝和隔膜的心理状态，得不到慰藉的情感需要在同病相怜的作用下倾向于同性之爱。自恋或同性恋其实是一种补偿性亲密关系，追求自由、情感丰富的年轻女性在缺少异性关爱的情况下很容易走向自恋，或者将内心世界转向同性，“女同性恋是什么？当一个女人的愤怒浓缩到了爆炸点时，那就是同性恋”②。陈染、林白的写作打破了传统女性关系被母性和妻性所笼罩的状况，《私人生活》中倪拗拗与伊秋之间的同性恋、《无处告别》中黛二与琼斯的性关系，都显示了她们对同性关系的选择。值得注意的是，无论是自恋，还是同性恋，陈染、林白的女性都是在男性那里得到伤害，而又在女性（包括自己）那里得到保护，这也可以理解为是对同性恋和自恋进行的辩护。

女性的自恋和同性恋让以自我为中心形成一个女性共同体，女性可以为这个共同体当中的其他人牺牲自己，南丹为多米的文学梦想去和批评家

① 陈染：《个人即政治》，《不可言说》，作家出版社2000年版，第181页。

② ［美］艾德里安娜·里奇：《当我们彻底觉醒的时候：回顾之作》，张京媛主编：《当代女性主义文学批评》，北京大学出版社1992年版，第112页。

睡觉，嘟嘟设想谋杀背叛“我”的天秤，意萍违心地去求姐姐帮二帕实现当服装设计师，这些都表明女性共同体开始为她们的同性关系打造现实基础的努力。

第三节　审美解放、文化隐喻与时代症候

尽管对90年代文学中的“私人生活”的评价还没有定论，但作为一种文学现实，陈染、林白为代表的“私人生活”确实有重要的研究价值，探究其文化隐喻、时代症候和合法性困境等很有必要，对于深入分析90年代文学和社会现实的关系有重要意义。

一、文化隐喻

从90年代的文化空间来看，“私人生活”是整个社会生活的文化隐喻，表征着同一性的社会生活的瓦解和多元化生活的兴起；而“私人性”写作是文学领域的文化隐喻，表征着知识界、文学界的文化转向和精神转型。90年代文学从思想方式、创作焦虑和接受期待、文化背景等方面发生了与80年代迥异的变化，文学开始探索新的适应方式。

陈染、林白的“私人性”写作是在当代文学的整体性焦虑的语境中产生，由代言式写作转向发言式写作，是私人在政治、经济和文化地位提升之后的文化代言。中国现代文学史以来的代言式写作在90年代的思想裂变面前逐渐式微，知识界放弃了启蒙方式，作家放弃了文学理想，读者放弃了审美梦想。如此一来，“私人化”写作在各方面开始有意识地摆脱之前的宏大叙事，在内容上表现个体体验、私人观念和自由意志；在叙述方式上，集中表现为一种生活化、感性化的小我叙事，包括琐碎、散漫、非线性的自由叙事，并总是指向那些私人性的隐秘体验；在写作动机上，纯粹是一种心理、欲望和精神需要，希望通过写作传达女性的主体性存在，尤其是无意识与隐秘欲望①。女性文学中的“私人性”写作是对以男性为主导的传统文学的文化反叛，创作个体由原来的部分（宏大叙事的构成元素）变成了整体（独立叙事结构），个体不再依附于文学整体，而是去尝试建立属于自己的文学世界。

陈染、林白的“私人性”写作的兴起，还是文学消费个性化转向的文化隐喻，消费文化逻辑成为文学接受的主导力量。90年代中期以来，肤浅化、

① 参见陶东风：《私人化写作：意义与误区》，《花城》1997年第1期，第195—201页。

片段化、瞬间化的“浅阅读”渐成风潮①，读者由饥不择食，到挑三拣四，再到审美疲劳，读者选择的影响要大于作家创作，时尚新生代作家的适应能力要强于传统老作家。在文学消费化的现实面前，为了迎合读者的口味，改变原有文学的精神风貌和外在形式成为必然选择，最起码要满足读者的陌生化期待，才有可能得到读者。读者的陌生化期待中，欲望、隐私、女性等成为典型要素，这与当时的娱乐媒体利用明星炒作吸引眼球的策略同出一辙。于是，当女性文学的“私人性”写作将视角转向个人的私密体验和女性欲望的赤裸表达时，自然会引起读者的陌生化期待。更为重要的是，现代人越来越重视体验，越来越轻视思考，在节奏加快的现代生活中，敏感的女性体验很容易引起读者的共鸣，尤其是那种压抑、苦恼和无法排解的莫名痛苦是现代精神的客观写照。这也可以理解，为什么陈染、林白小说中有很多非线性、断裂、幻想、莫名的描写和叙述，“私人性”写作的感性大于理性，为了表达感性的体验和精神，可以牺牲理性的判断、叙述和描写，这与其文学状态是一致的。在阅读“私人性”写作时，很多读者也许不能准确地分清人物形象和故事情节，但一般都能把握住人物的体验和感受，就是这个道理。

二、时代症候

90 年代是市场经济的时代，陈染、林白的“私人性”写作是 90 年代的时代症候。在经济上，市场原则对文学的影响是全方位的，文学生产、传播、消费等环节都受到经济方式转变的制约；在文化上，后现代文化对文学的影响是超前性，当社会、经济、政治等还没有来得及对后现代进行反应的时候，文学已经先于其他领域开始了这种实践，这是文学的敏感使然，也是后现代文化的精神使然。

市场经济将文学推向市场，不仅文学期刊、出版等外在因素进行了体制改革，而且作家也进行了身份转换，文学像其他商品一样需要卖点才能引起注意，“私人性”写作的卖点是“女性”“隐私”“欲望”“身体”等大众喜闻乐见的文化符号。另外，文学市场化的结果也有积极的一面，那就是进一步拉开了与政治的距离，作家在放弃了启蒙理想的同时，可以回归自身，在自我可控的空间内自由发挥体验、感受和精神。对读者而言，市场经济的自由、民主、平等、个人等思想，甚至同性恋等亚文化为“私人性”写作提供了社会思想基础，当旧的价值体系和文化观念已经过时，而新的价值理念和行为方式还缺乏合法性的时候，“私人性”写作在某种程度上提供了一种想象和可

① 黄发有：《浅阅读语境中的浅写作》，《文艺研究》2011 年第 4 期，第 13—22 页。

能性。从消费社会的文化逻辑来看,“私人性”写作一旦成为市场宠儿,就会迅速转入类型化的批量生产,从开始的迎合消费者到后来制造消费者,通过宣传和培育消费口味来影响和控制文学主体,文化生产体系将“私人性”的生产与“私人性”的消费连接起来,最后将所有的环节都纳入市场经济的生产机器中。所以,从市场经济的角度而言,“私人性”写作是消费社会的时代症候。

后现代文化早已传入中国,虽然对于中国现实存在的后现代状况存在较大争议,但90年代文学中的后现代因素可以说是无处不在。在这种背景下,“私人性”写作更是明显地具有后现代文化特征,从解构传统、解构男性的姿态,到非线性、零散化、偶然性叙事,再到无法解释的情节和命运,“私人性”写作的思维方式、写作观念、叙事技巧等等造成革命性改变①。陈染、林白的“私人性”写作中确实有一种生活的拼凑化、精神的破碎化、家园的流落化和物质的挤压化等后现代状态,但这种状态又是极为暧昧的,具有差异化、多样化特征,同时还有欲望化、重复性和机械化倾向。

三、合法性困境

作为一种文学现象,虽然“私人性”写作已经成为不可忽视的文学类型,但无论是从社会文化的多元化发展,还是从文学发展的多维空间,“私人性”写作都没有得到更深入的文化认同和文学建构。究其原因,“私人性”写作自始至终存在合法性困境。“私人性”写作在文学和文化上的合法性建立在自我的真实表达、私人生活的自主性和文化的现代性追求等方面,但在审美实践上的诸多缺陷却让这种合法性存在较大质疑。

第一,自我的真实性与审美的真实性之间存在较大裂缝,导致“私人性”写作的真实性并不充分。陈染表示,“我的小说中最具真实的东西,就是我在每一篇小说中都渗透着我在某一阶段的人生态度、心理状态”②,作家的创作动机明确要表达真实的自我。但从文学实践来看,自身经验、真实体验虽然能为文学创作带来文学素材上的方便自如,但也容易限制对生活材料的加工和再创造的可能性。尤其对情感丰富多样的女作家而言,没有节制的私人话语容易造成心理上的自恋、自闭和粗鄙。而市场化的文学生产机制也会利用受众的“偷窥”心理,为这种非审美化的文学倾向推波助澜,从而大大降低了“私人性”写作的审美品质。

---

① 穆乃堂:《90年代以来“个人化写作”研究》,《文艺争鸣》2007年第8期,第68—75页。

② 陈染:《私人生活》,经济日报出版社2000年版,第293页。

第二,私人领域的独立性与人性挖掘之间存在很大距离,导致"私人性"写作的独立性的有限性。无论是在文学中,还是在现实中,私人领域与公共领域之间一直存在着张力关系,私人领域的独立性不仅需要文学的审美建构,还需要现实的支撑和互动。当代中国市民社会的私人领域在经济领域得到巨大解放,但在政治、社会和文化领域反而处于越来越憋斉的境地,"私人性"写作回归自我的举动没有为现实带来进一步开发的影响。文学的"私人性"写作对私人领域的强调有一种"矫枉过正"的策略性,但现实生活中的私人领域由于意识形态的考虑显然不能任意想象。对文学而言,"私人性"应该落实到对人性的挖掘,对私人性的强调并不是对人类性、社会性和群体性的否定,而是将焦点放置在人性之上,用人性的深度弥广度的缺失。

第三,"私人性"写作的现代性与文化的现代性之间存在较大游离,处于抽象化与欲望化之间的矛盾和游离。"私人性"写作中现代性元素和后现代元素的混乱交叉并存,但都不是从中国文化土壤中生长出来的,属于西方现代主义或后现代主义文化的变种,缺乏哲学基础和思想底蕴,也没有更深入的自身体验。因而,"私人性"写作在长期的文学实践中并没有为我们提供可持续的生命体验,诸多现代性、后现代性因素过于抽象,或者欲望化泛滥,对社会的理解过于狭隘,偏废地将人理解为物质性、非理性,拒绝精神和理性的提升,最后导致写作的反智化倾向,自我降低了审美想象能力。

第十二章　困境中的审美解放

“困境”是一个很笼统的说法，但又非常恰切，人类总是无法摆脱各种“困境”，有时是自然困境、经济困境，有时是政治困境、文化困境，不一而足。在面临各种困境时，人们自然会去想各种办法去克服，克服经济困境主要会从经济入手，克服政治困境主要会从政治入手，但是人们不会仅仅依靠经济或政治的途径来进行克服，还需要精神和审美的力量来支撑。有时候，精神的困境要比外在经济、政治困境更为艰难。

回到问题的起点，我们之所以需要“审美解放”，是因为人类面临诸多困境，需要解除各种束缚。我们不仅要考察马克思解放理论面临的困境，而且要考察西方马克思主义在新的历史条件下提出的应对方案，更要根据中国的现实发现困境，提出审美解放的问题。

第一节　“异化”困境中的审美解放

“异化”是人类悠久的历史中出现的一种文化现象，其内容和指向在不同的时期也有不同的内涵。“异化”(alienation)最早的含义是疏远、疏离，还指疏离的行动、状态，以及权力、财产、金钱等转让，被转让的结果和状态，刻意介入家庭(夫妻)关系，等等。“异化”的含义在现代社会变得更为复杂，神学上是指人与上帝的知识、恩宠及对上帝的崇拜产生疏离、切断状态①，卢梭所说的人与其本性的疏离，弗洛伊德所说的人与性欲(libido)的疏离，黑格尔认为人与本性产生的疏离是自我的精神物化(objectification)和精神发展(spiritual development)的必然结果。总之，西方基督教等宗教观念中的“异化”往往指人与“神”的疏远，西方俗世政治思想中的“异化”一般指人与所处社会的疏离。具体到人与社会的关系来说，“异化”是指西方私有制社会中社会整体对个人主体性的冷漠。因此，“异化”是关于人与社会、人与人之间存在的疏远感、疏离感、无力感和冷漠的关系和状态的一种描述，并在马克思那里得到了强化和升华。

---

①　[英]雷蒙·威廉斯：《关键词：文化与社会的词汇》，刘建基译，生活·读书·新知三联书店2005年版，第6页。

“异化”是马克思揭示人类解放的根本任务时思考的重要问题，马克思解放理论建立在唯物辩证法基础上，将人类解放之路放在阶级斗争、阶级矛盾的处理上加以审视，形成了“劳动异化史观”①。马克思异化理论在原有的基础上，强调了异化与私有化、商品化之间的关系，认为资本主义是异化的根源，资本主义控制了工人、生产过程、生产的产品，而且剥夺了工人对产品的控制，造成了阶级之间的对立和疏远，从而将个人与阶级、个人与社会之间对立起来。在原来的劳动过程中，劳动者在创造世界的同时也创造了自己，而资本主义改变了这种人与世界的一体化关系，资本家在剥夺劳动产品的同时也剥夺了劳动的自由感。作为生产者的劳动主体不能支配他所创造的一切，反而被他创造的世界所支配，主体与世界产生了对立和敌对的关系。其中，劳动异化是根源，冷漠的契约化劳动让人首先疏远其劳动成果，然后再让人疏远其所在的环境、社会和自我，尤其是其中的精神生活。在资本主义制度下，金钱是一个超强的异化存在物，劳动成果、劳动产品、人本身都被其控制，随之人也被异化出自身，从而失去了充分丰富发展自己、挖掘自己，潜能的机会。马克思解放理论是个体解放和社会解放的统一，个体解放是社会解放的基础，社会解放是个人解放的前提。个体要想避免被异化，必须能够选择并适应他所选择的各种活动，并且不受外在制度的控制。

马克思异化理论影响了后来韦伯、杜尔凯姆等人，丰富了对于“异化”的认识。韦伯将异化产生的根本原因归于官僚制度，官僚制度是宗教祛魅之后世界合理化、知识化的产物，个人失去了原来从宗教获得的慰藉而变得空虚，只能屈从于官僚制度的各种管理规定和行为规则，个人在制度面前微不足道，人与人之间变得彼此疏离。杜尔凯姆将异化命名为“失范”，即社会规则、规范的丧失而造成的冲突和孤立，不断细化的社会分工和日益提升的专业化水平让相应的调节规范失去效力，而无限的个人欲望与社会对人的约束之间存在不可调和的矛盾。很多学者关于“异化”的论述都隐含着一个似乎无须解释的前提——“异化”产生之前存在一个人与世界、人与人之间和谐共处的时期，直到造成“异化”的断裂产生。

马克思审美解放理论源自于对“人的解放”问题的深入思考，从柏拉图的“囚徒解放”理论到提倡信仰解救道路的有奥古斯丁、阿尔·法拉比等，从提倡民主道路的洛克到提出人民主权道路的卢梭，从倡导启蒙道路的康德到提出国家整合道路的黑尔格，都成为马克思审美解放学说提供了丰富

① 刘同舫：《马克思人类解放理论的演进逻辑》，人民出版社2011年版，第128页。

的养料。其中,直接的思想来源有空想社会主义关于审美的设想、黑格尔关于“审美带有令人解放的性质”的论述、费尔巴哈的人本主义思想,等等。马克思从审美和文化角度论述了市民社会理论,通过批判和否定黑格尔关于政治国家决定市民社会的观点,提出市民社会决定政治国家的论断,进而超越了黑格尔和费尔巴哈,创立了唯物史观,阐释了审美和文化在生产力、生产关系、经济基础和上层建筑中的地位和作用。在市民社会理论的基础之上,马克思着眼于处理政治解放与人类解放的关系,将政治解放扩展为经济解放、劳动解放、文化解放和审美解放,将人类解放具体分为社会维度和个体维度,从而在唯物史观上确立了审美解放的客体与主体。政治解放、经济解放侧重于社会维度与客体角度,劳动解放、文化解放和审美解放侧重于个体为何与主体角度。其中,政治解放是一切解放的历史前提,经济解放是一切解放的物质基础,文化解放为人类解放提供智力支持,审美解放为人类解放提供精神寄托。政治解放包括宗教批判和理性解放,经济解放是消除社会异化现象,劳动解放将劳动中的被动异化转化为自觉自主,文化解放是消解文化权力的争夺、市民社会的权力与资本逻辑,审美解放是以艺术创造建构人类精神家园。马克思审美解放理论建立在对多维度解放的张力把握之上,以其他形式的解放促使审美解放的实现。马克思通过对不同解放形式的审视,提出通过“两次飞跃”来超越政治解放的方案,在逻辑上对应于马克思提出的社会“三形态”说,要想从片面的、物质的、动物性的发展到全面发展的个人,审美解放就必须完成自己的使命。人与动物的区别在于精神需求,即人能有意识地按照自己的意愿、按照美的规律进行美的创造和美的生活,审美解放是实现自我、进行精神超越的必经之路。人的自由全面发展是马克思审美解放理论的逻辑归宿,审美解放理论与“三形态”社会理论内在统一于这一逻辑归宿。

马克思审美解放理论还影响了葛兰西、布洛赫、马尔库塞、德里达、拉克劳、墨菲、芬伯格等西方学者,他们采取不同立场和视角对马克思审美解放理论进行了阐释和演绎,丰富了审美解放的理论空间。葛兰西倡导把人从自发的“常识”状态提升到“健全的见识”状态,布洛赫寄希望于内心的希望超越类本质的异化,马尔库塞提出爱欲解放和艺术审美之途,德里达以“延异”解构审美解放,拉克劳与墨菲采取多元民主的激进策略,芬伯格主张技术“微政治学”,等等。这些理论家虽然观点各异,但都受到了马克思关于“异化”理论的启发,在目标上都统一于马克思审美解放理论的逻辑归宿,可以作为理论参照和对比。

第二节 “理论”困境中的审美解放

马克思审美解放理论揭示了19世纪人类社会的异化现象，并指出了人类实践的创造性本质，具有划时代的历史意义。随着时代的发展，马克思所揭示的资本主义私有制所造成的异化现象发生了重要变化，经典马克思主义遭遇理论困境。

进入20世纪，随着资本主义从自由竞争阶段上升为发达资本主义阶段，资本主义生产组织形式和社会结构形式都发生了较大变化，异化现象从生产渗透到社会、文化和生活等多个层面，需要更为全面和深入剖析。西方马克思主义改变了经典马克思主义政治经济批判策略，将目光更多地投向审美领域，审美解放就成为更为重要的时代课题。相比于马克思异化理论指向的强迫性、掠夺性占有，西方马克思主义关注的是更为隐蔽、无孔不入的权力制度、符号消费和物化交往等文化意识形态层面的整体性异化现象。在以大众文化为代表的工业化阶段，文化产品引导的文化控制比原来赤裸裸的政治经济统治更为可怕，因为人的理性、反抗意识更容易消弭于无处不在的文化消费，人格的丰富性更容易变得片面、孤立和单一。在发达资本主义社会，异化是多方面、多层次的，理性异化为工具理性、技术理性等，文化异化为消解主体、深度与意义的大众文化，身体异化为欲望被压迫、感觉被抽离的肉体，语言异化为资产阶级商品流通条件的单纯符号。

卢卡奇的物化理论可以看成是马克思异化理论的延续和创新，卢卡奇在《历史与阶级意识》中围绕“物化”对商品拜物教、货币拜物教和资本拜物教等进行了论述，其重点是突出社会关系的物化现象——人与人之间的关系演变成物与物（资本、商品、货币等）之间的关系，“人与人直接的关系获得物的性质”①。卢卡奇对于物化的描述与西美尔对于金钱的论述有着异曲同工之处，西美尔认为金钱让现代生活变得平均化、以量论质，金钱成为衡量价值的标准，“货币挖空了事物的核心”②，事物本身的性质、特点和价值等都被货币的量化评价标准所左右，以至于形成了一种新的意识结构。在效率优先的目标下，社会分工的细化、生产的专业化要求工人越来越孤立化，“合理化”的生产让主体逐步被限制在某个局部，非常容易失去了主动

① ［匈牙利］卢卡奇：《历史与阶级意识》，杜章智等译，商务印书馆1992年版，第143页。

② ［德］G.齐西美尔：《桥与门——齐美尔随笔集》，涯鸿、宇声译，上海三联书店1991年版，第265页。

性、积极性和创造性。哈贝马斯认为卢卡奇的物化理论揭示了资本主义社会中的对象性形式与世界之间的复杂关系，尤其是工具理性牺牲了实践理性而使交往生活变得物化，“从物化和合理化的双重角度来考察社会领域与生活世界语境的分离过程”①。卢卡奇的物化理论其实是对于马克思“总体的人”的进一步阐发，是作为整体性或总体性辩证法的一部分，后来演化成工具理性批判的重要基石，也是审美解放的一个基本问题。

如果说物化理论主要指向政治经济领域，那么揭示消费领域的异化现象主要是支配理论。生产的极大发展需要消费的不断增长，资本的逐利性要求引导和放大这种需求，也就是消费支配现象之所以产生的原因。对于消费领域中的异化现象，霍克海默、阿多诺等学者进行了批判和揭露，认为这种异化经由机械制造、商品流通影响和控制了人们的消费行为和思维方式，人们的消费观念和思想行为都受到了占统治地位的经济集团的支配，人们被暗示和引导至虚假消费并形成习惯，失去了本真的主体选择和判断能力，“支配是人在虚假意识的情况下‘施’予自身的异化”②。马尔库塞的《单向度的人》指出了人的需求包括真实需求和虚假需求，建立在技术进步基础之上的虚假需求把人的不满和反抗进行消解，真实的主体需求反而被遮蔽，“技术的合理性已经变成政治的合理性”③。列斐伏尔将日常生活场域列入异化批判的范围，认为发达资本主义社会已经由生产性模式转向消费性模式，文化符号（广告、都市、旅游、汽车等）就是消费社会的中介，消费者的主体性已经消解为心甘情愿被操控者，匿名的官僚社会以制造各种幻觉来进行控制。

“理论”困境还包括技术理性、工具理性所造成的异化问题，以技术万能论为代表的理性主义思潮在某种程度上走向了非理性，以至于造成新的异化形式。工具理性曾经作为解放的力量在人类历史上发挥了重要的启蒙功能，而在新的历史条件下蜕化为一种压抑和统治人们的霸权，这也是霍克海默、阿多诺等所说的“启蒙辩证法”。工具理性的问题在于处理人与世界、人与社会、人与自然等关系方面，如果将人看成物，如果单纯追求效率和利益，那么工具理性就走向了人的反面，变成了压抑人的统治性工具。伊格

① [德]尤尔根·哈贝马斯：《交往行为理论》（第1卷），曹卫东译，上海人民出版社2004年版，第341页。

② [美]本·阿格尔：《西方马克思主义概论》，慎之等译，中国人民大学出版社1991年版，第228页。

③ [美]赫伯特·马尔库塞：《单向度的人——发达工业社会意识形态研究》，刘继译，上海译文出版社1989年版，第8页。

尔顿将这种工具理性看成资产阶级控制社会的基本手段,甚至资本主义自身都无法自拔,主体与工具的地位进行了互换和颠倒,主体最后沦为制度和权力的工具。

因此,"理论"困境中的审美解放是在新的时代背景下对于新的异化形式的揭露和批判,异化的形式和克服异化的途径都涉及更为深层的文化,以及文化的内在结构和动力机制。

第三节 "发展"困境中的审美解放

在 18 世纪,"发展"(develop)由原来的"展开"引申为"发展人类心灵能力"①,可见"发展"最初是关于人自身、精神、心灵和能力的提升。到 19 世纪末、20 世纪初才逐渐偏向工业、贸易经济领域,进而扩展到"发展中国家"等关于世界经济政治秩序的含义。"发展"在人类历史和知识结构中具有不可取代的重要地位,简直就是人类存在的基本方式,似乎具有无可争议的合法性和合理性。但是,现代社会形成的诸多"成熟"发展模式和思想观念都受到质疑和反思,"发展"已经面临无法避免的困境。

"发展"困境首先表现为现代性危机,简单来说就是人类社会发展到一定阶段之后,经济发展会受制于自然界的环境危机和人自身的精神危机,从农业社会到工业社会一直有效的现代性法则受到普遍质疑。现代性极大地提高了人类改造自然、改造社会的能力,所创造的物质财富和知识系统已经形成相当的规模。但是,人类的改造能力和破坏能力是同时增长的,比如工业的迅速发展让环境污染也迅速增加,物质财富的增加与贫富分化的拉大同时存在。就个人而言,物质财富的增加、娱乐消费形式的丰富并不能带来相应提高的精神满足,颓废、消极、无聊,甚至自杀等成为现代社会的普遍问题,物质的富足与精神的贫乏形成鲜明的对比。究其原因,人的精神被物质欲望所把持,人的真实需要被虚假的欲望所取代,不断翻新的大众文化激发和调动人的消费欲望,人的精神性被物质性所淹没,感性的存在被理性所遮蔽,身体的享受压倒了精神的诉求。

正是在现代性反思的基础上,席勒、海德格尔、马尔库塞、福柯等西方学者提出了审美解放的不同方案,希望以此来解放处于"发展"困境中的现代人。席勒的审美解放希望弥补人的感性冲动与理性冲动之间的裂痕,让人

① [英]雷蒙·威廉斯:《关键词:文化与社会的词汇》,刘建基译,生活·读书·新知三联书店 2005 年版,第 125 页。

恢复到原来性格完整的人。席勒认为只有审美性格、审美状态、游戏状态才能弥合人的分裂状态，人首先要进入自然的审美心境，然后再结合美的感受力和崇高的感受力，这些都需要通过艺术教育作为中介来实现。海德格尔通过论述价值的虚无和技术的灾难性后果①来强调人的“诗性存在”——诗意的栖居，人要在与世界的相互融合、交往中生成自己。海德格尔揭露“人类正贪婪地征服整个地球及其大气层”②等危险的企图，通过追问人的存在、此在、时间等根本问题来关注现代人的生存境遇，艺术可以让人达到一种本真状态，从而实现审美解放。马尔库塞在社会批判的基础上提出了审美乌托邦的方案，以本能的革命取代马克思的无产阶级暴力革命，以主体的改造取代私有制的消灭，以爱欲升华消除异化劳动，从而实现审美解放。马尔库塞重新阐释了“审美”和“解放”的概念，审美“保存了感觉的真理，并在自由的现实中调和了人的‘高级’机能和‘低级’机能、感性与智性、快乐与理性”③。简单说，审美是感性与理性的高度统一，感性是创造性、快乐、想象、主观的审美感性，审美让人达到自由、满足、快乐的境界。与“审美”一样，“解放”是“一种最现实的、最具体的历史可能性，同时又是被最合理、最有效地压抑着的，因而也是最抽象、最遥远的可能性”④。“解放”是辩证的解放，不仅是外在的物质和制度的，而且是内在的精神和心灵的，包括肉体和感觉的双重解放、全面自由。马尔库塞的审美解放是通过艺术创造一种新的感性形式——爱欲消解异化、重建感性与理性的和谐关系，实现物质、生存和文化等多个层面的解放，尤其强调艺术、文化对于当代人心理压抑的解放功能。此外，福柯认为人要通过自己立法来创造自己，通过艺术训练净化和改变自己，把人的生活变成一种艺术品来进行创造，实现人的审美化生存。

以上学者提出的不同审美解放方案，都在不同角度揭露和批判了异化和压抑的现实，其态度或多或少有着悲观、消极的情绪，但同时又显示了知识分子的一种责任和担当。正是因为有着学术担当和文化自觉，他们提出的解放方案时而深入具体，时而具有乌托邦色彩。不能否认的是，审美解放

① 参见[德]马丁·海德格尔：《林中路》，孙周兴译，上海译文出版社2004年版，第6页。

② [德]马丁·海德格尔：《海德格尔选集》(上)，孙周兴编，上海三联书店1996年版，第586页。

③ [美]赫伯特·马尔库塞：《爱欲与文明》，黄勇、薛民译，上海译文出版社2005年版，第133页。

④ [美]赫伯特·马尔库塞：《爱欲与文明》，黄勇、薛民译，上海译文出版社2005年版，第4页。

作为人类“发展”的永恒话题，为人们提供了继续前行的可能和希望，其价值不可或缺。在中国特色社会主义发展道路的实践中，要辩证地理解和阐释马克思审美解放理论的理想性和现实性，将崇高理想与中国现实结合起来，结合科学发展观、和谐社会、中国梦等进行理论升华和实践升华，实现马克思审美解放理论在当代中国的价值。

下　　编

审美解放的文化维度

第十三章　审美解放与文化研究的理论旅行

审美解放与中国当代文化研究的出现，直至引发文学研究的学科反思，都不是偶然的。这既涉及文学研究本身的问题，更不能忽视中国当代社会文化变化、发展的背景，也不能无视西方文化理论的影响。

首先，大众文化、消费文化发展的现实需要是中国当代文化研究兴起的前提。随着改革开放的深入进行，市场经济、价值规律不再仅仅局限于经济领域，而是逐渐扩展到日常生活的方方面面，文学、文化演变成了大众的普通消费品。传统的文学研究者或者不屑于关注这种“低俗”的文学，或者无法解释这种披着文学、文化外衣的文化消费品，更不理解这种文学、文化如何吸引了大众的眼球，甚至抢夺了原本属于他们的读者。西方曾经批判和分析过的“文化工业”似乎在中国被复制和生产，但又有中国自身的特点，这使得中国文学研究者既惊喜又迷茫。惊喜的是以“文化工业”为代表的新的文化景观为文学、文化研究者提供了新的课题，迷茫的是如何正确把握中国当代纷繁的文化主体，体现文学的人文关怀。这样就要求研究者吸收和运用新的方法和手段，结合大众文化等新的研究对象的实际情况，对中国当代的文学和文化进行全面解读。文化研究既具有深切的现实关怀，又不局限于单一的研究框架，正好契合了中国文学、文化研究者的需要。

其次，文学研究者的边缘化及其分化形成了中国当代文化研究群体。随着电影、电视、互联网等新兴娱乐产业的发展和成熟，无论是文化产品的生产和消费都具有技术上的绝对优势，传统的文学作品的市场逐渐萎缩。文化研究者开始分化，有的转向了畅销书的写作，如王朔等，有的甚至直接“下海”，文人的商业化、商人化不再是个别的现象。这种转向不是简单的价值规律的操控，有的研究者确实想找到新的思想和批评武器去解释全新的文学、文化现象，如汪亚明对上海酒吧的解读、倪伟对中国当代城市广场的分析等，都试图突破传统的文学研究范式。

最后，人类文化景观的重大变化，尤其是国外文化理论的影响，是中国当代文化研究兴起的国际背景。20 世纪六七十年代以后，后现代主义思潮异军突起，推崇差异哲学，如“去中心”“去权威”“去结构”，主张文化的多元化发展。后现代思想家抛弃了极权倾向的宏观政治，转而研究微观政治和话语实践，以求把人从制度、实践和话语等微观的政治中解放出来，尤其关注弱势和边缘人群的文化和政治需求，如女权主义者、反种族主义者、同性恋等。中国思想界经历了后现代主义思想的洗礼，加上具有中国特色的社会文化多元发展的实践，还有中国在全球经济、文化格局地位的不断变化，使得中国当代文化研究的发展有了用武之地。其一，中国改革开放以来的主流文化与亚文化、边缘文化之间的合作与对抗逐渐加剧，需要有新的理论与话语作出现实有效的阐释。其二，传统的文学、文化研究明显脱离历史和现实，对于新的文化现象有着深刻的局限与偏见，代表了保守的文化标准。其三，刻板的学科设置和人为划分限制了对于新的对象的研究，中国当代文化研究的兴起是试图突破这种局限的“反叛”。

第一节　审美解放与文化研究的身份嬗变

文化身份问题已经成为文化研究的焦点，西方学术界对文化身份的研究专注于后殖民文化和意识形态等方面的研究。随着中国现代化进程的不断深入，全球化思潮日益冲击着人们生存方式和思想方式，文化身份逐渐成为以经济、政治、文化为基础的、人与社会相联系的，以及人与人之间交往的关键性话语。我们可以从文化身份的确立方式、如何确立以及为什么如此确立的文化价值和意义中揭示出日常生活中司空见惯的文化现象所涉及的身份观的变化以及由此带来的身份焦虑，并从符号学的理论出发，透视文化身份对人的文化行为的主导作用和文化建设意义。

文化身份问题是在全球化和现代化进程中出现的现代性话语。在全球化、现代性与反现代性等思潮的冲击下，在对新殖民主义、反霸权主义意识形态的反思中，文化身份意识形态不能不重视东方与西方、主流与边缘之间的关系，重写历史，重构身份。在解构、分裂、重构身份的过程中进行否定与自我否定的超越，颠覆历史性身份话语。在地球村时代，文化身份不仅是主体在日常生活的身份标识，而且影响甚至左右着人们的世界观、价值观、身份观，并最终决定人们的存在方式。虽然西方学术界在文化身份问题上的研究中充当了开路先锋，但它并不是发达国家独有的社会文化问题。作为与全球化、现代化紧密相连的中国社会在发展过程中的也出现了诸多社会文化问题，特别是在大都市和沿海经济发达地区，文化身份就是其中重要的文化问题。即使在经济欠发达地区，异种文化冲击波也带来了价值观和身份观大的异变。80 年代以来，中国开始了以市场经济为中心的社会变革，市场经济的运作和价值规律的杠杆作用在社会各个方面蔓延，尤其是在日常文化生活中引发的地震。"先富起来"的人们不再满足于物质上的富足，开始了生活方式、思维方式、价值观念上的剧变。在义无反顾地背离了传统的生活方式、思维方式、价值观念的同时，人们的文化身份也被悬置于异种文化的冲突中。90年代以来，文化身份的焦虑在娱乐文化中得到了象征性满足，这一时期的娱乐文化潮可以说是80年代以后文化身份的焦虑与不安在市场经济条件下的现实化。在娱乐文化中人们渴望的是文化身份的认同和实现，显现的却是文化身份的游离和焦虑。如果说最初让观众痴迷的《快乐大本营》象征的是对文化身份的期待，那么《超级女声》等就是将文化身份的焦虑推向了极致，是一场在狂欢与焦虑之间身份展示。

文化身份（Cultural Identiaty）作为全球化社会的一个概念，在语义上经历了一个变迁的过程，最早被认为是文化政治的基础。照乔纳森·弗雷德曼的说法，"这表现为'新'身份，新社会类别以及通常情况下新政治群体的增生"。[①] 后殖民主义理论的文化身份研究与20世纪五六十年代第三世界风起云涌的反殖民斗争以及对全球化进程中的新殖民主义的反思紧密相关，并以反霸权意识形态为基石。拉雷恩在《意识形态与文化身份——现代性和第三世界的在场》中从现代性的角度论述了从现代性到后现代型思潮流变中的身份问题。安东妮·吉登斯认为"身份是一种思维方式，是一项身份工程"。[②] 文化身份是其既有稳定性又有变动性的构成因素（阶级、性别、国别、年龄、种族、道德、政治立场等）在异质文化冲突中的嬗变及其组合。具体地说，文化身份具有以下特征。首先，通过差异建立文化身份。波德里亚认为，消费的目的在于"为了获得一种（有别于他人的）差异，即一种对于社会意义的需求"[③]，文化身份在差异中产生，也在差异中存在。文化身份可以分为个体文化身份和集体文化身份，当它们在异质文化的冲突中形成时，首先必须使个体/集体文化身份与他者/他人的文化身份区别开来。拉康将身份视为"主体与他者"的对立行为。在他看来，"他者"不仅仅指其他人的人，而且也指陌生的场合。"主体"（自我）的独立离不开"他者"，"主体"（自我）既要向"他者"妥协，得到"他者"的承认，又在与"他者"的对抗中，满足自我被承认的愿望。而维系"主体"（自我）与"他者"之间关系的就是差异。身份的建立本质在于差异的建构。其次，通过符号认证文化身份。在物质极大丰富的现代社会，精神生活被挤压到文化的边缘，

---

① Jonathan Friedman, *Cultural Identity and Global Process*, Londen: Sage Publications, 1994, p.234.

② 陶家俊：《文化身份的嬗变》，中国社会科学出版社2003年版，第78页。

③ 波德里亚：《消费社会》，见王治河主编：《后现代主义词典》，中央编译出版社2005年版，第153页。

物质生活成为文化的中心。但是,"消费的目的并非以商品为对象而是消费商品中所蕴含的符号价值。对商品的符号价值的消费构建了新的文化认同方式,引发了具有消费倾向的文化认同感。"①当代人价值认同感的形成,具有复杂的社会机制,除了生活质量、文化程度、思想信仰之外,主要是个体身份的认同。这种认同在很大程度上来自于整个社会对主体的反馈与认可。波德里亚认为,消费的符号表达不仅是某种流行风格、样式,而是品牌的声望与身份。人们在消费物品、参加演唱会的时候,已经不仅仅是在享用物品、音乐等本质具有的内涵(使用价值的占有),也不是在于物品的昂贵(交换价值),而在于物品、演唱会所体现的档次、优越、品位(符号价值)。在此,符号价值高于交换价值和使用价值。象征主义的符号,如浪漫、高贵、气质、归属感等衍生价值就如幽灵一样附着在物品上,散发出象征身份的符号魅力来蛊惑人们。人们几乎是在一种被麻醉的昏迷、半昏迷状态下完成了对身份的确认——符号式的确认。然而,这种符号身份的确认并不是只针对哪个人,在日益膨胀的符号确认中,谁能够获得独特的、真正的身份确认?就某个个体而言,他又如何获得这种自我身份的真实确认?可以设想,在市场经济、消费主义为主导的社会里,大众媒体和娱乐文化完全有理由成为社会文化的主导。而这种主导机制和存在的问题又是亟待关注的。最后,文化身份是嬗变的。现代社会发展的历史同时也是身份嬗变的历史,从物品的意义看文化身份的嬗变,有三个主要的阶段:一、物品作为物品,对物品的占有对身份具有质的差别;二、物品作为商品,钱的多少是身份的主要支撑;三、物品作为符号,符号是身份的主要标识物。但是,具体的情况并没有这么简单。启蒙现代性的文化身份是明确的、自信的生存方式,文化身份的主体被定义为超越、自足的主体,既是世界的中心,又是一切知识的拥有者。笛卡尔的命题——"我思故我在",将身份的主体理解成纯思的"自我"。约翰·洛克认为文化身份的主体是"那个有意识的思想体……有感知力或能意识到快乐与痛苦,能理解幸福或苦难。因此意识能扩及的范围也就是自我的范围。"②笛卡尔、洛克等人都对主体的文化身份持一种乐观、自信的文化心态。康德所谓的"自为的意识"、黑格尔所说的"自我意识"都是对主体的文化身份的肯定。

社会学的文化身份观认为文化身份只有在社会中才能实现,是社会历史发展过程中的产物。拉康颠覆了笛卡尔的命题把文化身份置于社会历史

① 魏红珊:《炫耀消费与身份焦虑》,《文艺理论与批评》2005年第1期。

② Jorge Larrain, *Ideology and Cultural Identity*, Cambridge: Polity Press, 1994, p.144.

中:“我思处我不在,我不在处我思”。这个命题没有了对主体思想的自信,转而考察主体所处的社会、历史,把主体所处的社会背景置于重要的位置,把文化身份更多地看成是特定历史、社会群体的集体经验的产物。由此得出的文化身份是个体文化身份,因为它已经从集体的文化身份中独立出来。而集体文化身份又是个体文化身份的组合,更多地受文化冲突带来的社会动荡、自然危机的影响。“只有在处于危机中时,在假想的确定、一致和稳定的事物被怀疑、被不确定的体验取代时,身份才变得至关重要。”①相对主义的身份观认为,文化身份是“去中心自我”身份,文化处于不断变化、分裂之中。占有身份的自我不再是本质主义的中心,而是相互矛盾、不断变动的主体。文化身份指向四面八方,在不同的时空都可以获得不同的身份,而这些身份不是稳定的、永恒的,只是暂时的。其实,文化身份要通过文化来实现,从主体的外部来说,是文化身份的心理内涵;从主体的外部来说,是文化身份的物质环境。文化身份就是要在内外交汇中不断解构、分裂和重构。

因此,文化身份理论实际上关注的是主体与客体、主体与主体以及主体自身的文化差异所带来的不同观念、价值、行为等多方面的问题。在中国当代文化研究的视野中,文化身份是研究者在面对文艺学的学科建设、以《超级女声》为代表的文化现象、文化研究自身等诸多研究对象时不可回避的课题,这应该成为观照中国当代文化研究的一个有意义的视角。

文化研究的历史性登场加剧了文学理论的学科危机,深刻影响了传统的文学研究。文化研究与文学研究之间的关系是目前文艺理论界讨论较多的核心问题之一,产生了互渗论、介入论、突破论、转向论等多种观点。对文化研究对文艺理论的影响,有的认为积极有效,有的认为会造成文艺理论泛化,等等。文化研究对传统的文化概念提出严峻挑战,具有鲜明的政治内涵和大学背景,具有跨学科等鲜明的特征。但是,文化研究自身的合法性从来没有得到确认,这也是它颇受争议的所在。文化研究的身份问题成为进行文化研究急需解决的问题,也是文化研究深入发展的前提。文化身份研究是在后殖民理论的平台上被提出来,并被运用到文学研究中。从文艺美学的角度来说,是肯定主体性的美学价值和文学存在合理性;从文学研究的外延来说,是语境式研究和文本式研究相结合。文学中的文化身份研究,是迎头应对文化研究的挑战,而运用文化研究的一些理论与方法,从新的路径进入文学的明智选择。运用身份理论反向观照文化研究在中国当代语境的嬗变,应该成为解决文化研究身份焦虑的途径之一。文化研究的理论译介,有

① Jorge Larrain, *Ideology and Cultural Identity*, Cambridge: Polity Press, 1994, p.143.

中国社会科学出版社“知识分子图书馆”、金元浦主编的“当代文化研究批评丛书”、中国社会科学院出版社“传播与文化译丛”、中央编译出版社李陀主编的“大众文化研究译丛”等等。还有召开了诸如“文学理论与文化研究”“文艺学与文化研究学术研讨会”等。但是,对文化研究本身在当代中国的文化身份,还没有专门的研究。

根据笔者近年来搜索、掌握的资料,主要存在以下问题。首先,从事文化研究、身份理论译介的多,从中国语境分析理论合法性的少。自英国的文化研究传入中国以来,大量的西方文化研究成果被翻译、介绍到学术界。一些研究者开始尝试把西方文化研究方法运用在中国文学研究当中,虽然在一定程度上丰富了文学研究的方法,但是还停留在“套用”的层次上。即使这样,文化研究还是对文学研究造成了很大的影响,造成了文学研究者的分化。但是,文化研究在当代中国的合法性问题一直被悬置起来,其文化身份亟待解决。其次,运用文化身份理论进行文学研究虽有,文化研究自身的文化身份研究还是研究的空白。现有研究成果或者运用文化研究的方法从事个案研究,或者研究文学中的身份问题。再次,文化研究的定位还是一个悬而未决的问题。现有的文献只是从文化研究与传统的文学理论、社会学批评等角度来衡量文化研究在当代学术界的地位,没有从文化研究自身来考查文化研究。本书全面考查了文化研究在中国当代学术界的身份演变,试图为深入分析文化研究提供了新的视角。最后,现有的文化研究文献一般从大众文化、后殖民文化、女性文化等视角,运用西方文化研究理论,进行中国语境的实践。对这些研究中存在的文化身份、文化立场等问题还没有专门的研究,存在理论研究真空。综上,国内外资料表明,文化研究的身份问题尚未引起学术界的重视,亟待深入挖掘。

运用文化身份的视角和文化研究的方法,而不是沿着传统文学研究的思路解释和理解文本,解读中国当代文化研究,理解其研究范式,既注意研究者的研究立场、方法,又注意其研究对象的独特性。较之传统的文学研究,文化研究是研究视角的新拓展,必将带来研究的深化与突破。国外“文化研究”的主要特征是反学科性和开放性,中国当代文化研究更加复杂,其理论建构与话语实践几乎同步进行,其文化身份问题显得尤为重要。因此,从文化身份这一视角切入,目的在于尽可能地把握文化研究在中国的身份嬗变,以洞悉中国当代文化理论的发展。对中国当代文化研究的文化身份展开分析与研究具有非常重要的理论与现实意义。其一,尝试定位中国当代文化研究,梳理当代文化研究在中国的发展、演变。为以后的文化研究者提供一种线索。从国内外的研究情况看,对文化研究本身的考察,具有重要意义。其二,抵制国外文化研究思潮的霸语话权,建设中国自己的文化理论。文化全球化应该是双向交流的过程,目前的中国当代文化研究者过多依赖国外文化研究理论,忽视了自身在文化理论上的建树,而中国当代文化研究不能一味“输入”,而不“输出”。其三,对中国有代表性的文本进行文化研究话语实践,摸索新的研究范式。

一、文化研究的译介与传播

自从文化研究传入中国以来,就不单单是纯粹学理层面的问题,其文化身份一直处于悬置的状态。文化研究在一片争议、非议之中逐渐成为当代中国文学研究中不可忽视的一个研究领域,也是因为其文化身份的独特性。文化研究的文化身份在文化研究的传入、发展中具有深远的影响,甚至直接决定了文化研究在中国本土化的形态、特点和性质。笔者将从“文化身份”的理论视角,考查文化研究的中国化历程与文化研究者的文化身份之间的关系,并通过这种考查来回应文化研究的合法性危机以及文化研究与文学理论之间关系的争论,试图提出在文化身份理论视野中审视当前文化研究的合法性危机及其出路。

中国学术界真正使用现在意义上的“文化研究”是在 1994 年《读书》第 7、8 期上发表的《什么是“文化研究”》和《文化研究与地区研究》。其后,《读书》杂志主办的“文化与文化空间”研讨会①、1995 年 8 月主办的“文化研究:中国与西方”国际研讨会②和 1996 年 7 月主办的“文化接受与变形”国际研讨会③等真正把文化研究作为一个问题提上了中国学术界的议事议程,讨论的主题也一步步推进,从文化研究的含义到西方文化研究的历史和现状,从文化研究与诸学科之间的关系到欧美文化研究对中国的冲击和对策等。

在这些文化研究的译介过程中明显存在着“中国与西方”二元对立的思维模式。

李欧梵与汪晖之间的对话,是中国大陆最早专门介绍文化研究的文章。李欧梵作为身在美国的文化研究者,从美国文化研究的角度提到,“美国的

① 参见白露:《生活在不可理解之中——对〈读书〉9 月份“文化研究与文化空间”讨论会的记录与感想》,《读书》1994 年第 12 期。

② 参见徐燕红:《“文化研究:中国与西方”国际研讨会在大连举行》,《外国文学评论》1995 年第 4 期。

③ 参见斯义宁:《文化研究语境之下的比较文学——文化接受与变形国际研讨会综述》,《中国比较文学》1997 年第 1 期。

当代‘文化理论’可以追溯到七十年代的‘伯明翰学派’,那时在伯明翰大学成立了一个‘当代文化研究中心’”①,并且提到伯明翰学派可以分为两个发展阶段,一是英国的老派马克思主义阶段,二是受法国理论影响后的阶段;代表人物有雷蒙·威廉姆斯(Raymond Williams)和后来的斯蒂瓦特·豪(Hall)。这种表述的理论轨迹是:英国(文化研究的起源)→美国(文化研究的发展)→中国(文化研究的延伸)。

从文化身份的角度看,李欧梵等人对文化研究起源的论断有以下特点:首先,李欧梵充当的是一个文化研究的“传道士”,他在费正清中心主持一个“文化研究”工作坊(culture workshop),而以费正清为首的哈佛中国学派主张的是“西方冲击—中国回应”的二元对立的东西方理论。在李欧梵看来,文化研究是从英国伯明翰大学“当代文化研究中心”传入美国的,而又从美国文化研究的视野下把这种文化研究介绍到中国。如果说文化研究对美国文化是一个“他者”,那么,对中国来说又是“他者”的“他者”。而李欧梵的观点认为,“自我的建构需要一个他者”②,这个他者当然是西方文化研究。其次,从汪晖的角度说,他主要是从一个接受者与应对者的姿态与李欧梵展开对话。这种对话并不是对等的交流,而是中国怎样接受和应对西方文化研究的问题,“使我们了解西方‘文化理论’的兴起,所来有自,这便于我们站在中国的立场来考虑如何接纳、应用或排拒这种理论”③。表面看来,汪晖的话语中充满了冷静和反思,但是,不管是接纳、应用或反思,汪晖们不能忽视的却是面对文化研究时的身份问题。而事实上,在两篇文章中,汪晖并没有提出对西方文化研究在中国身份的质疑。

文化研究作为一种西方理论资源,它本身的理论来源也是研究者关注的对象,人们试图从文化研究的理论资源中去探询其复杂的文化身份。王岳川等在“20 世纪西方哲性诗学”的视野中观照文化研究,突出了文化研究的理论来源及其边缘诗学特征:

首先,文化研究的理论源头可以追溯到 19 世纪末 20 世纪初的文化社会学研究,如格罗塞的“经济唯物主义派”、普列汉诺夫的“中间环节”说、卢卡奇等人的“理论批判的文艺社会学”思想、阿诺德·豪塞的“艺术社会学”观等等。

其次,文化研究中的社会批判资源有西方马克思主义的代表人物,如本

① 李欧梵、汪晖:《什么是“文化研究”?》,《读书》1994 年第 7 期。
② 李欧梵、汪晖:《文化研究与地区研究》,《读书》1994 年第 7 期。
③ 李欧梵、汪晖:《文化研究与地区研究》,《读书》1994 年第 7 期。

雅明(Walter Benjamin)对机械复制时代的文化艺术的批判、阿多诺(Theodre Adorno)把艺术作为对现实的文化反抗、马尔库塞(Herbert Marcuse)用艺术确立人的感性本体等等。

再次,文化研究的命名中,英国伯明翰大学"当代文化研究中心"的查理德·霍伽特(Richard Hoggart)起了非常重要的作用。此外,解构主义理论家福柯、拉康、德里达、罗兰·巴特、德勒兹和希亚德(J.Baudrillard),苏联的美学家M.卡冈和鲍列夫也从事了自己的文化研究。

最后,皮埃尔·不迪瓦(Pierre Bourdieu)的场域、资本、身体、反思等理论对文化研究影响巨大。最后,提出"边缘批评"和"边缘话语"等在中国语境下的实践的可能性①。

从文化身份的角度去分析,王岳川等言说者对文化研究的身份有以下观点:

首先,把文化研究当作"二十世纪西方哲性诗学"的一种,是"一种新的研究方法"②。这样文化研究就被作为与精神分析、现象学、分析心理学、解释学、结构主义、解构主义、后现代主义等思潮对等,并且具有"包罗万象"的特点。

其次,针对文化研究提出"文学边缘批评"的构想。"文学边缘批评"的前提是文化边缘话语及其中国文化的命运,一是世界文化出现元话语解体和人的降解以及学术思想由"大"到"小"状态,二是中国学者不满于激进主义与保守主义的二元对立、"非此即彼"的思维模式、解构的消解和人文精神的重建的二元对峙等等。边缘话语具有"多元共生"、个体性体验、"他者"形象的特征,"'边缘'是一种自我放逐和心灵流亡。选择边缘就选择了自己的'他者'形象并准备为这份'孤独'付出选择的代价"③。而边缘批评就是"对于当代文化理论与批评主流结构的全方位的反省,并更深一层次地提出了在边缘与中心、东方诗性话语与西方理性结构地'对话'中,建构跨世纪中国新文化话语的意向"④。因此,提出"边缘性批评"或多或少地是对文化研究的回应,是在面对文化研究的思潮面前,对于中国自身的文学批评的反思。尽管这种"边缘性批评"的内涵和外延都还不确定,其合法性和规范性都值得商榷,但是这种反应体现出来的文化身份的自觉还是值得肯定。

① 参见王岳川:《二十世纪西方哲性诗学》,北京大学出版社1999年版,第507—567页。
② 王岳川:《二十世纪西方哲性诗学》,北京大学出版社1999年版,第507页。
③ 王岳川:《二十世纪西方哲性诗学》,北京大学出版社1999年版,第564页。
④ 王岳川:《二十世纪西方哲性诗学》,北京大学出版社1999年版,第566页。

再次,慎重对待文化研究的转向,即本体论转向(由关注大理论到小理论)、思维论转向(由二元对立的形而上思维到多元并存的融合论思维)、价值论转向(从大而全的终极价值关怀到小而俗的世俗关怀)、语言论转向(由官话大话套话到侃话俗话媚话)。这些转向的提出与整个西方文论的转向相切合,也说明文化研究在整个20世纪文论中的地位和影响。

在文化研究的引进过程中,研究者处于两种对立的身份立场。面对西方方兴未艾的文化研究,他只能是一个"阐释者",其最大的责任和使命是把文化研究完整、准确地介绍到中国;而面对中国学术界,他又企图超越西方限定的模式,建立中国自己的文化研究形态,充当一个中国语境下的文化研究的"立法者"。

研究者在"阐释者"和"立法者"之间游走,产生的结果是"立法者"没有独立的"立法"基础,既没有原创性的理论资源,又没有成熟的现实基础,需要不断地到西方那里去汲取营养,充当不虔诚的"阐释者";"阐释者"不甘心做最基本的工作,往往希望在对西方文化研究的阐释中找到解决中国问题的钥匙,充当不安分守己的"阐释者"。其结果是,不但没有阐释好西方的文化研究,没有形成完整、准确地阐释系统,希望建立中国自己的文化研究的企图也变得遥不可及。

二、大众文化研究的初步实践

在二元对立的思想指导下传入的文化研究还没有解决自己的身份问题,就被仓促地运用在当代文学研究的实践当中,运用文化研究方法进行文学研究的文章大量出现。这种现象一方面反映了原有的文学研究理论话语的无力,另一方面表现出研究者仍然处于一种理论"饥渴"的状态。自西方文学理论潮水般涌入中国之后,中国文学研究界由原来简单的"拿来主义"逐渐趋向理性,开始反思西方理论在中国的适用性。但是,文化研究仍然以其独特的"魅力"征服了无数的研究者,并造成了研究者内部的分化。研究文化研究在中国化实践,既可以辨析研究者的立场和文化取向,又可以透视文化研究自身的文化身份。

文化研究在中国化进程中的第一个发展契机是大众文化的兴起,而"文化工业"在当时被认为等同于大众文化①。而从文化工业的视角研究中国大众文化无疑是西方马克思主义的传播与批判理论的引入所产生的结果,最初的中国大众文化研究,无论是理论建构还是个案分析,都没有超出

① 参见周玉宁:《"文化工业"问题研讨会纪要》,《文艺报》1998年4月14日。

西方马克思主义批判理论的范畴。

陶东风在反思自己发表于1993年《文艺争鸣》第6期的《欲望与沉沦——当代大众文化批判》时承认,“这篇文章基本上是对于大众文化的抽象批评,没有特别针对中国本土的大众文化,也没有考虑批判理论是否适应中国大众文化批评这个重要问题”,而主要的观点可以概括为:“机械复制与批量生产论、同一化控制论、虚假满足论、文本贫困论、读者白痴论”①。陶东风的观点基本反映了对当时文化研究的问题,同时也说明了研究者文化身份的模糊与脆弱。

文化研究的文化身份和研究者的文化身份紧密相关,文化身份的边缘性反过来认证了研究者的边缘文化身份。

首先,市场经济及其带来的“文化工业”在消解精英文化中心地位的同时,也使得人文知识分子边缘化。以王朔的小说、电视连续剧《渴望》等为代表的中国初级“文化工业”首先发起了对“纯文学”的挑战,进而引发了人文知识分子的强烈反应,并且在发起“人文精神”大讨论等维护自身文化身份的行动。从这个意义上说,对大众文化采取批判的方式是人文知识分子的本能反应;而后来出现的态度的转变也正是研究者冷静反思的结果。当研究者拿起西方文化理论的武器来批判中国大众文化的时候,就决定了文化研究在文化上的被动身份。

其次,研究者的道德立场和审美立场限定了文化研究的边缘空间。道德立场与审美立场动辄以终极关怀、超越、人文精神等抽象的判断来审视大众文化,这样很容易发现大众文化是世俗主义、功利主义、享乐主义等反面主义。而事实上,大众文化并不是一无是处,“大众文化的抚慰功能、娱乐功能对于人们心理结构的平衡和调整,对于社会秩序的建立和维护发挥着它的文化文化整合功能,在一定程度上可以促进文化的民主化和平民化进程”②。研究者并不是没有看到大众文化积极性的一面,而是他的文化身份规定着他不能过多地为大众文化说话。这种立场不肯放下“大批判”“大鸣大放”的架子,不屑于分析不同阶层的不同个体在大众文化中所处的特殊情况,使得最后的身份空间越来越狭窄。

最后,大众文化的“控制性”与一定程度的进步性加深了研究者的文化身份的模糊性与不确定性。市场隐形的控制下也提供了文化现代化的可能,“大众文化以其强烈的现代色彩和革命精神,不仅冲击、颠覆了封建文

---

① 陶东风、徐艳蕊:《当代中国的文化批判》,北京大学出版社2006年版,第75页。

② 尹鸿:《“人文精神与大众文化”笔谈》,《文艺理论研究》2001年第3期。

化的余韵,也对中国人的现代品性塑造起到了巨大的作用”①。在中国特有的文化环境中,政治权力对言说者的文化身份具有特殊的意义,而“市场也为艺术家提供了摆脱政治权力干预的可能性”②。因此,言说者的文化身份一开始就是模糊、变动的,并且随着中国大众文化的发展而改变。

三、当代中国文化研究理论的想象性建构

大量的文化研究的实践,在一定程度上开拓了文学研究的视野,拓宽了文学研究的领域,取得了一定的成绩。研究者逐渐不再满足于单纯地照搬西方文化研究的理论,开始尝试建立中国自己的文化研究理论体系。无论是在大学开设文化研究专业、聘请导师、培养研究生,还是出版大量的有关著作、刊物,都是在试图为建立自己的文化研究理论体系做准备。但是,由于文化研究自身的特性和中国文化语境的实际,这种努力还无力建构一个中国化的文化研究理论体系,即使有很多类似的尝试,也是一种理论上的想象。西方理论在中国文学研究的现代历史经验表明,对文化研究的理论想象有可能产生深远的影响。因此,重视和引导这种理论想象,无论是对文学理论建设,还是对文学研究实践,都具有重要意义。

历史主义的价值立场使得文化研究具有了一定的历史地位,这种地位不是文化研究本身的历史性,而是利用了人们对历史主义的思维惯性。以王蒙、金元浦、陶东风等为代表的文化研究者,看到了文化研究在中国社会转型过程中的巨大价值,文化研究不仅是一个学术问题,而且还是重要的社会现实问题。大众文化中存在的功利主义、拜金主义等贬义词被置换为更中性的“世俗化”,而世俗化,被提到与现代性相提并论的高度,“在中国新时期的语境中,世俗化所要祛的魅是以‘两个凡是’为代表的魅。由于世俗化削弱、解构了人的此世存在、日常生活与‘神圣’(不管宗教的还是意识形态的)之间的关系,人们不再需要寻求一种超越的精神资源为其日常生活诉求进行‘辩护’,所以它为大众文化的兴起提供了合法性的依据”③。既然文化研究从事的是推进中国现代化的伟大事业,那么言说者的文化身份无疑具有历史的合法性和进步意义。

李泽厚较早注意到了大众文化背后的意识形态,认为“大众文化不考虑文化批判,但这种态度却反而能改变一些东西,这就是……对正统体制、

① 祖朝志:《对大众文化批判的批判》,《社会科学》1998年第4期。
② 陶东风、徐艳蕊:《当代中国的文化批判》,北京大学出版社2006年版,第81页。
③ 陶东风、徐艳蕊:《当代中国的文化批判》,北京大学出版社2006年版,第83页。

对政教合一的中心体制的有效的侵蚀和解构"①。因此，文化研究及其言说者的文化身份在历史主义这里找到了某种程度上的合法性依据。

理想化的现代性社会理论与中国语境之间的矛盾深化了文化研究文化身份的历史感。现代性社会理论包括市场经济、市民社会、现代科技等各个方面，这些理论与中国特殊环境下的文化研究还有差异，而历史主义的文化研究往往忽视这方面的问题。

如金元浦在肯定大众文化合符历史转型、体现现代科技与生活、改变意识形态的同时，缺乏具体个案的分析，有以偏概全的倾向。金民卿从市场经济、科技发展等角度肯定大众文化的进步意义，但是却忽视了中国最基本的常识，他认为"大众既是大众文化的接受者同时也是大众文化的参与者和创造者"②。而事实上，大众文化的创造者是文化工业；否则，如果像他所说的那样，大众文化就等于民间文化了。

包亚明等对上海酒吧的文化研究虽然在研究范式上具有开拓性意义，是一次文化研究西方话语的中国化试验；但是在理论上并没有什么突破，并且有明显的对中国酒吧的想象性、理想性倾向。在包亚明看来，"酒吧……是上海这座城市不断加速全球化进程的伟大收获"，"无论是作为乌托邦的消费空间，还是作为公共领域的催生地，酒吧或咖啡馆都代表着民主、平等和交往行为的胜利"③。"公共领域""民主""平等"等概念都是直接从西方社会理论中引入的，但是这并不是说中国的酒吧就等于西方的酒吧，自然也就不能把中国的酒吧简单地看成是"公共领域"。中国经验并没有在历史主义的文化研究中得到进一步的体现，其文化身份处于西方话语与中国经验的夹缝之中。

四、文化研究的文化身份及其建设性意义

无论是文化研究的中国化实践，还是中国文化研究理论的想象性建构，都与中国文化语境保持着紧密而又疏离的关系。理论与实践存在的关系总是给人貌合神离的感觉，这也是人们对于文化研究不断责难的重要原因。于是，阶级分析的方法和政治经济学的研究方法重新受到重视。

在中国特有的历史记忆中，阶级分析模式和政治经济学分析模式被当

---

① 李泽厚等：《关于文化现状与道德重建的对话》，《东方》1994年第5期。

② 金民卿：《大众文化：一种新的文化生产方式》，《安徽大学学报（哲学社会科学版）》2002年第1期。

③ 包亚明等：《上海酒吧——空间、消费与想象》，江苏人民出版社2001年版，转引自陶东风、徐艳蕊：《当代中国的文化批判》，北京大学出版社2006年版，第93页。

作简单、粗暴的研究模式，它在文化研究的回归具有深远的意义。这两种研究方法和模式都非常重视中国经验，都主张在中国的实践基础上分析问题。这样就为中国文化研究超越西方话语，应对文化研究中的意识形态等重要问题的时候提供了思想武库，有可能发出中国自己的声音。

首先，代表底层利益的鲜明阶层立场成为中国文化研究的文化身份基础。这些言说者毫不顾忌地宣称自己是底层群体或弱势群体的代言人，他们所从事的文化研究就是为了底层的大众。因此，他们一般采取批判的立场和方法，拒绝大众文化的收编。底层大众在大众文化中实际处于不利的地位，大众文化比起原来的阶级分化更加具有欺骗性，它们"用差异性代替了阶级对抗形成了一种亲和日常意识形态"①，这种差异性是被貌似公平的市场规律掩盖起来的新的不平等。在他们看来，大众文化是取消阶级分层，掩盖阶级分化的事实。张荣翼在对流行文化特征的分析中，首先指出的就是流行文化"消解了文化的分层，即它把传统中关于文化的高级与低级、典雅与粗俗的定位作了否定"，"因而也就缺乏一种文化的引导机制，在某种意义上剥夺了的是统治者机构和知识分子的话语权，……具有无政府主义状态的可能性"②。文章关心的是大众文化的控制机制，一旦缺乏有效的干预机制，处于弱势的社会底层的权利就无从保障，这样的文化"相当于人们的一个梦幻"③。鲜明的底层立场虽然在某种程度上忽视了大众文化的复杂性，但是总体上奠定了文化研究的较稳定的身份立场。

其次，中产阶级的大众文化分析是中国文化研究的基本文化定位。在经过对大众文化的历史考查之后，言说者们达成了一个基本的共识：大众文化是中产阶级的文化。在对"广场"、广告的分析中，言说者发现了革命性话语与商业行为之间的置换、挪用和缝合④，大众文化不再具有反抗政治权力的颠覆性，只是迎合中产阶级的文化需要。有的学者甚至指出，文化研究是中产阶级的"二房""二奶"，并不是要真的批判"夫君"，而只是打情骂俏，其实已经被收编，"文化研究建立在中产阶级深厚的土壤和根基之上，她敲打着中产阶级的感性生活，是中产阶级感性生活天然的守夜人"⑤。虽然对于中产阶级本身还没有一致的意见，但是文化研究的言说者似乎没有退却的意思。也许，这就是文化研究及其文化身份在中国的命运：总是处于

① 旷新年：《作为文化想象的"大众"》，《读书》1997 年第 2 期。

② 张荣翼：《关于当代流行文化特征的思考》，《文艺研究》2001 年第 5 期。

③ 张荣翼：《关于当代流行文化特征的思考》，《文艺研究》2001 年第 5 期。

④ 参见戴锦华：《大众文化的隐形政治学》，《天涯》1999 年第 2 期。

⑤ 旷新年：《文化研究这件"吊带衫"》，《天涯》2003 年第 1 期。

争议之中。

最后,学术身份的体制化、学院化趋势预示着中国文化研究的走向。文化研究逐渐被当作一门新的学科或者学术规范,大学已经做好了接受这一“离经叛道者”的准备。文化研究逐渐从大众文化的外部批判重新回到对大众文化的内部阐释,即使有批评也只是为了改良,而不是为了革命。文化研究过于在意大众文化日新月异的花样翻新和日常生活,有些不痛不痒的指摘甚至成了装扮文化消费的花絮。于是有人呼唤政治经济学分析的回归,因为“罗兰·巴特等的文本理论由‘再政治化’的努力,已经被修改成‘去政治化’的言谈了”①。其一,言说者的学院化话语一般在学院中产生,又在学院中传播,产生的影响效果没有达到言说者的目的;其二,言说者的学院式研究对象还不能毫无顾忌地谈论政治、体制问题,身份的“自由”是有限制的自由;其三,体制化、学院化过程中出现体制大于文化、定位大于身份的失重现象。比如在文化研究与文学理论的关系上,倾向于从传统学科本位上衡定文化研究的身份,这在理论上是拉郎配,在实践上也不具有操作性。

文化研究的学科化、体制化虽然刚刚起步,但是早已引起了学界的关注,尤其是文艺学的学科建设者们。在文艺学看来,文化研究似乎毫不顾忌地使用一切可以利用的研究方法,也没有特定的研究对象,根本称不上是一个学科;而另一方面,文化研究又频频“侵入”自己的“领地”,赚得不少眼球,不可小觑。在这样的背景下,文艺学的学科捍卫者们不仅自觉应对文化研究的挑战,而且同时反思文艺学的学科危机。

五、文化研究的挑战与文艺学的学科反思

中国现代文艺学的学科建设已经有一百多年的历史,既有文艺学自身的发展规律,又与中国社会的现代转型密切相关。② 随着社会的发展和时代的变迁,文艺学日益暴露出自己的弊端和局限,这也早就引起了业内人士的警觉和反思。

进入21世纪以来,这种有关文学理论及文艺学学科反思的讨论在学界引起了广泛关注,似乎已经成为一个“经久不衰”的学术热点。这些讨论按内容可以分为以下几种:一是文艺学的越界与扩容;二是文化研究与文艺学

---

① 薛毅:《文化研究的陷阱——回应旷新年先生》,见 http://www.culstudies.com。

② 参见杜书瀛、钱竞:《中国20世纪文艺学学术史》(第二部下卷),上海文艺出版社2001年版,第61—78页。

的关系;三是日常生活审美化对文艺学的影响;四是文学经典的解构与文艺学的关系;五是文学性与文艺学;等等。论者分为两大派别,一是高举元叙事、宏大叙事、"文学本质"等本质主义旗帜,向传统和历史中寻求文艺学特有的范围和边界,对任何越界的文学研究持怀疑和谨慎的态度,希望重新为文艺学构筑权威性、原则性的文化身份;二是反本质主义的研究思路,主张运用文化研究、知识社会学等西方理论和研究思路重建文艺学知识的社会历史语境,强调文学研究的历史性、地方性和实践性,期冀用建设性的解构功能达到重建文艺学新的文化身份。前者的优势在于拥有体制性的确认和多年的学科底蕴,劣势在于守成有余而创新不足,对日新月异的文学、文化现象反应迟钝,与社会现实、大众实际的文化活动、文艺实践等之间存在明显的脱节;后者的优势在于紧跟社会、时代的文学、文化节奏,对崭新的文学、文化文本具有超强的敏感,善于对其进行文本分析,劣势是过于偏爱西方理论,自我理论创新不足,解构有余而不足以建构文艺学新的文化身份。因此,梳理和反思两种重建文艺学文化身份的思路和得失,对于理解文艺学的身份嬗变,在新的语境下重建文艺学的学科身份具有深远的理论意义和现实意义。

第二节 审美解放与文化研究的流散化

在支持或者反对文化研究的文学研究者那里,文化研究实际上已经成为一种"潜意识"——要么认同文化研究的理念与方法,要么回避、反抗文化研究的干扰(回避、反抗其实也是一种认同),但这并不表明文化研究在学术意义上已经成为不言自明的合法性存在,文学研究的发展要求文化研究不断地自我调整,以符合当前中国文学研究期刊、学会、学科等文学制度层面的要求。因而,文化研究要经过作为一种研究方法——理论范式——文学理念——研究领域——准学科——学科——如此复杂的过程才能成为一门真正意义上的学科,当前学术界最大的浮躁是试图尽快将文化研究学科化,省却对文化研究理论、理念、研究领域的深入挖掘,如此一来符合中国语境的新的理念就很难产生①。所以,当前最需要坚实做好的就是最基础的文本研究,这样才能务实该研究领域的理论基石。

在几乎所有描述文化研究的论述中,文化研究的跨学科性、变动性、开

① 参见卢衍鹏:《文化研究的合法化进程与学科化冲动》,《学术论坛》2008 年第 9 期,第 182—184 页。

放性等都是不能回避的关键词,这一多元矛盾的理论在中国已经旅居多年之后呈现出理论的流散化形态,而这种流散化是文化研究本土化追求的必然结果。要考察文化研究这一理论态势,必须对文化研究的方法模式、理论形态、学科理念、研究领域等进行梳理和反思,对文化研究的准学科实践、学科规划进行多样化展望,尤其是对文化研究的中国学派进行个案分析。

一、文化研究的理论流散与学术变异

文学研究领域中所谓的"理论流散"是指理论在不同时空位移过程中所表现出的理论形态,即在一定的历史时期和民族文化的理论放在另一时期或环境里会产生变异和转换,在一定程度上是对思想事件所由发生的特定社会情境的回应,理论流散既是一种跨语际实践,又是一种思想状态。在当代的文化研究的理论实践与变迁中,理论流散成为一种新视角、新概念,含有跨文化、混合文化等含义,既是理论成熟的症候,也是新理论生成的开始。

与理论流散关系密切的是萨义德提出的"旅行理论"(Traveling Theory),即"各种观念和理论也在人与人、境遇与境遇,以及时代与时代之间旅行"①,理论旅行要经过四个阶段,"首先,有一个起点,或类似起点的一个发轫环境,使观念得以产生或进入话语。第二,有一段必须穿行的距离,一个穿越各种文本压力的通道,使观念从早先的地点移向后面的时空点,使其重要性重新凸显出来。第三,有一些条件,不妨称之为接纳条件或接纳所不可避免的一部分抵制条件。正是这些条件才使得被移植的理论或观念无论显得多么异样,也能得到引进或容忍。第四,完全(或部分)地被容纳(或吸收)的观念因其在新时空中的新位置和新用法而受到某种程度的改造"②。从这四个阶段的分析可以看出,理论旅行是一个常见的,甚至是必然的现象,因为各种外在压力促使理论跨越时间和空间的障碍,寻找新的栖息地;理论融入新的环境需要激烈的生存竞争的考验,也是改造和被改造的过程,因为新环境与起点的环境肯定是不一样的,理论阵痛不可避免,理论变异也是必然的结果。因此,旅行理论是一种对人文社科领域内的思想理论进行动态描述、追踪、研究的新方法、新视角,类似于植物的杂交繁殖或动物和人的迁徙。萨义德更加重视理论在具体语境中的具体意义以及在不同

---

① [美]爱德华·萨义德:《世界·文本·批评家》,李自修译,生活·读书·新知三联书店 2009 年版,第 400 页。

② Edward W.Said, *The world, the Text and the Critic*, Cambridge, MA: Harvard University Press, 1983, pp.226-227.

语境中产生的变异,而不是理论内部的完善、和谐、统一。

反观文化研究在当代中国的理论旅行就会发现,文化研究的变异呈现出理论流散的典型特征,是考察第三世界理论生态的绝佳范例。

1. 文化研究作为方法

文化研究作为文学中的研究方法被称为“文化批评”,实质上是被看成是与文学的“内部研究”相对而言的“外部研究”存在的,或者说是被当作一种与“审美批评”相对的“社会学批评”。一般把 1985 年詹姆逊的北大之行及其《后现代主义与文化理论》看成是文化研究中国旅行的开端,但将近十年以后的 1994 年才有《读书》杂志刊登李欧梵、汪晖关于文化研究的学术对话,这说明文化研究并未引起文学研究界的理论共鸣,或者说 80 年代的文学界没有接纳或抵制文化研究。

之后在很长时间内,文化研究与文学研究的关系研究、文化研究与文艺学的边界问题等成为文化研究的热点问题,希望找出文化研究与文学研究之间的界限、相似、对立、融合等诸多因素,而这些因素对于一种研究方法而言无疑是苛刻的,因为文化研究被引入文学研究领域时的命运已经决定——文化研究不可能与文学研究对等,更不可能取代文学研究。果然,文化研究初入中国的理论旅行被看成是一个异质存在,它的繁殖需要文学之外的其他刺激才能成行。

2. 文化研究作为理论

从 1994 年开始,文化研究作为理论范式逐渐被接纳、抵抗、收编,从理论迁徙转向理论繁殖,初步确立在文学研究中的学术地位,但机械化和过度泛化的诟病使得文化研究更多存在于低层次的解读和多学科知识的杂交,没有凸显应有的理论价值和实践意义。文化研究作为理论需要学术研讨、书刊出版、研究机构等多种因素的支持才能具备理论繁殖的生命力,而这种支持必然是有选择性、理论倾向和学术旨趣等主观因素。

一是学术研讨会一般与各学科的核心问题结合起来,如“文化研究:中国与西方”(北京大学等 1995 年主办)主要探讨文化研究与比较文学研究相辅相成的作用,中国与西方学术理论对话的可能性探讨等;“文学理论与文化研究”(首都师范大学等 2000 年主办)主要探讨的是文化研究背景下文学理论问题的解决、中国当代文化研究课题等。这种为我所用的实用理性在一定程度上可以解决文学研究各学科的实际问题,但同时也会让文化研究陷入工具理性的理论层面,不利于挖掘文化研究的理论价值和理论深度。

二是书刊出版侧重于大众文化研究,缺乏对文化研究的整体展示。如陆扬、王毅编著的《大众文化与传媒》《大众文化研究》，王逢振主编的“先锋译丛”“知识分子图书馆丛书”，李陀主编《大众文化批评丛书》，张一兵主编“当代学术棱镜译丛”，周宪、许钧主编“文化和传播译丛”，金元浦、陶东风主编《文化研究》辑刊等都以较大篇幅（数量）对大众文化研究进行理论阐释和个案分析。

三是研究机构主要将文化研究作为象征学术前沿的“金字招牌”进行包装，借以扩大学术影响力，提高知名度。如 1995 年戴锦华在北京大学成立“文化研究工作坊”，2008 年扩建为“电影与文化研究中心”，这与原来“电影研究中心”或者“电视研究中心”在本质上有什么区别呢？其实，“电影研究中心”照样可以用文化研究的理论、方法进行研究，所以这种机构在实质上并不代表学术机制、学科规范的改变。当然，我们也并不反对这种命名，关键是看其研究成果是否具有文化研究的意义。再如 1998 年上海师范大学成立都市文化研究中心，借助上海大都市的便利条件研究都市文化、国际都市文化、消费文化等，天时地利，形成了一定特色，但其研究范式并不稳定，研究领域也不严格。

3. 文化研究作为理念

当文化研究在理论层面上得到较多的运用或者批判时，文化研究作为一种文学研究理念已经深入人心，理念的改变和提升又在深层次上推动了文学研究的发展。本质上，任何理念的产生和发展都是社会变动的结果，而理论也会反过来推动社会（包括文学）的变革。

首先，文化研究作为理念的核心是对“文化”的现代性阐释，从对文化的研究（the study of culture）转变为源于英国伯明翰学派的“文化研究”（cultural studies），文化不再象征着不言自明的精英、高雅、文明、优越，而是突出文化作为生活方式，尤其是普通人的整个日常社会生活。虽然文化研究对文化的定义也在变动，但是基本认同两点，一是吸收了 19 世纪英国人类学家爱德华·泰勒关于文化是“一个错综复杂的总体，包括知识、信仰、艺术、道德、法律、习俗和人作为社会成员所获得的任何其他能力和习惯”的定义并加以改造①，如威廉斯将文化界定为理想的、文献式的和文化的“社会”含义三种方式，将文化研究推向更加自由、广阔的理论视域。二是偏爱亚文化、边缘文化、底层文化等原来不被重视的现实领域，反抗、抵制的姿态和立场给文化研究披上了一层政治面纱，全球化意识、后现代思想是文化研究理念的重要资源，文化研究的话语实践呈现一种反权力话语。20 世

---

① 参见 Edward Burnett Tylor, *The Origins of Culture*, New York: Harper and Row, 1985, p. 1。

纪 90 年代初，市场经济体制的建立实现了经济体制根本性变革，市场作为资源配置手段影响到适合、文化的各个方面，尤其是加入 WTO 以后，中国更深地卷入全球经济共同体之间的利益博弈，文化观念受到消费主义、全球化等新精神观念的影响，文学研究理念的变化在所难免。文化研究改变了原来文学中高雅与低俗的二元对立，吸收了利维斯主义关于文学批评和文本分析的方法，将文化的知识资源扩展到人类学、社会学等多学科。文化观念的扩展既是西方文化观念对中国文化的成功洗脑，又是文学研究的无奈选择，也是知识分子安身立命、经世致用的现实选择。

其次，批评意识、问题意识带来文学研究的文化转向，但在话语实践上更多停留在“破”的层面，“立”的建构上有效路径。“批评意识就是对各种情境之间的差异的感觉和意识，同时也意识到任何体系或系统都不能穷尽它所出自或者被她植入的情境。……批评家的本职工作就是要对理论进行抵抗，使理论向历史现实敞开，向社会、人的需要和利益敞开，指向取自处于阐释领域之外或边际的日常生活现实的那些具体事例”①。批评意识在文学研究中主要体现在以下方面：一是批判由港台引入的大众文化，如流行音乐等，还保留了“左翼”理论的痕迹。二是对市场化给文学带来的危机进行批判，重返中心的呐喊显示了文学界固执的精英意识。三是用人文精神的终极关怀应对市场化、商品化、实用化，既是“五四”精神的延续，更多的是法兰克福学派的文化工业批判理论的机械搬用。可以说，文化研究调动和激发了知识分子关注现实的责任意识和使命感，使得一部分文学研究从审美主义的象牙塔走向民间和大众，从“热衷政治——逃避政治”的二元对立中走向文化批判和文化分析，为走向文化重构奠定了基础。

4. 文化研究作为准学科

文化研究破除了文学研究的审美主义神话，同时摒弃了马克思主义机械论和经济决定论，所谓的跨学科特性是指文化研究拒绝在理论和方法上简单地按某一学科建构，“始终游走在学科边缘”，但是如果据此认为文化研究“形成了一门相对独立的新兴科学”或“新兴学科”②，那就言过其实了。造成这种随意判断的原因大概有以下几个方面：一是文化研究的教材建设方兴未艾，成为文学研究生产力的主要增长点。诸如《文化研究导论》（复旦大学出版社 2006 年版，“教育部学位管理与研究生教育司推荐用

① Edward W.Said, *The World, the Text and the Critic*, Cambridge, MA: Harvard University Press, 1983, p.242.

② 陆扬：《文化研究的必然性——走出本质论》，《文艺争鸣》2009 年第 11 期。

书”),《文化研究概论》(复旦大学出版社 2008 年版,“普通高等教育‘十一五’国家级规划教材”)、《文化批评教程》(上海大学出版社 2008 年版,“上海大学教材建设专项资助”)、《大众文化教程》(广西师范大学出版社 2008 年版)等,其中既有针对研究生的学术性较强的教材,又有以传授知识主要目的的本科生教材,文化研究大有从学术象牙塔走向大学课堂的发展趋势。二是招生体制、专业设置上开始招收文化研究专业、专业方向的硕士、博士研究生。北京大学、中国人民大学、四川大学等都已招收文化研究硕士、博士招生方向,首都师范大学率先自设“文化研究”博士招生专业。2006 年,五所大学/研究所(上海大学、华东师范大学、上海师范大学、复旦大学和上海社会科学院文学研究所)的文化研究学者联合设立了一个跨校/院的文化研究硕士联合课程①。问题是,几本教材、几门课程、几个期刊、几个研究机构就能产生一个学科的诞生吗?显然,一个新学科的建立不仅需要稳定的学科对象、研究方法等,而且需要大量的学术实践和理论创新,不是靠自我命名和行政命令就可以完成。在这个意义上,一味追求文化研究学科化的做法只能与文化研究的学理精神背道而驰,是好大喜功的非学术思维。

文化研究的学科价值不在于形成新的学科,而是激发其他学科的生命力,不断推进学科改革。对文学研究而言,文化研究更是要在研究范围上拓展理论视野,吸纳多元化研究对象,加强文本分析;在方法上重视语境化与文学研究的关系,尝试进行文学生产机制、传播方式、意识形态等跨学科研究,提升文学研究的现实意义;在研究立场、视角上破除二元对立思维,在审美、文化、政治等多元空间中找到适合批评者本身的立场,不求统一,但求有效。当然,我们也不能完全否认在未来某个时段文化研究学科化的可能,因为任何学术的发展都会随着语境的改革而调整自身轨迹。

二、文化研究的本土化,抑或文化研究的中国学派

虽然我们否认文化研究的学科化,但并不抹杀文化研究在中国理论繁殖的现实,中国文化研究者从不同层面、角度、领域等对文化研究的理论建构和话语实践在某种程度上进行了本土化尝试,姑且称为“文化研究的中国学派”。鉴于将要讨论的文化研究者还没有被称为“文化研究的中国学派”,相信他们也不会有人自称,这里只是为了研究的需要选取几个长期倡导并实践文化研究的文学研究者,并考虑到其所在地域、学科、主张等多元

① 参见王晓明:《文化研究的三道难题——以上海大学文化研究系为例》,《上海大学学报(社会科学版)》2010 年第 1 期。

因素的典型性。

1. 理论译介方面

由于文化研究本来就是舶来品，如何选择、翻译和传播就成了文化研究在中国旅行的基础条件，新的理论译介容易成为中国文化研究者的学术资源和理论工具，引发新的学术讨论，这种状况一直延续到现在。

最早将文化研究推介到学术界的是1994年李欧梵、汪晖在《读书》上的对话，话题涉及霸权主义、多元文化主义、区域研究等，但当时并没有引起大的学术回应。专门译介文化研究的学者很多都成了重要的文化研究者，如王逢振（主编“知识分子图书馆丛书”等）、罗钢等（主编《文化研究读本》、《消费文化读本》等）、周宪（主编《文化和传播译丛》《方向标丛书》等）、陶东风（主编《文化研究》《文化研究导论》《文化研究精粹读本》《粉丝文化读本》等）、王岳川（主编《后现代文化与美学》等）、王宁（主编《全球化与文化：西方与中国》等）等。

这方面的学者大多具有外语方面的优势，有的还有国外访学、工作的经历，对西方文化研究相对，在把握国际学术潮流方面有独到思考。他们编著、翻译的文化研究读物实际上成了当代中国文化研究的主要武库和思想来源，这种最基础的工作是文化研究本土化的必经阶段，他们对文化研究的理解代表了一定时期本土化的水平。

2. 话语实践方面

当文学研究者面对大众文化等新的研究课题不知所措时，文化研究的译介适时地提供了理论武库，这让研究者无比兴奋地进行了大量批评实践。金元浦、陶东风的《阐释中国的焦虑——转型时代的文化解读》，李陀主编的“大众文化批评丛书”包括戴锦华的《隐形书写——90年代中国文化研究》、包亚明的《上海酒吧：空间、消费与想象》、戴锦华编《书写文化英雄：世纪之交的文化研究》、王晓明的《在新意识形态的笼罩下：90年代的文化和文学分析》、南帆的《双重视域：当代电子文化分析》、邵燕君的《倾斜的文学场——当代文学生产机制的市场化转型》、宋伟杰的《从娱乐行为到乌托邦冲动：金庸小说再解读》等，研究对象包括了酒吧、金庸小说、文学生产机制、转向时代的文学等各个方面，角度各有不同，但都可以窥见其文化研究立场和批判意识。这里无意例举种类繁多的批评论著，更无法穷尽无数的报刊文章，这是想表明文化研究者的话语实践具有的特点。

一是文化研究者自觉地运用文化研究理论、方法“对接”中国经验，膜拜心态大于批评意识。相对审美主义的文学研究，文化研究给人带来的新鲜感的同时也深具批判意识和现实关怀，符合知识分子干预社会的精英情怀,反而激发了本已被市场化、庸俗化冲击的启蒙精神和人文关怀,这让文化研究者放松了对文化研究方法本身的警惕。比照20世纪90年代和21世纪初的文化研究就会发现,曾经冷酷批判大众文化的文章逐渐减少,进行文本分析、价值中立的大众文化研究逐渐增多。这一方面是由于社会对文化市场化的态度变化,另一方面是研究者更加理性地从历史角度客观分析大众文化的价值。

二是文化研究者注重话语的有效性,不再苛求理论深度和学科界限。一些文学研究颇有成绩的研究者在转向文化研究时,其实并不是想舍弃文学研究,只是因为发现文学创作已经远离话语中心,写作水平低下;而文学研究又与文学创作、社会生活严重脱节,选择文化研究也是无奈的选择。牛学智这样评价南帆由转向文化批评:"这说明南帆那一代学者、批评家,很大程度上是基于文学现状的不满走向文学的文化意义阐释和通过社会文化现象来观照'非经典'文学的现实价值的"①。陶东风这样解释自己为什么由文学研究转向文化研究:"直接促动我转向文化研究的是80年代后期至90年代初期的社会急剧转型","我承认我现在的很多研究不是文学研究,也与文本无关。但是我却认为自己的工作依然是学术研究的工作。重要的是学术和学科不能等同,我现在的学科意识不强,但是还是有比较强的学术意识"②。可以看出,陶东风关注的是话语的有效性和社会需求的及时性,至于是否有文学研究规范的学科意义,并不在考虑范围之内。陶东风还很分重视时评,认为时评也可以具有很高的学术含量。

3. 文化政治方面

文化研究的批判性、抵抗性不是简单的否定,而是在批判中建构,中国文化研究者对于社会文化生产机制、知识分子立场等文化政治领域是文化研究本体化的关键。王晓明主张将"当代支配性文化的生产机制",以及这个文化与那一段"社会主义"历史的相互生产的关系,确定为今日中国大陆文化研究的主要对象;用"双线"来勾勒中国大陆文化研究的方法论:它既是"批判性分析",也是"促进性介入"③。这种既"破"又"立"的文化研究在理论上当然成立,关键是如果将文化政治局限于城市研究、大众文化研究等脱离最广阔的农村、最广大的农民,文化政治终将是一种

---

① 牛学智:《反抗常规与黑暗的旅行(一)——世纪之交南帆的文学理论批评选择》,《名作欣赏》2009年第7期。

② 陶东风、刘张杨:《从文学研究到文化研究》,《学术月刊》2007年第7期。

③ 王晓明:《文化研究的三道难题——以上海大学文化研究系为例》,《上海大学学报(社会科学版)》2010年第1期。

理论想象。

相比文化现象，尤其是大众文化现象，底层文化、民间文化、区域文化等最具语境化、中土特色的课题是文化政治最需要关注的，尽管研究难度、范围将大很多，但是文化价值也最大，理应成为文化研究本土化的主要内容。

4. 学科建构方面

前面提到，致力于学科建构的文化研究者主要从教材、专业、课程等方面进行，其最大的贡献是普及文化研究，为文化研究取得体制生存的合法性，是文化研究本土化的权宜之计。在文化研究学科化讨论中，很多人讨论“文化研究与文艺学”“文化研究与文学理论”等话题，认为文化研究会造成文艺学的学科危机，实际上这个问题并不存在，最多要迫使文艺学或文学理论更新知识，关注现实，对文艺学、文学理论来说利大于弊。文化研究的专业化、学院化在本土化初期还是必要的，可以有距离地观察社会文化的整体走向，积累学术经验，提炼观照本土的理论方法，树立稳定的学术传统。但同时也要逐步加强文化研究的实践性和操作性，引入田野调查等方法，保持文化研究与社会现实的紧密联系。

文化研究的学科建构需要原创性理论、学术框架、理论成果等作为学科基础，而目前还没有具有深厚理论基础的成果，也少见原创性理论问世，可以说，文化研究的科学建构还未起步。

5. 文化产业方面

很多人没有想到，文化研究本土化发展最好的竟是文化产业，即学界曾大力批判的“大众文化”。在国际文化产业发展背景下，中国开始了文化产业的超常规划，文化产业发展研究也成为学术研究热点，一些文学研究者（包括文化研究者）转向发展迅猛文化产业研究，叶朗、金元浦、胡惠林等原来属于美学、文艺学等人文学科领域的研究者很快成为国家文化产业研究的领军人物，风头甚至超过经济学家。表面看，从最审美的“文化”到最世俗的“产业”，跨度之大足以让人大跌眼镜；其实，文化研究者深知文化与经济的关系，“文化工业”与“文化产业”之间的褒贬完全可以转化。

文化产业研究除了实际的规划与设计等之外，主要包括文化安全、文化战略、文化交流等方面，已经成为文化研究中社会影响最大、受众最广的一个领域。

总之，文化研究的理论流散在经历了方法、理论、理念、准学科等一系列理论蜕变，其本土化包括理论译介、话语实践、文化政治、学科建构、文化产业等方面。理论流散远未结束，本土化建构还需时日。

第三节　审美解放与文化研究的合法化

与日渐式微的文学研究正好相反,文化研究(cultural studies)正以超乎寻常的扩张速度席卷中国大陆整个理论批评界。原本被文学研究视为"跨学科"——甚至反学科——的"研究方法"或"准学科"在逐渐蚕食文学研究阵地的同时,也在悄然建立自己的独立王国,成立一门新的学科,而且近期已经成为一门"显学"。继陆扬、王毅推出第一本面向研究生教学的《文化研究导论》(复旦大学出版社 2006 年版)之后,陆扬又集合周宪、王宁等著名学者编写了第一本面向本科生的《文化研究概论》(复旦大学出版社 2008 年版)。值得注意的是,这两本以"文化研究"为旗帜的教材都得到了教育管理部门的权威认可,前者为"教育部学位管理与研究生教育司推荐用书",后者为"普通高等教育'十一五'国家级规划教材""新闻出版署'十一五'国家重点图书",可见"文化研究"及其教材得到政府的大力推荐和重点扶持。这种"推荐"和"扶持"的意义在于,"文化研究"进入高等教育体系得到了权威认可的"通行证",使其不仅"合法化",而且还有望成为未来学术发展的方向,必将推动"文化研究"的学科化进程。如果说把"文化研究"用于研究生教学主要是为了关注学术前沿的话,那么把"文化研究"推广至本科层次就使其成为一种高等教育中的基础课程,其意义不可谓不深远。而这与文学研究界关于"文化研究"的争论有很大不同,后者还在继续着"文化研究"的性质、特点及其合法性方面的争议,因此这不是一个不言自明的问题,而应该加以认真审视与考量。

一、作为批评:"文化研究"的合法性进程

产生于 19 世纪五六十年代的"文化研究"(cultural studies),首先来源于英国文学学科,以 1964 年霍加特(Richard Hoggart)在伯明翰大学创办"当代文化研究中心"(CCCS)为标志,并于之后的八九十年代影响到美国、欧洲、东亚、印度等地。"文化研究"进入中国的时间并不晚,早在 1985 年杰姆逊在北大演讲时就对相关理论与实践进行介绍,其《后现代主义与文化理论》被看作是西方文化研究成果在中国的第一次亮相①。而其后西方文化研究的译著和文章相继被介绍到中国,但并没有产生多大的反响,这与当时的理论气候和文化需求有一定的联系。即使后来影响日益扩大,"文

① 陶东风:《文化研究:西方与中国》,北京师范大学出版社 2002 年版,第 2 页。

化研究”也是被作为一种方法来运用的。

看到“文化研究”大行其道，很多人的疑问是，与其他的舶来理论相比，“文化研究”有什么独到之后使其风行中国？在《文化研究概论》把“文化研究”的方法概括为“立足当代的批判的方法”①，成功地解答了这个问题。

一方面，“立足当代”是“文化研究”的立足点，强烈的时代感、敏感性使得“文化研究”时刻关注不断更新、正在发生的热门话题、敏感话题，强调现实性和时效性。而其他人文学科、知识领域的关注点往往是已经发生或还没有的事情，以对其进行归纳、分析和预测，如文学、历史学、社会学、人类学、传播学等。在20世纪90年代以来市场化、世俗化加剧发展的背景下，中国文学与文学研究边缘化的一个重要原因就是与时代、现实的漠视与疏离。无视社会环境变化的结果也只能是加剧文学边缘化进程，“文学死亡论”、“人文精神大讨论”的流传不仅显示了文学界的恐慌与无助，更是一种挣扎、求生的本能欲望。当发现重回“中心”的可能性根本就不存在时（其实文学从来就是在主流话语的边缘上流转生存），不得不打破原本就不存在的文学乌托邦，向现实妥协，对时代逢迎。

另一方面，“批判”是“文化研究”的基本立场，与其他学术研究通常遵循的“客观”“中立”的原则大不相同。无论是在西方还在中国，“文化研究”的学者一般都是一个或多大领域里受过严谨的学术训练，能够运用专业知识得心应手地从事“文化研究”的论述，并能够站在更高的角度，批判地、超越地运用本学科的方法。“文化研究”的理论基础主要有西方马克思主义、后现代差异理论等，其理论范式有大众文化理论、后殖民文化批判理论、性别文化政治理论、知识分子重构理论等，这都决定了“文化研究”的批判立场。

“文化研究”作为“立足当代的批判”，契合了中国文学、文化语境的需要，成为理论界突出重围的“次优选择”。面对风起云涌、复杂多变的文化热潮，文学研究并没有因此变得兴奋，更多的人是茫然无措，受过严格文学训练的文学批评家一边感慨文学的没落、作品的贫乏，一边却没有理论、办法解释更受大众喜爱的电影、连续剧、流行歌曲、服装表演等日常文化现象，文学研究陷入困境，文学研究陷入尴尬。而“文化研究”的出现，无疑为文学研究开辟了新的战场，提供了新的武库，“新的战场”是指扩大了文学的研究领域，尤其是原来不能进入文学研究视野的流行文化、社会热点也成为文学研究的对象，“新的武库”是指扩充了研究方法的范围和种类，不仅可以自由运用一个学科的多种方法，而且可以跨过多个学科、方法，不仅是量

① 陆扬：《文化研究概论》，复旦大学出版社2008年版，第44页。

变而且是思维上的质变。

因此,“文化研究”作为一种“批评”,从一开始就获得了进入文学领域的合法性,尽管这种合法性还仅限于工具论的范畴。

二、作为学科:“文化研究”的学科化之路

如果说“文化研究”的合法化道路一帆风顺的话,其在中国学术界的学科化之路就显得格外坎坷,这与其在其他国家的命运有些类似又有自己的特色。美国的“文化研究”主要是在高等教育体制内部发生和发展,虽然已经稳稳地在各大高校立足,但一般是作为跨学科课程进行教授,其地位比较复杂。中国目前的“文化研究”还存在很大争议,到目前为止至少有以下不同看法:一、准学科的批评,认为“文化研究”首先是超越文本中心主义,有具体包括文化诗学、文化批评、文化唯物主义等①。二、一种立场和方法,认为“文化研究”的核心是一种“症候分析”方法去解构权力。三、解决问题的一种特殊途径,认为“文化研究”不是少数人或专门的领域,而要强调当前语境,从世界格局和地缘政治及文化关系考虑问题②。四、特殊的认识活动,特指人们对自己生活其中的当代社会进行反思和思索的一个最具批判性的认识活动。还有的学者反对对“文化研究”进行定义,认为其不是一般的跨学科,而是不断生成和扩展的知识实践领域,没有传统意义上的固定研究领域或方法,它警惕的恰恰是其他学科追求的“学科化”倾向③。

理论上的质疑并没有妨碍“文化研究”在中国的体制化、学科化进程,甚至扩大了其影响力,具体表现在出版物的大量涌现、前沿学者的大量参与和高等教育的吸收等方面。

第一,“文化研究”的引入场面火爆,成为文学研究界一大“吸引眼球”事件。在众所周知的文学研究出版日益艰难的情况下,在“文化研究”名目下出版的论著、译著、期刊等居然成了出版社的宠儿,成为文学研究界最有生命力和发展前景的领域,让坚守文学研究的学者大吃一惊。仅以译著而言,全国几乎所有一流出版社出版同时关注、参与和策划同一个学术热点相关著作的现象让人称奇,尤其在学术理论领域,尤其是在中国大学中文系。商务印书馆出版于1999年开始推出南京大学教授周宪、许钧主编的“现代性译丛”“文化和传播译丛”,其中的十余部就是“文化研究”知名著作;中国

① 陶东风:《“文学理论和文化研究”研讨会综述》,《文艺争鸣》2000年第4期。
② 陶东风:《“文学理论和文化研究”研讨会综述》,《文艺争鸣》2000年第4期。
③ 汪民安:《文化研究与大学机器》,《中华读书报》2001年4月4日。

社会科学出版社于1999年推出“传播与文化译丛”等8部名著，2000年推出“知识分子图书馆丛书”，其中罗钢等主编的《文化研究读本》《消费文化读本》等重头译著；南京大学出版社从2000年起推出“当代学术棱镜译丛”，其中张一兵、周宪主编的“通俗文化系列”“大众文化系列”“消费文化系列”等20余部著作，分类更细，专业化更强；上海三联书店推出“文化研究译丛”；等等。由此相关的理论文章更是数不胜数，连续几年成为学术热点，占据文学研究专门刊物的大量篇幅。尤其值得注意的是，代表学术风向的《文学评论》《人大复印资料·文学理论》等权威刊物也开始大量刊登相关成果，为“文化研究”推波助澜。

第二，著名学者的大量介入，尤其是著名文学批评家的广泛推动，是“文化研究”快速进入学术中心的重要原因，是“文化研究”学科化的推进器。与传统的老一辈学者不同，生机勃勃的、同时也是最有影响力的中青年学者学者们对新潮的“大众文化”“日常生活审美化”等话题似乎具有切身的亲切感，逐渐将越来越多的新话题纳入文学研究的版图，将“文化研究”作为自己的学术中心。之所以选择“文化研究”，有的学者是因为不再满足于书院经斋式的治学方式，而是面向现实，进行全方位、多层次的学术研究；有的是想通过“文化研究”进入文化产业，把学术研究转化为富国强民的“软实力”；有的是看到“文化研究”在西方的评判意识与实践，急于通过“文化研究”介入历史，从意识形态领域研究文学；等等。不管目的如何，确有一批学者在“文化研究”的理论探讨与实践中焕发出光彩的学术生命力，如陶东风、金元浦、周宪、王岳川、戴锦华、陆扬等学者都在不同的视角作出了独具特色的“文化研究”。

三、作为课程：“文化研究”登堂入室

作为舶来品，“文化研究”在传入中国之后短短二三十年的时间不仅长久地处于学术中心，而且逐渐登堂入室，将要成为大学里一门课程。这在中国似乎是一个例外，因为早些时候传入中国的精神分析、现象学、分析心理学、解释学、结构主义、解构主义、后现代主义等思潮虽然也曾经历了不同程度的辉煌，但很快就被其他思潮取代。正像陆扬在后记中坦言，“文化研究的课程在国内高校中普遍开设起来，……这门课程究竟应当是什么模样，大家都还在摸索之中。有鉴于这样的考量，《文化研究概论》决定同她的姊妹篇《文化研究导论》拉开距离”①。关键的问题是，出现在学生面前的“文化

① 陆扬：《文化研究概论》，复旦大学出版社2008年版，第328页。

研究”到底是什么面孔呢？既然《文化研究概论》（以下简称《概论》）是《文化研究导论》（以下简称《导论》）的姊妹篇，可以在两者之间的比较中窥见端倪。

第一，学科定位上，没有明确的定义。虽然都是在介绍什么是“文化研究”，但《概论》重点放在思想来源的简单梳理，《导论》侧重对“文化”定义的考辨，最后都没有给出一个明确的答案。《概论》提供的是一种文献资料，主要包括英国伯明翰传统，代表人物威廉斯、霍加特和霍尔等。

第二，研究内容上，没有成熟、明确的研究对象和范围，呈现“关键词”式倾向。《导论》提供的关键词有现代性、文化社会学、文化主义、文化工业批判、结构主义、意识形态理论、后现代主义、大众文化理论、大众传媒、空间理论等。《概论》提供的是文化与阶级、后殖民主义文化理论、性别研究、视觉文化、全球化、日常生活审美化、新闻传播与民主政治、文化产业与文化事业、青年亚文化等。同一作者编著的《导论》和《概论》与其说提供了一个完整、系统的知识体系，不如说是一种文化研究关键词的排列组合游戏。而关键词的选取也并没有什么显见的标准或原则，它们之间的关系也很难说出前后之分、轻重之别。不同的是，《概论》涉及范围和论述方法更加切合大学生的实际。难度偏低，抽象理论分析被形象、更多的个案分析代替；内容选择上更加具体，“青年亚文化”等更容易切近学生；范围更广，文化产业、新闻传播等内容也被纳入，但都停留在简单介绍层次。

第三，前沿性与知识化的调和与矛盾是“文化研究”课程化的难解之谜。“文化研究”的本性决定了其关注当下的前沿性，而课堂教学强调的知识化很难满足这一要求。即使《概论》中提供的内容是最前沿的，但若干年之后其中的很多内容可能会“下课”，如“日常生活审美化”等。与学术文章、专著不同，教材的特殊性在于知识的相对稳定性和系统性；而文化研究的生命就在于变动不居的不确定性和开放性。总之，“文化研究”的学科建制必然是一个复杂而漫长的过程。

目前，还有很多人在争论诸如“什么是‘文化研究’”的问题，而不是在讨论如何建设好这本学科，写出更好的教材，更好地为学生提供有效的课程。我认为，这才是学术研究的困境所在。否则，如果我们现在困惑的不是太少的选择，而是选择太多，受苦的就不是学生了。

第十四章　审美解放与文化研究的转型

审美解放与文化研究的转型紧密联系在一起，包括文学与文化的联姻、文化产业发展中文化研究的转型、非物质文化遗产保护中文化研究的转型、主流文化解构中文化研究的转型等。

文学与文化联姻，是当代文学理论的一个特色，由此产生出一种可名之为“权力流转”的文化研究与文学理论相互交融的理论形态。依据对文化不同的理解，联系特定的社会历史情状，可以分为哲学本体论、审美本体论、文化本体论等三种权力模式。第一，文化研究的多元立场、知识阐释解构了本体论，形成了知识型文学理论的权力。第二，通过交流创造理论范式成为文化型文学理论的权力模式，权力流转于反思与元理论之间的博弈中，并已潜入理论地表。第三，文化研究增强了文学理论范式的灵活性、开放性、实践性，为重新赢得社会影响力打开了思路。但是，范式的流散化、随意性使得一时间很难取代元理论体系的优势地位，“文化”与“文本”的异质同构是未来最重要的发展方向。

文化产业化已经成为文化研究不可忽视的语境，文艺产业化、价值评判的商业化、研究平台的媒介化已经成为文化研究的基本现实。文化研究正在被吸纳进文化产业运作流程，研究范式的媒介化日益突出，成为传媒产业的生产资料和生产方式。文化研究的生产化、消费化正在改变文化研究的原有路径，学术中心向媒介中心转移。引导文化研究的产业、媒介转型关键在于开拓多元化的研究范式，保持文化研究的开放性和反思性。既要开拓理论视野，加快文化研究的理论转型，也要积极参与文化生产，建构独立的话语平台。

非物质文化遗产的文化逻辑是理论旅行的结果，西方非物质文化遗产的民族性、特殊性延异为世界性、普遍性，国际公约化命名和组织推广发展为科层化的范式学术运动和保护实践，非功利性的价值保护发展为文化“有用性”的现实博弈。从文化现代化而言，非物质文化遗产保护是应对当前遗产流失的手段，也是文化创造、转型、重构的长远规划；从经济转型而言，是远古与现代的完美结合，是文化资本的承载者，是文化竞争力的强大支撑；从社会和谐而言，是连接基础价值和终极价值的中间价值，融合自然观、社会观的缓冲地带，协调他组织与自组织的管理创新。非物质文化遗产的保守性体现在观念僵化、忽视个体性、认同功能薄弱；文化激进体现在产业发展冲动超过事业管理积极性，价值规律超越非物质文化遗产的固有规律，资源争夺、资本滥用和知识虚构成为非物质文化遗产的顽疾。非物质文化遗产保护中文化研究的转型，既是借助文化研究提升非物质文化遗产保护的理论层次，又是文化研究在新形势下加快调整研究领域和方法策略，形成两者相互促进的双赢局面。对非物质文化遗产保护的反思包括文化嬗变、保护合理性、产业开发等视角。文化研究的转型主要是研究范式的转换，一是研究对象从文化文本向文化遗产，二是研究方法从话语分析到田野研究，三是研究思维从个案分析到理论提升。非物质文化遗产保护与文化研究的转型的契合，表现在理论提升与现实介入、普遍主义与地方性知识、文化教育与民族精神等方面，两者的结合必然是一个文化双赢的结果。

中国当代主流文化已经、并将继续解构，消费文化的市场逻辑扰乱了主流文化的生态平衡，主流文化的保守使其丧失了关怀现实的意识、形象的形式与时俱进的价值诉求。文化研究也陷入困局，开放性、建构性无法掩饰其抽象性、浮躁性，必须深入中国语境找到文化研究之根；批判性和反思性逐渐弱化，必须重新审视大众文化、主流文化和精英文化的关系；文化研究的分化导致不确定性，必须找到契合生产与消费的节点，突出精英文化的标杆价值。要实现主流文化的重塑与文化研究的重生，要以媒体为核心打造主流文化主导的平台，推动主流文化大众化；拓展精英文化世俗化的多种渠道，拉近与大众的距离；借鉴发达国家的成功经验，用全球化的视野探寻中国主流文化的发展路径。

第一节　审美解放与文化联姻

一、“理论高峰”与权力流转

文学与文化联姻，是中国当代文学理论的一个特色，由此产生出一种可名之为“权力流转”的文化研究与文学理论相互交融的理论形态，理论背景是西方的“理论高峰”和中国当代文学理论转型。20 世纪 60 年代到 80 年代，西方出现了一大批影响至今的思想家及其原创理论，可以称之为难得一见的“理论高峰”，但是随着大师的逝去，理论的锋芒日趋黯淡，文学研究逐渐进入“后理论时代”。正如英国学者特里·伊格尔顿不乏怀旧的哀叹：文化理论的黄金时代早已过去，雅克·拉康、克洛德·列维-斯特劳斯、路易·阿尔杜塞、罗兰·巴尔特和米歇尔·福柯的开拓性著述已经远离我们几十年了,甚至雷蒙德·威廉斯、露丝·伊瑞格里、皮埃尔·布尔迪厄、茱莉亚·克里斯蒂娃、雅克·德里达、爱莱娜·西克苏、尤尔根·哈贝马斯、弗雷德里克·詹姆逊和爱德华·萨义德早期的那些具有开拓意义的著述也远离我们多年了。① 此时,源自苏联并且统领我国思想领域几十年的马克思主义哲学原理逐渐成为文学理论原理基础,结果是将马克思主义哲学原理中的某个结论来定义文学的本质,这种状况到改革开放才开始转变。之后,我国理论界因西方理论的引进也受到一次"理论高峰"的洗礼,尤其是反权力话语等理论颇受青睐,因为当时在人们看来,反权力和反政治的意义相近。

其实,从文化研究兴起开始,作为当代法国思想家米歇尔·福柯的核心概念,权力早就成为这一新兴学科的核心概念。在文化研究开疆辟土的过程中,大众文化理论、后殖民文化批判理论、性别政治文化理论、知识分子角色理论等充当了文化研究突破原有理论界桎梏的反权力话语,直至文化研究成为某种意义上的权威——本来是文化研究一直反对的——之后还没有最后的终结。简言之,权力是一种关系网络,只有在与外在的力发生关系时才存在,学科的发展与权力密不可分。正是在这样的意义上,霸权理论、场域理论等被文学研究者用于反对传统(一般是权威)文学理论知识体制,以此建立新的知识结构。因此,文学理论不同建构方式的存在其实是不同权力之间的博弈——不仅是以政府形式出现的权力,而且包括以科学形式出现的权力,甚至以物欲性的活动出现——理论场域必然从单一走向多元。其中一个显著症候是文学理论教材的变化——由少数指定"权威"版本一统天下到新的版本不断蚕食原有教材的势力范围。如南帆的《文学理论新读本》、陶东风的《文学理论的基本问题》、王一川的《文学理论》等新型教材或多或少地采用了文化研究的方法,最明显的特征是不再规定各种原理、定义,这对于长久以来占据多数高校课堂的文学理论教学权威(如童庆炳主编《文学理论教程》等)势必是一个不小的挑战。这就涉及权力流转问题,尤其是被皮埃尔·布尔迪厄称为权力之一的文化资本理论。

所谓"权力流转",是指文化资本通过权力—知识(Power-Knowledge)的转化及其变异,用反观性理论(reflexive theor)——克服主体—客体、文化—社会、结构—行为等普遍存在的理论对立面——来实践性地建构特定的文化场域。"权力流转"理论紧紧围绕文化资本、习性和场域等三个核心概念,三者贯穿权力流转的整个过程。

---

① 参见 Terry Eagleton, *After Theory*, London: Penguin Books, 2004, p.1。

第一,文化资本(capital)是权力流转的内在动力,与社会资本、经济资本等在一定条件下相互转化,并以具体形态、客观形态和体制形态等形式出现。具体形态一般表现为精神和身体的“文化修养”,客观形态一般表现在图书、工具等文化商品和服务,体制形态一般表现为教育文凭、授权资质等资历认证方面。

第二,习性(habitus)是权力流转的认知性、激发性机制,是一种社会化了的主体性,使个人的社会语境的影响得以具体化。习性是关注实践、关注身体的社会学理论与方法,是实践中的行动者所具有的内容,一方面是社会空间的主导规则内化和具体化而成的性情结构(如修养),另一方面是习性生成的具体实践功能,因而习性包含“被建构的结构”(structured structure)和“建构中的结构”(structuring structure)。

第三,场域(field)是权力流转中行动者争夺有价值的支配性资源的空间场所,是由处于不同位置的主客观关系网络构成的空间结构。文化研究给文学理论的冲击是全面的,从思维方式到知识材料,从价值取向到功能方法;而文学理论仍会坚守原属自己的学术领地,试图吸收,甚至收编其为己所用,从而造成文学研究中权力流转的复杂性和多样性,如争议已久的本质主义、反本质主义、建构主义等就是当代文化症候的典型代表。

二、本质的规训:本体型文学理论的权力

自从20世纪文学理论发展成为现代中国一个重要的人文学科,贯穿了哲学本体论、审美本体论、文化本体论等三种权力模式,此间完成了本质对文学理论现代性进程中权力的流转。

第一种权力是哲学本体模式,在文学解释模式上主要包括认识论和政治功利论等。“五四”新文化运动“提倡民主,提倡科学,提倡怀疑精神,提倡个人主义,提倡废孔孟、铲伦常”①,以“民主与科学”为代表的西方现代哲学话语范式就开始冲击,乃至取代以中国传统“国学”为根基的整体文化观念,文学理论的任务不仅是文学本身,更深层的是中国现代思想中启蒙与救亡的双重变奏。以现代文学理论教材为例,有西方现代文学理论教材的译介(如1924年鲁迅译日本厨川白村的《苦闷的象征》等),有现代文学家的创作实践(如1927年郁达夫、田汉等人分别编著的《文学概论》等),在种类繁多的教材竞争中,更符合中国革命现实的唯物史观、现实主义的立场和主义取得胜利,逐渐成为中国现代文学理论体系的主流,正如毛泽东《在延

① 李何林:《近二十年中国文艺思潮论》,陕西人民出版社1981年版,第5页。

安文艺座谈会上的讲话》明确指出，“文学从属于政治”，试图以此“团结人民、教育人民、打击敌人、消灭敌人”。新中国成立后的文学理论基本上是苏联文学理论体系的照搬，马克思主义是最科学、最革命的哲学，包括文学理论在内的所有科学都必须建立在马克思主义基础之上，实践决定论、经济基础决定论等是哲学本体论在文学理论中的具体表现。

第二种权力是审美本体模式，包括文学主体性理论、审美反映论和文学审美意识形态论等。文学主体性理论主要延续和发挥了“文学是人学”的历史命题，肯定了人的情感、欲望和精神重新成为文学的合法主题，人既是实践主体，又是精神主体，人是实践主体指的是人在实践过程中作为主体而存在，是按照自己的方式去行动；人是精神主体是指人在认识过程中与对象建立主客体关系，人作为主体而存在，是按照自己的方式去思考、去认识的①。审美反映论不仅是对反映论的限定，而且希望用审美取代哲学反映论，既没有激进地否定反映论，又没有将文学理论完全归之于审美②。这种过渡性的话语方式容易被大多数人接受，以至后来出现了将审美的法则扩大到文学艺术之外的理论倾向。在此基础上，文学审美意识形态论在改革开放以后逐渐成为主导文学理论的中心话语，“向内转”成为此后很长一段时期文学理论的重点任务，文学被重新定义，被禁锢几十年的视野开放之后引发西方理论的井喷式增长，形式主义、结构主义、新批评、西方马克思主义、女性主义、后结构主义、后现代主义、后殖民主义、文化研究等各式主义构成了现代文学理论的奇观，改变了文学理论的生态环境，审美本体论深入人心。

第三种权力是文化本体模式，文化作为特定的符号体系，是人类区别自然、他者的标志，也是权力区分的重要组成部分。文化表达特定的意义和价值，得到普遍认可的意义和判断逐渐成为约束大多数人的权力，成为社会规范。社会变革时期文化的意义和判断会发生相应变化，权力随之流转，体现了人们适应环境的能力和方式。中国现代文学史的开始并不是开始于某个文学作品和作家，而是开始于“五四”新文化运动，启蒙与革命分别是影响精英文化与大众文化的两个重要概念③。20 世纪三四十年代开始，“革命”带来了另一种文化模式，主导文化的不再是知识分子，而是工农兵大众。环境要求知识分子到工农兵大众中改造自我，整风运动就是这种改造的有效

① 参见刘再复：《论文学的主体性》，《文学评论》1985 年第 6 期。

② 钱中文：《最具体的和最主观的是最丰富的——审美反映的创造性本质》，《文艺理论研究》1986 年第 4 期。

③ 参见南帆：《文化的意义及其三种关系》，《江苏大学学报》2009 年第 4 期。

规训。20世纪八九十年代,“市场”带来了又一种文化模式,精英文化与大众文化在大众传媒的支持下进行新一轮权力争夺。

这三种权力模式根源于长期以来形成的本质观,其结果是文学理论中“一主多元”的权力博弈结构。所谓“一主”是本质主义指导下的文学研究仍然在占据主要权力场域,“多元”是指西方理论为代表的反本质主义、建构主义等思想影响下产生的多种研究方法和思维方式,这些都源于对本质的偏颇理解。

偏颇之一是把本质主义(essentialism)等同于绝对主义,削弱了本质主义的合理性,如陶东风这样定义本质:“假定事物具有超历史的、普遍的永恒本质,这个本质不因时空条件的变化而变化;在知识论上,本质主义设置了以现象/本质为核心的一系列二元对立,坚信绝对的真理”①。绝对主义的方法论往往认为只有一类方法具有揭示事物普遍本质的奇效,而事实恰恰相反,当代文学理论(表现为批评方法等)吸收了西方诸多理论模式,在一种文学理论教材中很难只采用单一的方法论,即使改革开放之前的教材也是这样。

偏颇之二是把本质主义等同于(唯)科学主义(scientism),将自然科学的思维完全照搬到文学研究中。表面上看,博弈的手段有主编教材、刊物、丛书,申请课题,硕博招生等,因此重点大学、科研院所的学者更有可能拥有更大的权力,例如,童庆炳主编的《文学理论教程》自1992年到现在,修订了四版,发行量在100万册以上,占同类教材市场的90%以上②。该教材是教育部指定编委会编写,在很大程度上是邓小平“文艺不从属于政治,但也不能脱离政治”的学术表达,是政治意识、文学审美意识、时代意识、知识分子操守等各种元素的妥协、斗争和博弈的历史产物,这也可以理解为什么一本教材可以在如此长的时间占据垄断地位。

偏颇之三是把本质主义等同于基础主义(foundationalism)。基础主义强调并极端重视基础,无论存在和文化都有一个不变的基础,基础为分两种,一种认为世界本来存在一个基础,一种认为人的知识层次中存在着一个基础。基础是不变的,并假定人类的知识、文化必建立在永恒的,超历史的基础上,这样知识才可靠。哲学相对于其他文化有优先地位,具基础性,其他文化基础性要由哲学说明。

---

① 陶东风:《文学理论:建构主义还是本质主义?——兼答支宇、吴炫、张旭春先生》,《文艺争鸣》2009年第7期。

② 参见童庆炳:《反本质主义与当代文学理论建设》,《文艺争鸣》2009年第7期。

总之，对于本质不可一概而论，要具体分为绝对主义、科学主义和基础主义三种情况，文学理论建构的过程是一个话语权的建构过程①。本体论文学理论主张文学本体论观念，深受科学思想、哲学认识论、真理意识、求真意志等影响，过度注重文学的哲学问题和社会人生的现实主义等方面，缺乏对文学的审美性、超越性、想象性、虚构性和独立性的自觉。在博弈中胜出者掌握了权力，成为规划文学理论学术版图的学术权威，形成了某种程度上的垄断，好在其他类型文学理论并没有完全失去生存空间。

三、文化研究的解构：知识型文学理论的权力

20世纪90年代中前期的“人文精神”论争表征着本体论文学理论的“边缘化”已经打破了文学理论的权力平衡。第一，经济中心和实用主义取代文学中心和审美理想主义成为社会关注的中心，启蒙话语失效，理想主义终结，知识分子从立法者变成阐释者。第二，文学创作不再神圣，市场经济法则和经济意识渗入文学生产机制，文学创作开始肉身化、娱乐化、时尚化、传媒化和网络化，文学创作者适应社会心理多元化需求不断分化。第三，消费社会来临，消费文化不仅成为文学创作的重要主题，而且催生了广场、街心花园、购物中心等全新的研究对象，迫切需要研究者的学术回应。人文精神对工具理性、消费主义、功利主义等的批判有一定的现实意义，但不可否认他们的精英身份、立场或多或少有固守自身权力的考虑，知识分子也在分化，一部分传统文学研究者由于在知识结构、学术权力等方面的固有优势不愿放弃阵地，一部分青年新锐在西方新的学术资源的支持下开始建立自己的权力高地。

在这样的背景下，文化研究暂时地充当了反本质的有力武器，多元化、多视角的解读和批评在丰富文学理论知识的同时，逐渐威胁本质型文学理论的学术版图，新的文学理论建构成为可能。

文化研究的反本质（anti-essentialism）旨在知识的创新，以矫枉过正的方式破除权威、中心等本质性知识，在破旧立新的知识革新中起到的主要是解构的作用。文化研究主张文学知识不是神圣的，而是社会建构的结果，要求放弃为文学立法的角色，经典的神圣性被解构，文学研究和文学本质规定的多元化就可能出现②。被指称为“反本质主义”的几本新教材，其实也只

---

① 参见卢衍鹏：《文艺学知识空间的理论建构与范式转换》，《同济大学学报（社会科学版）》2008年第6期。

② 参见章辉：《反本质主义思维与文学理论知识的生产》，《文学评论》2007年第5期。

是在目录编排上打破了传统文学理论(一般被称为"本质主义")知识板块,但并没有贯穿始终的反本质主义的逻辑和理论。陶东风的《文学理论的基本问题》被称为是反本质主义的代表之一,但是陶本人坚决反对这个称号,而是自称是建构主义者,认为本质主义可以分为"反本质主义"与"反本质的主义",前者可以包含后者。虽然"反本质的主义"早就作为后现代主义思想传入我国文学界,并在破除知识迷信的过程中被运用,但是对于文学理论教材的实际内容并没有实质性的影响。

首先,文化研究的多元立场为知识型文学理论提供了思想基础,确立了合法性。一是破除文学权威的精英立场,回归大众和社会。以审美为旨归的"文学的审美本质""审美意识形态""精神家园"等话语是具有人文精神和使命意识的精英知识分子,历史经验、理想主义与社会责任感让他们坚守文学理论的研究模式和知识体系,维护其立法者姿态。二是模糊学术新锐的价值中立立场,用态度暧昧的阐释代替价值判断。因为年龄、资历、兴趣等原因,这些研究者以西方知识社会学为武器对研究对象进行文化、社会逻辑梳理,不直接做价值判断,态度暧昧,在"超然"的同时也显示了新一代知识分子深刻的精神失落。三是立足现实,满足中产阶级的审美需求的现实功利主义立场。面对多变的社会文化现象和日益边缘化的文学现实,研究者运用跨学科的方法、模式试图解释、指导现实中的问题,其问题意识值得肯定,但过于功利的缺陷也备受非议。

其次,文化研究加剧了文学场域的裂变,增加了文艺争鸣的可能性和权力争夺的复杂性。如果说文学理论精英、权威们尚能勉强坚持原有权力范围的话,那么面对实力强劲的现代传媒及其给文学带来的巨大挑战就显得有心无力了,文学场域进入剧烈的裂变期。传媒、网络、资本的结合在文学、文化的生产和传播等方面给文学研究提出了新的挑战,相应的方法、模式等解读的工具无法在立法者那里找到,尽管立法者一开始甚至不屑一顾。当文学生产成为文化产业的一个组成部分,就连纯文学也无法置身度外之时,批评的制高点已被敏感的研究者——阐释者——占领了,纯文学、大众文化等多元并存、众声喧哗的局面早已形成,受众也放弃了对真理性、普遍性的诉求,轻松的"悦读"甚至"代读"比深奥、唯美的阅读更具吸引力,《百家讲坛》中易中天的《品三国》、于丹的《论语心得》深受精英知识分子诟病①,但是并不妨碍易中天、于丹们成为新的学术明星和文化名人,大量攫取在文化

① 参见徐晋如、杨昊鸥:《解"毒"于丹——告诉你未被糟蹋的孔子与庄子》,中国物资出版社2007年版。

圈、文艺圈（“圈”可以说是“场”的俗称）等各种“场域”中的惊人资本。

最后，文化研究提倡的对话理论及其批评的阐释性优势更具吸引力，增加了文学研究中的反思性因素，文化研究攫取权力的方式更加隐蔽。相比以前聆听大师（或大家）的训导，现在的研究者更希望能够与学术权威对话，营造一种和而不同的学术生态。非本质主义不再执着于对事物深层、本质、内在等概念的挖掘，而是更倾向于与外在事物的比较中对其进行阐释，而“解释学观点的普遍性是包容一切的。……可以理解的存在就是语言”①。与试图建构权威的普遍性话语不同，这种阐释性追求交流、平等、探讨，在尊重研究对象和异见者的基础上进行话语与理论实践，反思性思潮成为现代性的重要途径②。因此，文化研究的贡献在于将文学研究神性化的外衣除去（即文学的祛魅），最大的影响之一就是文学理论知识化的趋势凸显。反本质主义在欧美后现代主义及解构主义理论特定视域中确实成为西方文学理论研究的共识和无意识，以至于当今的西方文论界难得一见诉诸大叙事、普遍主义的理论，多是从历史的、政治问题入手展开论述，更加关注种种族、性别、阶级、身份等因素对于文学的影响，一些传统文本因为新的视角得到新的、具体的重新阐释。而在中国理论界真正吃透后结构主义精髓的并不多，更没有形成自觉的思维方式，我们看到的文学研究成果还是多冠以“文化诗学”“美学体系”“中西文学比较”等类似大部头论著的体系建构和宏大叙事。

四、交流的事实：文化型文学理论的权力

如果把文化研究与文学理论之间的多维建构放置在经济、文化全球化、信息化的社会关系中，我们会发现一个基本的事实，那就是社会关系被化约为“交流”。对文学理论而言，权力的流转是在特定的逻辑下、在象征的在生产中运行，只不过交流代替了粗暴的干涉或占领，温柔但却坚韧，所谓“文学性的蔓延”“日常生活的审美化”等话题就是这种现象的表现。交流使得权力不再高高在上，而是经由反思，甚至民主来实现。交流的过程越来越多地通过传媒的力量，因而更加透明，更具表演性，在无形中成为我们生活的一种事实和文化形态。

尽管还存在诸多学术争议，文化作为一种生活方式还是被很多人认可，尤其是广大的中产阶级或者准中产者，他们不再满足于赤裸裸的物质享受，

① ［德］伽达默尔：《真理与方法》，洪汉鼎译，上海译文出版社1999年版，第570页。

② 参见卢衍鹏：《反思性与文学研究的现代性》，《当代文坛》2009年第4期。

而兼顾其文化身份——“这表现为‘新’身份,新社会类别以及通常情况下新政治群体的增生”①——的需求,名牌服饰、概念性住所、高档会所、进口汽车、时尚杂志(一般以精英的面孔包装)等成为他们不可或缺的身份象征和文化追求。文化逐渐成为文学理论的核心要素,文化作为一种整体性的生活方式,甚至生存方式的表述说明文学理论的文化转向似乎不可避免,文学理论知识生产中的建构主义、关系主义成为新兴文学理论的发展方向,文化型文学理论也就应运而生。

文化型文学理论不反对对理论本身的思考,但是用更中性的词语“元理论”替代“本体”,保留了对理论自身的反思,其实是理论与自身的交流。另一方面,反思性或反观性已经成为世界范围内人文学科和社会科学化解危机的基本方式,怀疑精神、反思研究成为热点。因此,文化型文学理论中诸如建构主义、关系主义等的实质是实用主义、中庸主义的结合,它们对本质的认识基本类似,主要观点基本相同,在本质、反本质这两个极端之间找到了中庸之道,同时也是文学理论实用主义之进程。

根据以上对文学理论权力流转的历史,结合文化研究的实践事实,我们至少可以获得以下三点启示。

首先,文学理论的权力是在反思与元理论之间的博弈中流转,已经潜入理论地表,以范式创造理论事实。“范式”作为“一个科学共同体成员所共有的东西”,“正由于他们掌握了共有的范式才组成了这个科学共同体,尽管这些成员在其他方面并无任何共同之处”②,范式的创造不再追求权威、唯一性,而是将自己融入已有的理论生态系统。陶东风、南帆等人的文学理论“新”教材并未标榜自己的特殊地位,而显得相当谦虚——“这部著作远未达到缜密和完备。许多方面,这毋宁说是一部抛砖引玉之作”③,这样的表述不是客套之词,而是理论策略。虽然这种范式的“创造”性还有待考证或提高,但确实为文学理论的知识创造提供了某种可能(哪怕是反例也是一种贡献)。

其次,文化研究增强了文学理论范式的灵活性、开放性、实践性,为重新赢得社会影响力打开了思路,但是范式的流散化、随意性使得一时间很难取代元理论体系的优势地位。目前标榜建构主义(或关系主义等)的教材其实并没有真正摆脱本体论,往往在阐发写作目标(前言或导论)时思路清

① 卢衍鹏:《反思性与文学研究的现代性》,《当代文坛》2009 年第 4 期。

② [美]托马斯·库恩:《必要的张力》,纪树立等译,福建人民出版社 1981 年版,第 290、291 页。

③ 南帆:《文学理论新读本》,浙江文艺出版社 2002 年版,第 2 页。

晰，而在具体写作过程中还无法离开本质话语和思维，甚至在框架和结论上并没有多少超越，给人虎头蛇尾的感觉。写作姿态更加自由，吸收了更多、更新的材料和观点，但由于写作的集体性，在套路和风格上明显不统一。

最后，文化研究与文学理论的多维重构中，“文化”与“文本”的此消彼长是最重要的发展方向。“文本”是建构主义文学理论知识的核心概念，不同于传统说的“作品”，存活于特定语言情境中；更加注重“能指”，具有语言一样的结构，但更加开放、自由、无中心；具有多元化意义，需要真正的阅读与读者一起重新生产它的意义。“文化”作为一种生活方式，在文学理论中表现在具有历史性和地方性的知识系统，认为只能按照一定的社会准则理解其言行，一种文化研究(制度)比另一种文化研究(制度)更优越的根据是不存在的。

总之，文化研究的权力流转是文学与文化联姻的必然结果，反思性与元理论之间尺度的把握是处理文化研究与文学理论之间多维重构的关键，理想主义和功利主义的斗争仍会继续。

第二节　审美解放与文化产业

一、文化产业:发展的前提

文化产业化作为近年影响较大的一种国家战略，已经成为中国政治、经济、文化发展过程中不可忽视的核心力量和主要领域，并已经扩展到生活的各个方面。尤其是2009年《文化产业振兴规划》颁布之后，各地开始制定文化产业发展规划，相关法律、法规、制度等逐步建立和完善，包括新闻媒体、广播影视、期刊图书等行业进入新一轮改革和整合，文化产业还是资本市场的兴奋点，这些变化都深刻地影响了文化研究的存在语境。

首先，文化产业的发展从整体上改变了文化研究的对象和范围，进而影响到文化研究的观念和立场。文化研究作为一种学术和思想运动，本来就源于社会变革的刺激和文学研究的需要，类似西方的消费文化、大众文化等现实的出现成为文化研究生存的土壤。时至今日，文化研究的合法性还是一个悬置的问题，但并不妨碍用它来解决各种文学、文化问题；但文化产业的合法性却很快被确立，并迅速实施。其实，“文化产业”一词最初来源于法兰克福学派阿多诺与霍克海默在1947年提出的“Culture Industry”，起初的翻译是“文化工业”，是一个具有批判性、反思性、消极性的名词，指向的是文化按照工业化的方式生产过程中出现的负面因素和影响。1998年国际社会才开始考虑将文化纳入经济决策,1999年世界银行在意大利佛罗伦萨会议上提出,文化是经济发展的重要组成部分和世界经济运作方式的重要因素,在这样的背景下,"Culture Industry"的中文翻译才开始转向更加中性化的"文化产业"。文化研究在中国的兴起源自大众文化的迅速膨胀,在当时一般认为这是一种"商业性"的文化,最初引起了文学研究者的警觉,他们借用法兰克福学派的批判理论进行批判,并得到社会舆论的喝彩和学术界的肯定。由此可见,大众文化在当时主要被看作是一种负面意义上的文化。但随着李泽厚、徐贲等学者"正视大众文化在当前的积极性、正面性价值"①"走出阿多诺模式"②的呼吁,大众文化的面目开始向正面发展,一度被认为具有推进政治与文化的多元化、民主化进程的积极意义。鉴于大众文化在中国文化产业中的核心地位,文化产业合法性的确立实际上约等于对大众文化的正面肯定,这对文化研究的观念和立场冲击很大。如果继续对大众文化持批判态度,与国家战略和经济发展相悖;如果肯定大众文化,又与文化研究的自身理论矛盾。以前,文化研究的对象一般是文学作品、文化现象,现在却要面对文艺产品和文化产业流程,衡量文艺、文化的标准由"审美性""文化性"转变为"利润率""产业性",大众文化一旦进入文化产业轨道,文艺的自律性根本无法与市场的自律性抗衡。在文化产业流程中,"这些工业中的艺术决策受到高层管理人员的密切监督。众所周知,这些管理员有力地控制选择艺术工作人员和界定文化产品自身……艺术家的自主性受到威胁……最终,他们接受了这一事实:判断他们的产品不是根据他们独到的成就,而只是根据他们最新创作计划获得商业成功的程度"③,文化产业的核心要素之一——资本的强势介入使得文艺个性逐渐失去了存在的合法性和可能性。在大众文化、文化产业尚未取得合法性的情况下,它们要受到文艺批评对其艺术性、文化批评对其文化性、大众对其流行性的三重检验,要想生存起码要符合其中一条标准。随着文化产业迅速扩张,曾经占据主流地位的"艺术性""文化性"标准开始被边缘化,影视、大众读物等成为产业化的宠儿,成为文化研究首先要面对的课题。

其次,文化产业的振兴导致文化研究的社会功能弱化,影响其实践性品格。文化研究的开放性决定了理论视野的开阔和研究方法的多样,围绕生活方式、大众文化、大众传媒、文化身份、民族主义、全球化等中心展开,具有

---

① 李泽厚:《世纪新梦》,安徽文艺出版社1998年版,第285页。

② 徐贲:《美学·艺术·大众文化——评当前大众文化批评的审美主义倾向》,《文学评论》1995年第5期。

③ [美]戴安娜·克兰:《文化生产:媒体与都市艺术》,译林出版社2001年版,第70—71页。

强烈的社会关怀意识，具有天生的反思性、批判性。而文化产业的振兴在很大程度上收编了文化研究，一方面让文化研究成为学院派进行安全生产的知识话语，化身为大学课堂上师生同乐的智力游戏；另一方面让文化研究与文化产业形成温情脉脉的暧昧关系，形式多样的文化产业让文化研究者乐在其中，羞于拿起批判的武器，而是满心欣喜、赏玩、呵护着文化产品。20世纪90年代中期之后，文化研究又引入阿尔都塞的意识形态国家机器理论、葛兰西的文化霸权理论、福柯的知识理论、德里达的解构主义、利奥塔的后现代主义、哈贝马斯的公共领域理论、威利斯的文化唯物主义、拉康的精神分析、波德里亚的消费文化理论、萨义德的文化帝国理论等思想武器，但批判精神的缺失大大削弱了文化研究的功能，也让其实践性品格大打折扣。

最后，文化产业的深入导致文化研究的媒介化，降低了文化研究的理论品格。与文化产业相配套的文化体制改革将大量期刊、报纸等推向市场，自负盈亏，文化研究曾经赖以生存的平台逐渐被产业化。产业化之后的媒体为了利润的追求和现实的需要，要求文化研究转变策略甚至立场，走市场化、世俗化的道路，这势必与文化研究的独立性和纯粹性相悖。另外，文化产业还催生一批新媒体和新平台，诸如网络论坛、微博等成为迅速壮大的批评平台，面对的是大众群体。文化研究只是面对精英、高端的情况很难复现，大众化、通俗化等成为新媒体的要求。由于这些媒体和平台的门槛极低，参差不齐的学术背景和阅读经验让文化研究复杂多样，泛滥无序。文化研究的媒介化还将继续调整和深入，必将影响文化研究的形态和格局。

二、生产化：适应的机制

在文化产业语境中，随着研究对象的产业化转型，文化研究自身也难免生产化的命运。文化研究在很大程度上不再是个性的创造、思想的产生和精神的捍卫，而是转变成组织化、产业化的企业策划和批量生产。以影视作品为例，都是由出品方牵头组织，邀请批评家进行的研讨基本上都是赞歌，外加一些不痛不痒的建议和期望，这些“批评”和“研究”最后成为文化企业进行炒作、营销的原料和手段。还有专门的策划公司组织写手在各类媒体进行批评，扩大产品的知名度和美誉度。规格较高的专家研讨和层次较低的写手炒作在文化产业的流程中并没有高下之别，都是实施文化产品营销的重要环节，批评家和文化研究者有意或无意地成为文化生产者与文化消费者之间的桥梁。这期间，掌控文化研究的并不是研究主体，而是资本所操控的消费主张，一切价值判断都以文化产品的销售为目的。因此，有时文化研究者采取负面评价反而有利于文化产品的流传和销售，一般也都在文化生产者的可控范围内。

更需警惕的是,在传媒产业的强势介入下,无意生产化的文化研究者也悄然被利用而为生产化服务。文化产业中的传媒是最核心、实力最强的产业类型,但其推行的娱乐化路线让文化研究陷入防不胜防的文化陷阱。文化板块都变成娱乐板块,文化记者都成了娱乐记者,一切以兴奋点为标准,断章取义、移花接木的现象时有发生。2009年文化批评家肖鹰对小沈阳的批评本来是一次正常的文化研究个案,具有一定学理价值和现实意义,但一经媒体介入就变成了轰动一时的娱乐事件。网易娱乐频道策划了"郭德纲力挺小沈阳炮轰学者专家是流氓"专题,配以报道《清华教授肖鹰:郭德纲才是文化流氓》,无论是标题和内容都不以当事人的完整观点为依据,而是挑选最吸引眼球的字眼进行混搭,甚至编造对立的情境。作为文化研究者的立场、思想、观点在媒体的喧嚣中显得苍白而无力,只能一次次沦为被曲解的原料进入新一轮的炒作。最后,肖鹰采取法律手段与网易对簿公堂,虽然胜诉但仍然被利用、被娱乐,媒体的目的早已达到。在文化产业语境下,文化研究犹如进入一种无物之阵,其价值、立场、观点等都为产业的流程和多元的形式所取代,在收视率、点击率和口水中被掩盖和消费。

文化产业语境在弱化文化研究功能性的同时改变了文化研究的学术生态①,让深谙生产之道的"酷评""艳评"等大行其道,在各种选秀、谈话、娱乐等节目亮相。在《超级女声》《非诚勿扰》等节目中,嘉宾、评委从不同专业视角对选手和参加者进行评判,学术性不重要,关键是吸引眼球、哗众取宠,类似黑楠、乐嘉等角色,他们是按照视觉时代媒体批评的操作规程建立话语体系,以赢得观众为目标,保证节目的收视率和关注度。组织化、市场化的文化研究一旦挤占学术研究空间,就会带来影响深远的恶性循环,改变文化研究的本性。一方面,大量未经筛选的文化研究与媒体合谋,变成媒体的喉舌和工具,失去了批判性、反思性和自主性,最后变成狭隘的媒体批评;另一方面,坚守学术操守的文化研究受到大众媒体的挤压,如果不能及时调整策略,容易失去在大众、媒体、社会中的话语权,无法产生影响力。目前,文化研究的学科化趋势日渐明显,"学院派"的弊端开始显露。

在文化产业的强力干预下,文化研究的生产机制逐渐失去自律性,重回自律性是文化研究的必然选择。回顾历史,"基于生产的研究,基于文本的

① 参见卢衍鹏:《主流文化的解构与文化研究的重生》,《内蒙古社会科学》2011年第4期。

研究和对活生生的文化的研究”①,这三个环节或阶段可以较好地描绘文化研究的路线图。文化研究初期对“生产的研究”比较多,但主要是借用西方马克思主义批判理论,有简单、粗暴之嫌,需要深入生产机制内部,加强多元化研究。对“文本的研究”成果较多,缺点是有反现实、反人文主义的偏颇,需要破除文本的界限,恢复文本与社会历史语境的联系,尝试建构一种多层次的文本文化研究模式②。对“活生生的文化的研究”是目前研究的薄弱环节,也是未来发展的主要方向。

三、参与生产:应有的选择

中国目前的文化研究基本上是文学研究转型、延伸的结果,曾被赋予“学术自救”的重任,在体制中扮演了某种“学科自救”的角色,在更广阔的社会范围内具有促进社会和文化状况的改革功能。20 世纪 90 年代以来,当代文学、文化的发展趋势是走向市场,为了迎合消费大众的需要,文学、文化越来越商品化、时尚化、平面化和能指化,可能有趣、好玩、具有某种震惊效果,但却越来越远离传统的创作规范,而是变成大众文化产品。文化产业的迅猛发展对文化生产、文化消费、政治经济之间互动关系的影响无疑是巨大的,其中最重要的是将文化领域整体推向产业化轨道,参与生产成为文化研究转型的选择。

文化研究参与生产,是文化与经济发展到一定程度的要求,也是文化存在形态转型的结果。文化产业与观念形态文化、物质文化、行为制度文化等以往文化不同之处在于,它是经济力与文化力统一的新型文化,强调的是经济与文化的直接结合。之前我们说观念形态文化可以反作用于经济,往往是指文化对经济的间接作用力,“精神可以改变物质”是指通过理念的指导或意志力和情感力的作用来实现对物质的间接影响;而文化产业的内在逻辑是“文化即经济”“文化即生产力”,文化是经济发展的主要动力。文化产业带来文化与经济之间关系的重大转变是基于人类社会发展到一定阶段和条件,一是科技发展的高度足以满足在短时间内将文化(知识)转化成物质财富,并具备大批量生产的工业基础;二是人们的物质需求基本满足,需要更高层次的文化(精神)产品;三是信息化、市场化、全球化综合发展的时代条件。因此,文化产业中,文化生产并不是以文化的发展规律为依据,而更

---

① [英]理查德·约翰生:《究竟什么是文化研究?》,罗钢、刘象愚主编:《文化研究读本》,中国社会科学出版社 2000 年版,第 47 页。

② 参见范永康:《文本文化研究模式的生成、突破和重建》,《前沿》2010 年第 1 期。

多的是以经济发展的市场规律进行;文化消费也不是被动地满足人们的消费需求,而是主动地培养消费需求,刺激人们的文化需求;文化市场不是以文化层次进行划分,而是以扩大再生产和追求利润最大化为标准。社会发展要求文化研究也有相应转变存在形态,对国内、国外的文化产业作出分析和判断。对国内而言,要对新的文化生产过程进行分析,对多元化的文化形态进行研究,对人们的文化行为、消费活动作出评价,引导文化产业健康发展。对国外而言,要从整体上把握全球化时代的文化发展趋势,适应后工业社会的文化需求,采取信息化的方式和手段更新研究方法和模式。

文化研究参与生产,主要是围绕文化产业中日常生活、文化消费和流行文化等三个环节进行。文化产业有自己的文化体系和发展逻辑,文化研究也要相应的对策和重点。第一,加强日常生活的认识和研究,扩展文化研究的广度和深度。日常生活是文化产业的基础和前提,只有日常生活有足够量和足够层次的消费需求,同时社会能够提供大量符合大众需求的商品,文化产业才能发展。文化研究者要走出书斋,突破精英主义的文化观念,改变以往轻视日常生活的局面,对大众的文化需求状况和问题进行调查和分析,为文化产业提供有价值的参考。第二,多层次理解消费文化,增强文化研究的学理性和科学性。文化消费是文化产业的条件,分为高、中、低等多种层次,并且随着社会经济的发展而调整、转变。文化研究要站在全球化的背景下,准确把握当下文化消费热点和问题,及时发出预测、预判和预警,既要大力推动中国民族文化消费的市场,也要警惕和透视国外消费文化的文化霸权。第三,重点研究流行文化,扩大文化研究的影响力。文化产业并没有将所有文化都纳入产业发展范围,而主要是以能够满足大批量生产、符合大多数人审美需求、刺激产业发展的流行文化为主。流行文化在西方发达国家发展比较成熟,是国际竞争的主要方面,是软实力的重要组成部分。中国当代流行文化起步较晚,基础薄弱,虽然发展迅速,但在国际竞争中仍处于劣势。文化研究就是要站在国际文化竞争的视野下,把握国内外流行文化的特点、内容和发展趋势,促进流行文化的健康发展,限制其不良影响,扩大文化研究的社会影响。

文化研究参与生产,要将多元化的语境、方法、模式等引入当前学术机制,并保证批评功能的正常实现。文化产业背景下文化研究的语境,实际上是一个话语生产场域,所有的话语在众声喧哗的状态下共同争夺消费市场和话语霸权,以此取得最大的利益。主流文化的解构使得官方立场的论点不再具有天然的合法性和理论的制高点,精英文化的学院化使得文化精英的论断也不再具有引领大众的启蒙地位,大众文化自身的多元化使得文化研究身处无限自由而竞争激烈的话语竞技场。具体而言,有以下几个方面。

首先,打破"学术圈"的理论桎梏,开放"学院派"的文化视野,搭建文化研究的广阔平台。"学术圈"作为学科化过程中形成的制度性规定有其一定合理性,但在文化产业发展语境下显得单一而固执,文化研究需要超越"学术圈"的种种限制,用文化经济学、文化市场学、文化产业学等多种理论和方法观照文化产品,在更新理论资源的同时促进文化产业的良性发展。文化研究中的空白或薄弱领域大都是因为这些对象在"学术圈"看来不入流、不上档次,研究者要么不屑一顾而忽视其存在,要么怕自己被扣上"媚俗""恶俗"的帽子而远离文化产业、流行文化,最终形成一个——文化低级——批评缺位——文化低级的恶性循环。其实,正是因为文化产业中存在种种不如人意的现象,才需要知识分子的勇于承担,敢于批评,给予更正。面对文化产业中的不良现象,研究者要发挥人文知识分子的批判功能,发出自己的声音,"在一个社会缺少能够批判地分析它的矛盾的知识分子的情况下,主流文化会更为有效地传播它的坏影响。而且,如果没有一个文化批评的领域,抵抗的知识分子在公共事务中就不会有自己的声音"①。

其次,促进文化产业的开放性和民族化,保证文化研究的独立性和公共性。文化产业要求形式上的开放性和内容上的创造性,两者的完美结合才能保证高速、持续发展,但文化产业无法独立完成。我国的文化产业规划要求与文化事业发展相适应,其中公共文化服务体系的建设、民族文化的发展要求文化承担社会文化责任和文化遗产保护、国际文化竞争的重任,这就需要文化研究作为重要的评价体系进行文化把关。其实,文化研究的监督作用不仅对文化事业的发展至关重要,而且文化企业的可持续发展也需要文化研究塑造和改进企业文化,增强核心竞争力。就大的环境而言,文化产业靠的是文化含量、文化内容、文化品位、文化品牌和文化形式等多方面的因素,只有这样才能增加文化产品的附加值,提升文化审美层次,提高利润率。文化研究还可以从战略意义上限制市场的趋利机制,最大限度地消除市场运作过程中的保守和垄断,增强创新意识和文化活力,促使文化产业向更高的层次迈进。文化研究要坚持独立性和公共性,可以参照发达国家的文化促进制度,建立相关基金、扶持措施,制定公开、透明、公正、严格的学术规范,通过学术会议、期刊、评奖等多种形式对文化产业发言。文化研究既要紧靠文化产业,又要保持学术自由,学术要与资本、市场保持严格的距离。

---

① [美]亨利·吉罗等:《文化研究的必要性:抵抗的知识分子和对立的公众领域》,罗钢、刘象愚主编:《文化研究读本》,中国社会科学出版社2000年版,第78页。

目前，已经出现类似的基金会、民间组织创办的学术批评奖项，如收藏家蒲果毅成立的“蒲果毅青年批评家写作奖”“宋庄当代文化专项基金”等。此外，一些学术期刊举办的年度评论奖也对文化研究高度关注，《南方文坛》《当代作家评论》等文学期刊的年度优秀论文评选显示出对文化研究的重视和学术创新的努力。

第三节　审美解放与“非遗”保护

21 世纪是一个文化的世纪，文化正在、并且已经引发了中国政治、经济、思想等领域的全面转型。政治上，文化建设是社会主义精神文明建设的重中之重，是建设现代文明的基本路径，也是应对西方思想文化渗透的必然选择。在经济上，全球经济的发展方向已经由工业经济转向文化经济，文化产业作为 21 世纪的朝阳产业已经成为全球竞争的必争之地，文化产业已成为国家战略性支柱产业。在思想上，早在 20 世纪 80 年代的“文化热”，全社会就开始对历史上否定传统文化进行反驳和反思，文化在某种程度上已经成为人民大众思考历史、反思现实的重要途径。在内外因素的交互作用下，文化已经走向历史的舞台中心，文化的内涵和外延无限扩大，具有不可取代的整合功能和创新能力，是中国应对全球一体化进程中外来强势文化挑战的砝码，成为时代骄子和社会焦点。

其中，非物质文化遗产是最具代表性的组成部分，非物质文化遗产保护也成为政府、专家学者、广大民众等多方持续关注的热点。在短短的十余年间，非物质文化遗产保护的法制化、产业化、学科化等迅猛发展，热情推动仍然强劲，但也不乏质疑和冷思考。面对这样一种迅速扩张而又关乎全局的新领域，我们有必要回归原点，追问非物质文化遗产保护“为何与何为”的基本问题。

一、文化逻辑:从文化到遗产

文化逻辑是非物质文化遗产保护在提出、实践和研究过程中自然形成的思维、方法和模式，是考察非物质文化遗产保护的合理性、合法性和现实性的首要因素。从中可以发现中国与西方、传统与现代、理论与实践等方面的差异和融合，对于研究非物质文化遗产保护的理论旅行与本土实践具有重要意义。

萨义德的“旅行理论”(Traveling Theory)认为，理论旅行要经过四个阶段。“首先，有使观念得以产生或进入话语的起点或环境。第二，有一段必须穿行的距离,一个穿越各种文本压力的通道,使观念从早先的地点移向后面的时空点,使其重要性重新凸显出来。第三,接纳条件或接纳所不可避免的一部分抵制条件。正是这些条件才使得被移植的理论或观念无论显得多么异样,也能得到引进或容忍。第四,完全(或部分)地被容纳(或吸收)的观念因其在新时空中的新位置和新用法而受到某种程度的改造"①。旅行理论是一种对人文社科领域内的思想理论进行动态描述、追踪、研究的新方法、新视角,类似于植物的杂交繁殖或动物和人的迁徙②。非物质文化遗产的文化逻辑,同时也是理论旅行的结果。

首先,西方非物质文化遗产的民族性、特殊性,在中国延异为世界性、普遍性。非物质文化遗产是普遍性与特殊性的统一,从文化大共同体(国家、世界)而言是特殊性,从文化小共同体(家庭、区域)而言是普遍性。非物质文化遗产的发展过程实际上包括两个维度,一个是普遍性和公共性的扩展,一个是特殊性和私人性的萎缩,但不同的文化在这一过程中的扩展和萎缩程度并不平衡。在实际操作中,占强势地位文化遗产的特殊性可以扩展为大共同体的普遍性,并将这种普遍性强化为更大范围内的普遍性;而占弱势地位的文化遗产要么失去了普遍性、无法保存其特殊性,要么放弃自己的普遍性,认同他者共同体的普遍性,将自己的特殊性融入新的共同体的特殊性。1972 年的《保护世界文化和自然遗产公约》建立了现代世界遗产体系③,同时确立了非物质文化遗产的文化逻辑:普遍价值——国家主体——世界遗产——专家认证。"普遍价值"以西方发达国家的文化观念为中心,"国家主体"以西方强国把持的国际性机构为体系,"世界遗产"以西方文化遗产为标准,"专家认证"以西方专家为主要组成。西方非物质文化遗产的民族性、特殊性,经由"世界遗产"运动,在中国延异成世界性、普遍性;而中国非物质文化遗产向"世界遗产"出让了其"国家性""普遍性",成为民族性、特殊性。

其次,对非物质文化遗产的国际公约化命名和组织推广,在中国发展为科层化的学术运动和保护实践。文化遗产、非物质文化遗产等命名来源复杂,争议不断,但都以国际公约、法律文本的形式存在。最初使用的是"文

---

① Edward W.Said, *The World, the Text and the Critic*, Cambridge, MA: Harvard University Press, 1983, pp.226-227.

② 参见卢衍鹏:《文化研究的流散化与本土化——兼论文化研究的中国学派》,《中共杭州市委党校学报》2010 年第 6 期。

③ 参见李军:《什么是文化遗产——对一个当代观念的知识考古》,《文艺研究》2005 年第 4 期。

化财产”(cultural property),影响较大的有1950年日本政府提出的“无形文化财”、1989年联合国教科文组织提出“民间创作”等概念。1972年国际上正式使用“文化遗产”(cultural heritage),1997年“人类口头和非物质遗产”写进联合国教科文组织文献,2003年《保护非物质文化遗产公约》后作为国际主流用语,中国在2006年设立第一个“文化遗产日”后开始流行。我国非物质文化遗产保护研究起步晚,概念使用、理论分析等受国际法律文件影响较大,短时间内各个阶段的概念不加鉴别地被介绍进来,造成理论的杂糅和混乱,缺乏组织性、系统化和本土化。其实,我国对于遗产保护传统历史悠久①,如果能总结历史经验,结合现实,完全可以提出和创新中国特色的非物质文化遗产保护理论。1918年的北京大学歌谣征集,1949年后的民间文化遗产调研、保护,1978年的《中国民族民间文艺集成志书》编撰,1984年启动的民族古籍抢救工程,1987年的“民间艺术之乡”“特色艺术之乡”评比,对这些活动的研究缺乏理论引导和现实支持,没有转化为非物质文化遗产保护中国化的基础。相对于理论建构,非物质文化遗产保护在实践上呈现出组织化、科层化和僵硬化态势,这根源于非物质文化遗产保护的工作原则、工作方式、工作机构等形式上的理性化,对于以本真性、共享性、多样性为特点的非物质文化遗产而言,缺乏适用性和有效性。

最后,对非物质文化遗产非功利性的价值保护,发展为文化“有用性”的现实博弈。非物质文化遗产以超越民族/国家的姿态,在法律和理论上提供了一种自由主义文化价值观,但国与国之间、区域与区域之间存在的经济竞争和文化竞争让这种文化乌托邦很快转变成国与国之间的文化对抗、区域与区域之间的遗产争夺。国家之间,强国的殖民方式已经由军事殖民、经济殖民演变成更为隐蔽、危害更大的文化殖民,弱国以民族文化本位的方式进行对抗;区域之间,“西门庆故里之争”“赵云故里之争”等“遗产地之争”愈演愈烈,“泥人张”“黄梅挑花”等“产权归属之争”难点重重,文化资本的诉求超过文化遗产的本位。在资本、政绩等多重因素推动下,非物质文化遗产保护的非功利价值逐渐让位于各方利益的现实博弈。

二、文化现实:从文化到软实力

非物质文化遗产的文化逻辑不仅是文化自身的逻辑运行,而且是整个社会系统运作的重要组成部分,其逻辑规则和行为规范、模式思维等在文化大发展大繁荣的时代语境下被放大,形成不可忽视的文化存在。非物质文

① 参见董晓萍:《民俗学与非物质文化遗产》,《文化遗产》2009年第10期。

化遗产的现实存在已经融入整个社会的文化现实，并且成为其中最为抢眼的现实一种——既远古又现代、既紧迫又长远、既理想又现实的文化现实。

从文化现代化而言，非物质文化遗产保护是应对当前遗产流失严峻的现实手段，也是文化创造、转型、重构的长远规划。第一，非物质文化遗产保护是文化现代化的重要内容和难得契机。中国文化现代化已滞后于经济现代化，市场经济规则在文化领域强势推进，消费是个体生活必需的自我技术①，大众文化主导大众文化趣味，使文化价值观同质化、普世性、泛众化②。有商业价值的非物质文化遗产被过度开发，逐渐失去了本真性、活态性，更多的是在静态式保护中逐渐成为失去活力的“藏品”。非物质文化遗产保护要打破这种人为地对某种文化（少数民族文化等）进行边缘化的模式，在文化现代化的视野下将其动态保存在基层社群，让文化与经济、社会协调发展，创新文化土壤。第二，非物质文化遗产保护模式也需要调整和提升，使之符合现代文化规范，突出文化的主体地位和人的主观能动性。行政手段只能在初期和某一时段起作用，长远的规划和保护需要制度化、法制化和日常化③。理想的保护模式应该是，政府在法律、法规、政策、资金等方面为主导，专家学者在保护流程、方式、系统、评估等方面为主脑，非物质文化遗产传承人、持有人为主体，民间团体、志愿组织、民间艺人、工匠、社会热心人士、文化企业等广泛参与。民众才是文化的真正主人，正如冯骥才所言，如果民众不珍视、不爱惜、不保护、不传承自己的文化，文化最终还是要中断和消亡④。

从经济转型而言，非物质文化遗产是远古与现代的完美结合，在消费社会语境下具有无法替代的符号消费价值，是文化资本的承载者，是文化竞争力的强大支撑。消费文化的兴起在中国是一个现代性事件⑤，21世纪是符号消费的时代，具有差异性、表征性、象征性的文化符号成为最有吸引力的商品。而非物质文化遗产集民族精神、情感、个性、身份、凝聚力等于一身，是最具原创性、稀缺性、活态性、不可再生性的文化载体，其符号消费价值不言而喻。经济发展规律显示，受欢迎的商品要做到技术性、商品性、符号性

① 参见粟世来：《消费文化与生活方式的形象生产》，《吉首大学学报（社会科学版）》2010年第4期。

② 参见麻国庆：《非物质文化遗产：文化的表达与文化的文法》，《学术研究》2011年第5期。

③ 参见王冬梅：《非物质文化遗产保护的再出发》，《学术论坛》2011年第7期。

④ 参见冯骥才：《灵魂不能下跪》，宁夏人民出版社2007年版，第14页。

⑤ 参见粟世来：《审美现代性与消费主义意识形态批判》，《吉首大学学报（社会科学版）》2010年第5期。

相统一,目前技术性和商品性容易做到,但符号性是区别商品的附加值高低的标准,也是我国与发达国家在产业提升上的主要差距。布尔迪厄认为,文化资本分为具体形态(精神和身体的“性情”、客观形态(文化商品)、体制形态)①。目前,国内对文化资本的认识和实践主要集中于文化商品形态,暴露出急功近利的心态,既不利于符号商品的研制,也不利于非物质文化遗产的可持续发展。符号消费时代的竞争是全球性文化博弈,只有非物质文化遗产具有竞争中不可或缺的差异性优势,可称之为文化竞争的灵魂和底线。

从社会和谐而言,非物质文化遗产成为连接基础价值和终极价值之间的中间价值,融合自然观、社会观的缓冲地带,协调他组织与自组织的管理创新。第一,非物质文化遗产可以弥合多种文化价值之间的裂缝。社会转型期的文化判断和评估面临价值分裂的窘境,基础价值(人与物的关系)与终极价值(人与神的关系)严重对立,基础价值遭遇消费主义的挤压,终极价值面临传统价值消亡的危险,造成现实生活中的价值混乱和心灵迷失。中间价值需要调整的是国家主义(Statelism)、民族主义(Nationalism)、民粹主义(Populism)等三者之间的对立依存关系,当代中国必须在传统农业时代的普世价值与西方资本主义的普世价值之间重新选择第三条道路。在此过程中,非物质文化遗产扮演了不可替代的作用,提供了普世价值所必需的民族文明、区域特色和时代精神的基本元素。第二,非物质文化遗产关注人与自然、文化与文化、文化与社会的和谐,形成必要的缓冲。非物质文化遗产保护要求重估人与自然的价值关系,树立系统、生态、整体的思维方式,加强合作意识;非物质文化遗产保护坚持多元文化共存,处理好中外文化关系、主流文化与非主流文化的关系;非物质文化遗产要求文化的整体性和独立性,文化软实力是政治、经济、社会、文化等有机整合、协调的总和,要与改善民生相结合,群众掌握的文化才有持久生命力。第三,非物质文化遗产保护要解决他组织、自组织的关系问题,创新思维方式和管理模式。自组织是“系统在获得空间的、时间的或功能的结构过程中,没有外界的特定干预”,他组织是“存在外界的特定干预,其结构或功能是外界加给系统的,外界也以特定的方式作用于系统”②。在非物质文化遗产保护初期采取他组织形式虽然可能在短时间内提高效率,但要消耗大量社会成本。要战略眼光来看,他组织逐渐退出非物质文化遗产保护,自组织逐渐成为文化管理行为的

① 参见[法]布尔迪厄:《文化资本与社会炼金术——布尔迪厄访谈录》,包亚明译,上海人民出版社1997年版,第192—193页。

② [德]H.哈肯:《协同学》,上海科学普及出版社1998年版,第29页。

主导方式,这无疑是所有文化管理模式的发展方向。

总之,非物质文化遗产保护是中国进行文化应对的现实选择,同时也促生新的文化现实,是文化现代化转型的重要动力,是经济转型的强大支撑,是社会和谐的润滑剂。

三、文化悖论:从保守到激进

非物质文化遗产的文化逻辑、文化现实相得益彰,尤其是文化产业以激进的姿态迅猛发展,这些都符合中国全面现代化的时代要求。吊诡的是,文化繁荣背后仍然是文化保守机制作为主导。这一文化悖论限制了非物质文化遗产走向社群、走向民众、走向活态的程度,也导致人民群众日常生活现代化转变的艰难,最终从根本上阻滞文化现代化的历史进程。

1. 文化保守

"文化保守"并不是严格意义上的概念和理论,而是为了突出其与当代中国的经济现代化、社会思潮的后现代化等不对称状况进行的描述和判断,这与以"经济建设为中心"的国家战略有关,也由文化对自身的定位决定。具体表现在以下几个方面:

首先,文化观念僵化、保守,使其难以对现实文化变迁作出有效的判断、指导和干预,丧失了文化话语权,非物质文化遗产保护和研究将西方先进文化观念大量引进,但简单的移植不能代替文化观念的创新。改革开放几十年的文化概念局限在精神文化、制度文化、器物文化三个方面,基本上在静态、话语的范围和层面上进行理解。相比之下,雷蒙德·威廉斯认为文化包括"理想的文化"(人类完善的一种状态和过程)、"文献式文化"(知性和想象作品的整体)、"社会的文化"(特殊生活方式)三种含义①,分别指称文化价值、文化符号和生活方式,充分考虑到经济发展、社会变迁和思想更新的影响,更具涵盖性和现实质感。中国改革开放之后,市场经济发展,带来个人主义、消费主义等思想、行为、生活方式等多方面变化,都亟须文化观念的调整和更新,否则无法作出有效应对。虽然西方文化更具现代性,但其发生、发展的语境与中国截然不同,解决中国现实问题还需本土文化观念、理论的创建。

其次,忽视文化个体性,使文化形态难以吸引现代公民,非物质文化遗产保护成为持久不衰的社会热点,如果乘机对个体进行文化塑造,或对文化

---

① 参见[英]雷蒙德·威廉斯:《漫长的革命》,罗钢、刘象愚主编:《文化研究读本》,中国社会科学出版社2000年版,第126页。

进行个体性改造,可以大大增强文化感召力和影响力。改革开放以来,个体已是自由经济主体、法权主体、意志主体、行为主体等,但文化主体一直没有得到实现。非物质文化遗产保护必须将文化个体的塑造和实现作为目标之一,为文化主体提供精神支持和资源基础。

再次,缺乏社会建构诉求,使文化空间无力支撑公民社会对公共领域的要求,非物质文化遗产保护对文化空间的重新塑造有利于转变这种局面。公民社会是文化现代化的重要标志,主要有三种理论认识,一是以新托克维尔主义为传统的"公民社会分析模式",主要表现为结社生活的形式;二是经黑格尔、马克思、葛兰西、卢卡奇等批判、认同、弘扬而形成的"公民社会应然模式",主要表现为能够实现的社会形态;三是以哈贝马斯为代表的"公共领域的公民社会"。一般而言,公民社会首要的是公共领域;对中国而言,公民社会需要具有全球意识、时代精神和中国特色的文化空间。文化空间是非物质文化遗产的一种重要或主要的样式,其存在的核心价值和理论依据在于它完整地、综合地、真实地、生态地、生活地呈现了非物质文化遗产①。文化空间要吸收公共领域等理论精髓,形成极具包容性、亲和力和生命力的文化场域。第一,文化空间是一个创造思想、信息透明、传播通畅、平等对话的信息空间,还是全民参与的行动空间。社会各阶层的思想、观点、习俗、传统等相互碰撞,最后达成最理想的行动方案,形成新的经验、规范和思想。第二,文化空间是一种趋向更理想社会的机制、途径,是整合思想生产、文化思潮、社会运动的行动能力,是社会组织及其网络的结合体。文化空间要容纳除政府、经济部门之外的一切组织和领域,形成独特的文化认同机制,推动社会的价值、道德、信仰的现代化和制度的现代化,提倡健康、文明、向上的现代生活方式。第三,文化空间是塑造形象、产生象征、更新观念的审美空间,自由、平等、正义等普世价值原则,往往通过形象传达获得审美共通感②。

最后,民族文化认同功能薄弱,文化象征无法承担民族国家形象建构,非物质文化遗产保护必须重建民族国家的文化认同功能。民族国家相比宪政国家更具文化表征,后者是前者的现实存在,两者关系紧密,但不能相互代替。新中国成立后,宪政国家得以实现,但民族国家的建立是一个渐进的构成,而且处于不断发展变化中。其中,文化认同是民族国家的核心和灵

---

① 参见向云驹:《论"文化空间"》,《中央民族大学学报(哲学社会科学版)》2008 年第 3 期。

② 参见李咏吟:《主体间性理论与审美价值体验的共通感》,《吉首大学学报(社会科学版)》2011 年第 1 期。

魂,包括对语言、历史、文化等多方面的内容。非物质文化遗产保护的基本任务是挖掘、整理和重塑中华民族文化认同,既包括表层的政治实在,又包括内在的文化象征。非物质文化遗产包含文化生活于统一的文化共同体的精神凝聚、生命召唤和文化象征,令国民世代心向往之,这不仅是对中华文化精神、中华民族的文化建构,而且是对世界文化的贡献。

2. 文化激进

与内在的文化保守机制正好相反,表层的文化形态正以激进的速度和规模上演文化大戏,以文化为口号的文化产业成为国家战略性支柱产业,以保护为口号的非物质文化遗产保护体系迅速建立,形成了文化产业与文化事业共同发展的文化格局。就政治层面而言,这是文化体制改革的结果;就经济层面而言,这是刺激增长、开拓领域的手段;就文化层面而言,这是资源、资本、知识三者博弈的产物。

首先,文化体制改革在总体上决定了非物质文化遗产兼具产业和事业两种功能,但在实践中很难协调两者的平衡,产业发展冲动往往超过事业管理积极性。作为事业的非物质文化遗产保护属于政府行为,必然隶属行政管理,行政规范、规则和思维在非物质文化遗产保护中的渗透和延伸是必然的。而目前行政管理在很大程度上是政绩考核,直接导致对外在形式、规模、效益等非文化因素的重视,而忽视最内在的精神性、本真性、活态性因素。

其次,价值规律超越非物质文化遗产的固有规律,违反和创造规律损害了非物质文化遗产的传承性,文化载体的增加无益于文化内涵的提升。非物质文化遗产规律要求不同类型对应不同的传承方式,具体分为个体传承、团体传承和群体传承,保护和受益的对象分别是个人、团体和群体,这是非物质文化遗产保护和开发的基本规律。而资本的原始动力是获取利润,这与"谁投资,谁受益"的市场规律相矛盾。当前的文化建设、投资基本集中在产业园、展示馆、主题公园、活动基地等建筑设施、配套过程,要么为了非文化性的资金回报,要么是借文化之名进行城市建设。而新建文化设施不仅不能真正保护和促进非物质文化遗产,而且由于新的载体的出现而剥夺原本存在于个体、团体和群体的文化传承权,引发传承权的争夺和内耗。

最后,资源争夺、资本滥用和知识虚构成为非物质文化遗产的顽疾。资源、资本、知识分别是农业经济社会、工业经济社会、知识经济社会的主要推动力,也是非物质文化遗产内部博弈的基本力量。作为资源,非物质文化遗产自身无法完成保护与发展;作为资本,需要转化的政策、环境;作为知识,权利主体、赋权条件、惠益分配等难题重重。《非物质文化遗产法》的颁布并不能解决所有问题，还需注意“遗产”标签对于该个人、团体或群体对自身的文化认知、文化实践和经济行为的影响，解决非物质文化遗产申报的程序合情、合理和合法等问题。否则，就会引发迎合主流意识、有意边缘化、文化抗拒或分裂等不良反应，与非物质文化遗产保护的初衷背道而驰。

四、非物质文化遗产保护中文化研究的转型

非物质文化遗产保护，是由联合国教科文组织（UNESCO）近年发起的一项全球性行动。2011 年 2 月 25 日，《非物质文化遗产法》经全国人大常委会审议获高票通过，并于 2011 年 6 月 1 日起施行，标志着我国非物质文化遗产保护正式进入法制轨道。此前很长一段时间，政府、学界、媒体等都在大力宣传和倡导文化遗产保护的重要性和紧迫性，相关部门、行业和领域都希望在文化遗产的保护与开发中占据一席之地，获取某种权益。但是，由于现行的学科隔阂与理论错位，对文化遗产保护的研究还处于粗放式、自发式和局部性的研究阶段，理论水平堪忧。文化研究虽然有跨学科性、反思性、建构式等理论优势，但还未将文化遗产保护作为自己的研究重点，缺少应有的现实支撑，限制了其发挥更大的社会效益和经济效益。现在提出非物质文化遗产保护中文化研究的转型，既是借助文化研究提升非物质文化遗产保护的理论层次，又是文化研究在新形势下加快调整研究领域和方法策略，形成两者相互促进的双赢局面。

（一） 多维视角：非物质文化遗产保护的反思

在全球化、多元化和产业化的时代语境下，考察非物质文化遗产保护的难度大为增加，必须坚持宏观的理论视野和明确的价值立场，在多维度视角下才能认清非物质文化遗产保护的现状和未来发展趋势。

1. 文化嬗变的视角

迄今为止，人们对文化的界定缺乏较为统一的认定标准，关注角度的不同、学术上的弱点、思维上的缺陷等因素造成对文化的界定流于片面和不稳定，容易造成现实生活中对文化的滥用和错用。就政府管理而言，“文化”在文化部门、教育部门和文化市场中的概念有较大差异；就文化类型而言，判定主流文化、精英文化和大众文化的标准，与消费文化、网络文化、青年亚文化的评价标准也有不同；就日常行为而言，文化行为既可以指称知识传播行为，也可以说是任何人的行为；就文化主体而言，“文化人”既可以是文化精英，又可以是仅识字而已；就市场主体而言，文化实体既可以是创意公司，又可以是烟草企业，几乎所有的事物和实体都可以冠以文化之名。随着文化交流的加快和外来文化的引入，引发时空观和价值观的位移，文化边界处

于不断的变动之中。在不同领域中存在各自独立的文化规则和文化标准，产业界、知识界和信仰界等对文化的理解在背离中并存，新旧文化的更替和中外文化的冲突加剧了文化的动态性和想象性，概念的混乱在一定程度造成价值评判的非理性和文化思维方式的悖谬。文化是在一定时空中发展起来的历史范畴，是稳定性和嬗变性的统一，又是传统性和现代性的统一，还是独特性和多元性的统一。“每一种文化都以原始的力量从它的土生土壤中勃兴起来，都在它的整个生活期中坚实地和那土生土壤联系着；每一种文化都把自己的影响印在它的材料——人类身上；每一种文化都有自己的观念，自己的情欲，自己的生活，自己的死亡。”①这说明，文化的地域性、民族性、时代性和阶级性等因素是影响文化发展的决定性力量，是人类主观精神的能动表现。非物质文化遗产保护在文化嬗变的视角之下，关键要借鉴文化嬗变的动因，从中汲取相关经验和教训。

首先，依托科技发展，应对文化嬗变，建立非物质文化遗产保护的学理基础。科技的发展和物质生活的进步推动了精神生活的丰富性，信息化、全球化时代的文化关系改变和扩大着人们的知识场域和思想图景，人们在享有科技发展带来的便利的同时，会不断调整自己的文化口味。科技发展从根本上增强了日常生活的文化性，祛除了文化的神秘感和民族界限，大众化、信息化的文化产品以全球化的姿态纵横世界。科技革命还带来思维方式和行为方式的变革，技术理性在文化发展中占据主导地位，对文化的内涵、模式和逻辑进行反思，将文化提升到一种本体的地位。

其次，加强文化交往，迎接文化整合，探求非物质文化遗产保护的基本规律。文化一直在整体化和碎片化的两极博弈中发展演变，全球化以来，经济上的联系越来越近，而文化的对抗越来越激烈。非物质文化遗产保护应该是一个自觉整合和有机重组的过程，需要将不同特质的优秀文化整合为具有内在统一性和价值性的文化系统。在对照和整合中，从他者的视角反观自身，就会发现新的文化价值。

最后，从历史和现实中把握文化发展，完善非物质文化遗产保护的任务。非物质文化遗产保护必须面对市场经济发展和社会结构变化，实现文化的有效整合，体现文化发展的聚合力和向心力，处理好保护与开发的关系。

2. 保护合理性的视角

非物质文化遗产保护的对象是民族性、地域性和独特性的文化，必然涉

① ［德］奥斯瓦尔德·斯宾格勒：《西方的没落》上卷，商务印书馆1963年版，第39页。

及文化认同的问题。如果过于强调文化认同，可能会造成文化隔膜，与全球化语境的文化交流相矛盾。目前对非物质文化遗产保护的方法过于热衷于“申遗”，并根据级别将其纳入行政管理的范围。如此一来，本来没有层级化的非物质文化遗产就会人为地被贴上国家级、省级、市级等具有等级色彩的标签，级别较高的文化遗产受到高度关注而容易被过度开发，级别较低，甚至没有级别的文化遗产容易被忽视而陷入更加危险的境地。

非物质文化遗产保护的原则是保持文化的整体性，任何文化遗产都是文化生态链中的一环，如果人为地“保护”其中某一环节，容易破坏文化遗产赖以生存的文化空间、生态环境和多元文化。“我们往往是在通过不断破坏‘文化’来进行‘重建’的，更可悲的是，‘破坏’可能恰恰是打着‘文化重建’的旗号才得以合法展开”①。非物质文化遗产之所以具有不可代替的历史传统和文化内涵，就是因为它所生长的文化生态环境，从它相对清晰的文化脉络中发掘文化资源，只有这样文化的源流和特征才能被认定和保存。否则，强行突出一点而不及其余地脱离其所生成的环境，“保护”就成了破坏。

非物质文化遗产保护的选择性在于独特性和稀缺性，但价值评判在于其与人类生存的关联性的大小，现有的主流文化逻辑亟须扬弃。在所有申报进入各级“名录”的非物质文化遗产中，我们相信大多数都是濒临灭绝的，但最后的“落榜者”很可能是权力争斗的牺牲品，必然导致濒临灭绝的非物质文化遗产得不到有效抢救。以申遗工作比较出色的广东为例，即将灭绝的正字戏、白字戏和花朝戏没有入选名录，反而是政府一年投入数千万的粤剧②。其实，像京剧等仍与现实生活发生紧密联系的非物质文化遗产无需刻意保护，许多历经沧桑而融入生活的非物质文化遗产具有顽强的生命力和自身生存逻辑。正如伽达默尔指出的那样，“即使在生活受到猛烈改变的地方，如在革命的时代，远比任何人知道的多得多的古老东西在所谓改革一切的浪潮中仍保存下来，并且与新的东西一起构成新的价值”③。产业开发后，要建立规范的资金规划体系和收入结构体系，在利润分配上要保证遗产保护的需要。

3. 产业开发的视角

产业开发视角下的非物质文化遗产是指将传统的民间技艺形式进行市

---

① 杨念群：《什么是真正的“文化重建”？》，《读书》2010 年第 7 期。

② 参见万建中：《关于非物质文化遗产的保护与保存》，《新视野》2011 年第 1 期。

③ ［德］汉斯-格奥尔格·加达默尔：《真理与方法》（上卷），洪汉鼎译，上海译文出版社 1999 年版，第 363 页。

场开发,变成按照市场规律运作的经济形式,达到一定规模,产生利润。产业开发视角下的非物质文化遗产具有很高的市场价值和盈利潜能,天才的艺术创造、高超的艺术技巧和独特的艺术形式等成为商业开发的重要条件,如旅游开发是非物质文化遗产开发的主要形式之一。

产业开发虽然在某种程度上解决了制约非物质文化遗产保护中存在的资金等问题,但资本追求利润的本性容易忽视文化发展的长远性和整体性,重视短期利益而忽视非物质文化遗产的一次性和不可再生性,无法保证持续健康发展。产业开发还会造成文化理解的世俗化和低俗化倾向,甚至误解和扭曲传统文化的价值和品位。产业开发一般只注重经济发展潜力较大的某一部分,往往忽视整体和其他经济开发潜力较小的更大部分,割裂和分化了非物质文化遗产的整体价值。非物质文化遗产保护与开发存在偏差与失误的原因是对一些理论上的基本问题缺乏深入思考①。

非物质文化遗产的产业开发必须坚持可持续发展原则,保护第一,保护重于开发。要保护遗产传承者在整个产业开发中的主体地位,坚持“创作”“表演”“接受”等三位一体,参与开发措施的决策和监督。要坚持非物质文化遗产的本土开发,保持遗产的原生空间,如“在遗产地或者众多遗产集中地区的中心城市建立一些能让传承者(表演者或工匠)经常光临的机构如文化中心、音乐厅或博物馆等”②。还可以在历史文化街区开发旅游产品,实现其文化价值、经济价值和社会价值③。

当然,考察非物质文化遗产保护的视角还有文化现代化、文化全球化、文化生态学、法理学等,这些都是进一步理论研究和文化实践的基础和前提。

(二)研究范式:文化研究的转型

文化研究在20世纪90年代的中国兴起,从开始关注的就是较为“时髦”的现象,大到大众文化、消费文化、传媒文化等,试图建构中国本土文化研究范式;小到购物中心、广场公园、健身美容、电视电影、音乐动漫等,试图通过个案分析找到市场经济条件下的文化逻辑。文化研究的跨学科实践和反思性理论对传统的人文社科研究带来巨大冲击,尤其是文学研究各学科

① 参见龙先琼、蒋小梅:《旅游开发视野下非物质文化遗产保护与开发研究》,《吉首大学学报(社会科学版)》2010年第6期。

② 刘永明:《权利与发展:非物质文化遗产保护的原则》(上),《西南民族大学学报》2006年第1期。

③ 参见朱东国等:《历史文化街区旅游产品深度开发研究》,《吉首大学学报(社会科学版)》2010年第3期。

都在不同程度上出现“学科扩容”、“文化转向”和“范式转换”等变化,形成一股学术思潮和学术势力。相比受到文化研究影响的其他学科而言,文化研究自身的转型一直是制约其发展的重要因素,一直处于学科化与反学科化、文学与文化、现代与后现代等之间徘徊,没有找到坚实的现实立足点和学术增长点。非物质文化遗产保护中涉及的文化空间、民俗、民间文学、传统戏剧、音乐、舞蹈、美术、技艺等更需要跨学科的研究范式,文化研究的介入恰逢其时。

目前,国内研究非物质文化遗产保护的学者一般来自民俗学、考古学、历史性、文学、地理学等传统学科,采用的方法一般也是本学科内的传统方法,针对性的方法、理论体系仍在建设中。值得警惕的是,在保护中传统文化领域产生了相应的官僚体制和话语霸权,例如最能引起各地兴起的遗产申报和公布制度,其中管理机构和专家委员会拥有绝对的权力,围绕这些权力形成的官僚政治和学术霸权严重影响了非物质文化遗产保护的正常进行,由于官僚政治对权力干预的天然爱好,这很容易导致文化进一步商业化、腐败以及对地方传统的控制等后果①。文化保护中对所有权的关注增加不同文化之间、同一文化内部之间的矛盾和冲突,还掺杂着文化认同、知识产权、文化主权等更为复杂的问题。这些已经超出非物质文化遗产保护本身的现象,显然不是传统学科可以解决的问题,需要具有进行反霸权话语、文化生产机制的批判和分析。从事文化研究的学者已经注意到这个问题,如王一川这样反思自己从事的文化研究:“我自己在过去一度将审美文化分为主流文化、精英文化和大众文化三种,后来认识到不能忽视民间文化的存在”②。将民间文化纳入审美文化研究范畴,实际上是对民间文化(包括非物质文化遗产)放在文化研究视野,反映了文化研究对非物质文化遗产的关注。

文化研究面对非物质文化遗产,应突破现有学科的研究视角,在全球化、信息化语境对非物质文化遗产进行全面分析,不仅深入内部进行微观研究,而且对非物质文化遗产的生产机制和权力话语等进行宏观研究。如果说之前的研究一直关注“是什么”和“怎么样”的问题,那么文化研究关注的是“为什么”的问题。新的思维方式必然带来新的研究范式,进而开拓非物质文化遗产的新空间和文化研究的新视域。

① 参见 Noyes, Dorothy, “The Judge of Solomon: Global Protections for Tradition and the Problem of Community Ownership”, *Cultural Analysis*, 2006, (5)。

② 王一川:《走向文化的多元化生》,《社会科学》2003 年第 1 期。

第一,从研究对象而言,从文化文本向文化遗产拓展。斯图亚特·霍尔将文化研究的路线图概括为:文化主义—结构主义—霸权理论,其中"文化主义"以霍加特、威廉斯等为代表,"结构主义"以阿尔都塞的结构主义马克思主义研究方法为代表,"霸权主义"以葛兰西等为代表。对霍尔的历时性比较不同,理查德·约翰生参照艾布拉姆斯对文学理论四要素的界定,从共时性角度将文化研究的四要素概括为:"生活的文化(社会关系)—生产—文本—阅读",并归纳出文化研究的三种模式:"基于生产的研究,基于文本的研究和对活生生的文化的研究"①。文化研究在中国当前基本以"文化文本"为中心建构本土文化研究范式,兼顾其他多种类型,而非物质文化遗产正是"对活生生的文化"。文化研究从文化文本到非物质文化遗产的拓展也是理论视野的开阔,可将民俗学、生态学、民间文学、人类学等相关学科纳入进来,构成符合时代发展的理论语境和多元化的研究领域,让多学科在非物质文化遗产这一新的文化空间相互促进、整合和发展,获得新的生命力和创造力。

第二,从研究方法而言,从话语分析到田野研究。文化研究逐渐失去活力的原因是过分注重理论建构和话语分析,而忽视了现实实践。非物质文化遗产研究要求打破这种研究模式,采取开放式、多种形式的田野调查、听观践行,在实地调查中搜集和分析资料,进行必要的互动和参与,亲历文化现场,深入文化空间,书写文化情怀。非物质文化遗产研究不能只注重结果,更重要的是过程,只有在传统的文化语境、地域性的日常生活中才能体悟其文化精髓和价值内核,实现由自然到精神的升华。这种研究是西方"文化研究"与中国传统文化研究的对接,是传统与现代、现代与后现代的融合,是取长补短、共同促进的有效途径。

第三,从思维方式而言,从个案分析到理论提升。文化研究长于理论建构,注重理论性、体系性等方面。传统非物质文化遗产研究一般限于个案分析,理论视域较窄,应该借助文化研究将个案分析与整体提升相结合,将文本分析与理论梳理相结合,建立非物质文化遗产研究的理论框架和话语体系。

(三)文化双赢:保护与转型的意义

非物质文化遗产保护与文化研究的转型在很多方面具有异质同构的契合点,两者的结合必然是一个文化双赢的结果。

---

① [英]理查德·约翰生:《究竟什么是文化研究?》,罗钢、刘象愚主编:《文化研究读本》,中国社会科学出版社2000年版,第47页。

1. 理论提升与现实介入

文化研究涉足非物质文化遗产保护，将会在理论内容、研究方法和思维方式等方面改善学理层次和理论深度，有利于保护模式和监督机制的创新和发展。文化研究将非物质文化遗产保护纳入理论范围和学科范畴，也是吸收地域文化、民族意识和时代责任等观念的过程，能够大大提高文化研究介入现实的能力，扩宽干预和指导现实的途径。

就学科发展而言，目前文化研究一般活跃于北京、上海等大都市中的重点院校，使得中国的文化研究具有鲜明的学院派色彩和精英文化气息，更多的地方院校很难效仿和操作，与普通民众的距离更远。文化研究与非物质文化遗产保护的结合，将大大调动地方院校参与文化研究的积极性和能动性，有利于提升区域经济文化的发展层次和地方特色文化的现代化发展。

从文化认同来看，全球化、市场化等给中国带来经济上的腾飞，但无法带来文化上的振兴，维系民族归属和终极关怀的认同感呈现空心化趋势。民族传统文化以前所未有的速度变迁①，市场经济的逻辑将人们抛入利益链条，社会思潮经常被狭隘的民族主义裹挟，传统文化现代化的迟缓影响了维系社会认同的功能，民间文化呈现碎片化、边缘化和虚拟化态势。当前的社会冲突一般不是简单的经济冲突或政治冲突，而往往夹杂着文化冲突，贫富分化、安全事故和社会矛盾等无不揭示了中国社会治理中间存在的文化认同缺失问题。而解决这些问题的途径，不能单靠文化研究或者非物质文化遗产的力量，而是需要两者或多者的结合才能有效干预现实，挖掘中国传统文化中内涵的现代性因素②，改善文化认同的状况。

2. 普遍主义与地方性知识

文化研究本来是以边缘文化的姿态对抗主流文化的霸权话语和普遍主义，擅长于对地方性知识的建构，但在中国语境中越来越呈现普遍主义的话语倾向。中国作为现存的四大文明古国之一，面对非物质文化遗产的心态更为复杂。一方面，全球化的经济发展将经济活动推广为维系人们之间关系最为重要的纽带，却没有解决维系社会的文化关联问题，普遍主义的经济原则不能代替个性化的文化原则；另一方面，非物质文化遗产作为最具民族性、本真性和地域性的文化形态，只能作为一种地方性知识而存在，无法将其纳入普遍主义的轨道。尽管在经济体制和政治机构和社会治理中表明上

① 参见刘慧群：《全球化语境下民族文化的传承问题》，《吉首大学学报（社会科学版）》2010年第2期。

② 参见张玉能：《实践本体论的关系性与美》，《吉首大学学报（社会科学版）》2010年第1期。

存续着普遍主义的话语形态，但在文化体制和心理机制方面，社会成员的内心机制和社会群体的文化机制中存在着巨大的文化焦虑和冲突，缺乏基本的信任感、认同感和长远预期。

文化研究重建地方性知识的努力，不仅对非物质文化遗产进行现代性阐释，而且要对普遍主义话语进行批判性反思，倡导新的思维方式和价值理念。中国经济发展的速度和规模已经表明，经济的逻辑在文化领域不一定适用，资本的强势不一定带来文化的强势，“新左派”在这一点上论述较多，但所用的话语方式艰深晦涩，难以对其赖以立足的弱势群体和草根阶层形成有效的影响。文化研究对非物质文化遗产保护的批判性反思，推行的是守正创新和文化原创，既是对文化自身生命力的坚守和提升，也是对文化生产力的维护和推动。

3. 文化教育与民族精神

文化研究被纳入教育体系已经多年，但其颠覆性远远大于其建设性①，或偏重于文学研究，或偏重于社会思想研究，对于研究范式的改革和思想文化的创新有一定贡献，但没有提升到民族精神的高度。目前一般注重对非物质文化遗产保护的法律研究、经济学研究和环境研究等，对于教育研究主要偏重于文化普及和宣传，很少从民族文化的角度进行挖掘来作为文化教育的资源，这一现状亟待改变。

非物质文化遗产保护，不仅是简单记录、保存和开发历史资源和传统文化，更是一种民族精神的开掘和演进，它们最能体现中华民族的感情、特色和精神。非物质文化遗产最能体现不同民族、地区、群落等之间的文化交融和冲突，考察这些生命力极为顽强而又脆弱的精神形态，对于理解和应对当今全球化语境下的文化交融和冲突意义重大。非物质文化遗产作为一种边缘文化、底层文化和亚文化，文化研究应该更有责任对其进行价值关怀和现实干预，在发掘民族精神的道路上获得新的生命力。

第四节　审美解放与主流文化

20 世纪 90 年代以来，中国当代文化大致就可分为主流文化、大众文化和精英文化等三种类别，三者在此消彼长的关系中影响和决定了文化发展的现状和未来趋势。从文化研究（cultural studies）自英国诞生以来，大众文化就被作为主要的生存土壤和动力源泉而备受偏爱，一直是主要的研究内

① 参见卢衍鹏：《文化研究的合法化进程与学科化冲动》，《学术论坛》2008 年第 9 期。

容和中心话题，这一传统也直接影响到中国当代文化研究脉络。精英文化也不甘寂寞，中国传统的知识分子启蒙精神和西方现代知识分子理论相互影响、融合，推动了一批知识分子话语、学院派批评等系列研究成果不断涌现。相比之下，主流文化一度成为文化研究的空白，不是因为主流文化不能进入文化研究的领地，也不是文化研究缺乏分析主流文化的能力，而是没有恰当的时机和充分的理由。今天，我们之所以将主流文化与文化研究进行理论嫁接，就是因为恰当的时机——全国上下反“庸俗、低俗、媚俗”——出现了，充分的理由——低俗文化的泛滥理应得到文化研究的干预，主流文化正在被边缘化——具备了。表面看来，主流文化作为一种强势文化理应是文化研究批判的对象，文化研究原本是作为反主流文化而体现自己的价值和存在的意义，两者没有异质同构的可能和必要。但是，如果主流文化正在走向边缘，甚至其存在形态和文化影响力远不如大众文化的时候，就有必要重新审视主流文化，对其边缘化的程度和影响就行评估；另一方面，中国当代文化研究自缚于大众文化的局限已让文化研究濒临死亡，它已经内化为其他学科的方法和精神，亟须新的研究领域和学术视野来激发中国本土的文化研究走向深入，也许这次主流文化的变动可以使文化研究获得重生的机遇。

一、主流文化的解构及其原因

所谓主流文化，一般是指一个社会、一个时代倡导的、起着主要影响的文化，是主流意识形态的重要组成部分①。主流文化曾经具有不言自明的权威性和流行性，主要是依靠传播媒介的垄断、价值观念的主导和消费市场的控制等方式实现，具有特殊的时代背景和历史因素。随着市场经济的发展和时代的进步，文化领域走向开放、包容和多样，逐渐形成自足的发展规律和内在机制，同时也会产生各种矛盾和问题。据《人民论坛》杂志联合人民网、新浪网、腾讯网、人民论坛网的网络调查，最突出的问题是：73%的受调查选择“主流文化缺乏现实关怀”，54. 3%的受调查者选择“宣传的多，说教的多，难以打动人心”，43. 8%的受调查者选择“主流文化缺失鲜明的价值诉求”，24. 2%的受调查者选择“主流文化没有与时俱进”，等等②。以上问题充分说明主流文化正在面临严峻的生存危机，正在脱离大众的趣味和

① 人民论坛问卷调查中心：《73. 6%受调查者认为主流文化缺乏现实关怀》，《人民论坛》2010 年第 24 期。

② 人民论坛问卷调查中心：《73. 6%受调查者认为主流文化缺乏现实关怀》，《人民论坛》2010 年第 24 期。

关注,如果不及时调整,就有被人民大众抛弃的危险,主流文化的解构早已开始。当然,主流文化的解构既有外部因素,又有自身原因,需要历史、客观地分析。

首先,消费文化的市场逻辑扰乱了主流文化的生态平衡。

消费文化改变了主流文化的消费格局,形成表面平等、内在分化的消费局面。市场经济的发展以及相应的文化体制改革给予消费文化合法的地位和有利条件,使得消费文化迅速成为适合各阶层、全方位的文化消费形式。消费文化在中国的兴起亦可谓一个现代性事件①,消费文化给主流文化冲击最大的是市场逻辑的灵活性、欲望化和消解性,以工业化的批量生产、现代传媒的包装和世俗化的形式营造了一种人人都可消费、人人都可参与的文化盛宴,消解了传统主流文化的文化边界和文化规则。另一方面,消费文化的内在机制是消费为王,按照消费的多少和形式进行严格的分层和分化,突出消费性的无限性和感官欲望的享受。

消费文化冲击了主流文化的思想观念,形成个人主义与集体主义、享乐主义与奉献精神等多元思想观念并存的局面。以娱乐为目的的电影、电视等消费文化形式不再宣扬集体主义等主流价值观念,要么充斥世俗化、平面化、形象化、游戏化的价值观和生活方式,要么彰显个人主义、英雄主义等西方价值观念。而现代广告、报纸杂志的消遣性内容、卡拉 OK、MTV、时装表演、选秀选美等引导消费的文化形式已经成为中国百姓每天耳闻目睹的日常生活方式而融入大众。消费文化则让拜金主义、功利主义、实用主义等泛滥成灾,造成经济人与道德人、社会人与自然人的冲突和分裂,消费主体被平面化、零散化而成为去深度的单向度的人。主流文化虽然仍然占据一定的领域和市场,但是影响力却大不如前,主流文化倡导的核心价值观正在崩溃。

消费文化消解了主流文化的精神价值,不断制造和消费"价值"。主流文化的精神价值有其神圣性和稳定性,其变动的规则和标准都有严格的限定。消费文化以市场价值的最大化为目的,占有消费市场和攫取最大利润是终极目标,因此需要用不断更新的广告等传媒形式向大众推销越来越多的"畅销产品""时尚产品"等,这些产品的符号价值往往远远大于其实用价值,符号消费、奢侈消费愈演愈烈。

其次,主流文化的保守使其丧失了关怀现实的意识、形象的形式和与时

① 参见粟世来:《审美现代性与消费主义意识形态批判》,《吉首大学学报(社会科学版)》2010 年第 5 期。

俱进的价值诉求。

主流文化的市场缺位使其脱离现实需要，人文关怀和主流意念缺乏依托。主流文化作为主流意识形态的重要组成部分，必然要承担表达主流意识的任务，不断寻求和更新表达形式和场域，对主流意识进行包装和再造。改革开放以来的超常经济增长催生强烈的文化消费需求，2009 年我国人均 GDP 就超过了 3000 美元，东部地区甚至超过 10000 美元，经济消费与文化消费、文化需求与文化供给之间的矛盾越来越大，与世界发展程度同等国家相比，我国的文化消费水平只达到四分之一到五分之一①。主流文化的市场缺位直接导致了市场空白的大量出现，给低俗文化的产生和流行提供了条件。出现这种局面的很大原因是主流文化自身定位不准确、文化管理机制落后，在市场发展和体制转型中趋于被动。根据发达国家的经验，文化生产需要市场经济作为资源配置的基础性手段，将国家供养作为弥补市场失灵的补充，在发展文化经济的同时保障高雅文化的生存条件，形成多层次、多元化的市场氛围。而我国目前文化体制内实行双轨制，将产业发展和意识形态宣传集于一身，市场的资源配置功能和国家供养性质混淆不清，往往是经济效益压倒社会效益，公共文化服务体系没有获得独立发展的能力和保障。

主流文化缺乏对娱乐文化的审美引导，无法形成健康的文化消费心理。随着日益娱乐成为现代人生活的重要组成部分，主流文化必须增加娱乐因素，或者说要把娱乐作为主流文化的重要表达方式，让大众在娱乐的同时自然而然地接受主流文化的价值。无论是好莱坞表达的美国梦，还是韩剧对其民族文化的包装，都反映出主流文化完全可以与娱乐文化紧密结合起来，实现双赢的局面。而在中国主导娱乐的不是主流文化，而是时尚、另类、炒作，甚至低俗的非主流文化，主流文化不仅失去了文化主导权，反而屡屡被非主流文化所裹挟。以曾火爆一时的相亲节目为例，骂人与招骂成为出名的捷径，制造“宝马说”的拜金女还被某电视台请去当主持人，频繁亮相各种娱乐节目，成为媒体焦点。当爱情、婚姻等关切世界观、价值观的关键命题被当作炒作的噱头、娱乐的手段的时候，当大众传媒成为“把无耻当可爱，把隐私当噱头”的低俗价值观放大平台的时候，主流文化在捍卫公共权力、坚守道德底线等方面就失去了底线②。这种娱乐带来的价值观最后造就的是拜金主义的文化消费心理，助长的是现实生活中人们对功利主义的

① 参见张晓明：《市场“缺位”导致文化饥渴》，《人民论坛》2010 年第 24 期。

② 参见范玉刚：《文化乱象中的主流困境》，《人民论坛》2010 年第 24 期。

推崇,片面追求物质财富的增加和感官的享受,甚至可以为了名利不择手段。

主流文化没有完成价值建构的现代转型,无法形成优势的竞争力和影响力。当今世界是一个多元文化竞争的时代,建构符合时代发展潮流的核心价值体系是任何主流文化的不二选择。对于中国这样一个发展不平衡的发展中国家而言,更需要实现主流价值观的现代转型。主流文化给人的刻板印象是僵化的说教面孔和抽象的道德律令,缺乏现实社会问题意识和个人感悟,这就与大众的日常生活拉开了距离,难以形成强势的凝聚力和吸引力,无法形成正面价值的人群覆盖。而此时的大众文化就很容易乘虚而入。在主流文化价值批判缺席的情况下,低俗文化的盛行模糊了应当的价值诉求,致使盲从的大众被时尚的大潮走向"娱乐至死"的恶性循环,主流文化价值中的敬畏感、羞耻感、审美精神烟消云散。更为严重的是,很多看似严肃、神圣的话题被当作炒作的新形式,以文化之名行商业之实,主流文化的因素被大众文化收买,变成腐蚀主流文化价值的工具。

总之,主流文化已经、并将继续解构,主流文化的边缘化已经成为现实,传统的认识方式和方法难以奏效,因为它已经沉浸在大众文化的逻辑中,从而成为文化研究的新宠。

二、文化研究的困局及其破解

在当代学术研究范式中,作为一种观念,文化研究已经极大扩展了文化的内涵,并成为社会的各个方面的基本修辞,"社会文化化"和"文化社会化"成为基本共识;作为一种方法,文化研究已经深入文学、社会学、教育学等各个研究领域,并已经内化为一种精神和理念;作为一个学科,文化研究开始准学科发展①,但也陷入自我矛盾和发展困局。

第一,文化研究的开放性、建构性无法掩饰其抽象性、浮躁性,必须深入中国语境和文化体制中寻找文化研究之根。文化研究脱胎于社会秩序的变动性,理解文化的社会变革作用是文化研究的主要任务之一,因为变革的驱动力已经由经济、政治转向文化,经济理论和政治理论正在全球化的世界中解构精英观及其研究范式②。文化研究以文化的方式,以开放的心态和跨学科的视野,借用和杂糅其他学科的各种理论研究中国当代社会,尤其是大众文化、消费文化,满足了一定的现实需求。但是,这种分析和研究有明显

① 参见卢衍鹏:《文化研究的合法化进程与学科化冲动》,《学术论坛》2008 年第 9 期。

② 参见[澳]约翰·哈特利:《文化研究简史》,季广茂译,金城出版社 2008 年版,第 8—9 页。

的照搬和生硬的模仿痕迹。在初期，主要是借助法兰克福学派的批判理论，尤其是阿多诺的《启蒙辩证法》影响甚大，但其实阿多诺的语境与我们当时的语境有很多不同，阿多诺批判的大众文化在当时的中国大多具有某种革命性意义，反而应该是肯定和提倡的文化；之后，李泽厚、徐贲等海外学者呼吁"走出阿多诺模式"，开始对这种抽象和浮躁的心态进行反思和清算；世纪之交以来，受到费斯克理论影响的文化研究开始走向多元，更多的理论和范式被引进，但新的浮躁同时产生。要从根本上戒骄戒躁，必须从中国语境出发，从中国的民族文化、经济结构和文化体制入手，不仅注重大众文化的经济逻辑，而且要将大众作为一个重要群体、社会中坚力量来认识，并对其结构组成、文化类型、价值取向等进行多视角、多层次和多方位的研究。其中，尤其要关注大众当中的底层民众和无声的群体，因为他们不仅缺少政治、经济的关怀，更缺乏文化的关爱，他们的声音代表原生态的社会文化，往往最具真实性、典型性和社会意义。只有这样，文化研究才能找到文化之根。

第二，文化研究的批判性和反思性逐渐弱化，必须重新审视大众文化、精英文化和主流文化的关系。政治性和参与性是文化研究最具标志性的理论品格，对文化领导权的变动进行批判性反思也是其职责所在。大众文化正在成为朝阳产业受到各界重视，开始向主流文化、精英文化渗透，大众文化的政治参与意识和文化权利意识逐渐增强。大众文化的扩张具有很强的侵蚀性和破坏性，主流文化的价值观念和精英文化的思想立场在其主导的市场面前显得式微，甚至沦为大众文化追求利益最大化的筹码。大众文化自身并不具备提升自身及社会的批判性和反思性，它遵循市场的平面化、逐利原则，大众文化的可持续发展必须依靠外部力量的引导，尤其是人文精神的疏导。主流文化和精英文化必须牢牢把握社会主流价值的主导权，立足中国大众文化实践，洞悉大众文化消费所掩盖的社会矛盾和问题，从下往上地倾听和分析各阶层的文化诉求，重新思考三种文化类型的价值和作用。

第三，文化研究的分化导致不确定性，必须找到文化生产与文化消费的契合点，突出主流文化、精英文化的标杆价值。文化研究正在走向两个极端，一是走向学科化、理论化，热衷于理论建构和话语分析，试图改变之前学科界限不严、借用其他理论而不创造理论的形象，这种改变符合学术研究学科化、理论化的趋势，却与文化研究的初衷背道而驰；二是走向实践和现实，根据现实需要和文化实践的发展调整自身，融入文化产业发展进程，通过文化与科技、文化与信息等结合的方式进行产业创新，加速了文化产业发展和文化政策研究，给文化研究打上了强心剂，但丧失了反思性的理论品格。总之,问题的关键是如何创造理论或创新实践,如何改善目前文化产生和文化消费之间的矛盾——文化生产以消费为手段,以获取利润为目标;文化消费以个性化、创造性为诉求。文化发展要在主流文化、精英文化的监督下,在两者之间找到最佳平衡点。

三、主流文化的重塑与文化研究的重生

主流文化的解构和文化研究的困局是同生共存的关系,两者都是当代中国社会转型和文化发展的核心,需要协调应对才能有效解决,主流文化的重塑与文化研究的重生可以同步完成。

第一,以媒体为核心打造主流文化的主导平台,推动主流文化大众化。必须承认,大众媒体已经由精英阶层单头统领的局面过渡到市场、主流意识形态等多重因素统治的时代①。主流文化夺取主导权的过程并不是排斥大众文化,而是学习和借鉴大众文化的生产、流通、销售等运作方式,让市场成为配置文化资源的基础性手段。批评最重要的职能是评价②,主流文化要用文化研究的批判性、反思性规范文化的生产和消费,通过媒体等渠道规范大众文化的生产和消费,尤其是培育合理、成熟的消费方式,突出文化消费的个性化、创造性本质,在感官娱乐的同时具备精神提升的要素。主流文化的大众化要主动融入大众,而不是高居庙堂之上,要加强与大众的对话和沟通,让大众在消费主流文化的同时在感官上享受到与大众文化同等的尊重和体验,而在精神上有高于大众文化的收获。主流文化的大众化还要加强主流文化创作和创新的力度,在弘扬核心价值观上坚守底线,不断创新理论模式和表达方式,用形象化改变传统面貌的刻板化,实现主流价值观的现代性转换。

第二,拓展精英文化的世俗化渠道,拉近与大众的距离。在市场经济条件下,大众文化的兴起与精英文化的失落之间的冲突无法避免,但从另一方面来说,"大众文化不考虑文化批判,唱卡拉 OK 的人根本不去考虑要改变什么东西,但这种态度却反而能改变一些东西,这就是……对正统体制、对政教合一的中心体制的有效侵蚀与解构"③。传统的精英知识分子壁垒森

① 参见 Zhao, Yuezhi(2003), "The State, the Market, and Media Control in China", in Pradip Thomas and Zahoram Nain(eds.), *Who Owns the Media: Global Trends and Local Resistance*, penang, Malaysia: Southbound Press and London: Zed Books, 2004, pp.179-212。

② 参见张立群:《文学批评核心价值体系构建的学理依据》,《吉首大学学报(社会科学版)》2011 年第 1 期。

③ 李泽厚:《关于文化现状与道德重建的对话》(上),《东方》1994 年第 5 期。

严,市场经济之后,知识分子多以职业化、技术化的专家身份示人。而在媒体的策划下,以易中天、于丹等为代表的知识分子主动迎合大众文化的口味,引起社会强烈反响,形成一种被学术精英批判、被大众推崇的中间层,这是精英文化介入大众文化的策略,也是大众文化精神提升的需要。既然大众文化的雄厚基础和实力无法改变,那就让知识分子改变与大众文化的关系,主动与大众文化接触和亲近,这既是近期策略的现实需要,也符合长远的文化战略。知识分子在新的经济基础之上提出的要求完全可以和大众文化的要求结合起来,尽管所要求的层次不同。

第三,借鉴发达国家的成功经验,用全球化的视野探寻中国主流文化的发展路径。全球化语境下的主流文化之间的竞争是政治、军事、经济、民族等多种要素的综合博弈。历史的经验和现实的教训都是中国主流文化必须面对的发展基础,美国等发达国家在发展文化产业的同时并没有忽视宣扬其意识形态,韩国等新兴国家的文化发展也十分注意主流文化、民族文化的弘扬。中国主流文化的发展属于后发展类型,既有市场化不足、基础薄弱的劣势,又有后发制人的优势,中国传统文化中内涵一定的现代性因素,这为文化重建提供了动力①,中国主流文化的发展前景可以预见。

① 参见李梦云:《余英时文化危机与文化重建思想述略》,《吉首大学学报(社会科学版)》2010年第6期。

第十五章　审美解放与文化发展探索

审美解放与文化发展紧密联系在中国文化现代化发展的实践和探索中，是中国面向文化全球化的机遇和挑战的必然选择，通过文化立国、文化改革等战略、措施，必将影响审美解放的形态，促进文化发展。

文化身份在异质文化的冲突中发生嬗变，广告、消费文化在文化身份问题中的影响力已经越来越大。文化身份理论实际上关注的是主体与客体、主体与主体以及主体自身的文化差异所带来的不同观念、价值、行为等多方面的问题。当代中国语境下的文化身份问题，集中表现为全球化背景下对消费文化的身份认同，以及消费文化语境下对传统文化的认同危机。当代语境下的文化身份受到消费文化的破坏，同一性受到威胁，社会、阶级认同遭到弱化。

文化立国是社会主义文化强国建构的战略基础和价值取向，文化立国的逻辑是现代性、全球化与超越性的文化自觉，文化立国的现实是从核心价值到道德秩序的重建，文化立国的战略是实现从中国形象到文化实力的转变。文化改革作为贯穿始终的内在逻辑和精神内核，融合了意识形态、经济秩序、文化规律等多重权力机制，是建设社会主义文化强国的基本路径。文化改革的基础是政治、经济、文化的多元融合，是政治改革与文化改革的双赢，是经济改革与文化改革的突破，是文化体制改革的突破。文化改革的逻辑是原创文化的创新和软实力的提升，原创文化是一种创新性、高端性、成长性文化形态，软实力是一种全新的竞争方式。文化改革的旗帜是社会主义文化强国的提出，标志着中国文化进入高标准、跨越式和国际化的发展阶段。

第一节　审美解放与文化全球化

文化研究的理论旅行和文学理论反思本身并不能解决当代文学危机与文学研究的现实境遇，最需要做的是恢复文学理论的内在活力以及对外在语境的感知能力，重新找到文学理论与现实对话的路径。

文学理论要面对的现实不再是纯文学一统天下的局面，而是新媒介逐渐取代传统媒介的时代，文学作为其中一个媒介正被电视、电影、选秀等各种新媒介排挤出话语中心。这种状况，被法国境遇主义者居伊·德波尔称为“景观社会”，被波德里亚称为“超现实”“拟像”，被马克·波斯特尔称为“第二媒介时代”，被杰姆逊称为“后文字时代”，等等。也就是说，这种状况在西方早已经成为现实，而且我们也将正在进入这样的时代。这种情况就人类发展进程而言并不可怕，更不新奇，因为媒介的变化是技术发展的必然，新的媒介形式可能更舒适、新鲜、快捷，更符合快节奏的当代生活。对于文学理论而言也不是世界末日，只不过原来的研究理论、方法、形式需要更新，更需要文学理论研究者对此作出解释、判断和反思。

新媒介、新技术给文学理论带来的一个全新的课题就是“类像增殖”。类像是指后现代社会大量复制、极度真实而又没有客观本源、没有任何所指的图像、形象、符号等。在波德里亚看来，随着消费社会的来临和大众传播媒介的急剧扩张，西方社会在总体上已经进入后现代时期。虽然不能说中国现在也进入了后现代社会，但不能否认消费文化、传播媒介对于中国当代政治、社会、经济、文化等多方面的影响。所谓“文学终结论”正是我们无视文学语境的变化所引起的误解，J.希尔斯所说的“文学的终结”其实是指在新媒介时代，印刷文学的文化作用已经和正在被削弱，而文学理论界从各自的主观猜测和立场出发作出了偏离文学与学术的解读，说明我们还没有真正认识到文学理论应如何应对语境的重大变化，更遑论如何阐释与指导文学、文化的发展。波德里亚指出类像的意义不仅在于改变了对于传统理解的“真实”的观念，而且把握住了后现代社会的文化逻辑，为文学理论的定位找到了方向。所谓“媒介增殖”是指媒介自身的意义生成和变革能力，当媒介在传达另一媒介时，被传达的媒介的媒介性就没有忽略而成为内容，媒介不仅是手段和工具，而且具有内容和本质的意义。消费文化语境下，电视、电影等影像不再是形象，而是类像，因为我们所看到的是拼贴、制作出来的，不一定是真实发生的，类像增殖就成了当代消费文化的逻辑。

类像增殖在文学内部造成了类像与语言的紧张关系，更在文学外部重新建立了一个视觉文化王国，类像开始利用、整编文学为其所用。影视、广告、选秀、戏仿等依据类像增殖的内在逻辑开始成为消费文化的重要形式。

一、当代中国语境的文化身份

全球化背景下对消费文化的身份认同，消费文化语境下对传统文化的认同危机，共同构成了当代中国语境的文化身份。这种文化身份是当代人在社会实践活动中逐渐形成和发展的，并且以自我意识为前提。具体表现在：

首先，当代语境下，消费文化破坏人对于现实的认同，而传统文化无力弥补这种破坏。消费文化制造了大量的虚假需要，让人在虚假需要的满足中疲于奔命，分不清真实的需要和虚假的需要。个体的文化身份始终处于饥饿的缺失状态，于是，"饱吃一顿是拯救之路——消费吧，你就会感到美妙无比！"①。而传统文化要么姿态高不可攀，要么艰涩难懂，和人们的日常生活格格不入。正如有人在致刘忠德的公开信中，希望他改编的中国剧《天鹅湖》门票不要太贵。

其次，当代语境中，消费的个人化、自私化威胁到主体身份的同一性。当消费文化中的时尚成为主体追求的唯一目标，那么，文化工业制造的时尚就成了主体身份的源泉。时装、汽车、影视等成了主体的身份标志，就不会再考虑主体的审美口味和价值判断。传统文化主张的内在的"心性""修为"等变成了优雅的装饰品，而不是终极的追求。而变化迅速的消费时尚不断分裂着主体的文化认同，"在一个快速变化的消费世界中体验的客观世界的转瞬即逝的感觉撕裂了自我的连续性和整体的感觉"②。因此，当代人的文化认同是破碎的，不断变化的。如何整合这种破碎的文化认同，需要现代理性为指导的实践的进一步发展。

最后，当代语境中，消费文化身份虚假地弱化了阶级认同与社会认同。对消费文化的极端追求可以制造一个虚幻的身份系统，这一系统由不断变化的商品和符号组成，可以弱化甚至取代传统的社会认同与阶级认同。但是，这种认同只是文化消费中的一种推销策略，并不是真正的现实身份。这种身份的分离是价值观和价值取向的危机，传统的价值观遭遇前所未有的摧毁和破坏，出现了价值取向的真空。而消费文化投其所好，给予主体丰富、无限变化、新鲜刺激的"符号系统"，为主体预设了一个感官享受和虚假想象的文化身份。

当代语境下的文化身份，不仅仅是全球化、消费文化的处境造成的结果，更有传统文化、主体的身份构成的内在原因。而全球化、消费文化还会长期存在、发展，不能指望消除这种复杂的环境来解决文化身份问题，而是要在热闹的文化事件和文化生活中，进行冷静的思索，加强对消费文化与传统文化的研究。只有这样，我们才能不再为《超级女声》而争论，也不必满足于有一张脸被外国人记住了……

---

① [英]齐格蒙特·鲍曼：《全球化——人类的后果》，郭国良、徐建华译，商务印书馆2001年版，第79页。

② [美]埃利希·弗洛姆：《健全的社会》，欧阳谦译，中国文联出版社1988年版，第113页。

1. 文化消费与现代广告

文化消费与消费文化都是以“消费”为中心的文化行为(现象)。文化消费最大的危害在于内在的精神危机,进而带来身份危机。极端的文化消费不仅无视历史、价值、人文精神等传统身份价值,反而对历史进行平面化处理,对价值进行彻底颠覆,对精神进行滑稽地调侃。正如波德里亚所言:“大众传播将文化和知识排斥在外。它绝不可能让那些象征性或说教性的过程发生作用,因为那将会损害这一仪式意义所在的集体参与——这种参与只有通过一种礼拜仪式、一套被精心抽空了的意义内容的符号形式编码才能得以实现”。① 这意味着文化消费已经摈弃了文化身份赖以存在的文化,完全沦为廉价的艺术复制品的快感制造。

文化消费趋向明显的媚俗的时代风尚,而这一趋势越来越多的体现在文化身份的嬗变中。波德里亚认为:“媚俗有一种独特的价值贫乏,而这种假制品法施于一种最大的同济效益联系在一起的:某些阶级整个地占有它。与此相对的是那些稀缺物品的最大独特品质,这是与它们有限主体联系在一起的。这里与‘美’并不相干;相干的是独特性,而这是一种社会功能。”②在媚俗的文化消费中,文化身份的价值处于贫乏无力的状态,自主性趣味逐渐减弱。媚俗的文化消费可能导致一种“亚文化身份”,这种“亚文化身份”与传媒等紧密相关,并在传播与接受过程中,人的思想、价值认同整合为同一观念模式和同一价值认同模式,最终形成同一文化认同模式。

与媚俗密切相关的是“流行”,它是在媚俗的时代风尚中形成的相对独立的体系。流行把各种不同层次的心理认同整合到同一游戏或操作当中,用技术表现、抽象概括等方式把中性的认同模式推广开来,最后用市场、媒介的权力转化为流行文化。流行文化使文化身份失却了艺术判断力和艺术的市场价值标准,把“艺术无价”扭曲成“价值的疯狂”和价格的暴力。同时,文化身份又不得不以流行艺术作为身份和品位的矫情的识码。个别更为严重的是,流行艺术的重复性、贫乏性使艺术成为文化消费的附庸,把精神气质排斥在外。艺术的独特性被消解的同时,文化身份也被置于遮蔽的状态。

广告在文化身份问题中的影响力已经越来越大。大众传媒已经成为一种话语权力的炒作,这种炒作使文化身份不再寻求内在文化心理的庇护,转而一味依赖外在物的刺激。大众传媒的权力转换为金钱话语,不仅使广告

① [法]波德里亚:《消费社会》,刘成富、全志钢译,南京大学出版社 2000 年版,第 105 页。

② [法]波德里亚:《消费社会》,刘成富、全志钢译,南京大学出版社 2000 年版,第 114 页。

在当代社会中处于不败之地，也在一定程度上操纵了文化身份。广告通过身体、欲望、偶像的展示调动人们的内在欲望，是商场货物展示在时空上的巨大膨胀。在惊世骇俗的广告词语的背后的“身份”话语是文化身份的标志和代名词。广告在不断重复象征“高贵”“气质”“成功”的广而告之当中，似乎在告诉人们，身份可以在对物的占有中获得自我的满足。广告明白无误地诱导和唆使人们该怎样安顿自己的身份，获得躯体享乐的同时，也获得理想中的身份认同。文化身份通过模仿他者、偶像之中，挪用他者的身份，而这种建立在消费上的模仿是身份视觉化或者说是商品化、表征化。

当代理论家莱斯利·斯克莱尔在《文化帝国主义与第三世界的消费主义文化意识形态》一书中认为，广告这种文化意识形态的传播渠道，一般是将自己打扮成教育的、提供正面信息的正面行为。这里存在的问题是：文化身份广告化的问题。在广告的狂轰滥炸面前，如果文化身份一直处于被动地接受状态，就失去身份应有的差异性和独立性，身份就会沦为被大量复制的文化商品。

不难看出，广告传媒的权力集中体现在影视节目和广告等具体形式上。现代社会生活已经离不开广告，广告的负面效应在于：标榜“平等”“自由”的广告本身就是一种制约文化身份意识的无可选择的“选择”。而符号化、商品化的身份带来的人与人、人与社会、人与自我的紧张关系被制作精美的广告所掩饰。在社会问题成堆的今天，娱乐节目与广告传媒有意或者无意地回避着这些危机与焦虑，呈现出一种风平浪静的虚华。正如波德里亚所说的：“广告的窍门与战略性价值就在于此：通过他人来刺激起每个人对物化社会的神话产生欲望。……机动、欲望、奇遇、刺激、别人的不断判断、不断发展的色情业、信息以及广告的煽动：所有这些在普遍竞争的现实背景中，构成了一种抽象的集体参与的命运。”①在虚拟的广告词语中，真实的身份和身份的复制品被混淆，甚至广告中的身份看起来比现实中的身份更“逼真”。

但是，再“逼真”的复制品毕竟也不是真实本身。人们在影视、广告中获得的感官的和暂时的“身份”之后，又不得不面对现实中的自我。这样，广告上充满诱惑的吹嘘和实际上赋予主体的东西产生了巨大的落差，是对自我的消解。某些广告在许诺人间真情的同时，分明又暴露出金钱的黑手。表面热闹的广告背后是虚假冷漠的本质，其内冷外热的冷漠使文化身份处于冷漠的现代社会意识中。当个体身份通过广告媒体上升为集体的身份意

---

① ［法］波德里亚：《消费社会》，刘成富、全志钢译，南京大学出版社2000年版，第52—53页。

识时，人们不得不退回到以金钱为本位的身份意识中去，身份的分裂是不可避免的。

2. 全球化语境下对消费文化的身份认同

近年发生的几个引起社会和学界广泛关注的典型文化事件，都与全球化背景下当代文化与传统文化的冲突有关。

其一，原文化部长、全国政协常委兼教科文卫体主任刘忠德大批超女。刘忠德多次在新闻发布会、接受记者采访等场合发表抨击超女的言论，这些言论体现出处于中西古今交会处的我们在文化上的冲突。刘忠德批评超女主要有以下观点：首先，超女玷污艺术。应该让老百姓多接触高雅艺术，提高审美层次。艺术家应该意识到文化的重要性，而高雅艺术比通俗艺术更应该需要国家的支持。其次，超女收视率越高危害越大。文化产品不应该完全由市场选择，超女的毒害在于参加者和观众受到错误引导，认为不努力就可以一夜成名、一夜暴富。从艺术角度讲，像超女这样一夜成名是不可能的，是违背艺术规律的。最后，超女对教育是极大破坏。超女让很多孩子成绩下降，让老师、家长束手无策。刘忠德的观点引起了社会的广泛关注，据新浪网调查，63.76%的人赞成超女毒害年轻人的观点，28.38%的人反对，7.86%的人说不清。在"如何看待超女现象"的调查中，赞成"低俗艺术，误导青少年审美情趣"的占41.35%（13006票）；赞成"迎合了部分人的心理，但难登大雅之堂"的占23.4%（7360票）；认为超女是"真正的通俗艺术，深受民众喜爱"的占18.53%（5828票）；认为"毁誉参半，需要文化部门引导"的占16.73%（5263票）①。社会学家李银河等人从社会意义、经济价值等角度肯定《超级女声》的价值和存在；中国社科院时统宇认为超女无限夸大一夜暴富的概率；清华大学新闻传播学院副院长尹鸿认为，超女这种节目确实存在严重的低俗化问题，而解决这个问题的办法不是一棍子打死，而是应该开展公众舆论监督和制定奖惩机制，调整娱乐和社会价值的平衡，等等。

其二，张颐武在《新周刊》专题"如何'贩卖'中国文化"中，称"一个姚明，一个章子怡，比一万本孔子都有效果"，"要像重视孔子一样重视章子怡，中国文化才有未来"②。张颐武的一番话引起了一场争论，如著名作家魏明伦认为，张颐武"触及了现在存在的一种现象——在现在这个高科技、低人文的时代，青少年心中确实是孔子不如章子怡有影响。但张教授的问题在于，他对于这种现象不是感到可悲、以之为耻，而是用赞同的眼光去传

① 参见 http://news.sina.com.cn/c/2006-04-26/06459719719.shtml。

② 胡晓等：《孔子不如章子怡?!》，《华西都市报》2006年5月10日。

播这种畸形现象,出现了万世师表不如一个尤物的可笑观点”;大众读者更是义愤填膺,一个叫王延焕的读者写了一篇《危险的信号》,要求“教授道歉”。张颐武反驳道,自己并没有赞同这一现象,“我当然希望每个美国人都读《论语》。但现在客观情况就是这样,我们要先了解这种客观存在。我们有更大的责任把高端的中国文化和低端的中国文化结合起来,像《大长今》那样有效地去推广中国文化”①。可以看到,媒体在报道这一事件的时候,用断章取义的方法是为了吸引大众的眼球。应该看到,张颐武在说“一个姚明,一个章子怡,比一万本孔子都有效果”的时候,有其“推广中国文化”的语境。我们关注的不是媒体如何曲解了张颐武的观点,而是要寻找张颐武话语的背后寻找中国当代文化的文化身份,探讨在文化事件中反映出来的文化立场。

从这两个文化事件中可以看出,媒体在报道文化事件的时候,追求的是绚烂的现象、夸张的表演和惊世骇俗的“新锐”言论。为此,媒体很少关注事件背后的文化观念及其文化身份,反而常常炒作一些看似宏大的文化事件,掩盖了文化事件所反映的社会文化心理和文化立场。正因为如此,对文化事件进行深入的文化研究,对文化事件中的不同立场进行评判,更加具有理论和现实意义。在全球化的背景下,这些与传统文化或文化传统有关的文化事件可以分为两种类型,一是如何从实践层面操作文化,从而挖掘传统文化;二是如何从学术理论层面认识并阐发当代文化意义,从而解释当代文化。这两类文化事件共同构成当代中国文化风景。面对这些文化事件,我们想知道的是在这些文化事件背后的意义,想认清的是全球化背景下当代中国文化的处境,想解决的是中国文化的身份问题。

自 20 世纪 80 年代以来,随着世界经济一体化的迅猛发展,“全球化”在中国步步推进。中国以改革开放的姿态,打开国门,加快都市化步伐。在此过程中,大量的国外信息涌入中国,人们的思想文化观念得到解放和更新,经济、政治、文化等领域都发生了前所未有的深刻变革,产生了与传统文化格格不入的异质因素。其中,消费文化的兴起和影响最引人注目。消费文化在中国的兴起与发展是我国经济发展基础上的产物,是人们经济状况、生活方式以及与此相关的价值、观念、审美等一系列变化发展的结果。除了中国迈向现代化、融入世界经济一体化的主观原因外,还有西方资本主义消费文化的入侵所带来的巨大影响。西方资本主义消费文化以其强大的经济为后盾,以发达的传媒为途径,以成熟的消费文化形式,把西方的消费文化向

① 杨帆:《国人愤怒!要求“教授”道歉》,《华西都市报》2006 年 5 月 11 日。

全球推广。跨国公司不但以它们制造的大量产品影响中国人的生活,更是通过广告、好莱坞大片告诉人们怎么生活、怎样享受。在特殊的历史条件下,西方消费文化以其新奇的视觉冲击、高超的推销方式赢得了一定的市场。受到西方消费文化的影响,中国传统文化形态逐渐发生变化,要么一味拒绝西方文化,企图保持原有的形态;要么学习,甚至企图超越西方消费文化。后者在中国一般被认为是大势所趋,是中国文化的发展方向。于是,中国电影观众,甚至导演、演员等不再像原来那样关注中国自己评出的电影奖,而是关注西方的奥斯卡、戛纳等电影大奖,中国导演、演员也以能到好莱坞拍电影、演电影为荣。在这样的情况下,消费文化逐渐取代了传统文化而成为主流文化意识,占领了现代大众媒体。《超级女声》就是西方消费文化渗透的结果,著名经纪人王晓京指出:“在美国和日本都有类似的节目,‘超女’只是在模仿”①;《超级女声》的主办方承认他们“派人出去考察过”,只是强调“决不是照搬”。而章子怡作为中国影星的一个代表,逐渐走出国门,身着西方时尚礼服、讲一口流利英语出现在奥斯卡的颁奖现场,就不只是中国文化的一个符号,她代表的更是好莱坞所认同的身份符号。在这个意义上说,《超级女声》和章子怡具有相似,甚至相同的文化身份,都是消费文化的一个符号。

消费文化作为一个舶来词,是指“消费社会的文化”,“使用‘消费文化’这个词是为了强调,商品世界及其结构化原则对理解当代社会来说具有核心地位”②。《超级女声》红遍大江南北,章子怡主演的电影在国内外上演,消费文化体现在中国的某些地方的某些领域确实已经成为不容忽视的存在,影响着人们的日常生活,包括文化生活。当消费文化成为人们日常生活的一部分的时候,人们逐渐形成了对它的身份认同。消费文化在当代中国得到人们的身份认同,有极其复杂的原因,既有主体的身份需求,也有主体所处的文化环境的因素。具体表现在三个方面。

首先,对消费文化的认同是对物质消费认同的延伸。消费文化的出现是以物质产品的极大丰富为基础和前提的,而人们的需求也随着欲望的不断膨胀而增长。消费文化是对经济消费的文化折射,在一定程度上反映了人们经济物质消费的观念、心理的嬗变。市场经济的发展和扩大内需的阶段性经济政策确立了消费的合法性,大大解放了曾经被压抑的物质消费需求。随着市场经济的发展,人们从主要消费物的使用价值逐渐发展到消费

① 王晓京等:《超女:炼成巨星的路还很长》,《成都商报》2005年8月26日。

② [英]迈克·费瑟斯通:《消费文化与后现代主义》,刘精明译,译林出版社2000年版,第165页。

物的文化价值,甚至是物的符号价值。如日常生活中的时尚消费,首先考虑的是物品是否符合时尚的标准,而符合时尚标准的物品价格往往远远高于其使用价值的价格。而对需要时尚的人们来说,物品的文化价值和符合价值甚至高于物的使用价值。因此,消费文化实际上是被顺理成章地作为更"高级"的消费而拥有了自身的合法身份,取得了人们的身份认同。

其次,对消费文化的认同已经内化为人们的一种生活方式。消费文化主张一种个性的生活方式,宣扬一种商标身份的价值观念。文化工业提供大量的、眼花缭乱的商品供人们消费,让人们在消费行为中得到感官和心理的满足。如《超级女声》宣扬的"想唱就唱"等个性宣言,就是迎合人们对于张扬个性的渴望,提供了一种对追求新鲜感觉所带来的前所未有的激动。而这种对新鲜感觉的追求和消费,往往被消费者视为一种游戏,而游戏是人日常生活中合法的、必需的活动。消费文化在这样的氛围中就有可能导致异化消费,把消费当成唯一的和最终的目的。因此,在消费文化中,个人的认同就是由个人所消费的文化类型和数量所决定。而欲望并不能让欲望得到满足,相反,欲望使得欲望成为欲望①,消费文化的认同者、消费者注定要在消费中奔波不已。

最后,对消费文化的认同实质上是对文化符号的认同。在中国当代处境下,各种文化符号被搁置在消费文化当中,消费文化已经成为一个符号系统,"消费和语言一样,或和原始社会的亲缘关系一样,是一种含义秩序"②。正因为如此,消费者根据消费物品的不同而被分为不同的地位和身份,迫使人们借助消费文化这一符号系统展现和占有自己的身份。在一般人看来,进行高端消费的要比低端消费的身份要高,而奢侈消费更多的是因为有其符号价值的存在。

《超级女声》、章子怡等消费文化现象以其时尚性、丰富的符号价值获得了大众的广泛认同,既满足了人们对娱乐、游戏的感官需要,又满足了人们追求时尚的心理诉求。而批评者并不认同《超级女声》等消费文化,也不承认其具有的符号价值,体现了不同文化之间的冲突和文化认同的危机。

面对《超级女声》等消费文化,刘忠德等人的立场是具有民族主义的启蒙立场。启蒙话语在 90 年代以前,在东方与西方、本土与全球的二元对立中无疑具有合法性身份;90 年代以后,随着对西方、全球、现代等秩序的反思,启蒙变成了一个需要反思的话语,而传统文化成了需要重新审视的文化

① 参见 M.C.Taylor and E,*Saarinen*,*In Imaglogies*:*Media Philosophy*,London:Routledge,1994,p.11。

② [法]波德里亚:《消费社会》,刘成富、金志钢译,南京大学出版社 2000 年版,第 70 页。

遗产。从人文精神大讨论等历史看,启蒙话语一方面具有人文追求的合理性,打破东方传统方式的现代性欲求,另一方面又具有本质主义的自身话语倾向。也许对于中国封建宗法传统十分有效,但是对日益城市化、多元化的中国当代文化却是有限的话语。

启蒙主义的立场,很难认同大众消费文化的商业趣味,很难接受以价值规律为主导的文化生产原则。《超级女声》的高收视率、几十亿的经济效益在刘忠德等人看来,是"玷污艺术"的结果。而这种话语只是一个启蒙知识分子自身设定的文化身份中产生的话题,它具有知识分子的有效性,而并不等于就有社会现实的有效性。这种人文与市场之间对立冲突,说明的是知识分子不甘从公共话语空间退场的愿望,而不能解释人文话语从文化市场退却的原因。这种企图用精神逻辑代替社会现实发展的美好愿望,只能看作是知识分子对自身文化身份的想象。

刘忠德等人找到抵制消费文化的武器是"高雅艺术",以此来"提高审美层次","拯救"万民于《超级女声》等俗文化之中。传统文化一直有雅与俗的分野,并且是雅高于俗,这是传统文化的自足性所决定的。而把这种对立放在传统与现代的视野中考察,就会发现,雅文化是被认为是精英的、现代的,而俗文化是大众的、低俗的。

雅与俗不仅是身份认同的对立,也是对待"中国经验"的态度分野。所谓的"中国经验"不仅是全球化、消费文化背景下的中国现实,也是阐释者的现实文化身份的认同。在文化精英看来,中国经验是一个拒绝精英、丧失经典的时代,而大众文化、消费文化众声喧嚣,是一个没有经过思想过滤的文化原生态。这样的认识是文化精英丧失中心地位和身份后的沮丧和愤慨,他们摒弃了现实,现实也摒弃了他们。

张颐武等人张扬章子怡等消费文化,是另一种启蒙立场,不过这种立场把中国文化的现代化方式放置在西方监控下进行,打造美国式的"中国梦"。好莱坞大牌对章子怡的称赞(姑且不论其是否中肯),在张颐武眼里成了中国文化的骄傲,"好歹中国人有这么一张脸让人家记住了"。把西方文化作为先进发达的标识是张颐武们有意的自觉,把传统文化按照西方的口味加以改造后到国际上去"贩卖"是他们的理想和目标。这种文化观念完全以西方文化这一"他者"作为衡量中国文化发展的标准,如何使中国文化获得独立的价值和身份?这样的"中国梦"和张颐武曾经提出的"新新中国""中产阶级文学"等等是一脉相承的,都是迫不及待地摒弃中国传统文化的陈旧"包袱",唯恐人家说自己老土,处处和世界"接轨"。主张重视章子怡可以,但用不着用贬低传统文化来突出消费文化;学习西方文化可以,但问题在于学习的目的是要超越，否则这种学习只能是一味地对西方文化顶礼膜拜，没有创造性地模仿。以好莱坞为代表的文化全球化是由西方文化主导的，中国汇入这样的潮流意味着对他者物质文明与文化价值的模仿与接受，更需要有文化安全、民族文化的自觉。

与张颐武截然相反，作家魏明伦把章子怡称为一个“尤物”。“尤物”是指美女，但分明有贬损女性的意思和暧昧的意味。魏明伦创作的《潘金莲》曾为潘金莲翻案，为女性打抱不平，为何作出这种评价？其实这代表了大众文化消费者的一种心态，即把消费文化当作物来消费、把玩，即使对待章子怡这样的影星，也只是看成是消费的符号，而不是一个艺术家。但章子怡毕竟是一个人，在现实生活中还是应该得到尊重。

把消费文化的符号消费与现实生活中的价值评判混为一谈，是很多人的一个通病。即使在影视作品中的章子怡是一个“尤物”，作家魏明伦也不应该把这种身份放在现实中的章子怡身上，起码不能当作是章子怡唯一的文化身份。传统文化不仅仅在场面上远远不敌蜂拥的消费文化，而且逐渐改变了人们对于文化，尤其是传统文化的观念，把一切文化都拿来消费、把玩。这样一来，传统文化不再是满载精神、民族、正义等内涵而神圣不可侵犯，不再是人们的道德、行为的标杆，人们不用在其中找到自我和身份的确认；取而代之的是消费文化的强大吸引力，看似公平、自由的消费选择不仅仅赚取高额利润，更是赚取了人们的信任和发自内心的认同。

因此，在消费文化背景下，对传统文化的身份认同出现了危机，这种危机有消费文化的巨大影响，也有传统文化自身的原因。

二、《超级女声》的文化身份

《超级女声》作为娱乐节目是大众传媒与文化市场制造的娱乐神话，创造了广告收入、收视率、社会影响等各个方面的“胜利”。从文化身份的角度看，《超级女声》具有消费文化的鲜明特点。

首先，用“超级”确立身份。“超级”是全球化、后殖民主义的产物。“超级大国”在国与国的交往中，拥有经济、政治、军事、文化等方面的绝对优势，“超级”就是霸权，就是权力话语的象征。当“女声”被冠之以“超级”时，就拥有了某种话语上的优势，具有了广告的权利与功能。《超级女声》是全球文化交流过程中欧美文化渗透的结果。著名经纪人王晓京指出：“在美国和日本都有类似的节目，‘超女’只是在模仿”①《超级女声》的主办

① 王晓京等：《超女：炼成巨星的路还很长》，《成都商报》2005 年 8 月 26 日。

者也没有否认他们"派人出去考察过",但强调"决不是照搬"。类似《超级女声》的节目在传入中国时发生了文化身份的改写。东方主义是全球化过程中我们必须正视的阴影,而身份的改写往往很难摆脱东方主义的霸权逻辑。以普遍性为名的全文化霸权(东方主义)压制和以特殊性为借口的"自我东方主义论述"(民族主义),是硬币的两面,实质上都是把特殊性扩大为普遍性的企图。对《超级女声》而言,一方面,要在特殊性基础上促进对话和认识;另一方面,又要在参照中自我修葺,不以自我的特殊性排斥西方娱乐节目的特殊性,更不能用自我的特殊性去取悦他人的"异国情趣"。萨义德在《文化与帝国主义》一书中强调:"文化决不是所有权的问题,一个有着绝对的借、贷双方的借和贷的问题,而是转换、共同经历以及不同文化间的所有种类的相互依赖性。这是一条普遍的标准。"①阿里夫·德里克从马克思主义立场出发,认为欧美东方主义的认同方法在 20 世纪已经成为"中国自我形象的构成"。《超级女声》是对欧美娱乐文化认知方式、接受方式的"自我形象的改写",这也是透视《超级女声》文化身份的关键所在。

其次,通过交往构建身份。纵观《超级女声》的全过程,《超级女声》与大众处于一种"平等"的对话、交流状态,大众的选择可以通过传媒的权利得以体现。好像是大众获得了决定者的地位和身份。其实,只要参与其中,就只有选择的权力,而没有不选择的自由,而沟通也是要付出代价的,本来 1 角/条的短信被价格暴力地标为 1 元/条。艺术判断标准和市场价值标准让位于符号价值,而这一切都是权力话语转换为金钱话语的结果。所有交往方式、途径都是传媒设定好的,大众的身份也尽在媒体的掌握之中。

再次,通过自我身份认同达到社会身份认同。《超级女声》在影响个体身份认同的同时,又满足了群体认同的需要。社会的大背景是市场经济、刺激消费,消费的群体性身份也在社会中得到承认。在一定程度上,《超级女声》迎合了社会潜在的运行机制。一方面,个体身份得到了群体认可和归属感;另一方面,社会(群体)收获了丰厚的经济利益。

最后,身份焦虑与焦虑的根源。《超级女声》所带来的身份消费与认同不仅表现出虚拟性和匮乏感,更是和现实中的文化身份相背离。对符号身份的极度渴望和必然失落的急剧落差带来的身份嬗变与分裂。《超级女声》大批量生产的预定式文化身份在多种文化间的压制与抵制使得主体身份一直处于分裂和重构状态。传统的稳定的文化身份变成不定的漂移的文

① ［荷］佛克马·蚁布思:《文学研究与文化参与》,俞国强译,北京大学出版社 1997 年版,第 139 页。

化转换，处于边缘的《超级女声》要抵制主流文化对文化身份的控制，又要建立自己对文化身份的影响与控制。值得注意的是，以平面化、“去深度模式”的《超级女声》没有真正确认大众的文化身份，反而加深了身份的焦虑。而焦虑是一种指向的是某种深度意义；表达的是潜在的梦魇般的世界状态。

文化身份的危机的恶根源在于自我认同的建构与社会认同的背离。作为个体的文化身份，要求存在的身份认同，与其说在于表明自己属于某一社会群体，不如说在于表现自己的独特个性。大众对《超级女声》的关注不仅仅在于充当一个崇拜者、模仿者，更在于他们在《超级女声》身上发现自己理想中的身份。而随着《超级女声》的结束和身份认同的缺失、身份焦虑的加深，大众只能去皈依其他的“超级”娱乐。

总之，文化身份认同既是个体文化认同行为，又是社会的文化重建行为。个体文化身份要超越符号认同的屏障，重建文化身份的深度模式，摈除焦虑；社会文化建设要以人为本，为个体身份的重建开辟绿色通道，最终达到个体文化身份和社会文化认同的双重建构。只有这样，文化身份才能在和谐中得到重建。

三、中国后现代文化的症候式分析

1. 中国当代戏仿文化的出现语境

1995 年，周星驰精心打造的《大话西游》进入大陆，很快引起了人们的注意，并逐渐形成了以大话为特点和因素的“大话”叙事，后来被称为中国“后现代主义”的经典①。之所以说它是“后现代”，就在于这一作品是对古典小说的彻底解构。原作《西游记》是我国明代小说家吴承恩所著的一部神魔小说，它那中国传统民间文化的传奇想象，已经成为中国文化记忆中的经典，孙悟空、唐僧、猪八戒等形象已经被格式化和固定化。但是，这一切在周星驰的电影里全部荡然无存，搞笑、无厘头和混乱的语言游戏代替了鲜活而美妙的想象。其后，有对历史和历史人物的大话，如《戏说乾隆》《宰相刘罗锅》和《太平天国》等；有对古典名著的大话，如《水煮三国》《新水浒传》和《杨门虎将》等；有对现代经典的大话，如《沙家浜》《小兵张嘎》和《我这一辈子》等；甚至还有大话语文教材的《Q 版语文》等等。此外，还出现了大量对经典电影和歌曲的重新配音和翻唱，也可以说一种另类戏仿。

2005 年年底，胡戈制作的《一个馒头引发的血案》（以下简称《馒头》）迅速红遍大陆。这部 20 多分钟的短片借用中央电视台《中国法治报道》的

① 杨剑锋：《从〈大话西游〉看网络时代的符号消费》，《甘肃理论学刊》2005 年第 2 期。

画面,剪辑影片《无极》中的画面,颠覆原有情节,重新组合、配音,演绎了一场杀人案件的侦破过程。就是这个胡戈花五天时间、用两台电脑和一张盗版碟炮制出来的片段,其影响甚至远远超过它所戏仿的《无极》。《馒头》不仅引起了胡戈纠缠不清的官司,更是掀起了一股“戏仿”和“恶搞”的热潮,其中不乏深受观众青睐者。看来,以《馒头》为代表的戏仿作品及其流传已经成为一种文化现象,它所蕴涵的文化内涵和审美情趣有必要得到阐释。而一般的评论把“后现代”“解构”等帽子简单地扣在《馒头》上,显然缺乏理论深度和价值判断。

2. 戏仿及其叙事策略

戏仿的一般意义。“戏仿”(parody)是“滑稽模仿”(burlesque)的特殊类型,是后现代创作的表现手法之一。“戏仿”是戏剧的一支,自古就有,最早出现在古希腊、中国和罗马等古代诗歌中,这些作品模仿他人作品以制造幽默或讽刺的效果。关于“戏仿”的定义最早出现于1589年英国《牛津英语词典》中,“即模仿,使之变得比原来更荒谬”。戏仿被广泛运用到文学、音乐、绘画和以后出现的影视中,被戏仿的对象一般都是有很大影响的作品。如爱尔兰小说家詹姆斯·乔伊斯著名的长篇小说《尤利西斯》在写作结构上与荷马史诗《奥德赛》相对应,内容却是当代德国一个广告商在都柏林的游荡和历险。作为一种艺术手法,戏仿可以在作品内容与形式、主题与表达之间构筑隔阂,使文本产生不和谐的陌生感,从而达到滑稽可笑的效果。20世纪50年代后,戏仿逐渐演变成为后现代主义文学的重要写作手法,被作家大量运用。作家选择这样的艺术手法,不仅是为了造成滑稽可笑的效果,更重要的是要表达一种思想:人处于语言的牢笼中,语言先在地限定了人的思维,人的生活也被现存的语言所规定。于是,人在世界中的关系也受语言所控制,意义成为语言的产物。而我们现在所面对的文本,无论是历史的文本,还是今天的文本,都是人为设定的。戏仿正是对于这种状况的反抗和揭露,就是要打破这种人为性设定的生活,重新创造一个不受语言控制的世界。此外,戏仿文本往往综合不同的风格、不同类型的文字序列,就像拼接在一起的积木游戏,文本之间常常发生冲突和碰撞,产生对比和夸张的效果,因此具有一定的消费功能,增强文本的可读性,成为后现代社会的特殊消费品。

戏仿的叙事策略。戏仿文本要想取得成功,必须遵循一定的叙事策略,从胡戈《馒头》中可以发现典型的叙事策略。

第一是拼贴/移植。拼贴(pastiche)是后现代主义最重要的特征之一,即“一种关于观念或意识的自由流动的、由碎片构成的、互不相干的大杂烩似的拼凑物。它包容了诸如新与旧之类的对应环节。它否认整体性、条理性和对称性;它以矛盾和混沌而沾沾自喜"①。首先是名字/语言拼贴。《馒头》模仿中央电视台《中国法治报道》栏目形式,把整个故事情节植于一期节目当中,并命名为《法治在线》2005 年终特别版。节目中,《无极》中的人物全部遭到置换:王变成了圆环套圆环娱乐城总经理,倾城则成了在娱乐城工作的模特;大将军光明成了城管队真田小队长,杀手鬼狼成了郎警官,等等。《无极》的语言变成了亦古亦今的杂烩,王与倾城在城头的对话被这样处理:"中央已经三令五申,不能拖欠农民工工资,可是我还是没有拿到我的工钱"。而"王经理"与"倾城"站在城头的原因也自然地被换成了因为没有拿到工钱而以跳楼为威胁……现代语言和语境加上古装的画面,造成了能指与所指的混乱,同时成就了其模糊杂乱的美学风格。其次是场景的拼贴。场景除了画面之外,还包括画外音和背景音乐,特别是背景音乐在《馒头》中的作用。当倾城站在宫殿顶上脱衣时,镜头反复回放,杨钰莹演唱的《茶山情歌》轻快响起,而画外音徐徐传来:"张倾城原来是圆环套圆环娱乐城的著名服装模特,平时的工作就是不停地穿衣服和脱衣服……"——赞颂美好、神圣爱情的纯洁情歌和"时装模特"的脱衣表演结合在一起,就是把神圣日常化、庸俗化。当昆仑承认是自己杀死王时,张也演唱的歌曲《走进新时代》随声响起——本来是歌颂社会发展、时代进步的严肃歌曲,可以说是社会主义建设的时代号角,而昆仑的自首根本不具有什么神圣色彩,其实只能使原来的矛盾更加复杂。不仅原来的情节被抛弃得无影无踪,而且歌曲这时本身就成了一种语境,矛盾和冲突被完全消解。无欢讲述馒头的故事和抢馒头的情景时,电视连续剧《射雕英雄传》主题曲成为背景音乐,馒头仿佛有了某种历史的沧桑感和英雄传奇的色彩。《无极》中昆仑和鬼狼的感情一直受到质疑;而在《馒头》中,鬼狼是奉命抓捕"犯罪嫌疑人"昆仑的公安部"特警",在抓捕的过程中却因为发现昆仑跑步速度能和自己一样达到光速,两个人惺惺相惜而产生感情,相互交流起跑步经验来。生死恩怨和责任被单纯而轻松的跑步游戏,特别是两个人化敌为友时用郑钧的歌曲《灰姑娘》来作为诠释,把两个男人之间复杂的感情纠葛进行诗意化处理。而《无极》中鬼狼被逼脱下黑衣而死的悲剧场景,在《馒头》中被加入了张宇的歌曲《月亮惹的祸》,似乎暗示两人的感情问题而变得喜剧化;而画外音的解释也成了"郎警官"被解职,削弱了原来的悲剧色彩。正是通过音

---

① [美]波林·玛丽·罗斯诺:《后现代主义与社会科学》,张国清译,上海译文出版社 1998 年版,第 4 页。

乐和语言的转移和交换,《无极》原来的语境被彻底颠覆,《馒头》也因此形成了自己独特的审美场。

第二是断裂/填充。后现代主义的历史观中,一切都是破碎的,“历史的定义是‘一件破事接着一件——没完没了’,没有什么逻辑和因果可言”①。《馒头》就是抓住《无极》在事件叙述的断裂处,从文本间性入手,补足其中仍是残缺的部分。《无极》把富丽堂皇的王城安置在荒无人烟的土丘上,并且由里三层外三层的土堆围起,没有美感,也没说明由头,这成就了胡戈的想象力。胡戈把王城戏为“圆环套圆环”娱乐城,确实抓住了影片在这里的叙事间隙,辛辣地批评了影片的可笑。《无极》片中有一个镜头,昆仑用一根绳子把倾城像风筝一样拉了起来,这也给胡戈很大的发挥空间。胡戈把满神改造成无所不知的谈判专家,而满神运用现代力学原理作了解释。最具想象力的填充是插播的两个广告,其中一个是“满神”牌啫喱水,满神过分夸张的、直竖起来的头发成了嘲讽的对象;另一个是“逃命”牌跑步鞋,再现了昆仑在影片中的疯跑。这两个广告都是用无欢莫名其妙的手杖作结尾:“满神牌啫喱水/逃命牌跑步鞋就是好!”这两个广告针对的是影片中想象力的断裂和不足,用更夸张的手法予以填充,既批评了想象力的滥用,又提供了丰富的民间创造力。

第三是文本间性/读者反映。文本间性又叫“互文性”,是解构主义的文本概念。它的提出旨在打破文本间的隔阂,认为任何文本都同其他文本的符号系统相联系,都可以同其他文本进行吸收和转换,并且在差异中实现新的价值。尽管这一概念在后现代主义多元文化的发展中产生不同的理解,但都强调文本与其他符号系统的关联。而读者在这样的文本中可以发现很多不同的理解,“意义(meanings)既不是确定的(fixed)以及稳定的(stable)文本的特征,也不是不受约束的或者说独立的读者所具备的属性,而是解释团体(interpretive communities)所共有的特征。解释团体既决定一个读者(阅读)的活动形态,也制约了这些活动所制造的文本”②。读者完全可以、也有权利对文本作出不同的阐释,在这个意义上所,读者决定了文本的意义。而胡戈的《馒头》正是行使了这一权利,同时也表达了很多人的阐释欲望,才使得这一短片大获成功。

《馒头》的成功主要做到了以下两点:首先,戏仿争议很大的影片《无

① [英]安吉拉·默克罗比:《后现代主义与大众文化?》,田晓菲译,中央编译出版社2001年版,第4—5页。

② [美]斯坦利·费什:《读者反映批评:理论与实践》,文楚安译,中国社会科学出版社1998年版,第46页。

极》,而且几乎和《无极》同步而出。号称耗资3亿多而精心打造的“贺岁大片”上映后,骂声和赞声不绝于耳,成了人们的热门话题。而《无极》本身就有很多断裂或者模糊的地方可以阐释,是一个很好的分析对象。对《无极》的戏仿很容易引起较大范围的关注,激发他们想窥视如何戏仿的好奇心,无论他们怎样看待《馒头》都是无关紧要的,只要他们去看就达到了戏仿者的目的。其次,《馒头》尽可能地考虑和注意观众群体的构成及其集体文化视野。关注《无极》和《馒头》的大多数是青年网民,他们关注和评价文化事件的主要途径就是网络。《馒头》采用的手法和道具网民们可谓耳熟能详,这样就使得《馒头》的传播和接受效果大大好于一般影视作品。当然,其中有些网站等借机炒作也增加了《馒头》的人气,但是我们不能因此就否认《馒头》身上具有的正面价值和道德承担。如农民工工资的拖欠问题、子女教育问题等等,都在《馒头》中得到“黑色幽默”式的展示。

3. 戏仿机制及其身份重建

如果说《馒头》通过叙事策略解构了《无极》,那么,它又通过戏仿的重建机制重塑了自己独特的身份体系和意义系统,尽管这种体系和系统再也不是完整和封闭的系统,而是残缺的开放的空间。

首先,转述者引导机制重建身份。戏仿的性质决定了它不是原创、独立完成的作品,而是需要另外已经存在的作品,这就需要对原有的文本进行转化和改造,其中就需要转述者的转述。由于原来的作品一般是大家熟悉的文本,而转述者不甘于照搬原来作品的套路,于是就产生了转述者主观引导的出现。转述者在转述的过程中有很大的自由,可以任意改变原作的情节和人物,使之符合自己的表达意图。为了尽量使自己的转述能够吸引观众和读者,转述者会使用很多手段和道具,很多时候会不自觉地与原作背道而驰。根据列欧·施皮策尔的研究,转述是最容易发生变异的表达,当我们在自己的讲话里重复我们交谈者的一些话时,仅仅由于换了说话的人,不可避免地定要引起语调的变化:“他人”的话经我们的嘴说出来,听起来总像是异体物,时常带者讽刺、夸张、挖苦的语调。因此,转述常常引起视角的转变和立场的改变。《馒头》中转述者是《中国法治报道》的主持人,转述的口吻是案件的分析者,他对《无极》的情节和人物的理解就从他的角度去阐释,自然会对观众的理解起到一定的引导作用。而观众正是在转述者的引导下,才进入到全新的情节当中。

其次,转述内容记忆置换重建身份。如果说转述者引导带来的是立场和态度的转变,那么,转述内容的转变依靠的就是观众或读者的记忆置换。所谓记忆置换,就是保留原作中的某些因素,如人物、地点等背景内容,这样可以唤醒人们对原作的记忆;在这样的基础上再置换人物之间的关系和情节,使得人们对原作的记忆遭到彻底拆解,形成新的审美记忆。《馒头》中出现的画面和人物,把《馒头》与《无极》联系起来,又用上海马戏团的杂技,十几首人们耳熟能详的老歌曲等等把《馒头》与《无极》区别开来,运用的都是人们对过去的记忆。《无极》中的大将军光明率几千将士打败几万蛮兵,在《馒头》中被置换成日籍友人真田为了向中国人民赎罪而"把中国人民的建设事业当作自己的事业",作为城管队成员大破无证商贩基地,荣升城管队小队长。《无极》中神秘的满神被置换为备受争议的谈判专家,知识丰富,喜欢说风凉话,在别人"伤口上撒盐",常常以物质利益为诱饵引诱未成年人。在观看《馒头》时,有关《无极》的记忆处于弱势文本,而《馒头》是处于强势地位的现实存在,可以任意修改人们的记忆,甚至越反叛越能得到观众的认可。当然,《馒头》也不是无理由地篡改《无极》,只是在备受争议的地方大做文章,这也是他成功的重要原因。

再次,嬉戏重建身份。嬉戏是戏仿艺术的重要手段,也是戏仿的目的。推广至对整个社会的理解,就是福柯对建立理想社会的主张,"任何社会都需要合理化、秩序、规范等等,都必然是一种权力关系网络。任何替代性秩序在本质上的区别,只是形式上的变化。……因此,人应该随时随地进行反抗,但反抗的目的不是建立所谓理想王国,而只是'去中心','反规范','反权威',解放人的潜在意志和欲望"①。在这个意义上,嬉戏在消解和破坏的同时,还具有建构意义的特殊作用。《馒头》的目的就是要嬉戏,并且要嬉戏一切:去中心、化权威、游戏一切、无深度叙事。《馒头》可以说是后现代主义状态下生成的文本,它并不企图要建构另外一个深度模式,也并不想去重新阐释《无极》中所要表达的意义,它甚至消解影片所有的宏大叙事:政治、人性、责任、爱情等等。案件的结尾,判决书的部分是这样描述的:张昆仑被判死刑,立即执行;真田小队长虽然没有直接杀人,但是他没有管好自己的助手,犯有玩忽职守罪,被判有期徒刑三年;而张倾城由于在公共场合多次脱衣,有伤风化,被判劳教一年;另外为了表彰谢无欢的举报行为,法庭决定由谢无欢来行刑。这样的结局剥去了《馒头》所有沉重的承担,道德和责任变得无关紧要。正因为这样,《馒头》重建了自己的意义,尽管这种意义本身就不完整,就是破碎的。

最后,文本身份格式化。尽管《馒头》消解了《无极》的宏大叙事,解构了完整而封闭的系统,并且反对一切形式的固定,它还是在客观上造成了一

① 刘北成:《福柯思想肖像》,北京师范大学出版社 1995 年版,第 197 页。

种格式化。这种格式化是指为文本的戏仿提供了一种参照和榜样,以后的文本总会有《馒头》的影子。游戏本来是想象的自由展开,而任何固定化都会对自由产生或多或少的破坏作用。这也是为什么胡戈后来制作的《春运帝国》等作品无法超越《馒头》的原因。如果戏仿这种艺术被格式化、程式化,那么也就失去和违背了它的初衷,也就失去了它特有的魅力。戏仿文本的生命在于它的原创性及其独特性。

总之,《馒头》作为戏仿艺术的典型文本,为我们提供了一次后现代艺术的展示,同时也让我们看到了其中的不足。《馒头》的生命力也许不会长久,但是对经典文本的戏仿永远是开放和不会终结的过程,更具创造力的经典及其戏仿值得我们期待。

第二节　审美解放与文化立国

十七大六中全会的最大亮点之一是建设社会主义文化强国的提出,这既是面对新形势作出的最新判断,也是具有深远意义的战略决策,标志着我国文化建设将开启新的历史。改革开放以来,我们对文化价值的判断经历了"从属论—经济论—立国论"的转变,社会主义文化强国将这一转变从理论层面落实到文化实践,以实际行动应对全球化、现代化、多元化的文化挑战。文化立国作为社会主义文化强国建构的战略基础和价值取向,既是核心理论课题,也是重大现实问题;既是全球化思潮,也是中国化忧思;既是世界文化现代性进程的重要一环,也是中华文化复兴的必然选择。

一、文化立国的逻辑:现代性、全球化与超越性的文化自觉

文化立国的观念来自文化自觉,即对文化在当今世界所发挥的何种作用、所处地位、如何发展的判断,文化观念的更新已经从传统学术讨论转变为一场全球话语的争夺。分析和判断从文化自觉到文化立国的发展逻辑,要从三个相互参照的视角展开,一是从现代性的内在视角,分析中国文化现代性进程的特点和得失;二是从全球化的外在视角,分析国外文化发展对中国文化的挑战、影响和意义;三是超越现代性与全球化,摆脱西方文化霸权,在全新的立场和框架下探讨中国文化。

1. 现代性的文化自觉

现代性与文化自觉的结合,既是在现代性的视野下分析文化自觉的现代性因素,又是突出文化自觉与现代性的内在统一,两者共同构成中国文化在现代进程中的内在逻辑和生成机制。现代性是极为复杂、令人纠结的概

念，文化自觉的"现代性"是将其与传统文化对照，即把它看成是对文化在中国现代化进程中表现出来的一种根本性转折的描述。费孝通认为，"文化自觉只是指生活在一定文化中的人对其文化有'自知之明'，明白它的来历，形成过程，所具的特色和它发展的趋向……自知之明是为了加强对文化转型的自主能力，取得决定适应新环境、新时代时文化选择的自主地位"①。因此，现代性的文化自觉至少应该包含两方面的含义：一是对现代性的发展、矛盾、危机等进行理论反思，这是客观分析和评价文化自觉的必经过程；二是对中国文化的现代化进程，尤其是中国共产党领导下的文化自觉进行回顾和分析，意在辨清自身优势和不足。

第一，现代性的发展是文化自觉的理论基础，西方现代性的矛盾是中国文化自觉的内部动力，现代性的危机是中国文化自觉超越西方模式的历史机遇。福柯认为西方"现代性的门槛"②始于16世纪，西方的现代化的动力包括对内民主和对外殖民的双重性，这也是西方现代性无法克服内在矛盾的根本原因。"文化的存在和发展是一种差异性存在和多样性发展"③，作为后发国家，中国对西方现代性的接受有两个相辅相成的方面。一是作为曾被殖民的发展中国家，中国现代性经历了对西方现代性的模仿、改造和创新的艰难构成，无论是对德先生、赛先生的接受和倡导，还是对马克思主义的中国化实践，都属于现代性道路上的积极探索。二是作为新兴的社会主义国家，中国现代性不能一味照搬西方，尤其要警惕导致西方现代性矛盾的制度性因素，而是要超越西方现代性，走出一条具有中国特色的现代性之路。世纪之交，西方文化的危机逐渐凸显，这在很多西方思想家、理论家关于"后现代文化""历史的终结"等论述中可以看出。这一变化为中国文化现代性带来了难得机遇，既能反思西方现代性的矛盾、危机，来观照中国现代性问题，又能突出中国特色，将中国文化作为一种新的文化模式推向世界。

第二，中国现代性进程伴随着政治、经济、社会的剧变，近代以来的文化现代性纠缠着反传统，90年代之后又被经济现代性遮蔽，文化自觉常受制于政治自觉和经济自觉。中国文化现代性的第一次高潮也是反传统的高潮，发生在"五四"新文化运动对传统的批判，知识分子以矫枉过正的方式

---

① 费孝通：《反思·对话·文化自觉》，《北京大学学报（哲学社会科学版）》1997年第3期。

② 参见 Foucault, Histoire de Ia sexualite.Tome I.Volonte du savoir.Pair.Gallimard. 1976; Il faut defendre la societe.Paris.Gallimard. 1994, pp.102-110。

③ 周忠华、向大军：《文化差异·文化冲突·文化调适》，《吉首大学学报（社会科学版）》2011年第2期。

将封建等同于传统。第二次反传统的高潮并不属于文化现代性的进程，而是斗争思维左右的"反右""文革"等政治变动，以政治高于一切的观念扭曲了文化，也不符合任何现代性。第三次反传统是大力发展经济现代性背景下进行的文化反思，显示了经济现代性与文化现代性之间发展极不平衡的现象。中国现代性根植于曾经辉煌、独立而又保守、受到批判反思的传统，在经济社会基础极其薄弱的情况下正式启动，决定了中国现代性的基本任务——脱贫与求富的自觉。中国现代性的任务应该是结合经济与文化的双重性，但经济自觉的冲动显然要超过文化自觉的需要，急功近利、唯利是图等反文化观念对本来就不浓厚的文化自觉发起严峻挑战。

2. 全球化的文化自觉

在某种程度上，现代性与全球化具有同源共生的联系。世界"现代性"进程中文化重要性的凸显，其实是人类的一次伟大的文化自觉①；现代性在西方双重标准的发展、变异和危机中，多元文化在交流、冲突、竞争中必然要在世界范围内重新审视自身，在新的平台和视野探寻文化发展的普世性规律，在全球化与现代化的交织中求得生存和发展。

全球化的文化自觉来自不同文化之间对立冲突的客观现实，也来自进行文化对话、合作的内在需要。从航海技术开启"地理大发现"时代，到大众传媒将"地球村"变为现实，西方现代性以不对等竞争的方式实现了文化扩张和文化霸权，其他文化以拒绝和抵抗的方式难逃"被现代性"的屈辱命运。以冷战结束为标志，文化争夺取得政治军事对抗而成为国际竞争的主要形式，发展中国家再次面临被"全球化"的局面，全球化的文化自觉带有强烈的危机意识。全球化的理想状态是文化对话，在平等自由的氛围中取长补短，这是中国文化融入世界的内在动力，即将中国的"正心、诚意、修身、齐家、治国、平天下"的儒家文化指向"各美其美，美人之美，美美与共，天下大同"的文化理想②。

3. 超越性的文化自觉

当然，文化自觉的理想状态是超越现代性和全球化，摆脱西方话语桎梏，打破既有文化格局，建立新的理论体系和话语体系，将中国文化以全新的姿态呈现出来。

超越性的文化自觉，要打破中西方原有的文化关系，建立新的文化逻

---

① 张杰：《文化自觉、文化战争、文化立国——世界"现代性"进程中的文化三部曲》，《南京社会科学》2008 年第 2 期。

② 费孝通：《文化自觉的思想来源与现实意义》，《文史哲》2003 年第 3 期。

辑。四千年的中西文化关系可以分为四个阶段:第一个阶段(远古到10世纪)的“各自独立并存”时代,第二个阶段(11—16世纪)的“互补共荣”时代,第三个阶段(16—20世纪末)的“西方现代性的扩张称霸”时代,第四个阶段(21世纪至今)的“多元共荣”时代①。这四个阶段的中西关系都存在一种或紧或松的张力关系,我们之前看重的是中国处于弱势或强势的状态,而不是中西方之间互为动力的关系。新的文化逻辑要求建构多元文化的张力关系,从中寻求积极性的文化因素,在此基础上选择文化发展策略。

超越性的文化自觉,要克服人类中心主义、科技至上主义、功利主义等文化倾向,建立以和谐为基调的文化空间。文化是人类的文化,也是人与世界万物关系的产物,过于突出人的地位,最后只能是耗尽人类所处环境而伤及人类自身。文化需要科技,但作为工具的科技不能取代文化而成为中心,盲目崇拜科技的结果是埋葬文化。文化与实用的结合是人类生活的基本方式,但不择手段的功利主义会让文化戴上无法独立的枷锁,隐含了巨大的矛盾和风险。超越性的文化自觉,要对人类自身进行重新认识,将人看成是“自然的文化动物”,而不仅是“社会动物”,对人的社会性进行反思和批判。科技与文化的结合创造了文化的多样性,人与人的交往呈现虚拟化、网络化、个体化、流散化②,要重视新传媒对文化创造的影响,思考中国文化的数字化生存策略。

二、文化立国的现实:从核心价值到道德秩序

文化立国的现实是经济的快速扩张、社会急剧转型和文化的无序调整并存,涉及从伦理规范到价值观念的方方面面,其中核心价值、道德秩序、伦理精神、文化批判等是必须关注的首要问题。

1. 核心价值

核心价值是文化立国的精神基础,如何定位、选择核心价值是判断社会现实和文化战略的前提。核心价值在全球化、多元化的语境中要面对价值多元化的局面,儒家传统、宗教信仰、价值虚无主义等同时存在于不断变动的当代社会,如何建构核心价值来提供社会共识成为无法回避的重大文化课题。核心价值应该是具有根源性、主体性、导向性、普世性等价值,首先要明确核心价值主体,对核心价值进行定位,在此基础上才有建设和发展的可能。

---

① 高宣扬:《论21世纪新人文》,《社会科学家》2011年第9期。

② 卢衍鹏:《文学与文化联姻:文化研究及其权力流转》,《学术论坛》2010年第4期。

从根源性来看，儒家文化及其现代化是中国文化核心价值不可回避的资源，对个体在现代社会如何安身立命、追求人生意义、终极价值等方面取得了很大成绩，基本可以解决个体的核心价值问题。但在更为广阔的社会发展领域，尤其是在与市场经济、现代法治、社会主义制度等多方面的契合上，儒家文化还有很长的路要走，儒家文化可以在某些方面成为“主流文化”①，但在更多领域的有效性受到质疑。

从主体性而言，社会主义制度下的全体人民是合法主体，人民的民族性、阶级性、层次性等综合决定核心价值的内容，在社会利益不断分化和阶层意识不断增强的时代背景下，核心价值的整合性和统一性在很大程度上取决于重新审视和调整以利益关系为基础的社会价值体系和观念体系，树立核心主体的价值体系。主体性还体现在文化主体的构成，中华文传统仍然是核心价值的文化根基，中国传统文化因素应该成为核心价值的内容、形式的基本要素。

从导向性而言，核心价值既要创造出一套新的、有特色的、符合中国现实的价值理念，又能将普世价值推进人类共同文明，将文化价值的共性与个性统一起来。目前流行一种“勾兑论”或“调和论”，即将几种不同的价值理念融为一体，取长补短，如甘阳提出的“通三统”主张把儒家传统、西方启蒙传统、社会主义传统结合起来，许纪霖主张将自由主义与儒家“携手”②，等等。核心价值应该自觉具备普世价值的理论素养和理想追求，不能自我放弃核心价值的话语权，将普世价值看成是西方文化的专利，以公平、正义、竞争的方式实现中国核心价值的普世化。

2. 道德秩序

道德秩序是文化立国的伦理基础，倡导和建构适应现代性和全球化的伦理道德是建设文化强国的基本条件。伦理道德可以分为规范伦理和德性伦理，前者以一套伦理准则来规范社会秩序，后者以价值信仰的形式来形成个人的德性伦理，两者共同构成文化强国的内在机制，与制度、法律等外在机制相适应。当毒奶粉、地沟油、动车追尾、“小悦悦事件”等关乎人命的恶性事件一次次触及和突破道德底线，审视和反思中国道德秩序的要求自然被推上历史前台，这已经不是简单的个案和典型分析，而是具有本质和普遍意义的社会批判，需要在社会转型期重建价值秩序和道德秩序。

道德秩序的变动是中国现代化发展历程的重要一环，是现代化从初级

---

① 卢衍鹏：《主流文化的解构与文化研究的重生》，《内蒙古社会科学》2011 年第 4 期。

② 许纪霖：《核心价值，自由主义的还是儒家的?》，《天涯》2011 年第 6 期。

阶段走向高级阶段的产物。中国现代化历经波折，西方现代化在发展初期是理所当然的模本，包括道德秩序在内的文化因素被当成合法、合理和先进的代表；但随着中国现代化发展到一定程度，经济的增长自然会带来心理上的自信，对西方现代化逐渐产生质疑、反思和排斥，转而从自身找到更为“先进”的这在某种程度上也是提升现代化层次的必经阶段和思想基础。中国现代化处于从初级阶段转向高级阶段的摸索过程，这一过程是西方现代化引领的结果，同时也是对既有现代化成果的反思和批判。在外在层面，存在西方现代化与中国现实相悖或损害中国道德秩序的情况，照搬或歪曲现代化精神的思想和行为对中国原有道德秩序产生较大的破坏性影响；在内在层面，中国道德秩序面对市场主导的工业化、城市化、全球化等现代化进程表现被动，产生巨大的道德真空和价值焦虑，从个体到社会都存在道德秩序混乱的局面。

道德秩序的调整需要从外部思潮的引导和内在价值的更新来共同完成，关键在于文化共同体、社会共同体的重塑。从外部影响来看，当代文化思潮是中国道德秩序的舆论环境，对道德秩序的变动、形成和重构具有深远意义。以民族主义思潮为例，民族主义在革命时期和现代化初期具有不可代替的现实意义、文化功能和道德价值，在当今已经被转化成爱国主义的主要内容，还被看成是与传统文化紧密相关的重要方面；当现代化具备了一定基础时，民族主义、爱国主义就有可能演变成激进/极端民族主义，长期被压抑的历史悲情在国力恢复和强盛时极易冲动，尤其是在“强国家—弱社会”的结构中更易造成道德秩序的外部压力。从内部而言，道德秩序的构成因素所经历的现代化实质上是世俗化、商业化和消费化，道德、价值所依存的社会共同体、文化共同体被割裂和分散，呈现碎片化和模糊化的趋势。道德秩序根植于共同体，传统中国道德主要附着在家庭及其扩展形式，世俗化、商业化和消费化的蔓延是导致现代中国道德失去共同体的主要原因之一，个人追逐利益、社会追求世俗的情况下，很难想象文化共同体能完成现代转换，道德秩序的重塑也无从谈起。

三、文化立国的战略：从中国形象到文化实力

文化立国的战略是从理论意义上的“中国形象”提升到战略意义上的“文化实力”，在文化领域在根本上从务虚转向务实，将近百年来的文化梦想变成国家规划，在理论和实践上展开文化强国的建构和实施。

1. 中国形象

文化中的“中国形象”是关于中国的文化想象与传媒建构，它既是中国

自身在不同时空对中华民族的一种形象化认知,又通过各种传媒形式传递给外部世界而形成立场各异的个性形象。在漫长的20世纪文化发展史上,中国形象的本土塑造和外部观照受到西方强势文化的压迫性影响和植入式传递,表现为自我异化和他人异化的双重扭曲。究其原因,除了文化自身发展的内部机制以外,传播机制和传媒结构的失衡是主要外部原因。在文化立国的战略视野下,中国形象的解构与重构是文化建设的重要方面,但更重要的是展现文化上的中国实力,处理好本土形象和普世价值、文化自信与文化自省、仿造性和原创性三者之间的对立统一关系。

近百年现代文化发展史上,在多舛的文化现代化语境下,中国形象的塑造是一个屡遭异化的历史过程。首先,文化现代的起点是全面否定中国传统文化,启蒙文化等同于西方文化,中国文化现代化的主导权让位于他人,此种语境下的中国形象自然也被自我贬损和自我降格,知识分子眼中的中国是一个陈腐、动荡、破败的形象。中国现代知识分子、报刊书籍、电影等对中华文化中的劣质和腐朽进行了全面而放大的考察,虽然出发点是企图激起关注和拯救中国,但在客观上缺乏对民族文化精华的张扬,更缺少对西方文化和现代文明的反思和评判。西方文化对中国形象的想象建立在政治上殖民、经济上压榨、文化上轻视的基础之上,野蛮、狭隘、贫穷、落后等贬义词是对中国的常用评价。其次,民族主义、革命主义、浪漫主义等思潮兴起,对中国形象的夸张描述在一定程度上恢复了民族自尊、文化自信和国家自强,但缺乏充分的主体性和合法性。中国无产阶级革命以农村为中心,特别突出传统文化的优秀品质,红色文化与乡村文化的结合(如"解放区的天是明朗的天"等)一度成为中国,乃至东方亮丽的风景线,赢得全世界反法西斯战争盟友的尊重。最后,西方霸权主义、西方中心主义等主导下西方文化对中国形象的塑造和传播具有重要影响,为了迎合政治、经济、文化上的需要,中国被塑造成符合外国人期待视野中的野蛮之地的形象,中国人也是野蛮人。

在百年中西文化交流史上,无论是形式还是内容上,中国形象都具有浓厚的政治色彩。新中国成立前,零散地出现过《中国简报》(1931)、《天下》(1935)、40年代的《东方呼声》《中国吼声》《远东使者》《中国评论周报》等向西方介绍中国的报刊①,从名称就可以看出其明显的政治倾向。新中国成立后,作为国家外交政策的组成部分,中国国际书店(1949)、《人民中国》

① 参见吴秀明、方爱武:《论全球化语境下"中国形象"的塑造与传播》,《浙江大学学报(人文社会科学版)》2010年第10期。

(英文版,1950)、外文出版社(1950)等对外宣传中国,主要是寻求国际支持和理解,巩固和加强制度和政权的合法性。而世界文化强国对中国的理解在这种政治化宣传中更加深了对中国形象的偏见,延续了之前对中国形象的基本看法。当然,在亚非拉地区,由于在历史、政治、经济等方面与中国具有很多共同点,中国形象的传播和接受具有良好的记录。

2. 文化实力

文化立国将文化实力的打造提升到国家战略高度,出巨资建立促进汉语学习的孔子学院,支持出版、影视、戏剧、社区文化建设、学校等政策的出台,从外到内的一系列举动显然不仅仅是对中国形象的重新塑造,而是希望打造全新的文化实力,在世界文化竞争中占有一席之地。

文化实力首先要找到本土文化与普世价值的结合点,在多元文化的共生环境中提供文化多样性所需的文化主体性,突出本土经验和本土特色。本土文化也是特色文化,因为中国文化的经验是与一定的政治、经济、社会等存在紧密相关的独一无二的文化形式,在文化全球化、中国崛起的现实语境下具有一定的合法性和合理性。本土文化在强调主体性的同时,也不能排斥包括西方先进文化在内的一切普世价值,虽然目前的普世价值主要由西方文化主导。正如世界经济体系一样,普世价值的形成有其历史原因,也存在种种不合理、不公平、不公正的因素,但是要改变普世价值的这种状况,首先要了解、参与其建设和改进的过程。否则,不仅不能改进和创新普世价值,而且会因为远离普世价值而处于边缘化。

文化实力还找到文化认同和文化批判的平衡点,在文化软实力的较量中保持自信和自省,突出核心价值和对话立场。无论是中华文化的辉煌历史,还是西方大国崛起的历程,文化竞争的核心在主要集中在精神领域,文化实力打造的关键不是对外传播,而是在内部将文化认同和自我批评统一起来。意识形态是"以一种非理性的方式促成集体理性的实现",从意识形态到文化认同需要一个复杂的过程,不仅要调动全体国民对自身文化的自信、自觉和自强,而且要在学习中了解,在交流中碰撞,在协同中整合,在对话中创新。文化批判是文化的自我扬弃和自我完善,是自觉祛除文化病变和弊端的精神机制,是促进文化变革更新的推动力量和主要方式。

文化实力还要实现从文化仿造转向文化原创,从世界文化原点和中华文化精神深入挖掘创新性要素,为文化实力开启新的起点。历史经验表明,中国在经济、军事等方面的发展都是在借鉴和模仿中实现飞跃,这在一定程度上成为某些领域的定势思维。但仿造有一定限度,尤其是对文化而言,再完美的仿造都无法达到创新的境界。对中国而言,文化实力创新要回到文化原点和文化母体，寻找文化发展的新动力，这也是世界文化发展的趋势之一。

总之，文化立国是社会主义文化强国建构的战略基础和价值取向，文化立国的逻辑是现代性、全球化与超越性的文化自觉，文化立国的现实是从核心价值到道德秩序的重建，文化立国的战略是实现从中国形象到文化实力的转变。

第三节 审美解放与文化改革

改革开放以来，我国文化与经济的关系一直处于不平衡的发展状态，文化改革与经济改革同样处于不对等的地位，这可以从党的文化政策发展阶段中看出。

第一个阶段（1982—1992），文化改革基本属于精神解放、思想改革范畴，文化与经济之间的界限非常明显，经济改革与文化改革之间的交叉较少，两者之间没有形成合力。1982 年，党的十二大将文化建设和思想建设的两个方面，但前者实际上是后者的载体，主次分明。1986 年，党的十二届六中全会要求文化事业必须把社会效益作为最高标准，在保证文化事业社会主义性质的同时，初步进行文化管理体制改革。

第二个阶段（1992—1997），文化改革以经济改革为经验参照和有益补充，文化改革的原则、方法、领域等都受到经济改革的重要影响，对文化自身的规律、建设等都是渐进的发展过程。1992 年，党的十四大要求精神文明建设必须紧紧围绕经济建设为中心，提供精神动力和智力支持。1996 年，党的十四届六中全会提出文化体制改革，遵循文化发展的内在规律和市场机制。1997 年，党的十五大提出建设有中国特色的社会主义文化体系。

第三个阶段（2002—2006），文化改革"破"中有"立"，进行和深化文化体制改革，初建中国特色的社会主义文化体制。2002、2003 年，党的十六大、十六届三中全会都提出深化文化体制改革，实现社会效益和经济效益的统一。

第四个阶段（2006—2011），文化产业发展成为文化改革的重心和动力，开创文化产业大发展大繁荣的局面。2006、2007 年，党的十六届六中全会、十七大提出推动文化事业和文化产业共同发展。

第五个阶段（2011— ），建设社会主义文化强国、推动中华文化走向世界、增强文化软实力成为文化改革的目标，文化改革进入快速发展时期。

2011年,十七届六中全会第一次以文化作为中央全会的主题①,第一次提出建设社会主义文化强国的奋斗目标。

文化改革作为贯穿始终的内在逻辑和精神内核,融合了意识形态、经济秩序、文化规律等多重权力机制,在文化发展的过去、现在和未来都具有不可或缺的总体性影响和基础性意义,是建设社会主义文化强国的基本路径。

一、文化改革的基础:双赢、突破与超越

文化改革是一个系统工程,需要政治、经济、社会、文化等多元因素同时具备一定的条件才能产生改革的动力、保障和机制,从而将改革变成一种习惯、实效和制度,既需要整体条件的成熟,又需要特殊领域的爆发式触动,还需要系统理论的提升和指引才能完成。

1. 双赢:政治的文化改革

文化改革在某种意义上也是一种政治改革,起码是政治观念的变革。政治观念的改革创新为文化改革提供了合法性依据,划定了文化改革的框架,拓展了文化改革的思路,探索政治与文化互动的双赢机制。

第一,泛政治化观念的破除使得政治基本退出了文化领域、日常生活,使得文化问题回归文化自身,娱乐、文学、艺术等远离政治而回归文化范畴,文化的审美化、生活化让文化贴近人民群众和日常生活,获得了强大的生命力和发展空间。文化观念获得解放之后,逐渐改变了对文化的片面化、狭隘化、破碎化理解,认识到文化的丰富性、本质性和创新性。

第二,二元对立、非此即彼的斗争思维基本失去对文化的控制,对文化的多元化理解扩宽了政治理论视野和思维方式的转变,人性化、科学化、系统化知识体系和价值观念充实了政治观念的深度和广度。生活中喜怒哀乐、爱恨情仇等人性化内容代替了真假对错的抽象判断,对生活实践的追求高于对主义论争的纠结。

第三,政治观念的科学化为文化改革提供了制度保障,党的十七届六中全会提出"把文化改革发展有效纳入科学发展考核评价体系",实质上是将文化改革纳入政治改革的步骤,能够促使各级政府充分考虑文化改革对科学发展、均衡发展和可持续发展的意义。文化改革能够综合认知系统、审美系统、信仰系统等政治不易直接接触的领域,以文化的弥散性、渗透性、渐进性等特点探索世界发展的本质性、普遍性和战略性,为政治改革提供更为丰富的文化实验和价值实践,从而从根本上提升政治的人文关怀。

① 参见周熙明:《为何当前提出"文化强国"战略》,《人民论坛》2011年第10期下。

总之，政治观念的改革是文化改革的前期和基础，文化改革又反过来改变了政治时代、经济时代对文化的简单化、粗暴式理解，为政治改革注入创新性内容和文化思维方式，形成政治、文化双赢的良好局面。

2. 突破：经济的文化改革

在市场经济条件下，文化改革也是一场经济变革。国内外经验表明社会矛盾、环境污染、资源短缺等问题在经济发展到一定阶段后逐渐凸显，势必要转变增长方式和开拓新的增长点。

从经济上看，中国成为世界第二大经济体，2010 年人均 GDP 达到 4300 美元，无论是从经济总量还是消费结构而言，都进入转换节点。经济总量无法继续以高耗能、低效益的方式继续增长，更无法满足日益增长的精神文化消费需求。经济转变与文化改革的结合，实际上就是经济增长方式与加大文化生产的双向互动，其聚合效应和辐射效益将远远超过以往经济发展模式，从根本上突破文化改革的困境。

文化改革能为经济转变提供新的发展领域和空间，经济转变又为新一轮改革提供支持。文化改革就是将文化的本质力量进一步释放，对文化概念进行创新性阐释，对文化空间进行适度性拓展，对主流文化、大众文化、精英文化之间的关系进行结构性调整①，这都将为经济转变提供更为广阔的经济空间和文化维度。经济转变在获得空间释放的同时，也是实践和检验文化改革成效的过程，为新一轮改革提供借鉴。

文化改革能为经济转变提供创新性思维，经济转变为创意产业提供产业基础和技术保障。经济转变的关键是提高经济效益、产品附加值和文化创意，文化改革的重点是释放文化创意在产业发展中的主导力量，培养文化创意人才，以文化创新打造高端产业。文化创意对经济转变的意义在于，它能以最低的成本、以跨界的方式完成不同行业、不同领域、不同产品的整合、重组和提升，即对第二产业进行改造和升级，对第三产业进行细分和创新。其中，文化创意是灵魂和核心，经济转变是载体和形式，两者的紧密结合能够带来文化与经济的双重腾飞，形成创意性、高端化、服务型的产业形态。

3. 超越：体制的文化改革

从"文化体制改革"的提出、试点和全面铺开，到正式突出"文化改革"，每一步都经历了艰辛而复杂的理论探讨和实践摸索，文化体制的细微变化都可能带来巨大的影响。体制改革的实质是由计划经济向市场经济转变，但文化领域比经济领域的复杂之处在于其涉及面更广、层次更多、影响

① 卢衍鹏：《主流文化的解构与文化研究的重生》，《内蒙古社会科学》2011 年第 4 期。

更大。

"文化改革"对"文化体制改革"的超越,首先在于从局部试点到全面铺开,从个别领域到应改尽改①。文化体制改革试点按照市场经济条件的成熟程度,先后将出版发行、影视制作发行、电视台、报刊等分阶段、分层次地进行,最大限度地降低改革成本,是一种关涉局部、渐进式的改革策略。文化改革仍然在文化体制改革的基础上进行,但得益于前期改革成果和经验教训,在理论和实践上都具备了坚实的基础,是一种关涉全局的国家战略。

"文化改革"对"文化体制改革"的超越,还在于从模糊化到标准化,从行政化到法制化的转变。"文化体制改革"是一种行政化改革,在执行过程中难免出现界限不清、标准不一、就事论事等现象,在一定程度上消弱的改革的成效。文化改革作为既定的国家战略,注重文化发展的法制化建设,制定了诸如《非物质文化遗产法》②等专门法律、法规,为文化改革的法制化提供了保障,有利于文化改革的规范化、科学化和标准化,有利于文化改革的判断、验收和落实。

二、改革的逻辑:原创文化的创新与软实力的提升

文化改革要在新的基础上深入挖掘,就要改变之前以政治、经济等取代文化作为本位的状况,转而以文化创新为本位、以文化软实力为内容,形成新的文化改革逻辑。以政治、经济等"硬"的规则和指标为标准的文化改革已经完成了其历史使命,已经难以调动文化积极性和解放文化生产力。"软"的文化改革要转向内在精神的修炼、内在认同感的增强和外在影响力的打造,处理好文化改革中出现的"软关系"、"软结构"和"软矛盾",以"软"的策略打造"软"的实力。

1. 原创文化的创新

文化创新首先要以我为主,对内挖掘,打造原创文化发展体系。原创文化是文化创新最基础、难度最大、最具生发性的文化形态,是人类精神智慧的母本和源头,是依据一定知识体系、信仰观念、思想形态的综合性结晶。

第一,原创文化是一种文化意识、文化思想和文化思维,文化创新就是意识创新、思想创新和思维创新。文化创新在意识方面最重要的是自觉自信,认识到文化在历史、现实、未来逐渐增强的影响力,不仅要有发展中华文化的责任感,而且要有发展世界文化的胆识。文化改革必然要到适合的参

① 参见程惠哲:《文化体制改革的"书表路线"》,《人民论坛》2011 年第 30 期。

② 参见王冬梅:《非物质文化遗产保护的再出发》,《学术论坛》2011 年第 7 期。

照物，这个参照物可以是存在于国际竞争的诸多因素，如智力竞争、创新竞争和思想竞争等，其中最核心的是思想竞争，也就是思维方式的竞争。社会主义核心价值体系的提出，就是认识到思想在社会思潮、主流文化、精神文明、国民教育等领域中的巨大影响，以思想建设和思维创新在全社会形成统一的指导思想、共同的理想信念、完善的道德规范和强大的精神力量。

第二，原创文化是一种高端文化，文化创新也是高端创新，具有高端视野和高端思路。原创文化创新必须从创新教育、法制监管、理论创新等多方面展开，才能从根本上解决目前原创不足的窘境。原创文化在全球化、多元化的发展过程中受制于国外强势文化的经济、技术和理论等优势，缺乏对自身资源的再创造，还处于落后的被动保护层面，产业开发还没有形成应有的规模和影响。而处于极端的文化市场大部分停留在模范—吸收—再创新的阶段，少数影响较大、市场较好的文化产品也只属于中端的集成式文化创新。制造业中的克隆、山寨等思维方式在文化产业及其研究领域仍然占有很大的市场，文化生产对原创文化的重视远低于对工业生产率、劳动力成本的考虑，缺乏理论引导的文化消费长期在低端市场徘徊。

第三，原创文化是一种包容性、成长性文化，文化创新是创造世界影响和价值的文化。原创文化是一种优势文化，中华文化中天人合一、和而不同、和谐文化等优秀文化独具特色，历史悠久，内涵深刻，与西方工具理性、个人主义、新自由主义等形成鲜明对比。伴随着西方金融危机、主权债务危机等问题，中国经济模式和文化模式受到关注和认可，中国原创文化迎来扩大影响、加速创新的绝佳契机。原创文化不仅是对西方文化的修正和补充，而是要以世界文化的视野，突出文化主权、主体地位，形成世界原创文化不可或缺的一极。

第四，原创文化是一种话语权、文化认同和普世价值。原创文化是构建文化空间和文化秩序的基本要素，从根本上决定一个国家、民族在世界上的文化地位和影响力。原创文化的争夺是话语权的争夺，为了在竞争中取得优势地位，原创文化资源的争夺愈演愈烈，这在“申遗”等国际文化活动和交流中表现得十分明显。原创文化在文化秩序的变化和调整中意义重大，学术界的抄袭之风暴露出原创精神的欠缺和文化道德的滑坡，文学界的名利和浮躁难以造就大师和原创作品，影视界的翻拍、山寨、穿越等低水平制作显示出想象力的匮乏……这些都需要原创文化和原创精神来清理一切非原创、伪原创的文化空间，营造充满想象力、生命力和创新力的文化氛围。只有这样，中华文化才能对世界产生文化认同的力量，在国际文化竞争中占据一定的话语权，将中国特色提升为普世价值。

2. 软实力的提升

文化软实力类似一种"场域"，各种文化权力在博弈中形成特有的权力机制，以看不见、摸不着的形式发挥着巨大的牵引力，散发出无法抗拒的文化魅力，它是政治理念、文化形态、理想观念、思想价值、社会制度等影响自身发展潜力和国际影响力的因素，可以单独发挥作用，更多地以似有还无的潜伏物和附着物存在。中华原创文化对软实力的认识历史悠久，《易经》中的"关乎人文，以化成天下"，《论语》中的"远人不服，则修文德以来之"，"人文"的"化"是一种软实力，"修文德"也是一种软实力，连兵法中都讲"不战而屈人之兵"。中华原创文化与软实力的共生、共存成为中华文化再次勃兴的重要依据，也是文化改革深入推进的重中之重。

软实力的提升是一个系统工程，政府、学者、大众等主体分别发挥各自不同的作用，共同完成软实力的建构和提升。政府主要是制定和引导核心价值观，在制度、法律、社会治理等方面提供良好的外部条件，在公共文化服务、国民教育、产业规划等方面夯实文化基础，时刻保障和维护文化软实力的根基。中国政府提出的"和谐文化—和谐社会—和谐世界"的构想，是在继承中国传统文化精髓基础上的创新①，将中华文化中最核心的内容以普世性的方式表达出来，对内增强了文化认同，对外扩大了文化辐射。学者要勇于思想解放、创新理论和改进方法，软实力(soft power)的概念最早由美国学者约瑟夫·奈提出，但其内涵、范畴、理论、应用等方面仍需根据时代发展和语境变化而发展，中国学者有责任建立中国特色的软实力理论体系，为中国软实力的发展提供指导，为世界软实力理论建设作出贡献。大众是软实力的最大创造者、最佳传播者和最终受益者，大众的文化素质、文化需求和文化消费等都是影响文化软实力实现的重要因素。

软实力的提升是一个阶段性、渐进式、层次化过程，要有针对性地进行资源配置，集中力量解决重点、难点。一是建立新的文化意识形态机制，在能以市场为资源配置的领域大胆放开，在关涉文化安全、文化主权的领域决不让步。文化软实力具有鲜明的意识形态性，中国不需、也无法掩饰这一点，社会主义核心价值观决定着文化软实力的性质和方向，但不能因此桎梏多元化的实现形式。在文化政策的制定、执行和改进过程中，调整政府主导与市场主体的关系，能放则放，最大限度地为发展文化产业和文化服务贸易提供支持。二是建立新的文化传播机制，继续推动和鼓励国内媒体走出国门，通过收购、兼并、控股、合资等形式引入先进的传播技术、人才和管理经

① 参见齐勇锋:《国家"文化软实力"如何"硬"起来》,《人民论坛》2010 年第 17 期。

验。目前全球九大传媒集团控制了五十家传媒公司和95%的世界传媒市场,传媒大鳄之间实现了强强联合、资源共享和合作研发①。在文化宣传和引导过程中,利用和发挥国内外一切积极性因素,鼓励广大华侨、友好人士参与中国文化软实力的建设,形成一股持续高涨的文化氛围。重视新的科技手段、新媒体在新人群中的中介作用,增强文化内涵的亲和力和时代性。三是建立文化软实力的孵化、转换和评价机制,不断更新和完善相关标准,走上科学化、科技化道路。文化软实力的构成因素复杂,要建立以质为主、质量结合的评价体系,改变目前以量为主的状况,形成制度化、科学化的评价体系,在此基础上进行文化软实力的培育和转换。总之,文化软实力是精神感召力、社会凝聚力、市场吸引力、思想影响力和心理驱动力的集成②,主流文化能引领不同文化群体价值取向,流行文化能增强市场吸引力,大众文化能凝聚各利益群体,传统文化能缝合社会群体的文化选择,话语体系能涵盖普世价值。

三、改革的旗帜:文化强国的战略与走出去的步骤

文化改革的基础和逻辑一旦落实,就要在更高的战略指导下加速推进,社会主义文化强国的提出,标志着中国文化进入高标准、跨越式和国际化的发展阶段。

1. 高标准

高标准是提高文化发展指数和效率,整体提升产业规模和比例上,全面增强产业集中度、产业关联性。文化产业已经成为国民经济的支柱性产业,虽然近年来的增长率高达17%以上,但占GDP比例相对较低,距离基本要求的5%还有距离。按照国民支柱产业的要求,“十二五”期间每年的增量要超过4000亿元,相当于2005年一年的文化产业增加值,即使以5%的比例,到2015年文化产业的增加值也必须超过3万亿元③。只有占到8%—10%,并且形成一大批具有国际影响力的文化企业和跨国集团,才能才根本上奠定和巩固文化产业的支柱性地位,在世界竞争中掌握话语权。

高标准要求升级产业价值链,实施创意战略,逐步从低级价值端发展到高级价值端。当前世界文化产业的发展格局与经济发展格局基本一致,发

① 参见张书林:《有效传播能力是提高文化软实力重要一环》,《光明日报》2009年12月15日。

② 参见贾磊磊:《国家文化软实力与文化发展战略》,《中国信息报》2008年6月11日。

③ 参见高书生:《文化产业成为国民经济支柱性产业的战略思考》,《光明日报》2010年12月1日。

达国家利用其资金、技术和创意优势占据高端价值环节，产品附加值高、利润大，掌握话语权。发展中国家虽然在文化资源、人力成本等方面有优势，但这种优势附加值低，只能在外围获得微薄的效益。文化创意是提升产业价值的最佳途径，还可以充分发挥文化的民族性和地方性，探索本体性与世界性的对接策略，最大限度地增加创意在产业发展中的份额。

高标准要求内涵式发展，要从产业结构、产业分工、文化立法、国际竞争等方面为突破口深挖文化内涵，加速产业转型。受政绩思维的影响，很多地方的文化产业在很大程度上是传统的旅游业、制造业、手工业等领域的简单包装而成，这类产业至多算是文化产业的外围层和相关层，但由于投入相对较少，操作简单，已成为发展文化产业的主要形态之一。以山东为例，2009年文化产业增加值就超过1000亿元，占当年全国增加值的八分之一，但结构严重失调，核心层所占比例小，而外围层和相关层所占比例很大①。文化制造业、文化旅游等具有先发优势的行业发展较快、比例较大，而处于核心层的创意产业由于在资金、人才、技术方面的高门槛、高投入、长周期、高风险，在规模和比例上都相对较小。这种状况还导致了文化产业的界限不清、门类繁杂，一些文化产业园、创意产业园等更是将房地产、餐饮、歌舞厅等混杂其中，很多"文化产业园"无文化，"创意产业园"无创意。这种现象发生的原因很多，但文化立法的迟缓、文化政策的落后、专家学者的迟钝有很大关系。要针对核心层发展缓慢的情况，制定扶持创意产业、新兴文化业态的法律法规，学习和借鉴国外先进经验，逐步建立创意法律体系，在管理上与国际对接。创意产业的短板效应在对外文化贸易上体现得尤为明显，中国对外文化贸易50%以上是游戏、文教娱乐和文体设备等②。

2. 跨越式

高标准要求跨越式发展，即以超常规的思路和举措推进文化产业的加速发展，大型产业集群是跨越式发展的主体，文化体制改革是跨越式发展的关键，公共服务体制的完善是跨越式发展的保障，三者不可偏废。

跨越式发展首先要打造能够带来全国性，甚至世界性影响的大型产业集团或集群，在规模、产值、效益、品牌等方面独树一帜，使之成为跨越式发展的领头羊和示范者，为中国在世界文化格局中争得一席之地。文化部推动多家文化事业单位转企改制，如中国东方演艺集团、中国文化传媒集团、

① 张胜冰：《中国文化产业内涵式发展不足成因探析》，《福建论坛（人文社会科学版）》2011年第2期。

② 花建：《文化产业竞争力的内涵、结构和战略重点》，向勇：《北大文化产业前沿报告》（第2辑），北京大学出版社2005年版，第142页。

中国动漫集团有限公司等三家集团有限公司的转企改制，成为文化系统首批由经营性文化事业单位直接转制为国有独资公司的中央文化企业①，国有电影事业单位改制、全国国有文艺演出团体等都在加快改制步伐，成立区域性龙头企业。大型文化企业或集团不仅要大，而且要强，在创意、品牌、资金、技术等方面形成集聚力，能够与国际文化集团对等竞争、交流和合作。

跨越式发展要深化文化体制改制，分阶段、分层次地有序推进，大胆吸收经济发展经验和国外文化发展经验，保持快速、协调、稳定的发展格局。根据文化体制的结构，对改革的重点、层次和步骤等进行合理规划，经营性文化单位要转企改制，公益性文化单位要完善内部运作机制，公共文化服务体系要加强完善，文化市场执法单位要转换角色，文化管理体制要重新梳理、定位。其中，经营性文化单位是文化体制改革的重中之重，关系到跨越式发展中的主体建设。改革思路是要结合中国经济改革的成功经验和西方文化企业管理经营的成熟经验，既有所侧重，又要兼顾全局。中国经济发展可以为文化跨越式发展提供观念改造、文化形态、体制转型、管理创新等方面的经验和教训，在现代企业制度、股份制改造、上市融资、产业管理、对外贸易、广告运营、品牌建设等方面体检借鉴。西方文化企业可以提供企业管理、产品策划、广告宣传、资本运营、跨国发展等方面的独特经验，最大限度地减少成本和风险。

3. 国际化

国际化是增加对外文化贸易和文化输出，完成从文化净进口国到文化净出口国的转变，尤其是改变版权贸易等核心文化贸易长期逆差严重的局面。作为后发型、赶超型的发展中国家，中国的文化产业在概念界定、类别确立、发展模式等基本上都是西方发达国家文化发展的移植，这是经济、文化全球化语境下的无奈选择，是西方文化霸权和文化认同的结果。

国际化是对外文化贸易的形式选择，而不是内容选择，要在形式普世性的提前下加强内容的民族化和地方化。对外文化贸易要加强“国字号”意识，在宏观设计和细节处理上突出中国元素，以充实和补充世界文化的心态，而不是以模仿和参照西方文化的心态去设计和生产。国际经验表明，政府在对外文化贸易中应当发挥积极的政策支持和引导作用，因为国外文化市场已经被发达国家的大型文化企业控制，国外消费者的文化偏好等具有不确定因素，相比国内市场风险更大。政府可以在财政、税收等政策等方面

① 金元浦：《做好文化顶层设计，转变文化发展方式》，《福建论坛（人文社会科学版）》2011年第10期。

对对外文化贸易给予扶持和引导，通过设立专项基金、技术培训、专家指导等方式支持对外文化贸易的创新和探索，为对外文化贸易保驾护航。

对外文化贸易有一定的规律和经验，这些是中国文化走向世界的基本途径。第一，培育和发展知识产权是中国文化走出去的关键，可以应用于占中国对外文化贸易很大比重的图书、影视剧等领域，版权贸易发展相对成熟，而中国在出版、印刷等行业的文化体制改革较早，一批颇具实力的出版集团发展壮大，在企业管理、市场经营等方面有一定经验和基础，初步具备参与国际竞争的条件。第二，加强对外交流、合作经营是中国文化走向世界的便捷方式，在影视、演艺、出版等领域，通过与国外文化企业采取合资、合作等方式，可以较快地吸收先进企业管理、市场开发、资本运营、广告宣传等方面的经验，分摊风险和收益。第三，在影视、演艺、电视传媒等领域，通过收购、兼并、重组国外文化企业的方式可以直接在境外进行文化生产和销售，但风险较大。第四，充分利用已有国际文化平台，参加国家文化展销会、图书展、电影节、文化艺术节等方式，进行广告宣传和产品营销。第五，利用国际文化发行网络和销售渠道，采取租借、入股、收购等方式搭建中国文化输出渠道，可以借助已有的经济贸易渠道推动这一渠道的建立和完善。第六，国家扶持部分文化产品、项目，以文化公益事业的形式进行资助，在境外培育中国文化消费群体，为打开市场提供支持。

四、新形势下推动文化改革发展需要着重把握的问题与策略

党的十八大以来，从十八届三中全会提出以文化体制机制创新推动文化强国建设的战略部署，到习近平总书记关于文化强国战略的系列讲话精神，标志着文化改革和文化建设已经进入新常态。山东省整个文化体制改革严格贯彻执行党中央关于文化体制改革的政策，全面完成了中央确定的各项重点任务。但是，山东省文化体制改革并不是一帆风顺，要在新形势下推动文化体制改革发展需要着重把握存在的问题，并有针对性地摸索出新的发展思路。

（一）新形势下推动文化改革发展需要着重把握的问题

1. 对新形势认识不足，保守观念束缚手脚

改革的核心是利益的重新分配和利益预期，深化改革需要思想认识的不断革新，这样才能符合党中央提出的全面深化改革战略部署和经济新常态的要求。但是，很多单位和个人都没有认识到文化体制进一步改革的必要性、紧迫性和艰巨性，改革初期形成的新闻传媒集团等已经获利的单位满足于既得利益，认为改不改一个样，不改还可能更好，认为完全走向市场，比

现在收获行政保护与市场垄断的风险更大。尤其是认识不到,目前的改革成就在很大程度上是掩盖在政策保护和行业垄断下的超额利润,一旦实行完全化的市场竞争或者放开国外新闻出版业的进入后,将面临的强大市场竞争力。

思想认识上的不足严重影响到文化体制改革的动力和活力,从深层次上说是政策与管理体制的二元性问题,或者说是强调意识形态下的政治正确性问题。文化体制改革是对现行管理体制的打破和再造,在激发文化生产力、进行市场创新的同时,从大处说要确保不会触及政治红线,从小处说不能影响自身"仕途"时,这就会出现对进一步改革的风险评估大于收益的情况。目前,文化体制改革的执行者一般是由政府任命和指定,一旦出现问题,改革者就会被革职或处分。因此,改革者首先要确保在既有轨道上稳步发展、平稳发展,甚至高速发展,以保持自身的仕途和晋升,这远比探索未知和不确定道路的风险要小得多,这在一定程度上削减了进一步改革的动力。

2. 改革模式单一,企业内生力不足

在山东省文化体制改革的探索和实践中,起主导作用的一般都是行政力量,政府的强势介入虽然可以加快文化体制改革的进程、保证改革的成效,但是长远来看也存在先天的不足,留下了各种隐患。文化体制改革的核心动力主要来自政府的强力推进,文化体制改革的市场推动力严重不足,初期的改革已经形成相对稳定的利益格局和文化构架,新的部门利益和资源垄断正在或已经形成。对于改革受益者,很多单位和个人对进一步文化体制改革的信心不足、患得患失。通过调研发现,某些单位错误地认为进一步改革必然引起新的利益矛盾,支付改革的成本有可能大于改革带来的好处,缺乏对积极进入市场掌握市场的主动性和积极性。由此形成一个现象:文化体制改革单位既希望通过改革获得更好的发展机会,又对眼前的利益受损和未来利益的难以预料,感到犹豫和茫然,进而裹足不前。文化体制改革涉及的某些单位和个人有编制和财政保障,一旦被要求转换身份、走向市场,往往顾虑重重,"不愿改""不想改"的落后观念还是有存在的空间。其中,有些国有经营性文化事业单位进行文化体制改革,创新了事业单位管理体制,既保留了原有体制的福利待遇,同时又获得了文化企业自主经营权,存在产生"文化官商"的风险。因此,广播电视、新闻出版等垄断性文化体制改革在经历了初期的改革、迅速壮大之后,在利益分配和人员待遇方面已经处于历史的高位,进一步的深层次改革就显得非常艰难。

3. 事、企体制共存,管理制度不畅

山东省所实行的公益性文化事业和经营性文化企业相分离,与全国的情况基本一致，事、企体制共存的情况依然存在，文化单位定位模糊，严重影响文化单位职能的发挥。事、企体制共存实质上是一种内部分工，并非真正的体制上的分离，两者仍然统一于同一个事业主体，这样的划分在文化体制改革初期能够取得较好的效果，但长期来看很难获得持久的发展动力和广阔的市场空间。

总体来看，事、企体制共存有明显的不足，这是造成管理制度不畅的根本原因。一是计划经济下形成了文化事业单位的条块分割和职能交叉，事业单位不能成为主体进入市场，而进入市场的部分又会受到来自事业部分的管理，权责不分或过度介入现象很难避免。二是文化管理机制活力不足。带有事业管理性质的部分在对市场化部分进行行政指导时，往往由于不熟悉、不了解市场而导致管理摩擦增强，容易造成运行成本上升等问题。三是文化产业创新不足。事、企体制共存导致文化单位一方面依赖于党和政府的行政保护，一方面又依赖于市场的发展，实际上"收获的是市场和政府的双重好处"，其结果是主动创新的意识和能力减弱，过分依赖于文化单位的特殊性质和行业性质所受到的优惠和保护。

4. 市场主体不明，深层问题突出

目前，文化体制改革中市场主体地位的建立，依然是一个重要挑战和瓶颈。由于文化的特殊性，目前仅有部分经营性单位进行市场化运行，表面上市场主体地位很明确，但这些经营单位基本上依附在事业性单位之下，在管理和运作过程中都会受所属事业单位的制约。我们对事业和企业部分改革的表述是：要正确处理好文化宣传阵地与文化产业双重属性的辩证关系，坚持"两条腿"走路，推动事业与产业共同繁荣发展。但在实际操作中，很难做到对"度"的有效把握。在进行市场化运作和转制改企的过程中，如何建立市场主体地位存在很多难题。一是能否与原事业主办单位脱钩，因为许多经营性文化产业是事业主办单位的经济支撑和赢利支柱，完全"脱钩"面临很大压力和阻力；二是如何与原来的管办单位脱钩，包括如何清产核资，如何重组或划分债务等，都是千头万绪的工程；三是事业主办单位与经营性文化产业脱钩后在管理上形成何种关系，是否会只是简单的换个工商执照而其他一切管理方式依旧，这些问题需要政策作出详细说明才有可操作性。

建立文化主体地位的艰难历程说明了文化体制改革的深层问题突出，导致体制创新的积极性不高。与文化主体地位密切相关，文化产权制度改革、转企改制、政企分离、国有文化资产监管、宏观文化管理体制改革、文化市场一体化改革、社会保障制度的建立等深层难题都亟须破解，很多方面已经触及政府职能的转变，进而涉及更为深层的政治体制改革。此外，文化规划中缺乏科学性、操作性和持续性，文化体制改革的理论创新不足，都在不同层面影响到文化体制改革的深度和广度。

5. 顶层设计薄弱，政策法规不健全

文化体制改革进入深水区之后，需要注重顶层社会的全面性和系统性。当前，文化体制改革与其他领域的改革还没有做到协调、配合、统筹，不能做到综合推进、步调一致。目前，文化体制改革的顶层设计还不健全，文化事业单位改革、文化管理体制改革、文化产业改革发展等之间还存在不协调、不一致的问题，对于试点中总结的经验、存在的问题认识不够，对于重点突破和整体推进的关系还没有理顺，典型、亮点还没有形成带动效应。无法实行统一的规划布局、设计方案、资金调配、进度安排；难以统筹、利用现有资源，并妥善处理社会效益与经济效益、公共服务与个性化需求之间的关系，以优势资源弥补薄弱环节；难以统筹协调内容生产与基础设施建设的互补。

与顶层设计薄弱密切相关的是，文化体制改革中的政策法规也不健全，暴露出很多问题。一是文化政策法规体系不健全，存在监管真空。文化体制改革涉及部门较多，而制定文化管理政策和法规也非常多，但是相关政策和法规之间并没有形成健全的体系，有些存在重复、交叉的现象，甚至有的互相抵触，还有的已经过时、陈旧，这些现象都不利于文化事业和文化产业的健康快速发展。二是文化政策法规相对粗放化，在具体实践和操作中执行力度不够，在解释和执行中的主观性和随意性较强。三是文化政策法规的内容偏于管理和规范，缺乏保障公民文化权利、公共文化服务等方面的内容，对于经济新常态下产生的新问题缺乏针对性和有效性。

6. 投融资体制不健全，文化专业人才匮乏

包括投融资政策在内的配套政策不完善，投融资政策对文化产业的发展起着至关重要的作用，山东省文化体制改革启动在全国范围内而言并不算晚，但迄今为止，政府仍是文化投资主体，多元的投融资体制仍未形成。国有文化企业尚未成为投融资决策的真正主体，无权自主进行投融资决策，也无力为投融资决策承担风险。文化投资属于高风险行业，由于我省文化产业起步较晚，大多数文化企业都是中小企业，由于银行信贷的抵押资产优先，可信度不高，造成了银行对文化企业的“惧贷”。如影视制作业因其行业特点，从产品制作到发行，进入市场循环最终获取经济效益，具有一定风险性。又由于银行机构目前尚缺少对节目制作机构的评估体系，致使很多银行不愿意投资影视节目制作行业。根据国内一项针对民营制片公司的主要融资渠道进行的调查，募集社会资金是民营子片公司最主要的渠道，占到40%，银行贷款排在第二位，仅占24%。资本市场融资难，由于资本市场体

系尚未健全，主板市场的上市条件太高，对大多数是中小企业的文化艺术业来说，基本不可能实现上市融资。全省文化企业大多数没有与银行等金融机构建立有效的信贷关系或合作关系，实际能够与金融机构建立合作关系的不到十分之一，民营企业更是很难得到金融机构的支持。在这样的情况下，文化企业资金不足，实力不强，竞争力较弱，不能满足人民群众多样化文化需求。民营文化企业形成不了对国有企业的竞争态势，难以形成依靠企业素质、硬件建设、服务水平、价格优势等特色参与市场竞争的局面。

在投资准入方面，对非公有资本还设置着诸多障碍，在利用社会资本、民间资本和境外资本方面短期内尚难以出现突破性进展，社会资本的进入体制上还有不少限制。据现有情况看，政策要求开辟安全的融资渠道，有效吸纳社会资本进入文化领域。但实际情况中，由于体制机制的限制，社会资本和业外资本基本无法进行文化产业的核心业务，只能进入延伸业务，这些延伸业务实际上属于多元化发展所形成外围产业，比如文化产业单位进行的房地产、会馆以及其他实体投资。这实际上支持的是文化产业的外围产业，没有支持核心部分，对其做强做大核心产业的作用有限。资本运作人才缺乏的瓶颈。文化领域长期来属比较特殊的行业，意识形态性质突出，因而缺乏懂市场、懂管理、懂资本运作的人才。面临机会和挑战时无所适从，也制约了投融资体制的建立和健全。

文化人才瓶颈凸显，没有形成符合时代发展的培养体系。文化产业是金融、科技、技术、人才高度聚合的高地，在文化产业发展历史过程中，完全符合当今时代对于经济转型、社会全面发展的要求，其中对于人的知识结构、技能素养、管理经验等都具有多方面的要求。在文化产业的各个环节，对于生产、经营、管理、传播等方面都具有更加细化、更为专业的要求，尤其需要复合型、专业化、跨领域的多面手。在文化全球化、信息数字化、知识大爆炸的时代，特别是信息技术的快速更新，文化产业的更新换代更为迅速，对于人才的需要更为个性化、专门化。之前与文化距离很远的高科技技术、信息技术，都将被整合到文化产业中来，这为文化产业的未来管理和技术创新带来新的挑战，人的因素在文化产业发展中将占有越来越大的比重。

（二）新形势下推动文化改革发展需要着重把握的思路建议

1. 紧握改革主导权，做好改革顶层设计

必须加强中国共产党对文化体制改革的领导，坚持和拓展中国特色社会主义文化发展道路，坚持社会主义文化的先进方向，坚持社会效益与经济效益相统一。要建立有效的领导机制和工作机制，坚持党委统一领导，政府、宣传部门协调指导，文化主管部门具体落实，各有关部门协同配合，将思

想和行动统一到党中央和省委省政府的决策部署上来。文化体制改革不管改什么、怎么改,都不能偏离导向和目标,都不能丢了思想阵地和群众支持,只有这样才能顺利完成我省文化体制改革的任务。政府要发挥政策主导作用,落实责任主体和实施主体。面对可能出现的角色混淆或者角色不明的情况,可以制定相关政策来明确责任主体和实施主体,以尽快制止主体或角色不明现状造成的不利影响。围绕中心、服务大局,加强舆论引导能力,为促进地方经济发展和社会和谐与进步服务。必须增强政治意识、大局意识、责任意识和阵地意识。

政府必须做好文化体制改革的顶层设计,保持政策的科学性、稳定性和持续性。要深入领会党中央文化体制改革的精神宗旨,根据国家文化体制改革的路线图和时间表,结合山东省文化发展实际,制定我省的文化体制改革顶层设计,既要做到全国一盘棋、完全融入全国文化体制改革轨道,又要发挥主观能动性、开辟出一条山东文化体制改革新思路。在汲取经济体制改革经验教训的基础上,勇敢面对文化体制改革的复杂性和艰巨性,处理好公益性和经营性、社会效益与经济效益、文化安全与文化市场、一元与多元等辩证关系。在文化体制改革过程中,创新在一定程度上是一个"试错"的过程,允许在一定范围内的犯错和失误,同时也要保持政策一致性和稳定性,保证改革者的积极性和主动性。

2. 激发文化创新活力,搭建文化发展平台

要以创新活力为目的,加强文化体制创新,进一步优化文化行政管理机制,创新国有文化资产管理体制,加强互联网管理体制建设,健全社会舆论引导机制。根据中央深化改革、简政放权的要求,结合文化行业的特点,对文化管理职能进行科学分类,理顺政府与事业单位、文化事业单位与文化企业等地位关系,撤并职能交叉、重复低效的管理部门,推动政府在文化领域的科学管理、依法管理和综合管理,建设法治政府、服务型政府。以促进文化健康发展为目标,减少政府干预、行政审批,让市场在文化资源配置中起决定性作用。

激发市场活力必须积极搭建文化发展平台,关键是做大做强市场主体。对于占主导地位的国有文化单位来说,应将公益性与经营性单位明确分离,完善法人治理结构,解决模糊不清的界限问题,让事业的归事业,市场的归市场。而市场部分完全依靠国家宏观管理和依法经营,以消除体制性障碍。积极推进国有文化事业单位转企改制,重点抓好"三个明确"。一是注重明确范围,对可以实行转制的文化单位的范围作出界定;二是注重明确目标,对有条件的转制单位要求达到单位性质转变、劳动关系转换、产权结构转型

三个目标，以公司制、股份制的形式建立现代企业制度；三是强调重点突破，改革要紧紧围绕人们最关心的“钱”和“人”入手。

突出文化企业的特点，进一步将转企改制与资源重组结合起来，建立产权明晰、权责明确、政企分离、管理科学的现代企业制度，推动文化资源、文化要素向着制度先进、竞争力强的企业、平台聚集，打造一批具有代表性的文化企业和文化平台。尤其要大力扶持民营文化企业，激发市场活力。一是培育和引导有条件的民营企业以各种形式参与改革，发挥他们的积极性，让国有文化企业感受到竞争的压力。积极利用好现有政策，创新探索资本运营的模式，让国有文化企业在市场中更具控制力。二是为发展较好的民营文化企业创造更好的条件，大胆培育龙头企业。在政策、资金、平台等各个方面，为民营文化企业创造良好的发展环境，让民营企业的规模更大，技术上更为专业，生产上更有效率，在条件成熟时可以形成园区和产业园，发挥产业集聚效应。

3. 构建公共文化服务体系，搞好文化民生工程

围绕文艺演出、文化旅游、休闲娱乐、文博会展、文化信息等文化产业，以改革创新的思路和手段，大力加强公共文化设施建设，构建公共文化服务体系，努力为消费者提供丰富多彩的精神文化产品和文化服务。第一，以旅游为依托，利用旧城改造发展特色文化、旅游文化（文化旅游），注入诸多时尚的商业元素，打造集餐饮、购物、娱乐等功能于一身的休闲、文化、娱乐中心。保留和挖掘中国文化元素，以新技术和新思路包装和打造文化品牌，让古老的传统文化穿上时尚、合适的外衣，散发出更为韵味的情趣。第二，提高公益性文化设施的运营水平。对现有的公益性文化事业单位，包括图书馆、博物馆、文化馆（站）、科技馆、群众艺术馆、美术馆等，要加强政府资金投入，在具体实施上要讲究效率和公益，严格资金管理和质量把关，让法律和民众进行监督，做到公开公示，时刻把服务群众的理念贯彻其中，让群众满意，经得起历史考验。在管理和运行上，要建立规范的规章制度，杜绝浪费和渎职，让文化资源尽其所用，让文化惠民落到实处。保证让政府投入资金建设的文化设施，对群众开放，让文化科技为人民服务，积极探索文化服务增值的途径，倾听老百姓的声音，对于服务不到的地方要即知即改。为了弥补资金不足的问题，提高公共文化服务设施的利用率，可以尝试引入社会资本，在不影响公益性服务的前提下，开发和建设一些大的文化项目，提供服务能力。以市场运作推动管理服务水平，可以尝试国有民营的思路，合理利用市场的优势来壮大服务力量，文化设施运用市场手段委托专业公司管理或民营企业经营，鼓励社会力量兴办公益性文化事业，让民间团体成为一

支新生的文化产业力量。

目前,要注重放大文化设施的集聚效应。一是要高标准建设,文化设施要按照“国际先进、国内一流”的标准进行规划、设计和建设,实行国际招标、政府采购、项目管理。文化社会要以风格独特、设计一流、设施完备、理念先进等特质吸引人流、物流,才能获得良好的经济效益和社会效益。二是要相对集中。文化设施要克服目前“散、乱、小”的状态,相对集中进行建设,逐步形成服务对象社会化、文化设施规范化、活动设备现代化、活动形式多样化,大大提高其吸引力、凝聚力,产生了巨大的放大效应。三是要布局合理。有的文化设施需要建立在人气较旺的市区中心地带,有的则对消费者群体要求较低。在闹市区建立文化设施,使其具有旺盛的人气,正确地引导了广大人民群众的文化消费,有力地提高其社会化、市场化经营水平。在农村等消费较低的地区,则要挖掘特色民间文化资源,加大惠民性文化设施的投入。

4. 深化产权制度改革,创新投融资机制

产权制度是文化体制改革中最为核心和敏感的问题,政府主导的产权管理是一种行政命令模式,必须加以改造才能对文化市场保持敏感的反应。要从文化安全的角度出发,建立中国特色社会主义文化产权制度,采取委托管理、对外承包等方式,让文化资源、文化设施保值、增值,提高文化企业的效率。

配合产权制度改革,还要创新投融资机制。第一,政府预算要保证文化设施和文化服务的比例和总量达到一定的水平;第二,在文化领域壮大国有文化企业的实力和影响力,让其发挥文化生产、服务与传播等环节发挥引领和骨干的作用;第三,探索文化产业发展的资金通道,摸索出多元化、股份制和资本化的运营模式;同时,鼓励文化企业在保值增值的前提下,充分利用多样化的资本扩充方式和财务杠杆手段,如信托投资、委托资产管理、引进战略投资者、控股(投资)公司形式下的资产和股权专业管理、资产优化置换、重组和收购兼并等,不断扩大自筹资金来源。

5. 完善人才吸纳机制,提高对外开放水平

以改革激发效率,紧紧围绕人、财、物等关键要素入手,在建立激励和竞争机制的同时,配套建立完善的约束和风险机制,激发活力和动力的同时规避风险,做好社会保障工作。以中央综合改革精神为指导,大力解放思想,扩大用人主体权限,根据实际设置岗位,推动职称改革和干部管理制度改革,让人才发挥最大的效率。对专业技术人才和管理人才进行分类管理,确立目标责任制,给予最大的权利,同时加强考核力度。根据岗位定收入、定

责任,多劳多得、能者多劳、竞争上岗、末位淘汰。建立适应时代发展的社会保障制度,让保障社会化、市场化,解决人才的后顾之忧。在用好本省人才基础上,积极接纳省外优秀人才。上海、北京、湖南等省(市)文化整体实力雄厚,其经营、人才、资本等溢出资源需要扩张消化,山东正好成为最理想的承载地。逐步向现代企业法人治理制度靠拢,探索引进股权激励、股权期权激励等人才吸纳、存储机制。

文化体制改革必须提高文化对外开放水平,这是山东由文化大省转变为文化强省的重要条件。山东文化底蕴深厚,齐鲁文化影响深远,山东应将这些独特的文化资源转变为现今的文化发展优势,制定齐鲁文化发展战略,打造一批具有全国影响力的文化品牌、文化企业和文化支柱产业。要按照"政府主导、企业主体、社会参与、协同发展"的要求,统筹国内国外两种资源两个市场,统筹文化交流与文化贸易,制定"齐鲁文化走出去"发展战略,提升齐鲁文化的影响力和文化软实力。全省各部门要充分调研,制定"齐鲁文化走出去"相关鼓励措施和政策法规,搭建山东对外文化贸易服务平台,支持外向型文化产品的研发、推广和销售。

6. 完善文化政策法规,优化文化改革环境

文化体制改革是对现有制度、体制和政策的改造和创新,必须依法改革,这就要求不断完善法律法规,根据形势变化调整优化文化政策。第一,要不断完善文化经济政策。根据文化改革的需要,对经过实践检验、行之有效的文化经济政策进行强化和规范,对一些成熟的政策提升为法律法规,加强文化政策的权威性。对过时、陈旧、已经不适应时代发展的文化政策要及时完善、修改,甚至废除,防止其阻碍文化体制改革的推进。要大胆借鉴其他领域体制改革的经验,根据文化体制改革的需要加以创新。第二,发挥政府在宏观调控、市场监管、公共服务等方面的职能,加强建设文化市场监管制度,尤其是加强对文化产品的内容、知识产权等核心环节的法律法规建设,优化市场环境。第三,加快出台促进文化创意产业等重点行业的政策法规,要针对这些发展较快的行业及时跟进,在资金、税收、进出口、融资、社会保障等方面加大支持力度,引导和规范相关资金、人才、技术、信息等资源的合理聚集,借鉴国内外先进经验,为文化创意产业发展提供保障。

第十六章　审美解放与影视叙事策略

作为大众文化的主要组成部分，影视文化是当代最为重要的审美解放形式，审美解放与影视文化的结合最为集中地表现在影视叙事策略的应用和创新。审美解放与影视叙事策略的探讨，可以影响较大的历史叙事策略、谍战叙事策略、伦理叙事策略等为切入点，从最基本的类型影视叙事透视审美解放的逻辑。

第一节　审美解放与历史叙事

审美解放与历史叙事，是以历史叙事的现代性建构进行审美解放，包括历史叙事的多元化、人性化和精神性，可以通过几部影响较大的历史剧作的分析中得以体现。《走西口》是双重视域下对历史的现代性建构，人民伦理的"大叙事"和自由伦理的"小叙事"穿插进行，多方位展现了走西口的历史意义与文化价值。对"仁义礼智信"进行了重新阐释、发展，形成现代核心价值观念；对儿女情长的叙述颠覆了传统婚恋观，试图建构具有革命意义的现代性男女关系；对小人物的阐释更加理性，认为其不仅创造了英雄，而且创造了历史。《走西口》在传奇中塑造英雄形象，在儿女情长中叙述历史，在小人物的生存中体验命运，在走贾行商中讲述革命，提供了多角度、多元化的现代性解读文本，具有重大历史和现实意义。电视剧《阿丕书记》以人文关怀为主线，对历史叙事展开人性化创构；以生活美学为视角，对历史人物进行生活化演绎；以时代精神为内核，对历史精神实施创造性把握。叙事策略的创新，带来的是历史叙事的生活空间的拓展，人性蕴藉的丰富，以及精神价值的提升。电视剧《永不磨灭的番号》在对历史和现实的深入挖掘基础之上，大胆表现地方武装在抗战中的身份诉求，创造出层层递进的叙事结构和多元共生的叙事策略，谱写了一曲从边缘到中心、从血性到智慧、从番号到永恒的抗战之歌。

一、审美解放与历史剧的现代性建构

大概从 20 世纪 90 年代初开始，"文学""戏剧"这些词就和时髦的话语

中心逐渐绝缘了,“文化的声音很弱,戏剧的声音更弱”①。但这并不是说,文学、戏剧的生命力就进入了不可逆转的衰退期,相反,文学、戏剧的灵魂——文学性、戏剧性等,只不过变换了表现方式,以更具活力的形式逐渐渗透到更广泛的领域,如影视、通俗读物等。任何一种艺术,当它发展到一定程度、形成相对完整的艺术品类之后,都将不同程度地溢出它初始时期的概念,呈现出艺术的独立性与延展性②。例如,以《明朝那些事儿》为代表的历史通俗读物从网络到正式出版,迅速蹿红,羡煞文人;《闯关东》《走西口》等为代表的历史影视剧连续成为央视开年大戏,既卖座又卖好,引发收视狂潮。人们在奇怪和感叹历史重新红火的同时,忽略了这些历史剧的独特之处——戏剧性与文学性——与以往的不同,尤其是叙事策略的转换和魅力。在这里,历史虽然仍以真实为依据,但是以一种文学性、戏剧性话语叙事方式表述,这为我们提供了一个从戏剧、文学角度关注现代性历史的理由。

(一)现代性历史的戏剧性与文学性

任何对现代性历史的考察必须有一个理论起点,现代性问题是一个在现代化的社会历史背景下开出的问题,现代性问题的理论分辨,也就只能是一个在现代化的理论叙述之后的话题。考察现代性问题,需要首先对它得以产生的“现代”的社会历史情景,以及现代化叙述对于现代性讨论的促进,加以勾画。现代化之作为现代社会运动过程,既在历史的兴起上早于现代性问题的提出,也在理论的阐述上早于现代性问题的争论。

因此,《闯关东》《走西口》等热播历史剧中对现代性历史的叙述往往是通过中国社会现代化进程完成的,而现代化中的个体命运往往动荡而不安。要描述和表现历史的现代化进程离不开文学性,尤其是戏剧性的叙事策略。文学性、戏剧性开始走向历史等以前被剥离出文学的领域,尽管这种隔离曾经异常顽固。“文学”一词的作用很像“杂草”一词:杂草不是一种特定的植物,而是园林工人由于这种或那种原因而不愿在他周围出现的任何一种植物③。文学性、戏剧性视域下的历史叙述突破了历史与文学的界限,甚至是学科边界,历史也就成为一种罗兰·巴特所说的多学科的“编织物”或“混合物”,生成新的具有“互文性”特征的新文本。

《走西口》中现代性历史人物的戏剧性表现在两个方面,一是传奇人物

① 郭翠君:《继往开来的事业 伟大精神的传承——第十九届“田汉戏剧奖”评奖会综述》,《东方艺术》2005年第6期。

② 参见郭翠君:《解读“东北戏剧小品”现象》,《文艺报》2003年12月11日。

③ 参见[英]特里·伊格尔顿:《文学原理引论》,刘峰译,文化艺术出版社1987年版,第11—12页。

的现代性转型，二是历史的传奇性叙事。首先，田青作为英雄的成长历程包含了中国人在现代化进程中的艰难转型，这使之区别于传统历史传奇。其实，在大量的历史场景描述方面，《走西口》吸收了大量传统历史书写套路，但又在人物命运叙事上进行现代化处理。田青之父田耀祖嗜赌败家，输掉了田家大院和贤良淑德的妻子巧珍，这让人联想到电影《活着》中富贵赌博输掉祖业的一幕，甚至连台词也几乎一样，“我尽在这账本上签字画押了。哎，上学的时候这字没写好，可在这账本上，倒练出了一手好书法”。这样最具戏剧性的场面，实际上是中国历史上无数败家子最具现实意义和震撼力的典型场景。田家少奶奶淑贞继承田家老太太遗愿，作为信奉传统儒家观念的通情达理之人，无力面对艰难世事，从为了生存和抚养儿女而接受徐木匠的帮助，到接受徐木匠的感情而突破儒家规训与之结合，确是现代社会伦理观念的胜利。当然，叙述中设置的种种挫折和磨难，尤其是徐木匠的遽然离世使得这种结合只能具有象征意义，但这已经是难能可贵。豆花作为接受过现代教育的新式女子不仅没有过上新式的生活和婚姻，反而被土匪劫持而遭婆家遗弃，其境况尚不如传统女子，显示了现实的戏剧性；被田青相救之后，走入婚姻的她，逐渐从对田青的感激、依附中走了出来，逐渐显露出现代女性的独立性与创造性。尽管最后豆花的努力和行为方式被现实证明不合时宜，但这不是豆花的责任，而是历史、时代的原因。其次，独特的叙事策略既契合了中国“文史合一”的传统观念，又凸显了现代性历史的戏剧性。“革命”作为一条现代化进程中的主线由多层叙事来完成，现代性与戏剧性交错其中。诺颜王子作为中国上层社会人士的代表不断更新革命理念，领导、策划革命行动，浪漫主义色彩浓厚；徐木匠作为下层社会人士的典型，与淑贞有情人不成眷属，从下而上的革命更具现实主义色彩；田青作为可塑性较强的晋商兼及个人与国家，不断在社会转型中成熟。再次，现代性历史人物的叙事呈现多元化形态，土匪、商人、平民等各个阶层在现代化的进程中形态各异，良莠不齐，个性十足。在叙事中，或风趣，或忧郁，或平和，节奏感在历史进程中不断变化，相得益彰。

《走西口》体现的现代性历史的文学性，在深层意义上，是关于历史的呈现与搬演，是关于历史之超话语的影视译本，是对某种胜利者对于其胜利之必然性的再印证，其基本的叙事范式为战斗/挫折/ 牺牲/胜利；在人物形象上，历史人物会有基本的叙事范式——反抗（抗争）/追求/考验（磨难）/命名，是一种英雄与主体（subject）的命名式，是一次具有规范力的成人式，是一面颇具质询力（interpellate）的意识形态镜像的完成式。《走西口》由个人英雄向民族大义、由家到国的历史命名，是革命意识形态逐渐展开的历史。传奇的起点是报恩复仇——氏族社会解体之后，成了中国特有的家园共同体的社会形式的重要表现方式，田青之所以能将个人恩怨转化为民族大义，就是因为只有在家国一体的社会中，为亲复仇才在“尽孝”的同时具有为国“尽忠”的意义。

（二）现代性历史的叙事性及其拓展

现代性历史之所以引人注目，其叙事的法宝就是“写得好看”或“说得好听”。这种叙事用多学科的方式，游离于文学、戏剧、历史、现实的结合部，试图打破“历史”与“虚构”、“文学”与“现实”的界限，为文学与历史、现实与想象之间架设沟通的桥梁。从文学性、戏剧性层面来讲，用文学的书写表现历史的戏剧性，真实的历史增加了文学的“想象性思想”，拓展了历史的空间，文学叙事与历史叙事在叙事空间中达到了某种平衡和调和，这既是对文学中“形式主义”的纠正，又是对历史学中“刻板印象”的弥补。

现代性历史的发展有时就是叙事策略的转换，不同的叙事模式代表的是不同的历史理念。《走西口》的核心叙事观念——“仁义礼智信”在认同与发展完成了现代化进程，是贯穿整个作品的精神内核。首先是传统儒家的“仁义观”——“大忠大爱是为仁，大孝大勇是为义，修齐治平是为礼，大恩大恕是为智，公平合理是为信”，这种最有群众基础和历史积淀的精神遗产既是社会革新的障碍，又是革新的基础。田家老太太作为这种文化符号在现实生活被好赌无行的儿子气死，标志着一个旧时代的结束，其临终的遗言是让儿媳不管再苦再难都“要供田青上学、重振田家的事业”。淑贞虽然已经没有田家少奶奶的身份和地位，但是一直没有忘记用田家的祖训教育、鼓舞着田青以及其他走西口的山西人仍然认同并在其中寻找安身立命的所在。虽然是经商，但是自发式个人英雄的精神来源于儒家“仁义礼智信”，这一信念贯穿始终。其次是三民主义的“仁义观”——“天下一统是为仁，民族兴亡是为义，自强不息是为礼，福亏自盈是为智，以义取利是为信”，以徐木匠为代表的革命党人主要是反对帝制，这对田青而言并没有具体的认识，只是知道这是“大事、好事”，田青也只是由于对徐木匠的感恩、愧疚和对母亲的尊重，从而认可、认同革命党。而田青事业发展过程中遭遇几次大难，都是由革命党身份的诺颜王子和徐木匠等人相救，既让田青感恩戴德又让其认同革命党的惩恶扬善的正义性和进步性。最后，田青已经被不再将理想仅限于赎回田家大院、振兴祖业，而是为更多人谋福利的大事业，形成了自己的“仁义观”——“世界大同为仁，祖国山河为义，家国天下为礼，刚柔相济为智，一诺千金为信”，简言之，就是仁爱、忠义、礼和、睿智、诚信。至此，田青由一个人英雄式的晋商转化为一个融入历史、革命的革命者，现代性性历史也因此完成。

特别关注小人物，让英雄贴近观众的重要策略之一就是破除英雄身上的光环，是文学性在现代性历史叙事中的重要策略。小人物的优良品质稍加完善就可能是英雄的构成要素，而英雄之所以不再平庸是因为综合了多种小人物的优点而摈弃了道德、信念上的缺陷。田青的姐夫梁满囤，能够像田青一样吃苦耐劳，隐忍师傅打骂，但是舍义取利去当皮匠铺的上门女婿；能像田青一样敢于冒险，但又不讲信义，为了赚钱与吴玉昆勾结贩卖田青的皮革，甚至向替他从土匪手中赎回父母的田青多要了 100 大洋，连老婆不齿、账房先生都不愿再与其共事；能在最后关头把房契和资金还给田青，但却屡次告密，给田青使坏，使之生意受挫，甚至入狱。梁满囤在树林中的一段告白为自己背弃发妻说明了理由，尽管是现实使然，但只看到了“利”，他与田青的最大区别就是看不到“义”，不能见“义”忘“利”。而同样是走西口的王南瓜虽然守信义，但没有冒险的进取精神，守着一个莜面馆一干就是十年，稳妥但是微利。直到入股田青的贸易公司才发展成一个大酒楼。傻大个子更是只会出死力吃饭，后来靠田青提携操办成了家，管理了驼队，最后因和土匪硬顶而丧命。这让我们看到，英雄就在小人物中间，英雄并不高不可攀。其次，突出小人物的独特价值和作用，让另类英雄各有千秋。第一类是代表强权和恶势力的夏三、吴玉昆等人，既是田青个人复仇的目标，又是代表反革命政府的代言人。夏三通过赌博赢得田家大院，因巴结袁世凯而当上县知事，抢占田青的未婚妻翠翠为老太爷冲喜，羞辱田家，报当年未得淑贞之仇，最后将翠翠打入死牢；一个是由贪官变身军阀，为了升官发财陷害田青，强占货物。在与恶势力的斗争中，田青学会了与反革命进行斗智斗勇，并深切体会到个人反抗无法成功，必须推倒旧政权，进行社会大革命。第二类是与田青同时走西口的朋友。与梁满囤的交往中，田青以德报怨，答应姐姐不与其为敌，最后将其感化；与王南瓜、文佩、傻大个子、瘦猴等人肝胆相照，患难与共。当然，每个小人物都有自己鲜活的历史，如王南瓜寻父之路艰辛悲凉，刻画出走西口的不易。第三类是奸猾小人，如皮匠铺的老赵、老于、土匪二当家等，这些人老赵吃里爬外，见利忘义。老赵偷得牛师傅的熟皮子配方，被梁满囤和田青都拒之门外，后来陷害田青；老于因梁满囤没有兑现让他当外柜的承诺而投靠吴玉昆，监视梁满囤；土匪二当家贪财贪色，害死大嫂，陷害大当家的。这些人的共同特点是见利忘义、心胸狭窄，为了私利不择手段。这些小人虽然为田青的发展带来不断的麻烦和障碍，但同时也是其终成大器的另一种动力。

另类英雄的反角正写增加了历史叙事的多元视角，体现了历史人物的复杂性。首先是田青之父田耀祖。先是赌徒，输掉了一切；后是算命先生，因为急于发财委身成了土匪的眼线，结果把自己给算进去了。他暗中在帮助田青的事业，搅乱梁满囤的婚礼、生意，虽然是出于做父亲的私心，但是客观上达到了惩恶扬善的效果。田耀祖表面上没有改变富家子弟的一些恶习，但是一直在悔过，为了帮助田青可以舍弃一切，甚至生命，一辈子最大的愿望就是让田青叫他一声爹，也算是田青的悲情幕后英雄。其次是刘一刀为匪一生，虽重情重义，但因听信小人，家破人亡。先是失散了女儿翠翠，后来妻子风摆柳又被二当家杀死，却听信二当家的谎话误认为是田青所为；好不容易和女儿翠翠相遇，却又因报仇误杀女儿；想金盆洗手，却被二当家告密陷害，重入江湖。表面上看，刘一刀的悲剧一生是因二当家这个小人，但根本原因是其“义”是江湖义气，“情”是私人恩怨。但在大是大非面前，刘一刀显示出英雄本色，他知道诺颜王子经商是为了支持革命后，毅然下令属下不再劫持其驼队，甚至还不让其他土匪染指。

（三）现代性历史的爱情叙事与民间立场

历史叙事少不了儿女情长，现代性历史必然是由传统爱情婚姻观念向现代的转换，以及相关的价值、立场问题。明清之后，英雄不再是无“情”无“性”的好汉，而是集“英雄”“儿女”于一身，“‘儿女’与‘英雄’，或曰‘情’与‘侠’的结合，可谓势在必行”①。近年的历史剧一般也将英雄的“侠情”与儿女的“温柔”合二为一，捏合出一个“英雄儿女，儿女英雄，一身兼备”的模式。现代性历史的爱情叙事必须颠覆传统婚恋观，建构具有革命意义的现代男女关系，一方面展现传统的英雄儿女的男女关系模式，另一方面又展现向现代转换的趋势。

爱情叙事的现代性转换不能一蹴而就，传统的爱情模式仍然是多数人的首选，现代爱情叙事必然要经历磨难。田青与翠翠之间的爱情是标准的传统叙事模式，即“英雄志”与“儿女情”的融合，而且是悲剧。田青与翠翠青梅竹马，从小就许下诺言要翠翠当上田家大院的少奶奶，并私订终身，是现实的生计问题让田青离开去走西口，又让翠翠阴差阳错地嫁给了“醋坛子”丈夫，有情人没成眷属。但田青一直铭记自己的承诺，在没弄明白真相之前没有接受豆花、裘巧巧等优秀女性的爱慕与追求，表现出儒家在婚姻观上的“忠贞”，直至翠翠被亲爹刘一刀误杀，田青一直没有忘怀对初恋情人的承诺。传统的爱情观，一方面让田青抵挡裘巧巧的投怀送抱和万贯家财的诱惑，显示了传统价值观念的力量与生命力；另一方面，与豆花有患难之

① 陈平原：《陈平原小说史论集》，河北人民出版社 1997 年版，第 992 页。

情的生死恋明显带有现代自由恋爱的意味，也说明了思想观念转型的艰难。

现代婚恋观念的转型虽然坎坷、稚嫩，但对于新一代中国青年的思想现代化至关重要。与传统女性相比，豆花最显著的特色接受过现代教育，是知识女性，这就为其与田青的婚姻带上现代色彩，为其现代家庭观念打下基础。豆花可谓奇女子，有“被土匪掳上山，好说不好听；被婆家休掉，不好说也不好听”的传奇经历，只有田青能够给她做人的尊严，因此愿意为田青殉情，传统世俗看起来都觉荒唐的事情在豆花这里成了最有价值和意义的事情。除了传统妇女的贤良淑德之外，豆花因其追求妇女的独立性而显得颇具现代性。第一，这种独立性首先是现代女性在经济地位和社会地位的独立。这主要表现在豆花反对“男主外、女主内”的传统家庭观念，到报社当记者，赚钱养家；为了办进步报刊，抛开个人恩怨与前夫包精忠一起办报。尤其值得注意的是，在发起包头山西同乡会赈灾捐款大会上，豆花作为主持人，第一个主题演说，面对台上的各方面头面人物和台下的群众（大部分是男性），镇静自若地完成了一次现代女性在公共场域的正式亮相。虽然这种努力与田青的事业发生冲突，引起夫妻矛盾，最后也被证明是包精忠代报社付豆花工资，显示出女性的弱势地位和社会对女性的不公，但是其进步性和现代性毋庸置疑。第二，现代家庭地位的男女平等互助。田青和豆花的家庭生活频频出现洗脚的场面，而传统家庭男人给女人洗脚的场面很少出现。我们知道，女子的足部在中国古代观念中向来被视为身体上最隐私、最性感的部位①，这里的洗脚不再是男子对女子的性想象，而成为田青与豆花之间的平等、尊重与关爱的文化象征。

现代性历史叙事的文学性与戏剧性更容易在民间、底层进行，所以民间立场至关重要。民间的现代化进程可用两个视角去分析，一是在整个中国现代史的宏观角度看民间是一个被启蒙、被改造的被动结构——从愚昧到科学、从专制到民主、从个人主义到集体主义，改造成功与否要看改造对象的认识能力、阶级基础和个人理想，等等；二是从民间历史的内部微观视角看民间是一个主动追求进步、自主改革的主动结构——从遭受压迫到反抗斗争、从追求个人幸福到普惠众生、从赶追时代潮流到引领历史步伐，等等。这两种视角在其结果和内容上虽然大同小异，但其中揭示的历史真相却大相径庭，民间历史的地位和价值也会有天壤之别。《走西口》的特色在于，不仅显示了历史长河的巨大推动力和中国革命力量的中流砥柱的意义，而

① 参见李扬：《〈林海雪原〉——革命通俗小说的经典》，唐小兵：《再解读：大众文艺与意识形态》，北京大学出版社2007年版，第143页。

且彰显出民间历史自身的价值和民间英雄、神话传奇的传统文化在这一历史进程中不容忽视的存在意义。

近年来，文学、戏剧为了迎合市场的需要推出了各种“实验文体”“模糊文体”等跨文体书写，现在看来效果并不好，反而让文学、戏剧更加迷茫。从这样的意义上来说，我们缺乏的不是“形式”，而是“内容”，是能够真正让文学、戏剧这些艺术灵魂融入新的内涵，用叙事拓展和加深我们对社会人生广度和深度的认识。因此，我们与其哀叹文学、戏剧的沉沦，不如高扬“文学性”“戏剧性”，让她们以新的“潜文学性”“潜戏剧性”的方式参与更多的文化文本实践，发挥同样，甚至更大的艺术功能。

二、审美解放、人性蕴藉与精神价值

历史人物题材电视剧的历史感和人物塑造并非只能依靠宏大叙事来实现，多元化的历史叙事更能体现历史人物的多面性、丰富性和个体性，更能满足观众对历史人物的多层次审美想象。无须讳言，历史人物题材电视剧受制于真人真事的局限，在艺术想象和叙事策略等方面无异于是戴着镣铐跳舞，但并不等于说就没有创新的可能。只要深度开掘现实主义的历史内蕴、文化价值和哲理价值，深刻理解时代精神、社会现实和审美需求，就能突破僵化模式、单一叙事和审美疲劳，实现内在精神、文化价值和叙事策略的多重创新。在这方面，电视剧《阿丕书记》以人文关怀为主线，对历史叙事展开人性化创构；以生活美学为视角，对历史人物进行生活化演绎；以时代精神为内核，对历史精神实施创造性把握。叙事策略的创新，带来的是历史叙事的生活空间的拓展，人性蕴藉的丰富，以及精神价值的提升。

（一）历史叙事的人性化创构

海登·怀特在考察了理论大师关于历史的论述后指出，历史既不可能成为严格的科学，也难以成为纯粹的艺术①。科学的严格在于一致的模式和阐释，艺术的纯粹在于超越现实、时间的精神性和预见性，而历史以不同的理解和方式获得合法解说权力，“诸如意识现象论等哲学模式，其实是种种畸变，而它们系统的反复出现，则贯穿于经典形而上学的全部”②。一方面，历史与叙事的结合创造出叙事艺术的特殊类别和表现形式，如史诗、历史小说、历史剧等，并在一定时期占据叙事艺术的主流，涌现出《格萨尔》

---

① 参见[美]海登·怀特：《元史学：十九世纪欧洲的历史想像》，陈新译，译林出版社 2004 年版，第 14—27 页。

② [美]德曼：《解构之图》，李自修译，中国社会科学出版社 1998 年版，第 151 页。

《李自成》《白鹿原》等优秀文学影视作品；另一方面，历史与叙事的对抗限制了叙事艺术的广度和深度，线性叙事的模式和理性规律的阴影一直伴随着历史叙事的发展历程。随着西方历史观的引入和市场经济的发展，历史作为修辞艺术的观念在历史剧创作中蔓延，《戏说乾隆》《宰相刘罗锅》等以戏说和游戏的姿态将历史剧从政治教化转向文化消费，虽然叙事上的智慧无法掩饰审美上的浅薄，但毕竟促使历史叙事从一元走向多元。多元化的历史叙事已有不少尝试，《大鸿米店》《英雄》《走向共和》等视角多样的作品显出历史叙事的广阔前景。电视剧《阿丕书记》以人文关怀为主线，对历史叙事展开人性化创造，挖掘出历史叙事的人性底蕴。

首先，解构元历史（Metahistory）叙事是人性化历史叙事创构的前提和基础，以叙事转换追溯历史转折的动力机制。政治始终是人类社会的核心问题①，新中国成立到新时期之前的历史叙事，实际上是国家意识形态通过历史观念的控制而实现的元叙事，“以往的全部历史，除原始状态外，都是阶级斗争的历史”②。20 世纪 80 年代到 90 年代，随着意识形态的禁锢的松弛，元历史叙事的一统天下逐步被多元无序的格局取代，主旋律的革命历史叙事、精英文化的先锋历史叙事、大众文化的传奇历史叙事等多元共存。电视剧《阿丕书记》融汇了革命历史叙事、精英历史叙事和传奇历史叙事等诸多元素，根据不同历史阶段的不同特点展开相应的历史叙事，呈现出丰富多彩的叙事模式。第一，革命历史叙事仍然作为线性叙事的主线，对历史人物和故事情节和文化语境产生潜移默化的影响。第二，精英历史叙事以解放知识分子、恢复高考、召开科技大会等方式阐释精英文化的历史命运，成为历史叙事的主要内容之一。第三，传奇历史叙事以个人回忆和第三人称叙事的方式，回顾阿丕与毛主席、陈老总、邓小平等革命伟人的密切交往和传奇轶事。

其次，个人化历史叙事的生成是人性化历史叙事创构的方式和内容，以个人叙事探究历史发展的肌理。个人化的历史叙事主要体现在独立性、差异性和创新性等方面，最终实现历史叙事的人性化转折，这是电视剧《阿丕书记》的重要叙事策略。独立性、创新性、差异性都是历史人物个性的重要内容，陈丕显从“文革”迫害中复出，之前的政治运动没有削平他的个性，独特而温和的作风是其个人魅力的重要体现。陈丕显以办舞会的方式智慧地留住了德国专家，特意与于斌单独合影解除其岳父李宝根的顾虑，借办东郊

① 参见卢衍鹏：《文学研究的政治审美因素——兼论 20 世纪中国文学理论的政治维度》，《社会科学》2011 年第 7 期。

② 《马克思恩格斯文集》（第 3 卷），人民出版社 2009 年版，第 544 页。

农场调整全省经济结构,用图片展的方式说服常委把盖办公楼的资金给知识分子盖高知楼,一揽子解决冤假错案……这些极具个性化、超常规的事件显示了陈丕显实事求是、不拘一格的工作方式,增加其个人魅力。个人化还体现在陈丕显与同事之间的关系处理上,主观思想工作的副书记孙志毅比较保守,在起用老艺术家陈伯华、转发"实践是检验真理的唯一标准"的文章等问题上顾虑重重,陈丕显一方面坚持思想解放的原则、打破常规亲自下令《湖北日报》立即转载,另一方面和孙志毅谈心,耐心地开导,启发他敢于坚持真理。

最后,历史叙事环节的转换是人性化历史叙事创构的叙事策略,以叙事技巧表现历史转型的艰难。一般而言,历史叙事要经历以下过程:历史认知—历史评判—历史审美—历史传播与接受,叙事转换对历史转型具有重要的美学价值。第一,历史认知由宏大历史认知转向个性理解转换。电视剧《阿丕书记》中不同阶层的历史认知各有不同,同一阶层不同个体的历史认知也有差异,甚至同一个家庭成员的历史认知都可能迥然不同。李宝根崇拜毛泽东,对"文革"历史的认识僵化;李宝根的小女儿李桂媛思想解放,从私贩卖鱼到开杂货铺,从嫁给农村青年姚金海到汉正街开服装店,一直紧跟改革开放的步伐。第二,历史评判从一元标准转向多元标准。电视剧《阿丕书记》在历史评价问题上没有一味坚持政治价值标准,而是兼顾人性标准,坚持实事求是。县委书记肖玉贵、公社书记邱国强等人受"左"的思想影响,工作简单粗暴,陈丕显在对待这些历史问题时没有简单否定,而是以身作则,考虑他们的出发点和意愿。这种人情味十足的做法感动、鼓舞了犯错误的干部,既坚持了原则,又解决了问题。第三,历史话语由政治话语转向多元话语。电视剧《阿丕书记》的历史话语呈现多元化的特点,既有时代特色的政治话语,又有体现民间色彩的大众话语,还有表现知识分子的精英话语。李宝根等老工人话语中带有浓厚的毛泽东时代的特点,张口闭口:"毛主席教导我们说……";姚雪垠在文艺会议上准备了柏拉图的名言;姚家村的农民对国家农村政策的理解很简单——多打粮食就是好政策。

(二)历史人物的生活化演绎

历史人物的艺术塑造和形象变迁,从根本上说,除了社会现实的需要之外,还与思维方式的突破与创新紧密相关。从大的范围来讲,思维方式与人类文明的变革相关,可以分为古代农业文明的世界论、近代工业文明的认识论和后现代文明的人类学等三种方式①,前两者都是主客对立的二元论思

① 参见王南湜:《论哲学思维的三种范式》,《江海学刊》1999 年第 5 期。

维，后者将感性的生活本身肯定为真实的存在。首先，生活美学对近代以来的主体论的“超越”美学进行了延伸和超越，将此岸的现实生活重新界定为审美和艺术的根基和旨归。其次，生活美学是审美文化向生活化、日常化、市民化、艺术化发展的结果①，传统意义上的艺术与非艺术、雅与俗等界限趋于模糊，艺术越发走向世俗大众。最后，生活美学得益于中西传统思想文化资源，如胡塞尔的“生活世界”理论、原始儒道“以情为本”的生活美学等，是传统文化现代化的重要表现。电视剧《阿丕书记》以生活美学为视角，对政治人物进行生活化处理，对历史事件展开生活化叙事，巧妙完成了对历史人物的生活化演绎，建构了历史叙事的生活空间。

历史人物的生活化演绎，既是对历史人物的真实还原，又是现实主义叙事艺术的精髓所在。新中国成立以来，历史人物披着意识形态的外衣，历史的主体是人民，历史人物的个性被掩盖，以致全部或部分丧失生活气息，“谁在说”决定了“说什么”和“如何说”，阻碍了历史人物的艺术再创造。现实主义不仅仅是对历史现实、客观规律的总体提炼，而且包括对历史细节、主观意志的局部体验，两者共同构成现实主义叙事艺术的精髓。在审美上，要将历史人物从政治美学转向生活美学，真实还原历史人物的日常生活(包括日常工作、家庭生活、个人情感等)。在叙事上，要将历史人物从宏大叙事转向个人叙事，重点表现历史人物的生活细节和细微情感。电视剧《阿丕书记》将生活化的历史细节贯穿始终，将历史人物以生活化的场景和情节加以表现，昵称“阿丕”的生活气息巧妙地淡化了官称“书记”所带有的政治色彩，让陈丕显的政治活动融于生活活动之中，将政治叙事与生活叙事融为一体。《阿丕书记》围绕陈丕显主政湖北期间恰逢拨乱反正、改革开放的特点，凸显陈丕显以民为本、时刻关注人民生活的从政作风，实现了历史人物从政治化向生活化的转型。

历史人物的生活化演绎，既要扎根于社会发展的历史潮流，又要直面审美变迁的大众需求。历史人物之所以具有重要的艺术价值，不仅在于其领导、参与和见证重要历史事件，发挥重要历史作用，更在于其中表现出来的价值立场、态度选择、精神世界和生活状态，其中生活又是能集中感性反映理性因素的集合体。历史人物的生活化演绎，指的是将历史人物的真实存在和实际活动在历史时空中感性展现出来，包括物质、自然的生活，也包括社会、理性的生活，描写历史人物作为“人”所历史地敞开的生存状态和生命行为。电视剧《阿丕书记》对历史人物的生活化演绎，主要是将政治活动

① 参见卢衍鹏:《公共领域、市民社会与“新市民小说”》,《文艺评论》2011 年第 11 期。

以生活化的方式展现出来,政治即生活,生活即政治。在处理用电问题上,陈丕显既协调大企业用电,又设法保障学生高考用电;在知识分子解放问题上,不仅做好思想、政治工作,而且关注李宝根的家庭矛盾;在经济工作方面,在协调产业结构比例时,优先保障和改善群众生活,甚至专门开常委会、调研和解决鸡蛋、蔬菜等供应问题;还有解决李蔷华的户口问题,姚雪垠等作家的住房问题,葛洲坝工人的探亲房问题,吴英的平反问题,等等。这些生活问题或者关系衣食住行,或者关系冷暖荣辱,表面看似不如历史事件重要,实际上却关乎民心。生活化演绎不仅丰富和补充了历史人物的艺术内容,而且重新定位了历史与生活的关系,为表现历史人物提供了新的思维方式。

历史人物的生活化演绎,不仅表现大人物的生活本位,而且突出小人物的底层生活,两者作为并行不悖的主线贯穿全剧。一般而言,历史人物剧主要书写大人物,小人物只是作为背景起衬托和辅助功能。但是,电视剧《阿丕书记》对小人物生活状态的关注丝毫不逊于大人物,李宝根一家、姚家村等底层群众的命运、生活的变迁犹如历史发展的一面镜子,大人物的各种活动影响着小人物的日常生活,而小人物的言行也会影响大人物的决策。李宝根一家是典型的工人家庭,社会发展转型真切地体现在普通家庭上。李宝根是毛泽东时代的劳模,女儿女婿都是工人,政治运动让他迫使二女儿与有海外关系的"臭老九"离婚;当知识分子得到解放、二女婿重新得到重用后,他经过很长时间才转变思想,让全家团圆;"实践是检验真理的唯一标准"大讨论中,他找到陈丕显谈是否还坚持毛泽东思想,终于理解"实事求是"的精髓。姚家村是典型的穷苦农村,政治运动、思想解放在这样的地方最能显示出成败优劣。"农业学大寨"等运动中,县委书记肖玉贵、公社书记邱国强机械学习、争当先进,不仅劳民伤财,而且造成干群关系恶化,制约了生产力;思想解放之后,腿有残疾的"搁户"姚守仁的率先致富,调动了农民的积极性,促进了生产力。陈丕显善于站在工人、干部、农民的角度思考问题,而不是简单地发号施力,这让人民群众真正走上历史前台。在处理用电问题上,陈丕显听取各方意见,合理协调,最大限度地照顾各方利益;在整治基层干部工作作风问题上,陈丕显主动承担责任,化解干部心中的疑惑和委屈;在制定农村政策上,陈丕显没有专断,而是让农民自己进行选择,在实践中进行检验……形成美学的让历史"自己讲述自己"①。

① 赵建军:《思想与文化:中国美学史研究的认知逻辑》,《吉首大学学报(社会科学版)》2011年第1期。

（三）历史精神的创造性把握

历史剧的价值不仅在于描写历史真实，揭示历史发展趋势和社会生活本质，更在于关注现实，对历史精神进行创造性把握。具体而言，文艺要与人文精神、美学精神相结合，才能实现对历史精神的创造性把握。电视剧《阿丕书记》以时代精神为内核，赋予历史精神新的内容，实现了对历史精神的创造性把握。

历史精神的创造性把握，首先要尊重并揭示历史规律，将历史精神与人文精神相结合，以人文精神支撑历史叙事。人文精神的核心是人适应和改变生存状追求发展而生成的文明程度，属于价值关系范畴。电视剧《阿丕书记》之所以从鸡蛋、蔬菜等生活供应入手，陈丕显之所以督促建设工人的探亲房，是因为人最基本的需要是生命自身的生产和再生产。如果连最基本的生活需求和人性需求都不能得到满足，一切口号、理想都会成为无根之木。陈丕显尊重科学规律、历史规律，巧妙说法水利专家张光斗视察公巴县农业学大寨修的水库，发现严重隐患，及时叫停盲目学大寨的做法。新上任的二汽厂长武双全抓住主要矛盾，全力开发农用车，在陈丕显的关心支持下，使老厂扭亏为盈、保住了重点国企。面对上访潮，陈丕显调研信访处，温暖人心，因地制宜地提出一揽子解决方案，提高了工作效率。陈丕显在农村改革上尊重客观规律和农民心声，倾听搁户的真实想法，支持包产到户。陈丕显等人的一系列举措，以实际行动践行了历史精神和人文精神，符合历史发展潮流，自然得到群众拥护。

历史精神的创造性把握，还要充分发挥创新性人才的作用，包容新思想、新观念和新看法，发挥老专家、老作家的余热，将历史精神与创新精神相结合，以创新精神推动历史叙事。创造性来自富有创造性的人才、观念和思想，科学知识是第一生产力，这既包括新一代的知识分子，也包括老一辈的专家学者。电视剧《阿丕书记》中，陈丕显先后发现并重用了于斌、钱途、武双全等不同行业的人才，让他们发挥最大的作用，这是对历史精神的最好诠释。于斌是留学德国的铸造专家，因海外关系受到迫害，陈丕显及时恢复其荣誉和工作，让科技人才在武钢发挥主导作用，享受特殊待遇。钱途是东郊农场的大学生，对农业产业结构调整有新的想法，陈丕显根据特点发挥其作用，将其从普通工人培养为梯队干部。武双全思想超前，胆大敢干，主导了二汽超常规发展，但也有陷入困境，甚至绝境的危机时刻，是陈丕显一次次雪中送炭，发挥集体的力量帮其渡过难关。老专家、老作家等老一辈的知识经验也是历史精神的重要组成部分，陈丕显积极听取姚雪垠、徐迟等老一辈的意见，作为实施湖北发展新战略的重要参考。

历史精神的创造性把握，还要将时代精神与现实精神结合起来，发挥时代精神的现实作用，促进现实精神的发展。电视剧《阿丕书记》反映的历史事件和诸多问题，既抓住了时代精神，又具有很强的现实意义。知识分子解放、恢复高考等历史事件，与今天的大学扩招、大学生就业难等现实问题是一个问题的不同表现，不同的时代与类似的现实相对照，发人深省。"实践是检验真理的唯一标准"讨论中出现的种种争论，其实一直存在于历史发展的各个阶段，并以不同或相同的方式得以表现。电视剧《阿丕书记》中，陈丕显旗帜鲜明地坚持"实事求是"的原则、立场，用历史事实和现实发展解开了干部、群众心中的疑团，实现了时代精神与现实精神的结合。

总之，电视剧《阿丕书记》以人性化、生活化和创造性的叙事策略，成功表现了历史叙事的人性蕴藉、生活空间和精神价值。当然，限于篇幅等原因，电视剧《阿丕书记》在历史内蕴的书写上还有待展开，在现实精神的挖掘上还有待深入，在精神价值的提炼上还有待提高。

三、审美解放与地方抗战的身份诉求

处于特殊时间节点（新中国成立 60 周年、建党 90 周年和辛亥革命 100 周年等）的中国电视剧精品迭出①，集中反映了中国影视艺术发展的成就和问题。成就方面，在突出主旋律的同时提高了观赏性和收视率，在类型成熟的基础上突破模式，在关注现实的同时创新叙事。问题方面，题材和叙事的多元化仍然是拓展电视艺术空间的主要路径，对历史、现实的独到理解和叙事策略是艺术创新的关键。

电视剧《永不磨灭的番号》在对历史和现实的深入挖掘基础之上，大胆表现地方武装在抗战中的身份诉求，创造出层层递进的叙事结构和多元共生的叙事策略，谱写了一曲从边缘到中心、从血性到智慧、从番号到永恒的抗战之歌。

（一）从边缘到中心：地方抗战的边缘身份与精神诉求

叙事策略和叙事结构的创新，首先是叙事视角的创新，对模式化较强的抗战叙事而言更是如此。《永不磨灭的番号》巧妙地选取了"番号"这一独特视角，既是在宏观上对抗战叙事的独到理解，又是在微观上对抗战叙事的策略创新。在宏观上，中国共产党领导的抗战在初期是被边缘化的，尤其在军队方面被整编为国民革命军第八路军，兵力、物资、番号等都十分有限。

① 参见中国电视艺术委员会评论员：《2009—2010 年度电视剧创作概观》，《中国电视》2011 年第 8 期。

《永不磨灭的番号》正是抓住了这一历史事实，在原来不被关注的“番号”上大做文章，从而做到了叙事视角的创新。在微观上，中国共产党领导的地方武装更为边缘，他们装备差、人员杂、不统一。但是，地方武装在英勇牺牲、浴血奋战的过程中不断成长，由平民、民兵逐渐成长为歼敌无数、不可小觑的有生力量，对主力部队、正式番号的向往是他们的正当要求和必然结果。在抗战的特殊背景下，“番号”就成为地方武装理想诉求的象征，由此引发的矛盾及其解决构成了《永不磨灭的番号》的叙事线索和叙事结构，从边缘到中心的身份诉求就成为地方抗战的叙事内容。

从边缘到中心，首先是从平民成长为军人的曲折历程，是以边缘身份立下卓越功勋的奇迹。地方抗战的主体是勤劳、善良和朴实的农民，他们因日军入侵、国军的败退而失去了亲人、土地和一切，他们奋起反抗、不怕牺牲的初衷或是亲人报仇，或是打抱不平，或是为自己出气。《永不磨灭的番号》中武义县大队的主要人物是虽然都各有特色，有的还身怀绝技，但又都是边缘人物，竟然都有外号。值得注意的是，外号也是地方抗战边缘身份的组成部分——“李大本事”能说会道，几句话就能将一群乌合之众变成虎狼之师；“丁大算盘”能打会算，干什么都像是做买卖，是称职的后勤部长；“吸铁石”反应迟钝，难得的突击队长……更令人叫绝的是，县大队三个灵魂人物的首次聚首是在禁闭室，显示出他们的个性及其与主力部队的区隔。“李大本事”在赤水参加红军，但所属部队全军覆没，只身幸存的他无法解释，只好以农民身份重新参加民兵，后贸然接受不该属于他的命令，受到上级处分。“丁大算盘”因丢失驴车，同样受到处分。“吸铁石”战斗英勇，但脑袋受伤，留下后遗症。孙成海因所在村子被血洗，由此走上抗日道路，但这种抵抗具有很大的自发性和盲目性，为了与八路军争胜，竟然自称“九路军”，最后几乎全军覆没。赛豹子、赛貂蝉的红枪会占山为王，虽然也抗日，但具有很大的摇摆性、偶然性。直到最后一战才穿上八路军装的陈峰身在国军，但被上司、同僚排挤、背叛，走投无路之下才投靠“李大本事”的县大队，无论在国军还是八路军眼里都属于另类。因此，“李大本事”的县大队一度成为八路军、九路军、国军三方混杂的地方抗战力量。无论是在军事上，还是在政治上，都是典型的边缘地位。就是这样一支边缘的地方抗战队伍，在经历了无数的战斗和牺牲之后，开始反思巨大伤亡和自身边缘身份的原因，由散漫的无组织、无纪律向正规的组织纪律看齐。陈峰对县大队的军事训练和张六斤对组织原则的刻板强调，逐渐使县大队在军事上和思想组织上开始向正规部队转变，能够以最小的牺牲创造最大的胜利。

从边缘到中心，是从落后思想转变为现代观念的思想过程，是底层民众在抗战洗礼下接受现代启蒙的阵痛和成果。《永不磨灭的番号》从行为和思想两个角度对地方抗战的转变进行了重点叙述，行为上由自由散漫到严守组织纪律，思想上由各自为战到协调统一。武义县大队不仅人员混杂，更为致命的是思想落后，强烈的小农意识和狭隘观念使其无法从本质上成为现代军人，更不可能获得正式番号。人数不多的县大队以李大本事、孙成海、陈峰为代表分成几股势力，分歧的主要原因是他们分属不同的政党、出身和村子，多数人目光短浅，崇尚江湖义气，作战意气行事。如果说他们在对付伪军时智勇双全、得心应手，那么当面对指挥统一、训练有素的日军时，不免伤亡惨重。血的教训逐渐让地方抗战走上了正规化、组织化和纪律化的发展道路，在思想上认同现代军事规范，在行动上讲究战略战术的应用，初步实现了由地方武装向主力部队的整体转变，与之交手的日军误以为其为八路军主力就是最好的证据。

从边缘到中心，是从寻求认同到自我认同的升华过程，是地方抗战文化身份的解构、建构与重构的艰难历程。文化身份是个体与他所属的文化传统之间密切复杂的关系，是个体与群体、单位与整体之间所属与属于、意识与被意识的关系①。文化身份的诉求和建构要从其所属文化传统或群体文化中汲取能量，有一个由主要依靠外在支撑向主要靠内在生成转化的过程。《永不磨灭的番号》中地方抗战的身份诉求，在初期主要依靠向所属其群体索取来完成，小到军装，大到山炮，上级对物质和精神的支持是地方武装的身份依据。经过一定时期的积累之后，地方抗战开始有能力自给自足，但物质、人员上的满足无法代替文化上的认同。更高一级的身份诉求——番号，已经成为地方抗战的精神追求和现实愿望，当这种愿望一次次受到挫折之后，地方抗战的热情并没有受到打击，反而更加成熟。这就进入身份认同的最高阶段——自我认同——不以外在文化为基准，而是以自我信念为基础的认同方式。《永不磨灭的番号》的地方抗战县大队——独立团——正式番号“新一团”——“永不磨灭的番号”的三次蜕变，实质上是地方抗战“初级——中级——高级——最高级”的渐进式身份诉求发展历程。

（二）从血性到智慧：地方抗战的民族气质与内在升华

《永不磨灭的番号》以抗战后方小城武义县作为舞台，展现了社会各阶层在外族入侵下或奋起抵抗，或舍生取义，或助纣为虐，或苟且偷生的众生态，讴歌了以“李大本事”为首的抵抗抗战力量前赴后继、不屈不挠的侠义血性和民族精神，谱写了一曲惊天地泣鬼神的地方抗战传奇。一方面，地方

① 参见卢衍鹏、向宝云：《论“后武侠小说”及其文化身份》，《当代文坛》2007 年第 6 期。

抗战是小人物的大舞台，小人物需要付出更多的血汗和生命为代价才能建立战功，地方抗战更有血性。其中“李大本事”无疑是全剧的“戏魂”和“戏眼”，而“戏骨”除了他之外还包括“丁大算盘”“吸铁石”、孙成海、陈峰等四个男人，还有“门子”“小北京”“赛貂蝉”等三个女人，几个配角“地瓜”“热闹”“小黄”等则为全剧增添了喜剧色彩；另一方面，地方抗战面对的形势更为复杂、凶险，需要更加智慧灵活的手段才有存活的可能，对人性的考验也更为严酷。“李大本事”能吹敢干，本事与毛病同生，战功与错误并存。他可以巧妙地误导、阻击日军，圆满完成掩护主力的任务，也可以撇下众人和侦查任务连听三天大戏，差点误了大事。他无论在敌人那里，还是在上级那里，都让人头疼不已。但也正是他这种不按规矩出牌的路数，让他带领地方抗战力量在日军重重包围中闯出一条血路，立下战功无数，成就一个个传奇。

从血性到智慧，是检验在民族大义面前选择正义还是邪恶的标尺，是民族气节和人性伦理的深度反映，也是《永不磨灭的番号》重要的叙事线索和内在动力。第一，血性是地方抗战的灵魂、士气和战斗力。血性让一群不懂军事的乌合之众不怕牺牲、奋勇直前，成为远近闻名的抗日英雄，让敌人闻风丧胆，不敢小觑。血性让陈峰不屑与卖国求荣的上级、同僚为伍，跪求“李大本事”出兵衡水破坏日军的细菌武器，最后穿上八路军装誓死阻击日军。血性让孙成海写下血书，只身杀敌，建立抗日武装。血性让“小北京”与当维持会会长的父亲决裂，宁可在外要饭也不在家偷生，宁愿失去胳膊也不失去理想。血性让赛豹子、赛貂蝉与“李大本事”不计前嫌，放下个人恩怨一致抗日，舍生取义……与之相反，也有人因为失去了血性，大敌当前而丧失了起码的良知和气节，走向人民的反面。孙成海的同僚和上司打着“国军冀察决死纵队”的旗号与日军勾结，残害同胞；崔小辫为保全家财失去了血性，在日军的监视下偷生；为数众多的伪军助纣为虐，残害百姓……失去血性充其量是一种小聪明，在短期内可能获得存活的机会和各种好处，但本质上愚蠢至极；血性本身是一种智慧，而且是大是大非面前的大智慧，有血性的民族才有希望，有血性的人才能顶天立地。当然，失去血性的人在某种触媒的刺激下也能重新恢复，获得良知和人性。如崔小辫在爱女之心的激励下，以自己和毕生家当为筹码，救出了陈峰，毁掉了日军的细菌武器，完成了自我救赎。

从血性到智慧，是叙事结构的两个层面，两者异质同构于地方抗战叙事的内在机制，是解决身份焦虑的关键。《永不磨灭的番号》的外在叙事结构由诸多喜剧元素构成，充满了民间喜剧、地方文化、民族特色等丰富内容，增强了全剧的故事性和戏剧性。“李大本事”集血性与智慧于一身，尤其是机灵无比，总是能够编造出毫无破绽的理由和计策来应付局面。在粉碎日军偷袭的战斗中，“李大本事”初步显露出自己的智慧，他用计诱领敌军向撤退的反方向追击。“李大本事”的智慧更是在与孙成海、陈峰的“较量”中展示出来，战略上宽容友军，战术上更胜一筹。孙成海为了与八路军争胜，喜剧性地打出“九路军”的名号，以扩大自己旗下的抗日力量，一时间门庭若市。但随着与日伪军斗争的深入，“九路军”的单薄和散漫的劣势显露出来，甚至靠装神弄鬼的小伎俩来营造声势，与八路军并肩作战时还怀有私心。而“李大本事”由于有八路军的组织领导和群众基础，靠大智慧逐渐占据上风，并用宽容和大义让孙成海真心地加入了八路军。“李大本事”与陈峰的较量更为复杂，因为本质上是政党和信仰层面上的斗争，“李大本事”在坚持抗日原则的基础上，灵活运用了抗日统一战线的精神，让双方的合作有了坚持的基础；陈峰一直坚持自己的国军身份，但在战斗中亲身体验到共产党抗战的坚决和精神，而自己所属的国军的不堪一击、投降求荣的行径让他无法面对自己的身份。陈峰的身份焦虑与“李大本事”的身份诉求形成了对比和类比，两者的相同点是都存在身份焦虑，都希望自己得到更高层次的认同。两者又有本质的差异，陈峰的焦虑来自对所属群体（国军）的整体文化身份的否定和批判，其结果造成自我失去了文化身份的归属感，所以在精神上无比痛苦。“李大本事”的焦虑来自对所属群体（八路军）的整体文化身份的认同，其结果是希望得到更高层次上的认同——正式番号。

在血性与智慧的交织下，陈峰和“李大本事”从不同方面找到了解决身份焦虑的途径。陈峰虽然最后决战才穿上八路军装，但内心早已认同了八路军，穿上军装作为一种仪式完成了文化身份的转换。“李大本事”一次次要求番号都被拒绝，最后率全团拼死完成阻击任务，终于获得了正式番号，而且是“永不磨灭的番号”。这样就不难理解地方抗战为了一个空洞的“番号”前赴后继的执着与韧性，因为“番号”对“李大本事”等人的巨大意义和身份价值关乎死者的尊重和生者的荣誉。

（三）从番号到永恒：地方抗战的人文关怀与文化反思

作为叙事创新的另一个方面，《永不磨灭的番号》回避了一般意义上的纵向的“史诗风格”，而是以点带面宏观地交代故事背景，重点对地方抗战进行深度挖掘，表现出独特的人文关怀和文化反思。

从番号到永恒，是地方抗战对日本侵略者最有力的反击，是中华儿女对国家民族的捍卫，是小人物对历史、生命、价值的原生态反思，具有独特的文化价值和历史意义。地方抗战叙事具有宏大叙事不具备的独特价值，即挖掘以往被忽视的小人物、边缘群体、民间地方的历史贡献，这种原生态的文化反思往往具有无法替代的真实性和历史性。《永不磨灭的番号》中小人物对生命意义、人生价值和历史现实没有什么高深的思考和论述，他们的理解甚至显得低俗，活着、吃饱饭是他们的奢望，这在“丁大算盘”“地瓜”、张安定等人身上得到淋漓尽致的体现。“丁大算盘”对粮食有着生来的虔诚，千方百计地为队伍筹集粮食，从而成为地方抗战的经济基础。“丁大算盘”以商人般的头脑和手段支撑地方抗战，甚至种细菜与敌方交换粮食，组织村民捡拾敌人的弹壳，灵活多样地收地租，最后竟然为了一锅饭中弹牺牲；张安定被称为“饿死鬼托生”，他在大多数时候都在吃，但总也吃不饱，中弹牺牲时，他非常知足，因为加入八路军后“吃了几顿饱饭”；“地瓜”喜欢吃地瓜而得名……还有被无故枪杀的儿童，自己省下口粮给孙成海、照顾队伍伙食、饥饿而死的门子，为换取粮食绑架地主而被敌人设计杀害的“九路军”大部，他们为粮食而战，为粮食而死。但又不仅仅是为粮食，他们为的是将侵略者彻底赶出中国，获得生的权利。

从番号到永恒，是以弱胜强的勇气和坚韧不屈的精神力量的升华，是地方抗战文化价值观念的形象写照。《永不磨灭的番号》的地方抗战实力弱小，在人员、装备、训练等方面与日伪军都有巨大的差距，在理论上毫无胜算的可能。但“李大本事”率领的队伍除了利用一切可以利用的物质条件之外，他们最大优势是精神上的支撑，身后的同胞、脚下的土地和家里的爹娘，让他们敢与强大数倍、数十倍的敌人作战。剧中有一个细节，“李大本事”喜欢看戏，还经常将戏里的情节和计谋运用到对敌作战中，这一方面显示出地方抗战智慧灵活、不拘一格，另外也反映出中华文化的博大精深。而日军将领也深谙中华文化，变化无常的日军师团长山下奉武、残暴狡诈的伏见宫明义亲王多次用中国兵书的计策来对付抗日武装，在重创地方抗战的同时，也反映出他们对中国的文化认同。侵华日军主要以军国主义、军人荣誉、军衔等为精神动力，但这一切都建立在非正义的基础之上，再加上指挥官的高傲自大、自以为是，最后的失败也是情理之中。与之前影视剧中的日军指挥官形象相比，日军师团长山下奉武外表帅气，内心强大，出身农民的他要用战功为自己赢得一切。与“李大本事”针锋相对，山下奉武阴险残暴，善于从敌方立场思考问题，性格倔强的他中毒后自断手臂，为个人荣誉不惜违抗军令，多次陷地方抗战于绝境。日本皇族伏见宫明义亲王同样残暴狡诈，他亲自指挥的骑兵不仅给地方抗战带来灭顶之灾，而且勾起了“李大本事”最不堪的回忆——他所在团全被骑兵砍杀，由此引发了“李大本事”的精神危机，进而让地方抗战失去了精神领袖。后来在陈峰的开导和建议下，“李大本事”才重新振作起来，用地雷阵剿灭了骑兵队。地方抗战在某种意义上就是精神之战、灵魂之战，当“李大本事”们一次次将同伴埋进土里，又一次次走向新的战场，已经注定地方抗战的必然胜利。

从番号到永恒，是地方抗战的铁骨柔情浸润下的情感之果，是有情人难成眷属的悲情之花。《永不磨灭的番号》描述了几种不同类型的情感纠葛，反映出地方抗战中压抑而热烈的人性光辉和爱情魅力。陈峰与“小北京”的爱情现代而朦胧，两情相悦又含而不发，都深明大义而感情细腻，是典型的知识分子爱情。“李大本事”与赛貂蝉的爱情充满传奇性和喜剧性，颠覆了传统的爱情模式，也极大丰富了“李大本事”的性格特征和内心世界。“李大本事”被赛貂蝉所救、所娶，一直处于被动地位，危难之际赛貂蝉几乎以一己之力大破骑兵队，让一场尚未发生的爱情戛然而止，令人唏嘘。赛貂蝉从此成为“李大本事”的精神支柱，也让其深刻认识到战斗纪律、组织规范的重要性，这也是他坚决支持政委张六斤整顿措施的根本原因。孙成海与门子是传统的婚姻模式，门子作为童养媳十几年如一日寻找离家出走的孙成海，为了丈夫可以奉献一切。当孙海成感染瘟疫病危，门子冒死让自己感染而取药，当遭遇封锁缺粮，她将自己的口粮节省下来给丈夫吃，最后竟活活饿死。“吸铁石”与老乡赵燕的爱情简单而淳朴，木讷而真诚的“吸铁石”深深吸引了赵燕，两人在新婚之夜的诀别感人神伤，催人泪下。当“吸铁石”对赵燕说出“以后为你而战”的时候，坚贞的爱情和英勇的抗战融为一体，个人安危、家庭祸福和民族存亡汇为一处。因此，爱情叙事为抗战叙事增添了内在质感，成为贯穿始终的情感线索。在爱情叙事中，“番号”背后不仅是奋勇杀敌，更有爱人、亲人的企盼和守望；“永不磨灭的番号”也是永不磨灭的情感，人亡情存，地方抗战的爱情故事世代流传。

总之，《永不磨灭的番号》对地方抗战的叙事创新进行了初步探索，由表及里地形成“从边缘到中心—从血性到智慧—从番号到永恒”的叙事结构，显示出独特的叙事张力。当然，地方抗战的叙事有一个从解构—建构—重构的过程，更加丰富多元的地方抗战叙事必将成为电视艺术新的增长点。

第二节　审美解放与谍战叙事

审美解放与谍战叙事，是以不同的审美维度展开谍战叙事，反映出时代审美精神的嬗变。新中国成立以来的谍战剧可以分为三个阶段，即新中国成立后到 20 世纪 70 年代，改革开放到世纪末，新世纪，划分这三个阶段的依据就是在于它们各自形成一定的审美取向和叙事策略。电视剧《黎明之前》重新阐释人性、命运、价值、责任、信仰等人类生活的历史命题，在叙事上采取结构主义的叙事策略来打造新的审美空间。新世纪以来中国电视剧创作中遍地开花的“类型杂糅”“反类型”等现象，就是对叙事结构进行创新的有益尝试。就电视剧《风语》的叙事结构而言，是以叙事伦理为表，以情爱叙事为里，以信仰重塑为最终目的，三者融为一体，在叙事结构上有所创新，在一定程度上改变了人们对类型剧的刻板印象。从类型融合的角度来看，谍战剧和家庭伦理剧的结合将获得广阔的表现空间——谍战剧作为一种国家叙事，将为伦理剧提供宏大的历史空间；家庭伦理剧作为一种小我叙事，将为谍战剧开拓丰富的内在视域。伦理与叙事具有天然的联姻关系，伦理的变迁和叙事的创新会直接影响对方，叙事伦理或伦理叙事是近年学术研究的热门话题。中国历来重视伦理道德，中国传统文化在本质上是一种伦理型文化，伦理是中国电视剧叙事的永恒元素。电视剧《誓言今生》以宏微互补的叙事结构建构谍战叙事的伦理维度，以伦理正义的信仰价值凸显谍战叙事的情感元素，以谍战叙事的日常伦理展开多元解构的人文反思。

一、审美解放与叙事策略

近年来，谍战剧的兴起几乎造成了一种“谍影重重”的影视奇观，《暗算》《特殊使命》《潜伏》等一批优秀谍战剧一度引发收视狂潮，更成为一种文化研究现象。一方面，产业化的发展，使得谍战剧在数量急剧增长的同时，难以保证艺术质量的持久稳定，一定程度上引发观众的审美疲劳；另一方面，类型化的逐渐成熟使得谍战剧进入一种模式化的创造窠臼，大多数也只想到了在故事表层上挖空心思①。这种矛盾不仅制约着谍战剧的创作与发展，而且也是很多类型剧面临的困惑，在一定程度上将观众推向了资金投入更多、制作更精良的美剧、韩剧等国外影视剧。目前，寻求谍战剧的转型和提升，只能从挖掘中国谍战剧特有的精神内涵和历史底蕴入手，根据时代精神的变化重新反思谍战剧中的政治、情感、人性、信仰等具有人文关怀的基本命题，在此基础上的叙事策略创新才有可能。

2010 年，谍战剧《黎明之前》之所以能够热播，就是因为采用了新的叙事策略，对政治、爱情、悬疑等进行重新阐释，在观念、情感、审美等方面有所突破，获得特有的艺术魅力。

（一）观念突破：政治叙事的历史化

谍战剧本质上是一种政治叙事，谍战的内容、人物、事件等要素都是政

① 参见中国电视艺术委员会评论员：《向内寻求谍战剧的类型突破》，《中国电视》2009 年第 6 期。

治的产物，也随着政治观念的变化而改变。从新中国成立到 20 世纪 70 年代，谍战剧中的政治观念是冷战思维，其叙事策略上采取冷战叙事，可以概括为"'地下工作者打进敌人内部'的故事"和"反特片"；改革开放以后，政治观念随着冷战格局的解体而逐渐温和，谍战剧的叙事策略回归文学本性，开始注重情节的悬疑性和奇诡感；进入新世纪后，尤其随着国共两党、海峡两岸关系的升温，政治观念走向反思与重构，二元对立的思维方式逐级被历史化、建构式的政治观念所取代。政治叙事的"历史化"是指将政治放在一定的历史文化视野中进行思考和评价，不再以胜败、对错来简单评价政治对立和斗争，如此一来，谍战剧的政治叙事就带有强烈的历史反思和文化重构的力量。

对照电视剧《潜伏》可以发现，《黎明之前》的政治观念和叙事策略有了明显的不同。电视剧《潜伏》的结尾，余则成被迫飞赴台湾继续潜伏。一边是妻子翠平抱着刚出生的女儿企盼丈夫的归来；一边是余则成神情庄重地看着与晚秋的结婚照，若有所思、黯然神伤。电视剧《黎明之前》结尾，刘新杰、谭忠恕一起来到"水手"墓前，献花敬礼，谭忠恕承认自己已经没有了信念，在短短的几分钟内两次谈到"水手"能否被记住、被谁记住的问题，并对以"水手"为代表的共产党的地下精英以高度评价。电视剧《潜伏》表达的政治观念是残酷的政治斗争遗留下的生死离别与历史的断裂感和荒诞感，彰显的是革命者崇高的精神境界和伟大的理想信仰；电视剧《黎明之前》表达的政治观念突出的是对政治斗争的总结和反思。在某种程度上走向和解和融合，当谭忠恕明确表示"水手"应该被"国家""民族"记住的时候，此时的政治对立和军事对抗等都消弭在历史化的政治观念里，这里的"国家""民族"既不是国民党的"国家""民族"，也不是共产党的"国家""民族"，而显然已是超越阶级对立、党派之争的历史化、语境化的文化象征。

政治叙事的历史化，最大限度地还原历史，在突出英雄人物的同时，也注重对历史趋势、幕后支撑力量的叙述。为了剖析对历史趋势、幕后支撑力量的叙述，这一点必须从《黎明之前》的双层人物关系入手分析。中共内情员刘新杰身上有两层人际关系线索，第一是"水手组织"、阿九、宋敏仪为代表的正面人物，另一面是以谭忠恕、孙大浦、李伯涵、齐佩林、马蔚然为代表的反面人物。第一种人际关系建立在强大的信仰和理想之上，以牺牲自己、保全革命事业为原则。剧中，为了保护刘新杰身份，沈明铮、钱宇、阿九等先后牺牲；"水手"为了刘新杰完成破坏"木马计划"，以自己的生命为筹码设计了反击计划，扭转了局势，给予谭忠恕以巨大的心理打击，反映出"水手"坚定的信仰和超人的智慧所蕴含的巨大力量。在这种人际关系中，上下级的分别并不明显，因为人人为了革命，共同的理想和信念让他们相互尊重、相互帮助，体现了同志间的大爱精神。而支撑这种和谐人际关系的幕后力量既有强大、坚定的信仰力量，也有团结协作的组织力量，刘新杰背后有“水手”组织为其提供一切帮助，“水手”组织背后又有更强大的后方支持，既有对整个战略局势的准确分析，又有对谭忠恕等个人的全面评估，这样完备的幕后支撑力量才是革命胜利的真正“英雄”。当刘新杰只是猜测“木马计划”的地点可能是一个小岛，上级马上就进行了侦查，找到了准确的地点；国民党高层要裁撤八局，作为局长的谭忠恕被蒙在鼓里，而中共高层早就作出了预测和评估，“水手”得以利用这一时机就行反击成功。可以说，《黎明之前》对历史趋势、幕后力量的叙述大大增强了谍战剧的历史底蕴和文化内涵，使政治叙事走向历史深层。

相反，以谭忠恕为首的反面人物，大多奉行利益至上原则，争夺权力、自私自利是行为的核心。谭忠恕表面上是坚定信仰“党国”的顽固分子，但他并没有“同志”，他只能对任何人都不信任，让部下相互追查。而他信仰的“党国”，常让他干些处决政治犯一类的“脏活”，也让他对“党国”充满了疑惑，最后的结果是逐渐丧失了信念。在谍战中，谭忠恕不失为一名优秀的领导者，他的信仰也曾真诚而坚定，但他的上级和同僚精于权谋和私利的争夺，根本无法提供幕后的支撑，最后的失败也是历史的必然。而李伯涵、齐佩林、孙大浦等人为争取更多的权力，钩心斗角，无所不用其极。很多人用办公室生存法则来阐释《黎明之前》的明争暗斗，说明了这种人际关系的实质。正是在后者的衬托之下，《黎明之前》表现的信念与理想、人性才那样珍贵，它显示着共产党人强大的精神感召力和缜密的组织能力，支撑着处于黑暗中的革命者，也深深打动了处于现世私利、纷扰的观众们。

（二）情感突破：爱情叙事的唯美化

爱情叙事是指与剧中人物构成了（实质和非实质）恋爱或婚姻关系的叙事表达。谍战剧的传统元素是设置美女三角，对这种设置的变换和创新是近年谍战剧的重要叙事策略，也取得了一定的效果，但也出现类型雷同、情感泛滥的趋势。例如，新版《夜幕下的哈尔滨》编织了四位主人公的情感纠葛，情感线索占据了主导篇幅，《潜伏》中余则成与三个不同类型的女人的爱情戏占去三分之一的篇幅，平均每集达 15 分钟之多①。相比之下，《黎明之前》在爱情叙事上采取了唯美化的策略，将主人公的爱情故事高度提

① 参见刘广宇、胡焕阳：《情感表达与戏剧呈现：〈潜伏〉情爱戏的解读》，《西南大学学报（社会科学版）》2010 年第 3 期。

纯，创造出柏拉图式的爱情恋曲，它向观众呈现了主人公最隐秘、最真实的心灵世界。因为“爱情具有心灵的特质，同时又具有现实的面目，是创造心灵世界的好材料……爱情在现实中就可以使心灵超生，用这样的超生的原材料创造出的心灵世界可说是超生再超生，是心灵的心灵。所以这实在是伟大的题材。”①唯美化、高纯度的爱情叙事与高度紧张的谍战叙事碰撞在一起，所迸发的力量是巨大的。

表面看来，在《黎明之前》的叙事结构中，爱情叙事一直处于被压抑状态，一直都是政治叙事的附属品，但它在塑造人物、推动情节发展中却起到了关键作用，丰富了谍战剧的叙事节奏。刘新杰与顾晔佳的交往从一开始就是政治叙事的需要，刘新杰需要用谈恋爱的方式寻求更好的身份保护，顾晔佳则是在“水手”的安排下为了更快打入八局。在政治叙事的压力下，男女双方都不能直接表白真情实感，不能透露自己的真实身份，他们之间的交往仅限于喝咖啡、散步等最初级的恋爱程序，但就是这样简单的交往让刘新杰倍感轻松，柔和、轻快的节奏让复杂残酷的谍战紧张气氛暂时消失，产生令人向往的唯美空间。

杜夫海纳认为，“艺术作品通过自身的呈现制服情欲，建立秩序和节度，使心灵在平静下来的躯体中悠然自得。更确切地说，它把个别转变成普通，迫使见证人成为典范”。② 既定的艺术原则要求影视艺术超越自身的感官娱乐而进行行为上的沉思，也可以打破观众的审美疲劳，提升审美品位。《黎明之前》中柏拉图式爱情叙事可以看作是对以往影视剧惯常的庸俗情欲的超越。在刘新杰和顾晔佳身上，我们看到男女之间最简单、最纯粹的倾慕爱恋的含蓄表达，没有海誓山盟、惊天动地，甚至到死都不知道对方的真实身份。但是，在一个眼神，一个动作的细节中，自然真实的爱恋被朴实地表现出来。例如，每次刘新杰送顾晔佳到楼下，她都是飞快地跑上楼，飞快地打开灯，因为知道刘新杰会等她开灯才离开；而刘新杰也知道顾晔佳每次都是跑上楼的，可以想见顾晔佳躲在窗后的羞涩与激动。

柏拉图式的爱情叙事自然就创造了一个纯粹精神的乌托邦，而抒发纯美的人性就成为全剧爱情叙事的主要内容。谍战中的刘新杰必须保持谨慎、果断、英勇，甚至冷酷，用多变的伪装保护自己，人性被层层包裹起来。但在爱情叙事中，刘新杰虽然不直白地表露情感，但会在无意中流露出纯真的一面，如在与顾晔佳的约会时悄悄用报纸包了一朵玫瑰花，给心爱的人惊

① 王安忆：《心灵世界》，复旦大学出版社 1998 年版，第 214 页。

② ［法］杜夫海纳：《审美经验现象学》，韩树站等译，文化艺术出版社 1996 年版，第 90 页。

喜;无意中向恋人传授反跟踪的技巧;发现顾晔佳的信被偷看,细心地进行安慰,而后大张旗鼓地查出偷看信的特务。这里面虽然也有出于安全考虑的职业本能,但也不能否认是出于对爱人全力以赴的爱护和珍惜。而当刘新杰知道顾晔佳被监禁,他不顾一切地将其解救出来,并指给了去解放区的路线。

柏拉图式的爱情在现实中很难修成正果,在谍战剧中更是如此,刘新杰与顾晔佳的纯美爱情随着顾晔佳的死去而结束,但同时这也是谍战中的刘新杰精神世界丰满起来不可缺少的一个重要环节。对于顾晔佳和刘新杰而言,真情表白只有两次,第一次顾晔佳知道刘新杰就是 031 时,再也无法隐藏自己的感情和泪水,两人相拥而涕;第二次顾晔佳临死之前提起送给她的玫瑰花,其实是最后的爱的表白。刘新杰压抑已久的感情瞬间爆发,猛烈击打方向盘的场景让人心碎,

其实不仅是爱情叙事,刘新杰与阿九的亲情叙事也被唯美化处理。阿九是刘新杰的亲弟弟,而无论是刘新杰,还是阿九,在全剧中都没有表现出来,直到阿九牺牲,在弟媳宋敏仪追问之下刘新杰才艰难直面难以割舍的亲情。当然,这样处理是为了突出政治叙事的地位,还为了突出刘新杰与谭忠恕之间的伦理叙事。

(三)审美突破:悬疑叙事的陌生化

悬疑叙事是谍战剧的主要艺术手法,《黎明之前》之所以让人耳目一新,很重要的原因是编创人员采取了与以往不同的悬疑叙事,在并且将伦理、死亡等多个方面整合进悬疑叙事中,使全剧产生了陌生化效果。

为了吸引观众的兴趣,同时防止落入俗套,电视剧《黎明之前》设置了两个总的悬念贯穿全局的始终,并且两个悬念一明一暗,互为补充。明的是八局抓卧底,而且重点怀疑对象在一开始就指向刘新杰;暗的是共产党破坏"木马计划",直到最后才完成。如何应对敌人的怀疑成为观众密切关注的核心问题,这一总悬念在剧作的第一集就展示给观众,刘新杰制造了新亚饭店谋杀案,并且给敌人留下了线索,钱宇牺牲。但是,如何破坏"木马计划"到了最后才水落石出。而且,总的悬念还包括很多支悬念,敌我之间相互制造悬念,例如谭忠恕指派刘新杰执行的"摩西行动"就是一个烟幕弹,或者可以说是另一个计划的序曲。另外,苗定纬被抓,敌我双方都不知道其身份,刘新杰冒着很大的风险向总部求证,而李伯涵也通过其他渠道查清了真相。可以说,情节就是在悬疑的出现—破解—再出现—再破解的良性循环中不断更新,使得观众在猜测、想象中不断印证自己的判断,获得持续的审美快感。为了突出悬疑效果,电视剧采取不同叙事视角,有时用全知叙述视

角让观众知道事情的全部，让观众在审美期待中感受人物魅力；有时采用限制全知叙述视角，让观众在想象和焦虑中感受特殊的审美气氛。侦破亚新饭店谋杀案、调查卧底、破坏“水手组织”等紧张刺激的事件中，观众有时知道的比剧中人物知道的还多，会用兴奋或恐惧的心态欣赏敌人的失败和我方的损失，密切分析敌我双方的形势，得出自己的判断。而“水手”的反击计划中，观众不理解作为主帅的段海平被捕的举动，直到听到他的录音才知道匪夷所思的完美计划。更多的情况是观众与剧中人物一起推理、分析情节的发展，人物的内心活动，和下一步的行动计划。这样的悬疑效果对于谍战剧而言，无疑是吸引观众的最佳法宝。

为了增强悬疑效果，《黎明之前》有选择地突出了伦理叙事，将剧中敌我双方植入不同的伦理结构加以考察，加强了对人情关系的挖掘，尤其是突出了对反面人物的伦理叙事。所谓伦理其实是以某种价值观念为经脉的生命感觉，一种生命感觉就是一种伦理；有多少种生命感觉，就有多少伦理①。按照这种说法，《黎明之前》将亲情、友情加入谍战叙事就显得非常必要。前面说过，刘新杰与亲弟弟阿九的亲情关系被简约化处理，但同时突出了与谭忠恕之间的伦理关系。刘新杰、谭忠恕既是敌我阵营势不两立的主将，同时又是生死与共的兄弟关系，尤其是谭母对刘新杰有养育之恩。正是这种特殊的伦理关系，使刘新杰得以在八局占据处长一职，别人对自己的怀疑和调查都有所忌惮，这提供了极大的方便，是刘新杰卧底的重要基础。同时，谭忠恕对刘新杰的怀疑和调查是全剧的一条显在主线，而亲情又是伴随这一主线的潜在线索，虽然这一潜在线索不能取代和决定显在主线，但却能在关键时刻保全刘新杰的性命。第 27 集，当最大的嫌疑指向刘新杰，谭忠恕几乎无法接受这一结果，他想亲自“问问这个和自己一起长大、一起读书、一起从军打仗、一起死去又一起活过来的人，你到底是谁?”将兄弟关系植入敌我关系的做法在电视剧《人间正道是沧桑》等已经有所呈现，不同理想和追求造成兄弟分道扬镳，显在的是信仰的宏大叙事战胜个人的伦理情怀。而将兄弟伦理关系植入谍战剧，彰显的是伦理观念在政治叙事中的特殊影响。反观历史，有多少国民党高级将领、高官的儿女、家人等成为地下党，在革命历史进程中发挥了不可磨灭的特殊贡献，又有谁能否认伦理关系在谍战中起到关键作用？还有，刘新杰与齐佩林、孙大浦等之间的友情叙事也在政治叙事中起到关键作用，虽然他们之间的交往有各自的功利目的，但当对方有生命危险时，都能出于友情网开一面，当孙大浦意外获得一个可能断定

① 参见刘小枫：《沉重的肉身——现代性伦理的叙事纬语》，华夏出版社 2004 年版，第 7 页。

刘新杰就是卧底的证据，齐佩林的兄弟感情开始发酵，这与以往我们所认识的“宁可错杀一千也不可放过一个”的宏大叙事大相径庭。当亲情、友情、政治等因素纠结在一起，谍战剧的叙事结构显现出多元、多层景象，丰富了人物形象，突出了人性力量。剧中，马蔚然是保护刘新杰身份的关键人物，而他之所以心甘情愿地冒险替刘新杰掩盖身份，就是为了他的女儿，小心谨慎的他为了亲情毅然与国民党决裂。

死亡叙事是谍战剧不可或缺的组成部分，谍战剧中的主人公必须时刻做好死亡的准备，电视剧《黎明之前》对死亡叙事的创新也增强了悬疑效果，突出了死亡形式和价值。死亡作为此在的终结存在于这一存在者向其终结的存在之中①，人类的生存是“向死而生”。《黎明之前》采取了英雄主义死亡和个性主义死亡两种形式相结合的策略，英雄主义死亡主要是为了捍卫国家、革命的利益，慷慨赴死，使任务、革命得以完成；个性主义死亡主要是个人主动选择死亡，以使更有价值的人和事得以保全。除了次要人物由于枪战、叛变等原因死亡以外，主要人物的死亡都大都采取英雄主义、个性主义死亡的方式。钱宇为了保护刘新杰的身份自杀主要是英雄主义死亡，沈明铮让刘新杰指认自己主要个性主义死亡，而“水手”的死亡更是充满智慧与谋略的个性主义与英雄主义死亡相结合的典范，他用死亡激发敌人的猜疑和矛盾，最大限度地保护刘新杰拿到“木马计划”的名单，成为整个悬疑叙事的最大亮点。

总之，《黎明之前》主要通过叙事策略的重新寻求谍战剧的类型突破，致力于对历史、政治的重新阐释，从爱情、伦理上挖掘人物的精神世界，让悬疑不仅是主要的叙事策略，而且成为承载审美突破与形式创作的内驱力。

二、审美解放与信仰重塑

近年来谍战剧的兴起，很大程度上源于电视剧《暗算》巨大成功的刺激和鼓舞；而电视剧《暗算》的脱颖而出，直接的原因是麦家的小说《暗算》对谍战叙事的创新，“麦家开辟了一个新的题材领域，他能把枯燥的谍情题材变得神秘有趣，体现了他身上的智性和聪明”，麦家因此被授予茅盾文学奖②。一方面，麦家小说改编的电视剧俨然成为一个类型而备受关注，2010年就有改编自麦家小说的三部热门电视剧《刀尖上的行走》《风声传奇》《风

① 参见［德］马丁·海德格尔：《存在与时间》，陈嘉映、王庆节译，生活·读书·新知三联书店1987年版，第310页。

② 参见严晶明：《这届茅盾文学奖年轻了》，《北京日报》2008年10月29日。

语》面世，2010 年因此被“谍战迷”们称为“麦家年”①；另一方面，麦家又是反类型的，他的作品远非“谍战”所能涵盖，电视剧《风语》就显示出与以往谍战剧不同的叙事结构和精神气象，以至于电视台以“谍战巨制”为宣传口号，而编剧麦家与导演刘江坚称是人物剧。

其实，纠结于何种类型意义不大，类型成熟的结果必然是突破类型。种种迹象表明，谍战题材作品已经发展到一个拐点——无论是谍战小说的流行，还是谍战影视泛滥；无论是数量的剧增，还是质量的提升；无论是导演、编剧的诉求，还是观众、学者的期待……都要求谍战题材有所突破，或者反过来说，突破谍战题材。在这个意义上，小说《风语》的作者麦家和电视剧《风语》的导演刘江找到了文学和影视的契合点。如果说电视剧《暗算》主要是以“窄”取胜，在极端体验中考验人，在锋刃上见出风雷；那么电视剧《风语》则以“宽”取胜，在风雷中磨砺那刀刃，在风云际会中考验各种政治力量、各类人性情感的无限可能。

对于电视剧叙事结构的分析，就是对故事事件的取舍、事件序列的排列组合方式和“叙事可能之逻辑”②的考察。新世纪以来中国电视剧创作中遍地开花的“类型杂糅”“反类型”等现象，就是对叙事结构进行创新的有益尝试。就电视剧《风语》的叙事结构而言，是以叙事伦理为表，以情爱叙事为里，以信仰重塑为最终目的，三者融为一体，在叙事结构上有所创新，在一定程度上改变了人们对类型剧的刻板印象。

（一）为责任而责任：谍战叙事的新伦理

叙事伦理作为一种批评方法，是叙事与伦理的结合，西方学者侧重于叙事机制的分析，中国学者侧重于伦理内涵的阐释。叙事是对人类生存的一种展示，伦理是对人类生存应然状态的一种规定，刘小枫认为，“一种生命感觉就是一种伦理；有多少种感觉，就有多少种伦理”③，叙事和伦理都是自我确立的一种方式，把握叙事伦理的方法是复叙事。叙事伦理就是叙事生成伦理本身，不仅是作者叙事生成伦理，也是观众对电视叙事的复叙事生成伦理，还是艺术阐释过程中伦理对话生成的生命感觉共鸣④。因此，从叙事伦理的角度切入，就会洞悉电视剧《风语》的叙事结构和意旨所在，揭示出别具一格的艺术特色。

---

① 参见邢玉倩：《谍战剧：麦家制造》，《军营文化天地》2011 年第 1 期。

② ［法］克洛德·布雷蒙：《叙事可能之逻辑》，张寅德：《叙事学研究——法国现代当代文学研究资料丛刊》，中国社会科学出版社 1989 年版，第 153—176 页。

③ 刘小枫：《沉重的肉身——现代性伦理的叙事纬语》，华夏出版社 2004 年版，第 11 页。

④ 参见刘玉平、杨红旗：《从文艺伦理学到叙事伦理》，《兰州学刊》2009 年第 8 期。

叙事伦理是超越理性伦理的生命感觉的沟通与对话,是在一种生命感觉中感觉另一种生命真实,是伦理对话、艺术阐释和叙事分析相结合的产物。不同的叙事伦理由不同的叙事视角来完成,可以分为一元和多元模式。一元视角指向一种叙事伦理,叙事结构和伦理观念比较明确;多元视角指向多种叙事伦理,叙事结构和伦理观念比较复杂,相互之间有矛盾和交叉。以近年电视剧为例,一元视角模式较多,如《暗算》的核心视角是安在天、钱之江,《潜伏》的核心视角是余则成,《黎明之前》的核心视角是刘新杰,这种单一、稳定的叙事视角有利于叙事的线性发展。也有两元视角模式,如《狼烟北平》包括英雄视角和小人物视角,虽然使得该剧更鲜活、好看,但又因叙事视角切换的不自然而显现出相当程度的割裂与不自然①。电视剧《风语》采用更加复杂的多元视角,核心视角人物主要是陈家鹄、陆从骏,在局部还交叉着共产党、日特、汪伪、美国人等多重视角。这种设置在中国电视剧中比较独特,独特之处就在于多元叙事伦理虽然相互矛盾对立,但最后都统一到一点——为责任而责任。正如康德认为的那样,最高意义上的善不是自己的快乐和幸福,也不是人类的快乐与幸福,而是那种为责任而责任、为义务而义务的形而上的德性。

电视剧《风语》中,核心视角人物陈家鹄、陆从骏之间有很多共同点,其中最大的共同点是都有强烈的责任感。陈家鹄开始并没有政治立场,如果有的话那就是"报效国家"——为国为民的责任;陆从骏的立场是"尽忠党国",更多的是出于一种军人的本能——完成任务的责任;共产党的立场是"联合抗日",不惜一切代价保护陈家鹄,甚至不惜将陈家鹄送到国民党黑室,更多的是从抗战大局出发——保家卫国的责任;等等。这种设置并没有混淆正义与邪恶、善良与卑鄙、光明与黑暗的界限,反而使剧作在"责任"的感召下,更具艺术感染力。

首先,"责任感"视野下的多种叙事伦理丰富了戏剧张力,为塑造人物奠定了基础。陈家鹄的责任单纯而真诚,他放弃国外优越的生活来到战火连天的陪都重庆,显示了知识分子的良知和普通人的"匹夫之勇";面对接连失去妻子、父母的打击,他也会痛苦、消沉和绝望;但报效国家的责任感让他走出阴影,重新振作,走向光明。陆从骏的责任冷酷而残暴,他绞尽脑汁建立黑室,显示了他强有力的组织能力和执行能力;面对上级的腐败和猜疑,以及下级的无能和欺骗,他也会困惑、愤怒和隐忍,甚至不惜亲手杀死通敌的妻子;但完成任务的责任感让他爆发出更加强烈的报复心和破坏力。

① 参见张波:《电视剧〈狼烟北平〉的叙事伦理立场探寻》,《中国电视》2010年第3期。

共产党人的责任无私而崇高,显示了革命者的信仰和精神;面对战友和自己的牺牲,也有愤怒、伤心和痛苦;但保家卫国的责任让他们甘愿献身革命,舍生取义,捍卫信仰。

其次,多元叙事伦理让真正的责任或德性浮出历史地表。它不仅需要遵守道德律,自发履行义务,而且要主动抵制各种利益和欲望诱惑,并与种种权力逼迫相抗争,从而用意志克服重重阻力,将义务履行到底。陈家鹄履行自己的责任并尽力去实现它,但军统的阻挠和日特的刺杀让他报国无门,只有在共产党的帮助下才重新鼓起报国杀敌的信心。陆从骏想用暴力、恐吓等手段来完成自己的任务,但国民党内部的腐败和钩心斗角让他最终无法抵御种种诱惑,失去了自己的原则。更多的情况是被各种诱惑所驱使,离自己的责任越来越远。相井在军国主义、荣誉勋章蛊惑和利诱下逐渐失去人性;萨根、冯警长、黑明威等在金钱的诱惑下成为日特的帮凶;海塞斯被女色迷惑而暴露了身份。只有共产党在面对陈家鹄这样的破译天才时,并没有据为己有的私心,而是从抗战大局出发,让其暂为国民党所用,并想尽办法安排人员进行保护。执行这项任务的林蓉蓉、李政、徐州等共产党人抱着随时牺牲的准备去保护、帮助、引导陈家鹄,最终让其走向延安,走向光明。

（二）为爱而爱:情爱叙事的新姿态

如果说叙事伦理作为电视剧《风语》叙事结构的表层,是以陈家鹄、陆从骏等人为中心组织故事情节和行动,完成了一次伦理叙事的谍战表达;那么情爱叙事就是电视剧《风语》的叙事结构的里层,以陈家鹄与惠子、林蓉蓉之间的感情纠葛为核心,人物凭借顽强的意志与坚贞的信念抵抗各种阻碍和诱惑,张扬了一种祛除利益纠葛的"为爱而爱"的爱情伦理,增加了叙事结构的情感张力。

陈家鹄与惠子之间的情爱叙事是典型的"为爱而爱",它构成全剧前半部分的叙事主线,将幸福的结果从爱情中剥离,把惠子在等待中的锲而不舍、矢志不渝渲染得淋漓尽致、荡气回肠。陈家鹄与惠子之间的爱是纯粹的、不掺杂任何世俗的爱,是超越国籍、种族和政治立场的爱。陈家鹄为了爱,明知父母不会接受一个日本儿媳妇,所以在国外就与惠子结婚,迫使父母接受这一既成事实。惠子为了爱,抛弃一切,只给家里寄了一封信,就跟随陈家鹄来到重庆。惠子日本人的身份被公婆不容、被邻里打骂、被军统陷害、被哥哥利用,可以说,除了爱情,她失去亲情、友情等几乎所有的情感依托。但是,无论多大的猜疑、打击和侮辱,甚至被陷害而流产,都没有动摇惠子对陈家鹄的爱情。即使后来被迫与陈家鹄离婚,她仍然愿意等他到死,愿意为他付出一切,替他挡住了由她哥哥射出的子弹。陈家鹄为了照顾惠子不受委屈，毅然搬到外面住；为了见到惠子，帮助林蓉蓉作弊；最后甚至不惜屡次涉险。从第3集陈家鹄被绑架到黑室开始，就再也没有和惠子见过面，两人之间的爱情主要靠双方的苦苦思念来完成。无果而终的爱情具有强烈的悲剧色彩和批判意味。陈家鹄不屈服于黑室而绝食，在共产党的提醒下，想起惠子叫自己吃饭的温馨画面，忍辱负重的他决心活下去。陈家鹄一次次努力只是为了去看心爱的妻子，但同时也将惠子推向越来越危险的境地，直至最后替他挡住子弹而死。女主人公的死亡完成了“为爱而爱”的完美表达，渲染了剧作的情感张力。此外，“为爱而爱”的情爱叙事中还夹杂着陈家鹄与父母、惠子与相井等亲情叙事，更加突出了传统与现代、中国与异域、亲情与爱情等之间的巨大的文化差异和情感裂缝。

陈家鹄与林蓉蓉之间的爱情不以自身幸福为目的，所体现出来的“为爱而爱”的形而上色彩更为浓烈，构成全剧后半部分的叙事主线。表面看来，陈家鹄与林蓉蓉之间的情感非常朦胧，既有同志之间的相互信任，又有男女之间彼此的好感，更多的是林蓉蓉对陈家鹄的单恋，因为惠子死后陈家鹄的心也死了。林蓉蓉对陈家鹄的关爱本来是出于革命工作的需要和人之常有的同情，但看到陈家鹄接连失去妻子、父母的打击，以及来自黑室的逼迫，由同情、敬佩逐渐演化成难以言表的单恋。单恋是一种特别的爱情形式，不以最终幸福的结果为目的，它在意的只是爱情本身和爱情的独立价值。为了表现和隐藏林蓉蓉对陈家鹄的单恋，作品巧妙地设置了另外两对单恋关系进行对比和类比。一是闫少秋对林蓉蓉的单恋。居心叵测的闫少秋遭到拒绝，转而将陈家鹄帮林蓉蓉作弊的事情告发，还将林蓉蓉对陈家鹄的爱慕揭示出来，让陈家鹄与林蓉蓉有了生死之交，增加了信任和好感。实际上是将丑恶与纯洁的单恋进行了对比，突出了林蓉蓉纯粹真诚的爱情。二是蒋薇对陆从骏的单恋，被陆从骏发现后用行政命令的方式冷却起来。这样就与林蓉蓉对陈家鹄的单恋形成了类比，既反映出女性（林蓉蓉、蒋薇）对单恋的执着，又反映出男性（陈家鹄、陆从骏）对妻子的忠贞和处事方式的特点，尤其表现出陈家鹄在妻子死后复杂的内心世界。

“为爱而爱”的情爱叙事在电视剧《风语》中还表现在爱情遭遇“背叛”后的叙事伦理倾向。陈家鹄遭到了惠子的“背叛”，是因为惠子思念丈夫心切，被萨根等人当作“情报的宝库”加以利用，加上军统的陷害，被诬陷与美国人萨根有染。陈家鹄从来没有真正怀疑过自己的妻子，面对妻子背叛自己的确凿“证据”，他先是选择自杀，后是拼命工作来破译密码。陆从骏也遭到妻子秦海云的“背叛”，秦海云代表汪伪与日本人进行投降谈判，不仅与陆从骏所从事阻止汪伪投降的工作背道而驰，而且失去了中国人基本的良知。面对妻子背叛的事实,陆从骏先是亲手杀死妻子来保全自己,而后疯狂报复导致这一悲剧的间接制造者——林蓉蓉和闫少秋。同样是深爱自己的妻子,同样是被妻子“背叛”,结果却是如此不同,深刻揭示出陈家鹄、陆从骏迥异的内心世界和行为模式。两人的姿态对比,也凸显了两种情爱叙事的对比,从另一个侧面彰显了情爱叙事中“为爱而爱”的情感力量。

(三)为信仰而信仰:革命叙事的新境界

信仰是道德构架中不可或缺的组成部分,是道德的内在要求①。康德道德哲学在理性之外引入信仰,就是由于“德性”和“幸福”之间存在二律背反,只有引入“至善”的概念,借助信仰的力量,才能使行为者将各项规范内化为道德义务,而不再关心道德行为与幸福的关系。在此基础之上,才能最终解决“德性”与“幸福”的悖论,实现道德律与人自身的尊严。电视剧《风语》的革命叙事所表现出的“为信仰而信仰”的纯粹信仰诉求,在某种意义上是对历史长河中社会道德沦丧现象的反思,也是对当下社会道德危机的有力回应。

一方面,信仰的缺失导致道德沦丧,人类出于种种理由,执着于感性生命欲望而不能自拔,正是由于缺乏终极价值观念的引导和提升。电视剧《风语》中,陆从骏、孙立仁等人号称是“忠于党国”,是因为“党国”可以给他们利益和权力,“忠”的价值在于感性欲望的满足。所以他们为了达到目的,可以残忍地杀害陈家鹄和惠子没出世的孩子,在肉体上毁灭惠子;可以将“间谍”“荡妇”这样的恶名栽赃给一个善良无助的惠子,在政治和道德上绞杀惠子;直至将陈家鹄彻底击垮,变成听命于他们的破译工具。剧中用海耶斯的口这样评价陆从骏:“你不能为了达到一个正义的目标,采取邪恶的手段”,这样的评价是中肯的,但更关键的问题是,很多时候他们的目标也是邪恶的。自视为军人的陆从骏尚且如此,他的手下就更为不堪了,如得力助手孙立仁这样阐释军统的“忠于党国”——“在忠于党国的前提下,可以不择手段”,他这样回答陆从骏关于惠子流产的质问:“不管是孩子还是女人,是仙还是魔,只要他挡你的路,我就遇仙杀仙,遇魔杀魔”。没有信仰的结果必然是道德的沦丧。他们自己也不能在这种以利益为信仰的逻辑下独善其身,当陆从骏没有了利用价值,最后只能被杜先生抛弃、刺杀。也许道德的好坏因人而异,但信仰的有无却会导致本质的差异。表面看来,萨根是丧心病狂的日本帮凶,黑明威只为赚钱而尚有良知,他得知因他而害死陈家燕父母时,真心地向陈家燕忏悔。但两者并无本质区别,不能以两者之间破

① 参见任建东:《道德信仰论》,宗教文化出版社2004年版,第27页。

坏力的大小作为分辨善恶高低的标准。

另一方面，道德律的实现依赖于信仰的支撑，信仰本身所蕴含的内在精神价值可以在一定范围内主宰人们的伦理道德取向。电视剧《风语》的信仰叙事有两条线索，一条是共产党人始终如一的革命信仰，一条是陈家鹄从无信仰到走向革命信仰生成、发展之路。共产党的革命信仰让他们做事光明磊落，一切为了革命和抗战，没有党派私利的欲望诉求。共产党人老钱、李政、林蓉蓉、徐州等地下党总是能让陈家鹄在最危险的时候化险为夷，一切以保证陈家鹄安全、为抗日做贡献为目标。小狄、徐州、林蓉蓉等因此先后牺牲。共产党从来没有强迫陈家鹄做什么，信仰什么，只是让事实说话，提供建议和帮助，开导智慧和思想，用实际行动感化他，让他自己作出判断。陈家鹄回国的举动说明他有良好的道德律基础，但是离革命信仰还有很大的距离，甚至有可能被军统利用。陈家鹄的革命信仰来自他的几次起死回生，或者叫涅槃。第一次是陈家鹄以绝食抵抗黑室的逼迫，是林蓉蓉的暗示、开导和抚慰才让他恢复理性，活了下来，开始学会了与军统周旋的策略；第二次是陈家鹄得知惠子流产，悲而割腕自杀，是林蓉蓉的全力照料下才逐渐恢复；第三次是破译日军密码的失败让陈家鹄丧失了信心，是林蓉蓉的提示、鼓励启发了他的灵感，成功破译出密码；第四次是陆从骏设计制造陈家燕被杀的假象，当林蓉蓉、李政同时准备牺牲自己的时候，徐州在紧要关头传递信息给陈家鹄，让他及时听到了中共电台中妹妹的声音，揭穿了陆从骏的阴谋，但徐州因此暴露牺牲；第五次是林蓉蓉奋不顾身地挡住了相井射向陈家鹄的子弹……陈家鹄因为国民党军统的胁迫和日伪的刺杀而家破人亡，而共产党一次次用生命保护他而毫无所求，这让陈家鹄自觉地开始向往共产党、革命和延安。

电视剧《风语》对陈家鹄的信仰叙事有意识地采取了由低到高两个层次的转移和提升，从侧重罪与罚、苦难与救赎到侧重于"为信仰而信仰"的纯粹信仰力量，表现出建构一种形而上的道德价值的审美旨趣。陆从骏为了控制陈家鹄为黑室服务，制造种种证据来证明惠子是间谍，并且反复提醒陈家鹄很多人因此而死，其实是加重陈家鹄的负罪感，摧毁他的主体意志。而陈家鹄对父母、妻子等接连因他而死的事实更让他心怀歉疚，他希望通过不分昼夜地破译工作来换取灵魂的救赎，这种对道德和善的信仰一开始来源于自我拯救层面。根据康德的道德哲学，这种出于自我动机的善和信仰的行为，在本质上并没有什么道德价值。但陈家鹄并没有停留在这一层面，而是向更高的层面发展，从开始出于赎罪动机的自救的善发展到救世的善。共产党人的牺牲让陈家鹄感到震撼，无论是咬舌而死的徐州，还是替他挡枪子的林蓉蓉，临终遗言都是让他去延安。陈家鹄终于顿悟到信仰的力量和价值——真正的信仰不是外在的形式，而是主体自我内在的需要，是一种发自内心的“信”和“善”。

电视剧《风语》还提出了一个新的课题，那就是如何处理叙事结构创新与叙事类型之间的关系问题。叙事结构的创新必然带来叙事类型的新变，电视剧《风语》在叙事伦理、情爱叙事、革命叙事等方面的创新，在一定程度上造成电视类型的模糊和混乱，例如关于电视剧《风语》是谍战剧还是人物剧的争议仍然存在。可见，叙事结构的创新固然值得肯定，但也要注意叙事衔接、结构协调等方面的新问题。

三、审美解放与谍战伦理

作为近年热播荧屏、较为成熟的主要类型之一，谍战叙事已经进入“向内寻求突破”①的发展阶段，信仰、情感、人性等成为叙事创新的关键。一方面，谍战叙事要在类型化与反类型之间找到一定的平衡点，将内容创新与叙事策略结合起来，目前主要是以信仰为中心展开叙事策略创新。《暗算》《特殊使命》《潜伏》《黎明之前》《风语》等从不同角度挖掘谍战剧的内在蕴涵，通过价值创造和叙事创新提升了艺术品位和人文价值，从而丰富和推动了谍战剧的持续发展；另一方面，类型融合成为叙事创新的重要方式，多元叙事类型的结合不仅能够尝试打造新的叙事策略，而且为内涵创新提供了条件。

就谍战叙事而言，经营信仰也有一定限度，单纯的信仰叙事无以承载历史深刻性和文化厚重感，还需要其他人文价值的支撑，否则就会走向模式化、单薄化和类型化。以上问题也是其他类型剧面临的普遍困境。例如，家庭伦理剧不能一味表现柴米油盐、家长里短、小情小爱及小我命运，只有将家庭叙事与国家叙事有机融合，才能承载厚重的历史文化内涵②。从类型融合的角度来看，谍战剧和家庭伦理剧的结合将获得广阔的表现空间——谍战剧作为一种国家叙事，将为伦理剧提供宏大的历史空间；家庭伦理剧作为一种小我叙事，将为谍战剧开拓丰富的内在视域。伦理与叙事具有天然的联姻关系，伦理的变迁和叙事的创新会直接影响对方，叙事伦理或伦理叙事是近年学术研究的热门话题。中国历来重视伦理道德，中国传统文化在

① 中国电视艺术委员会评论员：《向内寻求谍战剧的类型突破》，《中国电视》2009年第6期。

② 参见中国电视艺术委员会评论员：《跳出“小我”局限　书写“家国”精彩》，《中国电视》2011年第11期。

本质上是一种伦理型文化，伦理是中国电视剧叙事的永恒元素。

电视剧《誓言今生》以宏微互补的叙事结构建构谍战叙事的伦理维度，以伦理正义的信仰价值凸显谍战叙事的情感元素，以谍战叙事的日常伦理展开多元解构的人文反思。

（一）宏微互补的叙事结构与谍战叙事的伦理维度

利奥塔认为，叙事(narrative)分为宏大叙事(grand narrative)和小叙事(little narrative)①，两者是一组相对存在的概念，正好可以反映新时期以来中国电视剧的内容特征。宏大叙事是指主题一致、完整、全面、十全十美、常常与意识形态和抽象概念联系在一起的概念，还有总体性、宏观理论、共识、普遍性、合法性等内涵；小叙事正好相反，主要是指个人叙事、私人叙事、日常生活叙事和平民叙事，表现为细节、分析、解构、差异性、多元性和悖论性。例如，主旋律电视剧就是宏大叙事的典型代表，以革命观念、民族精神、国家意志、伦理道德等建构了一种主流意识，以此实现整合社会凝聚力、民众向心力和文化影响力的目标。宏大叙事由于受到意识形态等束缚和形式上的限制而无法拓展更大的艺术空间，久而久之，就会带来模式化和审美疲劳。而小叙事关注个人的世俗生活，深入个人的性格、命运和细节，突出偶然性和不可预测性，以原生态的小人物、小事件、小感觉等更为真切地体悟小我的身体和心灵，显示出独具魅力的生活质感。经过多年的理论与实践，中国电视剧开始寻求宏大叙事与小叙事融合的途径，甚至小叙事也以人性化、日常化的视角和方式介入革命历史和重大题材，取得不俗的艺术效果和市场反映。

宏微互补的叙事结构，是将无情的意识形态与温情的家庭伦理融为一体，激发出张弛有度的叙事张力。一方面，谍战叙事作为一种国家叙事，要求意识形态的绝对区隔，正义与非正义、敌人与战友、共产主义与资本主义之间的对立不可调和；另一方面，伦理叙事作为一种小叙事，主张伦理正义的优先原则，即任何政治制度和社会价值要符伦理精神、人性情感和生活逻辑。电视剧《誓言今生》既保留了宏大叙事的基本结构，国共两党特情机构之间的斗争作为外在结构贯穿始终，文攻武斗、你来我往，其中不乏你死我活的惨烈场面；又加入小叙事的微观结构，兄弟(姐妹)之爱、父母之恩、生死之恋和朋友之情等作为内在结构一以贯之，其乐融融、生死离别，其中不乏催人泪下的感人场景。

---

① 参见 Jean-Francois Lyotard, *The Postmortem Condition: A Reporton Knowledge*, Trans by Geoff Bennington and Brian Massumi, University of Minnesota Press, 1989, p.48。

从外在结构来看,《誓言今生》主要以谍战叙事概览国共两党、海峡两岸和民族内外的历史变迁,国共两党从势不两立到和平共处,海峡两岸从分裂对抗到合作统一,民族内外从势单力薄到国强民富。国共两党的谍战叙事主要以“克什米尔公主号”爆炸、李宗仁回国、尼克松访华、香港回归等重大历史事件为背景设计,国共双方分别以黄以轩、孙世安为代表,剑拔弩张地斗了50年。中国共产党以国家统一、民族自强和人民幸福为己任,黄以轩等在艰苦条件下英勇斗争,阻止国民党偷运黄金,揭露台湾制造空难、迎接李宗仁回国、与美国建交、收回香港,这一切正义举动实现了中国的伟大复兴。国民党正好相反,违背历史发展和人民意愿,尽管孙世安费尽心机、不惜一切手段,最后还是不能阻止历史车轮的前行。

从内在结构来看,《誓言今生》主要以伦理叙事挖掘兄弟情感、个性理想和个人命运,兄弟情感从同胞相残到一致对外,个人理想从消除异己到求同存异,个人命运从悖逆历史到顺应时代。黄以轩和孙世安各为其主,解放前为了相互对立的目标只能选择枪口相对,解放后又针锋相对地进行情报战,双方互有胜败。双方之所以水火一生而没有致对方于死地,是因为两人都是中国人,同属一个家庭,都有类似的历史和命运。共同的伦理、责任和情感将两人内在地统一起来,让他们无法容忍“台独”分子的险恶用心,让他们放弃前嫌,并肩战斗。

总之,宏微互补的叙事结构,从内、外两个方面建构了谍战叙事的伦理维度,不仅将谍战叙事融入50年的历史洪流,而且切入谍战叙事的深层肌理,从多层次、多角度拓展了叙事艺术的广度与深度。

（二）伦理正义的信仰价值与谍战叙事的情感元素

如果说宏微互补的叙事结构为谍战叙事奠定了艺术基础,那么伦理正义的信仰价值就为谍战叙事注入情感元素,增添了浓厚的历史感和生活味。伦理正义是诸多正义(政治正义、司法正义、国际正义等)之一种,从内容上可以分为人类正义、社会伦理、人际关系伦理、个人美德伦理等层面,从形式上可以分为实质性、程序性和正义观念等。从伦理正义考察《誓言今生》的谍战叙事,就可以发现信仰的独特价值和情感元素的别样魅力。

伦理正义的信仰价值是正义与信仰的结合,是用民族正义和政治信仰丰富谍战剧的叙事层次和内在质感,只有符合民族正义的政治信仰才有信仰价值。《誓言今生》中谍战双方的主将黄以轩、孙世安,都有坚定的政治信仰,区别在于前者信仰共产主义,后者信仰两蒋。从民族正义的角度进行比较,共产主义信仰带来的是新中国诞生、民族独立和国家富强,而效忠某个人的信仰却有封建主义的致命缺陷。正义与否的信仰伦理,不仅区别在主体信仰的来源和立场，而且直接影响主体对待他人的目的和方式。黄以轩等反间谍人员对共产主义的真诚信仰、终生践行和不懈追求，来自主体和本质的自由、未来的应许性和虔诚的绝对性；孙世安等国民党特工对两蒋的忠诚和臣服，受制于强人政治、威逼利诱和官场斗争。在对待父亲（岳父）选择的时候，黄以轩采取的方式是晓之以理、动之以情，让父亲进行自我选择；孙世安采取的是威逼利诱、欺骗胁迫，让岳父别无选择。在面对女友的爱情时，黄以轩考虑的是爱人的感情和信仰，给对方安全、幸福；孙世安却绞尽脑汁上演苦肉计，利用爱人的爱情和信任窃取情报。黄以轩的信仰有了正义支撑保持旺盛的生命力，孙世安的信仰在两蒋死后逐渐消弭；谍战胜败的根源不在于个人能力的大小，而在于信仰的正义与否。

伦理正义的信仰价值是情感与信仰的统一，是用人伦亲情和政治信仰增强谍战剧的情感元素和人文关怀，只有符合人伦亲情的政治信仰才更具信仰价值。《誓言今生》将不同政治信仰的黄以轩和孙世安放在同一家庭之中，谍战叙事在人伦亲情的掩饰下别具特色——表面上风平浪静、一片祥和，暗地里波涛汹涌、危机四伏，赋予谍战叙事特有的表现形式。共产党主张人伦亲情与政治信仰的统一，不以牺牲亲情而达到政治目的；国民党不择手段，为达目的不惜一切代价。因此，孙世安下达的"格杀勿论"的命令也包括妻子、妻弟和外甥，这直接导致岳父、妻子死亡，外甥失踪，家破人亡，兄弟相残。晏家大小女儿晏思淮、晏思扬戏剧性地分别爱上孙世安、黄以轩，他们的不同选择和结局，完美地诠释了亲情与信仰的内在统一。孙世安在政治和爱情面前，毫不犹豫地选择了前者，直接导致晏思淮、杨菲两个女人的感情创伤和一生不幸。孙世安先是利用杨菲对自己的感情去诱惑、陷害黄以轩，后来利用晏思淮去大陆探望妹妹的机会使之刺探情报，还打算挟持黄以轩的儿子，使其成为与父为敌的特务。孙世安的政治信仰已经扭曲和异化了人伦亲情，爱人、女儿都为他所谓"信仰"的筹码和工具，最后落得众叛亲离的结局。黄以轩的政治信仰非常重视人伦亲情，积极寻求两者的结合和统一，不仅给予爱人以爱情和亲情，而且以亲情温暖化解政治对立。黄以轩的"谍战"同时也含有"统战"的意味，不仅要对抗台湾间谍的破坏活动，而且自觉保护爱国民主人士，甚至对台湾间谍也从未以消灭肉体为目的。这种情感与信仰的结合产生了巨大的感召力，以至于李进放弃执行孙世安挟持黄晓阳、孙眉的命令，不忍父子成仇、骨肉分离的悲剧发生。此外，只有人伦亲情才能融化政治对立的坚冰，黄以轩与孙世安 50 年的对抗，以他们的子女黄晓阳、孙眉的喜结连理而宣告和解，半个世纪的恩怨融汇于香港回归的时代交响曲中。

伦理正义的信仰价值是认同与信仰的统一，是用文化身份与政治信仰赋予谍战剧的身份认同与普世价值，只有符合身份认同的政治信仰才具普世价值。《誓言今生》将谍战叙事与重大历史事件、时代发展和社会转型等紧密结合在一起，时刻关注文化身份在谍战叙事中的地位和影响，上演了谍战叙事从对抗到融合的精彩大戏。文化身份是既有稳定性又有变动性的构成因素（阶级、性别、国别、年龄、种族、道德、政治立场等）在异质文化冲突中的嬗变及其组合①。鉴于不同的政治立场和利益关系，黄以轩、孙世安一斗就是50年，以至于退而不休、乐此不疲；同样，由于同属中华民族、炎黄子孙，黄以轩、孙世安等在“台独”面前能够齐心协力、一致对外。孙世安作为效忠两蒋的老牌特工，与曾宏枢等人只为金钱和权势有很大不同，后者只为一己私利，没有什么信仰。所以，黄以轩、孙世安在退休之后都在“发挥余热”，但目的和形式却有很大不同。黄以轩身负统战、沟通两岸的大任，老而弥坚；孙世安则被台湾弃用，但又“自作多情”，自己花钱买情报无偿送给台湾，让其转变顽固的立场实属不易。但即使在剑拔弩张的对抗时期，海峡两岸也没有完全中断联系，充当“白手套”的“晏先生”“唐先生”等民族志士前赴后继，一直默默地为海峡两岸的统一而努力，连台湾情治部门的李进等有识之士都自发制定了“汉神计划”，反对分裂祖国的行径。造成孙世安、李进等转变立场的根本原因是为“中国人”的文化身份，这是中华民族独立于世界的根本所在，是任何人都无法改变的。

（三）谍战叙事的日常伦理与多元解构的人文反思

情感元素增强了谍战叙事的人性关怀，让谍战叙事回归人的立场；日常伦理则为谍战叙事增添了生活质感，让谍战叙事回归日常生活。

谍战叙事的日常伦理，是将紧张凶险的谍战叙事，暂时寄寓于平静、祥和、幽默的日常生活，丰富谍战剧的叙事节奏和结构层次。《誓言今生》重点描写了黄以轩、晏思扬夫妇和孙世安、杨菲夫妇的日常生活，从生活细节凸显了两个家庭的矛盾统一。黄以轩、晏思扬夫妇组建的家庭团结、温暖，显示出家庭生活的普通而温馨。晏思扬抛弃一切，只身投奔大陆，嫁给黄以轩，源于浪漫的一见钟情和对共产党人的真诚向往。婚后，晏思扬在丈夫的帮助下，积极适应大陆环境，积极工作，相夫教子，还替丈夫找到失散多年的女儿。黄以轩无法掩饰对晏思扬的爱恋，冲破孙世安的阻挠，终于挽回爱情；找到女儿后，黄以轩接受妻子的建议，尊重女儿选择跟随养母的决定。相比之下，孙世安、杨菲夫妇长期作为上下级的工作关系而存在，虽然杨菲

① 参见卢衍鹏、向宝云：《论“后武侠小说”及其身份危机》，《当代文坛》2006年第6期。

爱孙世安,但孙世安却威逼其勾引黄以轩,破坏了他们之间的信任和感情。不仅如此,孙世安还对同样爱他的晏思淮进行欺骗、落井下石,让杨菲毫无安全感,迫使杨菲不得不忍受骨肉分离之苦,求晏思淮将女儿带往美国抚养。即便如此,退休后脱离纷争的孙世安、杨菲,还是过上了平静的生活,他们同时开着菜馆和古董店,像普通老头、老太一样争执和顽皮,为全剧增添了幽默风趣的色彩。

谍战叙事的日常伦理,是将非此即彼的谍战叙事,解构于偶然、多元、并存的人生命运,增强谍战剧的人文反思和价值批判。谍战剧的宏大叙事遵循非此即彼的逻辑,全面地压抑着个体的意义,个人命运要作为中介物,必然、一元地依附于某种宏大叙事。《誓言今生》借助剧中人物之口告诉我们,个体也拥有自己的生命和意志,不会完全屈从于革命、信仰、价值等宏大叙事的摆布。以黄晓阳、孙眉的爱情为例,可以看出历史与现实、个人与集体的对抗和融合。黄晓阳、孙眉在孩提时,就被阴差阳错地一起送往美国,身份的对立让青梅竹马的他们又不得不分离。成年后的相逢,孙眉已经定亲,加入国安局的黄晓阳也难于表白。无论是黄以轩、杨菲出于大局的阻止,还是孙世安别有用心的撮合,任何因素都可能使纯真的爱情夭折。但时代的发展和爱情的执着,让这对曾经错过的有情人不愿再次放弃,硬是冲破了上一代的恩怨和意识形态的坚冰,终成眷属。无论是黄以轩,还是孙世安,他们操持的谍战逻辑在新时代的爱情面前都无法奏效,这是个体的胜利,这是命运的力量。

当然,伦理建构只是谍战剧对类型融合、多元解构的初步尝试,仍需更多视角的深入挖掘和精心打造。只有紧扣信仰、人性、伦理、价值等核心元素,才能真正实现电视艺术的叙事创新。

第三节 审美解放与伦理叙事

审美解放与伦理叙事,是以伦理叙事体系审美和文化变迁,主要体现在家庭伦理、城乡伦理和民族伦理等方面。家庭伦理剧的叙事创新与类型突破,必须在类型自觉的同时具有反类型的勇气和策略,在去模式化的同时打造新的叙事模式,在宏观把握的同时从细节入手。电视剧《咱家那些事》以叙事策略完成类型突破,通过喜剧化型塑了日常生活的理想色彩与智慧空间,通过戏剧化表现平庸惯常的悖反伦理与人性限度,通过多元化实现了家庭伦理的类型融合与文化诉求。电视剧《能人冯天贵》采取一个男人与一群女人的故事构架,用冷色调的情感意象与美学品格的灌注感情元素,表达了代言式的群体情绪与批判意识，提供了一种中国农民工故事的讲法。只要中国现代化的进程没有完成，农民工的故事就会继续讲下去。电视剧《木府风云》以善恶对比的叙事策略阐释了民族传奇的伦理正义，以爱恨交织的叙事结构表达了民族传奇的情感纠葛，以家国统一的叙事立场展现了民族传奇的文化认同。

一、审美解放与家庭伦理

从《渴望》开始，中国家庭伦理剧从无类型意识，到有类型意识，再到类型成熟，是产业化、艺术化等多重因素发展的必然结果。一方面，类型剧要处理好资本诉求与艺术创新之间的关系，在保证商业价值的同时追求类型突破，避免模式化、同质化和庸俗化；另一方面，对类型剧的审美疲劳已成事实，观众已经厌烦不断重复的故事结构、叙事技巧和人物配置等，向内寻求类型突破势在必行①。回顾近年热播的家庭伦理剧，如《孝子》《咱爸咱妈》《牵手》《金婚》《王贵与安娜》《幸福来敲门》《你是我的幸福》等，都是从不同侧面和角度对百姓日常的家庭生活、情感世界和伦理道德等展开叙事创新，在不同程度上突破原有类型束缚。

在此背景下，要想寻求家庭伦理剧的叙事创新与类型突破，必须在类型自觉的同时具有反类型的勇气和策略，在去模式化的同时打造新的叙事模式，在宏观把握的同时从细节入手。电视剧《咱家那些事》以叙事策略完成类型突破，通过喜剧化型塑了日常生活的理想色彩与智慧空间，通过戏剧化表现平庸惯常的悖反伦理与人性限度，通过多元化实现了家庭伦理的类型融合与文化诉求。

（一）喜剧化：日常生活的理想色彩与智慧空间

古希腊描述的喜剧颇具生活气息，“喜剧是对一个可笑的、有缺点的、有相当长度的行动的模仿，（用美化的语言）各种（美化）分别见于（剧的各）部分；借人物的动作（来直接表达），而不是采用叙述（来传达）；借引起快感与笑来宣泄这些情感”②。日常生活繁复而驳杂，有温馨祥和的一面，也有冷酷混乱的一面，成功与失败同在，喜悦与痛苦共生，完满与缺失并存。如何对待生活，尤其是生活中的不幸与缺失，是家庭伦理剧的价值观和美学观的集中体现。《咱家那些事》将喜剧美学与家庭伦理相结合，用

① 参见卢衍鹏：《谍战剧的叙事策略与类型突破——电视剧〈黎明之前〉的叙事策略分析》，《中国电视》2011 年第 2 期。

② 罗念生：《罗念生全集 · 第一卷 · 喜剧论纲》，上海人民出版社 2007 年版，第 397 页。

喜剧策略处理日常生活的琐碎、不幸和平庸,用喜剧化的语言、人物和情节丰富伦理道德内涵,既为全剧抹上浓厚的理想色彩,又成功打造多彩的智慧空间。

首先,喜剧化可以调节家庭伦理剧的叙事节奏,链接伦理叙事的对抗与融合,彰显道德伦理的人性关怀。《咱家那些事》的叙事单元主要由“咱家”和“那些事”组成,前者以平凡家庭的伦理关系为中心,后者以普通人家的生存困境为中心,两者之间的对抗关系在喜剧化策略中走向融合。“咱家”是普通家庭,世代务农,到了李德瑞开始当工人、干部,几个子女也是从事超市营业员、工会职工等普通职业,处于社会底层。“那些事”除了家长里短、悲欢离合,主要是围绕二女婿做生意被绑架、被骗造成家庭经济危机,小儿子携款逃逸引发家庭分裂,三女儿夫妻不和、小女儿夫妻不孕造成婚姻危机,大儿子患癌症促成亲情回归,等等。《咱家那些事》中的突发事件接连不断,家庭关系错综复杂,完全可以是一个充满敌视、悲观、苦情的电视剧。但喜剧化的处理冲淡了夫妻间的冲突、姊妹间的隔阂和兄弟间的矛盾,以幽默、诙谐的语言,善良、宽容、乐观的精神,将现实中的艰难、磨难和痛苦灵动地表现出来,展示出积极向上的人生态度和豁达智慧的生活方式。

其次,喜剧化能够创新家庭伦理剧的人物类型结构,丰富伦理关系内涵,加深社会现实体认。喜剧化的家庭人物结构,就是人物关系的类型化、反类型和类型融合,将截然不同的人物关系(夫妻、父子、母女、姊妹、兄弟等)放置在同一伦理空间,达到出人意料的喜剧效果和伦理功能。类型化的人物关系以父母、大姐夫妻,以及他们之间的关系为主。父母之间相濡以沫,辛苦将儿女拉扯大,走过金婚,还要时刻替儿女分担一切,因小儿子欠下债务而将房产抵押出去,甚至还要忍受亲生儿女的冷眼和嘲讽。大姐夫妻继承了父母的传统,他们是典型的孝男孝女、恩爱夫妻,朴实勤劳,默默为父母、弟妹等分担种种压力和负担,是家庭关系的稳定元素。反类型的人物关系包括对传统夫妻关系、姐弟关系、父(母)女(子)等关系类型的突破。以夫妻关系为例,反类型主要通过三女儿夫妻、大儿子夫妻表现出来,是家庭伦理的不安定因素。志向颇高的李秀燕遇人不淑,经常以离婚威胁丈夫;不甘心当营业员,以组织合唱队、主持婚礼等来实现自己的明星梦。王永顺油嘴滑舌,多次失业,利用亲戚关系找到工作却不珍惜;与按摩小妹关系暧昧被扫地出门,险些离婚。李国立与丽敏因双方家庭经济条件的差异而产生隔阂,李国立在单位受欺、在家受气,丽敏心理不平衡,在娘家的挑拨下与国立离婚。反类型的人物关系在家庭伦理剧中一般不能持久,最后在多种因素的调和下达成了和解,最终实现类型融合。

最后，喜剧化可能够创新家庭伦理剧的叙事视角，探索喜剧与伦理剧的结合途径，打造充满张力的智慧空间，凸显典型形象。《咱家那些事》将喜剧与伦理剧结合起来，用智慧、宽容、情感化解生活困境，用不断推进的矛盾演进构建叙事结构，将叙事与生活融为一体。故事开篇，小儿子李国强被女朋友抛弃，从破坏父母金婚庆典到与人斗殴被拘留，从携款逃逸到血本无归，由此引发的家庭矛盾和经济危机让和美的一家颜面扫地、祸起萧墙，受害的二姐李秀华与亲弟弟决裂，甚至逼迫父母抵押房产。面对如此困境，父母首先想到的是如何最大限度地维护家庭团结，用包容的心去理解受害的李秀华，同时也默默地担心和信任着李国强。小女儿李秀红久婚不育，颇受婆家和丈夫彭新的冷眼，甚至被逼离婚，为了不让父母担心、不破坏弟弟结婚，独自忍受着痛苦；后来发现不育的原因在彭新，面对彭新的认错，父母没有得理不饶人，而是千方百计地替他们求医问药。喜剧与伦理剧的结合，能够透过表面深入生活本质，通过细节触摸人物灵魂。

正如苏珊·朗格所言："喜剧诗人创造的生命幻象就是充满危险、充满机会、正在展开的未来"①。当日常生活被打乱、人物关系被破坏和伦理道德被扭曲的时候，凭借幽默、智慧的力量，获得叙事的成功，取得人生的胜利，获得走向未来的勇气。

（二）戏剧化：平庸惯常的悖反伦理与人性限度

严格来说，任何故事都有戏剧因素，只不过观众已经对家庭伦理剧的审美期望、欣赏趣味等提出更高的要求，从过去追求还原现实生活的"现实美"向追求夸张呈现现实的"戏剧美"位移②。家庭伦理剧数量的增多和创新的艰难，考验着创作者对生活认知的深度和广度，不仅要深入梳理生活中繁纷复杂的琐碎细节，透视人情冷暖，还要拷问人性和灵魂，为现实生活中的人找到走出困境的出口。这就要求伦理剧的创造者不仅要有高超的叙事技巧，还要饱含热爱生活、拥抱生活的热情，拥有历经沧桑的豁达和境界。否则，家庭伦理剧很容易走向两个极端。一是陷入诸如"反常伦理"③等低水平、夸张式、极端化的叙事模式，以恶为善、以丑为美，引起观众的反感、恶心和惊悚，造成社会价值混乱。二是浮于生活表面的戏谑、搞笑，没有对生活的深入理解为支撑，无法深入和打动人心。《咱家那些事》用戏剧化的叙事策略展现平庸惯常的悖反伦理，将伦理叙事放置在人性的高度进行拷问，

---

① ［美］苏珊·朗格：《情感与形式》，刘大基等译，中国社会科学出版社 1987 年版，第 383 页。

② 参见卢衍鹏：《叙事伦理、情爱叙事与信仰重塑》，《中国电视》2011 年第 5 期。

③ 魏南江：《电视化+戏剧化：故事类栏目的增值空间》，《中国电视》2011 年第 10 期。

衡量和反思悖反伦理与人性限度的距离。

戏剧化能够丰富家庭伦理剧的叙事层次,突出和明晰伦理叙事线索,塑造个性人物形象。全剧的叙事主线是小儿子李国强婚变、携款逃逸,以及由此引发的一连串连锁反应,主要以李国强与李秀华之间、李秀华与父母之间的悖反伦理为主要内容。李国强既有传统伦理剧中"浪子"的类型化特点,又有反类型的创业青年特质,这种两面性在"携款潜逃"这一重复出现的关键情节中得以体现。第一次是二姐夫梁明杰的合伙人、貌似严谨的万涛携款逃逸,李国强处变不惊,为阻截险些出国的万涛立下汗马功劳,再加上之前解救遭绑架的梁明杰事件中的英勇表现,李国强的"浪子"形象有所改善。第二次是几乎雷同的情节再次上演,只不过这次携款出走的变成了李国强,急于投资红木生意的他欺骗了信任他的红妹,卷走了公司全部资金,直接造成梁明杰的公司倒闭,二姐与自己、父母反目,红妹失业。李国强先后投资红木、海参,血本无归、一蹶不振,是红妹在关键时刻的提醒和棒喝才重新振作起来,这很符合传统"浪子回头"的叙事套路。但从饭店小工到饭店老板,从小本经营到风险投资,李国强之后的举动就已经超出一般意义上的"浪子回头",其敢闯敢拼、吃苦耐劳、有情有义的品质充分展现出来。李秀华作为街道主任,能力突出、原则性强,在弟弟携款出走后打遍亲朋好友电话广而告之,在内忧(女儿学费无着落)外困(公司面临倒闭)之下与父母决裂,让子债父还。其间,夫妻不和、兄弟(姊妹)反目、父子(女)疏离等场景接连上演,反映出传统伦理道德与经济利益、个人诉求之间的巨大裂缝,也表现出时代动荡中个体的精神变异和情感痛苦。

戏剧化突破家庭伦理剧的平庸惯常,颠覆传统伦理道德,重构家庭伦理观念。从剧情模式来看,戏剧化是对家常生活式的类型突破,在平淡化、平民化叙事中增添了戏剧性因素。《咱家那些事》以"咱妈"为中心建构了家常生活式剧情,包饺子被放大为家庭文化的核心,"咱妈"不仅用饺子"包"住了四个女婿,而且频繁地用饺子解决家庭纠纷,甚至用饺子让胃癌晚期的大女婿奇迹般地康复。对"包饺子"的戏剧化处理,是对伦理叙事中生活化、真实化的加工和改造,没有损害艺术品的现实品格,反而以夸张的方式凸显了情感力量。从价值导向来看,戏剧化是对伦理叙事中意义消解模式的反驳,为价值虚无、意义消解的伦理时代敲响警钟。虽然各自的原因不同、程度不同,李家的二儿四女都曾面临婚姻危机,婚变叙事在整个叙事结构中占据重要的位置,按照先后顺序,一以贯之,成为伦理叙事的另外一条主要线索。先是李秀红与彭新因不育的离婚风波,接着李国强与潇潇分手,后来李国立与丽敏离婚,李秀燕与永顺更是将离婚挂在嘴边,甚至连老实本分的大姐夫都被误会有外遇。婚变叙事虽然在当今日益开放、宽容的文化语境下,具有一定的思想解放意义,但由此产生的伦理危机和社会影响更值得反思。戏剧化的伦理叙事创新了婚变叙事模式,让传统伦理道德回归家庭和人心,维护家庭伦理的叙事正义。最具代表性的是李国立与丽敏的婚变,经济实力的差距让李国立在岳父面前颇受奚落,市侩、势利取代亲情和伦理主导了人与人之间的真实关系。但利益维系的人际关系注定不能长久,当岳父一病不起,需要亲人照顾时,只有已经不是女婿的李国立帮忙照顾,让前岳父顿悟到亲情的力量和金钱的虚伪。真假伦理关系的对比,让前岳父留下让丽敏与李国立复婚的遗言。

戏剧化的伦理叙事将多元价值、道德判断和叙事创新结合起来,将其置于信仰重塑的高度,反思和批判悖反伦理的人性限度。戏剧化的伦理叙事在局部甚至成为家庭伦理剧的主要策略,这在李秀燕、王永顺等人物身上体现得淋漓尽致。他们好高骛远,终日忙碌,魂不守舍,疲惫不堪;但又处处碰壁,苦闷焦虑,彷徨无措。在这个意义上,戏剧化是对日常生活"碎片化"的集中呈现,是对生活意义的高度提炼。

(三) 多元化:家庭伦理的类型融合与文化诉求

无论是喜剧化的类型融合,还是喜剧化的叙事策略,家庭伦理剧的叙事创新都需要内在文化的支撑,将伦理叙事建立在文化价值和伦理价值的重新阐释之上。电视剧《咱家那些事》通过多元化的理论和视角,在新的文化语境下,表达出伦理叙事的文化诉求和批判反思。

首先,多元化是对多元伦理的合理性和片面性的比较和反思,在承认多元伦理合理性的前提下,重在尝试重构多元伦理的整体性。《咱家那些事》包括以个体为中心的个人主义伦理、以特定物质或欲望为目标的合理性、以爱情为旨归的价值观等,都具有各自的合理性,但诸多合理性存在矛盾和冲突,需要一定的协调机制来制衡才能实现和谐共存。潇潇抛弃李国强而选择有钱人,其行为固然存在道德缺陷,但李国强的一事无成、难以托付,也是其个人选择合理性的重要原因,遵循的是个人幸福伦理;李秀华夫妇与李国强决裂,原因是后者给他们带来巨大的经济损失和精神痛苦,遵循的主要是经济伦理正义;父母等人四处寻找、帮助、鼓励李国强,珍惜的是血浓于水的亲情,遵循的是传统家庭伦理;红妹无怨无悔地深爱着李国强,原谅他之前的欺骗,苦苦寻找,默默等待,鼓励、帮助他东山再起,遵循的是爱情伦理。《咱家那些事》用整体性来整合多元伦理,克服和包容各种伦理的片面性,在叙事结构上吸纳、改造、缝合和创新多种关系,为多元伦理的合理性创造共生并存的整体性文化空间。

其次,多元化是对伦理叙事结构多元化的尝试和创新,伦理道德、物质利益、个人意志、偶然机遇等都可以成为伦理叙事的推动力量。多元伦理叙事结构中,没有哪一种力量可以完全压倒其他力量成为绝对的权威和主宰,善恶对立、非此即彼的思维方式已经难以驾驭当今伦理叙事的发展逻辑。《咱家那些事》以伦理道德、责任义务等为核心规范,情感是延绵始终的基本元素,但在经济危机、个人欲望等冲击下,伦理道德也不能完全奏效。偶然机遇具有独特的叙事功能,方哥之于李秀燕、侯大夫之于李秀红夫妇、秦总之于梁明杰,当主人公在走投无路、情节无法进行的时候,这些人以偶然出现、贵人相助的方式,起到峰回路转、妙手回春的叙事效果。个人意志是伦理叙事的基本动力,也是情节突转的重要原因。李国强重新赢得爱情、亲情和友情的关键,是其白手起家、自力更生的坚韧意志;红妹爱情的可贵,是其克服万难、永不放弃的忠贞坚守;李国立得以复婚、在工厂立足的原因,是其诚心对人、扎实肯干的脚踏实地;李家人从分裂到复合,是其珍惜亲情、相互包容的必然结果。

再次,多元化是对"小我"叙事的反驳,将伦理叙事置于国家叙事的大背景下,将个人尊严与国家尊严紧密结合起来,让幸福与希望投射出更有层次的镜像,让国家兴旺与小家安定、国家强盛与小家幸福的关联更加具像化①。《咱家那些事》有一个重要的细节,饱受磨难的全家重新团聚后,李父将珍藏多年的族谱交给两个儿子,将家族的"小历史"融入国家兴衰的"大历史"。李德瑞、李茂才、李国立等几代工人,分别在计划经济、市场经济、文化经济的时代变动中扮演着不同的角色,也接受着社会发展和时代精神的考验。李德瑞退休后为了生计重返工厂而受到排挤,李茂才主动提前退休到私企淘金,李国立从工会分流到车间,不一样的变动反映了不同的精神取向和价值选择。正是因为有了感性而真实的国家叙事,伦理叙事才有了踏实可靠的社会基础,才有催人奋进的精神力量。

最后,多元化还包括开放式、多样化的叙事结局,丰富了伦理叙事的主题意蕴,标志着家庭伦理剧的叙事走向。《咱家那些事》没有追求大团圆结局,而是采取半开放式结局——李国强结婚、被二姐原谅,但为此操劳的母亲却病危住院。开放式的结局也是对主题意蕴的解放,引发人们对家庭、婚姻、爱情等多重主题的思考,从而深化和延展了家庭伦理剧的文化维度和叙事空间。

---

① 参见中国电视艺术委员会评论员:《跳出"小我"局限 书写"家国"精彩》,《中国电视》2011年第11期。

二、审美解放与城乡伦理

尽管农民工早已成为中国数量最为庞大的社会群体之一,并且在社会发展的各个方面发挥着重要影响,但是表现和传达这一群体的声音一直弱小,甚至可以称之为失语状态。这一状况在2011年春节前后开始得到一定改观,无论是央视《我要上春晚》中涌现出的众多农民工身份的底层选手,还是最终登上春晚舞台的西单女孩、旭日阳刚、民工街舞团,“农民工”这一特殊身份和文化符号以集体荣登国家最高舞台——春晚的形式,说明他们受到了空前的重视。其实,农民工及其相关问题在社会、政治、经济领域已经得到相关部门、专家、传媒的重视,但社会显然已经不再满足于初级阶段的干预和反映,而是需要从文化层面承认、宣传和关怀被压抑和忽视已久的“沉默的大多数”。观众之所以投票给民工身份的旭日阳刚们,不是因为他们的艺术才能真的超过了专业演员,而是他们的农民工身份、辛酸的经历和亲切而陌生的故事,是因为在他们身上看到了另样的“中国故事”。无论是任月丽在西单地下通道中演唱的《隐形的翅膀》(“每一次,都在徘徊孤单中坚强/每一次,就算很受伤也不闪泪光/我知道,我一直有双隐形的翅膀/带着我,飞过绝望”),还是王旭、刘刚在民工窝棚里的《春天里》(如果有一天,我老无所依/请把我留在,在那时光里/如果有一天,我悄然离去/请把我埋在,在这春天里),这些在清晨、在夜晚、在风里、在街上、在桥下、在田野中曾经“无人问津的歌谣”,深深打动了由几亿普通人组成的“沉默的中国”①。尽管这些歌谣原本与农民工风马牛不相及,但即便如此,不乏辛酸和浪漫的歌谣还是赢得了包括农民工在内的全国观众的褒扬。因为观众需要倾听农民工的声音,他们的故事才是鲜活的“中国故事”,他们有感情、有梦想、有活力、有血性,从他们的身上可以看到真实的中国。

在这样的文化背景下,依靠突出的选材和定位为特色的潘长江抓住了这一文化机遇,借助《清凌凌的水蓝莹莹的天》《清凌凌的水蓝莹莹的天2》的成功经验,推出了以农民工为主题的电视剧《能人冯天贵》,试图真实再现农民工的生存状态,提供一种农民工故事的讲法。

(一)故事构架:一个男人与一群女人的故事

农民工是改革开放的产物,专指外出到城市务工的农民,他们拥有双重身份,在家是农民,出门是民工;农忙是农民,农闲是民工。正是这种双重身

① 黄平:《“中国故事”的讲法——以2011年春晚为例》,《天涯》2011年第2期。

份造成社会对他们的评价相互矛盾,多元芜杂。一方面,政府和公众对农民工存在的意义大多给予肯定,按照《国务院关于解决农民工问题的若干意见》,“农民工是我国改革开放和工业化、城镇化进程中涌现出的一支新型劳动大军。他们户籍仍在农村,主要从事非农产业,有的在农闲季节外出务工、亦工亦农,流动性强,有的长期在城市就业,已经成为产业工人的重要组成部分”;另一方面,农民工文化素质低,与城市文化有很大的差异,他们是以弱势群体的身份在城市中生存。在很多城市人眼里,“农民工”=没文化+素质低+贫穷+辛苦+没保障①,因此“农民工”也可以说是一种歧视性称呼。尽管近些年有些地方和专家提出要用“外来务工者”“外来务工人员”“新市民”等称谓取代“农民工”,但是只要农民工的生存状态没有改观,换个说法并没有实质意义。而要讲述农民工的故事,必须面对他们复杂矛盾的多元文化形态,选取最能展现矛盾冲突的独特视角。1991年,电视剧《外来妹》已经注意到了这一问题。它用“外面的世界很精彩,外面的世界很无奈”的情感,反映了第一代农民工的生存困境,主要是采取了普通人的视角,采取平民化的策略,反映了城市/乡村、现代/传统之间的文化冲突。20年后,第二代农民工面临的文化冲突有增无减,更为复杂和多元。第一代农民工虽然比第二代农民工更苦、更累,但第一代农民工比较有寄托,可以把钱寄回家盖上体面的房子,转移城市打工生活的痛苦和焦虑;第二代农民工没有了荣归故里的具体目标作为人生追求,而是追求一种城市的生活,因为他们(不只是他们)一直被灌输一种超大的城市想象:留在(回到)农村是落后的、没出息的表现,城市才是光明的出路。

电视剧《能人冯天贵》同样选取了平民视角,但这一平民视角融合了市民和农民的特质,以“一个男人”——冯天贵的视角展示出独到的叙事取向。在城市里,冯天贵起码算是一个准市民,他靠老舅的房子当上二房东,有一定的租金收入;“镇中”毕业的他有一定的文化素质和高超的理发技术,熟悉城市中的习惯和规则,还有一个“县中”毕业的、具有小市民式精明的妻子;他还有一定身份和社会地位,助人为乐的他不但理发水平了得,而且对老人、孩子半价,常帮人介绍工作、排忧解难,深得民心,也受到居委会的重视,是个“有头有脸”的人物;他甚至有强硬的社会关系,他与常来理发的安监局局长成为朋友,关键时刻可以助他一臂之力。在来自一个村的农民工眼里,冯天贵也不过是个农民,来城市之前他们都是一样的泥腿子。冯天贵作为一个相对成功者的进城者,他深知农民工的艰辛和磨难,同样了解

① 王志恺:《关于“农民工”的称谓》,《语文建设》2007年第5期。

农民工的狭隘与局限,他对城市文明的认同和疑虑高度复杂地结合在一起。冯天贵很感激城市接纳了他,让他靠小理发铺赢得生存的权利、尊严和地位,但同时无法进一步接受现代经营理念和文化消费观念。金鸽给冯天贵带来新的经营理念,挖掘传统理发手艺,结合商业包装,将理发提升到文化消费的层次,让冯天贵的理发价格从5元/位提高到180元/位。即便这样,冯天贵却依旧怀念自己的小门脸,离开了金鸽的高级理发会所,他始终无法真正融入城市文明。从冯天贵身上,可以看到农民工用智慧和汗水在城市打拼的生存状态,可以清楚农民工作为弱势群体的艰难,可以看到多面性的农民工在强权和欲望面前的挣扎与犹豫。冯天贵身上的多元文化融合,体现出现实主义品格和"潘氏喜剧"色彩。

农民工的故事源自生活的真实,吸引观众的是农民工的简洁、单纯和温情,农民工故事的讲法不需要复杂的故事构架。电视剧《能人冯天贵》的故事构架非常明朗——一个男人与一群女人的故事,具体可以分为四种类型。一是冯天贵与王优美、沈秀枝、金鸽等三个女人之间是或显或隐的婚恋关系,其中王优美是冯天贵的妻子,但由于自己不能生育,设计与冯天贵离婚,并且先后撮合冯天贵与金鸽、沈秀枝。王优美与冯天贵即使离婚,但婚姻关系从来没有断过,是显在的婚姻关系。二是冯天贵与柳湾湾、妞妞是隐在的父女关系,尽管柳湾湾与冯天贵的认亲宴因为事故而夭折,冯天贵为了避嫌让妞妞叫自己"冯爷爷",但都无法掩盖他们之间的父女之情。三是冯天贵与金鸽之间若即若离的暧昧关系,金鸽倾慕于冯天贵的传统技艺而产生好感,冯天贵在金鸽面前表现出的却是传统文化与现代理念之间的巨大隔阂。四是冯天贵与毛丽、关艳子、亚茹等"老娘们"之间的琐事纠葛,这些"老娘们"跟随丈夫来到城市,但心理上并没有真正"进城",农民工的苦乐酸甜更能在她们的言行举止和喜怒哀乐中反映出来。

电视剧《能人冯天贵》之所以将农民工的媳妇们推向前台,因为她们是弱势群体中的弱势群体,在操劳家务的同时还要为丈夫担惊受怕,背负更大的精神焦虑。没有工作的她们"潜伏"在城市的角落,无法真正体会到城市生活的感受;当她们拿到"冯大嫂家政服务公司"的营业执照,才真正找到进城的感觉,忍不住喊出"我们进城了"的口号。而"能人冯天贵"其实能力有限,他的热心常常被人误解,他的愿望往往碰壁,他的许诺成了别人眼中的笑话,他的麻烦甚至都要靠自己的老婆解决。但冯天贵成了一个象征,在生活中是这群农民工的主心骨,在精神和文化上是农民工的代言人,农民工的悲苦现实让他不得不承担起这使命。此外,这种故事构架形成喜剧的叙事风格,蕴含丰富的感情元素。

（二）感情元素：冷色调的情感意象与美学品格

电视剧《能人冯天贵》以喜剧的姿态来表现现实的精神，直面农民工的生存苦难，但又以温情的前景来冲淡苦难，表现出他们无奈的生存意识，最后赋予主体以坚韧和乐观的精神，把人与社会、人与人之间的紧张关系转为和谐。

尽管《能人冯天贵》中的对话和情节笑料百出，尤其是冯天贵与王优美这对欢喜冤家的对手戏颇为精彩，但感情的整体风格还是抹上了一层凝重沉郁的色彩。农民工题材电视剧要表现三大主题——展示城乡冲突、描写农民工城市生活、揭示农民工精神世界，都是沉重的话题，这就决定了农民工电视剧的感情色彩必然是冷色调的焦虑、承担和悲悯。

首先，焦虑，是对现状和未来前景的忧虑和担心，既有基本的生存焦虑，又有内在的精神焦虑，焦虑是农民工生活的常态。电视剧《能人冯天贵》中的农民工大部分在建筑商何万金的工地干活，他们的要求并不高，拼命干活只是为了按时拿到工钱，但这种基本的要求都可能朝不保夕。何万金可以随时开除任何一个农民工，可以此为要挟让王优美这样一个弱女子将十袋水泥扛上十楼，老板的解释只是“随便说说”。王优美舍身为人的义举着实令人感动，甚至连何万金都为之感动、感叹，但这种豪情万丈的“大义”又是那么廉价和无助，这也可以从直接受惠的农民工媳妇只是拿来几个苹果的举动上可见一斑。这些被开除、被要挟的农民工，不敢、不能、也不想去与老板抗争，现实的残酷让他们趋于保守、懦弱和势利，他们更倾向于向冯天贵这种愿意帮助、但实际上又帮不了他们的人“讨个说法”。尽管冯天贵巧借安监局领导在场的机会，“逼迫”何万金签下了改善农民工待遇的协议书，尽管何万金讨回协议书的种种计策最终失效，但靠一两个冯天贵并不能从根本上解决农民工们的生存焦虑和精神困惑。农民工谭有德的遗孀沈秀枝更是焦虑的焦点，她初到城市就失去了丈夫，靠冯天贵帮忙争取来的抚恤金又被谭有财霸占，既无法在农村立足，更难在城市落脚，她在城市和农村之间的徘徊、坚持和自杀，都是焦虑和苦难的隐喻和象征。王优美的焦虑是没有给冯天贵生孩子，为了延续冯家的香火，她不惜将经营20年的家让给沈秀枝，让其替冯家生孩子。与其说这是进城农民的现代焦虑，毋宁说是传统焦虑的城市叙述。

其次，承担，是对多舛命运的隐忍，是对沉重责任的担当，是对无心过失的忏悔，是对艰辛生活的乐观。改革开放以来，社会急剧转型使多元社会矛盾激化，由此引发的思想、道德和价值观念的蜕变和滑坡没有得到有效遏制，市场经济的“效益原则”渗透到社会的各个方面，传统的价值观念在解体，新的价值观念尚未建立，这些矛盾已经成为整个时代的症结所在。农民工的弱势地位没有随着现代化、工业化的推进而改善，他们的价值体系受到更严峻的挑战，是否承担、如何承担种种压力，就成为中国农民工故事讲法需要解决的重点。电视剧《能人冯天贵》对时代精神的展现没有面面俱到，而是通过农民工的遭遇和表现来完成，书写出他们勇于承担的精神品质。沈秀枝、柳湾湾等人对不幸命运的隐忍显示出生命的尊严和小人物的坚强。沈秀枝身背丧夫之痛，马上又要面临生存问题，还要时刻提防窥觑自己的大伯子。无论境况多么艰难，但对丈夫的爱和对孩子的责任让她坚强地活下去，靠自己的双手赢得尊重。柳湾湾第一次开吊车就砸死谭有德，让她背上沉重的精神包袱，尽管事后查明事故的主要原因是设备老化，但她主动承担起照顾沈秀枝和妞妞的责任，为此冒着生命危险过河而差点丧命，去洗浴中心打工而身陷囹圄。最后又将妞妞丢了，还被逼设计妞妞品牌服装，毁了她服装设计的梦想。柳湾湾的承担，尽管略显无力但坚韧有节，连曾经痛恨她的沈秀枝都反过来安慰她、体谅她。

最后，悲悯，是对弱者的同情，是对人性的拷问。农民工是典型的弱势群体，但他们之间的悲悯之情并不贫乏，闪现着可贵的人性光辉。无论是工地上的农民工自发为沈秀枝母女捐款，还是农民工媳妇们满城寻找走失的妞妞，都是农民工朴素、忠厚和善良的本性显现。建筑商何万金虽然与冯天贵势不两立，但在寻找妞妞的问题上与冯天贵站在一起，对沈秀枝母女一直怀有同情之心。在王优美与沈秀枝的较量中，作为旁观者的农民工媳妇们不是从理性上考量是非曲直，而是从感性上考量谁“更可怜一点儿”。正是悲天悯人的人性关怀，让农民工在艰辛中不乏温情，在痛苦绝望中找到心灵的港湾。

中国农民工故事的感情元素还有更多，但焦虑是基本元素，承担是理性选择，悲悯是人之常情（但不是所有人都有），三者共同构成农民工对现实、责任、人性的历史选择，彰显出中国现代化进程中既阴晦又绚烂的独特景观。

（三）社会意蕴：代言式的群体情绪与批判意识

喜剧性的故事构架和悲剧性的感情元素的结合，表达的是电视剧《能人冯天贵》丰富而复杂的社会意蕴，不难看出其中代言式的群体情绪和底层意识。农民工的社会意蕴无疑是丰富的，其中乡村与城市之间的冲突是焦点问题，包含了文化冲突、伦理观念、乡村现代化进程等社会历史的诸多因子，形成独特的文化空间。雷蒙·威廉斯在《乡村与城市》考察了城市与乡村的悖论关系，认为城市与乡村之间并不是“作为单数的存在”，二者之间存在着“多样中介和新形式的社会组织”，而所谓的“空间”只不过是意识形态和权力关系的结果①。电视剧《能人冯天贵》主要靠人物形象来挖掘和展示社会意蕴的多元性，包括人物描写的类型化、人物设定的符号化和人物书写的群像化，以此代言农民工的群体情绪和底层意识，表现出文化批判精神。

为农民工代言，首先要解决文化认同问题，在城市文明和传统文化之间做出价值判断。在某种意义来说，城市等同于现代性，而乡村意味着传统②。这里涉及一个关键的问题是，即如何对待占中国绝大多数的“底层”，是把他们作为社会发展中的“包袱”甩掉，或者只当作“滴漏效应”的受益者，还是将之作为社会发展的根本动力？③ 电视剧《能人冯天贵》中的农民工具有勤劳、善良和助人的基本品质，他们不再是愚昧自私无知的阿Q，他们有理想，有追求，有向往，但他们的品质和追求面临社会认同的问题。第一，城市是乡村的乌托邦，是农民工走向现代化的中国想象。电视剧《能人冯天贵》中的农民工随时都可能失业，无论是在工地盖楼，还是在街头摆摊，但他们不会轻易离开城市，因为“总比村里好”。农民工是城市的边缘人，他们创造了城市的美好，却不能享受城市居民的权利，青年农民工刘二斗对此深有感触，他盖了很多座楼，但没有一寸属于自己的地方。虽然刘二斗为了抗议何万金辞退与冯天贵做邻居的几十名农民工，愤然“炒老板鱿鱼”，但他又重新找了份洗车的工作，并且考上技师，并鼓励柳湾湾学习服装设计，千万别放弃，以谋求在城市更好地发展。第二，乡村是农民工的精神家园，农民工在文化和精神上没有脱离农民的局限性。沈秀枝、柳湾湾等在城市走投无路的农民工第一个想到的就是回到农村，因为那里有收容自己的家。连“能人”冯天贵也筋疲力尽，无心城市，走向农村。谭有财是农村负面形象的代表，他霸占弟弟的抚恤金，利用乡村道德和愚昧民风企图让弟媳就范，逼迫柳湾湾写下两万元的借条，指使外甥陈大瓜与自己狼狈为奸，揭示出乡村传统与现代文明的冲突。而陈大瓜自觉地接受了城市文化，不再听命于谭有财的摆布，选择留在城市向冯天贵学习理发手艺的举动，象征着乡村传统向城市文明靠拢的历史趋势。第三，城市与乡村的结合点是农民工，对立冲突的最终结果是寻求融合。城市的发展离不开农民工的奉献，农民工靠自己的双手赢得收入和城市的认同。冯天贵与何万金之间的

---

① 参见 Raymond Williams, *The Country and the City*, Oxford University Press, New York, 1973。

② 参见邹赞：《空间政治、边缘叙述与现代化的中国想象——察析农民工题材电影的文化病候》，《社会科学家》2010年第2期。

③ 参见李云雷：《新世纪文学中的“底层文学”论纲》，《文艺争鸣》2010年第11期。

斗争既是利益之争，也是文化之争，前者是为了农民工谋取利益和尊严，后者要靠农民工赚取利润和地位。以何万金为代表的经理、老板掌握着社会生产的资本，是“先进生产力”的代表，他们头脑清醒，积极进取，深谙经营、管理之道，同时熟悉城市规则和潜规则，在竞争中占据明显优势。冯天贵与何万金的斗争从一开始就是不对等的较量，以至于何万金对冯天贵没有起码的尊重，很少称呼他的名字，而一直是称其为“小剃头的”，对农民工的轻视可见一斑。目前情况来看，单靠任何一方，都无法解决农民工与老板之间对立矛盾的关系，只有借助政府、社会等外在力量对其进行制约和协调，才能真正让两者走向融合和双赢。冯天贵如果没有外在力量的支持，根本没有与何万金对抗的资本，只有借助政府、社会的支持才有可能为农民工谋求利益。何万金诱骗柳湾湾承担事故的责任，成功地掩盖企业设备老化的责任，让自己的损失降到最低，冯天贵明知其中缘由却毫无办法；但安监局的介入马上扭转了局势，查明真相，让企业停工整顿，还柳湾湾清白。为了帮失业的农民工找工作，冯天贵打遍所有电话毫无门路，但安监局局长的一个电话就可以解决。柳湾湾为同伴不受欺负打了何万金的生意伙伴刘总，刘总让何万金作伪证陷害柳湾湾为自己开脱，冯天贵下跪向何万金求情都没有用，但公安局成功查到另一名目击证人，让耍流氓的刘总进了监狱。冯天贵为农民工孩子上学的事情向街道办主任求助，但政府出台同等对待外来务工人员的孩子的文件之后，这个问题迎刃而解。当政府部门、行业协会等监督和倡导到位，何万金因提高农民工待遇而荣获“工程之星”和博爱医院的合同，他与冯天贵之间的关系就由对抗转向融合，社会机制和行业规范的提升让何万金转变了思想，只有善待农民工才有利于自己的发展。

为农民工代言，还要有自我批判意识，对乡村文化人格进行批判性反思。电视剧《能人冯天贵》对乡村文化人格的缺陷与弊端进行了揭露，主要包括两个方面。第一，审视和反思农民文化人格在城市中的变异，尤其是在现代经济大潮、消费主义中的变异。马快因盗窃进了局子，出来后受何万金指使陷害冯天贵，竟说他中了千万大奖，这种损招连何万金都没想到。马快的媳妇毛丽在邻里之间挑拨离间，见不得别人过得好；为了自己的丈夫能够上工地，顶替了同村的三毛的位置；知道冯天贵中奖的消息之后，联合与亚茹演苦肉计，把自己头砸破，为的是分一杯羹。毛丽、桂兰子等卖盗版光碟被抓，竟然陷害王优美是主谋；冯天贵把她们保出来，她们也不领情。何万金利用开除农民工来逼迫冯天贵交出协议书，这些农民工和他们的媳妇们竟然配合何万金向冯天贵下跪，为了廉价而卑微的工作丧失了做人的判断和良知。村长听说冯天贵中了大奖，也来城里向他要钱，还以收回土地作为要挟。这都表明,当小农意识、农民文化心理与城市中的消极因素结合起来的时候,农民文化人格就会发生变异。第二,以现代文明作为参照系,展示农民的"现代愚昧"。谭有财强取豪夺沈秀枝的抚恤金,警告村里人不给她修房子,敲诈柳湾湾、冯天贵,甚至何万金,表现出对现代城市文化的隔膜和拒斥。农民工及其媳妇们一次次接受冯天贵的帮助,却又一次次将矛头指向冯天贵,正是农民工"现代愚昧"的感性显现,反映出传统的农耕文化理性无法与现代理性接轨的窘境。

总之,电视剧《能人冯天贵》采取一个男人与一群女人的故事构架,用冷色调的情感意象与美学品格的灌注感情元素,表达了代言式的群体情绪与批判意识,提供了一种中国农民工故事的讲法。现在看来,谁来讲述农民工故事,如何讲述农民工故事,都不是一个简单的问题,也不是几部电视剧就能解决的问题。可以预见,只要中国现代化的进程没有完成,农民工的故事就会继续讲下去……

三、审美解放与反腐叙事

作为一种特殊的审美类型和题材领域,中国当代反腐题材电视曾经红极一时,又因各种争议而突然大幅缩水,甚至销声匿迹。其中,从 1997 年《苍天在上》开始,到《大雪无痕》《绝对权力》《至高利益》《忠诚》《国家公诉》等,涌现出一批精品力作,充分展示出反腐斗争的复杂性和深刻性,给人留下深刻印象。这些电视剧直面现实,弘扬公平正义,反映人民意愿,塑造反腐斗士,演绎精彩故事,形成了较为成熟的叙事模式。同时,就像其他热播剧一样,反腐题材也存在情节套路化、人物简单化、反腐清官化、细节失真化、拍摄套路化等问题①。2004 年,申报的涉案题材电视剧总数为 308 部,最后被压缩了 40%,原因是反腐剧中的腐败层次、涉及范围、案情程度等呈现愈演愈烈的趋势,容易造成误导和负面影响。在沉寂了多年之后,电视剧《人民的名义》横空出世,一再刷新首播新剧收视纪录,不仅深受传统的中老年观众群,而且吸引了众多年轻观众、圈粉无数,俨然成为一部"现象级"电视剧。反腐剧的"意外"热播,既是对现实生活中反腐败斗争走向深入的真实反映,又为反腐题材电视剧的叙事创新提供了有利契机。电视剧《人民的名义》通过重新诠释"人民"的内涵来重构人民叙事,以多重社会矛盾丰富反腐叙事结构,以朴实信仰价值重塑反腐斗士形象。

① 参见骆毅:《谈反腐题材电视剧的创作现状与未来走向》,《中国电视》2015 年第 10 期。

（一）“人民”的多维阐释：反腐叙事的文化张力

“人民”是一个常用词汇，广泛运用于政治、社会、文化和生活等各个领域；同时，“人民”又是一个复杂、模糊、多义的词汇，在不同领域、场景和语境下的内涵差别很大，甚至在同一领域内的所指也会有差异。“人民的名义”至少有两种含义，一是站在人民的立场，以“人民的名义”反腐败，不畏强权、抵制诱惑、严格执法、依法行政，与侵害人民群众利益、损害国家社会的腐败分子、恶势力和不良现象作斗争；二是站在人民的对立面，以“人民的名义”贪污腐化、无恶不作，千方百计地侵害人民群众的权益，官商勾结、行贿受贿、欺压百姓、强取豪夺，采取各种方式地与人民、政府、法律对抗。电视剧《人民的名义》正是运用了关于“人民”的多维阐释，展示了当代社会各色人等对待人民的不同态度和文化立场，在时代变迁和社会转型的背景下诠释了反腐叙事的文化张力。

对于“人民”的定位问题，习近平总书记明确指出：“人民既是历史的创造者、也是历史的见证者，既是历史的‘剧中人’、也是历史的‘剧作者’”①。对于文艺创作来说，要坚持人民的主体性，突出人民的审美特质。人民的审美特质要靠人民文艺的审美特质来反映，要把人民作为文艺对象加以审美呈现。电视剧《人民的名义》紧紧围绕“人民”展开反腐叙事，正义或邪恶、为公或谋私、伟大或渺小，在人民的面前都会清晰可辨。

从对待人民的态度和认识上，就可以看出一个官员的思想道德和价值立场，这直接决定了官民关系、党群关系的好坏。真正把人民作为主体、以人民为中心，首先要把自己看成人民群众的一员，而不是把自己与人民区别开来、隔离开来。电视剧《人民的名义》中的老检察长陈岩石经常说的话是：“从群众中来，到群众中去”，谁天生都不是官员——从群众当中来，官再大也有退休的一天——回到群众当中去。官员如此，党员也是如此。陈岩石是这样说的，也是这样做的——在任时兢兢业业，退休后把组织分配的大房子卖掉捐献出去，自己则搬到敬老院。正是因为陈岩石对待人民的态度，人民群众把他当成贴心人，并没有因为他退休而疏远他，反而把他所在的敬老院变成“第二检察院”。在陈岩石眼里，“人民”就是大风厂的工人、上访的群众，人民需要帮助和救助，解决社会矛盾也要依靠群众。正是因为心系人民，才会在大风厂改制时让工人持股，在解决因股权纠纷而引发的尖锐社会矛盾时，才会站在工人的立场考虑问题，最大限度地保护工人的权益。当侯亮平遭人诬陷、停职反省后，为了找到关键证人，陈岩石发动群众、

① 习近平：《在文艺工作座谈会上的讲话》，《人民日报》2014 年 10 月 15 日。

依靠群众,终于抢在祁同伟等贪腐团伙的前面,侯亮平的嫌疑才得以昭雪。

背离人民,脱离群众,"人民"就成了一种"名义"上的说辞,这是造成贪腐的根源之一,也是电视剧《人民的名义》所着重揭露的不良政治生态。与陈岩石相反,很多官员嘴上说"为人民服务",其实根本不把人民放在眼里、心里,而是高高在上,唯上唯权唯钱,就是不唯人民。陈岩石的捐房就引起了"官愤",再加上经常替上访的群众说话而得罪各级官员,公检法都将其视为"麻烦"。例如公安厅厅长祁同伟曾追求过陈岩石的女儿,差点成了其女婿,却因怕惹"麻烦"而躲避陈岩石。祁同伟出身寒门,靠苦读考上大学、当了学生会主席,与陈海、侯亮平等一起成为时任大学教授高育良的得意弟子;后来在底层山区的司法所,再到危险的缉毒一线,一步步成为公安局长、副厅长、厅长。按理说,祁同伟对底层民众的生活最为熟悉,但他并没有因此而亲近人民;恰恰相反,他认为历史是由少数人创造的,人民是沉默的大多数,不值得重视。于是,祁同伟为官的唯一追求就是"进步"——不惜一切代价地"往上爬",甚至狂妄地宣称要"胜天半子"。为了"进步",他违心地跪地求婚,娶了时任省政法委书记的女儿梁璐——一个大他十几岁、被别人抛弃又来追求自己的女人,害人害己;为了"进步",他充当高小琴等商人的保护伞,帮助贪腐副市长丁义珍出逃、掩盖罪行,勾结法院副院长陈清泉侵吞大风厂工人股权,暗害有恩于他的反贪局长陈海;为了"进步",他千方百计地巴结上级,包括他的老师高育良、新任省委书记沙瑞金,甚至还有被老师视为政敌的李达康,原因只是他们手里都掌握能决定他是否升任副省级的关键"一票"。如果说祁同伟心里还有关心的"人民"的话,那么他的亲朋好友、左邻右舍就是他眼里的"人民"——众多亲属都被他"安排"进公安系统,连大字不识的亲戚都去了公安部门看车场。祁同伟甚至不顾党纪国法,替犯了轮奸罪的远亲去"捞人",连妻子梁璐都看不过去而去高育良那里告状。

因此,对于"人民的名义"的多重阐释构成了多义的人民叙事,为我们打开了反腐叙事的多维空间。对待"人民"的不同立场,大大增强了反腐叙事的文化张力。

(二) 多重的叙事冲突:交叉并行的叙事结构

与多维的人民话语相对应,电视剧《人民的名义》采用了多个线索,运用多重的叙事冲突来展开反腐叙事,形成了交叉并进的叙事结构。

第一条线索是由丁义珍出逃引发、围绕山水集团展开的反腐叙事,较量的双方展开你死我活的激烈斗争,叙事节奏紧张而明快。以侯亮平、陈海、赵东来等为代表的反贪力量,对贪腐线索紧追不舍。时任反贪总局侦察处处长的侯亮平成功起获小官大贪赵德汉，而汉东省反贪局长陈海负责抓捕的丁义珍因有人通风报信而出逃美国，同时也揭开了汉东省反腐的大幕。丁义珍案牵扯到大风厂股权转让引发的“一一·六”群体事件，接着发生“一一·七”案、陈海被撞成植物人。侯亮平顶替陈海出任反贪局长，将侦查重点指向美女老总高小琴的山水集团，发现山水集团在短时间内聚集了大量财富，比如仅用五千万就取得了大风厂价值十亿的土地。随着调查深入，侯亮平发现山水集团的山水庄园是汉东省很多官员的游乐场和食堂，包括祁同伟、陈清泉等各级官员都是那里的常客，正是他们为山水集团的生意提供了各种保护和“便利”。国企老总刘新建为山水集团输送利益多大几十亿元，违规为私企提供过桥贷款，贪污、私分利息几千万。高育良的前任秘书、法院副院长陈清泉收受贿赂，与祁同伟、高小琴勾结，直接导致山水集团夺取工人股权，间接导致死伤38人的“一一·六”事件。市检察长肖钢玉受贿索贿，为阻碍反腐的深入进行，受人指使，搜集证据、诬陷侯亮平。副国级领导、前省委书记赵立春不顾党纪国法，任人唯亲、败坏风气，为其子赵瑞龙牟取利益。省委副书记、政法委书记为了所谓“报恩”，任用曾提拔自己的原政法委书记女婿、自己的学生祁同伟，与赵立春做政治交易，其批复的美食城等项目让给赵瑞龙大发其财，而环境和百姓大受其害。这些反腐叙事情节起伏、节奏紧张，增强了电视剧的故事性和戏剧性。

第二条线索是围绕政治生态、权力调整展开的政治叙事，反腐斗争中的各级官员明争暗斗，较量的双方你来我往、各显神通，叙事节奏轻缓而微妙。在陈岩石看来，从赵立春开始，最近十几年的官场风气变坏了，老百姓找政府办事要找关系送礼。侯亮平刚就任反贪局长就被告知，汉东省有两大帮派，一是以高育良为首的“汉大帮”，一是以李达康为首的“秘书帮”。甚至空降省委书记沙瑞金，很快也被祁同伟等人称为要搞“沙家帮”。沙瑞金通过几个星期的实际调研，发现了干部使用中存在带病提拔等问题，冻结了包括祁同伟在内的二百多名厅以上干部提拔任命，要求侯亮平在反腐工作中“上不封顶、下不保底”。沙瑞金先是让陈岩石给省委常委上课，重温革命历史，慎重解决大风厂问题；后是调研林城开发区，肯定李达康锐意改革的气魄，同时提醒其改变工作作风；重新确立干部提拔任用标准，挖掘埋头扎实工作、不跑官不要官的干部，树立易学习等先进典型；通过网络等渠道掌握民众呼声，改良官场风气，处罚懒政、不作为的官员。更为深层的是政治权力的私相授受、公权私用等腐败行为恶化了政治生态。高育良原本是大学教授，因妻子吴惠芬的好友梁璐的父亲是政法委书记而走上仕途，最后当上省委副书记、政法委书记；为了报答知遇之恩，高育良违背组织原则，转而提拔任用恩人的女婿祁同伟，在明知这个学生人品、党性都有问题的情况下，仍一再推荐其担任主管政法的副省长，最后接他的班；高育良为了给自己开脱，将哲学辩证法变成了诡辩论，把贪腐看成改革发展的“润滑剂”；为了掩盖贪腐，维护所谓“政治平衡”，不惜授意诬陷侯亮平，阻碍反腐的深入进行。在错综复杂的政治环境中，侯亮平先是被看成“汉大帮”成员，后被视为新任书记沙瑞金重新分配权力的“利剑”，甚至连易学习都被视为打破政治平衡的工具。还有来自更上层的各种干扰，官至副国级的赵立春，虽然早已离任省委书记岗位，但仍然对汉东有着不可小觑的影响力，不仅可以左右汉东省内的官场，甚至还利用境外媒体议论政事，达到其不可告人的目的。政治叙事增强了反腐叙事的复杂性，增添了戏剧性和神秘感。

第三条线索是围绕维权职工、上访群众展开的底层叙事，处于底层的人民群众采取各种方式与贪腐作斗争，显示了反腐叙事的社会基础和人民群众的巨大力量。反腐在表面上是检察官与腐败分子的斗争，实质上人民群众与反人民势力之间的斗争，所以说反腐关系到人民群众的切身利益。电视剧《人民的名义》中的底层叙事主要是大风厂员工们的维权行为，贯穿整个反腐叙事的始终。大风厂是典型的老国企，陈岩石曾经主持过其股份制改革，并率先尝试让职工持股。因经营不善，加上厂长蔡成功欠下巨额债务，大风厂以全部股权为抵押向山水集团借款五千万，账务逾期未还款，工厂被法院判给山水集团。工人失去股权、占厂维权的原委可谓错综复杂，但起决定性作用的是贪腐问题。最表层的原因是城市银行的断贷，让大风厂违约，按照合同只能出让工厂；第二层的原因是作为民企老板的蔡成功向银行领导行贿、四处举债，甚至还借高利贷，最后导致资金断裂无法偿还，试图利用工人护厂来对抗政府拆迁；第三层原因是山水集团老总高小琴、公安厅长祁同伟、法院副院长陈清泉等相互勾结、各取所需，谈笑间就把大风厂错判给山水集团。面临下岗的工人们无法理解、也无法接受失去股权的事实，只能用最原始的方式，拿起最原始的“武器”（棍棒、火把等）来护厂。其中，王文革等激进分子在对抗拆迁队的时候意外点燃了汽油，造成包括他自己在内的38位工人受伤，造成影响甚广的“一一·六”事件。为了得到股权，王文革甚至劫持蔡成功的儿子，陈岩石劝说不成竟然也被劫持。可以说，底层群众这种极端的维权行为既不合法，也不合情理，但也说明了底层人民的无奈和艰难。在陈岩石的积极奔走下，以及工会主席郑西坡等老职工的倡导下，部分工人入股成立了新大风厂，开始了新的创业。但创业之路仍然艰难，区长孙连成百般推诿、为官不为，既不给新厂批地，又让人查封旧厂，逼得工人上班要爬窗户，年老的工人因此而摔伤。正因为如此，底层群众对于腐败深恶痛绝，当听说反贪局长被诬陷停职，群众积极寻找证人，在祁同伟掌管的公安系统的眼皮底下，成功将人先找到。底层叙事让反腐叙事更接地气，凸显了反腐的人民性和价值性。

这些线索环环相扣，并行不悖，共同组成反腐叙事的结构序列，体现出反腐叙事的复杂性和深刻性。

（三）畸变的价值信仰：反腐叙事的人性伦理

各色腐败现象的背后，是价值信仰和人性伦理的畸变①，电视剧《人民的名义》不仅塑造了典型的人物形象，更是走进人物内心，深挖反腐叙事的复杂人性。

首先，畸变的价值信仰是丧失党性原则，放纵贪欲，以为“人民服务”的名义，为“人民币服务”。电视剧《人民的名义》开场亮相是“小官大贪”，某部委处长赵德汉出身农村，住在破败不堪的老旧楼房，骑着自行车上下班，每月寄三百元给农村的老母亲。当检察官进门搜查时，他仍“镇静自若”地吃着一碗炸酱面，办公室的搜查仍然没有什么发现。直到搜查到他的一栋豪宅，里面竟然藏了二亿三千九百五十五万四千六百元，满墙、满床的现金给人强烈的视觉冲击和心理震撼。按照赵德汉的哭诉，他“爱看地里的小麦，看钞票就像看小麦一样，看着心里踏实，钞票上会泛起一片金光灿烂的麦浪……”这个自称是穷怕了的农民的儿子，在短短四年间居然收受了两亿多元，人的贪欲一旦打开就无法控制，其对金钱的追求已经到了畸形、变态的程度。

其次，畸变的价值信仰还包括违背初心，背叛感情，以“为人民服务”的名义，为个人权力服务。电视剧《人民的名义》中的高育良身居高位，用祁同伟的话就是“眼里只有江山”。最初，高育良还能坚持原则，多次拒绝赵瑞龙等人的金钱字画等贿赂。后来，因高育良与李达康不合，而赵瑞龙许诺可以调开李达康，并许诺可以让高育良进省委常委，而且后来这些许诺竟然都得以实现，高育良原来信奉的价值体系开始崩塌。再加上赵瑞龙精心设计的“美人计”，终于让高育良上了“贼船”。赵瑞龙、杜伯仲培训了高小琴、高小凤这对双胞胎姐妹，高小凤被安排接近高育良。高育良难以抵挡诱惑，与妻子秘密离婚，后在香港与高小凤注册结婚，自此只能受制于赵瑞龙、祁同伟等人。表面上看，高育良是被别人算计而失足，其实是内心不坚定的结果；同时，他丧失信仰，痴迷权力，善于搞政治平衡。

最后，畸变的价值信仰还有变味的爱情和婚姻，这些人生最美好的东西

① 王冬梅：《盲人群像的尊严诉求与日常伦理的心灵书写》，《中国电视》2013 年第 11 期。

都被当作交易的砝码，以婚姻或爱情的名义，达到其不可告人的目的。电视剧《人民的名义》写了几种畸形的爱情和婚姻，反映出价值信仰坍塌后的人性变异。第一种是高育良与前妻吴惠芬的婚姻，这对大学教授在人前堪称模范夫妻，因高育良出轨、离婚后，离婚不离家，欺骗组织和世人，一瞒就是十几年。高育良是为了保住政治前途，吴惠芬为了作为高官夫人的面子和"便利"，两人各取所需，都是"精致的利己主义者"。第二种是祁同伟与梁璐的婚姻，梁璐被不良男人抛弃，出于对男人的报复心理要嫁给更年轻、更优秀的男人，不顾祁同伟与陈阳相恋的事实而去追求他三年，甚至动用她父亲的权力"棒打鸳鸯"，把陈阳分到北京，把祁同伟留在汉东省最偏僻的乡镇司法所，美其名曰"替他们考验爱情"。祁同伟最初仍然想通过努力与恋人团聚，因此主动去缉毒一线，但缉毒英雄的称号换不来工作调动。为了走上仕途的快车道，祁同伟屈服于权力，他转而追求梁璐，"惊天一跪"的同时也丧失了尊严与底线，让他在追求欲望和权力时不择手段。第三种是高育良与高小凤、祁同伟与高小琴所谓的"爱情"，前者是权色交易的产物，后者更多是权钱交易、官商勾结的变种。也许，他们之间有时也存在"真情"，但这种"真情"也是建立在权力与交换的基础上。建立在畸变的价值信仰之上的婚姻和爱情只能以悲剧收场，吴惠芬得了忧郁症，梁璐让自己当鸵鸟，祁同伟畏罪自杀，高育良也锒铛入狱，高小琴姐妹也难逃法律制裁。畸变的爱情和婚姻还造成了伦理的错乱，如果说祁同伟自称娶了一个"老娘"属于自说自话、不可信服的话，那么高育良、祁同伟这对曾惺惺相惜的师生关系、上下级关系，因分别娶了高小凤、高小琴孪生姐妹而变成了连襟，则是毋庸置疑的事实。

值得强调的还有李达康、蔡成功、高小琴姐妹、季昌明等，他们身上反映出人性复杂的一面。李达康作为领导干部大胆改革，务实进取，眼光超前，在离婚后流露出对妻子、家庭愧疚的复杂情感；同时又作风霸道，追求政绩，爱惜自己的"政治羽毛"，对妻子、朋友有点"不近人情"。蔡成功作为侯亮平的发小，一方面举报贪官、积极救治受伤工人，有正义、良心的善行；另一方面，诬陷侯亮平、隐瞒借贷事实，具备商人几乎所有的缺点。高小琴姐妹曾是单纯的渔家女，被赵瑞龙等培训成琴棋书画精通的高级公关，专门用来诱惑高官，她们可以说是受害者；高小琴为了保护高小凤，替高小凤遭受凌辱，后来也不让高小凤参与犯罪活动，可谓姐妹情深；高小琴借助祁同伟等官员的权力强取豪夺、违法犯罪，不顾工人死活，可谓穷奢极欲、罪大恶极。季昌明深谙官场之道，平时谨小慎微，即将退休的他"生怕出事"，丁义珍的出逃与其"先汇报再决定"有一定关系；但在反腐斗争的关键时刻，能够坚持原则,巧妙地而坚决地支持侯亮平办案。但这些人物身上既有温情、柔软的一面,又有可恨、坚硬的一面,突出了人物的多面性和人性挖掘的深度,拓展了反腐叙事的人性空间。

总之,作为反腐叙事的重新出发,电视剧《人民的名义》树立了新的标杆,尤其是涉及顶层设计、权力监督等体制问题,发人深省,令人回味。当然,电视剧《人民的名义》还不尽完美,部分人物有扁平化的倾向,有些节奏有拖沓的问题,旁白有堆砌的嫌疑,都需要进一步打磨和提升。

四、审美解放与青春叙事

近代以来,从梁启超的《少年中国说》到新文化运动中的《新青年》杂志,青春叙事一直都是现代中国革命史、文化史的基本主题之一,更是中国电视剧发展过程中不可或缺的重要元素。近年来,为了争夺青年观众的需要,电视剧中的青春叙事有了明显的增加,歌颂青春、怀念青春的作品不断涌现,也塑造了一批新的青春人物,有人把这些青春主题的电视剧分为"训导型"、"呈现型"和"造梦型"等三种类型①。其实,每一个时代都是独特的青春,青春叙事也需要不断地去创新和挖掘,这样才能实现电视艺术创作的不断进步。习近平总书记强调:"青年最富有朝气、最富有梦想","只有进行了激情奋斗的青春、只有进行了顽强拼搏的青春、只有为人民奉献的青春,才会留下充实、温暖、持久、无悔的青春回忆"②。新时代造就新的青春,新时代需要新的青春叙事,中国电视艺术就是要在新的时代精神指引下,通过叙事创新去展示新时代需要的青春精神。电视剧《最美的青春》通过"塞罕坝"这一独特审美空间,叙述了以冯程、覃雪梅等为代表的青年誓把沙漠变绿洲的激情、奋斗和坚韧,全方位展示了浪漫与现实交织的多维价值碰撞。

(一)青春叙事的审美空间与青年形象的现实表达

青春的能指与所指,以及青春本身具有模糊性和不确定性,青春叙事的把握和创新具有一定的难度。电视剧《最美的青春》把青春叙事置于"塞罕坝"这一特定的审美空间,既有浪漫主义的唯美遐想,又有现实主义的客观抒写,赋予了青春美好而深刻的内涵。

青春叙事的审美空间是历史与现实的交织、温暖与冷酷的碰撞,"塞罕

① 参见张磊、杜莹杰:《近年来国产电视剧中的青春叙事》,《解放军艺术学院学报》2016 年第 3 期。

② 习近平:《在同各界优秀青年代表座谈时的讲话》,《人民日报》2013 年 5 月 5 日。

坝"的本义是美丽的高原,名字本身就充满诗意,为青春叙事建构起一个充满想象力的审美空间。历史上的"塞罕坝"曾是水草丰满、古树参天的皇家猎场,现实中的塞罕坝飞沙走石、沙漠无垠,未来的"塞罕坝"要建设机械林场、沙漠变绿洲。对于塞罕坝的人们来说,历史上的美景只有通过画像去想象,未来的绿洲也只是一种理想和奢望,他们真正面对的是无尽的风沙和残酷的环境。这种巨大的反差让塞罕坝成为一个独特的所在——"坝上"仿佛人间炼狱,在"坝上"需要极大的勇气和毅力。

青春叙事的审美空间既是对历史的继承和反思,又是对未来的设计和展望,塞罕坝的青年叙事因此充满了力量和激情。电视剧《最美的青春》中最具象征意义的是一棵具有几百年历史的落叶松,也是当时塞罕坝唯一幸存的大树。这棵树经历了开围放垦、滥砍滥伐、兵荒马乱,尤其是日本侵略者的残酷掠夺,竟然屹立不倒,成为当地居民眼中的"镇风神树"。从"神树"身上,我们仿佛看到了历史上塞罕坝的美丽;"神树"还埋着打游击牺牲的革命烈士——冯队长,更让我们深刻体会到革命历史的残酷与革命前辈的精神。作为冯队长的遗腹子,冯程是第一个上坝的青年大学生,当他跪在埋着他父亲的"镇风神树"下时,下定决心要扎根塞罕坝,让沙漠戈壁重新焕发生机。如果说"神树"代表着沉重和残酷的历史,那么冯程就象征着充满朝气和希望的未来。正是因为有着无法割舍的历史渊源和血浓于水的亲情,让冯程立志把青春奉献给生养他的故乡;也正是因为冯大队长的原因,于正来、老刘头等曾跟随冯队长打游击的老革命,不仅把冯程看成是难得的大学生职工,而且将其视为革命火种的延续,植树造林也是一场革命。

青春叙事的审美空间既是激情的理想,也需要有超凡的毅力和坚韧的斗志,这样理想才有实现的可能。电视剧《最美的青春》没有回避青年们选择上坝的现实因素,其中既有革命奋斗的一面,也有各自特殊的原因。第一类是因为家庭成分等原因,无法在大城市立足,为了躲避政治风波而选择偏僻的塞罕坝。这里面有来自上海的沈梦茵,甚至冯程也是为了女朋友唐琦免受批斗而选择调离北京的林业大学。第二类是因为爱情等感情因素,痴情年少的青年选择了最艰苦的塞罕坝。比如说武延生出身干部家庭,为了追求爱情而选择和覃雪梅一起上坝;覃雪梅也因为和当副部长的生父产生矛盾,放弃了到林业部给部长当秘书的机会,选择到最艰苦的地方奉献青春。第三类是迫于无奈暂时"屈身"塞罕坝,一旦有机会就马上离开。沉默寡言的气象技术员闫祥利受不了塞罕坝艰苦的环境,在与季秀荣结婚前夕不动神色地办理了调离手续,不仅当了"逃兵",而且是逃婚,深深地伤害了无辜的姑娘。还有冯程的女朋友唐琦,根本受不了塞罕坝的环境,不顾冯程的爱情和挽留，不惜用偷渡的方式，离开了塞罕坝，逃离了祖国。还有一类不是大学生，他们是处于社会底层的老百姓。来自河南的淳朴农民魏富贵为了节省路费、多赚工钱，不舍得回家看望饿死的亲娘；为了多攒吃的、养活弟弟妹妹，把大学生平时浪费的粮食悄悄收集起来。参与盗窃马蹄金的张福林隐姓埋名，上坝的初衷是为了逃避法律制裁，甚至多次计划逃到境外。

总之，电视剧《最美的青春》把青春叙事的审美空间扎根于现实的残酷和人性的真实，其中既有动人心魄的激情和理想，也有现实的无奈和感叹，还有难以启齿的苦衷和隐忍，这是这些共同构成了多元丰富的审美空间。

（二）青春叙事的节奏变幻与时代精神的深度挖掘

节奏变幻是青春叙事最基本、最重要的艺术表现形式，隐含于电视剧《最美的青春》的叙事结构、叙事情节和叙事语言等多个层面，一切人物形象、时代精神的和谐与完满，都得益于青春叙事节奏的准确处理和巧妙把握。青春叙事节奏的“慢”与“快”的把握，充分彰显了青年人能闯敢干的勇气与坚韧。

首先，青春叙事的“慢”与青年人的天性是相反的，这突出了自然条件和工作环境的恶劣，为后面青春叙事的精神挖掘作了铺垫。电视剧《最美的青春》中青春叙事的“慢”是指种树的过程慢、难成活、折磨人，在大学生上坝之前，林业局已经连续三年种不成树，所谓“一年种二年黄三年见阎王”，负责育苗的技术员老陈到死也没能解决技术难题。大学生上坝之后，冯程又用了三年时间，用了多种办法、绞尽脑汁，种树的成活率仍然不理想。所谓“慢工出细活”，在塞罕坝上种树不仅“慢”，而且需要“忍”。在一次次失败面前，冯程承受着生活工作上的恶劣条件，而且还要面对周围的冷嘲热讽，在坝上一待就是三年，立下“种不活树不下坝”的誓言。正是在“慢”的青春叙事节奏中，冯程这种不怕艰苦、用于奉献的青年精神才真实感人地展现出来。

其次，青春叙事的“快”不仅是形式上的简单明快，而且需要内容的丰富多变。电视剧《最美的青春》中青春叙事的“快”是指叙事情节的紧凑、人物感情的转换和矛盾冲突的尖锐。电视剧开场就是冯程老舅李铁牛的婚变——迎亲队伍遭遇沙尘暴，新娘吴改花悔婚出走；紧接着就是冯程的情变——女朋友唐琦因政治问题被追查，唐琦不适应塞罕坝的艰苦生活要离开冯程，后误传在偷渡香港时被击毙。冯程的形象也在不断变化，从起初受人瞩目、第一个上坝的大学生，到屡败屡种、“浪费”树苗的失败者，不修边幅的他甚至被后来的大学生们称为“野人”，还被人诬陷为抛弃同事、只顾自己逃跑的"胆小鬼"。直到经历了护树、断粮、遭遇狼群等事件之后,大学生们才逐渐认识到冯程不计个人得失、默默奉献的高贵品质,成为受人爱戴的造林英雄。盗窃犯张福林本来是一个危险分子,他隐姓埋名、伺机出逃,但在冯程等先遣队员的影响和感召下,逐渐放弃了邪恶的念头,从蓄意杀死小六(冯程收养的狗)的恶人,变成饿死也不杀狗、私放小六的善人。在冯程等人的劝说下,张福林终于自首,在狱中年年评先进,出狱后积极劳动,五天五夜不睡觉赶制植树铲,以实际行动赢得了人们的尊重和认可,由盗窃犯变成一名正式的林场职工。出身穷苦的农民魏富贵既淳朴又狭隘,在断粮的危机时刻,经过激烈的思想斗争,拿出了平时积攒的、被大学生浪费的粮食,不但救了大家,而且赢得了大学生季秀荣的敬佩和真爱。来自上海的沈梦茵本来有小姐脾气,做梦都想喝咖啡,但在集体的感召下也追求进步、入了党,为了防治病虫害误入沼泽地,身怀六甲的她不幸遇难……正是因为了这些变化,才让青春叙事变得丰富多元,同时也让时代精神在青年人的成长变化中得以张扬。

最后,在"慢"与"快"的青春叙事中,最为精巧的是快慢难辨、快慢结合的节奏变幻,在叙事节奏的转换中更容易点燃情感沸点,达到叙事的高潮。电视剧《最美的青春》中,断粮事件是一个值得关注的典型案例。在粮食断绝、面临饥饿与死亡时,人性的复杂得以充分展示。从"慢"的角度来说,大雪封闭了一切、凝固了所有,出门寸步难行、生死难料,冯程、赵天山等都冒死出去求援,结果都无功而返,差点丧命雪地。从"快"的角度来说,粮食、希望、耐心、勇气等都在迅速消弭,武延生甚至要杀死与众人朝夕相处、情似兄弟的小六来充饥,而且还诬陷魏富贵私藏粮食。在生与死的考验中,"快"与"慢"已经无法分辨,只有冯程、赵天山等为代表的青年无私奉献、勇于承担的精神让青春叙事得以延续——冯程用求救旗帜引起空军的注意,同时冒着生命危险在无法分辨方向的雪地里蹚出一条生命通道,最终得救。老革命老刘头也在用生命诠释了"快"与"慢"的逻辑,本来早该退休的他一直坚持发挥余热,而且还有老寒腿的毛病,听说坝上断粮的消息后,老迈的他第一个驾着马车去营救,结果被困雪地冻成一个冰雕、英勇牺牲……正是有了这种时代精神的支撑,青春叙事才有了坚韧的力量和不竭的动力。

总之,青春叙事的节奏变幻充分展现了特有的时代精神,时代精神让青春叙事更具深度和广度,两者相辅相成、相得益彰。

(三)青春叙事的爱情演绎与青年价值的理想超越

作为青春叙事无法回避的主题,爱情叙事的演绎在某种程度上决定了青年题材电视剧的成败，同时也意味着青春爱情叙事创新的艰难①。电视剧《最美的青春》通过多元交叉的叙事策略，将爱情叙事融入"革命—人性"同构的叙事结构，实现了青年价值的爱情表达。

多元交叉的爱情叙事作为一条明线，贯穿了青春叙事始终，成为推动青春叙事的主要动力之一。电视剧《最美的青春》在爱情叙事创新上采取多元交叉的叙事模式，试图突破爱情叙事的窠臼。除了前面提到的冯程与唐琦、李铁牛与吴改花，还有覃雪梅与武延生、冯程，季秀荣与闫祥利、魏富贵、马大奎，隋志超与沈梦茵，赵天山与张曼玲，等等。

第一类是"多角恋"，覃雪梅先后与武延生、冯程，季秀荣先后与闫祥利、魏富贵等，都属于典型的三角恋。覃雪梅在与武延生的恋爱中完全属于被动，武延生为了讨好爱人，先是冒名顶替冯程翻译英文资料的功劳，后是冒领冯程击退狼群、营救覃雪梅的大恩，甚至不惜诬陷冯程是逃跑的胆小鬼。武延生在爱情表现出来了虚荣、势利、阴险和投机的本性，以至于在后来的政治运动中还对冯程等人进行打击报复。覃雪梅与冯程从误会、相识、相爱的过程，建立在日常工作中的惺惺相惜、患难与共的相互扶持、价值信仰的志同道合，他们两人真正热爱塞罕坝这片土地，并志愿为此奉献最美的青春，甚至一生。季秀荣最初被那大奎视为女朋友，但她的理想是嫁给大学生，因此她主动追求、照顾生活能力差的闫祥利，就在她一厢情愿地要与之结婚时，却传来闫祥利调走的消息。敢说敢做的季秀荣经过一段艰难的痛苦之后，对最困难的时候照顾她的大厨魏富贵产生了感情。面对季秀荣的大胆表白和追求，淳朴善良的魏富贵出于好心地拒绝，直到季秀荣的真诚和坚持让他再也无法回避。

第二类是"单恋"，主角是隋志超、孟月和那大奎等，他们属于典型的单相思。来自天津的隋志超贫嘴好开玩笑，自称"大麻花"，毫不掩饰他对沈梦茵的好感和追求。为了沈梦茵，隋志超千方百计地托朋友寄来咖啡豆，还拜师学艺、亲手打造了磨咖啡豆的小磨，以真情付出抱得美人归，成了模范丈夫。孟月与男朋友几乎每天都写信、写诗，直到等来男朋友结婚的信息，而且给她寄来了喜糖，让她一直以来的相思一下子变成了真正的单恋。那大奎自以为是地把一起长大的季秀荣当成女朋友，但是季秀荣把他当成哥哥，即使被闫祥利甩了也不考虑他。最后，孟月、那大奎这两个"单恋"看到别人都结婚了，也"凑合"到了一起。

---

① 卢衍鹏：《以核心价值体系重塑中国主流文化》，《福建论坛（人文社会科学版）》2012 年第 10 期。

第三类是“苦恋”，包括李铁牛与吴改花、赵天山与张曼玲等都属于典型的苦恋。李铁牛在婚礼当天借了冯程一百元才终于凑够了彩礼，结果已经领了结婚证的妻子吴改花竟然悔婚跑了，痴心的李铁牛四处寻找妻子，荒废了整整五年时间，直到走投无路后才投奔冯程。来到农场后，李铁牛当了铁匠，在场长夫人于大婶的介绍下终于要娶亲了，结果吴改花领着五周岁的“儿子”来认亲，马上定下来的亲事又黄了。后来才知道，吴改花是出于好心收养了“儿子”，才解开了李铁牛心里的疙瘩，结束了多年的“苦恋”。赵天山与张曼玲的恋爱也经历了多重磨难，赵天山最初大胆追求张曼玲，后来因为年龄、伤病等原因又不想耽误人家，一再躲避和拒绝这份爱情。最终，在张曼玲的坚持下，加上冯程等人的劝说，终于放下心里的包袱。

其实，在种种爱情叙事模式的背后，存在着对正义、人性、价值、信仰等问题的考量，电视剧《最美的青春》对爱情叙事的演绎并不局限于爱情本身，而是顺着爱情叙事的线索向深层追问，涉及青年的价值、信仰等根本性问题。武延生在爱情中的失利，不仅是因为爱情观的偏差，更是价值观的问题。覃雪梅对冯程的爱慕，从根本上说是冯程对塞罕坝植树事业的热爱和奉献深深地吸引了覃雪梅，让有着同样追求和理想的覃雪梅，情不自禁地在劳模报告会这样重要的场合公开表达出敬佩与仰慕之情。在唐琦来信事件中，武延生为了打击冯程，加上了冯程通敌的英文、伪造了信件；覃雪梅从武延生那里偷取了信件，既保护了冯程，也保护了武延生和林场；广大职工并没有轻信武延生的诬陷，坚持了正义和原则。表面看来，唐琦来信事件是武延生与冯程的“情斗”，实际上是大是大非面前的选择。冯程虽然对唐琦念念不忘，但只是出于愧疚，而不是爱情，因为唐琦逃离祖国的做法已经说明与冯程不是一路人——冯程被张福林用枪胁迫都坚持不离开祖国。当得到唐琦还活着的消息后，冯程如释重负，烧掉了唐琦的牌位，开始了新的生活。

正是因为有着对于正义、价值、信仰的追求，塞罕坝的青年们才能在艰苦的条件下坚持下来、不断提高树苗成活率，终于在冯程、覃雪梅等人的带领下，探索出全光育苗等新技术，实现了把戈壁变林海的梦想。植树造林的过程中，坝上的青年们也都成长起来，爱情开花结果，价值信仰得以升华。最为喜庆的场面是青年大学生的集体婚礼，最为激动人心的是青年们宣誓入党的场景，这是青年价值的最大实现，这是信仰的无穷力量。

第十七章　审美解放的困境

审美解放的实现形式多种多样，同时也面临诸多困境，包括“欲望”陷阱、“理论”嬗变和“反理性”思潮等。欲望就是审美解放最容易滑入的陷阱之一，在“市场”“消费”条件下，审美解放对个人欲望的展示丰富而复杂，欲望成为一种压迫人性的异化力量。在欲望的压迫下，人的精神呈现出焦虑、无聊、虚无和分裂的状态。“理论”本来是人从蒙昧走向文明的工具，但是同样也可能成为精神解放和艺术创造的束缚。“理论”嬗变是指审美、文学在理论方面走过了遮蔽、神化和消亡的轨迹，从中可以看出审美解放的艰难历程。“反理性”是对理性的反驳和对抗，在哲学上对本质主义的反思和批判，在西方具有深厚的社会基础和思想基础。但在中国当代的特殊语境下，虽然“反理性”在反对政治霸权和理性主义等方面具有一定启示意义，但因缺乏现实基础和文化根源，不能过度提倡或过度阐释。“反理性”思潮是后现代语境下产生的反本质主义思潮，总体来看不利于人的精神解放和艺术创造，不利于审美解放的实现。

第一节　审美解放的“欲望”陷阱

欲望之所以容易成为“陷阱”，并被赋予审美解放的意义，是因为欲望是人类的一种本能，欲望的满足和解放在某种程度上意味着人的解放。在人学的视野下，欲望具有一定的进步意义和审美价值，欲望的满足和实现是人的精神解放的重要标志，欲望的展示也是很多文艺创作的重要主题。很多艺术家、理论家将欲望视为艺术创造的源泉和动力，欲望本身也是文学艺术的基本内容。如果考察中国20世纪80年代到90年代的社会整体性转换，对20世纪80年代的基本认识是启蒙主题①，启蒙主题又集中到一个焦点——“人”的主题。为了更好地研究“人”，更好地突出启蒙的主题，人们找到了各色理论资源，包括康德的理论、马克思《1844年经济学哲学手稿》的观点、俄国的典型理论、存在主义、“意识流”和弗洛伊德的无意识等，都被用来作为重要依据。按照20世纪80年代的文化逻辑，沿着80年代关于

---

①　参见南帆：《八十年代：多义的启蒙》，《文学评论》2008年第5期，第18—20页。

"人"的追问,20世纪90年代的基本主题就是欲望。

一、欲望的多义及其解放

欲望,即人的欲求与希望,既是人的内在自然本能,又是外在环境刺激和塑造的结果。一方面,欲望对人而言具有本体性的意义,是人行动的源泉和动力。另一方面,欲望具有不可满足的特点,需要在一定范围内节制欲望。早在先秦,老子就主张"常使民无知无欲"(《老子·三章》),"欲"是私欲、物欲、贪欲,是诱惑,放纵的背后是自食恶果①,"欲望"暗含了一种过度的意味。"欲望"还是当代主体性哲学的关键词,用以颠覆以理性为中心的主体观,例如雅克·拉康区分了"需要"、"要求"和"欲望"的差异,认为欲望不同于本能性的"需要",也不同于爱的"要求",而是后者减去前者所得的差数。

从不同的角度,可以将欲望分为不同的种类,在指向和意义上也有所区别。总的来说,欲望分为物质欲望和精神欲望两种,前者又可细分为金钱欲、物质欲、权力欲、名利欲、饮食欲和性欲等,后者可以细分为求知欲、表现欲和倾诉欲等。各种欲望在不同的历史时期和社会伦理道德环境下,还有高下之分,对欲望的评价和认识也会随着社会的变迁而变化。一般认为,精神欲望是指超越的、高级的欲望,可以"希望"、"愿望"和"向往"等褒义词加以指称;而物质欲望被视为本能的、低级的欲望,将"欲望"注入了贬义。

从经济学的角度,欲望是指一种缺乏的感觉与求得满足的愿望。经济学上的人是欲望的主体,具有追求欲望满足的权利来实现物质生活的改善,这正是社会经济发展的动力。"文革"的残酷教训告诉我们,如果坚持以"革命斗争"为纲,压制人的欲望,否定正当的物质需求,不仅是对人性的严重损害,而且会导致整个社会经济结构混乱、失调,直至崩溃。改革开放以来,以"经济建设"为中心,就是满足人的正当欲望,并将其作为包括价值活动在内的一切活动的物质基础。在市场经济条件下,调动人的物质欲望,保障每个人都有合法追求欲望的权利和自由,价值规律的原则从经济领域扩散到其他领域,欲望的合法化、合理化和自由化被普遍认可,从经济和文化上为市场经济打下了坚实的基础。

对审美解放而言,在诸多欲望的审美展示中,情爱叙事是最能反映人性的艺术方式,考察新时期以来情爱叙事的审美嬗变,有助于理解欲望在审美

---

① 参见蔡毅:《"欲望叙事"的勃兴与认识批判》,《社会科学评论》2009年第2期,第15—27页。

解放中的意义或局限。“文革”将欲望妖魔化,否定和批判人的欲望,以此来压制人性,文学艺术成为政治阶级斗争的工具,缺乏人的生命气息。“文革”结束后,对人性的呼唤自然也从肯定人的欲望开始。以情爱为突破口,探寻与之相关的人性、伦理和道德等,这是审美解放的重要模式。以对欲望和爱情理解的深度和广度为标准,可以将新时期以来的情爱叙事分为以下几个阶段。

第一个阶段,作为过渡时期,新时期初期的情爱叙事还带有很明显的时代内核和社会主题,对情爱的认识处于道德和社会层面。刘心武的《爱情的位置》、张抗抗的《爱的权利》、勒凡的《公开的情书》、王蒙的《风筝飘带》、宗璞的《三生石》等打破了“四人帮”禁区,暴露出“文革”对人性的创伤,突出人的情感和心灵。改革小说中的情爱叙事是改革叙事的陪衬和补充,遵循“改革+爱情”叙事模式,也有独立的情爱叙事及其伦理道德的探讨。其中,张洁的《爱,是不能忘记的》最具代表性,写女主人公与一位有妇之夫的精神之恋,将一种纯粹而强烈的人的感情抒发得淋漓尽致,高扬精神、心灵的沟通,而缺少身体的结合,甚至连手都没有握过。遗憾的是,当时引发的争议已经超出了情爱和文学的范畴,而是触动了整个社会价值评判体系,婚外恋的社会性压倒了人性的情感价值。小说用纯粹、永恒、唯美的柏拉图式的爱情方式,将人们对爱情的热情和愿望表达出来,这与《廊桥遗梦》形神同构——爱情不因没有结果、无法实现而失去价值,反而因此更加刺激,不能忘怀。限于当时的思想状况,人们关注的是“爱情”与“婚姻”之间的关系,而争论的焦点不在于爱情的本质,而是爱情外围的道德问题和社会问题。

第二个阶段,20 世纪 80 年代中后期,思想解放大讨论和随之而来的改革开放,将情爱叙事从禁欲主义的政治和文化空间挣脱出来,在客观上推动文学加强了对情爱的认识和表现,情爱叙事被看成是一种人性和生命力的象征。人的情欲中包含的性欲、物欲等被看成是人道主义、人文精神的应有之义,但情爱叙事的另一面还有启蒙精神的人文主义,具有某种超越性。张贤亮的《绿化树》《男人的一半是女人》分别将人类的最基本欲望——物欲与性欲进行了隐喻般的表达,主人公对食物、异性的渴求深入骨髓。小说以解放情欲、倾诉情欲、释放情欲为目的,逐渐建立了情欲的合法性地位。《绿化树》写寡妇马缨花与获释犯人章永璘之间的粮食与性之间的隐秘交易,马缨花用自己的生存技巧获得额外的粮食,并将其作为爱情的馈赠给饥饿的章永璘,章永璘则给马缨花以性的理想图景。《男人的一半是女人》写右派章永璘在劳改场忍受情欲的煎熬,他只能用信仰、理想等来克制情欲;

章永璘与自己偷窥过的女人的结合主要是性的结合，却发现自己因长期克制而阳痿，他不断质疑这种结合的合理性，“有爱情吗？……爱情被需求替代了”①，信仰、理想成为他释放情欲的障碍；性能力的缺失让他的精神世界充满灰暗，即使撞见妻子与别人偷情也怀着歉疚的心情避开，性功能恢复后，他又选择离开女人，去追寻自己的理想。《男人的一半是女人》实际上隐喻了人的两个维度，一个是形而下的身体欲望，一个是形而上的精神欲求，在启蒙话语的规约下，爱与性、灵与肉之间是分离、冲突和矛盾的。与此相对应，王安忆的《三恋》、莫言的《红高粱》、刘恒的《伏羲伏羲》等将性的能量放大，并将其放置于文化反思的语境，情欲在压抑与放纵中堕落或提升，观念和伦理在审美中纠结、升华。

第三个阶段，20 世纪 90 年代以后，随着市场经济的迅猛推进和西方文化霸权的强力扩张，大众文化催生了金钱物质拜物教和消费中心主义。在取得合法性之后，欲望又进一步争取更大的话语权，情爱叙事以性爱为中心展开，朱文的《我爱美元》、韩东的《美元硬过人民币》等小说，集中展示了性爱叙事的意义和局限。之前，先锋小说中情爱叙事有符号化的写作倾向，新写实小说中情爱叙事以日常化、身体化为特征，《废都》中知识分子选择精神放逐和释放性欲，都为情爱叙事提供了价值参照和叙事铺垫。

总之，欲望的解放是精神解放和思想解放的结果，欲望成为审美解放的重要内容。但是，审美解放不仅局限于欲望解放，否则就会陷入欲望而不能自拔，违背精神解放和审美解放的初衷。新时期以来的情爱叙事大体沿着“情感——情欲——性欲”的脉络进行。当然，这种脉络不是绝对的承续关系，几个阶段之间也有交叉和错位，某些作家、作品也可能涵盖了多种情爱叙事。

二、欲望的异化及其解放

情爱叙事中“情感——情欲——性欲”的演进，既是现代社会发展中的个体选择，从中也可以看出审美解放的基本路径。在人类文明的历史长河中，性爱中本能与灵魂的和谐统一被看成是衡量生命价值与伦理关系的重要标准，同时也是情爱叙事现代性转换的矢量与意义。刘小枫将现代叙事分为“人民伦理的大叙事”和“自由伦理的个体叙事”，性爱叙事显然属于后者，“自由的叙事伦理学更激发个人的伦理感觉，它讲的都是绝然个人的生

---

① 张贤亮：《男人的一半是女人》，《收获》1985 年第 5 期，第 4 页。

命故事，深入独特个人的生命奇想和深度情感”①。

当审美解放滑入“欲望”陷阱时，性爱祛除了包括爱情在内的一切文化色彩，变得纯粹、原始和直接，具有本体地位，性爱异化进而导致人性异化。朱文的《我爱美元》写父亲来看“我”和“弟弟”，“我”劝父亲解决一下“性问题”；在“我”带着父亲闲逛的过程中，“性”一直是谈论的中心话题；与父亲一起去舞厅各找了一个妓女，因钱不够两个人而准备让父亲独自“消费”，最后因价格太高作罢；“我”甚至让自己的情妇陪父亲睡觉。“性”占据了压倒一切的地位，什么爱情、亲情、父子关系等都可以不加考虑。性爱作为一种本体性存在脱离了人自身，更为重要的是，性爱是可以用来买卖和交换的，“性欲变成了消费社会的‘头等大事’……一切给人消费的东西都染上了性暴露癖”②。不光是性，一切都可以被拿来交易，“但我清楚我的泪水是廉价的，我的情感是廉价的。因为我就是这样一个廉价的人，在火热的大甩卖的年代里，属于清仓处理的货色……连灵魂都卖给你，七折或者八折”③。当父亲告诫“我”：“一个作家应该给人带来一些积极向上的东西，理想、追求、民主、自由等等，等等”时，“我”回答说：“我说爸爸，你说的这些玩意，我的性里都有”④。韩东的《美元硬过人民币》写杭小华顶住了种种来自年轻女性的诱惑，却在同学成寅的诱惑下去 N 城嫖娼，并因对妻子的内疚而更珍惜家庭生活，引诱和帮助他嫖娼的同学成寅竟然被看作是挽救婚姻的义人。杭小华不仅将小姐完全看成是解决性欲的工具，而且对“小姐某一器官的记忆要远远超过她的脸”⑤；而小姐擅长从做爱中判断男人，“她一把抓过美元，以意想不到的速度将其藏入身体的某一部位，并与之结合为一体了”⑥。在消费社会中，性欲、身体、美元（或人民币）完全是一体的，都可以被贴上价格标签，都可以进行“等价”交换。

当审美解放滑入“欲望”陷阱时，传统价值观念、伦理道德逐渐失去了对性爱叙事的控制，伦理体系被抛弃和隔离，爱情、道德和伦理等都是被嘲弄和颠倒的对象，“性爱”打着“自由”的旗号高扬于消费文化的热土。小说《我爱美元》写寻找嫖娼对象时，父亲有浓厚的“年龄差距”意识，总是把卖淫的小姐看成是女儿，以至于造成心理障碍。“我”劝说父亲克服这种额外

---

① 刘小枫：《沉重的肉身——现代性伦理的叙事纬语》，华夏出版社 2004 年版，第 6—7 页。
② ［法］波德里亚：《消费社会》，刘成富、全志刚译，南京大学出版社 2000 年版，第 159 页。
③ 朱文：《我爱美元》，作家出版社 1995 年版，第 403 页。
④ 朱文：《我爱美元》，作家出版社 1995 年版，第 404 页。
⑤ 韩东：《美元硬过人民币》，上海人民出版社 2006 年版，第 30 页。
⑥ 韩东：《美元硬过人民币》，上海人民出版社 2006 年版，第 39 页。

强加的“陈旧”观念，并对父亲固有的思想行为进行了无情的嘲讽——“父亲为一个婊子打开了门，并且殷勤地扶她下车。每一个动作都闪烁着经典的光彩”，“李红是那一溜婊子中最老的一个婊子，之所以如此选择，完全是因为考虑到父亲的那个一时半会儿难以克服的性欲界限”①。在欲望的赤裸展示中，儿子对父亲应有尊敬、崇拜和亲情，父亲对儿子威严、正直、慈爱的关系，兄弟之间的关爱、情谊，已经荡然无存。在欲望面前，爱情显得荒唐可笑，已然沦为成年男女之间为了掩盖赤裸性欲的无聊游戏，“我”的爱情等于性生活，无论是上大学时与当学生会干部的女朋友，还是工作后与王晴的性爱关系，从来没涉及爱情。“性生活”甚至可以代表“我”的存在状态，“我”经常有一种“性生活刚进行了一半”的感觉/心情/心境，性生活就是“我”的生命表征和精神象征。在小说《美元硬过人民币》中，杭小华抵制身边的诱惑与去外地嫖娼并不矛盾，伦理道德并没有对他形成威慑和限制，他充当“好丈夫”而拒绝诱惑的目的并不是因为道德高尚、洁身自好，他的谨慎小心是为了维护自身利益不受损坏，而到外地就可以解除这种危险，用“等价交换”的形式去嫖娼在他看来心安理得，而且还有同学作为“向导”和借口。韩东的《障碍》写两个男人（石林、朱浩，他们是众所周知的铁哥们儿关系）和一个女人（王玉，朱浩的女朋友）之间的关系，石林受朱浩委托接待王玉，却在本能的驱使下与其发生了性关系。在十天左右的时间里两人疯狂做爱，朱浩的存在让两人感到禁忌和快感的双重刺激，不能自拔。面对这种畸形关系，石林首先向王玉表明，任何事情都不会影响与朱浩的友情，然后写信给朱浩暗示自己与王玉发生了关系；朱浩干脆声明：“我让他去许城找你就是那个意思”，女人、性欲成了朋友之间的馈赠佳品，每个人都心照不宣。

情爱叙事的异化来源于性爱主体的异化，性爱主体的异化是指主体在价值观念、性爱行为和文化认同等方面，呈现出消费化、空心化和虚无化倾向。主体的性爱选择来源于人的本能，性爱空缺时主体的生命状态是无聊，性爱满足之后的主体是虚无。性爱对主体而言是本体性存在，但性爱没有给主体带来价值和行为的改变——性爱即存在，存在即虚无。性爱对主体而言，就像消费对消费者一样，“已经不是一种单纯的和满足需求的‘被动’程序，而是‘主动’的关系模式，这不仅仅是人与物品之间的关系，也是人与

① 朱文：《我爱美元》，作家出版社1995年版，第409页。

集体、与世界之间的关系，是一种系统性的活动和全面性的回应”①。也就是说，性爱行为和物质消费一样，都具有一种文化意义，成为个体文化认同的价值体系。在前消费社会中，情感、情欲、性爱主要呈现出主体的主观性、主动性和内在性；而消费社会的意识形态逐渐将主体从情爱叙事中驱逐出去，导致主体的分裂和异化。《我爱美元》中的“我”，将“性”这种“病”视为一种生活方式和价值系统，消费性规则渗入其中。一方面，性的重要性无处不在，“性与身体无关。一个男人即使被阉割了，他也需要性。性并不是简单的夫妻生活，也不是通奸乱伦，它要广阔得多，它是无时不在的，有时是个眼神，有时是一个动作”②。也就是说，性不但代表伦理关系（夫妻）和本能需要（通奸、乱伦），而且关乎个体的一切思想和行为。因此，“我”为了性的满足，只能在白天与王晴做爱，因为王晴“晚上没时间，她也许已经答应让另一个男人来干她”。另一方面，性也是一种病，让囊中羞涩的“我”一直处于饥渴状态，“双眼通红，碰见一个女人就想立刻动手把她往床上搬”。这两个方面看似是一种矛盾，但也有解决的办法，那就是钱，最好是美元。有了钱，性的生活方式就没有了障碍，性也就不再是一种病了。“我”对性的认同与对美元的认同是统一的，而此时的主体是分裂和异化的。

在性爱的市场逻辑下，金钱的缺乏造成个体的被动，进而造成精神的卑微，直至存在的虚无。朱文的《吃了一个苍蝇》中自认为“我早就是一堆垃圾了”，《什么是垃圾，什么是爱》中小丁觉得“我怎么觉得自己就像是这个社会的一个疣呢？”人是一种社会关系性存在，但小丁一直处在模糊和迷惘的关系中，爱情、友情、亲情等关系没有在他身上得到体现，信仰、道德、理性更是无从谈起，无论是做贼还是打架，都显露不出他的情绪和感情。朱文将小丁的这种状态定义为“卑微”——“‘小丁’的卑微不想感动任何人，甚至不想感动他自己”③。对此，韩东也认为他的小说“是为关心灵魂的人和卑微处境的人写的”④。生活状态的无聊更是比比皆是，《关于一九九零年的月亮》写“我”无法入睡出门散步来消耗精力，在经过离自己宿舍很近的旅社时产生了要住一晚的冲动，当住进之后，又失去了兴趣，认为是“天底下

① 包亚明：《游荡者的权力：消费社会与都市文化研究》，中国人民大学出版社 2004 年版，第 4 页。

② 朱文：《我爱美元》，作家出版社 1995 年版，第 390 页。

③ 朱文：《在期待之中期待》，林舟编著：《生命的摆渡：中国当代作家访谈录》，海天出版社 1998 年版，第 124 页。

④ 韩东：《清醒的文学梦》，林舟编著：《生命的摆渡：中国当代作家访谈录》，海天出版社 1998 年版，第 60 页。

最无聊的人突然有了一个天底下最无聊的想法”①。市场的逻辑是价值规律,欲望让人的情感和行为沦为金钱和物质的奴隶,最后的结果是丧失了人与人之间最宝贵的情感、信任和担当,失去了人性和自由。

继续追问精神的卑微和存在的虚无,就会涉及审美解放的精神和姿态问题,即文学的现实意义和精神价值——抗争。当然,评判文学是否在抗争,要看这种文学的写作姿态或人物、情节在何种程度上、如何面对历史和现实,在何种意义上与现实拉开距离,在何种高度上保持文学的批判与审美精神。王干称之为“游走一代”的“个体的精神凹度”,“人的自由状态在面临商业、政治、历史、文化多重压抑之下的一种抗争和解放”②,但问题是抗争与解放的深度和广度有多大?

首先,要看文学中的主人公是否有抗争,如何抗争,抗争的结果如何,更何况他们的写作中有纪实和自传的成分,作者常借主人公之口发言。小说《吃了一个苍蝇》中的“我”在与同学兼上司李自的关系中一直处于被压抑状态,大学时“我”的处分和李自的荣誉一样多,找工作是作为李自的“搭配商品”,对话时主要是李自在说,甚至连找对象也是李自在做主。李自坚持为“我”刊登征婚启事,并执意要亲自动手起草,极力撮合“我”与刘家兰,等等。“我”的反抗很隐蔽但也很有效,找工作时行贿烟鬼辅导员,在李自说话的时候根本不在听,以提前下公交车的方式拒绝刘家兰,甚至与李自的妻子王晴通奸。在小说《去赵国的邯郸》中,小丁被迫再次接受带实习队,同事指责他工作中的问题时,他的反抗是消极怠工,“并不觉得这些事跟他有什么关系”,也并不打算采取措施加以改善。在小说《什么是垃圾,什么是爱》中,小丁被要求结束单身生活,朋友刘美琳像“一堆鼻屎”一样粘在身上,宿舍门不断被拍打,电话不断打进来,小丁的反抗是拒绝开门、拔掉电话。在小说《美元硬过人民币》中,杭小华率妻女参加校庆活动,本以为会赢得羡慕的目光,却发现未婚者或离异者更受关注,风流倜傥、早婚未离的他竟然只能与丑陋猥琐、身边没有女人的成寅惺惺相惜。杭小华选择悄悄离开,又开始平静的生活,但内心深处其实接受了消费社会对婚姻、爱情的消解,他的反抗是加入性爱消费的行列——嫖娼。在小说《交叉跑动》中,李红兵在与无数女人发生性关系后决心痛改前非,打算追求真正的爱情;而毛洁在经历了因男友朱原车祸而丧失的无性的爱情后,选择疯狂地与李红

① 朱文:《关于一九九零年的月亮》,《我爱美元》,作家出版社 1995 年版,第 164 页。

② 王干:《游走的一代——序“新状态小说文库”》,朱文:《我爱美元》,作家出版社 1995 年版,第 3—4 页。

兵做爱,用摧残身体的方式来忘记爱情;男女双方只能在性爱上有交叉,无法达到情感的交流。李红兵的反抗是频频失踪,企图让毛洁对他既满怀绝望又抱有希望。可以看出,朱文、韩东笔下的主人公的反抗是消极、无力和无神的,用堕落反抗堕落是其基本的策略,这种反抗只能停留在生活的表层,是最低级的反抗。

其次,要看作家采取的叙事立场、价值观念等方面的特点,分析其反抗叙事的合理性与非理性倾向。总体而言,反抗叙事有解构和建构两个层面,解构的是宏大叙事和本质主义价值观,建构的是自我/小我叙事和反本质主义价值观,解构的力量大于建构的成效。为了反抗传统的宏大叙事,作家建构了以自我为中心的日常生活经验世界,游离于20世纪80年代纯文学对欲望的幻想,而是将视角放在边缘人的琐碎和细节。南帆指出,“抛弃浪漫的幻觉,抛弃公共领域和集体主义,回到肉体的享乐,回到纯粹的私人性。尽管他们竭力废除性爱故事所包含的深度,可是,这种废除本身不啻于另一种革命”①。不仅性爱回归到性爱是一种革命,而且让生活回归生活、琐碎回归琐碎、无聊回归无聊、虚无回归虚无……都是同一层面的不同革命。边缘人对所处生活的态度是无力反抗之后的无条件接受,他们也在有限的能力范围内寻找快乐或助人为乐(往往是性的快感),《我爱美元》中的“我”真诚地希望父亲与“我”一样,能够得到性的快感,甚至不惜找妓女和情妇达到这一目的。在《美元硬过人民币》中,成寅怀着“帮人帮到底”的心态,帮助同学杭小华嫖娼,当杭小华和小姐进入卧室后,他为不能继续帮助杭小华而感到遗憾,又为自己不是对方而惋惜。当亲情、友情以馈赠、共享性爱的方式传达时,除了给人震撼和滑稽的味道之外,由此引发人与人之间关系的质疑,这种质疑是滑稽的,同时也颇为深刻。边缘人的生活叙事充满琐碎但又无比真实,对细节和瞬间的把握是反抗叙事的主要方式。朱文的小说《五毛钱的旅程》写小丁总也无法融入集体,在孤独、烦躁、恶心中打电话向妻子诉说售票员、司机、乘客为了五毛钱的车费而争吵、斗争的细节,而与此同时,当事人的妻子正在偷情。韩东的《三人行》写刘松、东平、小夏等三个诗人游荡的经历,先是用玩具手枪相互射击,买相同的裤子,用电脑测试身体,谈论黑猫,等等。刘松换女友的频繁、小夏对锻炼身体的痴迷,除夕夜的烟火狂欢与黑猫之死,大年初一的葬猫行动,大学公寓的破门而入,三人在刺激而无聊地活动中乐此不疲。他们的行动没有目的,或者说行动本身就非常盲目。此外,反抗叙事突出了以前不被重视的边缘人的生活细节,正如

---

① 南帆:《文学、革命与性》,《文艺争鸣》2000年第5期,第22—33页。

米兰·昆德拉所言，小说是对于“存在”的“发现”和“询问”，其使命在于对抗“存在的被遗忘”[①]。但是，这里的写作只是在浅层次上描述了“被遗忘”的生活本身，而对“生存”的挖掘远远不够，更谈不上“询问”和创造。

总之，欲望的异化消解了爱情和主体，人的精神和灵魂也被欲望所遮蔽，这种创作已经偏离了审美和人性的轨道，大大限制了其提升文学的审美高度的可能性和干预现实的力度。

三、欲望的悖论及其解放

欲望“体验”的悖论是，“断裂”和“纯粹”是欲望获得解放的原因，但“断裂”本身内含了非此即彼的二元对立思维，为了强调一方面而完全否定另一方面，势必将“纯粹”欲望推向简单化、偏执化和情绪化。这就涉及“纯粹”的限度问题，也就是欲望的反抗性和局限性问题，还包括叙事的伦理问题。韩东在为朱文的小说集《弯腰吃草》写的“序言”当中做出了这样的评价：“把握住自己最真切的痛感、最真实和最勇敢地面对是唯一的出路。朱文的方式就是要不断地回到自己，他从不间断地考察和追问自己的写作动机和文学热情是否真实和纯粹……朱文曾这样对我说过：真实的写作将和你的生活混为一体，它们相互交织、相互感应，最后不分彼此”[②]。“纯粹”是作家文学追求的共同目标，这也是他们与 20 世纪 90 年代产生尖锐对立的原因，他们的“断裂”行为非常决绝，不仅要与传统文学和现代文学完全决裂，而且要与整个时代决裂。

首先，“纯粹”生活是有限度的，欲望解放发生在快感与痛感之间。“纯粹”生活首先要拒绝，拒绝附着在传统文学身上的政治意识形态、群体性的文化和其他文化符号，拒绝对生活的理念化、抽象化理解，拒绝一切外界因素的“污染”。“纯粹”是拒绝阐释，肯定呈现；是拒绝评判，肯定体验；是拒绝集体，肯定私人；是拒绝大我和无我，肯定小我；拒绝宏大，肯定细微；拒绝持久和永恒，肯定短暂和瞬间……拒绝非“纯粹”的生活之后，就要理解、包容和同情生活，即使这种生活粗陋质朴，但更显得真实、亲切。其一，实践“纯粹”的方式是对生活的重新叙事和陌生化处理——“搞”（即折腾、瞎搞）、造反和革命，试图重新书写人生，希望改写生活。具体而言，一是要在主体方面消解精神性，破除既存的、符号化、规训化的生活，表现出颠覆时代

① ［捷］米兰·昆德拉：《小说的艺术》，孟湄译，生活·读书·新知三联书店 1992 年版，第 16 页。

② 韩东：《弯腰吃草·序》，朱文：《弯腰吃草》，华艺出版社 1996 年版，第 2—3 页。

的快感;二是要在客体方面表现被遮蔽的、被压抑的、边缘化的生活,表现出揭露时代的痛感。作为文学上的行动主义者,作家在现实生活中的“折腾”与文学上的“折腾”相统一。1994年年底,朱文辞去公职,“我辞职是为了让自己更为彻底地成为一个无用的人。在这种生存状态下,我精神上对写作的需要甚于写作对我的需要。写作的时候,通常我才有一种自己确实在生活的感觉”①。之所以如此重视“生活的感觉”,是因为文学是对社会现实的生命真实和存在真实的经验化书写。在诸多生活经验的叙述中,对性的偏爱集中反映了作家对政治意识形态、传统伦理观念、现实禁忌等多方面的挑战。在“纯粹”生活的展示中,对个体经验的叙述产生了很好的陌生化效果,对性的附着物的无情剥离与对性心理的“过度”阐释同步进行,快感和痛感一样给人深刻印象。其二,通过对“关系”的解构,造成“纯粹”生活的非道德化、反伦理化和非理想化,父子关系、朋友关系、夫妻关系等都成为重点反叛的对象。人类社会的所有关系中,父子关系无疑极为重要,父子伦理也被中国文学不断书写,是作家表现最多的一种类型。韩东的小说《扎根》通过对老陶僵化的思维方式与萎缩的精神状态,表达了强烈的“审父意识”;朱文的小说《我爱美元》集中写“弑父”“戏父”,父子之间经历了紧张的对立、冲突之后,双方并无情感上的波澜,一切都显得平淡,好像根本没有发生冲突。这是知识分子在放弃精英意识之后,试图用虚无主义填平人与人(包括父与子)之间的伦理、道德鸿沟,其结论是所有人与人的关系都是人与人欲的关系。朱文小说中一直弥漫着父亲的阴影,与父亲的比较、对抗和妥协构成新的行为方式,“我对女人有一种与生俱来的警惕,它带给我一生不得安身的痛苦。这种警惕来源于我的父亲,他是一个不会被女人毁掉的人,但是被他的信仰轻而易举地毁掉了”(《吃了一个苍蝇》);“还差一年就有选举权,我在父亲的吆喝声中迈进一所重点工科大学的大门”(《关于一九九零年的月亮》);“不过小丁认为自己从来都不曾真正热爱过一个集体。他的感情——还有更多的东西——是他父亲感情的延续,父亲对集体的热爱,造成他对集体难以克制的厌倦”(《去赵国的邯郸》);等等。小说《什么是垃圾,什么是爱》中,小丁对父亲对他使用的“进展”“希望”“出息”等字眼深恶痛绝,说:“爸爸,我有一个问题一直想问你,但是一直有没有问你,那就是,你已经活那么大岁数了,为什么不想到去死呢?”②。如此不敬之词不仅是对父亲个人的侮辱,简直是典型的大逆不道,而且是对所有人

① 林舟:《在期待之中期待——朱文访谈录》,《花城》1996年第4期,第107—113页。

② 朱文:《什么是垃圾,什么是爱》,江苏文艺出版社1998年版,第31页。

（包括自己）生活意义和存在价值的质疑和消解。其三，父子之情都如此不堪，朋友关系更加脆弱，个人为了一己需要（精神、物质或身体），可以马上撕破稀薄的友谊外衣。在韩东的《障碍》、朱文的《吃了一个苍蝇》等小说中，“朋友之妻不客气”的不道德、不正常的性爱双方（实际上是“三方”），都没有真正在乎伦理关系。如果有的话，也只是给性爱带来更刺激的感受。有意思的是，“被欺”的一方反而为“欺人”者开脱，以减轻对方的心理负担。《吃了一个苍蝇》中李自为“我”解决单身问题，而“我”却与李自的妻子偷情，之后大家竟然都平静地和解，没有发生任何冲突。与其说是对友情的爱惜，毋宁说是对感情的冷漠。在朱文的小说《弟弟的演奏》中，友谊只是连接共同利益的幌子，一旦发生细微的利益冲突，接踵而至的是争风吃醋、大打出手和落井下石。无论是父子之间，还是朋友之间，违背伦理道德的行为都发生在平静、宽容的氛围，甚至可以说是其乐融融、乐在其中。这种看似平静、平常的书写方式能够产生强烈的陌生化效果，产生的颠覆效应远比激烈的对抗、血腥的厮杀来得震撼人心。

其次，“纯粹”叙事也是有限度的，欲望解放发生在反叛与游离之间。“纯粹”叙事是指对小说的故事、情节的抑制和净化，突出情绪/情感的流动和拉伸/延异的叙事张力。这可以看成是对新写实小说的反叛，也是对先锋小说的改造，还是对传统小说故事性的游离。其一，“纯粹”叙事并不是没有故事，而是将毫无诗意的日常故事进行拉伸和延展，展示庸常生活中潜藏的种种情绪化和不安定因素。小说《磅、盎司和肉》写“我”和女友、肉贩、中年男子、老太太等各色人等，围绕肉、西红柿、胡萝卜等蔬菜的重量产生分歧、冲突。在“我”眼中，“日常生活中的矛盾”还应包括电费和电话费、“我”和“我”的女友、“我”和“我”的下一个女友等人之间的矛盾和冲突。在鸡毛蒜皮的叙事中，如果还有故事的话，那就是吵架、做爱、吃饭，并且有一整段几乎完全相同的对做爱、吃饭的叙事，中间插叙的是烦人的争吵。这种叙事中隐含着一种焦虑而愤怒的情绪，“我”用武力来解决与中年男子的矛盾，用性爱来解决与女友的矛盾，都是用野蛮、本能的方式解决人与人之间的关系。小说《街上的人们》写小丁在医生的要求下伸舌头，并且是反复地、尽量地、持续地伸，“我的舌头从大夫的旁边穿过，一直向敞开着的窗口过去，在大夫的鼓励下，最终探到窗外去了”①，小丁在拉伸舌头的同时，叙事也被拉伸、被延异，人的精神和感情在这种荒诞而无情的叙述中被异化。小说《大汗淋漓》的故事主线是丁小克想和一个叫时晓晴的女人睡觉，为此

① 朱文：《人民到底需不需要桑拿》，陕西师范大学出版社2000年版，第170页。

一次次地反复地追求；故事的副线是传染病造成的绿色与政府对抗，人吃人的惨剧不断上演。贪婪而自私的性欲与食欲同时被展示，欲望的追寻和放纵被延异、被拉伸、被扩大。其二，叙事需要故事来完成，虽然外在结构显得松弛、平缓，但内在叙事的张力依然紧凑。叙事张力来自对故事性的陌生化处理，在传统故事性强的地方进行消解和回避，在叙事视角和叙事焦点上力求变化。小说《恐怖的老乡》将历史事件、晚近事件、"我"看电视、回忆等场景交叉、重叠，形成层次鲜明、联系紧密、立体多样的叙事结构，产生了很强的叙事张力。韩东对性的书写也是如此，并不着眼于性满足本身，而是极力描写人在追逐性的过程中暴露出来的卑贱、淫邪、滑稽的心理，这在《利用》《西安故事》《父亲的奖章》等作品中表现得尤为明显。叙事张力还在于戏剧性突转的应用，这些突转突出了精神的变异。在小说《西安故事》中，追求刘吉的老荒卑鄙地使用诬告的手段，使前者被报考学校和工作单位拒之门外；在小说《美元硬过人民币》中，嫖娼的杭小华、成寅被当成警察；在小说《我的柏拉图》中，离婚前的夫妻互不沟通、冷战已久，离婚后竟然"真诚"地相互透露自己的隐秘和婚外情……韩东善于将突转，尤其是心理突转，转化成引人入胜的叙事张力。其三，叙事张力还得益于感性、口语化、诗性融为一体的语言。朱文的语言追求直白、准确、流畅的特色，其中还间杂着日常的粗陋、诙谐和反讽。"我梦见自己在狠狠地操着夏宇清的肛门，后来我发现不对，撅着屁股的那个人好像不是夏宇清，我拍了拍他，说，起来，起来，你他妈是谁啊？那个男人转过脸，朝我很妩媚地笑了笑。只见他的眼珠突出，眼神乱走一气，不知道聚焦在哪里。我还是想不起这个人是谁。那个男人擦了擦额上排列整齐的虫卵似的汗珠，从旁边摸过一副眼镜来戴上，整张脸顿时严肃下来。我这下认出来了，是我们尊敬的厂长"①(《小谢啊小谢》)。在此，粗鄙与生动融为一身，讽刺与幽默并行不悖。韩东的语言更加凝练、冷静、内敛，在平淡中见出诡异。"此刻卧室里传出小姐尖锐的叫床声，杭小华却始终沉默着，一声不吭，这就说明了他是一个实干家，不善言辞，但在某些事情上却是出类拔萃的"②(《美元硬过人民币》)。这种内敛而锐利的语言，对于事件和对象的表现力和穿透力具有高度的叙事张力，对情绪和心理的刻画形象而准确。

最后，"纯粹"意义是有限度的，欲望解放发生在解构与建构之间。以"断裂"事件为标志，通过欲望解构去实现"纯粹"意义的追求，取得了一定

---

① 朱文：《人民到底需不需要桑拿》，陕西师范大学出版社2000年版，第21页。

② 韩东：《美元硬过人民币》，上海人民出版社2006年版，第32页。

的效果。其一,在很大程度上解构了文学传统、文学体制、文学权威和西方消费文化等文学存在,显示了"边缘"文学的生命力。其二,解构了附着在文学之上政治、道德、伦理等现代性因素,在某种程度上恢复、弥补和丰富了文学的人性化、感性化、生活化特质。其三,在叙事策略上大胆探索,解构传统或西化的文学叙事沉疴,突破很多禁区,在形式上、精神上回归个体,回归本土。其四,用"欲望"的大旗去解构文学"他律"的枷锁,探寻文学"自由"的可能。

相对解构的效果而言,对"纯粹"意义的建构就显得力不从心,后劲不足。其一,反抗、游离之后得到了"自由",但精神却无处皈依。文学中的人物解除了外在的束缚,到达否定的极致,但也遭遇到巨大的虚无,他们在游走、逃离,但却没有目标和终点。虚无其实也没有什么,虚无提供了无限的可能性,但需要精神自我重新整合和建立与世界的关系。一旦沉浸在孤独而昏暗的个人精神角落,就无法提供经验储备和精神能力。欲望的彰显是为了让欲望在身体上复活,让人成为欲望的主体,如果将欲望平面化和虚无化,就会失去了存在主体。如此一来就造成了欲望的悖论——欲望越满足,虚无感越强;虚无感越强,越需要欲望。其二,对外反抗、批判毫不留情,对内过于自信、自恋,缺乏包容和自我批判精神。我们不否认对现存文学的批判立场,但却不得不质疑其自我批判的意识。在初期可以靠否定既存的文学秩序来奠定自己的文学地位,但同时也要对自己所建立的文学秩序保持清醒的认识,而 1998 年朱文、韩东等作家在《东方文化周刊》上将自己的小说列为"最优秀的小说"和"中国小说的标尺"①,并相互以"大师"和"天才"相称,就显得过于自恋了。其三,虽然对欲望解放、个人经验、日常生活等方面有独到书写,但缺乏有效整合,没有及时弥补想象力的缺失。

总之,欲望的嬗变、异化和悖论构成了难以挣脱的泥沼,欲望的释放是有限度的,不能指望欲望的解放实现精神的自由和艺术的创造。在这个意义上,只有将欲望关在审美的牢笼,才能实现精神的解放和心灵的自由。

第二节 审美解放的"理论"嬗变

"理论"是审美解放的重要内容和基本途径,通过理论可以对审美主体、审美对象和审美形式等作出调整,在理论建构上影响审美解放的实现。以文学理论为例,文学理论在文学发展及其审美解放中充当了特殊而重要

① 吴义勤:《中国新时期文学的文化反思》,江苏文艺出版社 2009 年版,第 143 页。

的角色，自身也经历了被遮蔽、被神化和被解构的过程。20 世纪 70 年代末，“理论”随着思想解放和新时期文学发端而凸显，同时又被“拨乱反正”的宏大政治话语遮蔽；20 世纪 80 年代，在方法论热、文学主体性、审美意识形态论等论争中，“理论”成为话语中心被推上“神坛”；20 世纪 90 年代，转向成为主要形态，语言论转向是理论向内转，文化论转向是理论的外转，“理论”被边缘化，成为“祛魅”的对象。进入 21 世纪，“理论之死”与文学审美的重构密切相关，是反思 20 世纪西方“理论时代”的结果，也是“后理论时代”的开始。文学理论经历了长期的考验和波折，已经在某种意义上站稳了脚跟。但是，新时期以来的文学理论一直没有解决其自身的很多基本问题，审美解放的“理论”实现任重而道远。一方面，文学理论自身定位不准而常常脱离文学，自说自话；另一方面，文学理论的深层肌理混乱不清，已经引起很多争论和非议，这已经成为制约未来发展的内在桎梏，这可以从文学理论从遮蔽到死亡的理论历程中可见一斑。

一、被遮蔽的理论

“新时期”本身就是一个政治意识形态很强的命名，就文学理论而言，这一命名意味着深长——包括基本概念、研究方法、研究范畴等在内，几乎所有文学因素的表述都将与“旧时期”告别，将要进行重新清理、批判和反思。尽管这种告别使得我们“迎来了文学理论发展的最好时期”①，但“拨乱反正”的结果又将文学理论置于另一种政治意识形态语境，势必造成理论内容的置换而忽视思维方式的更新。我们并不否认，在反思政治意识形态的干涉，以及破除原有“文革”意识形态时，新的命名具有重要意义。但是，“重破轻立”或“只破不立”，绝无益于文学理论的自我呈现。无论是“实践是检验真理的唯一标准”，还是中国共产党十一届三中全会后“实事求是”、“解放思想”、“改革开放”和“以经济建设为中心”等原则的确立，都延续了中国现代以来政治文化的统治力和渗透力，文学理论的转变仍然是政治转变的反映，“理论”的合法性和合理性仍然建立在对政治意识形态理论的追随与认同之上。

在“拨乱反正”的政治语境中，新时期文学理论的发端首先体现在对文艺与政治关系的反思，最大的成果无疑是用“文艺为人民服务、为社会主义服务”取代“文艺从属于政治”“文艺为政治服务”。这一成果之所以顺利取得，是因为幕后推手是邓小平，这也是最重要的因素。《在中国文学艺术工

① 童庆炳：《走向新境：中国当代文学理论 60 年》，《文艺争鸣》2009 年第 9 期，第 6—30 页。

作者第四次代表大会上的祝词》明确了"党对文艺工作的领导,不是发号施令,不是要求文学艺术从属于、临时的、具体的政治任务","写什么和怎么写,只能由文艺家在艺术实践中去探索和逐步求得解决"①。接着,邓小平更加明确了文艺不从属于政治的观点,"不继续提文艺从属于政治这样的口号,因为这个口号容易成为对文艺横加干涉的理论依据,长期的实践证明它对文艺的发展利少害多。但是这当然不是说文艺可以脱离政治。文艺是不可能脱离政治的。"②"二为方针"的最大贡献是从政治经济学意义上确立了文学理论的理论价值和现实意义,为文学理论的发展打开了广阔的空间,使得文学理论可以回归人性和文艺本体成为可能。

在文学创作上,包括"朦胧诗""伤痕文学""反思文学"等在内的新时期文学,将压抑已久的愤怒与控诉指向了"文革"对人性的压抑,人的价值和尊严成为文学创作最为关注的焦点,"文学是人学"的理论命题重新成为文学理论建设的基本问题。"人学论"的理论基础是马克思的《1844年经济学哲学手稿》,直接来源是高尔基的"文学是人学"和"五四"关于"人的文学"的论述,还受到苏联文学理论教材的影响,如季摩菲耶夫著《文学原理》第一部《文学概论》(1953)最早指出"高尔基并且提议把文学叫做'人学'"。新中国成立后,钱谷融、巴人等提出过"文学是人学"③,但是遭到持续批判。进入新时期以后,朱光潜、周扬、黄药眠、王元化、汝信、钱谷融等,针对"人性""人道主义"等问题,从哲学、美学、文学等不同角度,发表了大量文章,其中钱谷融先后发表了《〈论"文学是人学"〉一文的自我批判提纲》、《关于〈论"文学是人学"〉——三点说明》和《〈论"文学是人学"〉发表的前前后后》,很具代表性。可以看出这一理论在不同的政治语境中的不同经历,也反映出文学理论在基本问题上观念更新的艰难。"文学是人学"这一文学理论基命题的论证之路,就是马克思主义的命题的证明之路,只有这样才能成为文学理论的合法命题。

根据文学理论的基本原理,理论作为文学研究的基本范畴,毫无疑问首先是审美的理论,即使算上政治经济学的价值和意义的考量,理论也要首先将文学作为中心来建构,而不是让政治来取代,否则就成了政治理论,而不是文学理论。但是,在新时期之初的转型浪潮中,文学理论没有超越文学创作的思想高度,没有起到指导创作的作用,基本上都处于被遮蔽的状态。显

① 邓小平:《邓小平论文艺》,人民文学出版社1989年版,第9—10页。

② 邓小平:《邓小平论文艺》,人民文学出版社1989年版,第108页。

③ 古风:《1949年以来文学观念的演变与文学的发展》,《学术月刊》2010年第3期,第92—100页。

然,理论的发生还需要外在的刺激和更加宽松的政治语境,比如西方理论的传入。

二、被神化的理论

20 世纪 80 年代中期,文学理论开始转向文学理论内部要素的反思和整理,已经被庸俗化的社会历史批评方法首先成为清理的对象,对方法论的痴迷一度造成理论的盲目崇拜。冷静之后,从方法论发展趋向的研究,逐步过渡到文学观念的更新,以文学主体性为核心的基本观念开始确立,改变了认识论文学理论一统天下的局面,并促使了文艺心理学的发展。受到西方文学理论的影响,以及对认识论文学理论的不满,文学的审美因素逐渐成为文学理论的核心范畴,以"文学性"为核心的文学审美理论成为文学理论的自觉,并促生了"审美意识形态论"。

对方法的推崇在被称为"方法年"的 1985 年达到高峰,这是长期压抑文学理论创造性的瞬间爆发,也是理论突围的简单路径。刘再复从思维方式的角度,肯定了文学理论的方法论研究,将其命名为"积极性思维"①,"建设"当头,呈现出由外到内、由一到多、由微观分析到宏观综合、由封闭体系到开放体系等发展趋向,具体表现在文艺美学、心理学、比较文学、西方文学批评、系统方法、自然科学方法、宏观综合等方面。如果以今天的眼光来评判方法论,就会得出与刘再复不同的评价——方法论的最大贡献还是"破",而不是"立"。因为在这一时期,如此之多方法的泛用,甚至滥用,并不一定是文学的内在需要。方法与文学的嫁接是有条件的,如将自然科学的方法用于文学研究在很大程度上将文学定量化、精密化、科学化,并不能带来文学理论的理论增长。而西方现代文学理论中直觉主义、象征主义、精神分析、现象学、存在主义等理论方法,在丰富文学理论成果的同时,也加深了文学理论对西方理论的依赖,理论有被神化的倾向。

理论的神化还表现在"文学主体性"的论争上,人们希望通过文学主体性理论的建构解决文学理论发展的重要问题,这在被称为"文学观念年"的 1986 年表现得最为充分。"文学主体论"作为一种理论建构,其哲学基础是马克思的《1844 年经济学哲学手稿》,吸收了李泽厚的"主体性实践哲学",是"文学即人学"的哲学延伸,代表人物是刘再复,其主旨是"构筑一个以人

① 刘再复:《文学研究思维空间的拓展——近年来我国文学研究的若干发展动态》,《读书》1985 年第 2 期、第 3 期。

为思维中心的文学理论与文学史研究系统”,“把人的主体性作为中心来思考”①。文学主体性理论的贡献是将“人”从意识形态、反映论、工具论等理论压制中解放出来,获得“主体论”的高度,这样一来,作品中人物形象、作家、读者、批评者等都具有了自主性和主体性。与这种理论建构相呼应,黄子平等人在《读书》上发表《二十世纪中国文学三人谈》,提出了“20世纪中国文学”的学科概念,形成了体系相当完备的总系统,用理论建构突破思想束缚已经成为文学研究的有效手段。文学主体性理论是否符合马克思主义关系的争论持续了很久,也可以理解为合法性和真理性的争论,注定没有一致的结果。

在多次碰壁之后,文学理论的理论建构转向了“审美意识形态论”,这一理论“聪明”地将理论基石建立在我们文学理论发展史中根深蒂固的“反映论”和苏联文学理论中的“意识形态论”之上,将已被普遍接受的“审美”加入其中。这是典型的马克思主义理论的延伸,但又避免了庸俗化和“左”倾化。钱中文、童庆炳等提出的“审美反映论”“审美意识形态论”等观点,逐渐使这一理论框架明晰起来,并将其应用于《文学理论》教材,通过体制的力量将这种理论的影响力大大扩张,已经发展成为后来的“主流”②理论。这一并不“高明”的手法所建构的理论虽然在一定程度上做到了自圆其说,但也不是没有逻辑漏洞,在严格意义上并没能超越“意识形态理论”。董学文认为,在文学理论上讲文学是一种“意识形态”,其实指的多是一种“社会意识形式”③,从唯物史观考察,只能说文学是一种可以带有意识形态性的审美社会意识形式。但在理论神化的语境中获得了超级话语权。在这一时期,寻根文学、现代派、先锋文学、新写实主义、新历史主义等文学创作和研究,也有追求“理论”高度的倾向,例如,寻根文学、新历史主义等对文化意义的挖掘和企盼,现代派、先锋文学等对哲学思想的皈依和膜拜,都反映出文学界对于理论的过度强调,这也直接影响到文学理论的发展轨迹。

三、转向的理论

20世纪90年代初期,文学理论在巨大的语境转换中陷入困境,语言理论成为文学研究的避风港,语言、形式成为文学理论的新的中心,俄国形式

---

① 刘再复:《论文学的主体性》,《文学评论》1985年第6期,第11—26页。

② 卢衍鹏:《文学与文化联姻:文化研究及其权力流转》,《学术论坛》2010年第4期,第84—88页。

③ 董学文:《一个长期被误用的文学理论概念——论文学本质不应直接界定为“社会意识形态”》,《社会科学战线》2010年第3期,第212—222页。

主义、英美新批评、结构主义、解构主义等理论模式备受追捧。语言理论的模式虽然很多,但搬用、滥用的弊端也很明显,方法与对象“两张皮”的现象普遍存在。造成方法大于对象、理论大于现实等弊端,最后演变成了一种自说自话的语言游戏,造成了文学理论与文学创作的脱节以及理论对文学的疏离,走进理论的死胡同。无路可走的文学理论,又转向了另一极端——“文化转向”,转向社会、历史和现实,表征为新历史主义、女权主义、后现代主义、后殖民主义等新理论的推演。

语言论转向是理论“向内转”,除了译介西方语言理论之外,文学理论还在借鉴的基础上,试图建构以语言为本体的理论体系,取得以文学叙事学为代表的理论成果,但仍然是理论的自我繁殖。最具代表性的是童庆炳、何镇邦主编的《文体学丛书》,包括罗钢著《叙事学导论》、王一川著《语言乌托邦——20世纪西方语言论美学探究》、童庆炳著《文体与文体的创造》、陶东风著《文体演变及其文化意味》、蒋原伦、潘凯雄著《历史描述与逻辑演绎——文学批评本体论》等。这些论著具有鲜明的文体意识和哲学高度,从古今中外的多元角度对文体进行论述。例如,罗钢的《叙事学导论》,从叙事文本、叙事功能、叙事语法、叙事时间、叙事情景、叙述声音、叙事作品的接受等方面,基本建立起一个叙事学理论体系,除了梳理和介绍西方叙事学理论之外,还有意识地加入“赏善惩恶”故事、唐代传奇《定婚店》等中国文学个案的叙事学分析。杨义的《中国叙事学》突出中国叙事特点,从结构、时间、视角、意象、评点家等,并提出不同于西方叙事学的还原、参照、贯通、融会等方法,中国特色明显。申丹认为,中国叙事学研究主要有中国古典叙事文学、中国现当代叙事文学、外国叙事文学三种对象,并且正在与国际接轨①。2005年以后,叙事学研究不限于文学叙事、不囿于某一叙事传统,或理论建构,或现象描述,或学科内思考,或跨学科探究,显示出开放的学术态度②。虽然我们现在还不能准确判断中国叙事学在文学研究中的地位,但不能否认其作为语言论转向的理论意义。

文化论转向是理论的“向外转”,转向市场化、全球化、多媒体语境背景下与文学相关的文学与文化现象,从研究对象、思维模式、方法立场等多方面突破原有文学研究的界限,大众文化、消费文化、视觉文化、都市文化等新的概念成为文学理论研究新热点。文化转向首先是文学创作转向引发的,

---

① 参见祖国颂:《叙事学的中国之路》,中国社会科学出版社2005年版,第1页。

② 参见曾军、许鹏:《问题意识的突显与文化转向的深化》,《社会科学》2008年第12期,第134—140页。

大众文学、消费文学、网络文学等新的创作类型纷纷涌现,使得语言论指导下的研究方法显得可笑。因为这些文学的形式追求不再具有神圣性和严肃性,而是迎合读者的多元化口味。在市场经济条件下,新的生活方式、情感形式、人生命运等文学主题,已经成为新的文学兴奋点。而影视作品、广告、购物等新的文化现象,在当代人的生活中所占有的分量已经超过了文学的影响力,坚守已经精英化的纯文学已经成为少数人的选择。在这种情况下,文学研究者已经开始分化,尤其是具有西学背景的理论家,可以借助语言优势将西方大众文化理论、视觉文化理论等引入中国,成为文化现象研究的新工具。其中,文化研究作为文学研究的新方法受到格外关注,其跨学科、开放式的研究模式,正好迎合了理论阐释的需要,并可以自由综合各种理论进行文本分析和理论建构。无论是不断出版的关于文化研究的西方论著,还是具有本土实践的文化研究的个案研究,都显示了其理论生命力。

其实,文学理论的转向还包括中国古代文论的现代转换等,但是由于本质上仍是先验式、主题先行的理论路数,并没有真正做到现代转换,这里不再展开论述。

四、死亡的理论

21 世纪的文学理论面临一种尴尬的境地,对内不能解决文学现实问题,对外没有理论对话的话语权。从文学理论内部而言,在文学观念层面仍然是本质主义的知识形态,先验设定的"普遍规律"和"固定本质"是主流文学理论教材的主要知识构成。更遗憾的是,这些知识框架和哲学依据都是移植、挪用或借鉴而来,这也成为理论与文学现实脱节的重要原因,中国文论的现代转换进展缓慢。从文学理论外部而言,西方文学理论已经从理论时代转向"后理论"时代,引发中国文学理论更大的焦虑和混乱。

这就有必要在新的语境下,对文学上的"理论"进行甄别和反思。一般而言,理论是指人们关于事物知识的理解和论述;也指辩论是非、争论和讲道理。但是在文学理论视野中讨论"理论",显然要在西方哲学和理论背景下进行,从词源意义上的"理论"①指的是沉思、景象、心里的想法,17 世纪以后,"理论"衍生出冥想中浮现的景象、思想的体系、用以解释的体系、假说等,理论的基本含义就是构成一定观念或思想,被用来解释和说明特定活动、事物、想法等的体系。可见,理论起初并没有不言自明的褒贬含义,只是

---

① [英]雷蒙·威廉斯:《关键词:文化与社会的词汇》,刘建基译,生活·读书·新知三联书店 2005 年版,第 486 页。

在指导实践过程中逐渐形成一种假象——理论可以解决问题，指导实践。中国现代思想发展进程表明，“五四”运动以来，我们对于民主和科学（理论）的推崇神化了理论的地位，并且认为理论是进步的象征，这也是我们文学研究者热衷于理论建构的重要原因。这种总体性的文学理论观在中国当代文学理论中占据主流的地位，文学的本质、定义、特点、分类等一直是文学理论话语中的中心议题，希望通过纷繁的文学现象抓住根本性、总体性的理论线索，再经过周密的论证得出具有指导意义的规律和理论模式。文学理论不仅高于文学文本、现象等具体存在形式，而且高于文学批评，可以称之为“批评的批评”，直至文学理论可以不谈文本和文学，进行理论的自我生产。当文学理论过于痴迷于理论自身而忽视了文学和现实，文学理论也就走进了死胡同，理论的死亡也就不足为奇。

所谓的“理论之死”或“死亡的理论”，其实并不是理论本身的消失，而是突出传统意义上理论在存在语境上发生了根本的改变，曾经神圣性、总体性、封闭性的理论随着时代的变迁而逐渐消亡，新的理论形态开始形成。

第一，“理论之死”是反思西方20世纪的“理论时代”的结果，是西方哲学、文化、文学发展的新阶段，并不表明其他地区（包括中国）也已经脱离“理论时代”。乔纳森·卡勒将结构主义语言学模式作为理论时代开始和发展的核心，是理解语言、社会行为、文学、大众文化、有文字书写的社会和无文字书写的社会以及人类心理结构的关键①，并成为各个学科自我反思的有效工具，而原来这种方法和工具只存在和应用于文学。以“文学性”为例，结构主义语言学模式下的经典文学艺术不再独享这一特权，因为语言构成的文学在本质上没有高低之分，文学性可以存在于任何语言、符号、象征等宽泛的所在，文学性被无限地放大而占领了原本不属于自己的领地。

第二，“理论之死”与文学审美的重构密切相关，是美学研究转型的重要表现。韦尔施将审美重构分为几种情况：“首先，锦上添花的日常生活表层的审美化；其次，更深一层的技术和传媒对我们物质和社会现实的审美化；其三，同样深入的我们生活实践态度和道德方面的审美化；最后，彼此关联的认识论的审美化”②。审美从日常生活的表层，深入到社会发展内在肌理，再深入到人们的思想、道德，最后是整个认识论的转变。既然这个社会现实都发生了根本性变化，都具有审美化的特性，那么理论的类型和表现方

① 参见 Jonath Culler, “The Litery of Theory”, in Judith Batler, John Gillory & Kendall Thomas (eds.), *What's Left of theory? New York on the Politics of Literary Theory*, New York & London: Rountledge, 2000, p. 273。

② ［德］韦尔施：《重构美学》，陆扬、张岩冰译，上海译文出版社2002年版，第40页。

式必然要作出相应调整。理论基石的科学、理性等审美化的后果是理论建构的基础发生根本性动摇,因为现实不再是不变的定量和独立的客体,而是不断变化的和关联性的建构物。简而言之,认识论的审美化从另一个方面加速了"理论之死"。

第三,"理论之死"对应于"后理论",是"后理论时代"的开始。在西方,卢梭以来的浪漫主义传统一直认为理论、理性对于文学没有意义。一直反对T.S.艾略特的哈罗德·布鲁姆,他在40年后发现,周围全是些哗众取宠的教授,充满着法德理论的克隆,各种有关性倾向和社会性别的意识形态,以及无休止的文化多元主义。文学研究被分割成小群体的巴尔干方式无法逆转,文学是不可呈现的,只与爱好相关,而他的著作是只为了写给被约翰逊、伍尔夫称为"普通读者"①。在"理论之死"的背景下,21世纪文学理论最重要的发展趋势是从本质主义到建构主义的转变,注重理论的批判性和自我反思,多元化理论之间的博弈为新的理论形态的形成提供了契机。

总之,在新时期以来的文学理论发展进程中,理论经历了从遮蔽到死亡的过程。理论的转换既是自身的调整,也是文学研究在政治、经济和文化等多元因素博弈下建构的理论空间,显示了审美解放的理论困境。

第三节 审美解放的"反理性"思潮

如果说理论的变幻造成审美解放的困境,那么理论的反面——反理性、反本质和反审美等,同样也会让审美解放陷入另一种困境。以文学研究为例,反理性思想就让审美解放面对重重矛盾和难以解脱的悖论。中国当代文坛一个重要的趋势就是文学研究的多元化、层次化与复杂化,文学研究受社会思潮的影响也更加直接,文学批评有时会成为社会性事件,而社会热点往往会引发文学上的争鸣。从角色定位来讲,学院批评、官方批评和民间批评之间的平衡被媒体批评打破;从学科定位来说,研究界限被文化研究等新型批评打破;从受众群体而言,学术批评的策略岌岌可危;从审美解放来说,人文精神和艺术创造受到质疑。

在这样的背景下,当代文坛兴起了一股反理性思潮,并迅速成为引人注目的学术热点。这一思潮的逻辑是这样的,"传统"文学批评讲求元理论、客观真理,是典型的集体主义、理性主义;而"现代"文学批评应该反对思维上的本质主义和知识建构的统一模式,追求历史化、社会化与地方化。因

① [美]哈罗德·布鲁姆:《西方正典》,江宁康译,译林出版社2005年版,第409页。

此,要想摆脱"传统"文学批评知识空间而成为"现代",甚至"后现代",就必须反理性——反理性成为重建"现代"文学批评的标志和时尚。于是,越来越多的人打起来了"反理性"的大旗来显示自身的"现代性",甚至"后现代性",这种反理性直接导致了更加危险的"去理性",使得文学批评一时充满了较强的非理性色彩。

一、"反理性"的真相

严格说来,中国文学批评本没有反理性思潮,甚至连反理性思想都凤毛麟角。当然,文学研究的发展本身是颠覆陈旧、不断创新的过程,如反对过时的政治的唯一性标准,提倡文学研究的理论性;反对僵硬的文学社会学,提倡批评的文学性;反对封闭的审美主义,提倡跨学科研究。

20 世纪 80 年代,文学批评的反理性表面上是从否定和攻击"苏联体系"开始的,但其最终目标却是质疑文艺学的合法性,在本质上是用学理性反抗政治性,而不是"反理性"。"苏联体系"之所以成为文学研究中保守、僵化、二元对立思维等不利于文艺学发展的代表和最大障碍,是因为它有着深远的时代背景和历史渊源。所谓"苏联体系"的说法并不严格,主要是以苏联文艺学教材为核心建立起来的有关文艺学的原则、理论、方法等,这一体系并不是准确、全面的苏联文艺学体系,而是苏联文艺学"中国化"的特殊形式。唯独把苏联的文艺学教材、理论体系引进中国,不是因为"苏联体系"在文学上的先进性或适合性,而是由于其政治合法性,这种政治合法性并没有经过学理性的讨论和证明。时过境迁,当文艺学的政治合法性不再是最重要的、唯一的标准时,对其进行学理性、批判性反思也就显得理所当然了。陈晓明认为,文艺学体系来自苏联,文艺学学科之所以具有基础性理论的地位,就在于它是马克思主义经典理论提炼的结果,从苏联那里获得的体系带有强烈的意识形态色彩,诸如文艺的本质、经济基础与上层建筑的关系、文艺与政治、文艺的民族性及历史发展规律、文艺本身的艺术形式及规律等等命题无疑都十分重要,迄今为止还在以各种方式支配着文学艺术的阐释,但这些命题在今天看来存在需要深刻反思的问题①。陶东风认为中国文艺学教材深受"苏联体系"影响,"以群的《文学的基本理论》与十四院校的《文学理论基础》等比较早的教材的引文基本上限于马列文论、俄苏文论、中国现代革命文论,外加少量西方与中国古典文论,绝大多数文艺学教

① 参见陈晓明:《历史断裂与接轨之后:对当代文艺学的反思》,《文艺研究》2004 年第 1 期,第 29—34 页。

材几乎就是由这些只言片语组成的‘大拼盘’”①。结果造成文学研究在表述方式上激进地迎合当时的政治需要，强调文学的阶级性和党性原则，在一定程度上把文艺学变成了政治的工具和延伸，是用机械社会学知识取代文学的质的规定性。文艺学教材大量引用革命领袖关于文艺阶级性的论述，将其奉为经典和权威，文学研究者自觉或无意识地放弃了对于文学的专业思考和判断②。问题是，“苏联体系”概念本身就值得商榷，到底是“苏联体系”阻碍了中国文艺学的发展，还是中国文艺学曲解了“苏联体系”，让后者成为前者推卸责任的替罪羊，至今未有定论。但“苏联体系”确是中国文艺学发展中不可忽视的问题，对它的反思可以看出其中的复杂性与知识变革的艰难。中国文学理论追随苏联的理论，只是局部的短短一段时间，不能说中国文学理论是苏联文学理论的直接翻版。中国文学理论的发展全过程告诉我们，它是有其自身特色的综合的产物。

进入20世纪90年代，反思性批评开始转向文学内部、审美自身和普遍价值。之前反思性思潮的最大成果是把中国文艺学从庸俗社会学的桎梏下解放出来，这一时期开始转向“内部”研究或审美研究，成为进一步新的发展基点。“向内转”是新时期文学研究与文学创作相呼应的一个突出现象，即由以往重文学与现实、文学与社会、文学与政治、文学与道德等所谓“外部关系”的研究转向重文学自身的语言、形式、文体、文学性、叙事结构、审美性质等所谓“内部关系”③的研究。一方面是对原来过度强调“工具论”“反映论”的叛逆，另一方面也是对当时文学创作的自然反应。因为这一时期的创作有一个“向内转”的趋势——诗歌、小说的“私语化”写作，“小我”的倾诉，心理、情感小说对自我的迷恋，心灵、精神领域的探秘，代替了对“时代精神”“典型形象”“审美理想”等公共话语的张扬。在这样的意义上，“内转向”具有不可否认的历史社会、文学本身的进步意义。参照20世纪西方文艺理论发展历程，曾经备受青睐的语言论美学、形式主义、结构主义、叙事学、符号学、新批评等，确实取得了自己独特的成就，但之后就又走上极端，甚至走上反面，新历史主义、女权主义批评、文化唯物主义、黑人批评、后殖民批评、新马克思主义以及大量的“文化批评”等成为新的流行批评话语，而中国文艺学由于早已习惯照搬西方文艺理论，这种反思也就顺理成章了——“文学是极其复杂的社会精神现象，必须对它进行内外结合的

① 陶东风、徐艳蕊：《当代中国的文化批评》，北京大学出版社2006年版，第16页。

② 参见卢衍鹏：《文艺学知识空间的理论建构与范式转换》，《同济大学学报（社会科学版）》2008年第6期，第55—61页。

③ 杜书瀛：《内传与外突》，《文学评论》1999年第1期，第108—118页。

多方面、多角度的研究,才能全面地把握它的性质和特点”①,类似的判断和倡导在理论上也许永远是正确的,但是在实践中却很难有实质性的效果。因此,这种“反思”与其批判的“照搬”在思维上是一脉相承的,并没有脱离固有的二元对立思维方式,其“反思”本身就值得“反思”。

世纪之交,反理性主要存在于文化批评、视觉文化、消费文化、都市文化、“日常生活的审美化”等学术讨论,具有很强的现实性和实践性,其缺陷是容易陷入功利主义。“感觉”“身体”等这些曾经与身体写作等不雅之称紧密联系的词语曾是批评者反感、不屑的词语,现在居然成了与理性战斗的“英雄”,可以堂而皇之地进入文艺学的“大雅之堂”。刘小枫在论述“审美主义与现代性”时,认为“身体是感觉的本体论基础,感觉则是身体之在的认识论功能器官。因此,从感觉崇拜到身体崇拜,构成了现代主义向后现代主义的发展逻辑,身体成为在体论和认识论的关注焦点”②。身体也许有一天会成为中国审美主义发展中不可忽视的一个重要阶段,但这一天的到来必须有社会文化的基础——文化精神秩序的转变、消费文化的日常性、中产阶级生活方式的普遍化,等等——才能够真正实现。瓦拉里的预言“身体主义将是这个时代终结时的邪教”中的“这个时代”——无论是在时间上还是在内容上——并不与中国的“这个时代”吻合,也不可能具有不加调整的适用性。

所以,在中国目前的情况下大谈“日常生活的审美化”并不代表具有理论或实践上的革命性,甚至恰恰相反,这是一种“伪革命”或“反革命”。“日常生活的审美化”实际上就是日常生活的感官化,由于感性身体的展览和消费、视听感官的刺激绚烂成了汹涌的时代潮,所以一些美学工作者为此寻求理论上的阐释,认为感官化思潮的兴起是解构话语“霸权”的一场“革命”,是实现感性生存的一种“解放”。总之,“告别理性”,“转向身体”,成为当前文艺学的一个普遍倾向,虽然成为新的时髦理论,但是实际上严重影响了文学研究新知识的生成与空间扩展。

从以上对“反理性”的真相可以看出,反理性并非对理性的批判性反思,并没有将人从理性的束缚中解放出来,也没有带来更多的艺术创造。反理性只是一种话语策略,不是真正的审美解放。

---

① 杜书瀛:《内传与外突》,《文学评论》1999 年第 1 期,第 108—118 页。
② 刘小枫:《现代性社会理论绪论——现代性与现代中国》,上海三联书店 1998 年版,第 347 页。

二、“反理性”的必然性与盲目性

当前中国文艺学这种反理性思潮兴起如此之快、影响范围如此之广，研究者已经认识到文学研究必须变革的现状，但是心态还是没有摆脱现实的功利浮躁和精英主义的狭隘。

第一，中国社会文化发展过程中日益增长的虚无主义、浮躁文化是反理性思潮的思想基础。在价值规律日益大行其道的发展性社会中，理想、信念、信仰、道德已经成为近乎奢侈的字眼，理念、绝对精神、理性等以往被奉若神明的终极价值，已经被商品赶下了神坛，屈居越来越狭窄的领域。享乐主义、个人主义、游戏心态、唯美时尚的盛行，成为个人价值的彰显方式。在文学领域，理想主义、审美主义似乎变得可笑而无效。王朔笔下的“顽主们”成为新时代的英雄，一切都是无聊、空虚和贫乏，“生命不可承受之轻”变成了“身体不可承受之轻”。文学艺术正在进行一场自上而下的运动，“由原来的形而上的期盼，变为形而下的身体性感的需求，由思想的向往，而变为肉欲的追求，由主要描写头部，滑向人体下身的描写，而下身的描写，主要是对男女生殖器的描写与爱抚，性交的欣赏，进而是性滥交的快感的弥漫”①。以肉欲为代表的现代欲望的不断膨胀和与之成正比的精神的匮乏，显示了当今时代的不和谐之音——虚无主义、浮躁心态的不断蔓延。在这种虚无主义的土壤里生长出来的自我意识很难产生真正的主体性，又难免受到浮躁文化环境的影响，由此产生的反理性思潮的批判性和反思性几乎没有可能。

第二，西方现代非理性思想是中国文艺学反理性思潮的理论武库。西方现代非理性思想是19世纪以来引人注目的思潮之一，丹麦哲学家克尔凯郭尔的“一个孤独的个体”、尼采的“根本没有什么真理”、德国哲学家叔本华的“世界即意志的表象”，胡塞尔的现象学，海德格尔、萨特的存在主义哲学等都曾经成为中国文艺学研究的热点，产生了深远影响。霍克海默、阿多诺对“启蒙辩证法”的反思，伽达默尔对意义的重新“阐释”，德里达的“解构”与“消解”，为中国文艺学打开了一扇扇非理性主义的窗口。创作上的达达主义、未来主义、意识流、荒诞等反理性主义精神影响了当代文学与研究。影响更大的后现代主义思潮更是继承了存在主义的非理性主义和现代非理性主义，尤其是解构主义和新实用主义在文艺方面的影响甚至超过对中国思想界的影响，“后现代思潮在中国的影响主要表现在文学艺术节，而

---

① 钱中文:《躯体的表现、描写与消费主义》,《社会科学报》2004年6月10日。

不是学术思想界”①。没有思想基础的文学艺术很难有长久的生命力，以至于很多号称是中国后现代艺术的作品给人们带来的不是思想上的震撼与反思，更多的是视觉上的冲击，绚烂但不持久。

第三，中国文艺学自身发展的内在痼疾是反思性思潮蔓延的温床。自1978年“思想解放大讨论”以来，确立了“实践是检验真理的唯一标准”之后，中国文艺学从“政治化”走向了“审美化”，建立了一套文艺学学术体系，在很大程度上完成了“学科化”。“政治化”强调的是思想斗争，“审美化”重点是学术争辩，“学科化”坚持的是专业论证。三者之间虽然具有明显的差异，都在不同时期占据主流地位，但不容否认的是，任何一方都没有、也不可能将另外两方彻底摈除。所以，无论是对学术界的“审美化”争论，还是对“学科化”论证，都无法克服其内在的矛盾和痼疾。

可见，反思性的必然性其实主要是由文学研究者自身判断力造成，也在客观上掩饰了反理性的盲目性和狭隘性。

第一，中国文学的生长土壤还没有达到西方“物质发达、精神异化”的程度，在哲学和文化精神上也没有超脱现代性的范畴，如果有个别反理性思想也不可能是主流思想。西方反理性的产生及其蔓延具有深厚的生存土壤——科技发展、物质繁荣，社会现实生活的“异化”、精神失落，被西方贤人称为一个“贫困的时代”（荷尔德林语），一个“荒原”（艾略特语），一个“及其的时代”（卡莱尔语），西方人被隐喻为一个“无家可归的时代”（海德格尔语）。在这样的时代，人们变成“单面人”“局外人”，技术、商品、物质、机器成为对人的新的“压抑”，容易产生“荒诞感”。对中国文学及其所反映的现实而言，即使是物质生活有了很大提高的“社会主义初级阶段”，仍然不是发展过剩，而是远远不够。尽管在某些地方（如沿海、大都市）和某些少数群体（还不等于都市白领、外企职员等高收入者）出现了反思性思想，但绝不是中国社会思想的主潮，国家倡导多年的四个现代化（即工业现代化、农业现代化、国防现代化、科学技术现代化）仍然没有完成，还处于追求理性的阶段。因此，西方流行的反理性思潮虽然在某种程度上有利于我们认识新近出现的思想和现象，但更重要的是要立足现实，在中国语境中进行思考，否则只能陷入空中楼阁的盲目性之中。

第二，中国文学没有西方那样深厚的理性主义传统，理性并没有过剩，而是不足，还不需要反对，反而要加强。西方理性主义思想从古希腊思想开

① 徐友渔：《关于后现代思潮的哲学评论》，王岳川：《中国后现代话语》，中山大学出版社2004年版，第36—39页。

始就没有间断，在漫长的历史长河中逐渐发展成熟，最后成为西方文明最大的成果之一，甚至成为最重要的标志和特色。从柏拉图的“理想国”，到亚里士多德的“理智”；从笛卡尔的“我思故我在”，到启蒙运动的“大胆运用自己的理性”；最后发展到极致走向了理性的反面，开始反思理性，最后反理性思想兴起。可见，西方的反理性思潮是理性主义内在发展规律的必然结果。反观中国文学的思想传统，更多的是体验、经验式思维，文艺研究中“只可意会，不可言传”的经典理论代表了中国对理性思想的基本看法。直到“五四”时期，引进“德先生”和“赛先生”之后，科学、理性才得到文学研究的重视，陈独秀“敬告青年”说：“近代欧洲之所以优越他族者，科学之兴，其功不在人权说下，若舟车之有两轮焉。今且日新月异，举凡一事之兴，一物之细，罔不诉之科学法则，以定其得失从违；其效将使人间之思想云为，一遵理性，而迷信斩焉，而无知妄作之风息焉”①。新文化运动的领袖们之所以举起科学（理性）大旗，主要原因有二：一是反对流行已久的各式各样的迷信，平民百姓对鬼神和“真命天子”的崇拜固然根深蒂固，当时的知识阶层也不特别高明，沉溺其中者大有人在；二是“一遵理性”的思维方法变革。正如韦伯认为社会生活的“理性化”是现代化过程的重要内容，新文化运动提倡科学，不过是忠实履行着它必须承担的历史任务，而这个任务在今天是否已经完成？

可见，理性作为新事物、新思想被应用于中国文学及其他方面，是中国现代化进程中未竟的事业。市场经济条件下滋生的道德沦丧、违法乱纪、贪污腐败等社会问题不仅是简单的法律和道德问题，也必然是文学理应关注的主题，如果没有理性，没有标准，如何去对这些问题进行善恶判断和人文关怀？所以，不仅是文学，对中国而言，理性不是太多了，而是太少了。

三、“反理性”的现代意义与审美解放

尽管反思性理论已经在文学研究得到广泛应用，如后现代主义、消费主义等文学、文化文本得到解读，但不可否认的是，中国文学研究仍处于现代化的道路上，还没有完成其现代性。当然，也不能否认，在完成现代性的道路上，反思性思想也是必须面对的问题。

第一，批判地引入西方反理性思想精华，建立中国特色的反思机制。中国当代文学研究先后从西方引进审美主义、非理性主义、反异化主义等理论范式，其动机并不是改进中国文学研究思维方式，进而从根本上促进文学的

① 陈独秀：《敬告青年》，《青年杂志》1915 年第 1 卷，第 13—18 页。

现代性进程；其影响是引进的思想多，留下的精华少，说“生吞活剥”丝毫不过；其结果也没有全面把握西方思维范式的现代性精髓，甚至舍本取末。以审美解放的视角来看，当时引进现代审美思想是为了战胜政治对文艺的统治和支配，其结果是建立了以审美为中心的文学研究体系，如文学本质论、文学创作论、文学作品论、文学作家论等，但却没有建立现代审美的思维方式。而西方审美思想主要是针对道德主义，从康德的审美非功利理论到席勒的游戏说，从唯美主义到俄国形式主义、英美新批评、结构主义等，一脉相承的是审美的反功利、反道德追求。非理性范式主要是针对知识主义、理性主义缺乏感性体验的一种反驳，如浪漫主义、直觉主义、无意识主义等突出和强化了感性认识的重要性，是对理性的一种补充，从思想到文学作品都有深厚的积淀。再如反异化的社会批判主义，主要是针对科技的高度发展带来对社会个体普遍的压抑造成的无聊、空虚现实，从尼采的审美理论到齐美尔的生命美学，从海德格尔、萨特的存在主义到法兰克福学派，无不面向西方现实和文学作品。因此，中国需要的不是更“新”的非理性思想，而是针对中国现实和作品的反思性机制，创造出自己的审美解放理论。

第二，发扬、创新传统文学研究中的感性思想优势，并将其进行现代转换，形成独特的批评范式。要形成审美解放的思维方式，需要坚实的思想基础，中国传统的文学研究思想就是首先要打开的思想宝库。虽然中国传统思想理性主义并不突出，但是感性思想理却相当丰富，无论是“知人论世”的道德象征主义，还是“情景交融”的缘情主义，抑或是“物我两忘”的超越思想，都是中国文学思想的思想精华，这些思想与西方相关思想相比毫不逊色，更切合中国现实。文学研究的现代性进程应该是这些思想精华的延伸，而不是舍近求远地到西方寻找类似的资源。而现在对国外引进的错位和对传统继承的不足，首先是研究思维、范式的严重缺席，语境的对接、思维的转换没有得到足够的重视，永远处于随波逐流的状态。必须将传统感性思想与文学批评实践相结合，用现代语言、多元表现形式发展传统感性思想。于丹将《论语》用感性批评语言，借助现代多媒体的优势，将理论性较强的传统经典变成喜闻乐见的文学现场，姑且不论其内容是否准确，单就传播方式和观众接受效果而言，感性思想发挥了不可替代的作用。

第三，要重视独立批评，通过批评实践实现审美解放。所谓独立批评是独立于传媒信息生产场域与学院知识生产场域的文学批评，既不受体制的束缚而更加切近文学现场，又能摆脱资本控制的媒体信息。通过批评实现审美解放，是指在话语中启迪思维，在阐释中凸显人文精神，在批评中体现终极关怀。学院批评由于其学理性和严肃性，成为文学史知识的生产场域，但并没有很好地介入文学现场,其介入文学现场的形式越来越受到媒体批评的影响,文学热点往往先由媒体炒作出来,然后才成为学院批评关注的问题,其独立性大打折扣。媒体批评的光环来自资本和高科技传媒,其基本的逻辑是提供文学信息赚取读者,用注意力资源赢得广告,用广告收入控制信息,这样的批评逻辑以大众的名义发言,以酷评、骂评著称,缺乏根基和学术性。

第四,包容并倡导多样化的文学研究范式,形成多层面的文化空间和审美维度。实践证明,没有哪一种思维范式可以解决所有问题,更不可能取消其他所有范式的优点,只能是取长补短、互通有无。而目前无论是理性主义者,还是反理性主义者,都企图将文学研究的权柄置于自己的完全掌控之下,用理性或非理性一统天下,这无疑是不现实的。反观西方文学研究的现代化进程,即使在理性(或反理性)占主流地位时,理性与反理性的竞争从来没有停息,多种思维范式在自由博弈中激发出最绚丽的思想光辉。中国文学研究的知识空间需要建立一种紧张而积极的审美、理论和文化空间,完善理论的争鸣和沟通渠道,让审美、理性、非理性、文化等多样化、多层次的思维范式产生理论的合力,实现审美解放。

审美解放的困境还有很多,这里不再一一列举。需要指出的是,尽管困境重重,但是审美解放的努力从未改变,因为人们追求自由和理想的脚步不会因为困难而停止。

结　语　未完成的审美解放

无论从审美解放的含义和生成来说,还是从审美解放的实现和困境而言,审美解放都是未完成的工程。从审美解放的含义来说,审美解放是人的解放,与政治、经济和文化等紧密相关,实现人的全面发展还需时日。从审美解放的实现来说,笔者考察了审美解放与文学研究的"解放逻辑",以及政治语境中的审美解放,既有宏观的描述,也有微观的分析,能够真切地感到其中紧张而微妙的关系,体会到实现审美解放的机制和过程。从审美解放的困境来说,我们仅以欲望、理论和反理性等为例,来说明审美解放所面临的困境,其实困境还有很多,其他要解决的问题,甚至还没意识的问题仍然存在,需要进一步挖掘。

本书选用"审美解放"一词作为核心词,而不是传统的"审美超越""审美救赎""审美教育"等,主要是因为学术界对这方面的学术规范含混不清,这可以从导论部分关于中西不同语境下审美解放的表现可见一斑。同时,学术界冠以"审美"的话语越来越多,社会寄予"审美"的期望越来越高,审美解放问题随着时间的推移愈发突出,这与歧义、混乱的现状形成鲜明对比。从中可以看出,文学研究的表面繁荣并非真正的进步,各种以"审美"为名的论述很多都名不副实,从最基础的概念界定和清理做起才能带来真正的学术增长。

除了概念梳理之外,本书从生成、哲学基础、文学研究、政治语境等角度考察,发现审美解放是当前文艺学、文学理论和文学批评中潜伏的无意识。对审美解放的挖掘和梳理,有利于革新纷繁而僵化的文论研究现状,解决文学研究与文学创作、社会现实脱节的窘境。审美解放不仅是以往那种美学概念、特征的论述,也不仅限于各种解放理论的介绍,而且关系到文学创作、文学批评、文学作品和文学接受之间的关系,审美解放既可以通过其中某一方面得以展示,又可以通过其中两方面、多方面之间关系的协调来完成。过去那种以概念、功能和特征等为关键词的文学理论、美学理论,以及相关的建构方式,在某种程度上消解了文学研究中的审美解放意识。笔者用审美解放介入文学研究的深层,不仅是审美解放自身的实现,而且关乎文学研究的全局,达到牵一发而动全身的效果。本书的初衷也是希望能引起学术界对于审美解放等文学研究、美学研究基本问题的关注,从而推动学术研究的长远发展和真正进步。

当然,本书对审美解放的呈现仅仅是一个初步的尝试。而且,由于审美解放辐射力强、涵盖性广的特点,对它的把握往往难免顾此失彼、挂一漏万。因此,笔者特意选取了一些典型个案加以阐释,说明审美解放的实现方式和存在问题,但仍然不够全面和深入。在以后的研究中,需要进一步加强运用审美解放解决文学问题和社会现实问题的自觉性,还要用审美解放分析更为广阔的文化发展问题,人的幸福问题,以及中国梦的实现问题。

审美解放远未完成,审美解放研究还将继续。

参 考 文 献

一、外 文 论 著

1. Adams H. and L. Searle, eds., *Critical Theory Since* 1965. Tallahassee: Florida State of University Press, 1986.

2. Bate, W.J.ed, *Criticism: The Major Texts.* New York: Harcourt Brace Jovanovich, 1970.

3. Cf. Chengju Huang, "From Control to Negotiation: Chinese Media in the 2000s", *The International Communication Gazztte*, Vol.69, No.5(2007).

4. "*China Launches Publicity Campaign*", South China Morning Post, Jan.13, 2009.

5. Eagleton, Terry, *The Illustrations of Postmodernism.* Cambridge: Blackwell, 1996.

6. E.H.Gombrich, *The Story of Art*, London, Phaidon, 1989.

7. Hannah Arendt, *Freedom and Politics. in Freedom and Serfdom: An Anthology of Western Thought*, ed. By A.Hunold, Dordecht: Reidel, 1961.

8. Henri Lefebvre, *Everyday life in the Modern World*, New Brunswick & London, 1984.

9. Jonathan Loesberg, *Aestheticism and Decomposition: Pater, Derrida, and De man*, princeton University Press, 1991.

10. Juergen Habermas, "Faith and Knowledge", in Juergen Habermas, *The Future of Human Nature*, Polity Press, Oxford, UK, 2003.

11. Kelly Comfort, *Art and Life in Aestheticism; DE-Humanizing and Re-Humanzing Art, the Artist, and the Artist, and the Artistic Receptor*, Palgave Macmillan, 2008.

12. Kelly Michael, *Editor in Chief. Encyclopedia of Aesthetics.* New York: Oxford University Press, 1988.

13. Monroe C.Beardsley, *The Aesthetic Point of View*, Cornell University Press, 1982.

14. Robert Marquand, "China 'Gray Lists' its Intellectuals", *The Christian Science Monitor*, Nov.30, 2004.

15. Robert Redfield, *Peasant Society and Cultural*, University of Chicago Press, 1959.

16. Seidman, Steve. &Jeffrey C. Alexander, eds. *The New Social Theory Reader.* London: Routledge, 2001.

二、中外美学、文论资料辑集

1. 白嗣宏主编:《无产阶级文化派资料选编》,中国社会科学出版社 1983 年版。

2. 北京大学哲学系美学教研室编:《中国美学史资料选编(上册)》,中华书局 1980

年版。

3. 北京大学哲学系美学教研室编:《中国美学史资料选编(下册)》,中华书局 1981 年版。

4. 陈平原、夏晓虹主编:《二十世纪中国小说理论资料》,北京大学出版社 1989 年版。

5. [俄]列宁:《列宁论文学与艺术(1—2)》,人民文学出版社 1960 年版。

6. 郭绍虞主编:《中国历代文论选》,上海古籍出版社 2001 年版。

7. 胡经之、张首映主编:《西方二十世纪文论选(1—4 卷)》,中国社会科学出版社 1989 年版。

8. 胡经之主编:《中国现代美学丛编(1919—1949)》,北京大学出版社 1987 年版。

9. 江怡主编:《理性与启蒙——后现代经典文选》,东方出版社 2004 年版。

10. 江曾培主编:《中国新文学大系(1949—1976)》,上海文艺出版社 1997 年版。

11. 刘小枫选编:《接受美学译文集》,生活・读书・新知三联书店 1989 年版。

12. 马克思、恩格斯:《马克思恩格斯论文艺(1—4)》,人民文学出版社 1981 年版。

13. 马良春、张大明主编:《三十年代左翼文艺资料选编》,四川人民出版社 1980 年版。

14. [英]戴维・洛奇:《二十世纪文学评论(上)》,葛林等译,上海译文出版社 1987 年版。

15. [英]戴维・洛奇:《二十世纪文学评论(下)》,葛林等译,上海译文出版社 1993 年版。

16. [美]拉尔夫・科恩:《文学理论的未来》,程锡麟等译,中国社会科学出版社 1993 年版。

17. (清)丁福保主编:《历代诗话续编》,中华书局 1983 年版。

18. (清)何文焕主编:《历代诗话》,中华书局 1981 年版。

19.《四库全书》,上海古籍出版社 1987 年版。

20. 唐圭璋主编:《词话丛编》,中华书局 1986 年版。

21. 王逢振、盛宁、李自修主编:《最新西方文论选》,漓江出版社 1991 年版。

22. 王蒙、王元化编:《中国新文学大系(1976—2000)》,上海文艺出版社 2008—2009 年版。

23. 王晓明主编:《二十世纪中国文学史论》,东方出版中心 2003 年版。

24. 王岳川、尚水编:《后现代主义文化与美学》,北京大学出版社 1992 年版。

25. 伍蠡甫、胡经之主编:《西方文艺理论名著选编(上卷)》,北京大学出版社 1985 年版。

26. 伍蠡甫、胡经之主编:《西方文艺理论名著选编(中卷)》,北京大学出版社 1986 年版。

27. 伍蠡甫、胡经之主编:《西方文艺理论名著选编(下卷)》,北京大学出版社 1987 年版。

28. 伍蠡甫主编:《西方文论选》,上海译文出版社 1979 年版。

29. 伍蠡甫主编:《现代西方文论选》,上海译文出版社 1983 年版。

30. 徐迺翔主编:《文学的“民族形式”讨论资料》,广西人民出版社 1988 年版。

31. 阎嘉主编:《文学理论精粹读本》,中国人民大学出版社 2006 年版。

32. 杨匡汉、刘福春编:《西方现代诗论》,花城出版社 1988 年版。

33. [英]赫兹利特等:《十九世纪英国文论选》,盛宁等译,人民文学出版社 1986 年版。

34. 张枬、王忍之编:《辛亥革命前十年间时论选集(第 1 卷)》,生活·读书·新知三联书店 1960 年版。

35. 张枬、王忍之编:《辛亥革命前十年间时论选集(第 2 卷)》,生活·读书·新知三联书店 1963 年版。

36. 张枬、王忍之编:《辛亥革命前十年间时论选集(第 3 卷)》,生活·读书·新知三联书店 1967 年版。

37. 张秋华等主编:《“拉普”资料选编》, 中国社会科学出版社 1981 年版。

38. 赵家璧主编:《中国新文学大系(1917—1927)》,上海良友图书印刷公司 1935—1936 年版。

39. 赵一凡等主编:《西方文论关键词》,外语教学与研究出版社 2006 年版。

40. 赵毅衡主编:《“新批评”文集》,卞之琳等译,百花文艺出版社 2001 年版。

41. 中国少数民族古代美学思想资料初编:《中国古代少数民族美学思想资料初编》,四川民族出版社 1989 年版。

42. 中国社会科学院文学研究所现代文学研究室主编:《“革命文学”论争资料选编》,人民文学出版社 1981 年版。

43. 朱立元、李钧主编:《二十世纪西方文论选》,高等教育出版社 2002 年版。

三、中外文学、美学研究著作

1. 包亚明主编:《现代性的地平线——哈贝马斯访谈录》,上海人民出版社 1997 年版。

2. [波]符·塔达基维奇:《西方美学概念史》,褚朔维译,学苑出版社 1990 年版。

3. 蔡翔:《日常生活的诗情消解》,学林出版社 1994 年版。

4. 蔡元培:《蔡元培美学文选》,北京大学出版社 1983 年版。

5. 曹聚仁:《文坛五十年》,香港新文化出版社 1977 年版。

6. 查建英主编:《八十年代访谈录》,生活·读书·新知三联书店 2006 年版。

7. 陈独秀:《独秀文存》,安徽人民出版社 1987 年版。

8. [德]阿道尔诺、霍克海默:《启蒙辩证法:哲学断片》,渠敬东、曹卫东译,上海人民出版社 2006 年版。

9. [德]本雅明:《发达资本主义时代的抒情诗人》,张旭东译,生活·读书·新知三联书店 1989 年版。

10. [德]恩斯特·卡西尔:《人论》,甘阳译,上海译文出版社 1985 年版。

11. [德]伽达默尔:《美的现实性》,张志扬译,生活·读书·新知三联书店 1990 年版。

12. [德]加达默尔:《真理与方法》,洪汉鼎译,上海译文出版社 1999 年版。

13. [德]海德格尔:《海德格尔选集》,孙周兴译,生活·读书·新知三联书店 1996 年版。

14. [德]海德格尔:《诗·语言·思》,彭富春译,文化艺术出版社 1991 年版。

15. [德]黑格尔:《美学(第一卷)》,朱光潜译,商务印书馆 1979 年版。

16. [德]康德:《判断力批判》,宗白华译,商务印书馆 1987 年版。

17. [德]马克思:《1844 年经济学—哲学手稿》,刘丕坤译,人民出版社 1979 年版。

18. [德]马克斯·韦伯:《社会科学方法论》,韩水法译,中央编译出版社 1999 年版。

19. [德]马克斯·韦伯:《韦伯作品集:新教伦理与资本主义精神》,康乐等译,广西师范大学出版社 2007 年版。

20. [德]尼采:《悲剧的诞生——尼采美学文选》,周国平译,生活·读书·新知三联书店 1986 年版。

21. [德]韦尔施:《重构美学》,陆扬、张岩冰译,上海译文出版社 2002 年版。

22. [德]席勒:《审美教育书简》,冯至、范大灿译,北京大学出版社 1985 年版。

23. [德]耀斯:《接受美学与接受理论》,周宁等译,辽宁人民出版社 1987 年版。

24. [德]耀斯:《审美经验与文学解释学》,顾建光等译,上海译文出版社 1997 年版。

25. 杜书瀛、钱竞主编:《中国 20 世纪文艺学学术史》,中国社会科学出版社 2007 年版。

26. [法]波德莱尔:《波德莱尔美学论文选》,郭宏安译,人民文学出版社 1987 年版。

27. [法]波德里亚:《消费社会》,南京大学出版社 2000 年版。

28. [法]菲利普·布侯:《政治生活》,张台麟译,台湾远流出版事业股份有限公司 1994 年版。

29. [法]福柯:《规训与惩罚》,刘北成等译,生活·读书·新知三联书店 2003 年版。

30. [法]福柯:《权力的眼睛》,严锋译,上海人民出版社 1997 年版。

31. [法]让-弗朗索瓦·利奥塔尔:《后现代状态:关于知识的报告》,车槿山译,生活·读书·新知三联书店 1997 年版。

32. [法]雅克·德里达:《文学行动》,赵兴国译,中国社会科学出版社 1998 年版。

33. [古希腊]柏拉图:《柏拉图文艺对话集》,朱光潜译,人民文学出版社 1980 年版。

34. [古希腊]柏拉图:《理想国》,郭斌和等译,商务印书馆 1994 年版。

35. [古希腊]亚里士多德:《诗学》,陈中梅译,商务印书馆 1997 年版。

36. 何永康:《红楼美学》,广陵书社 2008 年版。

37. 何永康主编:《二十世纪中西比较小说学》,江苏教育出版社 2006 年版。

38. [荷兰]D.W.佛克马、E.贡内-易布思:《二十世纪文学理论》,林书武等译,生活·读书·新知三联书店 1988 年版。

39. 胡经之:《文艺美学》,北京大学出版社 1989 年版。

40. 胡适:《胡适文集》,北京大学出版社 1998 年版。

41. 胡适主编:《中国新文学大系·建设理论集》,上海文艺出版社 2003 年版。

42. 黄会林:《当代中国大众文化研究》,北京师范大学出版社 1998 年版。

43. [加]马克·昂热诺等:《问题与观点:20 世纪文学理论综论》,史忠义等译,百花文艺出版社 2000 年版。

44. 蒋孔阳、朱立元主编:《西方美学通史》,上海文艺出版社 1999 年版。

45. 寇鹏程:《中国审美现代性研究》,上海三联书店 2009 年版。

46. 旷新年:《写在当代文学边上》,上海教育出版社 2005 年版。

47. 李世涛:《知识分子立场:自由主义之争与中国思想界的分化》,时代文艺出版社 2000 年版。

48. 李晓林:《审美主义:从尼采到福柯》,社会科学文献出版社 2005 年版。

49. 李泽厚:《李泽厚集》,生活·读书·新知三联书店 2008 年版。

50. (梁)刘勰:《文心雕龙注释》,周振甫注,人民文学出版社 1981 年版。

51. (梁)刘勰:《文心雕龙注》,范文澜注,人民文学出版社 1958 年版。

52. 梁启超:《饮冰室合集》,中华书局 1989 年版。

53. 林舟主编:《生命的摆渡——中国当代作家访谈录》,海天出版社 1998 年版。

54. 刘小枫:《沉重的肉身——现代性伦理的叙事纬语》,华夏出版社 2004 年版。

55. 刘小枫:《现代性社会理论绪论——现代性与现代中国》,上海三联书店 1998 年版。

56. 刘小枫:《拯救与逍遥》,上海人民出版社 1988 年版。

57. 刘再复:《文学的反思》,人民文学出版社 1986 年版。

58. 鲁迅:《鲁迅全集》,人民文学出版社 2005 年版。

59. [美]M.H.艾布拉姆斯:《镜与灯——浪漫主义文论及批评传统》,郦稚牛等译,北京大学出版社 1989 年版。

60. [美]费正清等:《剑桥中华民国史(上)》,刘敬坤等译,中国社会科学出版社 1994 年版。

61. [美]弗雷德里克·杰姆逊:《后现代主义与文化理论》,唐小兵译,北京大学出版社 1997 年版。

62. [美]弗雷德里克·詹姆逊:《快感:文化与政治》,王逢振等译,中国社会科学出版社 1998 年版。

63. [美]戈夫曼:《日常生活中的自我呈现》,冯钢译,北京大学出版社 2008 年版。

64. [美]雷内·韦勒克:《批评的概念》,张金言译,中国美术学院出版社 1999 年版。

65. [美]雷·韦勒克、奥·沃伦:《文学理论》,刘象愚等译,生活·读书·新知三联书店 1984 年版。

66. [美]李欧梵:《现代性的追求》,生活·读书·新知三联书店 2000 年版。

67. [美]马尔库塞:《爱欲与文明:对弗洛伊德思想的哲学探讨》,黄勇、薛民译,上海译文出版社 1987 年版。

68. [美]马尔库塞:《审美之维》,李小兵译,广西师范大学出版社 2001 年版。

69. [美]乔纳森·卡勒:《当代学术入门:文学理论》,李平译,辽宁教育出版社 1998 年版。

70. [美]沃弗雷等:《文学理论中的重要概念(英文版)》,中国海洋大学出版社 2006 年版。

71. [美]宇文所安:《中国文论:英译与评论》,王柏华等译,上海社会科学院出版社 2003 年版。

72. [美]詹明信:《晚期资本主义的文化逻辑》,陈清侨等译,生活·读书·新知三联书店 1997 年版。

73. [美]詹姆斯:《詹姆斯文集》,王逢振译,中国人民大学出版社 2004 年版。

74. 聂振斌:《中国近现代美学思想史》,中国社会科学出版社 1991 年版。

75. 钱中文:《文学理论:走向交往对话的时代》,北京大学出版社 1999 年版。

76. 钱钟书:《谈艺录(补丁本)》,中华书局 1984 年版。

77. 邵燕君:《倾斜的文学场——当代文学生产机制的市场化转型》,江苏人民出版社 2003 年版。

78. [苏]卡冈:《艺术形态学》,凌继尧、金雅娜译,生活·读书·新知三联书店 1986 年版。

79. 王国维:《王国维文集》,中国文史出版社 1997 年版。

80. 王建刚:《政治形态文艺学——五十年代中国文艺思想研究》,中国社会科学出版社 2004 年版。

81. 王廷信:《艺术学的理论与方法》,东南大学出版社 2011 年版。

82. 朱恒夫:《中国戏曲美学》,南京大学出版社 2008 年版。

83. 王一川:《中国现代性体验的发生》,北京师范大学出版社 2001 年版。

84. 王运熙:《中国古代文论管窥(增订本)》,上海古籍出版社 2006 年版。

85. 吴调公:《古典文论与审美鉴赏》,齐鲁书社 1985 年版。

86. 夏中义:《新潮学案》,上海三联书店 1996 年版。

87. 向宝云:《曹禺悲剧美学思想研究》,电子科技大学出版社 2004 年版。

88. [匈]卢卡奇:《审美特性》,徐恒醇译,中国社会科学出版社 1986 年版。

89. [匈牙利]阿格妮丝·赫勒:《日常生活》,衣俊卿等译,重庆出版社 1990 年版。

90. 严家炎主编:《20 世纪中国文学研究丛书》,安徽教育出版社 2000 年版。

91. 叶世祥:《20 世纪中国审美主义思想研究》,商务印书馆 2011 年版。

92. [意大利]葛兰西:《狱中札记》,曹雷雨等译,中国社会科学出版社 2000 年版。

93. 尹康庄:《20 世纪中国文学主流话语研究》,中国社会科学出版社 2006 年版。

94. [英]阿雷恩·鲍尔德温等:《文化研究导论》,陶东风等译,高等教育出版社 2004 年版。

95. [英]安东尼·吉登斯:《现代性的后果》,田禾译,译林出版社 2000 年版。

96. [英]费瑟斯通:《消费文化与后现代主义》,刘精明译,译林出版社 2000 年版。

97. [英]雷蒙·威廉斯:《关键词:文化与社会的词汇》,刘建基译,生活·读书·新知三联书店 2005 年版。

98. [英]迈克·费瑟斯通:《消解文化——全球化、后现代主义与认同》,杨渝东译,北京大学出版社 2009 年版。

99. [英]特雷·伊格尔顿:《二十世纪西方文学理论》,伍晓明译,北京大学出版社 1987 年版。

100. [英]威廉·冈特:《美的历险》,肖聿、凌君译,中国文联出版公司 1987 年版。

101. 余虹:《文学知识学》,北京大学出版社 2009 年版。

102. 张强主编:《现当代学人年谱与著述编年》,上海三联书店 2007 年版。

103. 张贞:《"日常生活"与中国大众文化研究》,华中师范大学出版社 2008 年版。

104. 赵汀阳:《论可能生活:一种关于幸福和公正的理论》,中国人民大学出版社 2004 年版。

105. 周宪:《现代性的张力》,首都师范大学出版社 2001 年版。

106. 周扬:《周扬集》,中国社会科学出版社 2000 年版。

107. 朱光潜:《朱光潜全集》,安徽教育出版社 1987—1993 年版。

108. 宗白华:《宗白华全集》,安徽教育出版社 1994 年版。

四、文艺理论与批评史

1. 包忠文:《现代文学观念发展史》,江苏教育出版社 1992 年版。

2. 陈平原:《中国现代小说理论研究》,北京大学出版社 1997 年版。

3. 陈望衡:《20 世纪中国美学本体论问题》,武汉大学出版社 2007 年版。

4. 冯崇义等编:《二十世纪的中国》,中国社会科学出版社 2006 年版。

5. 葛红兵主编:《20 世纪中国文艺思想史论》,上海大学出版社 2006 年版。

6. 管林、钟贤培:《中国近代文学发展史》,科学出版社 2009 年版。

7. 郭绍虞:《中国文学批评史》,上海古籍出版社 1979 年版。

8. 郭延礼:《中国近代文学发展史》,高等教育出版社 2001 年版。

9. 黄曼君主编:《中国近百年文学理论批评史(1895—1990)》,湖北教育出版社 1997 年版。

10. 康来新:《晚清小说理论史》,台北大安出版社 1990 年版。

11. 龙潜:《20 世纪后期中国文学史论》,贵州人民出版社 2007 年版。

12. 罗根泽:《中国文学批评史》,上海古籍出版社 1984 年版。

13. [美]哈兰德:《从柏拉图到巴特的文学理论(英文版)》,外语教学与研究出版社 2005 年版。

14. [美]雷纳・韦勒克:《近代文学批评史(1—8 卷)》,杨自伍译,上海译文出版社 2009 年版。

15. [日]吉川幸次郎:《中国诗史》,章培恒等译,复旦大学出版社 2001 年版。

16. 王瑶:《中国文学研究的现代化进程》,北京大学出版社 1996 年版。

17. 王永生主编:《中国现代文学理论批评史(上)》,贵州人民出版社 1986 年版。

18. 王永生主编:《中国现代文学理论批评史(下)》,贵州人民出版社 1991 年版。

19. 王永生主编:《中国现代文学理论批评史(中)》,贵州人民出版社 1988 年版。

20. 王运熙、顾易生主编:《中国文学批评史》,上海古籍出版社 2002 年版。

21. 温儒敏:《中国现代文学批评史》,北京大学出版社 1993 年版。

22. 许道明:《中国现代文学批评史》,江苏文艺出版社 1995 年版。

23. 杨春时:《百年文心:20 世纪中国文学思想史》,黑龙江教育出版社 2000 年版。

24. 张岱年、敏泽主编:《回读百年:20 世纪中国社会人文论争》,大象出版社 1999 年版。

25. 张少康:《中国文学理论批评史教程》,北京大学出版社 1999 年版。

26. 中国社会科学院文学研究所近代文学研究组编:《中国近代文学论文集・概论卷(1949—1979)》,中国社会科学出版社 1981 年版。

27. 周宪:《审美现代性批判》,商务印书馆 2005 年版。

28. 朱东润:《中国文学批评史大纲》,上海古籍出版社 2005 年版。

五、部分相关论文

1. 傅谨:《审美批评的限度》,《中国文化报》2001 年 3 月 3 日。

2. 高永年、何永康:《百年中国文学与政治审美因素》,《文学评论》2008 年第 4 期。

3. 高永年、何永康:《论百年中国新诗之叙事因素》,《文学评论》2011 年第 1 期。

4. 何永康、高永年:《论二十世纪中国小说之历史意识》,《文学评论》2006 年第 2 期。

5. 黄应全:《如何构想新审美批评?》,《文艺研究》2006 年第 3 期。

6. 江康宁:《文学经典的传承与论争》,《文艺研究》2007 年第 5 期。

7. 旷新年:《现代文学观的发生与形成》,《文学评论》2000 年第 4 期。

8. 李怡:《“重估现代性”思潮与中国现代文学传统的再认识》,《文学评论》2002 年第 4 期。

9. 刘悦笛:《中国 20 世纪二三十年代审美主义思潮论》,《思想战线》2001 年第 6 期。

10. 陆贵山:《社会的现代化与文学的现代性》,《江苏行政学院学报》2009 年第 1 期。

11. 钱中文:《文学理论现代性问题》,《文学评论》1999 年第 2 期。

12. 施立峻:《审美批评的限度与可能》,《文艺理论与研究》2008 年第 6 期。

13. 苏步轼:《先秦儒家的中和审美理想》,《河北学刊》1986 年第 5 期。

14. 孙伟科:《审美评价的现代意义》,《南京艺术学院学报》2005 年第 4 期。

15. 王廷信:《从观念出发思考早期艺术史》,《民族艺术研究》2018 年第 4 期。

16. 王廷信:《对人的价值的发现和追寻》,《中国文艺评论》2018 年第 12 期。

17. 王廷信:《文化认知与艺术对外传播》,《中国艺术报》2018 年 1 月 29 日。

18. 王廷信:《中国艺术海外传播的国家战略与理论研究》,《民族艺术》2017 年第 2 期。

19. 吴家荣、陈建设:《论审美批评》,《文艺研究》2008 年第 8 期。

20. 吴晓东:《中国现代文学中的审美主义与现代性问题》,《文艺理论研究》1999 年第 1 期。

21. 向宝云:《胡风"主观战斗精神"论述评》,《西南民族学院学报(哲学社会科学版)》2002 年第 2 期。

22. 向宝云、邹永莉:《文学的审美批评与现代文学研究》,《天府新论》2003 年第 2 期。

23. 徐贲:《美学·艺术·大众文化》,《文学评论》1995 年第 5 期。

24. 徐碧辉:《美学与中国的现代性启蒙——20 世纪中国的审美现代性问题》,《文艺研究》2000 年第 2 期。

25. 徐子方:《审美解放与艺术变迁——兼谈中国艺术史的分期问题》,《艺术学界》2009 年第 1 期。

26. 杨霓:《现代审美主义救赎刍议》,《学术探索》2009 年第 2 期。

27. 余虹:《五四新文学理论的双重现代性追求》,《文艺研究》2000 年第 1 期。

28. 张强:《道德伦理的政治化与秦汉统治术》,《北京大学学报(哲学社会科学版)》2003 年第 3 期。

29. 张强:《道法自然与象的创生》,《学海》2001 年第 1 期。

30. 张强:《论精神与自然美》,《江苏社会科学》2008 年第 4 期。

31. 张强:《人生之境与天人合一》,《江苏社会科学》2001 年第 6 期。

32. 张强:《在追问自然中拷问精神》,《江海学刊》2008 年第 6 期。

责任编辑:张双子
责任校对:吴容华

图书在版编目(CIP)数据

审美解放研究/卢衍鹏 著. —北京:人民出版社,2019.8
(国家社科基金后期资助项目)
ISBN 978-7-01-020757-5

Ⅰ.①审… Ⅱ.①卢… Ⅲ.①马克思主义美学-研究 Ⅳ.①B83

中国版本图书馆 CIP 数据核字(2019)第 073166 号

审美解放研究

SHENMEI JIEFANG YANJIU

卢衍鹏 著

人民出版社 出版发行
(100706 北京市东城区隆福寺街 99 号)

北京盛通印刷股份有限公司印刷 新华书店经销

2019 年 8 月第 1 版 2019 年 8 月北京第 1 次印刷
开本:710 毫米×1000 毫米 1/16 印张:28.75
字数:501 千字

ISBN 978-7-01-020757-5 定价:78.00 元

邮购地址 100706 北京市东城区隆福寺街 99 号
人民东方图书销售中心 电话 (010)65250042 65289539